KĀLACHAKRA-TANTRA

Seine Heiligkeit der Dalai Lama

KĀLACHAKRA-TANTRA

Der Einweihungsritus

Der Ritualtext von
Kädrup Geleg Pälsangpo
mit detaillierten Erläuterungen des
Vierzehnten Dalai Lama
Tenzin Gyatso

Herausgegeben, aus dem Tibetischen übersetzt
und mit einer Einführung versehen
von Jeffrey Hopkins

Aus dem Englischen von
Michael Wallossek

THESEUS VERLAG

Besuchen Sie Theseus im Internet: www.Theseus-Verlag.de
Wir senden Ihnen auch gern unseren Gesamtprospekt zu.

Die Originalausgabe
Kālachakra Tantra, Rite of Initiation
erschien 1999 als überarbeitete und erweiterte Fassung der Ausgabe von 1985
bei Wisdom Publications
199 Elm Street, Somerville MA 02144, USA

Die Deutsche Bibliothek – CIP-Einheitsaufnahme
Ein Titeldatensatz für diese Publikation ist bei
der Deutschen Bibliothek erhältlich.
3-89620-182-4

Die Theseus Verlag GmbH ist ein Unternehmen der Verlagsgruppe Dornier.

1. Auflage, April 2002

Lektorat: Doris Wolter

Umschlaggestaltung: Morian & Bayer-Eynck, Coesfeld
unter Verwendung eines Fotos © Smiljan Siska
Gestaltung und Satz: Ingeburg Zoschke
Druck: Wiener Verlag, Himberg
Printed in Austria

ISBN 3-89620-182-4

Gedruckt auf alterungsbeständigem Papier mit chlorfrei gebleichtem Zellstoff.

Inhalt

ANHANG

Vorwort

Dieses Buch befasst sich mit dem Einweihungsritus für das *Kālachakra-Tantra* (das Sanskrit-Wort *Kālachakra* bedeutet wörtlich »Rad der Zeit«), einem buddhistischen Tantra, das zur Kategorie der Höchsten Yoga-Tantras gehört. Es stellt die Abfolge jener Einweihungen vor, die den Empfänger autorisieren, anschließend die erste von zwei Stufen des *Kālachakra-Tantra* zu praktizieren, die Hervorbringungsphase. In diesem Tantra tritt man in der eigenen Vorstellung als ideales Wesen in Erscheinung. Außerdem beschreibt das Buch den Aufbau der täglichen Praxis, zu deren Durchführung man sich verpflichtet, wenn man diese Einweihung empfängt. Der Prozess zur Vorbereitung des Schülers auf die Einweihung wird erklärt; und ebenso die einzelnen Stufen der sieben Einweihungen, die einen Praktizierenden dazu autorisieren, sich innerhalb eines Mandala, eines idealen Umfelds, als tantrische Gottheit – das heißt als voll und ganz dem altruistischen Wirken verpflichtetes Idealwesen – zu visualisieren.

Zum ersten Mal werden hier in einer westlichen Sprache detaillierte Erläuterungen zu einem tantrischen Einweihungsritual vorgelegt. Seine Heiligkeit der Dalai Lama, weltliches Oberhaupt und spiritueller Lehrer der Tibeter, erläutert das Ritual. Seine in die Übersetzung der rituellen Unterweisungen eingefügten Erläuterungen entstammen vornehmlich einer Kālachakra-Einweihung vom Juli des Jahres 1981 (dem Jahr des Eisenvogels gemäß dem tibetischen Kalender). Diese erste jemals im Westen vorgenommene Kālachakra-Einweihung fand im »Rehpark« statt, einem kleinen ländlichen Anwesen etwas außerhalb von Madison, Wisconsin, das ein Kloster und einen Tempel in der Tradition des tibetischen Buddhismus beherbergt. Das »Buddhistische Zentrum Rehpark und Freunde« unter der Leitung des Ehrwürdigen Geshe Söpa hatte die Organisation der Einweihung übernommen.

Die – im Rahmen tantrischer Einweihungen üblichen – umfassenden und detaillierten Erläuterungen des Dalai Lama betreffen zum Beispiel die Frage, welche Einstellung und Motivation man haben sollte, wenn man Einweihungen erhält. Ferner geht es um die einzelnen Schritte der Visualisierung wie auch der Kontemplation über tiefgründige und zugleich subtile Reflexionsgegenstände, das Herzstück des Einweihungs- beziehungsweise Autorisierungsprozesses.

Die im Verlauf der Zeremonie gegebenen Erläuterungen – ergänzt durch die Erklärungen, die der Dalai Lama mir im persönlichen Gespräch gab, um mich auf meine Aufgaben als Übersetzer vorzubereiten – erfüllen das Einweihungszeremoniell, auf dem dieses Buch basiert, mit Leben. Sein ganzer Bedeutungsreichtum erschließt sich vielfach erst aus dem Kontext. So werden die besonderen tantrischen Methoden, mit denen wir unseren gewöhnlichen Körper, unsere gewöhnliche Rede und unseren gewöhnlichen Geist in ihre vollkommen altruistische Ausdrucksform verwandeln können, dem interessierten Leser zugänglich und verständlich.

Die Einführung legt zunächst einmal die für das Große Fahrzeug (Mahāyāna) grundlegende Anschauung dar: Durch einen inneren Reinigungsprozess versucht man einen Geisteszustand zu erreichen, durch den man den empfindenden Wesen in selbstloser Weise von Nutzen sein kann. Sie erläutert auch die spezielle tantrische Praxis des Gottheiten-Yoga, die auf Mitgefühl und der Erkenntnis von Leerheit beruht. Außerdem beschreibt sie den Ablauf der Einweihung für die Hervorbringungsphase, skizziert und erklärt die zahlreichen Schritte im Verlauf des Rituals. Schließlich liefert sie auch Hintergrundinformationen zur Geschichte des *Kālachakra-Tantra*, stellt die Autoren und die Texte vor.

Mein Dank gilt Elisabeth Napper für ihre vielfältigen redaktionellen Vorschläge zum gesamten Manuskript, Gareth Sparham für die Abschrift der Übersetzung der Ritualtexte sowie Karen Saginor und Daniel Cozort für das Korrekturlesen der Satzfahnen. In dem Bemühen, bei der Übersetzung und Interpretation eventuelle Fehler und Missverständnisse auf ein Minimum zu reduzieren, habe ich, wie im neunten Einführungskapitel genauer dargelegt, den Rat von Lamas eingeholt, die mit dieser Überlieferung bestens vertraut sind. Für dennoch unentdeckt gebliebene Fehler bitte ich die Leser um Nachsicht.

Charlottesville, Virginia
Jeffrey Hopkins

Technische Anmerkung

Zur Erleichterung der Aussprache werden die Namen der tibetischen Autoren, Überlieferungslinien und Orte in einer vereinfachten phonetischen Umschrift wiedergegeben.

Sofern der tibetische Name oder Begriff in der wissenschaftlich exakten Umschrift wiedergegeben wurde (in der Bibliographie beziehungsweise im Hauptteil und in den Anmerkungen jeweils in Klammern), folgt die phonetische Umschrift dem Standardsystem von Turrell Wylie (»A Standard System of Tibetan Transcription«, in: *Harvard Journal of Asiatic Studies*, Band 22, 1959, S. 261–267). Um Laien die Aussprache zu erleichtern, werden bei Angaben in Sanskrit *ch*, *sh* und *sh* an Stelle der ansonsten weithin üblichen *c*, *ś* und *s* verwendet; *ch* tritt an die Stelle von *cch*.

EINFÜHRUNG VON JEFFREY HOPKINS

1
Reinigung durch Altruismus

Der Begriff »Befreiung« hat im Buddhismus stets eine Doppelbedeutung[1]: Einerseits bedeutet er Befreiung *aus* einem Zustand, der nach Heilung verlangt; andererseits Befreiung *zu* einem geheilten Zustand, in dem man, von Beschränkungen befreit, dementsprechend mehr auszurichten vermag. Der Buddha wird wie ein Arzt betrachtet. Und die Praktizierenden – gleichsam die Patienten – nutzen die Lehre des Buddha als Heilmittel, das sie von einer grundlegenden Erkrankung kuriert und sie jenen Gesundheitszustand erreichen lässt, den man zur Verwirklichung eines hochgradig altruistischen Bestrebens unbedingt benötigt.

Gemäß den im tibetischen Buddhismus geläufigen Erklärungen[2] übt man vom Zeitpunkt der Erleuchtung an auf andere einen weitaus wirkungsvolleren Einfluss aus als vorher. Buddha Shākyamunis Leben führt uns dies beispielhaft vor Augen. Auch nach Auffassung der dem Kleineren Fahrzeug[3] zugerechneten philosophischen Schulrichtungen (der Schule der großen Darlegung[4] und der Sūtra-Schule), denen zufolge sich das geistige und das physische Kontinuum eines erleuchteten Wesens im Augenblick des Todes vollständig auflöst, trifft dies zu. Gemäß den philosophischen Schulrichtungen des Großen Fahrzeugs (der Nur-Geist-Schule und der Schule des Mittleren Weges), nach deren Auffassung das Kontinuum des Geistes niemals endet, ist es das vorrangige Ziel eines Bodhisattvas, das Wohl der anderen herbeizuführen. Und die eigene, wahre Freiheit verschaffende Erleuchtung dient einem Bodhisattva als Mittel zur Verwirklichung dieses Ziels. Denn durch Buddhaschaft, die vollkommene Erleuchtung, erreicht man uneingeschränkt und für alle Zeit die spontane Fähigkeit, anderen wirkungsvoll von Nutzen zu sein.

Einen Bodhisattva kennzeichnet demnach das altruistische Streben nach Erleuchtung. Dieses Streben, das bei Bodhisattvas infolge beständiger Übung so spontan und natürlich wird, dass es im Umgang mit der äußeren Welt ebenso stark zum Ausdruck kommt wie in der Meditation, nennt man *Bodhichitta*, wörtlich »Erleuchtungsgeist«. Genau genommen sollte *Bodhichitta* allerdings eher im Sinn von »nach Erleuchtung strebender Geist« oder »auf Erleuchtung ausgerichteter Geist« verstanden werden. Im »Schmuck der klaren Verwirklichung« (*mngon rtogs rgyan, abhisamayālamkāra*) schreibt Maitreya:[5]

> Das Hervorbringen des [Erleuchtungs-] Geistes wird als Wunsch
> nach restloser,
> vollkommener Erleuchtung zum Wohl der anderen bestimmt.

Dies führte zur Definition von *Bodhichitta* oder – in der von mir bevorzugten Übersetzung dieses Begriffs – der »altruistischen Absicht, erleuchtet zu werden«

> als ein höchst bedeutsames geistiges Bewusstsein,[6] in der Essenz die Nicht-Dualität von Geist und großem Mitgefühl; hervorgerufen durch ein Streben nach dem [Zustandebringen des] Wohl[s] der anderen, geht es mit einem Streben nach vollkommener Erleuchtung einher.[7]

Für diese Geisteshaltung sind also zwei Bestrebungen kennzeichnend: das Streben nach dem Wohl der anderen und das Streben nach höchstmöglicher eigener Erleuchtung, nach Buddhaschaft. Das Streben nach eigener Erleuchtung wird als Mittel angesehen, das Wohl der anderen zu verwirklichen. Zwar muss man zunächst einmal die eigene Erleuchtung erreichen, um das Wohl der anderen bewirken zu können; aber dennoch ist die Motivation, den anderen von Nutzen zu sein, dafür Voraussetzung.

Die Erleuchtung eines Buddha wird deshalb als geeignetes Mittel betrachtet, das Wohl der anderen zu bewirken, weil ein Buddha dank seiner Allwissenheit nicht nur alle erdenklichen Methoden kennt, anderen von Nutzen zu sein, sondern zugleich auch um die Neigungen und Interessen anderer Wesen weiß. Was nun die beiden Körper eines Buddha, den Wahrheits- und den Formkörper[8] (zum Formkörper gehören der Körper der vollkommenen Freude und der Ausstrahlungskörper) anbelangt, so kommt es Bodhisattvas in erster Linie darauf an, den Formkörper zu erlangen. Denn mit Hilfe einer körperlichen Gestalt können sie das Wohl der anderen bewirken; vor allem, indem sie ihnen vermitteln, was sie sich durch die Praxis zu Eigen machen und welche Verhaltensweisen sie aufgeben sollten.

Wahrheits- und Formkörper sind notwendigerweise stets gleichzeitig vorhanden und folglich auch nur gemeinsam zu erlangen. Trotzdem bemühen sich die Bodhisattvas vor allem um den Formkörper, damit sie in unzähligen Gestalten, die den Neigungen und Interessen der lernwilligen Wesen gerecht werden, erscheinen und diese entsprechend unterweisen können.

Manche Bodhisattvas haben, wie es heißt, eine königsgleiche Motivation. Denn sie sind der Auffassung, dass zunächst sie selbst erleuchtet werden müssen, bevor sie anderen Wesen von Nutzen sein können. Bei anderen Bodhisattvas hingegen wird die Motivation mit der eines Fährmannes verglichen, weil sie den starken Wunsch hegen, gemeinsam mit allen anderen das befreiende Ufer der Buddhaschaft zu erreichen. Von wiederum anderen heißt es, ihre Motivation gleiche der eines Schäfers. Denn wie ein Schäfer als Letzter heimkehrt, erst nach der Herde, wollen sie vor der eigenen Erleuchtung sichergestellt wissen, dass zuvor bereits die anderen Wesen erleuchtet sind. In der tibetischen Überlieferung hält man allein den ersten Ansatz, die königliche Motivation, für realistisch. Denn Buddhaschaft bietet die bestmöglichen Voraussetzungen, das Wohl der anderen zu verwirklichen. Die Vorstellung, Bodhisattvas zögerten die höchste Erleuchtung eines Buddha noch hinaus, um den empfindenden Wesen von größerem Nutzen sein zu können, betrachtet man daher als ein leicht überzeichnetes Bild, das jedoch die Stärke ihrer altruistischen – der des Schäfers ähnelnden – Motivation zum Ausdruck bringen soll.

Buddhaschaft mit ihrem entsprechend altruistisch ausgerichteten Wissen und Wirken ist das endgültige Ziel; »endgültig« in dem Sinn, dass es zur Stufe des »Nicht-mehr-Lernens« gehört, da es hier keine neuen Stufen von Verständnis oder Mitgefühl mehr zu erreichen gilt. Und ein Anfang ist sie insofern, als man zum ersten Mal unter Ausnutzung all seiner Möglichkeiten anderen von Nutzen sein kann: für immer, unaufhörlich, solange es Wesen gibt, die Hilfe benötigen; mit anderen Worten, für alle Zeit.

Dieses heldenhafte Bemühen, das Wohl der anderen zu erwirken, beruht auf vier Voraussetzungen: dem Vorhandensein 1) einer Grundlage für solch eine Reinigung und Umwandlung in uns; 2) von Reinigungsobjekten; 3) eines Weges, der diese Reinigung ermöglicht; und 4) einer Frucht der Reinigung.

Die Grundlage für die Reinigung

Grundlage für die Reinigung ist die Buddha-Natur, die in zweierlei Hinsicht verstanden werden kann: Der eine Aspekt ist die Natur des Geistes als klares Licht, ein positives Phänomen; der andere ist die Leerheit des Geistes von unabhängiger Eigenexistenz, ein negatives Phänomen, die schlichte Abwesenheit eines stabil in sich ruhenden Daseins – eine wesentliche Voraussetzung für die Umwandlung des Geistes. Diese beiden Aspekte zeigen sich, so sagt man, in der bekannten Feststellung, die Dharmakīrti in seinem Kommentar zu (Dignāgas) »Kompendium [der Lehren] über gültige Erkenntnis« (*tshad ma rnam 'grel, pramānavarttika*) ausspricht:[9]

> Die Natur des Geistes ist klares Licht.
> Die Befleckungen sind vorübergehend.

»Vorübergehend« (*glo bur ba*) meint hier nicht »zufällig«, »unverursacht«, besagt vielmehr, dass die Befleckungen nicht in der Natur des Geistes liegen. Da Begierde, Hass und Unwissenheit nicht in der Natur des Geistes angesiedelt sind – denn die Natur des Geistes ist klares Licht –, zerstört man nicht den Geist selbst, wenn man ihn von seinen Befleckungen befreit.

Auch in Maitreyas Schrift »Sublimes Kontinuum des Großen Fahrzeugs« (*rgyud bla ma, uttaratantra*) geht es vor allem um die Darlegung der Natur des Geistes als klares Licht im erstgenannten Sinn eines positiven Phänomens. Die umfassendste Erläuterung dazu findet man allerdings in den Höchsten Yoga-Tantras wie dem *Guhyasamāja-Tantra* und dem *Kālachakra-Tantra.* In diesen Lehrsystemen wird sie als der immer schon vorhandene, allem zugrunde liegende Geist des klaren Lichts beschrieben – allem zugrunde liegend im Sinn eines beständig fortdauernden Kontinuums. Der Geist des klaren Lichts ist mit anderen Worten auch dann bereits vorhanden, wenn noch Geistestrübungen da sind. Und ebenso existiert er nach der Erleuchtung, bei ungetrübtem Geist. Außerdem wird er als der Allumfassend-Gute (*kun tu bzang po, samantabhadra*) und als die Grundlage von allem (*kun ghzi, ālaya*) bezeichnet, da in ihm sämtliche Phänomene ihre Grundlage haben: die Phänomene des Daseinskreislaufs ebenso wie jene von Nirvāna.[10]

Auf den ersten Blick mag es verwunderlich scheinen, dass der Buddhismus, der dem Leid solch große Bedeutung beimisst, zugleich die Auffassung von einer grundlegenden positiven Qualität, einer fundamentalen Reinheit des Geistes vertritt. Diese ist jedoch eine unabdingbare Voraussetzung für die Umwandlung des von Leid gekennzeichneten Daseinszustands in einen Zustand der Befreiung.

»Buddha-Natur« lässt sich zweitens dahingehend verstehen, dass dem Geist keine ihm von Natur aus innewohnende, inhärente Existenz[11] zukommt. Dadurch soll weder zum Ausdruck gebracht werden, der Geist sei überhaupt nicht existent, noch wird behauptet, er lasse sich nicht definieren, sei seiner Natur nach unbestimmbar. Denn Bewusstsein wird ja als »dasjenige, was licht und gewahr ist« definiert.[12] Vielmehr soll dies besagen, dass der Geist nicht aus eigener Kraft – inhärent – existiert, sein Zustandekommen nicht sich selbst verdankt, über keine unabhängige Eigenexistenz verfügt. Darin besteht die Leerheit des Geistes. Diese ist eine dem Geist zukommende Eigenschaft und zugleich seine letztendliche Natur. Wenn man zum Beispiel eine Analyse vornimmt, um zu klären, ob ein Tisch ein unabhängiges Dasein hat, und dabei untersucht, ob er mit seinen Teilen entweder genau identisch oder grundverschieden von ihnen ist (eins von beidem muss der Fall sein, wenn der Tisch *ein unabhängiges Dasein hat*), wird man einen derartigen Tisch nicht finden können. Stattdessen stößt man auf die Unauffindbarkeit des Tisches. Dieses Nicht-Finden ist die Leerheit des Tisches. Die Leerheit des Tisches besteht einfach darin, dass er keine unabhängige Eigenexistenz hat. Diese Leerheit existiert, und sie ist erkennbar – begrifflich zunächst, und schließlich unmittelbar.

Leerheit lässt sich auch in Hinblick auf den Geist von vielen verschiedenen Ausgangspunkten her bestimmen. Zum Beispiel kann man seine Entstehung auf Grund von Ursachen untersuchen, die von ihm ausgehenden Wirkungen, sein Verhältnis zum Anfang, zur Mitte und zum Ende eines Geistesmoments und so weiter. Wird einem auf diese Weise die Leerheit des Geistes einsichtig, das Nichtvorhandensein einer unabhängigen Eigenexistenz, so kann man zum ersten Mal begreifen, dass der Geist – und andere Phänomene – trügerisch sind, indem sie zwar dem Anschein nach von sich aus existieren, dies in Wahrheit jedoch nicht tun.

Um diesen Widerspruch zwischen Anschein und Wirklichkeit erfassen zu können, muss man erkennen, dass solch eine gestörte Wahrnehmung zwei Aspekte hat: Sogar im Kontext einer nichtbegrifflichen Sinneswahrnehmung rufen die Objekte fälschlich den Anschein hervor, als komme ihnen unabhängige Eigenexistenz zu. Der andere Aspekt besteht in der begrifflichen Billigung dieses trügerischen Scheins. Dieser Irrtum ist allgegenwärtig. Denn nicht nur nehmen wir von Natur aus – ohne in irgendeiner Weise dazu erzogen oder ausgebildet werden zu müssen – die Phänomene so wahr, als existierten sie von sich aus. Vielmehr schätzen wir sie auf Grund von Mängeln, die tief in unserem Geist (jedoch nicht in der Natur des Geistes) verankert sind, selbst bei einer groben Sinneswahrnehmung falsch ein.

Aus dieser Perspektive werden sämtliche Phänomene mit Ausnahme von Leerheit als *samvrti-satya* bezeichnet: als »Wahrheiten für einen Verschleierer«, Wahrheiten für ein sie verschleierndes Bewusstsein. Unter *samvrti* ist hier vor allem etwas Verhüllendes, etwas Verdunkelndes zu verstehen. »Wahrheit« hat in diesem Kontext eine spezielle Bedeutung und meint »etwas, das in der Weise existiert, wie es den Anschein hat«. Nur ein in Unwissenheit befangenes Bewusstsein nimmt an, Objekte wie ein Tisch oder der Geist existierten in eben der Weise, wie es den Anschein hat. Wahrheiten sind diese Objekte aus dem Blickwinkel der Unwissenheit. Unwissenheit geht davon aus, dass diese Objekte genau so existieren, wie sie erscheinen.

Lediglich Leerheit existiert für einen Nicht-Buddha in der Weise, wie sie sich in direkter Wahrnehmung zeigt, und ist daher die einzige Wahrheit. Das soll nicht heißen, die übrigen Phänomene besäßen kein Dasein. Leerheit existiert, und alle anderen Phänomene existieren auch. In Bezug auf Erkenntnisobjekte – existente Dinge beziehungsweise Personen – unterscheidet man zwei Kategorien. Man unterscheidet zwischen Wahrheiten für einen Verschleierer und letztendlicher Wahrheit. Leerheit wird als letztendliche Wahrheit angesehen, sofern es sich um ein Objekt für ein letztendliches Bewusstsein handelt und dieses in der Weise existiert, wie es sich der direkten Wahrnehmung zeigt.

Ein letztendliches Bewusstsein ist allerdings nicht die endgültige Bewusstseinsstufe, das allwissende Bewusstsein eines Buddha. Vielmehr handelt es sich hier um ein unbegriffliches »Verstandesbewusstsein«, das so genannt wird, weil es aus analytischer Einsicht – zum Beispiel auf Grund der zuvor erwähnten Ansätze – in das Vorhandensein beziehungsweise Nichtvorhandensein einer unabhängigen Eigenexistenz der Phänomene gewonnen wurde.

Die Buddha-Natur – die Natur des Geistes, die eine Transformation zur Buddhaschaft ermöglicht – besteht also aus beidem: der Natur des Geistes als klares Licht und ebenso aus der Leerheit des Geistes, der Abwesenheit von unabhängiger Eigenexistenz. Insofern bildet die Buddha-Natur also die Basis der Reinigung und Transformation, da die hinzugekommenen Befleckungen sich wieder beseitigen lassen.

Die Objekte der Reinigung

Bei den zu beseitigenden Befleckungen handelt es sich im Wesentlichen um eine der beiden zuvor angesprochenen Wahrnehmungsstörungen oder Geistestrübungen, die auch als Leid verursachende Hindernisse beziehungsweise als Hindernisse für die Allwissenheit bezeichnet werden. Die Leid verursachenden Hindernisse verhindern die Befreiung aus dem Daseinskreislauf, der uns immer wieder aufs Neue mit Geburt, Alter, Krankheit und Tod konfrontiert, ohne dass wir dagegen etwas ausrichten können.

Das größte Leid verursachende Hindernis besteht in Unwissenheit. Sie lässt uns glauben, die Phänomene – Personen oder Objekte – existierten von sich aus. Allerdings müssen die negativen Bewusstseinszustände, die aus solcher Unwissenheit hervorgehen, ebenfalls hinzugerechnet werden: Begierde, Hass, Stolz, Feindseligkeit, Geiz, Faulheit und dergleichen mehr. Das Dasein all dieser negativen Geisteszustände basiert auf Unwissenheit. Ist hingegen Wissen, Weisheit, vorhanden an Stelle von Unwissenheit, so entbehren diese Geistestrübungen jeder Daseinsgrundlage. Man bezeichnet sie auch als Leid verursachende Emotionen*, Geistesgifte (*nyon mongs*, *klesha*), weil sie uns innerlich vergiften, verstören, quälen, uns Schmerz und Leid bereiten. Veranschaulicht wird dies meist anhand der durch Wut hervorgerufenen Verzerrungen des menschlichen Gesichtsausdrucks. Doch nicht bloß bei Begierde, Hass und dergleichen handelt es sich um Leid verursachende, verstörende Emotionen. Die eigentliche Ursache von Leid, die fundamentale Unfreiheit, die Grundstörung, besteht vielmehr in Unwissenheit. Die übrigen Störungen, die scheinbar – jedoch nicht wirklich – im Bauplan des Lebens angelegt sind, ergeben sich einzig und allein aus dem unangemessenen Stellenwert, den man den Phänomenen aus Unwissenheit beimisst.

Um eine noch tiefer gehende Störung handelt es sich bei dem zweiten Sachverhalt, den es zu bereinigen gilt: den Hindernissen für die Allwissenheit, die als eine den Objekten *scheinbar* zukommende unabhängige Eigenexistenz beschrieben werden. Erst wenn die Leid verursachenden Hindernisse aus dem Weg geräumt sind, können auch diese Hindernisse beseitigt werden. Da ein Bodhisattva vor allem von dem Wunsch motiviert ist, anderen von Nutzen zu sein, will er oder sie in erster Linie die Hindernisse für die Allwissenheit beseitigen. Denn diese verhindern eine umfassende Kenntnis der befreienden Methoden und machen es unmöglich, den Geist anderer Wesen in subtiler Weise

* wörtlich: »das, was den Geist von innen her quält«

wahrzunehmen. Nichtsdestoweniger müssen auch Bodhisattvas zunächst die Leid verursachenden Hindernisse beseitigen. Erst dann können sie allmählich dafür sorgen, dass die Phänomene ihren fundamental trugbildhaften Charakter verlieren, der einem allumfassenden Wissen im Weg steht, es unzugänglich macht und vereitelt.

Die Mittel der Reinigung

Von seiner zweiteiligen Analyse der Geistesnatur ausgehend, erklärt der Buddhismus in den Lehren des Großen Fahrzeugs, diesen Irrtümern, die zu einer fundamentalen Fehleinschätzung der Wirklichkeit führen, könne man abhelfen. Um für Abhilfe zu sorgen, genügt es allerdings nicht, darüber zu reden, Gedanken auszutauschen und zu diskutieren. Entsprechende Überlegungen sind zwar für viele Menschen ein wichtiger Schritt, um sich bewusst zu machen, dass die Phänomene nicht aus sich heraus existieren. Eine allein darauf beruhende Einsicht reicht allerdings nicht aus. Stabile geistige Sammlung ist ebenfalls notwendig. Die Entwicklung eines Weisheitsbewusstseins, dessen Einsicht in die Abwesenheit einer den Phänomenen innewohnenden Eigenexistenz so weit geht, dass es tatsächlich als Gegenmittel gegen die Leid verursachenden Hindernisse wirksam sein kann, erfordert die Entwicklung einsgerichteter Sammlung; sodann einen Wechsel zwischen einsgerichteter, stabiler Sammlung und analytischer Meditation in einer Weise, dass schließlich die analytische Meditation, statt die meditative Stabilisierung zu beeinträchtigen, ein höheres Maß an meditativer Stabilisierung herbeizuführen vermag und durch die erhöhte meditative Stabilisierung wiederum die analytische Meditation vertieft wird. Man sagt, dass ein nicht durch stabilisierende, sondern durch analytische Meditation herbeigeführtes ruhiges Verweilen des Geistes – geistige Stabilität – einen Zustand des ruhigen Verweilens, der allein durch stabilisierende Meditation herbeigeführt wird, bei weitem übertrifft.

Doch auch eine meditative Stabilisierung, die ruhiges Verweilen und besondere Einsicht in sich vereint, reicht noch nicht aus. Leerheit, die Abwesenheit von unabhängiger Eigenexistenz, auf die sich dieser Geisteszustand der meditativen Stabilisierung bezieht, wird mittels einer begrifflichen Vorstellung erkannt, die man als allgemeines Verständnis bezeichnet. Allmählich aber löst man sich von diesem allgemeinen Leerheitsverständnis. Der Dualismus zwischen dem eigenen Bewusstsein und jener Leerheit oder Abwesenheit von unabhängiger Eigenexistenz, auf die dieses Bewusstsein sich bezieht, wird immer geringer. Und schließlich gelangt man in gänzlich nicht-dualistischer Einsicht zu einem unmittelbaren Leerheitsgewahrsein. Dieses ist in einem fünffachen Sinn nicht-dualistisch:

1. Keine Konzeptualisierung der Erscheinung ist vorhanden.
2. Ebensowenig ist eine Wahrnehmung von Subjekt und Objekt vorhanden. Subjekt und Objekt sind wie frisches Wasser, das in frisches Wasser gegossen wird.
3. Keine unabhängige Eigenexistenz zeigt sich.
4. Keine konventionellen Phänomene zeigen sich. Nur Leerheit wird sichtbar.
5. Kein Unterschied zeigt sich. Zwar wird die Leerheit aller Phänomene in sämtlichen Weltsystemen sichtbar, doch erweisen sich diese als nicht voneinander verschieden.[13]

Doch selbst auf dieser Stufe des Leerheitsgewahrseins werden lediglich jene Leid verursachenden Hindernisse beseitigt, die künstlich erworben wurden. Das heißt: Beseitigt werden die durch Untersuchung, Analyse und philosophische Systeme bestärkten Vorstellungen von unabhängiger Eigenexistenz. Dieses Gewahrsein ist noch nicht stark genug, um jene Leid verursachenden Hindernisse, die wir von Natur aus mitbringen, ebenfalls beseitigen zu können – jene Art von Unwissenheit, Begierde und dergleichen, die man auch bei Tieren und Babys antrifft. Dazu ist erforderlich, dass man wiederholt über die bereits einsichtig gewordene Wirklichkeit meditiert. Ähnlich wie man beim Waschen schmutziger Wäsche zunächst den gröberen Schmutz und danach immer subtilere Befleckungen entfernt, muss man immer wieder aufs Neue Zugang zum unmittelbaren Leerheitsgewahrsein finden.

Mit der Zeit werden alle Leid verursachenden Hindernisse beseitigt. Doch dieser Prozess reicht nicht aus, um die Hindernisse für die Allwissenheit zu beseitigen, die wie gesagt vor allem in dem scheinbar unabhängigen Dasein der Objekte und in den entsprechenden, diesen trügerischen Schein hervorrufenden Geistestendenzen bestehen. Das zur Überwindung dieser Hindernisse benötigte Weisheitsbewusstsein muss durch die Bodhisattva-Praxis ausreichend gestärkt und intensiviert werden – durch die altruistischen Handlungen der Freigebigkeit, des ethischen Verhaltens und der Geduld, von denen gesagt wird, es handele sich um unermesslich viele, über unermesslich lange Zeit anzuwendende Methoden.

Altruistische Einstellungen und die entsprechenden, durch diese Motivation hervorgerufenen Handlungen stärken schließlich das Weisheitsbewusstsein so weit, dass es diese fundamentale Störung, die trügerische Erscheinung der Phänomene, zu beseitigen vermag. In den Darlegungen des Sūtra-Lehrsystems heißt es, der gesamte Prozess nehme drei Daseinszyklen in Anspruch, die »unzählige« Äonen umfassen. Im Höchsten Yoga-Tantra wird dieser Prozess durch die Nutzung subtilerer Bewusstseinsebenen so sehr beschleunigt, dass man innerhalb einer einzigen Lebensspanne Buddhaschaft verwirklichen kann.

Die Früchte der Reinigung

Auf diese Weise werden die durch Begierde und Hass bedingten Störungen beseitigt; ebenso die Unwissenheit, die uns glauben macht, die Objekte verfügten über eine unabhängige Eigenexistenz. Anders verhält es sich dagegen mit solchen Eigenschaften wie Liebe, Mitgefühl und Vertrauen. Denn ihr Vorhandensein beruht nicht auf Unwissenheit – gleichgültig, mit wieviel Unwissenheit, qualvoller Begierde und dergleichen sie mitunter verbunden sein mögen. Daher werden *sie* auch nicht beseitigt, wenn man die Unwissenheit beseitigt. Liebe und Mitgefühl beruhen auf fundierter Erkenntnis. Und sobald man solche Geistesphänomene erst einmal entwickelt hat, benötigt man dank der Beschaffenheit des Geistes nicht mehr dieselbe Anstrengung, um sie erneut hervorzubringen. Daher lassen sie sich unbegrenzt entwickeln.[14]

Die grundlegendsten Störungen, die eine umfassende Entwicklung verhindern, die Hindernisse für die Allwissenheit – die dem Anschein nach vorhandene unabhängige Eigenexistenz der Objekte –, können beseitigt werden, wenn die altruistischen Einstellungen und Handlungen das Wissen so stärken, dass keine Spur eines trügerischen Scheins zurückbleibt. In diesem Sinn steht Altruismus im Dienst der Weisheit. Doch Weisheit steht auch im Dienst des Altruismus. Denn der Grundmotivation eines Bodhisattvas entsprechend ermöglicht die vollständige Erleuchtung, die man durch diese weiter entwickelte Form von Weisheit erreicht, eine vollkommene, spontane, altruistische Aktivität. Um den empfindenden Wesen ihren jeweiligen Neigungen und Interessen entsprechend von Nutzen zu sein, kann diese Aktivität eine größere Formenvielfalt annehmen, als es Sandkörner im Ganges gibt.

Buddhaschaft ist im Unterschied zur inneren Ausgeglichenheit der Leerheitsmeditation kein vollständig nicht-dualer Zustand. Drei der fünf zuvor aufgeführten Dualitätsaspekte sind in der Buddhaschaft gegeben: Zwar findet hier keine Konzeptualisierung der Erscheinung statt. Jedoch existiert eine Wahrnehmung von Subjekt und Objekt im Sinn des Erfassens konventioneller

Phänomene; allerdings nicht aus der Perspektive jenes klaren, von allem Dualismus freien Leerheitsgewahrseins, welches das allwissende Bewusstsein kennzeichnet. Zwar besteht hier kein Anschein von unabhängiger Eigenexistenz, aber konventionelle Phänomene zeigen sich durchaus – es ist nicht alles nur Leerheit. Dementsprechend kommen auch Unterschiede zum Vorschein. Die Leerheit aller Phänomene in sämtlichen Weltsystemen zeigt sich, und diese Phänomene zeigen sich ebenfalls. In der vollkommen nicht-dualen Verwirklichung von Leerheit, der Einsicht in das Nichtvorhandensein von unabhängiger Eigenexistenz, nimmt ein Buddha zugleich die konventionellen Phänomene wahr und macht von unzähligen Handlungsmöglichkeiten Gebrauch, um zu bewirken, dass andere Wesen denselben Zustand erreichen. Darin besteht die Freiheit von allen Fesseln und die Freiheit zu einem wirksamen altruistischen Bestreben.

2

Der Gottheiten-Yoga: eine spezielle tantrische Meditationstechnik

Da die Menschen über so unterschiedliche Fähigkeiten, Neigungen und Interessen verfügen, hat Buddha Shākyamuni viele verschiedene Wege zur Erleuchtung gelehrt.[15] Es gibt seine Darlegung des Sūtra und des Tantra. Innerhalb des Sūtra haben wir die verschiedenen philosophischen Schulrichtungen: die Schule der großen Darlegung, die Sūtra-Schule, die Nur-Geist-Schule und die Schule des Mittleren Weges; und innerhalb des Tantra vier verschiedene Tantra-Klassen: Handlung, Ausübung, Yoga und Höchstes Yoga (wörtlich »unübertroffenes Yoga«).[16]

In den vier Schulen des Sūtra-Lehrsystems hat er dreierlei Wege beschrieben: für Hörer[17], für Alleinverwirklicher[18] und für Bodhisattvas. Innerhalb der vier Schulen findet man weitere Unterteilungen. Außerdem beinhalten die vier Tantra-Klassen eine Vielzahl unterschiedlicher Meditationsprozesse und -methoden. Daraus ergeben sich Verpflichtungen in vielen verschiedenen Abstufungen – von der bloßen Zufluchtnahme bis zu den tantrischen Gelübden –, viele verschiedene Wege und viele verschiedene Methoden.[19]

Um die Besonderheit des Tantra richtig einschätzen zu können, muss man wissen, worin der Unterschied zwischen dem Sūtra- und dem Tantra-Fahrzeug besteht. Und dazu muss man sich zunächst einmal über die Unterschiede zwischen den Fahrzeugen innerhalb des Sūtra im Klaren sein: dem Fahrzeug der Hörer, dem Fahrzeug der Alleinverwirklicher und dem Bodhisattva-Fahrzeug, auch Großes Fahrzeug genannt. Schließlich kann man dann die weiter gehende Einteilung des letzteren in seine Sūtra- und seine Tantra-Formen in Betracht ziehen.

Der Unterschied zwischen den Sūtra-Fahrzeugen

»Fahrzeug« (*theg pa, yāna*) hat zwei Bedeutungen:

1. *Yā* bedeutet »sich fortbewegen«, und *na* bezeichnet die *Mittel* der Fortbewegung. Daher sind in einem Fahrzeug jene Formen spiritueller Praxis zusammengefasst, die den Praktizierenden zu einer höheren Entwicklungsstufe befördern – jene Formen spiritueller Praxis, deren Verwirklichung dazu führt, dass im Geistesstrom ein höherer Zustand erreicht werden kann.
2. Einem etwas weniger gängigen Sprachgebrauch zufolge kann »Fahrzeug« auch auf das Ziel verweisen: auf den Ort beziehungsweise den Zustand, den man erreichen will. Denn ganz so wie ein Fahrzeug eine bestimmte Ladung aufnehmen oder tragen kann, kann man es im Zustand der Buddhaschaft – dem Ziel des Bodhisattva-Fahrzeugs – auf sich nehmen oder dazu beitragen, das Wohl aller empfindenden Wesen zu verwirklichen. Im Zustand eines Feindüberwinders (*dgra bcom pa, arhat*)[20] hingegen – dem Ziel des Kleineren Fahrzeugs – kann man lediglich einen viel geringeren Beitrag dazu leisten.[21]

Da »Fahrzeug« diese beiden Bedeutungen hat, muss der Unterschied zwischen den beiden buddhistischen Fahrzeugen – dem Fahrzeug der Hörer und Alleinverwirklicher (dem Kleineren Fahrzeug) und dem Bodhisattva-Fahrzeug (oder Großen Fahrzeug) – in einer der beiden Bedeutungen zu finden sein: in der von Fahrzeug als Mittel, mit dem man sich voranbewegt, oder in der von Fahrzeug als dem Bestimmungsort oder Zustand, zu dem hin man fortschreitet. Oder aber der Unterschied muss beide Bedeutungen betreffen.

Interpretiert man die Begriffe »Kleineres Fahrzeug« und »Großes Fahrzeug« so wie die von den meisten Schulrichtungen des tibetischen Buddhismus als Gipfel der philosophischen Lehrsysteme angesehene Prāsangika-Mādhyamika-Schule – die Schule des Mittleren Weges, welche die Widerlegung sämtlicher philosophischer Beweisführungen unternimmt, indem sie die jeweils daraus folgende Konsequenz ad absurdum führt [22] – so besteht in Hinblick auf die Bedeutung von Fahrzeug als angestrebtem Ziel ein gewaltiger Unterschied zwischen beiden. Im Kleineren Fahrzeug erreicht man das höchste Ziel der Praxis, indem man zum Feindüberwinder wird. Den Feind in Gestalt von Unwissenheit hat man dann also überwunden. Man ist jedoch nicht allwissend und daher kein Buddha. Anders als ein Buddha verfügt ein Feindüberwinder nicht über die Fähigkeit, sich spontan in einer Fülle von Formen zu manifestieren, um sämtlichen Wesen von Nutzen zu sein. Da der Zustand der Buddhaschaft sich von dem eines Feindüberwinders stark unterscheidet, besteht in Bezug auf die Bedeutung von Fahrzeug als angestrebtem Ziel – dem Ziel, entweder ein Buddha oder ein Feindüberwinder zu sein – ein bedeutsamer Unterschied zwischen dem Kleineren und dem Großen Fahrzeug.

Angesichts ihrer unterschiedlichen Zielsetzungen müssen die beiden Fahrzeuge sich auch in der Praxis, mit der man sich auf das Ziel zubewegt, voneinander unterscheiden. Soweit es um die Mittel geht, mit denen man auf dem Weg vorankommt, können Unterschiede zwischen dem Kleineren und dem Großen Fahrzeug nur in zwei Bereichen auftreten – im Bereich der Methode oder der Weisheit. Denn indem die Methode in erster Linie den Formkörper eines Buddha und die Weisheit in erster Linie den Wahrheitskörper eines Buddha hervorbringt, beinhalten diese beiden Aspekte den gesamten Weg.[23]

Bezüglich der Weisheit besteht aus Sicht der Prāsangika-Mādhyamaka-Schule zwischen dem Kleineren und dem Großen Fahrzeug kein Unterschied. Denn in beiden Fahrzeugen benötigt man die Einsicht in die subtile Leerheit, die nicht vorhandene Eigenexistenz *sämtlicher* Phänomene – zum Beispiel die Leerheit von Körper, Geist, Kopf, Auge, Mauer, Bewusstsein und so weiter.[24] Allerdings unterscheidet sich das Kleinere Fahrzeug vom Großen Fahrzeug darin, *wie* Weisheit in Bezug auf das Objekt des Weisheitsbewusstseins, die subtile Leerheit oder Abwesenheit von unabhängiger Eigenexistenz, entwickelt wird. Unterschiede bestehen in der Anzahl der Überlegungen, die man anstellt, um zur Einsicht in die subtile Leerheit zu gelangen: Bodhisattvas bedienen sich einer unermesslich großen Zahl von Überlegungen, während Hörer und Alleinverwirklicher sich auf einige wenige beschränken.[25] Keinen Unterschied gibt es hingegen zwischen der Einsicht in Leerheit, die ein Praktizierender des Kleineren Fahrzeugs verwirklicht, und jener, die ein Praktizierender des Mahāyāna-Buddhismus verwirklicht. Insofern besteht in Hinblick auf die Weisheit kein Unterschied.

Da zwischen der im Kleineren Fahrzeug und der im Großen Fahrzeug erreichten Weisheit kein Unterschied besteht – da man nicht jeweils eine andere Art von Leerheit erkennt –, muss der Unterschied zwischen den beiden Fahrzeugen in der Methode zu finden sein.[26] »Methode« hat hier die spezifische Bedeutung von »Motivation und dem durch sie veranlassten Handeln«. Unabhängig davon, wieviel Mitgefühl ein Praktizierender des Kleineren Fahrzeugs aufbringen mag, besteht seine Ausgangsmotivation darin, *sich* aus dem Daseinskreislauf[27] zu befreien. Demgegenüber ist die Ausgangsmotivation im

Großen Fahrzeug das *altruistische*, durch große Liebe und großes Mitgefühl hervorgerufene Streben nach höchster Erleuchtung.[28] Hier übernimmt man die Verantwortung dafür, das Wohlergehen sämtlicher Wesen herbeizuführen. Soweit es um die Methode geht, besteht also ein bedeutsamer Unterschied zwischen dem Kleineren und dem Großen Fahrzeug, hinsichtlich der Weisheit hingegen nicht.[29]

Zwischen dem Kleineren und dem Großen Fahrzeug besteht also in beiden Bedeutungen von Fahrzeug ein Unterschied – im Sinn von Mittel, mit dem man auf dem Weg vorankommt, wie auch in dem des angesteuerten Ziels.

Der Unterschied zwischen dem Fahrzeug der Vollendung und dem Mantra-Fahrzeug

Im Großen Fahrzeug sind zwei Fahrzeuge enthalten: das Fahrzeug der Vollendung und das Mantra- (bzw. Tantra-) Fahrzeug.[30] Beim Vollendungsfahrzeug handelt es sich um das Sūtra-Lehrsystem des Großen Fahrzeugs, und beim Mantra-Fahrzeug um das Mantra- beziehungsweise Tantra-Lehrsystem des Großen Fahrzeugs.

Besteht zwischen dem Sūtra-System des Großen Fahrzeugs – Fahrzeug im Sinn des angesteuerten Ziels – und dem Tantra-System des Großen Fahrzeugs ein Unterschied? Im Sūtra-System des Großen Fahrzeugs ist Buddhaschaft das Ziel. Und ein anderes Ziel kann auch das Tantrayāna nicht haben. Denn es gibt keine höhere Verwirklichung als die Buddhaschaft, die im Sūtra als die Verwirklichung des Wahrheitskörpers und des Formkörpers bezeichnet wird.

Einen Buddha beschreibt das Sūtra als ein Wesen, das sämtliche Hindernisse beseitigt und sämtliche Glück verheißenden Attribute erlangt hat; als ein Wesen, bei dem die Bewegung der groben Winde, der inneren Energien[31], zur Ruhe gekommen ist. Solch eine Buddhaschaft beinhaltet daher notwendigerweise auch die Verwirklichung des Höchsten Yoga-Mantra[32], dessen Hauptziel darin besteht, die Bewegung aller groben Winde aufhören zu lassen und die Manifestation der im gleichen Moment in völlig reiner Form zum Vorschein kommenden, subtilsten aller Bewusstseinsstufen, der Geistesnatur des klaren Lichts, zu ermöglichen.[33] Der häufig als Ziel des Tantra bezeichnete Zustand eines Vajradhara kommt also der im Sūtra beschriebenen Buddhaschaft gleich.[34]

Soweit es um den Bestimmungsort des Weges geht, um das Ziel, unterscheiden sich daher das Fahrzeug der Vollendung und das Mantra-Fahrzeug nicht. Der Unterschied muss demnach im Sinn von Fahrzeug als *Mittel*, mit dem man sich auf dem Weg voranbewegt, zu finden sein. Sie müssen sich entweder bezüglich der Methode oder der Weisheit unterscheiden; oder aber in beidem.

Läge der Unterschied in der Weisheit, so ergäben sich daraus allerdings zahlreiche Probleme. Denn im Vollendungsfahrzeug sind auch Nāgārjunas Unterweisungen des Mittleren Weges zur Leerheit enthalten; und es müsste dann eine noch subtilere Leerheit geben als jene, die Nāgārjuna mit vielen verschiedenen Beweisführungen in seiner »Abhandlung über den Mittleren Weg« (*dbu ma'i bstan bcos, madhyamakashāstra*) dargelegt hat. Das ist aber nicht der Fall.

Sūtra und Tantra unterscheiden sich also nicht in der Sicht, womit hier die objektive Sicht, das sichtbar werdende Objekt (*yul gyi lta ba*) – Leerheit oder letztendliche Wahrheit – gemeint ist und nicht das zur Einsicht gelangende Bewusstsein. Denn in Bezug auf die Subtilität des vom Bewusstsein erlangten Leerheitsgewahrseins besteht zwischen dem Sūtra-System des Großen Fahrzeugs und dem Höchsten Yoga-Tantra kein Unterschied.

Insbesondere in den Höchsten Yoga-Tantras wie dem *Kālachakra-Tantra* bringt man subtilere, höher entwickelte Formen von Bewusstsein hervor, um zur Einsicht in dieselbe Leerheit, dieselbe Abwesenheit von unabhängiger Eigenexistenz, zu gelangen. Weil es sich aber um dasselbe Objekt handelt, in das man hier Einsicht gewinnt – unabhängig davon, ob man durch ein mehr oder weniger subtiles Bewusstsein zu dieser Einsicht gelangt –, ist auch die »objektive Sicht« dieselbe.[35]

Soweit es um das von einem Weisheitsbewusstsein erfasste Objekt geht, kann also in Hinblick auf den Weisheitsaspekt zwischen dem Sūtra- und dem Tantra-System des Großen Fahrzeugs kein Unterschied bestehen. Daher muss der Unterschied wieder in der Methode zu finden sein.

Grundlegend für die Methode ist im Sūtra- wie im Tantra-System des Großen Fahrzeugs der altruistische Vorsatz, zum Wohl aller empfindenden Wesen erleuchtet zu werden. Die Motivationsgrundlage für die Handlungen, die man auf dem Weg ausführt, ist daher identisch. Der zweite Hauptaspekt der Methode betrifft die aus dieser Motivation hervorgehenden Handlungen selbst. Im Sūtra-System des Großen Fahrzeugs sind damit die durch das altruistische Bestreben bewirkten Handlungen gemeint, die befreienden Qualitäten der Freigebigkeit, des ethischen Verhaltens und der Geduld. Da die befreienden Qualitäten aber auch im Tantra praktiziert werden, können sie den Unterschied nicht ausmachen. Außerdem legt man im Tantra sogar noch größeren Wert darauf, die befreienden Qualitäten der Freigebigkeit, des ethischen Verhaltens und der Geduld zu praktizieren, als im Sūtra. Ein Praktizierender des tantrischen Buddhismus geht die Verpflichtung ein, sich mindestens sechs Mal im Laufe eines Tages dieser Praxis zu widmen.[36]

Ebensowenig kann die Unterscheidung auf Grund der Schnelligkeit getroffen werden, mit der man auf dem Weg vorankommt. Denn zwischen den vier Tantra-Klassen – den Tantras der Handlung, der Ausübung, des Yoga und des Höchsten Yoga – bestehen in dieser Hinsicht große Unterschiede; und im Sūtra-System des Großen Fahrzeugs lassen sich diesbezüglich fünf Kategorien unterscheiden, von langsam bis schnell. Außerdem darf der Unterschied nicht auf einem kleinen oder unbedeutenden Merkmal beruhen, sondern muss in einem wichtigen Aspekt begründet sein.[37]

Der große Unterschied zeigt sich in der Art und Weise, wie man in der tantrischen Meditation den eigenen Körper betrachtet – nämlich so, als sei er mit den gleichen Attributen ausgestattet wie der Formkörper eines Buddha. Im Sūtra-System des Großen Fahrzeugs gibt es keine derartige Meditation. Diese Meditation ist der Gottheiten-Yoga[38], den es in allen vier Tantra-Klassen, nicht jedoch in den Sūtra-Lehrsystemen gibt. Gottheiten-Yoga bedeutet, in der Meditation die Vorstellung zu entwickeln, man sei nun mit dem Formkörper eines Buddha versehen. Man meditiert über sich selbst in Gestalt eines Buddha-Formkörpers[39] und betrachtet sich als ein ideales, im altruistischen Sinn aktives Wesen.

Demgegenüber gibt es im Fahrzeug der Vollendung die Meditation in einer dem Wahrheitskörper, dem Weisheitsbewusstsein eines Buddha entsprechenden Form. Ein Bodhisattva tritt hier in meditative Ausgeglichenheit ein, indem er unmittelbare Einsicht in Leerheit gewinnt. Dem Geist zeigt sich dann nichts anderes als die letztendliche Natur der Phänomene, die Abwesenheit von unabhängiger Eigenexistenz; und das Weisheitsbewusstsein ist mit dieser Leerheit eins geworden. Ein Bodhisattva im Kontext des Sūtra-Systems hegt zwar im Unterschied zum tantrischen Bodhisattva nicht die Vorstellung, dass die Stufe der meditativen Ausgeglichenheit der Wahrheitskörper eines Buddha *ist*.[40] Doch in Hinblick auf die Wahrnehmung der letztendlichen Wirklichkeit ahmt der innere Gleichgewichtszustand in der Leerheitsmeditation das erhabene Weisheitsbewusstsein eines Buddha nach. Insofern kann man also sagen, dass es im Sūtra-System Meditationen in einer dem *Wahrheitskörper* eines Buddha entsprechenden Form gibt.

Hingegen findet sich im Sūtra-Fahrzeug der Vollendung keine dem *Formkörper* eines Buddha entsprechende Meditation. Man meditiert zum Beispiel über die Darbringung von Opfergaben an Buddhas. Aber es gibt keine Meditation, in der man sich selbst so betrachtet, als verfüge man über den physischen Körper eines Buddha.[41]

Dem Methodenaspekt wird diese meditative Entwicklung eines außergewöhnlichen Körpers, des Körpers einer Gottheit, deshalb zugerechnet, weil sie in erster Linie der Verwirklichung des Formkörpers eines Buddha dient. Im Sūtra-System hingegen gibt es dafür nur *ein* Mittel: Auf der Basis des altruistischen Strebens nach Erleuchtung praktiziert man die ersten drei befreienden Qualitäten – Freigebigkeit, ethisches Verhalten und Geduld – auf »unendlich vielfältige« Weise und über »unendlich lange« Zeit; genauer gesagt über drei Zyklen, die »unermesslich« große Äonen umfassen (»unermesslich« steht, wie es heißt, für eine Eins mit 59 Nullen). Auch das Mantra-Fahrzeug beinhaltet die Praxis der befreienden Qualitäten von Freigebigkeit, ethischem Verhalten und Geduld; jedoch nicht in »unendlich vielfältiger« Weise und über »unendlich lange« Zeiträume. Obgleich die befreienden Qualitäten gleichfalls eine wichtige Rolle spielen, muss man sie nicht in »unendlich vielfältiger« Weise und über »unendlich lange« Zeit praktizieren, weil man hier zusätzlich die Methode anwendet, über sich selbst in einer dem Formkörper eines Buddha entsprechenden Gestalt zu meditieren.[42]

Mit anderen Worten meditiert man, um schneller ein Buddha zu werden, in den tantrischen Systemen über sich selbst in einer Form, die in körperlicher und geistiger Hinsicht einem Buddha entspricht. Da es sich hierbei um eine wirklich spezielle Praxis handelt, konstituieren diejenigen Lehren, die sich auf sie stützen, ein eigenes Fahrzeug: das Tantra-System des Großen Fahrzeugs.

Im Gottheiten-Yoga beginnt man mit der Leerheitsmeditation und nutzt dieses zu Leerheitsgewahrsein gelangte Bewusstsein – oder zumindest eine Vorstellung davon – dann als Ausgangsbasis, um die Energie eines Buddha entstehen zu lassen. Das Weisheitsbewusstsein erscheint in der physischen Gestalt eines Buddha. Dieses eine Bewusstsein beinhaltet demnach zwei Komponenten: einen Weisheitsaspekt und einen Methodenaspekt beziehungsweise die Aspekte 1) der Gewissheit in Bezug auf Leerheit und 2) der Erscheinung als ideales Wesen. So kann man durch die Praxis des Gottheiten-Yoga *gleichzeitig* Verdienst und Weisheit ansammeln, was ihre Anhäufung beschleunigt.[43]

Die Lehrsysteme, in denen diese Praxis vorkommt, werden zusammenfassend als *Vajra*-Fahrzeug bezeichnet. Denn das in der Erscheinung einer Gottheit sich manifestierende Bewusstsein ist eine *Vereinigung* von Weisheit – Einsicht in Leerheit – und dem auf das Wohl der anderen ausgerichteten Mitgefühl. Die untrennbare Einheit von Weisheit und Mitgefühl wird durch einen

Vajra symbolisiert, einen Diamanten, der auf Grund seiner »Unzerstörbarkeit« als »Herr der Steine« gilt.[44] Die beiden Elemente dieser Verbindung, das in der Methode zum Ausdruck kommende Mitgefühl und die durchdringende Weisheit, bilden das eigentliche Herzstück des Vollendungsfahrzeugs. So wird ersichtlich, dass Sūtra und Tantra – ungeachtet der Unterschiede – einander ergänzende Systeme sind. Ferner wird ersichtlich, dass sich Mitgefühl im Tantra ganz und gar nicht erübrigt, sondern im Gegenteil eine unerlässliche Notwendigkeit für die tantrische Praxis darstellt, und dass die Weisheit des Vollendungsfahrzeugs nicht zugunsten eines tieferen Wirklichkeitsverständnisses im Tantra-Fahrzeug aufgegeben wird.

Zusammenfassung

Lassen Sie uns kurz die Kernpunkte dieser Erörterung rekapitulieren. Der Unterschied zwischen den Fahrzeugen muss in einer der beiden Bedeutungen zu finden sein: Fahrzeug als Mittel, mit dem man sich voranbewegt, oder Fahrzeug als Ziel, auf das man sich zubewegt. In beiden Bedeutungen unterscheidet sich das Kleinere Fahrzeug vom Großen Fahrzeug. Als Hörer oder als Alleinverwirklicher strebt man im Kleineren Fahrzeug den Zustand eines Feindüberwinders an. Ziel des Großen Fahrzeugs ist Buddhaschaft. Bezogen auf »Fahrzeug« im Sinn der Mittel, mit denen man auf dem Weg vorankommt, gibt es in Hinblick auf die Weisheit, die zur Einsicht in die subtilste Natur der Phänomene gelangt, keinen Unterschied. Ein Unterschied besteht allerdings hinsichtlich der Methode: Er betrifft den – im Großen Fahrzeug, nicht jedoch im Kleineren Fahrzeug vorhandenen – altruistischen Erleuchtungsgeist (die Absicht, zum Wohl der anderen erleuchtet zu werden) und die mit ihm einhergehenden Handlungen.

Das Sūtra- und das Tantra-Lehrsystem des Großen Fahrzeugs unterscheiden sich nicht in Bezug auf ihr Ziel, den angestrebten Zustand. Denn beide streben nach der höchsten Erleuchtung eines Buddha. Den Unterschied, der wiederum nicht in der Weisheit, sondern in der Methode liegt, machen die auf dem Weg zu diesem Ziel eingesetzten Mittel aus. Der Unterschied in der Methode ist aber weder in der Grundlage oder Motivation allen Handelns – der altruistischen Absicht, erleuchtet zu werden – noch in der Praxis der befreienden Qualitäten zu finden, die ja in beiden Fahrzeugen geübt wird. Der Unterschied besteht vielmehr in der zusätzlichen Meditationstechnik des Gottheiten-Yoga. Das als Gottheit bezeichnete überirdische Wesen ist eine Manifestation von Weisheit und Mitgefühl. In der speziellen Praxis des Gottheiten-Yoga vereint man also seinen Körper, seine Rede, seinen Geist und seine Handlungen mit dem erhabenen Körper, der erhabenen Rede, dem erhabenen Geist und den erhabenen Handlungen eines überirdischen Wesens. So manifestiert man auf dem tantrischen Weg ein Abbild jenes Zustands, den es erst noch zu erreichen gilt.

Der Unterschied zwischen den vier Tantra-Klassen

Innerhalb des Mantra-Fahrzeugs sind diverse Einteilungen der Tantras in unterschiedlich viele Klassen möglich. Tsongkapa hält sich in seiner Schrift »Große Darlegung des Geheimen Mantra« an ein Einteilungssystem der Tantras in vier Klassen: Handlungs-Tantra, Ausübungs-Tantra, Yoga-Tantra und Höchstes Yoga-Tantra.[45] Diese vier Klassen unterscheidet man weder 1) anhand des *zu erreichenden Ziels*, da alle vier das Wohl der anderen herbeiführen sollen, noch 2) anhand des *Objekts der Verwirklichung*, die man für sich selbst anstrebt, da alle vier die vollständige Erleuchtung der Buddhaschaft zu verwirklichen suchen, noch unterscheidet man sie 3) lediglich auf Grund der unterschiedlichen Arten von *Gottheiten-Yoga*, die jeweils zur Anwendung gelangen, da man in jeder der vier Tantra-Klassen viele verschiedene Arten von Gottheiten-Yoga praktiziert.

Bei manchen Autoren heißt es, die Einteilung der Tantras in vier Klassen stehe in Entsprechung zu den verschiedenen gesellschaftlichen Kasten. Tatsächlich stammen jedoch die Praktizierenden der vier Tantra-Klassen aus sämtlichen Gesellschaftsschichten. Außerdem haben keineswegs alle Mitglieder einer Gesellschaftsschicht die Befähigung für die Tantra-Praxis. Andere erklären, die Einteilung der Tantras in vier Klassen sei mit Rücksicht auf die Anhänger bestimmter nichtbuddhistischer Gottheiten vorgenommen worden. Tatsächlich muss man aber, bevor man den Weg des Mantra-Fahrzeugs einschlägt, keineswegs eine nichtbuddhistische Lehre studieren beziehungsweise praktizieren, die aus buddhistischer Sicht die Daseinsbeschaffenheit von Personen und sonstigen Phänomenen missversteht. Wenn man, bevor man Tantra praktiziert, tatsächlich zunächst einmal eine irrige Auffassung aufgreifen müsste, hätte dies ferner die absurde Konsequenz, dass jemand, der sich zunächst Nāgārjunas Leerheitsverständnis vom Nichtvorhandensein einer letztendlich wirklichen Existenz der Phänomene zu Eigen gemacht hat, in keiner dieser vier Tantra-Klassen ein wirklich guter Praktizierender sein könnte.

Andere wiederum sehen die Dinge folgendermaßen: Tantra-Praxis beinhalte unter anderem, Begierde, Hass und Unwissenheit so einzusetzen, dass man diese überwindet, und sie sei auf die unter den negativen Geisteszuständen eines Menschen jeweils vorherrschende Geistestrübung abgestimmt. Daher sagen sie, die Einteilung in vier Tantra-Klassen erfolge in Hinblick auf die getrübten Emotionen, die einen Menschen beherrschen. Nun können zwar bei einem Menschen, der Tantra praktiziert, durchaus bestimmte getrübte Emotionen in dem Sinn vorherrschend sein, dass sie stärker sind als die übrigen getrübten Emotionen. Von getrübten Emotionen *beherrscht* wird ein Praktizierender des Tantra jedoch nicht. Vielmehr ist er beziehungsweise sie in besonderer Weise von Mitgefühl motiviert und entschlossen, den schnellst möglichen Weg zur Erleuchtung zu wählen, um anderen von Nutzen sein zu können. In Bezug auf Praktizierende des Höchsten Yoga-Tantra erklärt der Siebte Dalai Lama Kälsang Gyatso (*bskal bzang rgya mtsho*, 1708–1757) in seiner »Darlegung des Guhyasamāja-Mandala-Ritus (*gsang 'dus dkyil 'khor cho ga'i rnam bshad*):[46]

> Manch einem wird klar, dass er, gestützt auf das Fahrzeug der Vollendung, die Ansammlungen [von Verdienst und Weisheit] über drei unendlich lange Äonen hinweg vermehren muss, was eine lange Zeitspanne in Anspruch nähme und mit großer Schwierigkeit verbunden wäre. Unfähig, solche Mühsal auf sich zu nehmen, sind die Betreffenden bestrebt, in kurzer Zeit und auf einem Weg von geringer Schwierigkeit Buddhaschaft zu erreichen. Wenn jemand sagt, dass er sich aus diesem Grund mit dem kurzen Weg des Geheimen Mantra-Fahrzeugs befasst, gehört er oder sie [in Wahrheit] nicht zum Kreis der Mantra-Praktizierenden. Denn grundsätzlich darf ein Schüler des Großen Fahrzeugs nicht für sich allein Frieden anstreben. Vielmehr muss er – unter dem Aspekt, dass ihm an anderen mehr liegt, als an ihm selbst – in der Lage sein, dem Wohlergehen der anderen zuliebe alle möglicherweise auftretenden Arten von Mühsal oder Leid zu ertragen. Unter den Anhängern des Großen Fahrzeugs sind die Praktizierenden des Geheimen Mantra jene Menschen mit besonders hoch entwickelten Fähigkeiten. Menschen, die nicht am Wohl der anderen interessiert sind und selbst möglichst wenig Schwierigkeiten haben wollen, haben daher auch nicht annähernd etwas mit dem Höchsten Geheimen Mantra zu tun. Die Beschäftigung mit dem Höchsten Yoga-Tantra, dem geheimen

> kurzen Weg, sollte von einem altruistischen Streben nach Erleuchtung motiviert sein. Weil man es nicht ertragen kann, dass die empfindenden Wesen noch lange Zeit vom Daseinskreislauf im Allgemeinen und insbesondere von starkem Leid geplagt werden, sollte man denken: »Wie schön wäre es, wenn ich *jetzt* im Stande wäre, sie zu befreien!«

Obgleich der Weg des Mantra-Fahrzeugs schneller und leichter ist, darf ein Praktizierender ihn nicht deshalb ins Auge fassen, weil ihm oder ihr vor den Schwierigkeiten des längeren Sūtra-Weges bange ist. Im Gegenteil wird ein Praktizierender des Mantra-Fahrzeugs durch besonders starkes Mitgefühl dazu veranlasst, sich auf den kürzeren Weg zu begeben. Ein Mantra-Praktizierender möchte schneller erleuchtet werden, um anderen möglichst rasch von Nutzen sein zu können.

Eine angemessene Besinnung auf die Schwierigkeiten und die lange Dauer des Sūtra-Weges, so hat der Dalai Lama bei einem öffentlichen Vortrag erklärt, bewirkt eine mutigere und entschlossenere Haltung. Vermutlich ist dies deshalb der Fall, weil ausgiebige Kontemplation über die eigene altruistische Aktivität dazu führt, dass man nicht mehr so schnell ungeduldig, wütend und entmutigt reagiert. Die Annahme, ausgerechnet die Mantra-Praktizierenden, die ja unter allen Bodhisattvas die am höchsten entwickelten Fähigkeiten haben müssten, verlören angesichts des langen Weges den Mut und wendeten sich aus lauter Niedergeschlagenheit einem kürzeren Weg zu, ist lächerlich. Bei Mantra-Praktizierenden ist der Altruismus noch stärker ausgeprägt als bei Praktizierenden des Vollendungsfahrzeugs.

Entsprechend erklärt Tsongkapa in seiner Widerlegung der Argumentation des indischen Gelehrten Alamkakalasha, im *Guhyasamāja-Tantra* würden jene Menschen aus der Händler-Kaste unterwiesen, deren Begierde und Hass stark, deren Unwissenheit hingegen gering sei:[47]

> Grundsätzlich muss ein vorzüglicher Praktizierender des Großen Fahrzeugs über starkes Mitgefühl verfügen. Und insbesondere für die vorzüglichen Praktizierenden des Höchsten Yoga ist großes Mitgefühl ein starker Ansporn, möglichst schnell Buddhaschaft zu erreichen, um das Wohl der anderen bewirken zu können. Die Behauptung aufzustellen, sie müssten sehr großen Hass empfinden, macht deshalb keinen Sinn.

Ebenso sagt der mongolische Gelehrte Tschangkya Rölpä Dordsche (*lcang skya rol pa'i rdo rje*, 1717–1786) in seiner Schrift »Klare Darlegung der philosophischen Systeme: Ein Ornament zur Schmückung der Lehre des Siegreichen« (*grub pa'i mtha'i rnam par bzhag pa gsal bar bshad pa thub bstan lhun po'i mdzes rgyan*):[48]

> In den kostbaren Tantras und in zahlreichen Kommentaren heißt es, dass selbst jene Praktizierenden des Mantra-Fahrzeugs, die über geringe Fähigkeiten verfügen, weit größeres Mitgefühl, höher entwickelte Fähigkeiten und ein besseres Geschick haben müssen als die Praktizierenden mit den am höchsten entwickelten Fähigkeiten im Fahrzeug der Vollendung. Wer der Meinung ist und behauptet, das Mantra-Fahrzeug werde für Menschen gelehrt, die angesichts einer über lange Zeit und nur unter großen Schwierigkeiten zu erreichenden Erleuchtung den Mut verlieren, bringt damit fehlende Einsicht in die Bedeutung des Tantra zum Ausdruck. Außerdem bezieht sich die Aussage, das Mantra-Fahrzeug sei schneller als das Fahrzeug der Vollendung lediglich auf solche Praktizierende, die ein geeignetes Gefäß für diese Lehre abgeben, nicht schlichtweg auf jedermann. Allein damit, dass es sich bei der Lehre um das Mantra-Fahrzeug handelt, ist es also nicht getan. Wer entsprechende Unterweisungen erhält, muss sich dem Mantra-Fahrzeug auch in angemessener Weise widmen.

Keineswegs wurden jene Menschen in den vier Tantras unterwiesen, die nicht die Fähigkeit besaßen, den Weg des Vollendungsfahrzeugs zu beschreiten. Vielmehr wurden die Tantras jenen Menschen dargelegt, die über besonders großes Mitgefühl verfügten. Daher vertritt die Behauptung, die vier Tantra-Klassen seien für Menschen bestimmt, die von verschiedenerlei getrübten Emotionen beherrscht werden – zum Beispiel von Begierde oder Hass –, eine unhaltbare Position.

Andere wiederum sagen, die vier Tantra-Klassen gebe es für die Anhänger der vier philosophischen Schulrichtungen im Buddhismus. Da das Mantra-Fahrzeug Bestandteil des Großen Fahrzeugs ist, lässt sich diese Position jedoch ebensowenig halten: sowohl in Hinblick auf seine philosophischen Grundlagen, da es die Sicht der Nur-Geist-Schule beziehungsweise der Schule des Mittleren Weges voraussetzt, wie auch in Hinblick auf den hier beschrittenen Weg, da man für das Mantra-Fahrzeug den Altruismus eines Bodhisattvas benötigt.[49]

Unterscheiden lassen sich die vier Tantras vielmehr anhand derer, die sie praktizieren. Menschen, deren Hauptpraxis eine Praxis aus einer der vier Tantra-Klassen ist, kann man vier verschiedenen Gruppen zuordnen. Für diese Praktizierenden gibt es 1) vier verschiedene Möglichkeiten, ein Verlangen nach den Attributen des Begierdebereichs im Sinne des Weges zu nutzen, und sie haben 2) vier verschiedene Stufen der Befähigung zur Entwicklung von Leerheit und zur Entwicklung der Gottheiten-Yogas, die sich Begierde für den Weg zunutze machen.

1) Vier Möglichkeiten, Begierde für den spirituellen Weg nutzbar zu machen

Gemäß den in den Höchsten Yoga-Tantras zu findenden Darlegungen der vier Tantra-Klassen macht man sich im Handlungs-Tantra jene Begierde für den Weg zunutze, die entsteht, wenn Mann und Frau einander anschauen oder betrachten. Im Ausübungs-Tantra wird jene Begierde für den Weg genutzt, die sich einstellt, wenn Mann und Frau einander anlächeln. Im Yoga-Tantra macht man jene Begierde für den Weg nutzbar, die sich einstellt, wenn Mann und Frau einander umarmen und berühren. Und im Höchsten Yoga-Tantra wird die mit der geschlechtlichen Vereinigung einhergehende Begierde für den Weg genutzt. Macht man sich in Verbindung mit Leerheit und einem der Gottheiten-Yogas jene Begierde für den Weg zunutze, die entsteht, wenn man einander anschaut, einander anlächelt, einander die Hände hält oder einander umarmt und sich sexuell vereinigt, so wird die Begierde ausgelöscht. Besonders eine Begierde wie die nach sexueller Vereinigung führt oft zu sexueller Vereinigung und dadurch zur Hervorbringung eines Bewusstseins nach innen gewandter Glückseligkeit, das die oder der Praktizierende dann zur Einsicht in Leerheit nutzt. Durch die klare Einsicht in Leerheit, in die Abwesenheit von unabhängiger Eigenexistenz, wiederum wird die Möglichkeit, Begierde zu empfinden, zunichte gemacht.

Als Analogie für diesen Prozess wählt man den Vergleich mit einem Wurm, der aus feuchtem Holz hervorgekommen ist und dann das Holz verzehrt. In dieser Analogie entspricht das feuchte Holz der Begierde, der Wurm dem Glückseligkeitsbewusstsein, und der Verzehr des Holzes entspricht der Zerstörung von Begierde durch die Leerheitseinsicht des Glückseligkeitsbewusstseins. Ein Glückseligkeitsbewusstsein macht man sich hier zunutze, weil es erhöhte Intensität aufweist und daher die durch solch ein Bewusstsein hervorgebrachte Leerheitseinsicht umso wirkungsvoller ist.

Die einfachste Erklärung dieses Prozesses wird im Höchsten Yoga-Tantra gegeben. Dort unterteilt man das Bewusstsein in das grobe, das subtile und das sehr subtile Bewusstsein. Gemäß dem System des *Guhyasamāja-Tantra*, einem dem *Kālachakra-Tantra* an Bedeutung ebenbürtigen Tantra, wird das subtilste Bewusstsein als der immer schon vorhandene, allem zu Grunde liegende Geist des klaren Lichts bezeichnet; beim subtilen Bewusstsein handelt es sich um drei Bewusstseinsebenen, die als der strahlend weiße, als der rot (oder orangefarben) und als der schwarz erscheinende Geist bezeichnet werden; und beim groben Bewusstsein handelt es sich um die fünf Arten von Sinnesbewusstsein und um das geistige Bewusstsein, sofern dieses sich nicht in einer der gerade genannten subtileren Bewusstseinsformen manifestiert. Man braucht nur die groben Bewusstseinsebenen außer Kraft zu setzen, dann kommen die subtileren Bewusstseinsebenen zum Vorschein.

Zuerst manifestiert sich der strahlend weiß erscheinende Geist (»strahlend« bedeutet lebhaft, intensiv; damit ist kein Strahlen von innen nach außen gemeint). Er wird im Bild eines klaren, von Mondlicht erfüllten Nachthimmels veranschaulicht; nicht im Sinn eines im leeren Raum scheinenden Mondes, sondern als ein von weißem Licht erfüllter Raum. Alles begriffliche Denken hat aufgehört, und es zeigt sich nichts anderes als diese strahlend weiße Erscheinung. Nimmt diese Erscheinung ein Ende, so zeigt sich mit allmählich zunehmender Intensität ein subtilerer Geist von strahlendem Rot oder Orange. Dieser wird mit dem von Sonnenlicht erfüllten klaren Himmel verglichen; wiederum nicht so, als wenn die Sonne am Himmel scheint, sondern der Raum von rotem beziehungsweise orangefarbenem Licht erfüllt ist. Wenn sich auch dieses Phänomen nicht mehr zeigt, kommt langsam ein noch subtilerer Geist zum Vorschein, der Geist der strahlend schwarzen Beinahe-Verwirklichung. Von »Beinahe-Verwirklichung« wird hier gesprochen, weil man kurz davor steht, den Geist des klaren Lichts zu manifestieren. Den Geist der schwarzen Beinahe-Verwirklichung vergleicht man mit einem mondlosen, tiefschwarzen Himmel kurz nach Einbruch der Dunkelheit, wenn kein Stern den Himmel erhellt. Zu Beginn dieser Phase, so wird gesagt, bleibt man bei Bewusstsein, das einem dann jedoch angesichts der undurchdringlichen Finsternis verloren geht. Wenn die drei Befleckungen der weißen, roten und schwarzen Erscheinungen beseitigt sind, dann manifestiert sich schließlich der Geist des klaren Lichts, die subtilste aller Bewusstseinsebenen.

In den verschiedenen Systemen des Höchsten Yoga-Tantra versucht man mittels unterschiedlicher Methoden den Geist des klaren Lichts manifest werden zu lassen, der auch als der immer schon vorhandene, allem zu Grunde liegende Geist des klaren Lichts bezeichnet wird. Bei einer dieser Methoden macht man sich die Glücksempfindung des Orgasmus zunutze (ohne allerdings einen Samenerguss zuzulassen), um die gröberen Bewusstseinsebenen aufzulösen und so eine Manifestation der subtilsten Bewusstseinsebene zu ermöglichen. Diesen ebenso kraftvollen wie subtilen Geist des klaren Lichts nutzt man dann zur Einsicht in Leerheit, die Abwesenheit von unabhängiger Eigenexistenz, wodurch man die Kraft des Leerheitsgewahrseins auf dem spirituellen Weg so sehr verstärkt, dass es die Hindernisse für die Befreiung und die Hindernisse für die Allwissenheit besonders wirkungsvoll überwinden kann. Auf diese Art und Weise macht man sich auf dem Weg des Höchsten Yoga-Tantra die Begierde, das Verlangen nach sexueller Vereinigung, zunutze. In dieser Tantra-Klasse erfüllt die Nutzung der Begierde im Rahmen des Weges ausdrücklich den Zweck, das Leerheit gewahrende Weisheitsbewusstsein zu stärken, indem man subtilere und dementsprechend wirkungsvollere Formen von Bewusstsein hervorbringt.

Die Schwierigkeit, die damit verbunden ist, ein orgastisches Glückseligkeitsbewusstsein zur Gewinnung von Einsicht zu nutzen, zeigt, dass ein Mensch psychisch sehr hoch entwickelt und befähigt sein muss, um einen derart subtilen Zustand auf dem spirituellen Weg nutzen zu können. Ferner wird hieraus ersichtlich, wie die Praxis missbraucht und missverstanden werden könnte, wenn sie nicht in ein angemessenes Verständnis der Frage nach dem Wie und Warum der sexuellen Vereinigung eingebunden ist.

In den drei niedrigeren Tantra-Klassen, so heißt es, bringt man durch die Begierde, die damit einher geht, wenn man einander anschaut, anlächelt und berührt, keine derart subtilen Bewusstseinszustände hervor. Dessen ungeachtet werden aber die hier hervorgebrachten Formen von Glückseligkeitsbewusstsein ebenfalls zur Leerheitseinsicht genutzt. Entsprechend erklärt der mongolische Gelehrte Ngawang Pälden (*ngag dbang dpal ldan*, geboren 1797) in seiner Schrift »Darlegung der Ebenen und Pfade innerhalb der vier großen geheimen Tantra-Klassen, Erläuterung der Tantra-Texte« (*gsang chen rgyud sde bzhi'i sa lam gyi rnam bzhag rgyud gzhung gsal byed*):[50]

> In den Tantras der drei niedrigeren Klassen wird jene Glückseligkeit, die entsteht, wenn man eine meditativ visualisierte Weisheitsgefährtin anschaut, anlächelt, ihre Hand hält oder sie umarmt, für den Weg genutzt. Das geschieht allerdings nicht, um ein spezielles Objekt [ein subtiles Bewusstsein] hervorzubringen, das Einsicht in Leerheit gewinnt. Denn ein solches kennzeichnet allein das Höchste Yoga-Tantra. Wie die meisten Schüler [von Tsongkapa] darlegen, bedeutet dies jedoch nicht, dass man durch die beim Anschauen,

Lächeln und so weiter aufkommende Glückseligkeit [das Glückseligkeitsbewusstsein] keine Leerheitseinsicht gewinnt.

Die Nutzung der subtilsten Bewusstseinsebene ermöglicht den zur Durchführung des Höchsten Yoga-Tantra befähigten Praktizierenden ein schnelleres Vorankommen. Nur mit Hilfe des Höchsten Yoga-Tantra kann man also innerhalb eines einzigen Lebens Buddhaschaft erreichen.

2) Vier Stufen der Befähigung

Es gibt nicht nur die vier verschiedenen Möglichkeiten, ein Verlangen nach den Attributen des Begierdebereichs im Sinne des Weges zu nutzen. Die vier Tantra-Klassen stehen auch in Entsprechung zu einer vierfach abgestuften Befähigung zur Entwicklung von Leerheit und zur Entwicklung der Gottheiten-Yogas, die Begierde auf dem Weg nutzen.

Der Leerheits-Yoga und der Gottheiten-Yoga stehen im Mittelpunkt des tantrischen Weges, und in Bezug auf eine erfolgreiche Durchführung dieser Yogas gibt es auf Seiten der Praktizierenden unterschiedliche Erfordernisse. Wer zur Verwirklichung von Leerheit und zur praktischen Umsetzung der Gottheiten-Yogas eine Vielzahl von Aktivitäten benötigt, der praktiziert das Handlungs-Tantra. Dies bedeutet jedoch nicht, dass im Handlungs-Tantra der Yoga-Aspekt zu kurz kommt. Denn es verfügt über einen komplexen und sehr wirkungsvollen Yoga zur Entwicklung von meditativer Stabilisierung, einer Vereinigung von ruhigem Verweilen und besonderer Einsicht.[51] Vielmehr bedeutet es, dass ein vorzüglicher Praktizierender des Handlungs-Tantra auch zahlreiche rituelle Handlungen ausführt – rituelle Waschungen zum Beispiel –, weil er oder sie feststellt, dass diese Aktivitäten die Meditation intensivieren.

Wer sich in gleich großem Umfang äußeren Aktivitäten und innerer meditativer Stabilisierung widmet, praktiziert das Ausübungs-Tantra. Wer sich in erster Linie auf meditative Stabilisierung und nur auf einige wenige äußere Aktivitäten stützt, praktiziert das Yoga-Tantra. Wer zu keinerlei äußerer Aktivität greift und trotzdem den durch nichts zu übertreffenden Yoga praktizieren kann, ist ein Praktizierender des Höchsten Yoga-Tantra.

Doch auch das Höchste Yoga-Tantra beinhaltet, wie das Einweihungsritual und das Ritual der täglichen Praxis – beider Übersetzung finden Sie in diesem Buch – zeigen werden, eine Fülle ritueller Aspekte. Der entscheidende Punkt ist dabei wohl, dass im Höchsten Yoga-Tantra den rituellen Waschungen und dergleichen nicht jener Stellenwert zukommt wie im Handlungs-Tantra, im Ausübungs-Tantra und im Yoga-Tantra.

Diese Unterteilung in vier Tantra-Klassen anhand der Befähigung jener besonders geeigneten Schüler, die sie praktizieren, bezieht sich auf deren Fähigkeit, die wichtigsten Yogas – den Leerheits-Yoga und die Gottheiten-Yogas – so zu entwickeln, dass dabei entweder der Schwerpunkt auf äußeren Aktivitäten liegt oder zwischen äußeren Aktivitäten und innerer meditativer Stabilisierung ein Gleichgewicht besteht oder die meditative Stabilisierung im Vordergrund steht oder solche äußeren Aktivitäten keine besondere Rolle spielen. Bei der Unterteilung geht es nicht einfach nur um diejenigen, die am tantrischen Weg *interessiert* sind. Manche Menschen gewinnen nämlich Interesse an spirituellen Wegen, ohne gegenwärtig über die Fähigkeit zur Durchführung der entsprechenden Praxis zu verfügen. Daher erklärt Tsongkapa:[52]

> Zwar sind Praktizierende im Allgemeinen mehr oder weniger an äußeren Aktivitäten und an der Entwicklung des Yoga interessiert. In manchen Fällen entspricht jedoch das Interesse eines Menschen für einen tantrischen Pfad nicht seinen Fähigkeiten. Für die vier Tantra-Klassen besonders geeignete Schüler kann man daher nicht auf Grund ihres Interesses ermitteln.

Resümee

Die für das Tantra charakteristische Praxis des Gottheiten-Yoga, die von großem Mitgefühl motiviert wird und mit dem Leerheits-Yoga beginnt, wird in den vier Tantra-Klassen auf unterschiedliche Weise durchgeführt. Dafür besonders geeignete Praktizierende nutzen entsprechend ihrer Neigung zu einem bestimmten Praxis-Stil verschiedene Stufen der Begierde, die mit Anschauen, Anlächeln, Berührung und sexueller Vereinigung zu tun haben. Je nach Tantra-Klasse hat die Praxis ihren Schwerpunkt bei äußeren Aktivitäten, oder es besteht ein ausgeglichenes Verhältnis zwischen äußeren Aktivitäten und meditativer Stabilisierung, oder sie hat ihren Schwerpunkt bei der meditativen Stabilisierung, oder sie konzentriert sich ausschließlich auf meditative Stabilisierung. Die Methoden sind auf die jeweilige Befähigungsstufe der Praktizierenden abgestimmt, die ihre Praxis über das Kontinuum zahlreicher Leben hinweg fortführen, wobei die Vielfalt der Fahrzeuge und die Formenvielfalt zugleich ein Ausdruck von Buddhas mitfühlender Weisheit ist. Sämtliche tantrische Systeme beruhen auf der Grundlage einer altruistischen Motivation und erfordern das altruistische Handeln eines Bodhisattvas.

3

Motivation: die 37 Praktiken der Bodhisattvas

Um den Gottheiten-Yoga tatsächlich praktizieren zu können, muss man die Einweihung erhalten. Und dazu benötigt man – als Grundlage des Weges – einige Mitgefühlserfahrung und eine gewisse Einsicht in die Leerheit sämtlicher Phänomene. Vor der Einweihung gibt ein Lama daher üblicherweise Unterweisungen zu jenen Stufen des Weges, die Sūtra *und* Tantra betreffen.

Im Laufe der ersten drei Tage legte Seine Heiligkeit der Dalai Lama auch vor dem großen Auditorium, das 1981 in Madison die Kālachakra-Einweihung erhielt, diese Grundlagen des Weges dar: die Erkenntnis der leidhaften Daseinsnatur, die Entwicklung eines altruistischen Strebens nach Erleuchtung und die Einsicht in die Leerheit sämtlicher Phänomene, das Nichtvorhandensein einer unabhängigen Eigenexistenz. Ein ausgezeichnetes Beispiel für diese Art von Unterweisung, die ein notwendiger und integraler Bestandteil der tantrischen Praxis (nicht bloß eine Vorbereitung auf sie) ist, finden Sie in: Dalai Lama, *Die Logik der Liebe*[53], und zwar in dem Kapitel »Der Weg zur Erleuchtung« (S. 159–200).

Der hohe Stellenwert, der hier der Einsicht in die Leidhaftigkeit des Daseins und der Entwicklung von Mitgefühl eingeräumt wird, ist nicht einfach nur ein aus der Sūtra-Praxis übernommenes, sondern ein auch für das Tantra selbst vollkommen unverzichtbares Element. Das Einweihungs-Kapitel des *Kālachakra-Tantra* (Strophe 12) schildert das Leid des Daseinskreislaufs mit eindringlichen Worten:

> Im Mutterleib leidet man darunter, in der Gebärmutter verweilen zu müssen. Bei der Geburt und im Verlauf der Kindheit leidet man ebenfalls.

> Die Jugend und das Erwachsenendasein sind von solch leidvollen Erfahrungen wie dem Verlust des Gemahls beziehungsweise der

Gemahlin oder dem Verlust von Besitz und Wohlstand erfüllt, außerdem von großem Leid, das durch die getrübten Emotionen hervorgerufen wird.
Die Alten haben unter dem Tod zu leiden, ferner unter den Schrecknissen der sechs Daseinsbereiche, des Höllenbereichs der heulenden Wesen zum Beispiel und der anderen Bereiche.
All diese die Daseinsbereiche durchlaufenden Wesen haften, von trügerischen Vorstellungen fehlgeleitet, an leidvollen Erfahrungen und ziehen so neuerliches Leid auf sich.

(Die Erläuterungen des Dalai Lama zu diesen Zeilen finden Sie auf den Seiten 204–206) Mañjushrīkīrti, der Autor, der den Tantra-Text aus verschiedenen Quellen zusammengestellt hat, bringt in Wunschgebeten zum Schutz aller Wesen ebenfalls sein Mitgefühl zum Ausdruck.[54]

Genau wie diejenigen aus dem Geschlecht der Weisen dank dieses [Tantra] zusammen mit Ravi Weisheitswissen erlangen konnten,
so mögen auch die empfindenden Wesen in den drei Arten von samsarischer Existenz unter dem wohltätigen Einfluss des *Kālachakra*[-*Tantra*] werden wie sie.

Und:

Genau wie mein Geist-Vajra überall auf der Erde fortbesteht, damit alle empfindenden Wesen befreit werden,
so möge er durch die Kraft von Kālachakra auch in den drei Arten von samsarischer Existenz für die empfindenden Wesen fortbestehen.

Weiter:

Mögen die Bodhisattvas oberhalb [der Erde], vor denen die unter den Dämonen weilenden Halbgötter große Furcht haben,
die in den Richtungen und den Zwischenrichtungen der Menschenwelten beheimateten zornvollen Könige und ihre Gefährtinnen,
und die unterirdischen Könige der Kobraschlangen, die seit jeher böse Geister und übelwollende Wesen im Zaum halten –
mögen sie alle Tag für Tag die unwissenden weltlichen Wesen in jeglicher Hinsicht beschützen.

Mitgefühl ist die grundlegende Motivation und zugleich ein vollkommen unverzichtbarer Bestandteil der tantrischen Praxis. Trotzdem sind die besten Erläuterungen der Frage, wie sich Mitgefühl entwickeln lässt, im Sūtra-Lehrsystem des Großen Fahrzeugs zu finden. »Die 37 Praktiken« (*lag len so bdun ma*) aus der Feder eines gelehrten Praktizierenden der Sakyā-Linie des tibetischen Buddhismus, der als Bodhisattva Thogme Sangpo (*rgyal sras thogs med bzang po*, 1245–1369)[54a] bekannt wurde, sind ein bekanntes Beispiel für solch eine Anleitung zur Entwicklung von Mitgefühl – wie auch zur Entwicklung der für das Entwickeln von Mitgefühl unerlässlichen inneren Einstellungen. Diese Zeilen vermitteln einen guten Eindruck, welche Art von Bescheidenheit und altruistischer Gesinnung das Erleuchtungsstreben eines Bodhisattvas motiviert.

Die 37 Praktiken

von Thogme Sangpo

Verehrung dem Bodhisattva Avalokiteshvara.

Unablässig und voller Respekt verbeuge ich mich mit Körper, Rede und Geist
– meinen drei Pforten –
vor den höchst ehrwürdigen Lamas und vor dem Beschützer Avalokiteshvara.
Obwohl sie gewahr sind, dass sämtliche Phänomene weder entstehen noch
vergehen,
setzen sie sich mit einsgerichtetem Bemühen für das Wohlergehen der Wesen
im Daseinskreislauf ein.

Die vollendeten Buddhas, Quelle der Hilfe und des Glücks,
manifestieren sich, weil sie den vortrefflichen Dharma verwirklicht haben.
Da dies wiederum auf einem Verständnis seiner Anwendungen beruht,
sei hier die Praxis der Bodhisattvas erklärt.

1. Jetzt, da ich auf dem schwer zu erreichenden großen Schiff
der Freiheiten und günstigen Bedingungen angelangt bin,
werde ich, um mich und alle anderen aus dem Ozean des
Daseinskreislaufs zu befreien,
Tag und Nacht unzerstreut den Dharma hören, kontemplieren
und meditieren.
Das ist eine Praxis der Bodhisattvas.

2. Es ist eine Praxis der Bodhisattvas, aus der Heimat fortzugehen,
wo Freunden gegenüber die Gefühle des Anhaftens
wie aufgewühltes Wasser sind,
wo Feinden gegenüber der Hass wie Feuer lodert
und man auf Grund all der Geistestrübungen nicht mehr weiß,
was man zu tun und was man zu lassen hat.

3. Indem man negative Dinge aufgibt, nehmen die getrübten
Emotionen allmählich ab.
Durch unabgelenktes Verweilen nimmt heilsames Handeln auf
ganz natürliche Weise zu.
Und ist der Geist klar, stellt sich Gewissheit über den Dharma ein.
Daher ist es eine Praxis der Bodhisattvas, sich in die
Abgeschiedenheit zurückzuziehen.

4. Enge Freunde, die lange Zeit zusammen waren, werden getrennt.
All der Besitz und die mühsam erarbeiteten Dinge bleiben zurück.
Auch das Bewusstsein, das in diesem Körper nur zu Gast ist,
verlässt seine Behausung.
Sich von den Gedanken an dieses Leben zu lösen ist eine Praxis
der Bodhisattvas.

5. Falls das Zusammensein mit jemandem zur Mehrung der drei
Geistesgifte [Begierde, Hass und Unwissenheit] führt,
der Dharmapraxis des Hörens, Kontemplierens und Meditierens
abträglich ist
und zur Folge hat, dass keine Liebe und kein Mitgefühl mehr
vorhanden sind,
so ist es eine Praxis der Bodhisattvas, solch schlechte Freunde
aufzugeben.

6. Wenn dank der Unterstützung eines anderen unsere Fehler abnehmen,
gute Eigenschaften dagegen anwachsen wie der zunehmende Mond,
so ist es eine Praxis der Bodhisattvas, solch einen vorzüglichen
spirituellen Freund
mit größerer Wertschätzung zu bedenken als den eigenen Körper.

7. Wen können die Götter dieser Welt schon schützen,
da sie doch selbst Gefangene des Daseinskreislaufs sind?
Daher ist es eine Praxis der Bodhisattvas, zu den Drei Juwelen
Zuflucht zu nehmen,
denn sie sind eine unfehlbare Zuflucht.

8. Die nur schwer zu ertragenden Leiden der niederen Daseinsbereiche,
so hat der Siegreiche gelehrt, sind die Folgen schädlicher Handlungen.
Darum ist es eine Praxis der Bodhisattvas, niemals schädliche
Handlungen zu begehen,
selbst um den Preis des eigenen Lebens.

9. Die Freuden in den drei Bereichen des Daseinskreislaufs
zerrinnen nach kurzer Zeit
wie ein Tautropfen an der Spitze eines Grashalms.
[Darum] ist es eine Praxis der Bodhisattvas,
den höchsten Zustand unwandelbarer Befreiung anzustreben.

10. Wenn meine Mütter leiden, die mir seit anfangloser Zeit so
viel Gutes erwiesen haben,
welchen Sinn macht dann mein persönliches Glück?
Darum ist es eine Praxis der Bodhisattvas, das altruistische
Streben nach Erleuchtung hervorzubringen,
um die unermesslich große Zahl der empfindenden Wesen zu befreien.

11. Jegliches Leid entsteht aus dem Wunsch nach persönlichem
Wohlergehen,
während die Ausrichtung auf das Wohl der anderen vollendete
Buddhas hervorbringt.
Darum ist es eine Praxis der Bodhisattvas, das eigene Glück
vollständig gegen das Leid der anderen auszutauschen.

12. Selbst wenn ihnen jemand voller Gier all ihr Hab und Gut stiehlt
oder jemand anderen dazu anstiftet,
so ist es eine Praxis der Bodhisattvas,
dem Betreffenden den eigenen Körper, die guten Eigenschaften
und alles Heilsame aus den drei Zeiten zu widmen.

13. Selbst wenn ihnen jemand den Kopf abschlagen wollte,
obwohl sie sich nicht das Geringste haben zu Schulden kommen lassen,
ist es eine Praxis der Bodhisattvas, voller Mitgefühl
sämtliche Verfehlungen des Betreffenden auf sich zu nehmen.

14. Selbst wenn jemand sie auf vielerlei Art dermaßen verleumdet,
dass man im gesamten Universum davon hört,
ist es eine Praxis der Bodhisattvas, mit liebevoller Gesinnung
über die positiven Eigenschaften des Betreffenden zu sprechen.

15. Selbst wenn jemand vor vielen Leuten
Vorwürfe gegen sie erhebt und schlecht über sie redet,
ist es eine Praxis der Bodhisattvas, sich respektvoll vor ihm zu verneigen
und in ihm einen spirituellen Freund zu sehen.

16. Wenn jemand, den sie wie ein eigenes Kind umsorgt haben,
sie jetzt als Feind betrachtet,
so ist es eine Praxis der Bodhisattvas, dem Betreffenden umso mehr
Liebe zu erweisen
– wie eine Mutter ihrem erkrankten Kind.

17. Selbst wenn ein Mensch von gleichem oder geringerem Rang
sie aus Stolz verächtlich behandelt,
ist es eine Praxis der Bodhisattvas, dem Betreffenden den
gleichen Respekt zu erweisen wie einem Lama
und sich vorzustellen, er säße am Scheitelpunkt des eigenen Kopfes.

18. Selbst wenn ihnen die Mittel für den Lebensunterhalt fehlen,
wenn sie von ihren Mitmenschen ständig verachtet,
an Körper und Geist von schweren Krankheiten geplagt werden,
ist es eine Praxis der Bodhisattvas,
unverzagt die Verfehlungen und das Leid aller Wesen auf sich
zu nehmen.

19. Selbst wenn sie bei vielen Leuten in Ruhm und Ansehen stehen
oder über solche Schätze verfügen wie Vaishravana, die Gottheit
des Reichtums,
so ist es eine Praxis der Bodhisattvas, Hochmut zu meiden,

indem sie daran denken, dass Ruhm und Reichtum im
Daseinskreislauf keinen Bestand haben.

20. Solange man den inneren Feind, den Hass, nicht gebändigt hat,
wird jeder Versuch, äußere Feinde zu bändigen, nur deren
Anzahl vergrößern.
Darum ist es eine Praxis der Bodhisattvas, unter Einsatz der
Armeen von Liebe und Mitgefühl
den eigenen Seinsstrom zu bändigen.

21. Die Sinnesfreuden des Begierdebereichs sind wie Salzwasser:
Je mehr man davon genießt, umso durstiger wird man.
Darum ist es eine Praxis der Bodhisattvas, augenblicklich alles aufzugeben,
was Anhaftung und Begierde hervorruft.

22. Alles, was erscheint, ist der eigene Geist. Der Geist selbst
ist seit jeher frei von gedanklichen Extremen.
Genau dies zu verstehen und dem Geist nicht die dualistischen
Benennungen
von Subjekt und Objekt beizulegen ist eine Praxis der Bodhisattvas.

23. Im Umgang mit anziehenden Objekten ist es eine Praxis der Bodhisattvas,
diese wie Regenbögen im Sommer zu betrachten
– als schöne Erscheinung ohne Wirklichkeit.
So geben sie Anhaftung und Begierde auf.

24. Die vielen Arten von Leid sind wie der Tod eines Kindes im Traum
– wie erschöpfend ist es, illusorische Erscheinungen für wirklich
zu halten!
Wenn sie auf widrige Umstände stoßen, ist es daher eine
Praxis der Bodhisattvas,
deren illusorischen Charakter zu erkennen.

25. Wenn jemand, der nach Erleuchtung strebt, sogar bereit sein
müsste, seinen Körper herzugeben,
braucht man da noch über Äußerlichkeiten zu sprechen?
Darum ist es eine Praxis der Bodhisattvas, großzügig zu geben,
ohne auf Dank oder karmischen Lohn zu hoffen.

26. Es wäre lächerlich, zu meinen, man könne ohne angemessenes
ethisches Verhalten das Wohl der anderen verwirklichen,
wenn man so doch nicht einmal das eigene Wohl verwirklichen kann.
Darum ist es eine Praxis der Bodhisattvas – frei von Bestrebungen,
die dem Daseinskreislauf gelten – ethische Disziplin zu wahren.

27. Für einen Bodhisattva, der an dem Reichtum, [der] aus
heilsamen Handlungen [hervorgeht], teilhaben will,
sind alle, die ihm Probleme bereiten, wie ein kostbarer Schatz.
Darum ist es eine Praxis der Bodhisattvas, sich in Geduld zu üben,
ohne Hass oder Ablehnung gegen irgendjemanden zu hegen.

28. Wenn wir sehen, dass sogar Hörer und Alleinverwirklicher,
die nur für ihr eigenes Wohl praktizieren,
einen Eifer entwickeln, als gelte es, ein Feuer auf ihrem Kopf
zu löschen,
besteht eine Praxis der Bodhisattvas darin, sich freudig zu bemühen.
Dies ist die Quelle aller Qualitäten zum Wohle der Wesen im
Daseinskreislauf.

29. Wenn man begreift, wie sich die emotionalen Trübungen des
Geistes überwinden lassen
– durch die Verbindung von stabiler Geistesruhe und besonderer
Einsicht –,
so besteht eine Praxis der Bodhisattvas in einsgerichteter Meditation,
die selbst die vier Arten von formloser Versenkung übertrifft.

30. Ohne Weisheit, nur durch die [anderen] fünf befreienden Qualitäten,
lässt sich keine vollkommene Erleuchtung verwirklichen.
Darum ist es eine Praxis der Bodhisattvas, in Verbindung mit
der Methode jene Weisheit zu kultivieren,
die von der dreifachen Konzeptualisierung [im Sinn einer
unabhängigen Eigenexistenz von Objekt, Handlung und
Handelndem] frei ist.

31. Wenn man nicht die eigenen Fehler untersucht, mag es den
Anschein haben,
man praktiziere den Dharma, obgleich man ihm zuwider handelt.

Darum ist es eine Praxis der Bodhisattvas, unablässig
eigene Fehler zu analysieren, um sie ablegen zu können.

32. Unter dem Einfluss getrübter Emotionen über die Fehler anderer
Bodhisattvas zu sprechen
ist für einen Bodhisattva schädlich und verderblich.
Darum ist es eine Praxis der Bodhisattvas, nicht über die Fehler
von Menschen zu sprechen, die sich auf den Weg des Großen
Fahrzeugs begeben haben.

33. Das Hin und Her im Streit um Besitz und Ansehen
ist der Dharmapraxis des Hörens, Kontemplierens und Meditierens
abträglich.
Darum ist es eine Praxis der Bodhisattvas, sich vom Anhaften
an ein Zusammenleben mit Familie, Freunden und Förderern zu lösen.

34. Verletzende Worte verstören den Geist der anderen und bewirken
eine Beeinträchtigung des Bodhisattva-Verhaltens.
Darum ist es eine Praxis der Bodhisattvas, verletzende Worte
über unerfreuliche Eigenschaften anderer aufzugeben.

35. Wenn man sich an die getrübten Emotionen gewöhnt hat,
lassen sie sich nur noch schwer durch ihre Gegenmittel überwinden.
Darum ist es eine Praxis der Bodhisattvas, Begierde und andere
getrübte Emotionen
gleich im Augenblick ihrer Entstehung zu überwinden.

36. Kurzum: Die Praxis aller Bodhisattvas besteht
im Wirken zum Wohl der anderen.
Mit stetiger Achtsamkeit und vollem Gewahrsein müssen sie sich daher
bei jeglicher Aktivität über den eigenen Geisteszustand im Klaren sein.

37. Es ist eine Praxis der Bodhisattvas, im Wissen um die Reinheit
der drei Bereiche [des Objekts, der Handlung und des Handelnden]
alle positiven Auswirkungen, die aus solch freudiger Anstrengung
erwachsen, der Erleuchtung zu widmen,
um so das Leid der unzähligen Wesen im Daseinskreislauf aufzulösen.

Für all jene, die sich auf dem Bodhisattva-Weg üben wollen,
habe ich diese 37 Praktiken der Bodhisattvas zusammengestellt:
in Übereinstimmung mit den Lehren der Sūtras, Tantras und Kommentare,
gestützt auf die Worte der vollendeten Meister.
Weil ich nur über wenig Intelligenz und geringe Bildung verfüge,
werden diese Verse den Gelehrten wohl kaum zur Freude gereichen.
Da sie jedoch auf den Sūtras und den Worten der vollendeten Meister beruhen,
geben sie meiner Ansicht nach die Praxis der Bodhisattvas unverfälscht wieder.

Dennoch kann jemand mit einem so wenig entwickelten Geist wie dem meinen
die mächtigen Wellen der Bodhisattva-Aktivität schwerlich in all ihrer Tiefgründigkeit erfassen.
In Hinblick auf eventuelle Widersprüche, Ungereimtheiten und sonstige Mängel
bitte ich daher die edlen Meister um Nachsicht.

Mögen durch die positiven Wirkungen dieses Textes sämtliche Wesen im Daseinskreislauf
so werden wie der Beschützer Avalokiteshvara
und wie er dank des – letztendlichen und relativen – höchsten Erleuchtungsgeistes
weder im Extrem der samsarischen Existenz noch im Extrem des Friedens [den man nur für sich selbst verwirklicht] verweilen.

4
Leerheits-Yoga

Auf der Grundlage von Mitgefühl und einem altruistischen Streben nach Erleuchtung müssen Praktizierende auch die Natur der Phänomene einer gründlichen Untersuchung unterziehen und dabei jene Weisheit entwickeln, die zur Einsicht in Leerheit, in die Abwesenheit von unabhängiger Eigenexistenz gelangt. Andernfalls werden eigene, die Phänomene überlagernde Bewertungen im Sinn von »gut« und »schlecht« – Attribute, die diesen Phänomenen an sich gar nicht zukommen – ein die Wirklichkeit einseitig verzerrendes Befangensein in Begierde oder in Hass mit sich bringen. Zum Kultivierungsprozess solcher Weisheit gehört die Meditation über das Nicht-Selbst – und zwar über die Selbst-losigkeit von Personen und die Selbst-losigkeit der übrigen Phänomene. Die nun folgende Darlegung dieser Praxis basiert größtenteils auf den klaren und präzisen Erläuterungen, die der Fünfte Dalai Lama in seiner Schrift »Das heilige Wort des Mañjushrī« (*'jam dpal zhal lung*)[55] zur Vervollkommnung der Weisheit gegeben hat.

Die Meditation über die Selbst-losigkeit von Personen wie auch über die Selbst-losigkeit der Phänomene besteht im Wesentlichen aus vier Schritten:

1. sich vergewissern, was negiert wird;
2. sich der Konsequenzen vergewissern;
3. sich vergewissern, dass das bezeichnete Objekt und die Grundlage seiner Bezeichnung nicht inhärent identisch sind;
4. sich vergewissern, dass das bezeichnete Objekt und die Grundlage seiner Bezeichnung nicht inhärent verschieden sind.

Der erste unerlässliche Schritt: sich vergewissern, was negiert wird

In Bezug auf die Selbst-losigkeit der Person, insbesondere unsere eigene Selbst-losigkeit, müssen wir zunächst einmal Folgendes erkennen: Normalerweise gehen wir ganz selbstverständlich von der falschen Annahme aus, das Ich verfüge über eine unabhängige, eigenständige Existenz. Sofern Sie allerdings keine halbwegs klare Vorstellung davon haben, was mit einem unabhängig und eigenständig existierenden Ich, einem inhärent existierenden Ich, gemeint ist, werden Sie die Widerlegung seiner unabhängigen Eigenexistenz dahingehend missverstehen, das Ich als solches werde negiert – und nicht bloß eine spezifische Verdinglichung des Ich. Shāntideva erklärt in »Eintritt die Bodhisattava-Praxis« (*byang chub sems dpa'i spyod pa la 'jug pa, bodhisattvacharyāvatāra*, IX. 140):

> Ohne die [einem Objekt zugesprochene] Vorstellung, es sei existent,
> kann man auch seine Nichtexistenz nicht begreifen.

Falls man keine brauchbare Vorstellung von dem negierten Objekt vor Augen hat, kann einem auch die Bedeutung der Selbst-losigkeit, durch die es negiert wird, nicht klar werden.

Die Gelugpa-Überlieferungslinie des tibetischen Buddhismus unterscheidet klar zwischen dem existenten Selbst und jenem nicht-existenten Selbst, das jedes der vier großen philosophischen Lehrsysteme des Buddhismus postuliert – die Schule der großen Darlegung, die Sūtra-Schule, die Nur-Geist-Schule und die Schule des Mittleren Weges. Demnach besagt der Begriff »Selbst« zweierlei: Erstens ist dieses existent – im Sinn einer Person beziehungsweise eines Ich. Zweitens ist es nicht-existent – im Sinn des verdinglichten Zustands eines beliebigen Objekts; und unter Verdinglichung versteht man hier eine unabhängige, inhärente Existenz (*rang bzhin gyis grub pa, svabhāvasiddhi*).

Diese Unterscheidung wird auf Grund folgender Beobachtung aufrechterhalten: Nimmt man das Ich wahr, so sind in Bezug auf die andere Bedeutung von »Selbst« im Sinn einer unabhängigen, inhärenten Existenz, grundsätzlich drei verschiedene Vorstellungen möglich.

1. Man kann sich vorstellen, das Ich sei unabhängig, eigenständig existent.
2. Oder man kann, sofern man die von der Schule des Mittleren Weges ver-

tretene philosophische Position begriffen hat, der Auffassung sein, das Ich sei lediglich als Bezeichnung, in einem nominellen Sinn, existent.

3. Unabhängig davon, ob man die von der Schule des Mittleren Weges vertretene philosophische Position begriffen hat oder nicht, kann es auch eine weder durch unabhängige Eigenexistenz noch durch die Abwesenheit von unabhängiger Eigenexistenz näher bestimmte Vorstellung eines Ich geben.

Für gewöhnliche Wesen ohne entsprechende Schulung *steht nicht zur Debatte*, ob das Ich über unabhängige Eigenexistenz verfügt oder aber lediglich in einem nominellen Sinn, als angenommene Bezeichnung, als Designation, existiert. Vielmehr *hat es den Anschein für sie*, als verfüge das Ich über unabhängige Eigenexistenz. Und weil sie bei vielen Gelegenheiten diesen Anschein – allerdings ohne gründliche Reflexion – für zutreffend halten und bejahen, entwickeln sie auch eine begriffliche Vorstellung von einem eigenständig existierenden Ich. Wie alle anderen Wesen, darunter jene, deren Schulung sich an fehlerhaften philosophischen Lehrsystemen orientiert, erleben sie jedoch auch Bewusstseinszustände, in denen Vorstellungen von unabhängiger Eigenexistenz keine Rolle spielen; zum Beispiel wenn man einfach so, ohne dabei besonders aufmerksam zu sein, eine Vorstellung von sich selbst hat.

Daher sind keineswegs alle Vorstellungen von einem Ich im Bewusstseinsstrom eines in fehlerhaften Anschauungen geschulten Menschen falsch. Und ebensowenig sind sämtliche Vorstellungen von einem Ich im Bewusstseinsstrom eines ungeschulten Menschen zutreffend. Zwar besteht bei dem Ungeschulten wie bei dem in fehlerhaften Anschauungen Geschulten diese fehlerhafte Auffassung von einem unabhängig und eigenständig existierenden Ich. Aber in gewissen Augenblicken haben beide auch eine Vorstellung vom Ich, die weder im Sinn einer nominell angenommenen Existenz noch im Sinn einer unabhängigen Eigenexistenz näher bestimmt ist.

Dennoch vermag weder der fehlerhaft Geschulte noch der Ungeschulte zwischen einem im Sinn der nominellen Designation existenten und einem eigenständig existenten Ich zu unterscheiden. Damit sie ihre angeborene Neigung zur Billigung des trügerischen Scheins, dem Ich komme eine inhärente Existenz zu, oder es existiere von sich aus, also aus eigener Kraft, überwinden können, müssen beide in der Anschauung des Mittleren Weges von der nicht-inhärenten und der angenommenen Existenz geschult werden. Darin besteht der unmittelbare Zweck der Meditation über Selbst-losigkeit.

Zunächst einmal sollte man durch diese Meditation eine klare Vorstellung davon gewinnen, dass es sich beim inhärent existenten Ich um eine Verdinglichung handelt. Unterschwellig ist solch ein falsches Verständnis stets präsent. Hier sollen allerdings die Voraussetzungen dafür geschaffen werden, dass diese irrige Auffassung offen zu Tage tritt. Dazu vergegenwärtigt sich der Meditierende eine Situation, in der jemand zu Unrecht Beschuldigungen gegen ihn erhoben und dadurch bei ihm eine starke Reaktion hervorgerufen hat. Oder er vergegenwärtigt sich eine Situation der Freude, die ebenfalls eine starke Reaktion bei ihm ausgelöst hat. Und er versucht dann zu beobachten, welche Art von Ich dabei zum Vorschein gekommen ist und wie diese so überaus konkret wirkende Erscheinung vom Geist bekräftigt wurde.

Da aber bereits die aufmerksame Beobachtung dieser Abläufe in der Tendenz dazu führt, dass solche grob falschen Vorstellungen – dieses Ich sei etwas eigenständig und unabhängig Existentes – verschwinden, gilt es als sehr schwierig, den ersten für die Meditation über die Selbst-losigkeit unverzichtbaren Schritt in die Tat umzusetzen. Dabei muss man also lernen, den Geist wie gewohnt seinen egoistischen Mustern folgen zu lassen und ihn gleichzeitig aufmerksam dabei zu beobachten – wobei man die Achtsamkeit in der Weise auf das notwendige Minimum beschränken muss, dass sich die gewöhnlich vorhandene, sehr konkrete und leicht aufzeigbare Ich-Vorstellung entwickeln kann. Normalerweise unanalysiert bleibende Prozesse müssen jedoch wie gewohnt ablaufen können, weshalb lediglich eine abgemilderte Achtsamkeit notwendig und angebracht ist.

Hat der Meditierende Erfolg bei diesem Unterfangen, so stößt er oder sie auf ein vollkommen überzeugend anmutendes Gefühl von einem eigenständig und unabhängig existierenden Ich. Wie der Dalai Lama 1972 in seinem indischen Exil-Wohnsitz Dharamsala vor tibetischen Gelehrten dargelegt hat, kommt einem dieses verdinglichte Ich derart überzeugend vor, dass man den Eindruck gewinnt, es sei so real, wie nur irgend etwas real sein kann. Offenbar muss also ein Meditierender, der die Sicht des Mittleren Weges entwickeln will, zunächst einmal in aller Klarheit und Deutlichkeit zur Kenntnis nehmen, dass sich für ihn anscheinend genau das Gegenteil dieser Sicht als richtig erweist.

In diesem speziellen Bewusstseinszustand werden weder Geist und Körper voneinander unterschieden, noch unterscheidet man das Ich von Geist und Körper. Das Ich wird allerdings in einer Weise wahrgenommen, als habe es sich selbst geschaffen, selbst ins Leben gerufen, als existiere es aus eigener Kraft und aus eigenem Recht. Man hat hier keineswegs das Gefühl, Geist, Körper und Ich *könnten nicht* voneinander unterschieden werden. In *diesem* Bewusstseinszustand differenziert man einfach nicht zwischen Geist, Körper und Ich.

Lassen Sie mich das an einem Beispiel verdeutlichen: Wenn wir eine Stadt – nehmen wir einmal an, Chicago – kennen lernen, so differenzieren wir nicht zwischen Grund und Boden, den Gebäuden und den Menschen dieser Stadt. Scheinbar untrennbar mit der Stadt verschmolzen, obwohl jeder Bestandteil ein Eigendasein hat, bildet dies alles die Grundlage dessen, was für uns Chicago ausmacht.

Indem wir erkennen, dass das vom Ich vermittelte Erscheinungsbild dem entspricht und dass wir diesen Anschein für bare Münze nehmen, unternehmen wir den ersten unerlässlichen Schritt zur Einsicht in Leerheit oder Selbstlosigkeit. Wenn uns dieser Sachverhalt klar wird, kann sich unsere Analyse auf ihn beziehen. Andernfalls verläuft sie nicht zielgerichtet. Aus Sicht der Gelugpa-Überlieferung des tibetischen Buddhismus scheitern allerdings die meisten Menschen aus dem Westen, die versuchen, tiefer gehende Einsicht in Leerheit zu gewinnen, bei diesem ersten Schritt, weil sie zu der Annahme neigen, das Phänomen selbst oder aber eine oberflächliche, philosophisch konstruierte Eigenschaft des Phänomens werde widerlegt – und nicht eine seit jeher missverstandene Grundlage.

Der zweite unerlässliche Schritt: sich der Konsequenzen vergewissern

Im ersten Schritt lässt der Meditierende zu, dass sich eine gewöhnliche Geisteshaltung einstellt. Und dabei versucht er oder sie, die Abläufe ohne eigene Einmischung zu beobachten. Im zweiten Schritt dagegen trifft der Meditierende eine keineswegs gewöhnliche intellektuelle Entscheidung, die dann nach und nach auf eine gefühlsmäßig nachvollziehbare Ebene gebracht werden muss. Er oder sie stellt hier Betrachtungen über die Anzahl der möglichen Beziehungen zwischen einem bezeichneten Phänomen und der Grundlage seiner Bezeichnung oder Designation an.

Bezeichnete Phänomene sind Objekte wie zum Beispiel ein Tisch, ein Körper, eine Person und ein Haus. Die Grundlage ihrer Bezeichnung, ihre Designationsgrundlage, sind beispielsweise: vier Beine und darauf eine Platte; vier Gliedmaßen (zwei Arme und zwei Beine), Kopf und Rumpf; Geist und Körper; mehrere Zimmer in einer bestimmten Anordnung. Der Meditierende überlegt, ob im Kontext inhärenter Existenz beides – das bezeichnete Phänomen und die Grundlage seiner Bezeichnung – inhärent gleich oder inhärent verschieden sein muss oder ob es weitere Möglichkeiten gibt. Und falls es weitere Möglichkeiten zu geben scheint, lassen diese sich dann auf die beiden Grundvarianten – inhärent gleich oder inhärent verschieden – zurückführen?

Nāgārjuna wird so interpretiert, dass er hier fünf Möglichkeiten aufführt und Chandrakīrti zwei weitere:

1. inhärent gleich
2. inhärent verschieden
3. das bezeichnete Objekt beruht inhärent auf der Designationsgrundlage
4. die Designationsgrundlage beruht inhärent auf dem bezeichneten Objekt
5. entweder besitzt das bezeichnete Objekt in der Weise, wie ein Mensch eine Kuh besitzt, die Designationsgrundlage als separates Gebilde, oder das bezeichnete Objekt und die Grundlage der Bezeichnung bilden *eine* Entität in der Weise, wie ein Baum Kernholz in sich hat
6. das bezeichnete Objekt ist die spezielle Form der Designationsgrundlage
7. das bezeichnete Objekt ist die Zusammenfassung der Designationsgrundlagen

Die Möglichkeiten drei bis sieben lassen sich auf die beiden ersten zurückführen – als deren Differenzierungen: Die dritte und die vierte sind Formen von Verschiedenheit; der erste Aspekt der fünften ist eine Form von Verschiedenheit, ihr zweiter Aspekt eine Form von Gleichheit (Gleichheit der Entität, des phänomenologischen Gebildes); die sechste und die siebte sind Variationen von Gleichheit. Auf Grund dessen wird geltend gemacht, dass sich sämtliche Möglichkeiten der inhärenten Existenz auf die beiden ursprünglichen Möglichkeiten zurückführen lassen.

Konventionell wird allerdings gesagt, das Ich und seine Designationsgrundlage, Geist und Körper, seien zwar voneinander verschieden, aber keine unterschiedlichen Entitäten. Und es handele sich zwar um die gleiche Entität, doch sie seien nicht gleich. In der fachspezifischen Terminologie gesprochen, handelt es sich hier um *eine* Entität und unterschiedliche Isolate[56] – was im Wesentlichen besagt, dass das begriffliche Denken beides auseinander halten kann. Vielleicht kann man darin eine achte Möglichkeit sehen?

Träte solch eine Beziehung – *eine* Entität und unterschiedliche Isolate – im Kontext inhärenter Existenz auf, so wäre diese Möglichkeit ein innerer Widerspruch. Denn was auch immer im Kontext inhärenter Existenz gleich ist, muss in jeder Hinsicht gleich sein. Das schließt die Möglichkeit unterschiedlicher Isolate aus. Tritt das Verhältnis von *einer* Entität und unterschiedlichen Isolaten hingegen im Kontext konventioneller Existenz auf, so besteht keine

Notwendigkeit, hier in dieser Auflistung der im Rahmen von inhärenter Existenz gegebenen Möglichkeiten darauf einzugehen.

Die Liste der Möglichkeiten beinhaltet also nicht sämtliche Existenzmöglichkeiten eines bezeichneten Phänomens – zum Beispiel des Ich; und ebensowenig beinhaltet sie sämtliche Existenzmöglichkeiten seiner Designationsgrundlagen – wie etwa Geist und Körper. Denn die Untersuchung befasst sich hier lediglich mit der Frage, ob das Ich konkret in der Art und Weise existiert, wie es bei Durchführung des ersten Schritts den Anschein hatte. Existiert es aber konkret in dieser Weise, so sollten Sie dies auch konkret aufzeigen können, wenn Sie es in Hinblick auf seine Designationsgrundlage untersuchen.

Diese Entscheidung – inhärente Existenz bedeute notwendigerweise, dass das bezeichnete Phänomen entweder identisch mit der Designationsgrundlage oder von ihr verschieden ist – entspricht gleichsam dem Amboss, auf dem die Auffassung, es gebe ein inhärent existierendes Ich, unter den Hammerschlägen der anschließenden Schlussfolgerungen zertrümmert wird. Das heißt, der zweite unerlässliche Schritt bleibt nicht auf eine belanglose, leichthin zu treffende intellektuelle Entscheidung beschränkt, sondern muss auf eine gefühlsmäßig nachvollziehbare Ebene gebracht werden. Dies geschieht mit Hilfe der Überlegung, dass alles Existierende entweder eins oder verschieden ist, wie der große mongolische Gelehrte aus dem 18. Jahrhundert, Tschangkya Rölpä Dordsche, in seiner »Darlegung der philosophischen Systeme« (*grub mtha'i rnam bzhag*) erklärt.[57] Ein Stuhl ist eins; ein Stuhl und ein Tisch sind voneinander verschieden; ein Stuhl und seine Teile sind voneinander verschieden; Tische sind voneinander verschieden; und so weiter. Der Yogi muss beherzt Standards festlegen, mit deren Hilfe die Möglichkeiten so geschickt eingegrenzt werden, dass sich anschließend die Analyse gut durchführen lässt und dem Glauben an ein inhärent existierendes Ich die Grundlage entzieht.

Mit dieser Entscheidung beginnt man die Existenz jenes sich selbst ins Dasein rufenden Ich, das man im ersten Schritt ausfindig gemacht hat, zu bezweifeln. Geshe Rabten, ein Gelugpa-Gelehrter, der bis zu seinem Tode 1986 in der Schweiz gelebt hat,[58] hat einmal erklärt, die Auswirkungen dieses Schrittes seien vergleichbar mit dem Aufkommen erster Zweifel an einem alten Freund. An diesem Punkt hat man begonnen, den lange für unzweifelhaft gehaltenen eigenen Status zu hinterfragen – ein Prozess, der emotional durchaus einige Mühe bereiten kann.

Der dritte unerlässliche Schritt: sich vergewissern, dass das Ich nicht mit den »Aggregaten« identisch ist

Im nächsten Schritt geht es darum, durch Schlussfolgerungen herauszufinden, ob das Ich und die »Aggregate«, die psycho-physischen Komponenten, inhärent gleich oder inhärent verschieden sind. Unter Schlussfolgerungen ist hier nicht ein kühles Überlegen oder oberflächliches Resümieren zu verstehen, sondern man greift auf unterschiedliche Ansätze zurück, um so den einen zu finden, der uns in unserem ganzen Wesen erschüttert. Und dazu muss man die scheinbare Schlichtheit und Strenge der hier vorgeschlagenen Überlegungen transzendieren.

Verschiedener Ansätze – und nicht nur einer einzigen Argumentation – bedient man sich in der Annahme, dass bestimmte Argumentationsarten bei manchen Menschen nichts ausrichten würden. Der erste Ansatz geht von einer Alltagserfahrung aus: Wenn wir mit dem Körper eins wären, wie könnten wir dann von »meinem Körper« sprechen? Wenn das Ich und der Geist inhärent eins wären, wie könnten wir dann von »meinem Geist« sprechen? Sollten wir dann auch vom Körper des Körpers reden? Oder »mein Ich« sagen?

Immerhin scheint der Fünfte Dalai Lama nicht davon auszugehen, dass dieser Gedankenschritt bereits ausreiche. Er lässt ein Zitat aus einem Text Nāgārjunas folgen, das sich auf die gleiche Argumentation bezieht:

> Falls die entsprechenden Überlegungen [bei eurem Bemühen um Einsicht] lediglich Worte hervorgebracht haben und ihr keine starke Überzeugung gewonnen habt, so widmet euch der Kontemplation über folgende Textstelle. In Nāgārjunas »Abhandlung über den Mittleren Weg« (*rtsa shes/dbu ma'i bstan bcos, madhyamakashāstra*, XXVII. 27) heißt es:
>
> Wenn man der Auffassung ist, es gebe kein Selbst
> außer den dir zukommenden [Aggregaten],
> so sind eben diese dir zukommenden [Aggregate] das Selbst.
> In diesem Fall ist dein Selbst nicht-existent.

Gemäß der unter Gelugpa-Gelehrten verbreiteten Interpretation hegte Nāgārjuna keineswegs die Vorstellung, in den Augen der empfindenden Wesen sei das Ich eins mit dem Körper oder es sei eins mit dem Geist. Sein Gedankengang ist vielmehr folgendermaßen zu verstehen: *Falls* das Ich unabhängig und eigenständig existieren würde, könnte die Einheit mit seiner Designationsgrundlage lediglich in einer von zwei Möglichkeiten bestehen, und eine weitere Möglichkeit gäbe es nicht. Nāgārjuna bezieht sich dabei nicht auf unsere gewöhnliche, falsche Vorstellung, sondern auf eine *Konsequenz* inhärenter Existenz, denn bei dieser Art von Konkretheit muss die Analyse zu einer aufzeigbaren Übereinstimmung führen.

Für inhärente Existenz gelten demnach nicht die gleichen Gesetzmäßigkeiten wie für gewöhnliche Existenz. Denn im Kontext konkreter Existenz erfordert die Gleichheit der Entität völlige Gleichheit in jeder Hinsicht. Hier stellt sich also nicht die Frage, ob sich die empfindenden Wesen normalerweise eine Vorstellung von dieser Einheit machen. Denn es wird ja auch nicht behauptet, dass wir das tun. Vielmehr geht es um Folgendes: Wenn wir das Ich in der im ersten Schritt entdeckten Art und Weise erfahren, treffen darauf die Gesetzmäßigkeiten konkreter, aufzeigbarer Existenz zu?

Weitere Argumente

Man muss auch über Abwandlungen derselben Argumentation nachdenken. Offensichtlich wird nicht damit gerechnet, allein die vorliegende Argumentation werde schon überzeugen. Damit diese abgewandelte Argumentation ihrem Zweck gerecht wird, muss der Meditierende zur Überzeugung gelangt sein, dass wir wiedergeboren werden. Wären das Ich und der Körper eins, so würde nach dem Tod bei einer Feuerbestattung mit dem Körper zugleich auch das Ich verbrannt werden. Oder der Körper müsste ebenso in einem neuen Leben wiedergeboren werden wie das Ich. Umgekehrt würde das Ich ebensowenig wiedergeboren werden wie der Körper.

Gelangt jemand, der über solche Argumente entsprechend meditiert, zu der Auffassung, das Ich sei wahrscheinlich nicht mit dem Körper, sondern mit dem Geist identisch, so wird er oder sie dazu angeleitet, über folgende Ungereimtheiten nachzudenken: Hat das Ich keine Kleidung, so beginnt es unter der Kälte zu leiden, und wenn das Ich nichts zu essen und zu trinken hat, leidet es unter Hunger und Durst. Beides ist offenkundig. Wäre aber das Ich etwas rein Geistiges, so würde dies bedeuten, dass der Ursprung dieser Phänomene ebenfalls im Geist läge. Und in diesem Fall ließe sich kein vernünftiger Grund geltend machen, weshalb man nicht dasselbe Leid auch in einem Bereich der Formlosigkeit erfahren sollte. Außerdem müsste der Geist, da er mit dem Ich eins wäre, sich auch solch grober Formen wie Nahrung und Kleidung bedienen.

Durch die Überlegungen zu den soeben aufgeführten Abwandlungen von Einheit ist der Geist dann bereit, eine Schlussfolgerung aus der Reflexion über einige weitere Gedankengänge zu ziehen. Zunächst einmal müsste es mehr als nur ein Selbst geben. Ihre Anzahl müsste so groß sein wie die von Geist und Körper – mit anderen Worten zwei. Anders betrachtet, müsste ihre Anzahl so groß sein wie die der psycho-physischen Komponenten – also fünf. Dies mag überaus einfältig erscheinen. Doch die Anforderungen solch einer aufzeigbaren, analytisch ausfindig zu machenden Existenz – und nicht die Anforderungen gewöhnlicher Existenz – sind der Amboss. Der Meditierende versucht durch diese Analyse nicht zu beschreiben, wie er oder sie normalerweise solch ein inhärent existierendes Ich auffasst, sondern dieses Ich den Hammerschlägen einer gründlichen Untersuchung auszusetzen, die auf den *Konsequenzen* solch inhärenter Existenz basiert.

Die zweite zusätzliche Überlegung dreht sich um die Konsequenzen, die eine inhärent existente Hervorbringung und Auflösung des Ich mit sich bringen würde. In diesem Fall wäre es nicht kontinuierlich. Die dritte Zusatzüberlegung setzt den Glauben an die Wiedergeburt voraus und gibt – spiegelbildlich – jene Art von Beweisführung wieder, die vielfach in Argumentationen gegen die Wiedergeburt verwendet wird. Sie nimmt nicht auf das Ich und die psycho-physischen Komponenten als ihre Designationsgrundlagen Bezug, sondern auf die Beziehung zwischen dem Ich in diesem Leben und dem Ich des vorausgegangenen Lebens. Und zwar folgendermaßen: Falls diese eins wären, so müsste absurderweise das Leid des vergangenen Lebens im jetzigen Leben gegenwärtig sein.

Wären sie hingegen verschieden – was den Gesetzmäßigkeiten der inhärenten Existenz zufolge bedeuten würde, dass sie grundverschieden sind und in keinerlei Beziehung zueinander stehen –, so würde dadurch jedwede Erinnerung an frühere Leben unmöglich werden. Ebenso wenig könnte es eine Vergeltung von ethischem beziehungsweise unethischem Handeln geben, und man würde Leid erfahren, das man nicht verdient hätte. Solch eine Verschiedenheit würde ein bloßes Ich – die von Leben zu Leben fortschreitende Instanz, die Handlungen begeht und deren Auswirkungen erfährt – unmöglich machen.

Eine Einheit des Ich und seiner Designationsgrundlagen, der psycho-physischen Komponenten, ist nicht möglich.

Der vierte unerlässliche Schritt: sich vergewissern, dass das Ich und die Aggregate nicht inhärent verschieden sind

Die Untersuchung der inhärenten Einheit hat den Meditierenden derart in Anspruch genommen, dass er oder sie bereit ist, von der Annahme auszugehen, das Ich und die Aggregate, die psycho-physischen Komponenten, seien voneinander verschieden. Den Gesetzmäßigkeiten inhärenter Existenz zufolge muss Unterschiedliches sich aber in der Weise unterscheiden, dass es in keinerlei Beziehung zueinander steht. Hier nimmt man wiederum nicht an, die Menschen betrachteten normalerweise das Ich und seine Designationsgrundlagen als derart voneinander verschieden, dass sie in keinerlei Beziehung zueinander stehen. Vielmehr bedeutet Verschiedenheit im Kontext inhärenter Existenz – also solch aufweisbarer, substanzieller Existenz – notwendigerweise, dass das Unterschiedliche in keiner Beziehung zueinander steht. Der Fünfte Dalai Lama erklärt:

> Nun meint ihr vielleicht, das Ich und die Aggregate könnten lediglich verschieden sein. In Chandrakīrtis »Ergänzenden Schriften« (VI. 120 ab) heißt es:
>
> > Es gibt kein anderes Selbst als die Aggregate, denn außer bei
> > den Aggregaten ist eine Vorstellung von ihm nicht existent.
>
> Das inhärent Verschiedene muss ohne Beziehung zueinander sein. Ebenso wie man jede der psycho-physischen Komponenten einzeln identifizieren kann – »Dies ist die Komponente Form« usw. –, müsste man nach Klärung der fünf Komponenten das Ich identifizieren können: »Dies ist das Ich.« Doch so genau man auch analysieren mag, ist solch ein Ich einfach nicht ausfindig zu machen.

Das Ich, das Selbst oder eine letzte Realität, die dann, wenn alles andere fortgenommen wird, noch vorhanden ist – genau das versuchen viele Hindus ausfindig zu machen. Darum erklären sie lautstark das Gegenteil: Etwas *ist* zu finden, abgesehen von Geist und Körper. Aber kann dies das Ich sein, das ins Geschäft geht, um einzukaufen? Kann es das Ich sein, das Begierde und Hass empfindet?

Die Frage ist jedoch nicht leicht zu klären, und leichthin erteilte Antworten sind hier offenbar auch fehl am Platz. Vielmehr bedarf es einer tief empfundenen Überzeugung.

Einsicht in Selbst-losigkeit und Gottheiten-Yoga

Auf Grund solch einer Überzeugung gelangt man zu der Entscheidung, dass das Ich im Rahmen solch einer Analyse nicht auffindbar ist. Daraus geht nicht hervor, dass das Ich gar nicht existiert, sondern dass es – anders als es im ersten Schritt den Anschein hatte – über keine unabhängige Eigenexistenz verfügt. Diese Unauffindbarkeit ist Leerheit. Und die Einsicht in diese Unauffindbarkeit ist Einsicht in Leerheit, in Selbst-losigkeit.

Unstrittige, durch Schlussfolgerung – wenn auch nicht auf der Stufe von unmittelbarer Wahrnehmung oder auch besonderer Einsicht (*lhag mthong, vipashyanā*) – gewonnene Einsicht hinterlässt einen starken Eindruck. Bei einem Anfänger ruft sie ein Verlustgefühl hervor. Bei einem erfahrenen Meditierenden hingegen ruft sie das Gefühl hervor, etwas Verlorengegangenes entdeckt beziehungsweise wiederentdeckt zu haben. Die Wahrnehmung dieser Leerheit – der Abwesenheit von unabhängiger Eigenexistenz – hat auch einen emotionalen Unterton: Zunächst im Sinn eines Verlustes, da unsere Emotionen auf einem falschen Gefühl von Konkretheit beruhen, und dann im Sinn der Entdeckung eines verlorenen Schatzes, der alles ermöglicht. Aus einem entsprechenden Blickwinkel wird die Leerheit des Geistes als die Buddha-Natur bezeichnet, als die Buddha-Abstammungslinie. Denn sie ermöglicht es, die wunderbaren Qualitäten der Buddhaschaft zu entwickeln.

Im tantrischen Gottheiten-Yoga dient der Geist, der Einsicht in Leerheit gewinnt und von Mitgefühl motiviert wird, als Ausgangspunkt, aus dem sich eine Meditationsgottheit wie etwa Kālachakra manifestieren kann. Das von Mitgefühl motivierte Weisheitsbewusstsein liefert gewissermaßen das Ausgangsmaterial für die Entstehung der Gottheit. Zur gleichen Zeit wahrt es, da es als Gottheit erscheint – als ideales Wesen, das den empfindenden Wesen in altruistischer Weise hilft –, die Gewissheit, dass der Gottheit keine unabhängige Eigenexistenz zukommt. Dies ermöglicht die gleichzeitige Ansammlung von Verdienst (altruistischen Handlungen) und Weisheit (Einsicht in Leerheit), denn beide Aspekte, Mitgefühl und Weisheit, sind im selben Bewusstsein gegenwärtig. Der Gottheiten-Yoga basiert also auf dem Herzstück des Sūtra-Weges im Großen Fahrzeug, auf Mitgefühl und Leerheitsgewahrsein. Die tantrische Einweihung autorisiert diejenigen, die über einige Mitgefühlserfahrung und ein gewisses Leerheitsverständnis verfügen, den Gottheiten-Yoga zu praktizieren.

5

Zur Geschichte des Kālachakra-Tantra

Der traditionellen Geschichtsschreibung in den Schriften zufolge ist Buddha Shākyamuni am fünfzehnten Tag des dritten Monats, ein Jahr nach seiner Erleuchtung, als Mönch gekleidet auf dem Geiergipfel erschienen und hat das »Sūtra von der Vollkommenheit der Weisheit in 100 000 Strophen« verkündet. Und im südindischen Dhānyakataka erschien er zur gleichen Zeit als Kālachakra, um das *Kālachakra-Tantra* darzulegen.[59] Dies geschah in einem gewaltigen, mehrere Stockwerke umfassenden Reliquienschrein (*mchod rten, chaitya*). George Roerich hat Dhānyakataka als den im Steuerbezirk Sattenpalle gelegenen Ort Amarāvati, Distrikt Guntūr, im südindischen Madras identifiziert.[60]

Der Buddha hat das Tantra auf Wunsch von König Suchandra[61], einer Emanation Vajrapānis, dargelegt. König Suchandra hielt später die lange Version des Tantra schriftlich fest. Wie es heißt, handelte es sich hierbei um 12 000 Strophen. Suchandra war der Herrscher des Königreichs Shambhala. Dieses wird – laut Giuseppe Tucci[62] – »von der Überlieferung nahe dem Fluss Sitā (heutiger Name: Tarim) angesiedelt«, also mit anderen Worten in Ost-Turkestan.[63] Nachdem er das Tantra vernommen hatte, kehrte König Suchandra nach Shambhala zurück, schrieb das Tantra in seiner langen Fassung nieder und sorgte dafür, dass die Kālachakra-Lehre als Staatsreligion Verbreitung fand.

Die nächsten sechs Könige von Shambhala hielten die Tradition aufrecht. Und der achte König, Mañjushrīkīrti (*'jam dpal grags pa*), weihte so viele Personen (von 35 Millionen Menschen ist die Rede) in das Kālachakra-Mandala ein[64], dass er und die späteren Könige als *Kulika* (*rigs ldan*) »einer, der die Linie trägt«, »Linienhalter«, bezeichnet wurden. Auf Grundlage des langen Wurzel-Tantras hat der Kulika Mañjushrīkīrti ein kürzeres Tantra zusammengestellt, das fünf Kapitel mit insgesamt 1047 Strophen umfasst.[65] Diese Version, die auch als »Kālachakra-Tantra in der kürzeren Fassung« bezeichnet wird, meinen wir heute, wenn wir vom *Kālachakra-Tantra* sprechen. Die längere Version existiert hingegen nicht mehr.

Auf den Kulika Mañjushrīkīrti folgte der Kulika Pundarīka. Er verfasste die in unseren Tagen bekannteste Erläuterung des Tantra, die allgemein »Großer Kommentar zum ›Kālachakra-Tantra‹, das makellose Licht« (*'grel chen dri med 'od, vimālaprabhā*) heißt. Dieser Text ist nach wie vor existent und diente höchstwahrscheinlich für die spätere Literatur als Ausgangspunkt.

Weitere 800 Jahre nach Kulika Pundarīka schwächten Moslems, die bis nach Shambhala vordrangen, das Königreich. Dies geschah 624 n. Chr.[66] Dessen ungeachtet setzte sich die Linie der Kulika-Könige fort, und so reiste Chilupā[67], ein Meister aus dem indischen Orissa, nach Shambhala, wo er tiefgründige Kenntnisse des Tantra und des »Großen Kommentars« von Kulika Pundarīka erwarb.

Im Jahr 966 n. Chr. kehrte Chilupā nach Indien zurück. Dort verbreitete er die Lehre und verhalf ihr zu großer Bekanntheit. Der Autor der »Blauen Annalen«, der Übersetzer von Gö, Shönnu-Päl (*'gos lo tsā ba bzhon nu dpal*, 1392–1481), argumentiert überzeugend, das *Kālachakra*-Tantra müsse allerdings bereits lange vorher in Indien aufgetaucht sein. Dafür sprächen verschiedene Gründe, unter anderem habe Chilupā:[68]

> … (es) in dem, von den Turuskhas unversehrt gelassenen, Vihāra[69] von Ratnagiri (Rinchen ribo) erläutert. Er war der Auffassung, normalerweise sei das Mahāyāna-Guhya-Mantra (*gsan-snags*) für die (Verwirklichung der) Erleuchtung unerlässlich und der Text müsse mit Hilfe des Kommentars der Bodhisattvas studiert werden. Auf Grund dessen setzte er die Suche nach dem Kālacakra fort. (Das Kālacakra muss daher zu jener Zeit existiert haben.) Man muss also einräumen, dass das Kālacakra-System offenbar zu einem frühen Zeitpunkt nach Āryadeśa [Indien] gelangt ist und im Zeitalter von Kālacakrapāda – des Vaters und des Sohnes – vielen Menschen bekannt wurde.

Bei dem größeren Kālachakrapāda (dem »Kālacakrapāda Vater« im vorausgegangenen Zitat) handelt es sich vermutlich um Chilupā selbst.[70] Helmut Hoffmanns Darstellung zufolge behielt Chilupā die Oberhand in einer Debatte mit dem »Pandit Nādapāda, den die Tibeter Nāropa nannten«. Dieser war damals Abt von Nālandā, »in jenen Tagen neben Vikramashīlā das bedeutendste Zentrum des Buddhismus«[71]. Chilupā gab Nādapāda die Einweihung, und dieser wurde dann als der kleinere Kālachakrapāda bekannt.[72] Hoffmann gelangt zu folgendem Schluss:[73]

> Anscheinend geht die gesamte weitere Kālacakra-Überlieferung auf diese beiden zurück, nicht nur in Indien, sondern auch in Tibet.

Nādapāda wiederum weihte Atīsha in das Kālachakra-System ein, und einer von Atīshas Schülern war der berühmte Kālachakra-Meister Pitopa, auch Pindo Āchārya genannt.[74]

In den historischen Darstellungen heißt es übereinstimmend, dass das *Kālachakra-Tantra* seit 966 n. Chr., dem Zeitpunkt von Chilupās Rückkehr nach Indien, dort weithin bekannt wurde und »die Wirkungsgeschichte dieses Tantra in Indien unter König Mahīpāla von Bengalen (etwa 974–1026) begann«.[75]

Der Umstand, dass auch der traditionellen geistlichen Geschichtsschreibung in den Schriften zufolge das *Kālachakra-Tantra* in Indien so lange nicht vertreten war, gab zu der Vermutung Anlass, es könne in einem Land Zentralasiens verfasst worden sein. Lokesh Chandra erklärt:[76]

> Das Kālacakra ist eines der letzten in einem zentralasiatischen Land verfassten Sanskrit-Werke, von wo aus es dem Vernehmen nach seinen Weg nach Indien fand.

Auf Grund von Chilupās Bemühungen wurde das System in Indien weiterentwickelt,[77] und es umfasste zahlreiche Werke über verschiedene Aspekte des Tantra. Lokesh Chandra führt neben Kulika Pundarīkas Schrift »Großer Kommentar« 47 weitere Werke von 22 Autoren auf (darunter auch sechs Werke von namentlich nicht bekannten Autoren).[78] 60 Jahre nach Chilupās Rückkehr, also 1026,[79] wurde das *Kālachakra-Tantra* in Tibet eingeführt. Und rasch entwickelte sich dort eine sehr lebendige Überlieferung.

Die erste Übersetzung stammte von Gyijo, der unter einem von Chilupās Schülern namens Bhadrabodhi studierte,[80] jedoch »nur vier Schüler hatte, und auch sie hielten nach seinem Tod die Überlieferung nicht aufrecht.«[81] Ein Schüler von Nādapāda, der aus Kaschmir stammende Somanātha, reiste nach Tibet. Und als Yeshe Chog (*ye shes mchog*) aus Ñyö (*gnyos*) sein Versprechen, Somanātha einhundert Unzen Gold auszuhändigen, nicht einhielt, reiste dieser nach Pänpo (*'phan po*) nördlich von Lhasa, wo er mit Sherab Drag (*bro lo tsā ba shes rab grags*), dem Übersetzer aus Dro, eine Übersetzung von Kulika Pundarīkas Text »Großer Kommentar zum ›Kālachakra-Tantra‹, das makellose Licht« fertigstellte. So nahm die als Schule von Dro bezeichnete Übertragungslinie ihren Anfang.

Die andere bedeutende Überlieferung war die Schule des Übersetzers aus Ra, Dordsche Dragpa (*rva lo tsā ba rdo rje grags pa*), der das *Kālachakra-Tantra* fast sechs Jahre lang in Kaschmir bei Samantashrī, einem weiteren ehemaligen Schüler Nādapādas studiert hatte. Er überredete seinen Lehrer, gemeinsam mit ihm nach Tibet zurückzukehren, wo er eine Schenkung von 300 Unzen Gold erhalten werde. Die Ra-Schule gelangte daraufhin insbesondere innerhalb der Sakyapa-Überlieferungslinie des tibetischen Buddhismus zu großer Bedeutung. Durch Sakya Pandita (1182–1251) und danach durch Pagpa (*'phags pa*) gewann die Ra-Schule innerhalb der Ära starker mongolischer Einmischung in Tibet großen Einfluss. Butön Rinchen Drup (*bu ston rich chen rub*, 1290–1364) und Dölpopa Sherab Gyältsän (*dol po pa shes rab rgyal mtshan*, 1292–1361) aus der Sakyapa-Linie, die als »die beiden großen Kālachakra-Interpreten aus dem Land des Schnees« bezeichnet werden,[82] erhielten Unterweisungen, die aus beiden Übertragungslinien stammten, aus der des Ra-Übersetzers und aus der des Dro-Übersetzers.

Besonders Butön Rinchen Drup hat ein reichhaltiges Schriftwerk über das *Kālachakra-Tantra* hinterlassen. Die ersten fünf Bände seiner Gesammelten Werke sind ausschließlich den entsprechenden Erläuterungen gewidmet; und sie reichen von einer durch Anmerkungen ergänzten Fassung des Tantra mit dem Titel »Leicht verständliche Anmerkungen zum glorreichen Kālachakra-Tantra in der kürzeren Fassung, Großer König der von dem Höchsten Urbuddha ausgegangenen Tantras« (*mchog gi dang po'i sangs rgyas las phyungs ba rgyud kyi rgyal po chen po dpal dus kyi 'khor lo'i bsdus pa'i rgyud kyi go sla'i mchan*) über Anmerkungen zu (Kulika Pundarīkas) »Makelloses Licht« (*dri med 'od kyi mchan*) bis hin zu diversen Texten über Themen wie den sechsteiligen Yoga, Astrologie, Einweihung und Ähnliches.[83]

Butöns Schüler Chökyi Päl (*chos kyi dpal*) übertrug die Kālachakra-Einweihung auf Tsongkapa (*tsong kha pa*, 1357–1419), den Begründer der Gelugpa-Überlieferungslinie des tibetischen Buddhismus, der seinerseits verschiedene kurze Werke über einzelne Aspekte des Tantra verfasst hat.[84] Tsongkapas Schüler Kädrup Geleg Pälsang (*mkhas grub dge legs dpal bzang*, 1385–1438) hat ein umfangreiches Werk, vier Kommentarbände zu Butön Rinchen Drups »Kālachakra-Tantra in der kürzeren Fassung« und zu Kulika Pundarīkas »Makelloses Licht« ausgearbeitet. Manches davon wird zwar seinen Schülern zugeschrieben, ist aber in seinen Gesammelten Werken enthalten. Ferner hat

Kädrup kürzere Werke über zahlreiche Aspekte des Tantra verfasst[85] – darunter den im vorliegenden Buch übersetzten Text zum Mandala-Ritual mit dem Titel »Der Mandala-Ritus des glorreichen Kālachakra: Erläuterungen zur Bedeutung« (*dpal dus kyi 'khor lo'i dkyil chog dgongs pa rab gsal*).

Tsongkapas zweiter wichtiger Schüler Gyältsap Darma Rinchen (*rgyal tshab dar ma rin chen*, 1364–1432) ist Autor einer ausgesprochen überzeugenden und gut lesbaren Erläuterung der Hervorbringungsstufe und der Vollendungsstufe mit dem Titel »Wie man die beiden Stufen des Weges zum glorreichen Kālachakra praktiziert: ein schneller Zugang zum Weg der großen Glückseligkeit« (*dpal dus kyi 'khor lo'i lam rim pa gnyis ji ltar nyams su len pa'i tshul bde ba chen po'i lam du myur du 'jug pa*).[86] Der Erste Panchen Lama, Losang Chökyi Gyältsän (*blo bzang chos kyi rgyal mtshan*, 1567?–1662) hat von Kädrups gewaltigem Werk eine Kurzfassung (184 Blatt) erstellt,[87] und von zahlreichen Gelugpa-Lamas existieren Schriften über verschiedene Aspekte dieses Tantra.

In der Gelugpa-Überlieferungslinie wurde dem *Kālachakra-Tantra* also beträchtliche Aufmerksamkeit zuteil, obgleich diesem Tantra hier keine zentrale Bedeutung zukommt. Für die Gelugpa-Linie ist unter allen Tantras des Höchsten Yoga-Tantra das *Guhyasamāja-Tantra* das wichtigste: Es zu erläutern und zu praktizieren war jahrhundertelang die vornehmlichste Aufgabe der tantrischen Kollegien im unteren und im oberen Teil von Lhasa. Bei den Gelugpas studiert man das Höchste Yoga-Tantra vor allem im Kontext des Guhyasamāja-Systems. Dieses wird als das »umfassende System« des Höchsten Yoga-Tantra betrachtet, mit dessen Hilfe man die meisten anderen Tantras dieser Klasse versteht. Das *Kālachakra-Tantra* bildet insofern eine Ausnahme, dass es ein in mancher Hinsicht analoges, zugleich jedoch auf interessante Weise anderes System zur Umwandlung des gewöhnlichen Geistes und des gewöhnlichen Körpers in ihre geläuterte Form bietet.

Unter Bezugnahme auf andere tibetische Werke über Kālachakra hat ein Sakyapa-Autor, der Übersetzer Daktsang Sherab Rinchen (*stag tshang lo tsā ba shes rab rin chen*, geboren 1405) einen bekannten Kommentar zum *Kālachakra-Tantra* geschrieben, »Die allgemeine Bedeutung von Kālachakra: Ozean der Lehre« (*dus 'khor spyi don bstan pa'i rgya mtsho*). Und ein zweibändiges Werk des in der zweiten Hälfte des 19. und Anfang des 20. Jahrhunderts lebenden gelehrten Nyingmapa-Praktizierenden Mipam Gyatso (*mi pham rgya mtsho*, 1846–1912) enthält eine Fassung des Tantra und einen Kommentar zum gesamten Text mit dem Titel »Zur Klärung der Wortbedeutung des glorreichen Kālachakra-Tantra: Glanz der Vajra-Sonne« (*dpal dus kyi 'khor lo'i rgyud kyi tshig don rab tu gsal byed rdo rje nyi ma'i snang ba*). Eine ausgewählte Bibliographie von einhundert Werken über Kālachakra hat Aku Sherab Gyatso (*a khu shes rab rgya mtsho*, 1803–1875) zusammengestellt.[88]

Die Vielzahl der in Tibet entstandenen Werke verweist auf die große Bedeutung, die das *Kālachakra-Tantra* in Tibet und im tibetischen Kulturkreis gewonnen hat. Zu diesem tibetischen Kulturkreis gehören auch die Himalaya-Länder Nepal, Sikkim und Bhutan, ferner die Regionen der Mongolei – die Äußere Mongolei, die Innere Mongolei, Kalmückien und bestimmte Bereiche Sibiriens. Außerhalb dieser Gebiete jedoch – in China, Korea, Japan oder Südostasien – hat das *Kālachakra-Tantra* offenbar keine Verbreitung gefunden, so dass heutzutage nur bei Praktizierenden aus dem tibetischen Kulturkreis eine vollständige Übertragung der Einweihung existiert. Innerhalb dieses Kulturkreises wiederum findet man lediglich unter den Exil-Tibetern oder in Bhutan und Sikkim noch Lamas, die eine Einweihung geben.

Das *Kālachakra-Tantra* steht schon lange in einer besonderen Verbindung zu den Dalai Lamas. Manche Dalai Lamas haben einer beachtlichen Zahl von Menschen die Einweihung erteilt. Der gegenwärtige Dalai Lama hat bis zur Erstveröffentlichung dieses Buches (1985) die Kālachakra-Einweihung bereits elfmal in einem großen Rahmen durchgeführt. Der Empfang der Einweihung durch den Dalai Lama oder einen anderen Lama stellt im Leben der Tibeter ein herausragendes Ereignis dar. In Tibet selbst hat der jetzige Dalai Lama allerdings lediglich zwei große Kālachakra-Einweihungen vornehmen können, und zwar in den Jahren 1954 und 1956 in seiner Sommerresidenz Norbulingka vor jeweils rund 100 000 Menschen. In Indien hat er sie siebenmal gegeben – 1970 vor 30 000 Personen in Thekchen Chöling, Dharamsala; 1971 vor 10 000 Anwesenden in Bylakuppe, Bundesstaat Karnataka; 1974 vor 100 000 Menschen in Bodh Gaya, Bundesstaat Bihar; 1976 vor 40 000 Personen in Leh, Ladakh; 1983 vor 10 000 Menschen in Derang, Bomdila, Arunachal Pradesh; und ein weiteres Mal in Bodh Gaya, Bundesstaat Bihar; diesmal in Anwesenheit von 200 000 Menschen. Auch im Westen hat der Dalai Lama die Kālachakra-Einweihung zweimal gegeben – 1971 vor 1 500 Personen in der Nähe von Madison, Wisconsin, und 1985 vor 3 000 Menschen im schweizerischen Rikon.

Der Kommentar des Dalai Lama, der in die hier vorliegende Übersetzung des Einweihungsrituals eingebunden ist, entstammt großenteils der Veranstaltung in Madison. Erst durch diese unverzichtbaren Erläuterungen wird die Einweihung so mit Leben erfüllt, dass die Teilnehmer die Visualisationen mitvollziehen, ein Gefühl für den Ablauf der Einweihung entwickeln und über die Prinzipien des Einweihungsprozesses reflektieren können.

Shambhala in der Zukunft

Der gegenwärtige 21. Kulika soll 1927 den Thron bestiegen haben. Die Regentschaft des 25. und letzten Kulika, »Rudra mit einem Rad« genannt, wird 2327 beginnen, da die Regentschaft jedes Kulika 100 Jahre dauert.[89] Im Jahr 2425, dem 98. Jahr seiner Herrschaft – dem Kālachakra-Kalender zufolge 3304 Jahre nach Buddha Shākyamunis Dahinscheiden – wird es von Shambhala aus einen großen Feldzug geben, in dessen Verlauf die Barbaren bezwungen werden.[90] Danach wird der Buddhismus eine erneute, 1800 Jahre währende Blütezeit erleben. Demnach wird 5104 Jahre nach Buddha Shākyamunis Dahinscheiden, 104 Jahre später als im Sūtra-System angegeben, das Zeitalter seiner Lehre zu Ende gehen.

Zwar ist Chilupā nach Shambhala gereist. Doch gelegentlich wird Shambhala eher als Reines Land beschrieben – als ein Ort, der allen gewöhnlichen Reisenden schier unerreichbar bleibt; als ein Land, das sich nur demjenigen zeigt, der großes Verdienst erworben hat. Durch Verrichtung von Wunschgebeten können Menschen dort wiedergeboren werden und sich an der unablässigen Verkündung der Lehre durch die Kulikas erfreut. Ebenso soll die Kālachakra-Einweihung Voraussetzungen schaffen für eine Wiedergeburt in Shambhala, durch die man nicht nur die Kālachakra-Praxis aufrechterhalten kann, sondern bei Ausbruch des großen Krieges auch unter der Obhut und dem Schutz des Kulika »Rudra mit einem Rad« steht. Für viele Tibeter, Mongolen, Bhutanesen, Sikkimesen, Nepalesen und Ladakhis ist Shambhala daher ein Fanal der Hoffnung in einer Welt voller Tragik.

6
Einweihungen und Mandalas

Hat ein Praktizierender auf Grund seiner Praxis die Leidhaftigkeit des gewöhnlichen Daseins erkannt, großes Mitgefühl und altruistisches Streben nach Erleuchtung entwickelt sowie Einsicht in Leerheit, in das Nichtvorhandensein einer unabhängigen Eigenexistenz, hervorgebracht, so ist er oder sie bereit, die Einweihung zu erhalten. Der Einweihungsprozess hat viele Aspekte. Ihre Bedeutungen werden sehr genau erläutert, und sie werden in das Sanskrit-Wort für Einweihung (*abhisheka*) sogar regelrecht »hineingelesen«. Das Wort *»Abhisheka«* nimmt durch manch phantasievolle Modifikation – man entfernt Buchstaben, fügt Buchstaben hinzu oder ersetzt sie durch andere – Bedeutungen an wie reinigen, läutern, autorisieren, ermächtigen, Herrschaft erlangen, Kräfte verfügbar machen, besprenkeln, gießen, ausströmen lassen, ein bestimmtes Verhalten vermitteln, als Frucht dieses Verhaltens Befreiung zuteil werden lassen und einen freudvollen Geisteszustand bewirken.

Durch ganz erhebliche Veränderung wird *sheka* zu *snāyi*, »reinigen«. Geradewegs so, wie man eine Verschmutzung beseitigt, lassen sich die Befleckungen der psycho-physischen Komponenten, der Sinne und der Sinnesbereiche *reinigen*. Oder *sheka* kann zu *shudde*, »geläutert«, werden. Wie ein König bei Antritt seiner Regentschaft in einem *Abisheka* genannten vedischen Ritus ein rituelles Bad nimmt, wird der Geistesstrom, das Kontinuum des Geistes, *geläutert*, indem man die Befleckungen reinigt.

Abisheka kann auch zu *Adhikāra* werden, zu »Autorität«. Genau wie ein König durch ein als *Abisheka* bezeichnetes, feierliches Weihezeremoniell *autorisiert* wird, königliche Handlungen auszuüben, so wird man autorisiert, die Tantras zu hören, den tantrischen Weg zu kultivieren, die Tantras zu lehren und sich Handlungen zu widmen, um eine Verwirklichung (*dngos grub, siddhi*) zu erreichen. Oder es kann zu *Vasha* oder *Vashini* (d. h. *Vashin*) werden: »Macht«. Der Eingeweihte wird zu all jenen Formen von Verwirklichung und Aktivität *ermächtigt*, die den Wünschen der empfindenden Wesen gerecht werden.

Oder es kann zu *Īshvara* werden, »Herr«. Wie man durch die Königsweihe die Oberhoheit als Herr des Königreichs erlangt, so hat *Abisheka* die Bedeutung, eine Position einzunehmen, in der man alles *beherrscht*; und zwar in dem Sinn, dass man die *Herrschaft* über positive Eigenschaften erlangt.

Abishikta kann zu *Shakti* werden, »Kraft«; und es kann zu *apakshepana* werden, »verfügbar machen«. Durch die Einweihung werden *Kräfte* zur Verwirklichung aller positiven Eigenschaften von Grundlage, Weg und Frucht *verfügbar*. Oder es kann zu *abishimcha* werden, »ausströmen lassen« oder »besprenkeln«. Durch das *Besprenkeln* mit Wasser wird der Einzuweihende gereinigt. Oder *abishikta* wird zu *nishikta*, »gegossen«. Durch die Einweihung wird das Potenzial für das ursprüngliche Gewahrsein in das saubere, durch die Bodhisattva-Gelübde gereinigte Gefäß des Geistesstroms *gegossen*. Oder man erhält durch die Einweihung den Samen, der zur Frucht heranreift, indem er in die »Grundlage von allem« (den höchst subtilen Geist des klaren Lichts) eingepflanzt wird. *Shimcha* kann zu *Chārya* werden, »Handlungen« oder »Verhalten«. *Shekta* kann zu *Mukti* werden, »Befreiung«. In diesem Sinn vermittelt die Einweihung das dem Geheimen Mantra gemäße *Verhalten*, und als Frucht dieses Verhaltens lässt es dem Praktizierenden *Befreiung* zuteil werden. Oder es kann zu *Sukha* werden, »Glückseligkeit«, »Freude«, und zu *yukta*, »besitzen«. In diesem Sinn bewirkt die Einweihung, dass der oder die Eingeweihte einen *freudvollen Geist besitzt*.

Zweifellos kann man solch kreativem Umgang mit Etymologien, die wesentliche Bedeutungen des Initiationsprozesses wiedergeben, ästhetisch durchaus einiges abgewinnen. Es verhält sich jedoch keineswegs so, dass das Sanskrit-Wort für Einweihung festlegt, was Einweihung bedeutet. Im Gegenteil leitet man, indem man von den verschiedenen Aspekten der Einweihung ausgeht, die entsprechenden Wortbedeutungen her. Diese Etymologien geben uns daher einen guten Einblick in die tatsächliche Bedeutung und den tatsächlichen Zweck der Einweihung.

Die Einweihung beinhaltet also eine Reinigung und Läuterung von Befleckungen. Sie autorisiert die Schüler, etwas über die tantrischen Methoden zu hören, diese Methoden anzuwenden und dadurch besondere Verwirklichung zu erreichen. Die Einweihung ermächtigt sie, heilsame Eigenschaften zu verwirklichen. Durch die in der Einweihung aktivierten Kräfte können die Schüler die verschiedenen Stufen des Weges zur Erleuchtung erreichen und der Frucht,[91] die daraus erwächst, teilhaftig werden. Weiterhin beinhaltet die Einweihung das Besprenkeln mit Wasser; die Ausgießung von Fähigkeiten in das Gefäß des Geistesstroms und die Einpflanzung von Samen in den Geistesstrom des Eingeweihten. Sie vermittelt dem Praktizierenden eine neue Art von Verhalten und die damit einhergehende Befreiung von getrübten und verstörten Geisteszuständen. Und sie sorgt dafür, dass die Eingeweihten mit einem freudvollen Geist ausgestattet sind. Die beiden nächsten Kapitel werden deutlich machen, dass bei den Einweihungen des Kālachakra-Systems all diese Aktivitäten eine wichtige Rolle spielen.[92]

Anzahl und Zweck der Einweihungen

Für die Praxis des *Kālachakra-Tantra* benötigt man eigentlich fünfzehn Einweihungen, die in drei Gruppen unterteilt werden können:

Sieben Einweihungen nach dem Muster der Kindheit

1. Wasser-Einweihung
2. Kronen-Einweihung
3. Seidenband-Einweihung
4. Einweihung mit Vajra und Glocke
5. Verhaltens-Einweihung
6. Namens-Einweihung
7. Erlaubnis-Einweihung

Vier hohe Einweihungen

8. Vasen-Einweihung
9. geheime Einweihung
10. Einweihung in das Weisheitswissen
11. vorläufige Wort-Einweihung

Vier außerordentlich hohe Einweihungen

12. Vasen-Einweihung
13. geheime Einweihung
14. Einweihung in das Weisheitswissen
15. endgültige Wort-Einweihung

Diese fünfzehn Einweihungen können aber auch als elf Einweihungen aufgefasst werden. In diesem Fall zählt man die sieben Einweihungen nach dem Muster der Kindheit wiederum als sieben. Sodann fasst man die Vasen-Einweihung, die geheime Einweihung und die Einweihung in das Weisheitswissen in den hohen und ihre Entsprechungen in den außerordentlich hohen Einweihungen lediglich als drei Einweihungen auf. Außerdem rechnet man die vorläufige Wort-Einweihung aus den hohen Einweihungen derselben Gruppe zu. Zusammen mit den sieben Einweihungen nach dem Muster der Kindheit ergibt dies zehn. Und als elfte kommt die endgültige Wort-Einweihung hinzu. So erhält man folgende elf Einweihungen:

Sieben Einweihungen nach dem Muster der Kindheit

1. Wasser-Einweihung
2. Kronen-Einweihung
3. Seidenband-Einweihung
4. Einweihung mit Vajra und Glocke
5. Verhaltens-Einweihung
6. Namens-Einweihung
7. Erlaubnis-Einweihung

Vier hohe Einweihungen

8. zwei Vasen-Einweihungen (vorher 8 und 12)
9. zwei geheime Einweihungen (vorher 9 und 13)
10. zwei Einweihungen in das Weisheitswissen und die vorläufige Wort-Einweihung (vorher 10, 14 und 11)
11. endgültige Wort-Einweihung

Als letzte Einweihung gibt es zusätzlich die Vajra-Meister-Einweihung.

Die ersten sieben unter den fünfzehn Einweihungen autorisieren die Schüler, die Hervorbringungsphase des *Kālachakra-Tantra* zu praktizieren. Und die verbleibenden acht Einweihungen autorisieren zur Praxis der Vollendungsphase. Bevor man die Vollendungsphase praktiziert, muss man allerdings die Hervorbringungsphase praktiziert haben. Ebenso muss man, um die letzten acht Einweihungen zu erhalten, zunächst die sieben Einweihungen nach dem Muster der Kindheit erhalten haben.

Durch die ersten sieben Einweihungen entsteht im Geistesstrom des Praktizierenden die Befähigung, unreine Erscheinungen und unreine Vorstellungen zu läutern. Unreine Erscheinungen sind für das geistige Bewusstsein Erscheinungen gewöhnlicher Phänomene – zum Beispiel die Erscheinung eines Körpers aus Fleisch, Blut und Knochen. Unreine Vorstellungen sind auf die gewöhnliche Erscheinung sich stützende Vorstellungen von uns selbst, in denen wir uns für gewöhnlich halten. Während der Hervorbringungsphase lassen die Praktizierenden in großer Klarheit eine Erscheinung ihrer selbst als Gottheit – oder ideales Wesen – entstehen: als Kālachakra mit einer Gefährtin, umgeben von weiteren Gottheiten. Gelingt solch eine Meditation, so verschwinden alle gewöhnlichen Erscheinungen von Körpern, die aus Fleisch, Blut und Knochen bestehen, von Häusern, die aus Holz gebaut sind, und dergleichen mehr aus dem geistigen Bewusstsein (nicht jedoch aus dem Sinnesbewusstsein). Sämtliche Erscheinungen sind dann göttlicher Natur: Gott und Göttin, das sogenannte *Bewohner-Mandala*, leben an einem Wohnsitz und in einer Umgebung, die man als *Wohnsitz-Mandala* bezeichnet. Bildliche Darstellungen dieser Mandalas dienen als Leitfaden für die Imagination. Die Bilder zeigen die Landschaft, das Haus (den Palast), die Gefolgschaft und Sie selbst als Kālachakra, zum Beispiel in Vereinigung mit Ihrer Gefährtin. Dabei versteht sich von selbst, dass Sie sich altruistischen Aktivitäten widmen, hilfreiche Lichtstrahlen und Emanationen in die Umgebung aussenden, sich als spirituelle Lehrer betätigen usw. So verfügen Sie über den Wohnsitz, den Körper, die Fähigkeiten und Aktivitäten einer Gottheit – einer idealen Wesenheit, deren eigentliche Substanz, wie bereits erläutert, jenes von großem Mitgefühl motivierte Weisheitsbewusstsein ist, in dem jederzeit Klarheit darüber herrscht, dass die Phänomene leer, ohne unabhängige Eigenexistenz sind.

Lässt man während der Hervorbringungsphase in großer Klarheit die Erscheinung eines reinen Körpers und eines reinen Geistes sich entwickeln, so tauchen vor dem geistigen Bewusstsein nicht mehr länger die gewöhnlichen Erscheinungen auf. Die oder der Meditierende hat dann, ebenfalls auf der Grundlage des in voller Klarheit erscheinenden reinen Geistes und reinen Körpers, das Gefühl, über ein göttliches Selbst zu verfügen. Jene Person, die sich auf einen derart lebendig in Erscheinung tretenden reinen Geist und reinen Körper als Designationsgrundlage stützt, ist eine ideale Person, eine Gottheit. Die oder der Meditierende hat dann eine Vorstellung von sich selbst als idealem Wesen, das nicht inhärent, sondern bloß im Sinn einer, auf einen reinen Geist und reinen Körper sich stützenden, Benennung existiert.

Zum Gelingen des Gottheiten-Yoga gehören vor allem zwei Faktoren: Der göttliche Körper muss in völliger Klarheit erscheinen; und ungetrübter »Stolz«, selbst diese Gottheit zu sein, muss sich einstellen. In einer gelungenen Visualisation der Gottheit erscheinen Geist und Körper als rein. Das Selbst, das der Meditierende empfindet, indem er oder sie sich auf einen in reiner Form erscheinenden Geist und einen in reiner Form erscheinenden Körper stützt, ist daher ein *reines* Selbst, ein *göttliches* Selbst. Göttlicher Stolz, so heißt es, beeinträchtigt oder schwächt die Vorstellung von unabhängiger Eigenexistenz, und diese ist die Wurzel aller übrigen Geistestrübungen im Daseinskreislauf; so auch die des getrübten Stolzes. Über den göttlichen Stolz sagt der Vierzehnte Dalai Lama in seiner Einführung zu *Tantra in Tibet*:[93]

> … zuerst meditiert man über Leerheit, und während der Geist sich unaufhörlich der Leerheit vergewissert, gelangt der Meditierende also zu der Überzeugung, dass ihm dieser Geist als Grundlage [oder Quelle] der Erscheinung dient. Das Gefühl von einem bloßen Ich, das sich als Bezeichnung auf den reinen Bewohner – die Gottheit – und den Wohnsitz – den Palast und seine Umgebung – stützt, weist zu diesem Zeitpunkt alle Merkmale göttlichen Stolzes auf. Je mehr man solch einen Stolz kultivieren kann, umso mehr leidet die Vorstellung von inhärenter Existenz – die Wurzel des Daseinskreislaufs.

Weil der Meditierende gleich zu Beginn das Leerheitsgewahrsein entwickelt und sich danach weiterhin unablässig vergewissert, dass keine unabhängige Eigenexistenz vorhanden ist, gelangt er oder sie zu der Einsicht, dass die Person lediglich eine auf Geist und Körper in ihrer reinen Form sich stützende Benennung ist: Weder innerhalb dieser Designationsgrundlagen, noch außerhalb von ihnen kann man solch eine Person wirklich finden. Der göttliche »Stolz«, die göttliche Selbstwahrnehmung, dient somit als Mittel, um übertriebene Vorstellungen vom Seinsstatus der Phänomene einschließlich der Person aufzulösen. Da man sich ja im Kontext der Leerheit von inhärenter Existenz – wo man weder innerhalb noch außerhalb von Geist und Körper in ihrer reinen Form durch Analyse auffindbar ist und lediglich als Bezeichnung existiert, die sich auf den reinen Geist und den reinen Körper als Designationsgrundlage stützt – als ein mit der Gottheit identisches Wesen betrachtet, wird hier kein getrübter Stolz mitsamt seinen verheerenden Auswirkungen erzeugt. Vielmehr wirkt man diesem entgegen. Identität gewinnt so eine neue Bedeutung.

Meditation über eine Vielzahl von Gottheiten

Während der Hervorbringungsphase lässt der Meditierende in voller Klarheit eine Erscheinung seiner selbst als Gottheit entstehen. Man stellt sich jedoch nicht einfach nur vor, eine Gottheit zu sein. Vielmehr stellt man sich vor, bei den vielfältigen Komponenten des eigenen psycho-physischen Kontinuums handele es sich um Gottheiten, die in einem Mandala beheimatet seien, und in jeder von ihnen manifestiere sich das eigene, von Mitgefühl motivierte Weisheitsbewusstsein. Man stellt sich vor, die fünf Elemente – Erde (feste Bestandteile wie zum Beispiel die Knochen), Wasser (Flüssigkeiten), Feuer (Hitze), Wind (innere Energieströme) und Raum (Hohlräume) – seien Gottheiten. Man stellt sich vor, die fünf Aggregate – Formen, Empfindungen, unterscheidende Wahrnehmungen, zusammenfügende Faktoren und Bewusstsein – seien Gottheiten. Man stellt sich vor, die zehn Winde (innere Energieströme) wie auch der rechte und der linke Energiekanal seien Gottheiten. Man stellt sich vor, die sechs Sinneskräfte – Auge, Ohr, Nase, Zunge, Körper und die geistigen Sinneskräfte – ebenso wie die ihnen entsprechenden Objekte – sichtbare Formen, Klänge, Gerüche, Phänomene der geschmacklichen Wahrnehmung, Gegenstände des Tastempfindens und sonstige Phänomene – seien Gottheiten. Man stellt sich vor, bei den sechs Handlungsfähigkeiten – der Fähigkeit des Mundes, der Fähigkeit der Arme, der Fähigkeit der Beine, der Befähigung zur Stuhlausscheidung, der Befähigung zur Harnausscheidung und der Fortpflanzungsfähigkeit – wie auch bei den entsprechenden Aktivitäten – dem Sprechen, Nehmen, Gehen, der Darmentleerung, dem Wasserlassen und der Absonderung der zur Fortpflanzung notwendigen Flüssigkeiten – handele es sich um Gottheiten.[93a] Man stellt sich vor, das Aggregat des ursprünglichen Bewusstseins und das Element des ursprünglichen Bewusstseins – beides meint im vorliegenden Kontext Glückseligkeit, und zwar ganz speziell die Glückseligkeit der sexuellen Freude und der Nicht-Konzeptualität – seien Gottheiten.

Diese 36 Phänomene in sieben Kategorien werden vier Leitbegriffen zugeordnet: Körper, Rede (Sprache), Geist und ursprüngliches Bewusstsein beziehungsweise Glückseligkeit.

KÖRPER

die fünf Elemente

1. Erde
2. Wasser
3. Feuer
4. Wind
5. Raum

die fünf Aggregate

6. Formen
7. Empfindungen
8. unterscheidende Wahrnehmungen
9. zusammenfügende Faktoren
10. Bewusstsein

REDE

die zehn Winde

11. mit [dem] Feuer einhergehender Wind
12. aufwärts bewegender Wind
13. durchdringender Wind
14. vitalisierender Wind
15. abwärts entleerender Wind
16. Schlangen-Wind
17. Schildkröten-Wind
18. Chamäleon-Wind
19. Devadatta-Wind
20. Dhamnajaya-Wind

die beiden Kanäle

21. der linke Kanal
22. der rechte Kanal

GEIST

die sechs Sinneskräfte und deren Objekte

23. der Sehsinn und die sichtbaren Formen
24. der Hörsinn und die Klänge
25. der Geruchssinn und die Gerüche
26. der Geschmackssinn und die geschmacklich wahrnehmbaren Phänomene
27. der Tastsinn und die Gegenstände des Tastempfindens
28. die geistigen Sinneskräfte und die sonstigen Phänomene

die sechs Handlungsfähigkeiten und die entsprechenden Aktivitäten

29. die Fähigkeit des Mundes und das Sprechen
30. die Fähigkeit der Arme und das Nehmen
31. die Fähigkeit der Beine und das Gehen
32. Befähigung zur Stuhlausscheidung und die Darmentleerung
33. Befähigung zur Harnausscheidung und das Wasserlassen
34. Fortpflanzungsfähigkeit und die Absonderung der zur Fortpflanzung notwendigen Flüssigkeiten

GLÜCK-SELIGKEIT

die beiden Faktoren des ursprünglichen Bewusstseins

35. das Aggregat des ursprünglichen Bewusstseins
36. das Element des ursprünglichen Bewusstseins

Bei den sieben Einweihungen nach dem Muster der Kindheit – jenen Einweihungen, durch die man autorisiert wird, die Meditation der Hervorbringungsphase zu praktizieren – geht es darum, im Geistesstrom des Schülers besondere Kräfte zur Reinigung der folgenden sieben Phänomengruppen zu etablieren:

1. Die Wasser-Einweihung reinigt die fünf Elemente – Erde, Wasser, Feuer, Wind und Raum.
2. Die Kronen-Einweihung reinigt die fünf Aggregate – Formen, Empfindungen, unterscheidende Wahrnehmungen, zusammenfügende Faktoren, Bewusstsein.
3. Die Seidenband-Einweihung reinigt die zehn Winde (die inneren Energieströme).
4. Die Einweihung mit Vajra und Glocke reinigt den linken und den rechten Energiekanal.
5. Die Verhaltens-Einweihung reinigt die sechs Sinneskräfte – Auge, Ohr, Nase, Zunge, Körper und die geistigen Sinneskräfte – wie auch die ihnen entsprechenden Objekte – sichtbare Formen, Klänge, Gerüche, Phänomene der geschmacklichen Wahrnehmung, Gegenstände des Tastempfindens und sonstige Phänomene.
6. Die Namens-Einweihung reinigt die sechs Handlungsfähigkeiten – die Fähigkeit des Mundes, die Fähigkeit der Arme, die Fähigkeit der Beine, die Befähigung zur Stuhlausscheidung, die Befähigung zur Harnausscheidung und die Fortpflanzungsfähigkeit – wie auch die entsprechenden Aktivitäten – das Sprechen, Nehmen, Gehen, die Darmentleerung, das Wasserlassen und die Absonderung der zur Fortpflanzung notwendigen Flüssigkeiten.
7. Die Erlaubnis-Einweihung reinigt das Aggregat des ursprünglichen Bewusstseins und das Element des ursprünglichen Bewusstseins.

Die vier Gruppen von Phänomenen – Körper, Rede, Geist und ursprüngliches Bewusstsein (Glückseligkeit) – stehen in einem Bezug zu Kālachakras vier Gesichtern – dem weißen, roten, schwarzen (oder dunkelblauen) und gelben. Deshalb empfangen die Schüler die beiden ersten – den Körper betreffenden – Einweihungen, also die Wasser- und die Kronen-Einweihung, vom weißen Gesicht. Die nächsten beiden – die Rede betreffenden – Einweihungen, die Seidenband-Einweihung und die Einweihung mit Vajra und Glocke, erhalten die Schüler von Kālachakras rotem Antlitz. Die nächsten beiden – den Geist betreffenden – Einweihungen, die Verhaltens-Einweihung und die Namens-

Einweihung, empfangen sie vom schwarzen Gesicht. Und die letzte – den ursprünglichen Geist oder die Glückseligkeit betreffende – Einweihung erhalten sie vom gelben Gesicht.

Kālachakras Körper ist mit dem schwarzen Antlitz nach Osten gewandt. In bildlichen Darstellungen des Mandala oder der Gottheit entspricht daher der untere Teil des Bildes dem Osten und der obere Teil dem Westen. Die rechte Seite entspricht aus dem Blickwinkel der Hauptgottheit dem Süden und die linke Seite dem Norden. (Aus der Warte des Betrachters ist also rechts Norden und links Süden.) Das weiße Gesicht blickt nach Norden, zur linken Seite der Hauptgottheit; das rote Antlitz nach Süden beziehungsweise nach rechts; und das gelbe Gesicht nach Westen beziehungsweise nach hinten.

Fassen wir noch einmal zusammen: In den als Thangka (*thang ka*) bezeichneten Bilddarstellungen schaut Kālachakras schwarzes oder dunkelblaues Antlitz nach vorn; das weiße auf seine linke Seite; das gelbe nach hinten; und das rote nach rechts. Auf allen vier Seiten des Mandala gibt es eine Flucht von Toren oder Pforten, die den Zugang zur betreffenden Seite respektive dem entsprechenden Antlitz Kālachakras ermöglichen.

Da man also von diesen Gesichtern die sieben Einweihungen empfängt und das Mandala jeweils in Entsprechung zu den Gesichtern vier Tore aufweist, gehen die Schüler von Tor zu Tor, um dort die entsprechende Einweihung zu erhalten. Am östlichen Tor ersuchen die Schüler zunächst um alle sieben Einweihungen. Anschließend gehen sie zum Nordtor, um die Wasser- und die Kronen-Einweihung zu erhalten. Sodann gehen sie für die Seidenband-Einweihung und die Einweihung mit Vajra und Glocke zum Südtor; danach für die Verhaltens-Einweihung und die Namens-Einweihung zum Osttor; und schließlich für die Erlaubnis-Einweihung zum Westtor.

Das Wohnsitz-Mandala und das Bewohner-Mandala

Das Wort »Mandala« (*dkyil 'khor, mandala*) hat zahlreiche Bedeutungen.[94] Im Kontext der Vorstellung, unsere Welt ruhe auf Mandalas oder Sphären aus Wind, Wasser und so weiter, bezieht sich »Mandala« auf die vier Elemente als *Grundlage* dieser Welt. Im Kontext einer Formulierung wie »dazu bestimmt, einen Pfad der Mandalas (oder Sphären) der widrigen Daseinsbereiche zu betreten«, bezieht sich »Mandala« auf *Wiedergeburtsbereiche*. In »Mandala eines Bodhisattva-Gefolges« meint »Mandala« den Kreis der Gefolgschaft. Ein *Tropfen* wohlriechenden Wassers kann als »Mandala« aus wohlriechendem Wasser bezeichnet werden. Bei einem *Strahlenkranz* kann man von einem »Mandala« aus Licht sprechen. Heißt es dagegen zum Beispiel »das Mandala errichten«, so wird das Erdreich unter einem Zaun, sein Fundament, als »Mandala« bezeichnet. Mit »Sonnen-Mandala« oder »Mond-Mandala« sind einfach Sonne und Mond gemeint; beide Ausdrücke können allerdings auf die *runde* Form der Sonnen- bzw. Mondscheibe verweisen. In »verbeuge dich mit dem (Körper), der fünf Mandalas hat«, bezieht sich »Mandalas« auf die beiden Arme, die beiden Beine und den Kopf. »Mandala« bezieht sich ferner auf einen *unermesslichen Palast,* der den Gottheiten *als Wohnsitz dient* und ebenso auf die *ihn bewohnenden Gottheiten.* Außerdem kann »Mandala« sich auf die Verbindung von beidem, den *göttlichen Wohnsitz und die dort wohnenden Gottheiten*, beziehen.

Im Einweihungsritual für Kālachakra hat »Mandala« hauptsächlich diese beiden Bedeutungen: göttlicher Wohnsitz und Kreis der Gottheiten. Dessen ungeachtet wird der Begriff vielfach aber auch verwendet, wenn man sich in einem rituellen Kontext auf das Weltsystem bezieht; so zum Beispiel bei der »Mandala«-Opferung an den Lama. In Zusammenhang mit der Darbringung einer Opfergabe verweist das Wort nicht auf den göttlichen Wohnsitz oder die ihn bewohnenden Gottheiten, sondern eben auf die dem Lama dargebrachte Opfergabe – das gesamte, in vollkommen reiner Form visualisierte Weltsystem. Hin und wieder bezieht sich das Wort auf die symbolische Darstellung der Elemente wie in »Mandalas (oder Sphären) aus Erde, Wasser, Feuer und Wind«. Schließlich kann »Mandala« auch als Bezeichnung für das quadratische Brett dienen, auf das die Schüler ein Holzstäbchen beziehungsweise einen Zahnstocher fallen lassen, um herauszufinden, welcher Buddha-Familie sie angehören und welche Verwirklichung sie erreichen sollten. In dem Ausdruck »Kālachakra-Mandala« bezieht »Mandala« sich jedoch ausschließlich auf den göttlichen Wohnsitz und die ihn bewohnenden Gottheiten.

Das Wohnsitz-Mandala

Das Wohnsitz-Mandala ist in erster Linie ein großes, auf erhöhtem Untergrund ruhendes Gebäude: ein Palast, dessen vier Wände in der Mitte jeweils ein doppeltes Tor aufweisen. Die äußeren Wände, diejenigen des Körper-Mandala, sind transparent und bestehen aus fünf Schichten: wie fünf farbige Glasschichten in den Farben (von außen nach innen) Gelb, Weiß, Rot, Schwarz und Grün.

Von außen kommend steigen Sie die Stufen zu der Plattform beziehungsweise dem Fundament empor, auf dem das gesamte Gebäude ruht. Sie gehen zum Ostportal, das heißt zu dem im unteren Bildbereich dargestellten Portal. Die Eingangstore öffnen sich zur ersten Ebene, und Sie treten in das Körper-Mandala ein. Dabei sehen Sie, dass weiter innen auf halbem Weg wieder solch eine transparente, aus fünf Schichten aufgebaute Wand vorhanden ist. Sie gehört zum Mandala der Rede. Dieses Gebäude innerhalb des Gebäudes verfügt ebenfalls über vier Doppeltore, und da es höher liegt als das Körper-Mandala, führen Stufen zu den Toren hinauf. Der Höhenunterschied gegenüber dem Körper-Mandala beträgt knapp eineinviertel Meter.

Sie gehen die Stufen hinauf. Die Tore öffnen sich, und beim Eintreten in das Rede-Mandala sehen Sie, dass es weiter innen abermals transparente Wände gibt, die diesmal aus drei Schichten – einer schwarzen, einer roten und einer weißen Schicht – bestehen: die Außenwände des Geist-Mandala. Dieser dritte Palast innerhalb des großen Gesamtgebäudes verfügt abermals über vier Doppeltore, und da er höher liegt als der Palast des Rede-Mandala, führen Stufen zu den Toren hinauf. Der Höhenunterschied gegenüber dem Rede-Mandala beträgt wiederum knapp eineinviertel Meter.

Sie gehen die Stufen hinauf. Die Tore öffnen sich, und indem Sie in das Geist-Mandala eintreten, erblicken Sie im Innern eine erhöhte, quadratische Ebene ohne Wände: das Mandala des ursprünglichen Bewusstseins. Und Sie erkennen, dass sich im Zentrum dieser Plattform abermals eine erhöhte Ebene in quadratischer Form befindet, das Mandala der großen Glückseligkeit.

Das Gebäude weist also fünf Ebenen auf – die Mandalas von Körper, Rede, Geist, ursprünglichem Bewusstsein und großer Glückseligkeit –, und auf den ersten drei Ebenen umgibt jeweils eine mehrschichtige transparente Wand das Gebäude.

Auf allen vier Seiten der Mandalas von Körper, Rede und Geist steht ein kunstvoll gestaltetes Portal. Lassen Sie uns wieder hinab und hinaus gehen, um uns das Ostportal auf der Grundebene anzuschauen, das Ostportal des Körper-Mandala. Achten Sie zunächst auf den Boden: Er ist schwarz, genau wie Kālachakras nach Osten gewandtes Antlitz. Demgemäß ist der Boden im Süden rot, weil Kālachakra mit dem roten Antlitz nach Süden blickt. Im Westen ist er wie das dem Westen zugewandte Gesicht gelb. Und entsprechend ist er im Norden weiß.

Beachten Sie: Der Zugang zum Osttor ist breiter als das eigentliche Portal und wird von einem dreistöckigen Säulenvorbau überspannt. In jedem Stockwerk dieses Säulenvorbaus über dem Portal ragen auf der Vorderseite vier Pfeiler auf. So entstehen pro Stockwerk drei Nischen, die aussehen wie kleine Zimmer. Acht dieser neun Nischen beherbergen eine Opfergottheit. In der mittleren Nische des ersten Stockwerks auf der Ostseite hingegen steht ein schwarzes Rad der Lehre, rechts davon ein Gazellenbock, links eine Gazellenkuh. Das erste Stockwerk ruht auf dem Eingangsdach, ist aber schmaler als dieses. Dadurch bleibt auf beiden Seiten eine Freifläche, groß genug bemessen, dass dort jemand stehen kann. An dieser Stelle sieht man auf dem Boden der ersten Ebene des Säulenvorbaus links wie rechts einen Löwen, der auf einem Elefanten steht und sich dabei auf dessen Kopf abstützt. Es hat den Anschein, als seien die Löwen behilflich, das nächste Stockwerk zu tragen. Beim zweiten wie auch beim obersten Stockwerk des Säulenvorbaus finden sich an entsprechender Stelle männliche Gestalten, sogenannte *Shālabhañjika.*[95] Bei denjenigen an den Enden des zweiten Stockwerks hat es den Anschein, als seien sie behilflich, das nächste Stockwerk zu tragen; und diejenigen auf dem dritten Stockwerk helfen, wie es scheint, das Dach zu tragen. Auf allen drei Stockwerken flattern Siegesbanner, außerdem sind Fächer aus Schweifhaar, Spiegel, Glocken und hängende Embleme zu sehen. Oben auf dem Dach steht eine Vase, zu beiden Seiten von Siegesbannern flankiert.

Die gleiche Art von Portal mit dreistöckigem Säulenvorbau befindet sich an jedem Zugang zum Körper-Mandala. Die Portale unterscheiden sich lediglich durch die mittlere Nische des ersten Stockwerks: Im Säulenvorbau des Südportals steht dort in der Mitte eine schöne rote Vase, rechts von ihr eine Muschel und links ein Lotos. An entsprechender Stelle befindet sich im Säulenvorbau des Nordportals eine große weiße Trommel in der Mitte, rechts davon ein Stab und links ein Vajra-Hammer. Im Säulenvorbau des Westportals steht ein gelber Bodhi-Baum in der Mitte, zu seiner Rechten eine halb menschliche Gestalt männlichen Geschlechts und zu seiner Linken eine halb menschliche Gestalt[96] weiblichen Geschlechts. Beachten Sie, dass die Farbe dieser Gegenstände in der mittleren Nische des ersten Stockwerks der vier Säulenvorbauten jeweils mit der Grundfarbe des Mandala-Quadranten übereinstimmt. Diese wiederum deckt sich, wie Sie sicherlich noch in Erinnerung haben, mit der Farbe des auf der betreffenden Seite zu sehenden Gesichts von Kālachakra, der auf der fünften Mandala-Ebene steht.

Richten Sie nun den Blick auf den oberen Bereich der Mauer. Schauen Sie sich den roten, mit Juwelen besetzten Fries an. Die Juwelen sind dreieckig, viereckig usw. Über dem Fries gibt es einen offenen, im Bild blau dargestellten Bereich, und darüber einen schmalen Vorsprung. Dort sind Meeresungeheuer zu sehen, aus deren Maul Perlengehänge hervorgekommen sind, die aus größeren und kleineren Perlenketten bestehen. Dieser Bereich ist mit Spiegeln, Schweifhaar-Fächern, Glocken, Halbmonden, Blumengirlanden und dergleichen verziert. Darüber befindet sich auf der Außenseite ein ornamentaler Vorsprung, von dem mit Juwelen verzierter Schmuck herabhängt. Dann folgt ein weiterer mit dem Muster halber Lotos-Blütenblätter versehener Vorsprung. Auf diesem befinden sich Siegesbanner und Embleme. Das ist die Außenmauer des Körper-Mandala. Die Mauern des Rede-Mandala und die des Geist-Mandala sind genauso aufgebaut.

Betrachten Sie nun den Untergrund der Außenmauer. Ein weißer Vorhof umgibt das gesamte Bauwerk. Dies ist der Bereich der Opfergöttinnen. Auf dem weißen Vorhof, in den durch die Eingänge gebildeten Ecken, stehen Halbmond-Vajras; und an den vier Ecken stehen, ebenfalls außerhalb, gekreuzte Vajras von unterschiedlicher Farbe.

Lassen Sie uns wieder in das Körper-Mandala zurückkehren. Beachten Sie den Durchgangsbereich direkt an der Außenmauer, dessen Boden im Osten die Farbe Schwarz hat. Gleich daneben liegt ein erhöhter weißer Bereich, Wohnsitz von Göttern und Göttinnen, darüber ein kleines Dach, und auf der anderen Seite davon, unmittelbar an der Mauer des Rede-Mandala, wiederum ein Bereich, in dem der Boden die Farbe des Quadranten aufweist. Dieser Aufbau – ein Durchgangsbereich in der Farbe des Quadranten, ein weißer Bereich für Götter und Göttinnen, dann abermals ein Bereich, in dem der Boden die Farbe des Quadranten aufweist – ist in den Mandalas von Körper, Rede und Geist gleich.

Lassen Sie uns nun weiter hinauf gehen zum Geist-Mandala. Im Zentrum des Geist-Mandala finden Sie das quadratische Mandala des ursprünglichen Geistes. Vergegenwärtigen Sie sich wieder, dass es über keine eigenen Mauern verfügt und höher liegt als das Geist-Mandala. Auch hier beträgt der Höhenunterschied knapp eineinviertel Meter. Das Mandala des ursprünglichen Geistes liegt also gewissermaßen innerhalb des Geist-Mandalas. Umgeben ist das Mandala des ursprünglichen Geistes von einer Balustrade aus grünen Vajras. Auf ihr erheben sich zu jeder Seite vier, insgesamt also sechzehn, schwarze Pfeiler. Die vier Pfeiler im Osten sind mit schwarzen Schwertern gekennzeichnet, die Amoghasiddhi repräsentieren; die vier im Süden mit roten Edelsteinen, die Ratnasambhava symbolisieren; die vier im Norden mit weißen Lotos-Blüten, die Amitābha symbolisieren; die vier im Westen mit gelben Rädern, die Vairochana symbolisieren.

Im Mandala des ursprünglichen Bewusstseins erhebt sich wiederum das quadratische, von einer Balustrade aus schwarzen Vajras umgebene Mandala der großen Glückseligkeit. In seinem Zentrum sehen Sie nun einen grünen Lotos mit acht Blütenblättern. In dessen Mitte wiederum liegt eine weiße

Mondscheibe; auf dieser eine rote Sonnenscheibe, eine schwarze *Rāhu*-Scheibe und eine gelbe *Kālāgni*-Scheibe (*Rāhu* ist ein Planet, und bei *Kālāgni*, wörtlich »Feuer am Ende eines Weltzeitalters«, könnte es sich um den Feuerschweif dieses Planeten handeln). Diese Scheiben bilden den Thron beziehungsweise den Untergrund, auf dem Kālachakra und seine Gefährtin Vishvamātā stehen.

Alles in allem haben in diesem fünfstufigen Mandala 722 Gottheiten ihren Platz.[97] Führt man die Meditation der Hervorbringungsphase in ihrer umfassendsten Form durch – dies sollte man nach Möglichkeit –, so visualisiert man sämtliche Wohnsitz- und Bewohner-Mandalas: zunächst schrittweise, ein Mandala nach dem anderen; und sobald man später mit ihnen vertraut geworden ist, sämtliche Mandalas auf einmal. Das ist ein ähnlicher Prozess, wie wenn man in einen verschachtelten Wohnkomplex einzieht oder bei einem Umzug auf verschlungenen Wegen in ein Haus in der Vorstadt gelangt: Indem man sich allmählich die örtlichen Gegebenheiten einprägt, sie gleichsam verinnerlicht, wird man schließlich mit der gesamten Umgebung vertraut.

Anschließend sollten wir dann durch das ganze Gebäude gehen und jeden Bewohner identifizieren. Doch lassen Sie uns zunächst wieder hinausgehen, um uns mit dem Bereich außerhalb des Gebäudes vertraut zu machen. Führen Sie sich erneut vor Augen, dass der Boden und das Dach des Bewohner-Mandala im Osten schwarz, im Süden rot, im Norden weiß, im Westen gelb und im Zentrum blau sind. Beachten Sie, dass der Bereich außerhalb des Körper-Mandala unmittelbar oberhalb der vierlagigen kreisförmigen Einfassung mit Opfergaben angefüllt ist – mit Lotos-Blüten, Vasen und so weiter. Der vierschichtige Kreis, der die Mandalas umgibt, setzt sich aus den Elementen Erde, Wasser, Feuer und Wind zusammen – den Farben Gelb, Weiß, Rot und Graublau[98]. Hierbei handelt es sich um vier kreisförmige, die Basis des Mandala bildende Scheiben. Ein Vollmond geht im Nordosten auf, im Bild auf der Peripherie des Erdelements in der nordöstlichen Ecke dargestellt. Die im Südwesten untergehende Sonne ist, ebenfalls auf der Peripherie des Erdelements, in der südwestlichen Ecke zu finden. Beachten Sie bitte auch die acht großen Leichenstätten innerhalb der Peripherien von Feuer und Wind: im Bild als vier rote Räder in den vier Himmelsrichtungen und als vier weiße Räder in den Zwischenrichtungen dargestellt; in vertikaler Richtung – oben und unten – gibt es zwei weitere Leichenstätten, dargestellt durch ein zusätzliches Rad im Osten (am unteren Bildrand) und durch ein zusätzliches Rad im Westen (am oberen Bildrand). Der Kreis des Elementes Raum wird von außen durch einen Vajra-Zaun eingefasst, den wiederum ein flammender Lichtkranz umgibt. Damit ist das Wohnsitz-Mandala komplett.

Das Bewohner-Mandala

Wir gehen nun zurück zum östlichen Tor, dann die Stufen zum Mandala der Rede hinauf und wiederum die Stufen zum Geist-Mandala. Geradeaus nach oben blickend, sehen wir zwischen den Pfeilern des Mandala des ursprünglichen Bewusstseins hindurch ganz im Zentrum das Mandala der großen Glückseligkeit.

Das Mandala der großen Glückseligkeit

Beim Blick auf das Mandala der großen Glückseligkeit rufen Sie sich die zuvor gegebene Beschreibung des Thrones als grüner Lotos mit acht Blütenblättern in Erinnerung. Vergegenwärtigen Sie sich außerdem die vier Scheiben im Zentrum des Lotos – die weiße Mondscheibe, darüber die rote Sonnenscheibe, darüber die schwarze *Rāhu*-Scheibe und die gelbe *Kālāgni*-Scheibe –, die den Thron beziehungsweise den Untergrund bilden, auf dem Kālachakra und seine Gefährtin Vishvamātā stehen.

Kālachakra. Betrachten Sie Kālachakra, die zentrale Gottheit, genau. Eines sollten Sie dabei auf jeden Fall im Sinn behalten: Gleichgültig, unter welchem Aspekt Kālachakra sich zeigt – stets ist er eine mitfühlende Erscheinungsform eines zur Einsicht in Leerheit, in das Nichtvorhandensein von unabhängiger Eigenexistenz, gelangten Weisheitsbewusstseins. Die Natur des glorreichen Kālachakra besteht daher in großer Glückseligkeit. Denn überirdische Gottheiten sind Wesen, die bei sich die Fähigkeit des höchst subtilen, angeborenen Glückseligkeitsbewusstseins zur Einsicht in Leerheit voll und ganz entwickelt haben. Kālachakras Körper weist sämtliche Aspekte auf:[99] Strahlen reinen Lichts in fünf Farben – Blau, Rot, Weiß, Gelb und Grün – gehen von ihm aus.[100] Sein Körper ist von blauer Farbe. Er hat drei Hälse – einen schwarzen in der Mitte, einen roten Hals auf seiner rechten und einen weißen Hals auf seiner linken Seite – und vier Gesichter. Das schwarze Antlitz in der Mitte, das nach Osten blickt, ist zornvoll; seine Reißzähne liegen bloß.

Lassen Sie uns nun, um die drei anderen Gesichter deutlich erkennen zu können, den Durchgangsbereich um das Geist-Mandala entlanggehen. Wir gehen nach links und gelangen so zum südlichen Tor des Geist-Mandala. Von dort aus können wir sehen, dass Kālachakras rechtes Antlitz rot ist und Begierde zum Ausdruck bringt. Indem wir weitergehen, sehen wir, dass sein nach hinten gewandtes Antlitz gelb ist und im Zustand meditativer Stabilität verweilt. Indem wir weiter um das Geist-Mandala herumgehen, sehen wir, dass sein linkes Antlitz weiß und sehr friedvoll ist. All seine Gesichter haben drei Augen.

Bei der Rückkehr zum Osttor des Geist-Mandala erkennen wir, dass Kālachakras Haar über dem Kopf zusammengeknotet ist und die höchste Stelle seines Kopfes von einem Vajra, einem Halbmond und von Vajrasattva (auf der hier wiedergegebenen Abbildung nicht dargestellt) geschmückt wird. Sein Körper weist vielerlei Schmuck auf: Vajra-Juwelen, Vajra-Ohrringe, Vajra-Halsschmuck, Vajra-Armreife, einen Vajra-Gürtel, Vajra-Fußreife, vom Scheitel seines Kopfes herabhängende Vajra-Seidenbänder und Vajra-Girlanden. Um die Hüften trägt er ein Tigerfell.

Sein erstes Schulterpaar ist blau, das zweite rot, das dritte weiß. Er hat also sechs Schultern und verfügt über zwölf Oberarme: Die ersten beiden Arme auf jeder Seite sind blau, die zweiten rot und die dritten weiß. Er hat 24 Unterarme: Die ersten vier auf jeder Seite sind (von unten nach oben) schwarz, die zweiten vier rot und die dritten weiß. Nun zu den Händen: Die Außenseiten seiner Daumen sind gelb, seine Zeigefinger sind außen weiß, die Mittelfinger rot, die Ringfinger schwarz und die kleinen Finger grün. Die Innenseite des jeweils ersten Fingergelenks ist schwarz, die des zweiten Gelenks rot und die des dritten weiß. Ringe zieren die Finger, von denen ein Leuchten ausgeht.

Betrachten Sie seine Hände: Die erste der vier schwarzen Hände (von unten nach oben) auf seiner rechten Seite hält einen Vajra; die zweite ein Schwert; die dritte einen Dreizack; die vierte ein Vajra-Hackmesser (Drigug). Die erste der vier roten Hände zu seiner Rechten hält einen dreifachen Pfeil;[101] die zweite einen Vajra-Haken; die dritte eine laut ertönende Handtrommel (Dāmaru); die vierte einen Vajra-Hammer. Die erste der vier weißen Hände zu seiner Rechten hält ein Rad; die zweite einen Speer; die dritte einen Stab; die vierte eine Axt.

Die erste der vier schwarzen Hände auf seiner linken Seite hält eine Vajra-Glocke; die zweite einen Schild; die dritte einen Khatvānga;[102] die vierte eine mit Blut gefüllte Schädelschale. Die erste der vier roten Hände auf seiner Linken hält einen Bogen; die zweite eine Fangschlinge; die dritte einen Juwel; die vierte einen weißen Lotos. Die erste der vier weißen Hände auf seiner Linken hält eine Muschel; die zweite einen Spiegel; die dritte eine Eisenkette; die vierte einen Kopf Brahmās mit vier Gesichtern.

Betrachten Sie seine Füße: Kālachakra steht im Ausfallschritt da; das rechte Bein gestreckt, das linke leicht angewinkelt; unter seinem rechten Fuß liegt ein roter Gott der Begierde (Cupido) mit nur einem Gesicht und vier Händen, die fünf blumenartige Pfeile, einen Bogen, eine Fangschlinge und einen Eisenhaken halten. Unter dem linken Fuß, angewinkelt und weiß, befindet sich ein weißer Rudra mit ebenfalls nur einem Gesicht, mit drei Augen und vier Händen, die einen Dreizack, eine Dāmaru-Trommel, eine Schädelschale und einen Khatvānga halten. Rati, die Göttin des dämonischen Begierdegottes, und Uma, die Rudra-Göttin, halten sich mit gesenktem Kopf an Kālachakras Fersen fest.

Vishvamātā. Vishvamātā, seine Gefährtin, umarmt Kālachakra von vorne.[103] Ihr mittleres Gesicht ist gelb; ihr rechtes Gesicht weiß; ihr rückwärtiges Gesicht blau; und ihr linkes Gesicht rot. Jedes Gesicht verfügt über drei Augen. Auf jeder Seite hat sie vier Arme. Ihre rechten Hände halten (von oben nach unten) ein Vajra-Hackmesser, einen Eisenhaken, eine laut ertönende Dāmaru-Trommel und eine Gebetskette; ihre linken Hände halten eine Schädelschale, eine Fangschlinge, einen weißen Lotos mit einhundert Blütenblättern und einen Juwel. Sie trägt eine Krone mit einem Vajrasattva (auf dem Bild hier nicht dargestellt). Fünf Arten von Schmuck zieren sie. Mit leicht angewinkeltem linkem Bein ruht sie, mit dem überirdischen Herrscher Kālachakra vereint, in Versenkung.

In Kālachakra wie auch in Vishvamātā sind jeweils drei Gottheiten vereint: Mit Kālachakra verschmolzen sind Akshobhya und Vajrasattva, während Vajradhātvīshvarī und Prajñāpāramitā mit Vishvamātā verschmolzen sind. Der folgenden Beschreibung ist zu entnehmen, wie die zuletzt genannten Gottheiten aussehen, wenn sie von Kālachakra und Vishvamātā getrennt sind: Akshobhya ist grün; er hat drei Gesichter – ein grünes, ein rotes und ein weißes – und sechs Hände; in seinen drei rechten Händen hält er einen Vajra, ein Vajra-Hackmesser und eine Axt; in seinen drei linken Händen hält er eine Vajra-Glocke, eine Schädelschale und einen Kopf Brahmās. Prajñāpāramitā umarmt ihn. Vajrasattva ist blau; er hat drei Gesichter – ein blaues, ein rotes und ein weißes – und sechs Hände; in seinen drei rechten Händen hält er einen Vajra, ein Vajra-Hackmesser und eine Axt; in seinen drei linken Händen hält er eine Vajra-Glocke, eine Schädelschale und einen Kopf Brahmās. Dharmadhātvīshvarī umarmt ihn. Vajradhātvīshvarī ist grün; sie hat drei Gesichter – ein grünes, ein rotes und ein weißes – und sechs Hände; in ihren drei rechten Händen hält sie einen Vajra, ein Vajra-Hackmesser und eine Axt; in ihren drei linken Händen hält sie eine Vajra-Glocke, eine Schädelschale und einen Kopf Brahmās; Vajrasattva umarmt sie. Prajñāpāramitā ist blau; sie hat drei Gesichter – ein blaues, ein rotes und ein weißes – und sechs Hände; in ihren drei rechten Händen hält sie einen Vajra, ein Vajra-Hackmesser und eine Axt; in ihren drei linken Händen hält sie eine Vajra-Glocke, eine Schädelschale und einen Kopf Brahmās; Akshobhya umarmt sie.

Die zehn Shaktis. Kālachakra und Vishvamātā stehen auf einer gelben *Kālāgni*-Scheibe. Unter dieser ist eine schwarze *Rāhu*-Scheibe, darunter eine rote Sonnen-Scheibe und eine weiße Mond-Scheibe. Die vier Scheiben befinden sich im Zentrum eines achtblättrigen grünen Lotos.

Betrachten wir nun die Lotos-Blütenblätter, auf denen Göttinnen zu sehen sind, die man Shaktis (*nus ma*) nennt.[104] Auf dem östlichen Blütenblatt steht die schwarze Krshnadīptā; sie hat vier Gesichter – ein schwarzes, ein rotes, ein gelbes und ein weißes – und acht Hände; in ihren rechten Händen hält sie Gefäße mit Weihrauch, Sandelholz, Safran und einer Mischung aus Kampfer und Moschus; und in ihren linken Händen eine Glocke, einen Lotos, eine Blüte des *Deva*-Baumes und ein aus verschiedenen Blüten bestehendes Blumenband. Auf dem südlichen Blütenblatt steht die rote Raktadīptā; sie hat ein rotes, ein gelbes, ein weißes und ein blaues Antlitz und acht Hände; in ihren rechten Händen hält sie eine Butterlampe, eine Perlenkette, eine Krone und einen Armreif; und in ihren linken Händen ein Gewand, einen Gürtel, einen Ohrring und einen Fußreif.

Auf dem nördlichen Blütenblatt steht die weiße Shretadīptā; sie hat ein weißes, ein schwarzes, ein rotes und ein gelbes Antlitz und acht Hände; in ihren rechten Händen hält sie Gefäße mit Milch, mit Wasser, mit dem alles übertreffenden Heilmittel und mit Bier; in ihren linken Händen hält sie Gefäße mit Ambrosia, mit vollendetem Wohlgeschmack, mit Ambrosia-Frucht und mit Nahrung. Auf dem westlichen Blütenblatt steht die gelbe Pītadīptā; sie hat ein gelbes, ein weißes, ein blaues und ein rotes Antlitz und acht Hände; in ihren rechten Händen hält sie eine Muschel, eine Flöte, einen Juwel und eine Dāmaru-Trommel; in ihren linken Händen hält sie eine Gitarre, eine Trommel, einen laut ertönenden Gong und eine kupferne Muschel.

Auf dem südöstlichen Blütenblatt steht die schwarze Dhūmā; sie hat vier Gesichter – ein schwarzes, ein rotes, ein gelbes und ein weißes – und acht Hände, die acht schwarze Fächer aus Yak-Schweifhaar halten. Auf dem südwestlichen Blütenblatt steht die rote Mārīchī; sie hat ein rotes, ein gelbes, ein weißes und ein blaues Antlitz und acht Hände, die acht rote Fächer aus Yak-Schweifhaar halten. Auf dem nordöstlichen Blütenblatt steht die weiße Khadyotā; sie hat ein weißes, ein schwarzes, ein rotes und ein gelbes Antlitz und acht Hände, die acht weiße Fächer aus Yak-Schweifhaar halten. Auf dem nordwestlichen Blütenblatt steht die gelbe Pradīpā; sie hat ein gelbes, ein weißes, ein blaues und ein rotes Antlitz und acht Hände, die acht gelbe Fächer aus Yak-Schweifhaar halten.

Sämtliche Gesichter der acht Shaktis haben drei Augen. Die fünf Arten von

Schmuck zieren sie, sie tragen Kronen mit einem Vajrasattva, und sie ruhen in der Haltung gleichmütiger Unvoreingenommenheit.

Im Mandala der großen Glückseligkeit befindet sich in der nordöstlichen Ecke eine weiße Muschel; im Südwesten ein roter Gong (*gandi*); im Südosten ein schwarzer, wunscherfüllender Juwel; und im Nordwesten ein gelber, wunscherfüllender Baum.

Die Seidenband-Einweihung wird von *zehn* Shaktis erteilt. Wie Losang Tsültrim Tänpä Gyältsän in seinem Text *Initiation Rite of Kālachakra, Stated in an Easy Way* (»Der Kālachakra-Einweihungsritus, leicht verständlich dargelegt« – S. 292 f. der engl. Übersetzung) erklärt, handelt es sich bei den anderen beiden Shaktis um die grüne Vajradhātvīshvarī, die mit drei Gesichtern – einem grünen, einem roten und einem weißen – und sechs Händen versehen ist und in ihren rechten Händen einen Vajra, ein Vajra-Hackmesser und eine Axt und in ihren linken Händen eine Vajra-Glocke, eine Schädelschale und einen Kopf Brahmās hält; und um die blaue Vishvamātā mit drei Gesichtern – einem blauen, einem weißen und einem roten – und sechs Händen; in ihren drei rechten Händen hält sie einen Vajra, eine Glocke und eine Axt und in ihren linken Händen eine Glocke, eine Schädelschale und einen Kopf Brahmās.

Sämtliche Gottheiten im Mandala der großen Glückseligkeit haben Sie nun gesehen: Kālachakra und Vishvamātā; die mit Kālachakra und Vishvamātā verbundenen Gottheiten sowie die zehn Shaktis.[105]

Das Mandala des ursprünglichen Bewusstseins

Die 16 »So-Gegangenen«. Im Mandala des ursprünglichen Bewusstseins gibt es vier männliche »So-Gegangene« (Buddhas) in Umarmung mit vier weiblichen »So-Gegangenen«, und vier weibliche »So-Gegangene« in Umarmung mit vier männlichen »So-Gegangenen«. Beim Blick auf das Mandala des ursprünglichen Bewusstseins werden Sie sich entsinnen, dass es von einer Balustrade aus grünen Vajras umgeben ist und dass auf jeder Seite dieser Balustrade jeweils vier schwarze Pfeiler stehen. In den 16 Zwischenräumen zwischen diesen Pfeilern finden acht Gottheiten mit ihren Gefährtinnen und acht Objekte Platz.[106] Im Osten ist dort der schwarze Amoghasiddhi; er hat drei Gesichter – ein schwarzes, ein rotes und ein weißes – und sechs Hände; in seinen drei rechten Händen hält er ein Schwert, ein Vajra-Hackmesser und einen Dreizack; und in seinen drei linken Händen einen Schild, eine Schädelschale und einen weißen Khatvānga; er wird von Lochanā umarmt. Im Südosten ist die schwarze Tārā; sie hat drei Gesichter – ein schwarzes, ein rotes und ein weißes – und sechs Hände; in ihren drei rechten Händen hält sie ein Schwert, ein Vajra-Hackmesser und einen Dreizack; und in ihren drei linken Händen einen Schild, eine Schädelschale und einen weißen Khatvānga; Vairochana umarmt sie.

Im Süden befindet sich der rote Ratnasambhava; er hat drei Gesichter – ein rotes, ein weißes und ein schwarzes – und sechs Hände; in seinen drei rechten Händen hält er einen dreifachen Pfeil, einen Vajra-Haken und eine laut ertönende Dāmaru-Trommel; und in seinen drei linken Händen einen Bogen, eine Vajra-Fangschlinge und einen Juwel mit neun Facetten; er wird von Māmakī umarmt. Im Südwesten ist die rote Pāndarā; sie hat drei Gesichter – ein rotes, ein weißes und ein schwarzes – und sechs Hände; in ihren drei rechten Händen hält sie einen dreifachen Pfeil, einen Vajra-Haken und eine laut ertönende Dāmaru-Trommel; und in ihren drei linken Händen einen Bogen, eine Vajra-Fangschlinge und einen Juwel mit neun Facetten; Amitābha umarmt sie.

Im Norden befindet sich der weiße Amitābha; er hat drei Gesichter – ein weißes, ein schwarzes und ein rotes – und sechs Hände; in seinen drei rechten Händen hält er einen Vajra-Hammer, einen Speer und einen Dreizack; und in seinen drei linken Händen einen hundertblättrigen weißen Lotos, einen Spiegel und eine Gebetskette; Pāndarā umarmt ihn. Im Nordwesten ist die weiße Māmakī; sie hat drei Gesichter – ein weißes, ein schwarzes und ein rotes – und sechs Hände; in ihren drei rechten Händen hält sie einen Vajra-Hammer, einen Speer und einen Dreizack; und in ihren drei linken Händen hundertblättrige weiße Lotos-Blüten, einen Spiegel und eine Gebetskette; Ratnasambhava umarmt sie.

Im Westen befindet sich der gelbe Vairochana; er hat drei Gesichter – ein gelbes, ein weißes und ein schwarzes – und sechs Hände; in seinen drei rechten Händen hält er ein Rad, einen Stab und einen Furcht einflößenden Vajra; und in seinen drei linken Händen eine Muschel, eine Vajra-Eisenkette und eine läutende Glocke; Tārā umarmt ihn. Im Nordwesten ist die gelbe Lochanā; sie hat drei Gesichter – ein gelbes, ein weißes und ein schwarzes – und sechs Hände; in ihren drei rechten Händen hält sie ein Rad, einen Stab und einen Schrecken einflößenden Vajra; und in ihren drei linken Händen eine Muschel, eine Vajra-Eisenkette und eine läutende Glocke; Amoghasiddhi umarmt sie.

Sämtliche Gesichter der »So-Gegangenen« haben drei Augen. In der Umarmung mit ihrer jeweiligen Gefährtin nehmen sie die sitzende Haltung ein.

Die vier männlichen »So-Gegangenen« und die vier weiblichen »So-Gegangenen« nehmen lediglich acht der sechzehn Plätze im Mandala des ursprünglichen Bewusstseins ein. An den verbleibenden acht Plätzen stehen Vasen. Die beiden Vasen im Osten sind mit gereinigtem Knochenmark gefüllt; diejenigen im Süden mit gereinigtem Blut; diejenigen im Norden mit gereinigtem Urin; diejenigen im Westen mit gereinigtem Exkrement. Darüber und darunter befinden sich ebenfalls Vasen, gefüllt mit gereinigtem Samen beziehungsweise mit gereinigtem Menstruationsblut. Sie stehen auf Lotos-Blüten, und Lotos-Blüten bedecken sie.

Die Wasser-Einweihung wird von den fünf weiblichen »So-Gegangenen« erteilt – den vier zuvor genannten nebst Vajradhātvīshvarī, die in ununterscheidbarer Einheit mit Vishvamātā verweilt, sich allerdings von dieser trennt, um die Einweihung zu erteilen. Die Kronen-Einweihung wird von den fünf männlichen »So-Gegangenen« erteilt – den vier zuvor genannten, außerdem Akshobhya, der in ununterscheidbarer Einheit mit Kālachakra verweilt, sich allerdings von diesem trennt, um die Einweihung zu erteilen.

Die Gottheiten des Geist-Mandala

Fünf Schutzgottheiten mit ihren Gefährtinnen. Schauen Sie nun auf das Geist-Mandala. Es hat vier Tore und an jedem von ihnen eine Schutzgottheit:[107] Am östlichen Tor den schwarzen Vighnāntaka (Atibala) mit drei Gesichtern – einem schwarzen, einem roten und einem weißen – und sechs Händen; in seinen drei rechten Händen hält er ein Schwert, ein Vajra-Hackmesser und einen Dreizack; in seinen drei linken Händen einen Schild, eine Schädelschale und einen weißen Khatvānga. Die gelbe Stambhakī umarmt ihn; sie hat drei Gesichter – ein gelbes, ein weißes und ein schwarzes – und sechs Hände; in ihren drei rechten Händen hält sie ein Rad, einen Stab und einen Schrecken einflößenden Vajra; und in ihren drei linken Händen eine Muschel, eine Vajra-Kette und eine laut ertönende Glocke.

Am südlichen Tor steht der rote Prajñāntaka (Jambhaka); er hat drei Gesichter – ein rotes, ein weißes und ein schwarzes – und sechs Hände; in seinen drei rechten Händen hält er einen dreifachen Pfeil, einen Vajra-Haken und eine laut ertönende Dāmaru-Trommel; in seinen drei linken Händen einen Bogen, eine Vajra-Fangschlinge und einen Juwel mit neun Facetten. Die weiße Māmakī umarmt ihn; sie hat drei Gesichter – ein weißes, ein schwarzes und ein rotes – und sechs Hände; in ihren drei rechten Händen hält sie einen Vajra-Hammer, einen Speer und einen Dreizack; und in ihren drei linken Händen einen hundertblättrigen weißen Lotos, einen Spiegel und eine Gebetskette.

Am nördlichen Tor steht der weiße Padmāntaka; er hat drei Gesichter – ein weißes, ein schwarzes und ein rotes – und sechs Hände; in seinen drei rechten

Händen hält er einen Vajra-Hammer, einen Speer und einen Dreizack; und in seinen drei linken Händen einen hundertblättrigen weißen Lotos, einen Spiegel und eine Gebetskette. Die rote Jambhakī umarmt ihn; sie hat drei Gesichter – ein rotes, ein weißes und ein schwarzes – und sechs Hände; in ihren drei rechten Händen hält sie einen dreifachen Pfeil, einen Vajra-Haken und eine laut ertönende Dāmaru-Trommel; in ihren drei linken Händen einen Bogen, eine Vajra-Fangschlinge und einen Juwel mit neun Facetten.

Am westlichen Tor steht der gelbe Yamāntaka; er hat drei Gesichter – ein gelbes, ein weißes und ein schwarzes – und sechs Hände; in seinen drei rechten Händen hält er ein Rad, einen Stab und einen Schrecken einflößenden Vajra; und in seinen drei linken Händen eine Muschel, eine Vajra-Kette und eine laut ertönende Glocke. Die schwarze Atibalā umarmt ihn; sie hat drei Gesichter – ein schwarzes, ein rotes und ein weißes – und sechs Hände; in ihren drei rechten Händen hält sie ein Schwert, ein Vajra-Hackmesser und einen Dreizack; in ihren drei linken Händen einen Schild, eine Schädelschale und einen weißen Khatvānga.

Auf einem Thron oberhalb des Geist-Mandala (im östlichen Tor dargestellt) steht Ushnīshachakravartī; er hat drei Gesichter – ein grünes, ein rotes und ein weißes – und sechs Hände; in seinen drei rechten Händen hält er einen Vajra, ein Vajra-Hackmesser und eine Axt; in seinen drei linken Händen hält er eine Vajra-Glocke, eine Schädelschale und einen Kopf Brahmās. Die blaue Atinīlā umarmt ihn; sie hat drei Gesichter – ein blaues, ein rotes und ein weißes – und sechs Hände; in ihren drei rechten Händen hält sie einen Vajra, ein Vajra-Hackmesser und eine Axt; in ihren drei linken Händen hält sie eine Vajra-Glocke, eine Schädelschale und einen Kopf Brahmās.[108]

All diese zornvollen Gottheiten männlichen und weiblichen Geschlechts haben rötlich-gelbes Haar, das ihnen zu Berge steht. Schlangen und die sechs Arten von Schmuck zieren sie. Jedes ihrer Gesichter hat drei Augen. Die männlichen Gottheiten stehen mit gestrecktem rechtem und die weiblichen Gottheiten mit gestrecktem linkem Bein da.

Zusammen mit Sumbharāja und Raudrākshī vom Körper-Mandala erteilen diese zehn zornvollen Gottheiten die Namens-Einweihung.

24 männliche und weibliche Bodhisattvas. Schauen Sie zur rechten wie zur linken Seite jedes Tores und in die vier Ecken des Geist-Mandala. Dort erblicken Sie die zwölf männlichen und die zwölf weiblichen Bodhisattvas.[109] Rechts vom östlichen Tor befindet sich der schwarze Khagarbha mit drei Gesichtern – einem schwarzen, einem roten und einem weißen – und sechs Händen; in seinen rechten Händen hält er ein Schwert, ein Vajra-Hackmesser und einen Dreizack; in seinen linken Händen einen Schild, eine Schädelschale und einen weißen Khatvānga. Die gelbe Gandhavajrā umarmt ihn; sie hat drei Gesichter – ein gelbes, ein weißen und ein schwarzes – und sechs Hände; in ihren rechten Händen hält sie ein Rad, einen Stab und einen Schrecken einflößenden Vajra; und in ihren linken Händen eine Muschel, eine Vajra-Eisenkette und eine laut ertönende Glocke.

In der südöstlichen Ecke befindet sich die schwarze Sparshavajrā; sie hat drei Gesichter – ein schwarzes, ein rotes und ein weißes – und sechs Hände; in ihren rechten Händen hält sie ein Schwert, ein Vajra-Hackmesser und einen Dreizack; und in ihren linken Händen einen Schild, eine Schädelschale und einen weißen Khatvānga. Der gelbe Sarvanivaranavishkambhi umarmt sie; er hat drei Gesichter – ein gelbes, ein weißes und ein schwarzes – und sechs Hände; in seinen rechten Händen hält er ein Rad, einen Stab und einen Schrecken einflößenden Vajra; und in seinen linken Händen eine Muschel, eine Vajra-Eisenkette und eine laut ertönende Glocke.

Rechts vom südlichen Tor befindet sich der rote Kshitigarbha; er hat drei Gesichter – ein rotes, ein weißes und ein schwarzes – und sechs Hände; in seinen rechten Händen hält er einen dreifachen Pfeil, einen Vajra-Haken und eine laut ertönende Dāmaru-Trommel; in seinen linken Händen einen Bogen, eine Vajra-Fangschlinge und einen Juwel mit neun Facetten. Die weiße Rūpavajrā umarmt ihn; sie hat drei Gesichter – ein weißes, ein schwarzes und ein rotes – und sechs Hände; in ihren rechten Händen hält sie einen Vajra-Hammer, einen Speer und einen Dreizack; in ihren linken Händen einen hundertblättrigen weißen Lotos, einen Spiegel und eine Gebetskette.

In der südwestlichen Ecke befindet sich die rote Rasavajrā; sie hat drei Gesichter – ein rotes, ein weißes und ein schwarzes – und sechs Hände; in ihren rechten Händen hält sie einen dreifachen Pfeil, einen Vajra-Haken und eine laut ertönende Dāmaru-Trommel; in ihren linken Händen einen Bogen, eine Vajra-Fangschlinge und einen Juwel mit neun Facetten. Der weiße Lokeshvara umarmt sie; er hat drei Gesichter – ein weißes, ein schwarzes und ein rotes – und sechs Hände; in seinen rechten Händen hält er einen Vajra-Hammer, einen Speer und einen Dreizack; und in seinen linken Händen einen hundertblättrigen weißen Lotos, einen Spiegel und eine Gebetskette.

Rechts vom nördlichen Tor befindet sich der weiße Lokeshvara mit drei Gesichtern – einem weißen, einem scharzen und einem roten – und sechs Händen; in seinen rechten Händen hält er einen Vajra-Hammer, einen Speer und einen Dreizack; und in seinen linken Händen einen hundertblättrigen weißen Lotos, einen Spiegel und eine Gebetskette. Die rote Rasavajrā umarmt ihn; sie hat drei Gesichter – ein rotes, ein weißes und ein schwarzes – und sechs Hände; in ihren rechten Händen hält sie einen dreifachen Pfeil, einen Vajra-Haken und eine laut ertönende Dāmaru-Trommel; in ihren linken Händen einen Bogen, eine Vajra-Fangschlinge und einen Juwel mit neun Facetten.

In der nordöstlichen Ecke befindet sich die weiße Rūpavajrā; sie hat drei Gesichter – ein weißes, ein schwarzes und ein rotes – und sechs Hände; in ihren rechten Händen hält sie einen Vajra-Hammer, einen Speer und einen Dreizack; und in ihren linken Händen einen hundertblättrigen weißen Lotos, einen Spiegel und eine Gebetskette. Der rote Kshitigarbha umarmt sie; er hat drei Gesichter – ein rotes, ein weißes und ein schwarzes – und sechs Hände; in seinen rechten Händen hält er einen dreifachen Pfeil, einen Vajra-Haken und eine laut ertönende Dāmaru-Trommel; in seinen linken Händen einen Bogen, eine Vajra-Fangschlinge und einen Juwel mit neun Facetten.

Rechts vom westlichen Tor befindet sich der gelbe Sarvanivaranavishkambhi; er hat drei Gesichter – ein gelbes, ein weißes und ein schwarzes – und sechs Hände; in seinen rechten Händen hält er ein Rad, einen Stab und einen Schrecken einflößenden Vajra; und in seinen linken Händen eine Muschel, eine Vajra-Eisenkette und eine laut ertönende Glocke. Die schwarze Sparshavajrā umarmt ihn; sie hat drei Gesichter – ein schwarzes, ein rotes und ein weißes – und sechs Hände; in ihren rechten Händen hält sie ein Schwert, ein Vajra-Hackmesser und einen Dreizack; und in ihren linken Händen einen Schild, eine Schädelschale und einen weißen Khatvānga.

In der nordwestlichen Ecke befindet sich die gelbe Gandhavajrā; sie hat drei Gesichter – ein gelbes, ein weißes und ein schwarzes – und sechs Hände; in ihren rechten Händen hält sie ein Rad, einen Stab und einen Schrecken einflößenden Vajra; und in ihren drei linken Händen eine Muschel, eine Vajra-Eisenkette und eine laut ertönende Glocke. Der schwarze Khagarbha umarmt sie; er hat drei Gesichter – ein schwarzes, ein rotes und ein weißes – und sechs Hände; in seinen rechten Händen hält er ein Schwert, ein Vajra-Hackmesser und einen Dreizack; in seinen drei linken Händen einen Schild, eine Schädelschale und einen weißen Khatvānga.

Links vom südlichen Tor befindet sich der grüne Vajrapāni mit drei Gesichtern – einem grünen, einem roten und einem weißen – und sechs Händen; in seinen rechten Händen hält er einen Vajra, ein Vajra-Hackmesser und eine Axt; in seinen linken Händen eine Vajra-Glocke, eine Schädelschale und einen Kopf Brahmās. Die blaue Shabdavajrā umarmt ihn; sie hat drei Gesichter – ein blaues, ein rotes und ein weißes – und sechs Hände; in ihren rechten Händen hält sie einen Vajra, ein Vajra-Hackmesser und eine Axt und in ihren linken Händen eine Vajra-Glocke, eine Schädelschale und einen Kopf Brahmās.

Links vom westlichen Tor befindet sich die grüne Dharmadhātuvajrā mit drei Gesichtern – einem grünen, einem roten und einem weißen – und sechs Händen; in ihren rechten Händen hält sie einen Vajra, ein Vajra-Hackmesser und eine Axt und in ihren linken Händen eine Vajra-Glocke, eine Schädelschale und einen Kopf Brahmās. Der blaue Samantabhadra umarmt sie; er hat drei Gesichter – ein blaues, ein rotes und ein weißes – und sechs Hände; in seinen rechten Händen hält er einen Vajra, ein Vajra-Hackmesser und eine Axt und in seinen linken Händen eine Vajra-Glocke, eine Schädelschale und einen Kopf Brahmās.

Links vom östlichen Tor befindet sich ein blauer Samantabhadra mit drei Gesichtern – einem blauen, einem weißen und einem roten – und sechs Händen; in seinen rechten Händen hält er einen Vajra, ein Vajra-Hackmesser und eine Axt und in seinen linken Händen eine Vajra-Glocke, eine Schädelschale und einen Kopf Brahmās. Die grüne Dharmadhātuvajrā umarmt ihn; sie hat drei Gesichter – ein grünes, ein rotes und ein weißes – und sechs Hände; in ihren rechten Händen hält sie einen Vajra, ein Vajra-Hackmesser und eine Axt und in ihren linken Händen eine Vajra-Glocke, eine Schädelschale und einen Kopf Brahmās.

Links vom nördlichen Tor befindet sich die blaue Shabdavajrā; sie hat drei Gesichter – ein blaues, ein rotes und ein weißes – und sechs Hände; in ihren rechten Händen hält sie einen Vajra, ein Vajra-Hackmesser und eine Axt und in ihren linken Händen eine Vajra-Glocke, eine Schädelschale und einen Kopf Brahmās. Der grüne Vajrapāni umarmt sie; er hat drei Gesichter – ein grünes, ein rotes und ein weißes – und sechs Hände; in seinen rechten Händen hält er einen Vajra, ein Vajra-Hackmesser und eine Axt; in seinen linken Händen eine Vajra-Glocke, eine Schädelschale und einen Kopf Brahmās.

Zwölf weibliche Opfergöttinnen. Diese Opfergöttinnen haben ihren Platz auf dem weißen Vorhof, der das Geist-Mandala umgibt. Auf jeder Seite der vier Tore ist eine Göttin; zwei sind darüber und zwei darunter. Dies ergibt zwölf.

Die Gottheiten im Mandala der Rede

Lassen Sie uns die Stufen des Geist-Mandala zum Rede-Mandala hinabgehen. Sogleich sehen wir die acht großen achtblättrigen Lotos-Blüten in den vier

Himmelsrichtungen und in den vier Zwischenrichtungen. Jede der acht Lotos-Blüten liegt auf einem Sitz, der aus empfindenden Wesen besteht: Im Zentrum jedes Lotos befindet sich eine Göttin in Umarmung mit einem Gott, umringt von acht Göttinnen, einer auf jedem Blütenblatt. Auf jeder der acht Lotos-Blüten gibt es demzufolge zehn Gottheiten; insgesamt handelt es sich also um 80 Gottheiten. Um eine vollendete Meditation zu ermöglichen, charakterisiert ein Text des Siebten Dalai Lama mit dem Titel »Mittel zur Verwirklichung des Mandala des erhabenen Körpers, der erhabenen Rede und des erhabenen Geistes von Kālachakra, dem glorreichen überirdischen Herrscher: die segensreichen Worte von Gelehrten und Meistern« (*bcom ldan 'das dus kyi 'khor lo'i sku gsung thugs yongs su rdzogs pa'i dkyil 'khor gyi sgrub thabs mkhas grub zhal lung*) jede dieser 80 (sowie die hier gleich anschließend aufgeführten) Gottheiten. Wir werden an dieser Stelle jedoch nicht auf die einzelnen Merkmale der übrigen Gottheiten eingehen, da sie in den sieben zur Praxis der Ermächtigungsphase autorisierenden Einweihungen keine Rolle spielen.

Außerhalb, auf dem Vorhof, der das Rede-Mandala umschließt, gibt es 36 Göttinnen der Begierde – jeweils vier auf der einen und fünf auf der anderen Seite eines Tores.

Die Gottheiten des Körper-Mandala

360 Gottheiten für die Tage eines Jahres. Wir verlassen nun das Mandala der Rede und gehen die Stufen zum Mandala des Körpers hinunter. Dort erblicken wir zwölf große, jeweils mit 28 Blütenblättern ausgestattete Lotos-Blüten. Die Blütenblätter sind in drei Reihen angeordnet: In der ersten, der innersten Reihe, gibt es vier, in der zweiten Reihe acht und in der dritten Reihe sechzehn Blütenblätter. Im Zentrum jedes Lotos verweilt ein Gott in Umarmung mit einer Göttin, umringt von 28 Göttinnen, also einer Göttin auf jedem Blütenblatt. Auf jeder der zwölf Lotos-Blüten gibt es demzufolge 30 Gottheiten; das heißt, insgesamt handelt es sich um 360 Gottheiten. Sie repräsentieren die zwölf Monate und die 360 Tage eines Jahres.[110]

Zwölf zornvolle Gottheiten. In allen vier Toren sowie oberhalb und unterhalb jedes Tores gibt es einen zornvollen Gott in Umarmung mit einer zornvollen Göttin, insgesamt also zwölf zornvolle Götter und zwölf zornvolle Göttinnen – in Streitwagen, die von Wildschweinen, Pferden, Elefanten, Löwen, Garudas und Tigern gezogen werden.

Opfergöttinnen. Wenn wir aus dem Körper-Mandala hinausgehen, erblicken wir auf dem Vorhof, der es umgibt, 36 Göttinnen der Begierde – jeweils vier auf der einen und fünf auf der anderen Seite eines Tores.

Die Schlangenkönige: Ebenfalls außerhalb des Körper-Mandala steht auf jeder Seite des Tores ein Thron; insgesamt sind es also acht. Sie symbolisieren die vier Elemente – Erde, Wasser, Feuer und Wind. Oberhalb beziehungsweise unterhalb der Tore gibt es Symbole des Raumes und des ursprünglichen Bewusstseins, auf denen die Schlangenkönige mit ihren Gefährtinnen thronen.

Die zornvollen Göttinnen der Leichenstätten. Betrachten wir die Leichenstätten oder Friedhöfe auf dem vierfachen Kreis, der das Mandala einfasst – und zwar innerhalb der beiden Feuer und Wind repräsentierenden Peripherien. Dort erkennen wir die zehn Leichenstätten der zehn Richtungen: acht Leichenstätten in den vier Himmelsrichtungen und in den vier Zwischenrichtungen sowie eine oben und eine unten. Sie werden jeweils durch ein Rad symbolisiert. Auf dem Lotos im Zentrum des Rades steht jeweils eine Göttin; insgesamt also zehn Göttinnen. Sie werden von männlichen Gottheiten umarmt, und verschiedene Gottheiten umgeben sie.

In den übrigen Tantras des Höchsten Yoga-Tantra entwickeln die Gottheiten im Mandala die Absicht, die Einweihung zu erteilen. Erteilt wird die Einweihung allerdings durch eigens dafür zuständige, nicht aus dem Mandala kommende Einweihungsgottheiten. Im *Kālachakra-Tantra* hingegen erteilen die Gottheiten im Mandala die Einweihungen, allerdings mit Unterstützung äußerer Einweihungsgottheiten. Wir haben festgestellt, wo diese zentralen Gottheiten ihren Platz im Mandala haben. Im nächsten Kapitel wird es darum gehen, wie die Einweihung erteilt wird.

7
Der vorbereitende Ritus

Vor der eigentlichen Einweihung wird für die betreffenden Schüler zunächst einmal ein vorbereitender Ritus durchgeführt. Dies ist zwar eine vorbereitende Phase, keineswegs geht es hier jedoch um bloße Vorbereitung. Ein zwölf Schritte umfassender Prozess dient dazu, den Daseinsstatus der Schüler zum Positiven zu verändern:

1. durch eine stärker altruistische Ausrichtung der Motivation;
2. durch eine Geburt als Kind des Lama;
3. durch das förmliche Ersuchen um Aushändigung jener Dinge, die man für die Mantra-Praxis benötigt;
4. durch Entwicklung unerschütterlichen Interesses an der Mantra-Praxis;
5. durch Annehmen der Bodhisattva- und der Mantra-Gelübde;
6. durch den Erhalt des Segens;
7. durch Bestimmung der Zugehörigkeit zu einer der Buddha-Familien;
8. durch die Entgegennahme von reinigend wirkendem Wasser, Kusha-Gras (das man unter die Matratze und das Kopfkissen legt, damit es seine schützende Wirkung entfaltet) und einem Schutzbändchen;
9. durch Visualisierung der sechs Silben an wichtigen Punkten des Körpers;
10. durch die Anrufung Vajrasattvas und die Bitte um seinen Segen;
11. durch die Entwicklung eines besonders freudigen Enthusiasmus für die Praxis der buddhistischen Lehre, speziell der tantrischen Unterweisungen;
12. durch Beherzigung von Unterweisungen zur Deutung von Träumen.

(Kädrups im vorliegenden Buch übersetzter Text »Mandala-Ritus« präsentiert diese zwölf Schritte in sechs Abschnitten, also jeweils paarweise.)

Zunächst bringen die Schüler, die sich außerhalb der geschlossenen Tore an der Ostseite des Mandala aufhalten – außerhalb der Tore also, die sich vor Kālachakras zentralem schwarzen Antlitz befinden –, dem von Kālachakra ununterscheidbaren Lama alles Wertvolle als Opfergabe dar. Das bezeichnet man als Mandala-Opferung, wobei sich das Wort »Mandala« in diesem Zusammenhang weder auf das Bewohner- noch auf das Wohnsitz-Mandala bezieht, sondern auf ein ganzes Universum von Opfergaben. Bei dieser, im Laufe des Einweihungsrituals viele Male wiederholten, Opferung bringen die Schüler dem Lama als Zeichen der Verehrung alles Kostbare dar, um deutlich zu machen, dass diese Unterweisungen für sie von ganz besonderem Wert und dank ihrer über viele Leben hinweg außerordentlich hilfreichen Methoden weitaus wichtiger sind als materielle Objekte jedweder Art, deren Nutzen selbst im günstigsten Fall lediglich auf die Dauer eines einzigen kurzen Lebens beschränkt bleibt.

Indem die Schüler all das, woran sie hängen, dem Lama/Kālachakra opfern, befreien sie außerdem ihren Geist von der Belastung durch das Anhaften an weltlichen Belangen und durch den übermäßigen Energieaufwand, den wir gewöhnlich für materielle Güter von nur oberflächlicher Bedeutung betreiben. So kann sich der Geist wirkungsvoll auf die erhaltenen Unterweisungen konzentrieren. Denn wie könnte wohl jemand ohne die Bereitschaft, alles fortzugeben, in die Meditation des ausgeglichenen Verweilens in Leerheit eintreten, in der sich – selbst in Bezug auf unseren eigenen Körper – nichts anderes zeigt, als die Abwesenheit von unabhängiger Eigenexistenz?

Als nächstes sorgen die Schüler für eine angemessene Motivation. Denn sie sollten, wenn sie sich der Mantra-Praxis zuwenden, nicht bloß von oberflächlichen Zielsetzungen motiviert sein; zum Beispiel von dem Ziel, einen besseren Gesundheitszustand in diesem Leben oder die eigene Befreiung aus dem Daseinskreislauf zu erreichen – einem zwar nicht ganz so oberflächlichen, aber immer noch selbstbezogenen Ziel. Vielmehr sollten sie von dem Wunsch motiviert sein, das Wohl der anderen zu verwirklichen. (Unweigerlich verwirklicht man allerdings mit dieser altruistischen Motivation zugleich auch das eigene Wohl.)

Der Umstand, dass das Ritual mit einer Neuausrichtung der eigenen Motivation zugunsten einer altruistischen Einstellung beginnt, verweist auf die zentrale und grundlegende Bedeutung von Liebe und Mitgefühl. Auch wird diese Neuausrichtung zugunsten einer altruistischen Einstellung nicht einfach als gegeben vorausgesetzt, sondern man nimmt sie im Rahmen des Rituals tatsächlich vor. Das macht deutlich, welch entscheidender Stellenwert einer derartigen Neuorientierung beigemessen wird: Den Geist immer wieder aufs Neue aus seiner tief eingeschliffenen Selbstbezogenheit herauszuholen hat hier den Rang einer unerlässlichen Notwendigkeit – woraus wir entnehmen können, dass der Geist wieder in eine egozentrische Selbstbezogenheit verfällt, wenn man ihn nicht schult.

Sobald die Schüler eine altruistisch ausgeprägte Motivation haben, sind sie bereit, als Kind des Lamas, der als Verkörperung Kālachakras angesehen wird, wiedergeboren zu werden. Dieser als »innere Einweihung« bezeichnete Prozess findet im Verlauf des vorbereitenden Rituals einmal statt; und innerhalb des eigentlichen Rituals jener sieben Einweihungen, die zur Praxis der Hervorbringungsphase autorisieren, viermal. Ein Großteil der tantrischen Praxis baut darauf auf, gewöhnliche, ansonsten unkontrolliert ablaufende Prozesse in einer Art und Weise nachzuvollziehen, die es ermöglicht, sie zu reinigen und zu beherrschen. Im vorliegenden Fall soll der Wiedergeburtsprozess gereinigt und unter Kontrolle gebracht werden, indem man ihn im Rahmen des Einweihungsrituals neu durchläuft.

Bei einer gewöhnlichen Wiedergeburt[111] nimmt ein Wesen im Zwischenzustand zwischen dem vergangenen und dem neuen Leben wahr, wie sein (künftiger) Vater und seine (künftige) Mutter miteinander schlafen. Ein Wesen, das im Begriff steht, als Mann wiedergeboren zu werden, hat Verlangen nach der Mutter und will die Trennung vom Vater erreichen (ihn loswerden). Ein Wesen, das im Begriff steht, als Frau wiedergeboren zu werden, hat Verlangen nach dem Vater und will die Trennung von der Mutter erreichen (sie loswerden). Wenn das Wesen dann aus dem Wunsch nach geschlechtlicher Vereinigung jenen Elternteil, auf den sich das Verlangen richtet, zu umarmen beginnt, verspürt es lediglich das Sexualorgan des betreffenden Partners. Darauf reagiert es mit Frustration und Wut. Restlos in Emotionen von Begierde und Wut verstrickt, stirbt das Wesen im Zwischenzustand; es gelangt in den Mutterleib und wird nun im Sinn des Empfängnisvorganges wiedergeboren.

In den Mutterleib gelangt das Wesen, indem es den Weg durch den Körper des Vaters zurücklegt. In einer tantrischen Erklärung heißt es dazu, einen Zugang zum Körper des Vaters finde das Wesen im Zwischenzustand durch dessen Mund. Nach einer anderen tantrischen Erklärung erfolgt der Zugang über den Scheitelpunkt des Kopfes. Anschließend legt das Wesen im Zwischenzustand seinen Weg durch den Körper des Vaters zurück und gelangt über dessen Penis in die Vagina der Mutter. Liegen alle vier für die Wiedergeburt notwendigen Faktoren vor – das Bewusstsein eines Wesens im Zwischenzustand, der Samen, das Ei (in den Texten als »Blut« bezeichnet) sowie eine karmische Verbindung zwischen Vater, Mutter und dem Zwischenzustandswesen –, so erfolgt die Wiedergeburt.

Bei der inneren Einweihung (»innere« Einweihung heißt sie wahrscheinlich, weil sie im Schoß der als »Mutter«, als *Yum*, bezeichneten Gefährtin vonstatten geht) stellen die Schüler sich vor, nach dem soeben beschriebenen Muster wiedergeboren zu werden. In Höhe des Herzens erstrahlt beim Lama die Keimsilbe *hūm*. Angezogen durch das Licht, das von der Keimsilbe ausgeht, gelangen die Schüler in den Mund des Lamas (der stets als Verkörperung von Kālachakra angesehen wird). Von dort aus legt er oder sie den weiteren Weg durch den Körper des Lamas bis in die Vagina der Mutter zurück und löst sich in ihrem Schoß auf.

Die Auflösung im Schoß der Mutter steht in einem besonderen Bezug zur Meditation der Leerheit von unabhängiger Eigenexistenz. Nicht nur sind alle grobmateriellen Erscheinungen eines aus Fleisch, Blut und Knochen bestehenden Körpers verschwunden, sondern man gewinnt auch ein lebendiges Gewahrsein jener Leerheit, die im Nichtvorhandensein einer unabhängigen Eigenexistenz dieser Erscheinungen besteht. Zunächst hatte man die Motivation des großen Mitgefühls entwickelt. Jetzt ist jene Weisheit, die Einsicht in Leerheit gewinnt, ebenfalls vorhanden.

Dieses Leerheit gewahrende und von Mitgefühl motivierte Weisheitsbewusstsein bildet nun gewissermaßen das »Ausgangsmaterial« für die göttliche – oder ideale – Erscheinungsform der Schüler. Anders als bei der gewöhnlichen Wiedergeburt, wo man auf Grund von Unwissenheit, die zur Wahrnehmung einer unabhängigen Eigenexistenz bei uns selbst und bei sonstigen Phänomenen führt, von den getrübten Emotionen der Begierde und des Hasses angetrieben wird und dadurch dem Prozess der Wiedergeburt unterliegt, sind die Schüler bei diesem rituellen Nachvollzug der Wiedergeburt von großem Mitgefühl motiviert und stützen sich auf jenes Wissen, das die Wirklichkeit gewahrt. Im Schoß der Mutter erscheint das Weisheitsbewusstsein zunächst als Keimsilbe *hūm*. Diese wird zu einem Vajra. Dann verwandelt sich der Vajra in Kālachakra, ein ideales Wesen mit Gesicht, Armen, Beinen und allen weiteren Attributen.

Zur weiteren Intensivierung beziehungsweise Stärkung dieser Visualisation, in der man selbst als ideales Wesen erscheint, stellt man sich vor, dass von der Keimsilbe im Herzen des Lamas Lichtstrahlen ausgehen, die sämtliche erleuchteten Wesen in den Mund des Lamas hineinziehen. Auf dem Weg durch seinen Körper, so stellt man sich weiterhin vor, verschmelzen die Erleuchteten in Höhe seines Herzens zu einer Art Ambrosia, einer lichtartigen, als »Erleuchtungsgeist« (*byang chub kyi sems, bodhichitta*) bezeichneten Flüssigkeit. In Form dieses Ambrosia-Lichts gelangen sie in den Schoß der Mutter und salben die Schüler. Erleuchtete Wesen sind die Manifestation eines nicht-dualen, Leerheit von unabhängiger Eigenexistenz gewahrenden Glückseligkeitsbewusstseins. Diese subtilste Form von Bewusstsein ist ihrer Natur nach glückselig. Durch die Salbung im Schoß der Mutter mit dem Ambrosia-Licht, in das sich die Erleuchteten verwandelt haben, stärkt diese subtilste Natur des Geistes die Schüler.

Die Schüler verfügen nun also nicht nur über ein Leerheit gewahrendes Weisheitsbewusstsein, sondern auch über ein Leerheit gewahrendes Glückseligkeitsbewusstsein. Das auf diese Weise hervorgebrachte ursprüngliche Gewahrsein von untrennbarer Glückseligkeit und Leerheit macht die innere Einweihung aus. Jene Schritte, die zu diesem Punkt hinführen, sind die ursächlich wirkenden Faktoren der Einweihung. Die eigentliche Einweihung besteht in dem so hervorgebrachten ursprünglichen Gewahrsein von untrennbarer Glückseligkeit und Leerheit.

In einem weit gefassten Sinn bezieht sich der Begriff »Erleuchtungsgeist«, *Bodhichitta*, einerseits auf den konventionellen Erleuchtungsgeist, das ist das altruistische Streben nach Erleuchtung, und andererseits auf den letztendlichen Erleuchtungsgeist, das ist das im Geistesstrom eines Bodhisattvas vorhandene Weisheitsbewusstsein, welches Leerheit unmittelbar gewahrt. Aber der Begriff *Bodhichitta* wird auch, wie etwa im vorliegenden Fall, zur Bezeichnung des Samens verwendet: genauer gesagt, zur Bezeichnung der – beim Mann wie bei der Frau vorhandenen – essenziellen weißen beziehungsweise roten Flüssigkeit. Dieser Wortgebrauch von *Bodhichitta* setzt allerdings die Wortbedeutungen »altruistisches Streben nach Erleuchtung« und »Leerheit unmittelbar gewahrendes Weisheitsbewusstsein« keineswegs außer Kraft. Denn wie aus dem Ablauf dieses Rituals ersichtlich wird, bilden ja gerade dieser Altruismus und dieses Leerheitsgewahrsein die Grundlage für die tantrische Meditation des Gottheiten-Yoga.[112] Vielmehr gibt es *unter bestimmten Umständen* zusätzlich jenen Wortgebrauch, in dem *Bodhichitta* auf die essenzielle weiße und rote Flüssigkeit verweist. In diesem Fall bezeichnet *Bodhichitta* Samen in einer gereinigten Form: jenes Ambrosia-Licht, das die eigentliche Essenz aller Erleuchteten enthält. Wenn man mit diesem »Erleuchtungsgeist« gesalbt wird und ihn dabei in sich aufnimmt, so dient dies nicht nur der Bekräftigung und Intensivierung jener Weisheit und jenes Mitgefühls, die bereits Gegenstand der Meditation waren, sondern auch der Erzeugung eines Glückseligkeitsbewusstseins, wie es vollkommen Erleuchteten zu Eigen ist.

Sigmund Freud wollte vor allem offen legen, in welcher Weise sexuelle

Reize und dergleichen hinter anderen Erscheinungsformen verborgen sein können. Demgegenüber ruft man im tantrischen Buddhismus diese gewöhnlichen Regungen mit Bedacht hervor, um sie zu sublimieren – aber mehr noch, um sie zu transformieren, indem man die ihnen zu Grunde liegende, zur Wahrnehmung einer unabhängigen Eigenexistenz führende Unwissenheit beseitigt. Die innere Einweihung wird in dieser Einweihungssequenz nicht bloß einmal, sondern fünfmal vorgenommen, und im Laufe seines Lebens erhält ein Praktizierender die Einweihung nicht nur ein einziges Mal, sondern unzählige Male. Wie wir daraus entnehmen können, geht man also nicht davon aus, solch eine Transformation sei ein leicht durchführbares Unterfangen. Denn sie betrifft ja genau jene Regungen, die uns empfindende Wesen seit anfangloser Zeit an den Daseinskreislauf fesseln. Gelinde gesagt wäre es außerordentlich gewagt, würde eine Lehre sich rühmen, ohne weiteres solch eine Transformation bewerkstelligen zu können.

Wiederholung ist daher ein Schlüssel zum Verständnis der tantrischen Einweihung. Wiederholung bedeutet nicht einfach nur, ein weiteres Mal zu tun, was man zuvor bereits getan hat. Vielmehr bietet sie die Möglichkeit, durch ein tieferes Gewahrsein, durch den Zugang zu einer subtileren Bewusstseinsstufe, Fortschritte zu erzielen. In der Wiederholung liegt die nächste Chance. Und hier führt sie zugleich dazu, dass man mit Geist und Körper einen auf überprüfbaren Prinzipien beruhenden Lebensstil kultiviert, statt sich lediglich von getrübten Emotionen immer weiter treiben zu lassen.

Nach Erhalt der inneren Einweihung kommen die Schüler aus dem Schoß der Mutter hervor und befinden sich wieder auf dem Sitz neben einem Pfeiler draußen vor dem östlichen Tor des Mandala. Die Tore des Mandala können währenddessen durchaus verschlossen geblieben sein. Denn das Mandala ist so beschaffen, dass die Schüler durch seine östliche Wand hindurch in Kālachakras Mund hineingezogen werden und auf dem gleichen Weg wieder zurückkehren können. Auch müssen die Schüler die Innenseite des Mandala erst noch *sehen*. Auf dem Weg zum Lama/zu Kālachakra beziehungsweise bei der Rückkehr hatten sie noch keine Gelegenheit, das Innere des Gebäudes zu erblicken. Obwohl sie die Augenbinde noch nicht angelegt haben und die Wände des Mandala transparent sind, bekommen sie es noch nicht zu sehen.

Im nächsten Schritt des vorbereitenden Rituals bitten beziehungsweise ersuchen die Schüler um Folgendes: 1.) um Zufluchtnahme zu den Drei Juwelen – dem Buddha, seiner Lehre und der spirituellen Gemeinschaft; 2.) um die Erteilung der Bodhisattva-Gelübde; 3.) um die Erteilung der Mantra-Gelübde und die Erlaubnis zur Übernahme der entsprechenden Verpflichtungen. Daraufhin spricht der Lama zu *einem* Schüler, wobei jeder Schüler sich vorstellt, er selbst sei die betreffende Person. Der Lama geht stillschweigend auf die Bitte ein, legt die Erhabenheit des Mantra-Weges dar und bewirkt dadurch, dass die Schüler ein noch unerschütterlicheres Interesse an der Mantra-Praxis entwickeln.

Anschließend werden die erbetenen Rituale durchgeführt – Zufluchtnahme, Bodhisattva-Gelübde und Mantra-Gelübde. Beachten Sie bitte Folgendes: Zwar hat der gesamte Einweihungsprozess im Grunde bereits stattgefunden – in seiner Vorstellung hat der Schüler bereits ein Leerheit gewahrendes Glückseligkeitsbewusstsein hervorgebracht und es als »Ausgangsmaterial« genutzt, um in einer Idealform neu zu erscheinen. Trotzdem wird genau dieser Vorgang viele Male wiederholt. An diesem Punkt entsteht fast der Eindruck, als ob die Schüler – obwohl bereits zu einem Buddha geworden, nachdem sämtliche Erleuchteten der drei Zeiten (Vergangenheit, Gegenwart und Zukunft) sich in sie aufgelöst haben – mit der Zufluchtnahme zum Buddha, zu seiner Lehre (insbesondere zu der Lehre vom wahren Aufhören des Leids und der Lehre von den Wegen, die zu diesem Aufhören führen) und zur spirituellen Gemeinschaft, die dem Praktizierenden zu solch einer Zufluchtnahme verhilft, dann doch den ersten Schritt des Weges nochmals zurücklegten. Wären die Praktizierenden im Verlauf der inneren Einweihung tatsächlich zu Buddhas geworden, so könnte es natürlich damit auch sein Bewenden haben. Da dieser Prozess jedoch lediglich in der Vorstellung verwirklicht wurde, kann er in zahlreichen, dem Grundmuster des Weges gemäßen Abwandlungen wiederholt werden.

Nachdem sie Zuflucht und die Gelübde genommen haben, wird den Schülern der Segen zuteil, den die Visualisierung von strahlenden Silben an bestimmten Punkten des – nach wie vor als Kālachakra visualisierten – Körpers hervorruft. Dieser Segen versetzt sie in einen speziellen Zustand, einen Zustand unmittelbaren Gewahrseins. Zur weiteren Intensivierung der Meditation berührt der Lama den Schüler mit einem Vajra am Herzen, am Hals und am Scheitel. Während der Lama den Schüler von außen mit einem Gegenstand, in diesem Fall mit einem Vajra, berührt, entwickelt der Schüler die *Vorstellung*, dadurch strahlten die Silben noch intensiver. Hierfür bedarf es einer Kombination von inneren und äußeren Faktoren. Die Schüler stellen sich vor, jegliches Fehlverhalten und alle nachteiligen Einflüsse im Bereich von Körper, Rede und Geist seien auf diese Weise gereinigt; und gleichzeitig auch alle Tendenzen, die künftig solche negativen Auswirkungen nach sich ziehen könnten. Hier gilt abermals: Wenn man der Auffassung wäre, alleine mit dem Ritual sei die erwünschte Wirkung schon voll und ganz erzielt, bestünde kein Bedarf mehr, auch noch das weitere Ritual durchzuführen. So verhält es sich jedoch nicht. Vielmehr geht es darum, dass die Schüler sich zur Gewohnheit machen, ein bestimmtes Verhaltensmuster, das Muster eines Reinigungsprozesses, zu kultivieren.

Anschließend lässt man einen Zahnstocher – den Vorläufer der modernen Zahnbürste – auf ein als Mandala bezeichnetes quadratisches Brett fallen, um herauszufinden, in welchem Bereich ein Schüler daran arbeiten sollte, eine spezielle Verwirklichung (*dngos grub, siddhi*) zu erlangen. Wenn man dieses Stäbchen in aufrechter Position auf das Brett fallen lässt, fällt es entweder auf einen der vier Quadranten oder in die Mitte des Bretts, oder es fällt vom Brett herunter. Die Stelle, wo das Stäbchen auf das Brett fällt (sofern es denn auf das Brett fällt; fällt es hingegen dreimal vom Brett herunter, so zeigt dies, dass die betreffende Person die Einweihung gegenwärtig noch nicht erhalten sollte) gibt einen Hinweis auf den Bereich, in dem der oder die Betreffende erfolgreich daran arbeiten kann, eine spezielle Verwirklichung zu erlangen. Ähnlich wie man mit einem Zahnstocher beziehungsweise einer Zahnbürste die Zähne reinigt, macht das in Verbindung mit dem auf das Brett gefallenen Zahnstocher verwendete Mantra deutlich, in welcher Weise Körper, Rede und Geist durch die ideale, in der Essenz mit den vier Toren zur Befreiung – Kennzeichenlosigkeit, Wunschlosigkeit, Leerheit und Nicht-Aktivität – gleichzusetzende Form von Körper, Rede und Geist gereinigt werden.

Wir können uns hier mit einer kurz gefassten Definition von Kennzeichenlosigkeit, Wunschlosigkeit, Leerheit und Nicht-Aktivität begnügen: Kennzeichenlosigkeit bedeutet, dass Objekte nicht deshalb entstehen, weil sie durch Ursachen und Bedingungen hervorgerufen werden. Wunschlosigkeit bedeutet, dass Objekte nicht deshalb entstehen, weil sie Wirkungen hervorrufen. Leerheit besteht in der Tatsache, dass die essenzielle Natur der Objekte nicht auf deren charakteristischen Merkmalen beruht. Nicht-Aktivität verweist auf die Tatsache, dass die Aktivität der von einem Objekt ausgeübten Funktionen nicht auf seine charakteristischen Merkmale zurückzuführen ist. Somit verweisen alle vier Tore zur Befreiung auf Leerheit, auf das Nichtvorhandensein einer unabhängigen Eigenexistenz bei sämtlichen Objekten, und zwar unter vier verschiedenen Gesichtspunkten: in Hinblick auf ihre Verursachung, die von ihnen hervorgerufenen Wirkungen, ihr Dasein und die von ihnen ausgeübten Funktionen. Selbstverständlich lässt sich schlüssig nachweisen, dass vergängliche Objekte Ursachen haben, dass sie Wirkungen hervorrufen, dass sie existieren und dass sie Funktionen ausüben. Aber nichts von alledem beruht auf unabhängiger Eigenexistenz. Die vier Tore zur Befreiung durchschreitet man, indem man gewahr wird, dass es solch ein inhärentes Entstehen, ein Entstehen auf Grund von unabhängiger Eigenexistenz, nicht gibt.

Man stellt sich vor, dass Körper, Rede und Geist noch weiter gereinigt werden, indem man drei Handvoll Wasser nimmt. Die Schüler erhalten, weil ihre Träume am Abend des vorbereitenden Rituals und in der letzten Schlafphase vor dem eigentlichen Einweihungsritual von besonderer Bedeutung sind, schützendes Kusha-Gras, das sie unter die Matratze und das Kopfkissen legen, außerdem ein Schutzbändchen. Beides soll den Geist vor störenden Einflüssen bewahren. Dem liegt offenbar die Annahme zu Grunde, dass unser Geist der Beeinflussung durch autonome Kräfte ausgesetzt ist (durch »autonome Komplexe«, wie es in der Sprache C. G. Jungs heißen würde), und man sich dagegen zur Wehr setzen muss. Den größten Schutz, so sagt man, bietet allerdings mitfühlende Liebe. Dahinter steht der Gedanke, dass eine ablehnende Defensivhaltung diesen autonomen Kräften nur noch größere Macht verleiht, mitfühlende Liebe hingegen dazu beiträgt, dass solche Kräfte ihren autonomen Charakter verlieren. Aber auch dort, wo eigentlich innere Kräfte im Spiel sind, verringert mitfühlende Liebe die Distanz zwischen dem Teil des eigenen Geistes, mit dem wir uns bereitwillig identifizieren, und jenen Teilen, die ein abgesondertes Dasein als »autonome Komplexe« fristen. Und auf äußere Kräfte können Mitgefühl und Liebe ebenfalls einen positiven Einfluss ausüben.

Wiederum visualisiert man die sechs Silben an wichtigen Punkten des Körpers, diesmal in Verbindung mit den männlichen Hauptgottheiten der sechs Buddha-Familien, wohingegen dies zuvor in Verbindung mit sechs Göttinnen geschehen war. Dann erfolgt die Anrufung Vajrasattvas: Durch seinen Segen sollen dem Körper, der Rede und dem Geist der Schüler die erleuchtende Qualität des idealen Körpers, der idealen Rede und des idealen Geistes zuteil werden.

In der Folge fühlen sich die Schüler mehr und mehr zu einer Meditationspraxis im Sinne der Mantra-Unterweisungen inspiriert, wenn sie vom Lama erfahren, wie rar solche Unterweisungen sind, wie wirkungsvoll sich mit ihrer Hilfe negatives Karma reinigen und die vollkommene Erleuchtung eines Buddha erreichen lässt. Zum Abschluss des vorbereitenden Rituals gibt der Lama Unterweisungen zur Analyse von Träumen, die sich gegen Ende der Nacht, ungefähr zur Zeit der Morgendämmerung, einstellen. Den Träumen in dieser Phase wird größere Bedeutung beigemessen als den früher in der Nacht auftretenden Träumen, die häufig noch zu sehr unter dem Einfluss der Vortagsaktivitäten stehen. Interessant an den Träumen sind hier insbesondere Hinweise auf die Beziehung der Schüler zum Lama und zur Einweihung. Den Anzeichen für einen guten Zugang zur Praxis und für ihre erfolgreiche Durchführung wird Bedeutung beigemessen, ungünstige Vorzeichen hingegen sollen durch Leerheitsmeditation, Entwicklung von liebevollem Mitgefühl, Mantra-Rezitation und so weiter aufgelöst werden. Doch unabhängig davon, ob die Träume gut oder schlecht sind, sollen die Schüler ihnen keinen echten Wirklichkeitsgehalt beimessen. Sie sollten auf diese Träume weder mit stolz geschwellter Brust noch ernüchtert reagieren. Auch ein gutes Omen ist nicht von sich aus existent, und man sollte es nicht zum Gegenstand von Anhaftung machen, indem man außer Acht lässt, dass es nur dem Anschein nach ein unabhängiges Eigendasein führt. Ebensowenig kommt den ungünstigen Vorzeichen eine unabhängige Eigenexistenz zu, sie sind vergänglich und wandelbar. Darum sollte man sich durch sie nicht entmutigen lassen.

Grundlage all dieser Transformationsprozesse ist die Buddha-Natur, die lichte und wissende Natur des Geistes und seine gleichzeitige Leerheit von unabhängiger Eigenexistenz. Nicht die bloße Erkenntnis, dass die reine Geistesnatur Grundlage von allem ist, macht die Schüler zu Tantra-Praktizierenden, sondern erst der bewusste Gebrauch dieser stets gegenwärtigen, fundamental reinen Geistesnatur, die lebendige Umsetzung der Buddha-Natur in sämtlichen Aktivitäten.

8
Der weitere Verlauf der Einweihungen

Das Mandala betreten und es erblicken

Die Schüler verweilen außerhalb der geschlossenen Tore an der Ostseite des Mandala, also an den Toren vor Kālachakras zentralem schwarzen Antlitz. Da sie in das Mandala hineingehen möchten, bitten sie um Einlass und ersuchen erneut um die Zufluchtnahme, die Bodhisattva-Gelübde und die Mantra-Gelübde. Daraufhin gibt der Lama (Kālachakra) den Schülern zunächst Kleidungsstücke und eine die Kronenwölbung symbolisierende Kopfbedeckung. Sie sollen den Schülern ein besseres Gefühl dafür vermitteln, eine Gottheit zu sein.

Wie bereits an anderer Stelle ausgeführt, muss in der Praxis der Hervorbringungsphase eine Erscheinung des reinen Geistes und des reinen Körpers – einer Gottheit, einer Idealperson – an die Stelle einer gewöhnlichen körperlichen Erscheinung treten, die aus Fleisch, Blut und Knochen besteht. Um diesen Eindruck einer nicht inhärent, sondern lediglich in einem nominellen Sinn – als Bezeichnung, als Designation – existenten altruistischen Idealperson zu unterstreichen, sorgt man dafür, dass die Schüler auch äußerlich wie eine Gottheit aussehen, indem sie ein der Gottheit gemäßes Gewand anlegen. Es heißt, viele Menschen hätten eine gewisse Scheu, sich selbst in Gestalt einer Gottheit zu visualisieren.[113] Wenn die Teilnehmer einer Einweihung nun in spielerischer Unbefangenheit das Gewand einer Gottheit anlegen, so sollen sie dadurch nicht nur lernen, das Gewand einer Gottheit zu erkennen, sondern auch das Gefühl von Befremdung zu überwinden.

Da die Schüler, die in das Mandala eingelassen werden sollen, noch nicht soweit sind, dieses schon zu erblicken, verteilen die Helfer des Lamas Augenbinden. Erneut stellt sich jeder Schüler daraufhin vor, er oder sie sei Kālachakra, und der Lama fragt die Schüler, wer sie sind und was sie wollen. Die Schüler antworten, indem sie erklären, dass sie die altruistische Einstellung eines Bodhisattvas beziehungsweise die Einstellung eines Menschen haben, der die Lebensführung eines Bodhisattva anstrebt, und sie erklären, dass sie daran interessiert sind, auf dem Weg des Geheimen Mantrayāna die aus Begierde hervorgehende Glückseligkeit zu nutzen.

Wenn die Schüler sich mit ihrer Bitte um Einlass an den Lama/Kālachakra wenden, so sehen sie in diesem kein gewöhnliches Wesen, sondern jemanden, der ihnen den Ausweg aus dem Leidenskreislauf zeigen kann. Daraufhin führt der Lama die Zeremonien für die Zufluchtnahme, für den Empfang der Bodhisattva-Gelübde und für den Empfang der Mantra-Gelübde in der gleichen Weise durch wie bereits während des vorbereitenden Rituals. Die folgenden, von den Schülern nachzusprechenden Verszeilen veranschaulichen das altruistische Streben eines Bodhisattvas:

> Wer [durch die Hindernisse für die Allwissenheit] eingeschränkt ist, den will ich davon befreien.
> Wer [an den Daseinskreislauf] gefesselt ist, den will ich daraus befreien.
> Wer [in den widrigen Daseinsbereichen] gefangen ist, den will ich daraus befreien
> und den empfindenden Wesen zur Verwirklichung von Nirvāna verhelfen.

Ihrer altruistischen Einstellung gemäß erklären die Schüler, dass sie den allumfassenden Yoga praktizieren wollen, der zwei Aspekte hat: erstens den konventionellen Aspekt, die altruistische Absicht, erleuchtet zu werden; diese ist insofern allumfassend, als sie eine altruistische Beziehung zu *allen* empfindenden Wesen herzustellen versucht; zweitens den letztendlichen Aspekt, der im Gewahrwerden der letztendlichen Natur *aller* Personen und Phänomene, der Abwesenheit einer unabhängigen Eigenexistenz besteht. In dieser Praxis verkörpert eine weiße, kreisrunde, flache Mondscheibe in Höhe des Herzens den konventionellen Erleuchtungsgeist – das Streben nach Erleuchtung gemäß dem Gedanken: »Zum Wohl aller empfindenden Wesen will ich Buddhaschaft verwirklichen.« Und entsprechend verkörpert ein fünfstrahliger, auf der Mondscheibe stehender Vajra den letztendlichen Erleuchtungsgeist. In ihm sind die Leerheit sämtlicher Phänomene von unabhängiger Eigenexistenz und die Leerheit des eigenen Geistes ununterscheidbar, von *einem* Geschmack.

Wir werden noch sehen, dass die Schüler immer wieder zur Durchführung von Übungen angehalten werden, bei denen die von größter emotionaler Tiefe gekennzeichnete innere Einstellung, Mitgefühl, und die tiefste intellektuelle Einsicht, zur Einsicht in Leerheit gelangende Weisheit, als Ausgangspunkt für das In-Erscheinung-Treten einer Form genutzt werden. Dadurch soll dem Praktizierenden vor Augen geführt werden, dass im gewöhnlichen Leben Egoismus, Eifersucht, Abneigung, Verlangen usw. und die davon geprägten Einstellungen Ausschlag gebend dafür sind, auf welche Weise Menschen oder Dinge in unserer Wahrnehmung erscheinen. Damit die Schüler diesen Erscheinungsprozess unter Kontrolle bekommen und ihn auf möglichst heilsame Weise korrigieren können, werden sie immer wieder aufs Neue zur Entwicklung von Mitgefühl und zur Kontemplation über die Natur der Phänomene angeleitet. Auf der Grundlage entsprechend korrigierter Einstellungen beziehungsweise eines entsprechend korrigierten Bewusstseins können sie schließlich in der Visualisation entweder sich selbst in idealer Form oder – wie in diesem Fall – reine Objekte in Erscheinung treten lassen. Diese Objekte sind dann Symbole; nicht in dem Sinn, dass sie auf etwas anderes verweisen, sondern als ständig greifbare Bekundung dessen, was sie symbolisieren; denn Mitgefühl und Weisheit verschwinden nicht, sobald sie als Mond beziehungsweise als Vajra anschaulich in Erscheinung treten. Vielmehr haben sie auch in dieser Erscheinungsform weiterhin Bestand. Dies ist eine bemerkenswerte Besonderheit des Tantra.

Im Ritualtext heißt es, dass diese Aktivitäten »außerhalb des Vorhangs« vonstatten gehen. Da das Mandala keinen Vorhang hat, bezieht sich diese Aussage auf jenen Vorhang, der ein mit farbigem Sand gestreutes Mandala verhüllt. Ein auf diese Weise erstelltes Modell des Mandala wird durch einen Vorhang den Blicken der Schüler entzogen. Dies steht in Entsprechung zu dem Umstand, dass die Schüler – in der Vorstellung – außerhalb der geschlossenen Mandala-Tore verweilen.

Jetzt sind die Tore geöffnet. Der Helfer bringt dies durch das Öffnen des Vorhangs, der das Sand-Mandala verhüllt, anschaulich zum Ausdruck. Da die Schüler immer noch die Augenbinde tragen, führt der Lama, der von der fünften Mandala-Ebene herabgestiegen ist und einen Vajra in der Hand hält, sie in das Mandala hinein. Jeder Schüler stellt sich vor, dass er oder sie den Vajra auf einer Seite ergreift und so in das Mandala hineingeführt wird.

Die Binde immer noch vor den Augen, umschreiten die Schüler dreimal das Mandala und gehen anschließend durch das Osttor wieder hinaus. Der Reihe nach erweisen sie Akshobhya, Amogasiddhi, Ratnasambhava, Amitābha und Vairochana ihre Ehrerbietung. Um Akshobhya, der mit Kālachakra verschmolzen ist, Ehrerbietung zu erweisen, wird der Schüler zu Akshobhya und betet gleichzeitig demütig zu ihm. Gleiches geschieht, ebenfalls am Osttor, bei Amogasiddhi. Indem die Schüler jeweils zu dem betreffenden Tor gehen, dort das Mandala betreten und es auch durch das entsprechende Tor wieder verlassen, erweisen sie ebenso den anderen drei Gottheiten ihre Ehrerbietung. Die Schüler, nun den Hauptgottheiten der fünf Buddha-Familien ähnlich geworden, müssen geloben, Stillschweigen darüber zu wahren, ihre Gelübde zu befolgen und das Wort des Lamas zu respektieren, solange es mit dem Dharma in Einklang steht (siehe dazu auch die Erläuterungen auf S. 251).

Nachdem die Schüler sich inzwischen mehrere Male in göttlicher Gestalt visualisiert haben, geht man jetzt zu einer abgewandelten Form dieser Praxis über. Die Schüler visualisieren sich in Kālachakras zornvoller Gestalt, die Vajravega genannt wird; und sie stellen sich vor, dass die an wichtigen Punkten des Körpers visualisierten Mantra-Silben durch Lichtstrahlen, die vom Lama ausgehen, zu einem noch intensiveren Leuchten und zu erhöhter Aktivität angeregt werden. Sodann strahlt aus dem Herzen des Lamas kommendes Licht zu allen Buddhas in sämtlichen Weltsystemen. Diese nehmen daraufhin die Gestalt Kālachakras beziehungsweise Vajravegas an, füllen die offene Weite des Raumes vollständig aus und strömen dann in den Schüler hinein. Dabei hat jeder Schüler die Vorstellung, sie alle lösten sich jeweils in ihn beziehungsweise in sie auf.

Man könnte meinen, durch solche Vorstellungen werde das gewöhnliche Bewusstsein in tausend Bestandteile zersplittert, die dann der Reintegration bedürften. Sogar all die an anderen Orten befindlichen vollkommen erleuchteten Wesen soll man imaginativ in sich aufnehmen; die Energie soll zu ihrer Quelle zurückkehren. Auf diese Weise wird im Tantra die Imagination als Weg genutzt. Und die enorme Verstärkung von Persönlichkeitsmerkmalen, die man erreicht, indem man sich ein ideales Wesen vorstellt, sich mit diesem identifiziert und schließlich alle derartigen Idealwesen aus sämtlichen Weltsystemen in sich aufnimmt, beruht offenkundig auf einer sehr aktiven und kreativen Nutzung der Vorstellungskraft. Hier bleibt einem gar nicht die Möglichkeit, sich nur halbherzig vorzustellen, man bestehe aus Mitgefühl und Weisheit, und dann zugleich zu glauben, reale Inkarnationen von Mitgefühl und Weisheit befänden sich woanders. Denn man holt ja diese Wesen in sich selbst hinein. Unweigerlich muss man sich daher mit dieser Identifikation auseinandersetzen. Grundlegend für diesen Prozess ist die Kraft des positiven Denkens, der imaginativen Ausgestaltung außerordentlich erfolgreicher Situationen. Offenkundig ist Buddhaschaft, das durch diesen Prozess angesteuerte Ziel, ganz im Gegensatz zu der im Westen häufig anzutreffenden Lesart keineswegs der Rückzug in ein Nichts, sondern ein dynamischer Ausdruck von Wissen, Mitgefühl und Kraft.

Wenn man eine derart intensive Verbindung mit sämtlichen Idealwesen eingeht, kann dies zu einer Art Übererregtheit führen. Deshalb folgt nun eine Phase, in der man den Geist zur Ruhe kommen lässt. Dazu wird eine mit dem Mantra *om āh hūm* gereinigte Blüte auf den Kopf des Schülers gelegt. Erneut visualisiert man dann in einem Schutzritual Mantra-Silben an wichtigen Punkten des Körpers. Auch hier lässt die Notwendigkeit, Schutzvorkehrungen zu ergreifen, wieder den Rückschluss zu, dass dieser zur Erleuchtung strebende Zustand einer Störung durch »autonome Komplexe« ausgesetzt sein kann, gegen die es Gegenmaßnahmen zu ergreifen gilt.

Behielte man nicht im Sinn, dass es, jeweils abhängig von den methodischen Erfordernissen auf einer bestimmten Stufe des Weges, eine große Vielfalt von Möglichkeiten gibt, die Gottheiten-Visualisation durchzuführen, so könnte man meinen, im nächsten Schritt nehme der ganze Prozess eine recht enttäuschende Wendung. Dieser Schritt besteht nämlich darin, dass die Schüler die Augenbinde ein wenig lupfen, um zu sehen, ob sich im ersten Augenblick nach dem Anheben der Augenbinde in ihrer Blickrichtung eine besondere Farbe zeigt. Da die Aktivitäten der Besänftigung, der Mehrung, der Unterwerfung und so weiter mit bestimmten Farben assoziiert werden, kann der Lama daraus entnehmen, an der Verwirklichung welcher Art von Aktivität der Schüler arbeiten sollte.

Der Lama lässt die Glocke in seiner Hand ertönen und, aus der Kraft der Wahrheit sprechend, wendet er sich an die Buddha-Familien der Schüler, auf dass sie sich zu erkennen geben, wenn die Schüler eine Blume auf das Mandala-Brett fallen lassen, um auf diese Weise ihre Zugehörigkeit zu einer der Buddha-Familien zu bestimmen.

Die Schüler nehmen die Augenbinde ab und haben das Mandala so, wie es in Kapitel 6 der Einführung beschrieben wurde, offen vor Augen. Als Ausdruck ihrer grenzenlosen Wertschätzung für das Erblickte rufen sie aus: *»Samaya hoh, hoh, hoh, hoh!«*

Einweihung

Jetzt sind die Schüler bereit, die Einweihung zu erhalten. Zunächst bitten sie den Lama um alle sieben Einweihungen, woraufhin der Lama Störeinflüsse beseitigt. (Nochmals sei der Hinweis gestattet, dass die Häufigkeit dieses Vorgangs auf den äußerst negativen Charakter der »autonomen Komplexe« schließen lässt. Ihr Einfluss kann alle Versuche, einen höheren Geisteszustand zu verwirklichen, zunichte machen.) Anschließend nimmt der Lama eine Waschung vor, bei der Ohren, Nase, Mund und Körper der Schüler gereinigt werden. Den nunmehr gereinigten Schülern bringt er eine Opfergabe dar. Und den Ritualbereich reinigt er durch das Abbrennen von Räucherstäbchen.

Wie bereits an anderer Stelle dargelegt (siehe S. 75–76), lassen sich die sieben Einweihungen, die zur Praxis der Hervorbringungsphase autorisieren, in vier Gruppen einteilen. Diese entsprechen den vier Gesichtern Kālachakras und den vier Gruppen von Faktoren, die es zu reinigen gilt. Sämtliche Einweihungen haben den gleichen Aufbau – mit der einen Ausnahme, dass bei jeder zweiten Einweihung, die vor einem Gesicht vorgenommen wird, keine innere Einweihung erforderlich ist. Eine Einweihung beinhaltet im Großen und Ganzen 19 Schritte:

1. Der Schüler tritt am betreffenden Tor vor Kālachakras Antlitz und führt eine Opferung durch, die sogenannte »Mandala-Opferung«.
2. Er oder sie bittet darum, die Einweihung zu erhalten.
3. Die innere Einweihung (bei der ersten, dritten, fünften und siebten Einweihung erforderlich) wird vorgenommen:
   a) Der Schüler wird in den Mund des Lamas aufgenommen. Durch dessen Körper hindurch gelangt er oder sie in den Schoß der Mutter und verschmilzt zu einem Tropfen, der sich in Leerheit auflöst.
   b) Eine Keimsilbe erscheint und wird zu einem Symbol, das sich in eine Gottheit verwandelt – in welche Gottheit sie sich verwandelt, hängt davon ab, vor welchem Antlitz Kālachakras der Schüler steht. Die Gottheit wird von der ihr entsprechenden Gefährtin umarmt.
   c) Die eigentliche Gottheit wird vom Lama in den Körper des – als diese Gottheit visualisierten – Schülers hineingeholt, wodurch dieser zur tatsächlichen Gottheit wird. (Man bezeichnet sie als »Weisheitswesen«, die visualisierte Gottheit hingegen als »Samaya-Wesen«.[114])
   d) Vom Herzen des Lamas/Kālachakras ausgehendes Licht holt alle männlichen und weiblichen Buddhas und Bodhisattvas der zehn Richtungen herbei.
   e) Der Lama führt Opferungen für sämtliche, jetzt in der Nähe befindlichen Buddhas und Bodhisattvas durch.
   f) Der Lama bittet sie, die Einweihung zu gewähren. Die männlichen und weiblichen Buddhas und Bodhisattvas reagieren auf diese Bitte, indem sie mit ihrem jeweiligen Partner in den Zustand der Vereinigung eintreten.

Daraufhin verschmelzen sie zu Ambrosia-Licht, das über die Kronenwölbung in den Lama eintritt.
g) Das Ambrosia-Licht durchströmt seinen Körper und gelangt in den Schoß der Gefährtin, der Mutter Vishvamātā, salbt dabei den Schüler und bewirkt so die Einweihung.
h) Der Schüler kommt aus dem Schoß hervor und befindet sich wieder am betreffenden Tor auf dem Einweihungssitz.

4. Hindernisse bei den Schülern bzw. auf Seiten der Einweihungssubstanz (Wasser, Krone usw.) werden durch die Rezitation des Mantra *om āh hūm hoh ham kshah* und durch Besprenkeln mit Wasser aus einer Muschel entfernt.
5. Die entsprechenden Faktoren auf Seiten der Schüler – die fünf Elemente, die fünf Aggregate und so weiter (siehe Kapitel sechs der Einführung) – werden ebenso wie die Einweihungssubstanz in Leerheit gereinigt. Dies geschieht, indem man das Mantra *om shūnyatā-jñāna-vajra-svabhāvātmako 'ham*, »ich habe die essenzielle Natur der unteilbaren Leerheit und Weisheit«, rezitiert und über seine Bedeutung nachsinnt.
6. Die einzelnen Faktoren auf Seiten der Schüler und die dementsprechenden Einweihungssubstanzen treten als Silben in Erscheinung, die aus Leerheit, der Abwesenheit von unabhängiger Eigenexistenz, hervorgehen. Diese verwandeln sich in bestimmte Symbole, zum Beispiel in Vajras. Die Symbole wiederum verwandeln sich in Gottheiten, die normalerweise in Umarmung mit ihrer jeweiligen Gefährtin beziehungsweise mit ihrem jeweiligen Gefährten verweilen.
7. Die eigentlichen Gottheiten werden in die imaginierten Gottheiten hineingeholt, wodurch diese zu den tatsächlichen Gottheiten werden.
8. Den Gottheiten, zu denen die Einweihungssubstanzen geworden sind, erteilen die fünf Mütter aus dem Mandala die Einweihung. Dazu gießen sie mit Hilfe von Vasen Wasser in den Körper dieser Gottheiten, und zwar vom Scheitelpunkt des Kopfes aus. Sind die Körper mit Wasser gefüllt, so verwandelt sich ein wenig Wasser am Scheitelpunkt des Kopfes in eine Gottheit. Diesen Vorgang bezeichnet man als »Versiegelung« oder »Erteilung des Kronen-Siegels«.
9. Den aus der Transformation der Einweihungssubstanzen entstandenen Gottheiten werden Opferungen dargebracht. Daraufhin treten die Gottheiten und ihre Partnerinnen beziehungsweise Partner in den Zustand der Vereinigung ein, wodurch sie ineinander verschmelzen und sich wieder in die Einweihungssubstanzen verwandeln – in die Vasenflüssigkeit, die Kro-

nen und so weiter. Was anfangs die Einweihungssubstanz war und sich in eine Gottheit verwandelt hat, wird nun wieder zur Einweihungssubstanz, allerdings in einer erhabeneren, glorifizierten Form.

10. Vom Herzen des Lamas ausgehende Lichtstrahlen holen die Einweihungsgottheiten – die männlichen und weiblichen Buddhas und Bodhisattvas – in die Nähe der Stelle, an der die Einweihungen stattfinden. Der Lama bringt ihnen Opferungen dar.
11. Der Lama ersucht diese im Raum* verweilenden Einweihungsgottheiten, den Schülern die Einweihung zu erteilen.
12. Dadurch entwickeln die Einweihungsgottheiten im offenen Raum die Absicht, die Einweihung zu erteilen. Tatsächlich durchgeführt wird die Einweihung im Kālachakra-System allerdings durch die Gottheiten, die das Mandala bewohnen – durch die fünf weiblichen Buddhas, die fünf männlichen Buddhas und so weiter. Jede Einweihung erfolgt in der für sie eigentümlichen Art und Weise; zum Beispiel indem der Schüler mit Wasser in Berührung kommt, indem ihm beziehungsweise ihr eine Krone aufgesetzt wird und so weiter.
13. Da die Erteilung der Einweihung unmittelbar bevorsteht, wird mit poetischen Worten, die zu Herzen gehen, deutlich gemacht, um welch eine Glück verheißende Gelegenheit es sich hier handelt.
14. Ein Blütenregen geht auf die Schüler nieder.
15. Der Lama/Kālachakra erklärt, dass die Einweihung erteilt wird. Und zwar wird sie durch die entsprechenden Gottheiten aus dem Mandala erteilt, indem der Lama die Schüler an der Kronenwölbung und (jeweils rechts und links) an Schulter, Oberarm, Oberschenkel und Hüfte mit der entsprechenden Einweihungssubstanz berührt. Durch die Berührung mit diesen speziellen Einweihungssubstanzen wird in dem Schüler ein besonderes, Leerheit von unabhängiger Eigenexistenz gewahrendes Glückseligkeitsbewusstsein hervorgerufen. Dieses ursprüngliche Gewahrsein, in dem Glückseligkeit und Leerheit nicht voneinander zu trennen sind, ist die Essenz jeder Einweihung.
16. Zu jeder Einweihung kommt noch eine Wasser-Einweihung hinzu (allerdings nicht zu der ersten, denn diese ist ja ohnehin eine Wasser-Einweihung). Bei der Wasser-Einweihung erklärt der Lama ebenso, dass die Einweihung erteilt wird. Indem er die gerade aufgeführten fünf Stellen mit Wasser berührt, ruft er das ursprüngliche Gewahrsein von untrennbarer Glückseligkeit und Leerheit hervor.

* Gemeint ist der offene Raum, nicht etwa *ein* Raum (ein Zimmer beispielsweise).

17. Indem sich die entsprechenden Faktoren auf Seiten der Schüler – die Elemente, die geistigen und physischen Aggregate und so weiter – tatsächlich in Gottheiten verwandeln, wird die Einweihung vollendet. Aus jeder Gottheit im Mandala geht ein getreues Ebenbild hervor und löst sich in die so entstandenen Gottheiten auf; und auch sämtliche im Raum versammelten Einweihungsgottheiten lösen sich in eben diese Gottheiten auf, bei denen es sich um gereinigte Erscheinungen der erwähnten Faktoren – Elemente, Aggregate und so weiter – handelt.
18. Für die Schüler in ihrem göttlichen Zustand wird eine Opferung dargebracht.
19. Der Lama erklärt die Bedeutung der Einweihung und der Reinigung. (Letztere ist entweder durch die Einweihung bereits bewirkt worden, oder es wurde zumindest die Prädisposition dafür geschaffen, dass sie in Zukunft stattfinden wird.)

Im Grunde lässt sich jede Einweihung in drei Phasen unterteilen: 1.) Reinigung und Läuterung der Schüler und der Einweihungssubstanzen durch die Beseitigung von Hindernissen und ihre Auflösung in Leerheit. 2.) »Potenzierung« der Einweihungssubstanz durch ihr Erscheinen als Gottheit, die sich dann in einem Verschmelzungsprozess wieder in die Einweihungssubstanz verwandelt. 3.) »Potenzierung« der Schüler durch ihr Erscheinen als Gottheit; diese bringen dann bei der Berührung mit der Einweihungssubstanz ein besonderes, Leerheit von unabhängiger Eigenexistenz gewahrendes Glückseligkeitsbewusstsein hervor. Anschließend lösen sich Ebenbilder der betreffenden Gottheiten in die Schüler auf, denen daraufhin Opferungen dargebracht werden. (Ihrer *Natur* nach sind die Opferungen Glückseligkeit und Leerheit; sie erscheinen in *Form* der Opferung; und für die sechs Sinneskräfte haben sie die *Funktion* eines nutzbringenden Gegenstands, der dazu dient, besondere, reine Glückseligkeit hervorzubringen.[115] Die Glückseligkeit wiederum dient der Einsicht in Leerheit, das Nichtvorhandensein von unabhängiger Eigenexistenz. Die Sinne werden hier also keineswegs unterdrückt, vielmehr werden sie so von angenehmen Objekten erfüllt, dass ein Leerheit gewahrendes Glückseligkeitsbewusstsein entstehen kann. Dies bedeutet nicht nur eine Intensivierung des Bewusstseins; sondern indem man die in sinnlichem Verlangen latent vorhandene Kraft zum Ausdruck kommen lässt, durchläuft das Geisteskontinuum ohne Frage auch einen Reifungsprozess.)

Durch die Visualisierungen macht sich der Praktizierende mit Körper, Rede und Geist die Kultivierung eines Reinigungsprozesses zur Gewohnheit, bei dem es entscheidend auf ein Glückseligkeitsbewusstsein ankommt, also auf ein stark nach innen gewandtes Bewusstsein, das dazu genutzt wird, Einsicht in die Natur der Erscheinungswelt zu gewinnen. Anfangs richten die Schüler an dem Punkt im Daseinskreislauf, an dem sie sich gerade befinden, ihre demütigen Bittgebete an das überirdische Wesen Kālachakra. Und schließlich werden sie dann selbst zu Kālachakra. Der Lama/Kālachakra bringt ihnen daraufhin sogar Opferungen dar.

Dieser Ablauf erinnert an die Erläuterungen, die ein tibetischer Gelehrter gegeben hat, als er gefragt wurde, warum man bei den Unterweisungen des Buddha Shākyamuni von den »Rädern der Lehre« spricht: »Wenn Buddha Shākyamuni das Rad der Lehre drehte, kamen seine Praxisunterweisungen den Schülern genau so weit entgegen, dass diese sich zu seiner Verwirklichungsstufe emporschwingen konnten.«

Entsprechungen und Übereinstimmungen zwischen den sieben Einweihungen

Jede der sieben Einweihungen wird zu einer bestimmten Phase der Kindheit beziehungsweise zu einer für diese Kindheitsphase charakteristischen Verrichtung in Beziehung gesetzt.

Die Wasser-Einweihung

Die beiden ersten Einweihungen dienen der Reinigung des Körpers. Die Wasser-Einweihung, die von den fünf Müttern erteilt wird (man bezeichnet sie auch als die fünf weiblichen So-Gegangenen oder als die fünf weiblichen Buddhas), reinigt die fünf Elemente – Erde, Wasser, Feuer, Wind und Raum – und wird zur Waschung eines Neugeborenen durch seine Mutter in Beziehung gesetzt. Hier sind die Entsprechungen leicht erkennbar: Die fünf Elemente lassen sich zu einem neugeborenen Kind in Beziehung setzen, die fünf Mütter zu einer Mutter und die Durchführung der Wasser-Einweihung zur Waschung des Neugeborenen.

Lassen Sie uns im Interesse der Klarheit für die Wasser-Einweihung eine kleine Tabelle zusammenstellen, in der wir die fünf Keimsilben notieren, ferner die aus ihnen hervorgehenden fünf Symbole, die fünf Mütter mit ihrem jeweiligen Gefährten, die als »Kronen-Siegel« auf dem Scheitelpunkt ihres Kopfes befindlichen Gottheiten und die zu reinigenden Elemente:

ā	Vajra	die grüne Vajradhātvīshvarī mit Vajrasattva	Akshobhya	Raum
ī	Schwert	die schwarze Tārā mit Vairochana	Amoghasiddhi	Wind
ṝ	Juwel	die rote Pāndarā mit Amitābha	Ratnasambhava	Feuer
ū	Lotos	die weiße Māmakī mit Ratnasambhava	Amitābha	Wasser
ḹ	Rad	die gelbe Lochanā mit Amoghasiddhi	Vairochana	Erde

Vier dieser fünf Mütter – Tārā, Pāndarā, Māmakī und Lochanā – wohnen in den vier Zwischenrichtungen der vierten Mandala-Ebene, d. h. im Mandala des ursprünglichen Bewusstseins. Und die fünfte, Vajradhātvīshvarī, ist mit Kālachakras Gefährtin Vishvamātā verschmolzen.

Die Kronen-Einweihung

Die Kronen-Einweihung, die von den fünf männlichen So-Gegangenen, den fünf männlichen Buddhas, erteilt wird, reinigt die fünf Aggregate – Formen, Empfindungen, unterscheidende Wahrnehmungen, zusammenfügende Faktoren und Bewusstsein. Die Analogie besteht hier zu einer bestimmten Art, das Haar auf dem Kopf eines Kindes herzurichten: Ähnlich wie bei der Einweihung die Krone auf den Kopf gesetzt wird, bindet man das Haar auf dem Kopf eines Kindes zu einem Knoten zusammen. Anders als bei der Wasser-Einweihung, wo man die fünf Mütter zu einer Mutter, die ihr Baby zum allerersten Mal wäscht, in Beziehung setzen kann, besteht hier allerdings in Hinblick auf die fünf männlichen Buddhas keine klare Entsprechung; allenfalls diejenige, dass der Vater traditionell als erster seinem Sohn das Haar auf dem Kopf zusammenbindet.

Bei der Kronen-Einweihung gibt es, wie nachfolgend aufgeführt, fünf Keimsilben, fünf aus den Keimsilben hervorgehende Symbole, fünf Buddhas mit ihren Gefährtinnen, fünf als »Kronen-Siegel« auf dem Scheitelpunkt ihres Kopfes befindliche Gottheiten und fünf zu reinigende Elemente:

a	Vajra	der grüne Akshobhya mit Prajñāpāramitā	Vajrasattva	Bewusstsein
i	Schwert	der schwarze Amoghasiddhi mit Lochanā	Amoghasiddhi	zusammenfügende Faktoren

r	Juwel	der rote Ratnasambhava mit Māmakī	Ratnasambhava	Empfindungen
u	Lotos	der rote Amitābha mit Pāndarā	Amitābha	unterscheidende Wahrnehmungen
l	Rad	der gelbe Vairochana mit Tārā	Vairochana	Formen

Vier dieser fünf Buddhas – Amoghasiddhi, Ratnasambhava, Amitābha und Vairochana – wohnen in den vier Hauptrichtungen der vierten Mandala-Ebene, also im Mandala des ursprünglichen Bewusstseins. Der fünfte, Akshobhya, ist mit Kālachakra verschmolzen.

Die Seidenband-Einweihung

Die dritte und die vierte Einweihung reinigen die Rede, welche auf Wind, den inneren Energieströmen, basiert. Die Seidenband-Einweihung, die von den zehn Shaktis erteilt wird, reinigt die zehn Winde (inneren Energieströme). Sie wird zu jenem Vorgang in Beziehung gesetzt, bei dem man einem Kind die Ohrläppchen durchsticht und ihm Schmuck umhängt. Die Seidenbänder – lange Schmuckbänder, die von der bei der zweiten Einweihung aufgesetzten Krone herabhängen – weisen eine entfernte Ähnlichkeit mit Ohrringen auf. Nichts an der Einweihung scheint allerdings an das Durchstechen der Ohrläppchen zu erinnern, und auch in Bezug auf die Shaktis gibt es offensichtlich keine besondere Entsprechung. Eine Entsprechung könnte allenfalls darin bestehen, dass einem Kind die Ohrläppchen von einer Dienerin durchstochen werden.

Nun folgt die Auflistung der zehn Keimsilben, der aus ihnen hervorgehenden Symbole, der zehn Shaktis (alle mit Vajrasattva als »Kronen-Siegel«) und der zehn durch sie zu reinigenden Winde für die Seidenband-Einweihung:

a	Weihrauchgefäß	die schwarze Krshnadīptā	mit Feuer einhergehender Wind
ha	schwarzer Fächer aus Yak-Schweifhaar	die schwarze Dhūmā	Schildkröten-Wind
ah	Butterlampe	die rote Raktadīptā	aufwärts bewegender Wind

hah	roter Fächer aus Yak-Schweifhaar	die rote Mārīchī	Chamäleon-Wind
am	göttliche Speise	die weiße Shretadīptā	durchdringender Wind
ham	weißer Fächer aus Yak-Schweifhaar	die weiße Khadyotā	Devadatta-Wind
ā	sakrale Muschel	die gelbe Pītadīptā	Schlangen-Wind
hā	gelber Fächer aus Yak-Schweifhaar	die gelbe Pradīpā	Dhamnajaya-Wind
ho	Vajra	die grüne Vajradhatvīshvarī	vitalisierender Wind
phrem	Vajra-Hackmesser	die blaue Vishvamātā	abwärts entleerender Wind

Acht der zehn Shaktis wohnen auf der fünften – der obersten – Mandala-Ebene, also im Mandala der großen Glückseligkeit; und zwar auf den Lotos-Blütenblättern, in deren Zentrum Kālachakra und Vishvamātā verweilen. Die eine der beiden übrigen Shaktis, Vajradhātvīshvarī, ist wahrscheinlich mit Kālachakras Gefährtin Vishvamātā verschmolzen und mit der – zuvor in Verbindung mit der Wasser-Einweihung erwähnten – fünften So-Gegangenen identisch. Und bei der zweiten noch verbleibenden Shakti handelt es sich um Vishvamātā selbst.

Die zehn Shaktis werden auch nach den zehn befreienden Qualitäten benannt: Dānapāramitā, Shilapāramitā, Kshāntipāramitā, Vīryapāramitā, Dhyānapāramitā, Prajñāpāramitā, Upāyapāramitā, Pranidhānapāramitā, Balapāramitā und Jñānapāramitā. Mit anderen Worten verkörpern die Shaktis folgende Qualitäten: Freigebigkeit, ethisches Verhalten, Geduld, freudiges Bemühen, meditative Sammlung, Weisheit, Methode, Wunschgebete, Kraft und ursprüngliches Gewahrsein.

Die Einweihung mit Vajra und Glocke

Drei Hauptkanäle durchlaufen den Körper: Der zentrale Energiekanal führt von der Stirn zum Scheitelpunkt des Kopfes, von dort verläuft er dicht an der Wirbelsäule entlang abwärts durch den Körper und endet im Geschlechtsorgan. Oberhalb des Nabels fließt hauptsächlich Wind (Energieströme) durch den Zentralkanal; und unterhalb des Nabels hauptsächlich Samen. Der rechte und der linke Kanal sind zu beiden Seiten des Zentralkanals gelegen. Oberhalb des Nabels fließen durch den rechten und den linken Kanal hauptsächlich Blut oder Samen, und unterhalb des Nabels hauptsächlich Fäkalien und Urin.[116] Der Wind, der durch alle drei Kanäle strömt, ist die Basis der Rede. Daher wird die von Kālachakra und seiner Gefährtin Vishvamātā erteilte Einweihung mit Vajra und Glocke, durch die der linke und der rechte Kanal gereinigt werden, mit der Reinigung der Rede assoziiert. Diese Einweihung, bei der die Bahnen gereinigt werden, auf denen der für die Rede grundlegende Wind zirkuliert, wird zum Lachen und Sprechen eines Kindes in Beziehung gesetzt. Vielleicht kann man außerdem Kālachakra und Vishvamātā in Entsprechung zu den Eltern sehen, mit denen das Kind zuerst spricht.

Bei der Einweihung mit Vajra und Glocke erhalten wir folgende Tabelle mit den beiden Keimsilben, mit den aus ihnen hervorgehenden Symbolen, mit den beiden Hauptgottheiten und ihren Gefährtinnen, mit den als »Kronen-Siegel« auf dem Scheitelpunkt ihres Kopfes befindlichen Gottheiten und den Energiekanälen, die sie reinigen:

hūm	Vajra	der blaue Kālachakra mit Vishvamātā	Akshobhya	rechter Kanal
phrem	Vajra-Hackmesser	die gelbe Vishvamātā mit Kālachakra	Vajrasattva	linker Kanal

Die Verhaltens-Einweihung

Bei der fünften und der sechsten Einweihung wird der Geist gereinigt. Die Verhaltens-Einweihung, die von den zwölf männlichen und weiblichen Bodhisattvas übertragen wird, reinigt die sechs Sinneskräfte – Auge, Ohr, Nase, Zunge, Körper und die geistigen Sinneskräfte – und ebenso die ihnen entsprechenden Objekte – sichtbare Formen, Klänge, Gerüche, Phänomene der geschmacklichen Wahrnehmung, mit dem Tastsinn wahrnehmbare Objekte und sonstige Phänomene.[116a] Man vergleicht sie mit der Freude, die ein Kind angesichts der Attribute des Begierdebereichs empfindet – den angenehmen sichtbaren Formen, Klängen, Gerüchen, Phänomenen der geschmacklichen Wahrnehmung und mit dem Tastsinn spürbaren Objekten.

Bei der Verhaltens-Einweihung ergibt sich für die zwölf Keimsilben, die zwölf daraus hervorgehenden Symbole, die zwölf Bodhisattvas mit ihren Gefährtinnen, die als »Kronen-Siegel« auf dem Scheitelpunkt ihres Kopfes befindlichen Gottheiten und die zu reinigenden Sinneskräfte beziehungsweise Sinnesobjekte folgende Tabelle:

a	Vajra	der grüne Vajrapāni mit der blauen Shabdavajrā	Vajrasattva	Hörsinn
ā	Vajra	die grüne Dharmadātuvajrā mit dem blauen Samantabhadra	Vajrasattva	sonstige (für das geistige Bewusstsein wahrnehmbare) Phänomene
e	Schwert	der schwarze Khagarbha mit der gelben Gandhavajrā	Amoghasiddhi	Geruchssinn
ai	Schwert	die schwarze Sparshavajrā mit dem gelben Sarvanivaranavishkambhi	Amoghasiddhi	Gegenstände des Tastempfindens
ar	Juwel	der rote Kshitigarbha mit der weißen Rūpavajrā	Ratnasambhava	Sehsinn
ār	Juwel	die rote Rasavajrā mit dem weißen Lokeshvara	Ratnasambhava	geschmacklich wahrnehmbare Phänomene
o	Lotos	der weiße Lokeshvara mit der roten Rasavajrā	Amitābha	Geschmackssinn
au	Lotos	die weiße Rūpavajrā mit dem roten Kshitigarbha	Amitābha	Formen
al	Rad	der gelbe Sarvanivaranavishkambhi mit der schwarzen Sparshavajrā	Vairochana	Tastsinn
āl	Rad	die gelbe Gandhavajrā mit dem schwarzen Khagarbha	Vairochana	Gerüche
am	Vajra	der blaue Samantabhadra mit der grünen Dharmadātuvajrā	Akshobhya	geistige Sinneskräfte
ah	Vajra	die blaue Shabdavajrā mit dem grünen Vajrapāni	Akshobhya	Klänge

Wohnsitz der 24 Bodhisattvas ist die dritte Mandala-Ebene, das Geist-Mandala; und zwar die Bereiche rechts und links der vier Tore und die Eckbereiche.

Die Namens-Einweihung

Die Namens-Einweihung, die von den zwölf männlichen und den zwölf weiblichen zornvollen Gottheiten erteilt wird, reinigt die sechs Handlungsfähigkeiten – die Fähigkeit des Mundes, die Fähigkeit der Arme, die Fähigkeit der Beine, die Befähigung zur Stuhlausscheidung, die Befähigung zur Harnausscheidung und die Fortpflanzungsfähigkeit – wie auch die entsprechenden Aktivitäten: das Sprechen, Nehmen, Gehen, die Darmentleerung, das Wasserlassen und die Absonderung der zur Fortpflanzung notwendigen Flüssigkeiten. Hier wird eine Beziehung zur Namensgebung bei einem Kind hergestellt: Da der Lama den Schülern am Ende der Einweihung entsprechend ihrer Zugehörigkeit zu einer der Buddha-Familien Namen zuteilt, lässt sich die Einweihung mit der Namensgebung bei einem Kind vergleichen; und der Lama, der den Namen erteilt, kann mit einem Elternteil verglichen werden, der einem Kind seinen Namen gibt.

Bei der Namens-Einweihung sieht die Tabelle für die zwölf Keimsilben, die zwölf daraus hervorgehenden Symbole, die zwölf zornvollen Gottheiten mit ihren Gefährtinnen, die als »Kronen-Siegel« auf dem Scheitelpunkt ihres Kopfes befindlichen Gottheiten und die sechs Handlungsfähigkeiten beziehungsweise die entsprechenden Aktivitäten folgendermaßen aus:

ha	Vajra	der grüne Ushnīshachakravartī mit der blauen Atinīlā	Vajrasattva	Befähigung zur Harnausscheidung
hā	Vajra	die grüne Raudrākshī mit dem blauen Sumbharāja	Vajrasattva	Ausströmen des Samens
ya	Schwert	der schwarze Vighnāntaka mit der gelben Stambhakī	Amoghasiddhi	Fähigkeit des Mundes
yā	Schwert	die schwarze Atibalā mit dem gelben Yamāntaka	Amoghasiddhi	Darmentleerung
ra	Juwel	der rote Prajñāntaka mit der weißen Māmakī	Ratnasambhava	Fähigkeit der Arme
rā	Juwel	die rote Jambhakī mit dem weißen Padmāntaka	Ratnasambhava	Gehen

va	Lotos	der weiße Padmāntaka mit der roten Jambhakī	Amitābha	Fähigkeit der Beine
vā	Lotos	die weiße Māmakī mit dem roten Prajñāntaka	Amitābha	Nehmen
la	Rad	der gelbe Yamāntaka mit der schwarzen Atibalā	Vairochana	Befähigung zur Stuhlausscheidung
lā	Rad	die gelbe Stambhakī mit dem schwarzen Vighnāntaka	Vairochana	Sprechen
ham	Vajra	der blaue Sumbharāja mit der grünen Raudrākshī	Akshobhya	höchste Befähigung
hah	Vajra	die blaue Atinīlā mit dem grünen Ushnīshachakravartī	Akshobhya	Urinieren

Auf die Zahl von 24 zornvollen Gottheiten kommt man wie folgt 1.) die vier zornvollen, in den Portalen auf der dritten Mandala-Ebene, dem Geist-Mandala, wohnenden Gottheiten mit ihrer jeweiligen Gefährtin; 2.) Ushnīshachakravartī mit Atinīlā, die sich oberhalb des Geist-Mandala befinden; 3.) Sumbharāja mit Raudrākshī, die im Körper-Mandala zu Hause sind; 4.) nochmals all diese Gottheiten, wobei diesmal allerdings die weiblichen Gottheiten dominieren.

Die Erlaubnis-Einweihung

Die siebte und letzte Einweihung reinigt das Glückseligkeitsbewusstsein. Die von Vajrasattva und Prajñāpāramitā erteilte Erlaubnis-Einweihung reinigt das Aggregat des ursprünglichen Bewusstseins und das Element des ursprünglichen Bewusstseins – beides steht in Bezug zu Glückszuständen, die frei von allen Konzepten sind. Bei dieser Einweihung erhalten die Schüler den Auftrag, den verschiedenen Arten von empfindenden Wesen die Lehren des Dharma nahe zu bringen. Sie wird mit jener Phase der Kindheitsentwicklung verglichen, in der ein Vater seinem Kind sagt, was es lesen soll und so weiter. So wie ein Vater seinem Kind etwas zu lesen gibt, gibt der Lama seinen Schülern das *Kālachakra-Tantra*, allerdings hier mit dem Auftrag, es anderen zu vermitteln.

Auch für die Erlaubnis-Einweihung folgt nun eine Tabelle mit den beiden

Keimsilben, den aus diesen Keimsilben hervorgehenden Symbolen, den beiden Gottheiten, den beiden als »Kronen-Siegel« auf dem Scheitelpunkt ihres Kopfes befindlichen Gottheiten und den von ihnen zu reinigenden Faktoren:

ham	Vajra	der blaue Vajrasattva mit Dharmadhātvishvarī	Akshobhya	Aggregat des ursprünglichen Bewusstseins
kshah	Vajra	die blaue Prajñāpāramitā mit Akshobhya	Akshobhya	Element des ursprünglichen Bewusstseins

Im Mandala wohnt Vajrasattva auf Kālachakras Kopf, und Prajñāpāramitā ist mit Kālachakras Gefährtin Vishvamātā verschmolzen.

Transformation

Durch jede innere Einweihung werden die Schüler in einer idealen Form wiedergeboren. Dadurch werden verschiedene Entwicklungsstadien der Schüler im Mutterschoß gereinigt.[116b] Die erste innere Einweihung, die man auf der Nordseite vom weißen, sehr friedvollen, den Körper-Aspekt repräsentierenden Antlitz Kālachakras entgegennimmt, steht in Entsprechung zu jenem Stadium im Mutterschoß, in dem sich bei den Schülern die physischen Elemente und Aggregate entwickeln. Diese stellen die Grundlage der Reinigung dar und sollen durch drei Aktivitäten des Lamas (der als Ausdruck des Vajra-Körpers von Kālachakra erscheint) gereinigt werden:

1. Hervorbringung der Schüler als Vajra-Körper-Gottheiten;
2. Herbeiführung ihrer Ununterscheidbarkeit von der tatsächlichen Vajra-Körper-Gottheit, dem sogenannten Weisheitswesen;
3. Erteilung der Einweihung mit dem Erleuchtungsgeist, der Verschmelzungsform sämtlicher Buddhas der zehn Richtungen.

So kann durch die erste innere Einweihung jenes Entwicklungsstadium der Schüler im Mutterschoß gereinigt werden, in dem der Entwicklungsprozess der physischen Elemente und Aggregate erstmals in Gang kommt. Durch sie werden Potenziale angelegt, »Samen gesät«, die als Gegenmittel gegen den unkontrollierten Verlauf solch einer Entwicklung wirken.

Entsprechend korrespondiert die zweite innere Einweihung, die man auf der Südseite vom roten, begierdevollen, den Rede-Aspekt repräsentierenden Antlitz Kālachakras entgegennimmt, mit jenem Prozess, in dem sich bei den Schülern im Mutterschoß die Winde und die Energiekanäle entwickeln; die Winde und Energiekanäle wiederum bilden die Grundlage der Rede. Die dritte innere Einweihung, die man auf der Ostseite vom schwarzen, zornvollen, den Geist-Aspekt repräsentierenden Antlitz Kālachakras entgegennimmt, steht in Entsprechung zu dem Prozess, in dem sich bei den Schülern im Mutterschoß die Sinneskräfte und die verschiedenen Handlungsfähigkeiten entwickeln. Die vierte innere Einweihung, die man auf der Westseite vom gelben, in meditativer Stabilität verweilenden, den Aspekt des ursprünglichen Bewusstseins (der Glückseligkeit) repräsentierenden Antlitz Kālachakras entgegennimmt, steht in Entsprechung zu jenem Prozess, in dem sich bei den Schülern im Mutterschoß das Aggregat des ursprünglichen Bewusstseins und das Element des ursprünglichen Bewusstseins entwickeln. (Unmittelbar nach der Empfängnis, so heißt es, zirkuliere ein Wind des ursprünglichen Bewusstseins durch den Schoß.) Diese vier inneren Einweihungen bewirken, dass es bei den Schülern zu einer Reinigung der Entwicklung von Körper, Rede, Geist und ursprünglichem Bewusstsein im Mutterschoß kommt – oder dass zumindest die Fähigkeiten für solch eine Reinigung angelegt werden.

Die sieben Einweihungen sind wichtigen Geschehnissen aus der Zeit, nachdem das Kind den Mutterschoß verlassen hat, nachempfunden. Die Wasser-Einweihung steht in Entsprechung zur Waschung des Neugeborenen durch die Mutter. Die Kronen-Einweihung steht in Entsprechung dazu, dass man einem Kind das Haar auf dem Scheitelpunkt des Kopfes zu einem Knoten zusammenbindet. Die Seidenband-Einweihung steht in Entsprechung zum Durchstechen der Ohrläppchen bei einem Kind und dem Umhängen von Schmuck. Die Einweihung mit Vajra und Glocke steht in Entsprechung zum Lachen und zum Sprechen eines Kindes. Die Verhaltens-Einweihung steht in Entsprechung zur Freude, die ein Kind angesichts der fünf Sinnesobjekte des Begierdebereichs empfindet. Und die Erlaubnis-Einweihung steht beispielsweise in Entsprechung zu der Lektüre, die ein Vater seinem Kind zu lesen gibt.

Ähnlich wie man in jeder inneren Einweihung den Prozess von Empfängnis und Geburt noch einmal durchlebt, so werden in den sieben Einweihungen Kindheitsgeschehnisse, die in unserem Leben von großer, wenn nicht gar von einschneidender Bedeutung sind, neu in Szene gesetzt. Zumindest vier der sieben aufgeführten Entsprechungen – das Waschen des Neugeborenen, das Zusammenbinden des Haars zu einem Knoten auf dem Scheitelpunkt des

Kopfes, das Durchstechen der Ohrläppchen mit dem anschließenden Umhängen des Schmucks und die Namensgebung – beziehen sich auf Kindheitsstationen, die so bedeutsam sind, dass sie jeweils durch einen Übergangsritus hervorgehoben werden.[117]

Aber auch die drei anderen Geschehnisse markieren entscheidende Übergänge. Das erste Lachen eines Kindes und sein erstes Sprechen (zwei Vorgänge, die nicht in die gleiche Phase fallen) sind Schlüsselerfahrungen *in der Selbstwahrnehmung* eines Kindes. Denn macht ein Kind die Erfahrung, dass es genügend Kontrolle über sich gewinnt, um selbstbestimmt lachen und später auch nach eigenem Belieben sprechen zu können, so ist dies ein Ereignis von enormer Tragweite. Wenn ein Kind zum ersten Mal erlebt, dass es diese Kontrolle auszuüben vermag, so ist damit eine Empfindung des Erstaunens und des vollständigen Aufgehens in diese Aktivitäten verbunden. Auch wenn sich ein Kind an den fünf Objekten des Begierdebereichs erfreut – entweder beim allerersten Mal (in Anbetracht der fünf Objekte gäbe es fünf »erste Male«) oder wann auch immer sich solch eine Empfindung der Freude einstellt –, ist dies ein Moment der Faszination und der Freude jenseits aller Begrifflichkeit. Und wenn ein Vater seinem Kind etwas zu lesen in die Hand gibt, so markiert auch dies einen Punkt, an dem das Kind mit den Aktivitäten der eigenen Vorfahren vertraut gemacht wird. Mit jenem Gefühl des Erstaunens, das man beim Betreten einer neuen Welt empfindet, schickt sich ein Kind zum ersten Mal an, sich die aus der eigenen Herkunft resultierenden Verpflichtungen vor Augen führen zu lassen.[118]

Indem diese Geschehnisse als Analogie zu den sieben Einweihungen angeführt werden, indem man sie wieder aufleben lässt und sie neu in Szene setzt, werden jenes Erstaunen, jene durch keinerlei Konzept vorbelastete Wahrnehmensweise und jenes vollkommene In-Anspruch-Genommensein – kurzum, jene Aspekte, die diese Erfahrung wesentlich charakterisieren – erneut erfahrbar. Sodann gilt es, das von Staunen ergriffene, von Konzepten unbelastete und davon erfüllte Bewusstsein in einem neuen Kontext zu erfahren, in dem es dazu dient, Einsicht in Leerheit, das Nichtvorhandensein einer unabhängigen Eigenexistenz, zu gewinnen. Die Kraft und die einsgerichtete Klarheit dieses Bewusstseins wird dazu genutzt, die Natur von Personen und anderweitigen Phänomenen zu ergründen. Dadurch erhalten diese Kindheitserfahrungen, die für die Art und Weise unserer Selbst- und Weltwahrnehmung im Erwachsenenalter nach wie vor eine maßgebliche Rolle spielen, zugleich eine neue Struktur. An die Stelle einer unklaren Nicht-Konzeptualität tritt eine klare, mit der Natur der Objekte vertraute, sie erfassende und verstehende

Nicht-Konzeptualität. Wenn ein Praktizierender solch freudvolle, von Konzepten unbelastete Bewusstseinszustände für den Weg nutzen kann, werden sie zu ursprünglichem Gewahrsein, in dem Glückseligkeit und Leerheit nicht voneinander zu trennen sind. Das bedeutet, dass ein glückseliges Bewusstsein und ein Leerheit von unabhängiger Eigenexistenz gewahrendes Bewusstsein, normalerweise voneinander getrennt, sich zu *einem* Bewusstsein verbinden: zu einem Leerheit gewahrenden Glückseligkeitsbewusstsein. (Dieses besteht nicht in einem Bewusstsein *von* Glückseligkeit, sondern es ist selbst Glückseligkeit.)

Und was die in den sieben Einweihungen verwendeten Substanzen anbelangt, so nutzt man das Moment von Frische und Freude, das in der Berührung mit Wasser, mit einer Krone, mit einem Seidenband, mit Vajra und Glocke, mit einem Daumenring, einem Armreif und den fünf Hand-Symbolen liegt, um wirkungsvoll ein die Natur der Phänomene gewahrendes Bewusstsein zu entwickeln. Dem Vergleich mit wichtigen Kindheitserlebnissen und der Nutzung eines freudvollen Bewusstseins für den Weg lässt sich Folgendes entnehmen: Schlüsselerlebnisse der Kindheit müssen zu neuem Leben erweckt werden, und diese frischen, freudvollen Geisteszustände müssen in der Weise eine Veränderung durchlaufen, dass sie mit Einsicht in die Natur der Phänomene – Leerheit von unabhängiger Eigenexistenz – ausgestattet sind und nicht lediglich in einem unklaren nicht-konzeptuellen Glückszustand befangen bleiben.

Die vier Tropfen

Von grundlegender Bedeutung für den Prozess, in dessen Verlauf solche Schlüsselerfahrungen genutzt, gereinigt und zu Bewusstseinszuständen des Weges transformiert werden, ist im Kontext des Kālachakra-Systems eine Vorstellung von vier Tropfen. Diesen wohnen bestimmte Potenziale inne, sie können aber auch befleckt werden. Daher stellen sie die Grundlage dar, die es zu nutzen und zu reinigen gilt. Es gibt zwei Sequenzen von vier Tropfen. Die erste Sequenz befindet sich an folgenden Stellen: 1.) im Bereich der Stirn (beziehungsweise der Scheitelwölbung), 2.) in Höhe des Kehlkopfes, 3.) in Höhe des Herzens, 4.) in Höhe des Nabels. Die zweite Sequenz ist an folgenden Stellen lokalisiert: 1.) in Höhe des Nabels, 2.) am verborgenen Ort (dem unteren Ende der Wirbelsäule), 3.) im Zentrum des Geschlechtsorgans, 4.) an der Spitze des Geschlechtsorgans.[119] Die Tropfen sind von materieller Beschaffenheit, haben die Größe eines Senfkorns und setzen sich aus den weißen und roten Grundelementen zusammen.

Übereinstimmend bewirken bei beiden Sequenzen 1.) die Tropfen an der Stirn und in Höhe des Nabels den Wachzustand, 2.) die Tropfen in Höhe des Kehlkopfes und am unteren Ende der Wirbelsäule den Traumzustand, 3.) die Tropfen in Höhe des Herzens und im Zentrum des Geschlechtsorgans den Tiefschlafzustand, 4.) die Tropfen in Höhe des Nabels und an der Spitze des Geschlechtsorgans den Zustand der Vereinigung (Glückseligkeit). Der Tropfen in Höhe des Nabels vereint also zwei verschiedene Anlagen in sich: Als vierter Tropfen innerhalb der ersten Sequenz bringt er den Wachzustand hervor, und als erster Tropfen der zweiten Sequenz bewirkt er den Versenkungszustand oder Zustand der Vereinigung.

Im Wachzustand sind die Winde (auf denen das Bewusstsein gleichsam wie auf einem Pferd sitzt) des Oberkörpers im Stirnbereich konzentriert, und die Winde des Unterkörpers sind in Höhe des Nabels konzentriert. Weil die Winde auf diese Stellen konzentriert sind und weil jeder Tropfen reine wie auch unreine Potenziale enthält, entstehen reine Erscheinungen von Objekten oder aber Erscheinungen unreiner Objekte.

Im Traumzustand sind die oberen Winde in Höhe des Kehlkopfes und die unteren Winde an der verborgenen Stelle konzentriert, wodurch reine Klänge oder aber Missverständnisse im Bereich der Rede hervorgebracht werden. Im Tiefschlaf sind die oberen Winde in Höhe des Herzens und die unteren Winde zentral an der Spitze des Geschlechtsorgans konzentriert, wodurch Nicht-Konzeptualität und Unklarheit entstehen. Im Zustand der Vereinigung von Mann und Frau sind die oberen Winde in Höhe des Nabels und die unteren Winde an der Spitze des Geschlechtsorgans konzentriert, wodurch Glückseligkeit und das Ausströmen (von Samen beim Mann und von »Erregungsflüssigkeit« bei der Frau) bewirkt werden.

Es ist offenkundig, dass die Tropfen jeweils Wirkungen in Bezug auf Körper, Rede, Geist und ursprüngliches Bewusstsein (Nicht-Konzeptualität und Glückseligkeit) hervorrufen. Deshalb werden sie als Tropfen von Körper, Rede, Geist und ursprünglichem Bewusstsein beziehungsweise als Tropfen des *erhabenen* Körpers, der *erhabenen* Rede, des *erhabenen* Geistes und des *erhabenen* ursprünglichen Bewusstseins bezeichnet. Die Zuordnung der sieben Einweihungen zu den vier Bereichen von Körper, Rede, Geist und ursprünglichem Bewusstsein beziehungsweise Glückseligkeit erfolgt daher in Hinblick darauf, dass diese Bereiche von unreinen Faktoren gereinigt werden.

Indem der Tropfen im Bereich der Stirn gereinigt, ihm mit anderen Worten die ihm innewohnende Fähigkeit genommen wird, die Erscheinung unreiner Objekte hervorzubringen, kann die reine Erscheinung der Objekte für den Weg genutzt werden. Dadurch kommen Erscheinungen leerer Formen zustande. Indem die Tropfen in Höhe des Kehlkopfes und am unteren Ende der Wirbelsäule gereinigt werden, die ihnen innewohnende Fähigkeit, Missverständnisse im Bereich der Rede zu produzieren, beseitigt wird, können reine Klänge für den Weg genutzt werden. Dadurch werden sie zu unüberwindlichem Klang. Indem der Tropfen in Höhe des Herzens und der zentral an der Spitze des Geschlechtsorgans lokalisierte Tropfen gereinigt werden, die ihnen innewohnende Fähigkeit, Unklarheit hervorzubringen, beseitigt wird, kann Nicht-Konzeptualität für den Weg genutzt werden. Dadurch wird sie zu nicht-konzeptuellem, ursprünglichem Gewahrsein. Indem die Tropfen in Höhe des Nabels und an der Spitze des Geschlechtsorgans gereinigt werden und die ihnen innewohnende Fähigkeit, das Ausströmen zu bewirken, beseitigt wird, kann Glückseligkeit für den Weg genutzt werden. Dadurch wird sie zu unwandelbarer großer Glückseligkeit. Indem man all diese Potenziale zu immer höheren Formen entwickelt, werden sie zum erhabenen Vajra-Körper, zur erhabenen Vajra-Rede, zum erhabenen Vajra-Geist und zum erhabenen ursprünglichen Vajra-Bewusstsein (zur Glückseligkeit) eines Buddha.

Im Kontext des Kālachakra-Systems sind sämtliche Hindernisse in diesen vier Arten von Hindernissen inbegriffen; und zwar in dem Sinn, dass der sehr subtile Wind und der sehr subtile Geist, die diesen Tropfen innewohnen, die Grundlage sind, auf der sich die Neigungen zu den jeweiligen Hindernissen ausprägen können. Mit anderen Worten bildet nicht die materielle Substanz der Tropfen die Hindernisse, und sie dient auch nicht als Basis für die karmische Ausprägung der Hindernisse. Vielmehr stellen der – an diesen zweimal vier Stellen zu lokalisierende – sehr subtile Wind und sehr subtile Geist die Grundlage dar, auf der sich durch unsere Handlungen karmische Potenziale ausprägen.

Im Höchsten Yoga-Tantra werden jene Potenziale, die im gewöhnlichen Zustand über den sehr subtilen Wind und den sehr subtilen Geist eine unreine Umgebung und unreine Wesen hervorbringen, durch geschickt eingesetzte Mittel gereinigt und durchlaufen so die Transformation in den Formkörper und den Wahrheitskörper eines Buddha. Besonders im Kālachakra-System werden jene Potenziale, die über die vier Arten von Tropfen unreine Zustände hervorbringen, gereinigt und dadurch zur Ursache für die Verwirklichung des Vajra-Körpers, der Vajra-Rede, des Vajra-Geistes und der Vajra-Glückseligkeit eines Buddha. Die Einweihung zu erhalten bedeutet, in diesen Prozess eingeführt zu werden, der darin besteht, Befleckungen zu beseitigen und das nutzbar zu machen, was im Grunde schon die ganze Zeit vorhanden ist.

Weitere Zusammenhänge

Entscheidende Punkte bei der Einweihung

Bei der Wasser-Einweihung werden die Schüler am Scheitelpunkt des Kopfes und jeweils rechts und links an der Schulter, am Oberarm, am Oberschenkel und an der Hüfte mit Wasser berührt. Anschließend trinken sie von dem Wasser.[119a] So werden physische Befleckungen ihrer fünf unreinen Elemente beseitigt, wodurch in Geist und Körper große Glückseligkeit entsteht. Durch das Glückseligkeitsbewusstsein gelangen die Schüler in Bezug auf Leerheit zu solch unzweifelhafter Gewissheit, dass in ihrem Geistesstrom dieses besondere ursprüngliche Gewahrsein hervorgebracht wird, in dem Glückseligkeit und Leerheitsgewahrsein nicht voneinander zu trennen sind. Dieses ursprüngliche Gewahrsein von Glückseligkeit und Leerheit ist der entscheidende Punkt bei der Wasser-Einweihung, ihre Essenz. All die anderen Schritte sind ursächliche, dieses Wissen hervorbringende Faktoren, aber nicht die eigentliche Wasser-Einweihung.

Bei der Kronen-Einweihung berührt der Lama die fünf Stellen der Schüler mit der Krone und setzt sie ihnen auch auf. Dadurch werden sämtliche Befleckungen in der Erscheinung wie auch in der Vorstellung der fünf geistigen und physischen Aggregate gereinigt, denen zufolge diese Aggregate etwas Gewöhnliches seien. Dies bewirkt in Geist und Körper große Glückseligkeit. Durch das Glückseligkeitsbewusstsein gelangen die Schüler in Bezug auf Leerheit zu solch unzweifelhafter Gewissheit, dass in ihrem Geistesstrom dieses besondere ursprüngliche Gewahrsein von Glückseligkeit und Leerheit hervorgebracht wird. Dieses ursprüngliche Gewahrsein von Glückseligkeit und Leerheit ist die Essenz der Kronen-Einweihung. Wenn einem die Krone auf den Kopf gesetzt wird, darf man sich vorstellen, dass ihr Ambrosia entströmt, den Körper ausfüllt, ihn reinigt und das ursprüngliche Gewahrsein von Glückseligkeit und Leerheit hervorbringt.

Bei der Seidenband-Einweihung berührt der Lama die fünf Stellen der Schüler mit Seidenbändern, und jedem Schüler wird auch ein Seidenband um die Stirn gebunden. Den Seidenbändern entströmt Ambrosia, es füllt den Körper, reinigt die Befleckungen der zehn Winde und bringt das ursprüngliche Gewahrsein von Glückseligkeit und Leerheit hervor, die Essenz der Seidenband-Einweihung.

Bei der Einweihung mit Vajra und Glocke berührt der Lama die fünf Stellen der Schüler mit Vajra und Glocke. Er legt sie ihnen auch auf den Kopf und gibt sie ihnen anschließend in die Hand. Aus Vajra und Glocke fließt Ambrosia hervor, es füllt den Körper, reinigt die Befleckungen der beiden Kanäle und bringt das ursprüngliche Gewahrsein von Glückseligkeit und Leerheit hervor, die Essenz der Einweihung mit Vajra und Glocke.

Bei der Verhaltens-Einweihung berührt der Lama die fünf Stellen der Schüler mit einem Daumenring, den er ihnen auch auf den Daumen steckt. Dem Ring entströmt Ambrosia, es füllt den Körper, reinigt die Befleckungen der Sinneskräfte und ihrer Objekte und bringt das ursprüngliche Gewahrsein von Glückseligkeit und Leerheit hervor, die Essenz der Verhaltens-Einweihung.

Bei der Namens-Einweihung berührt der Lama die fünf Stellen der Schüler mit Armreifen, die ihnen auch um das Handgelenk gelegt werden. Den Armreifen entströmt Ambrosia, es füllt den Körper, reinigt die Befleckungen der verschiedenen Handlungsfähigkeiten beziehungsweise der entsprechenden Aktivitäten und bringt das ursprüngliche Gewahrsein von Glückseligkeit und Leerheit hervor, die Essenz der Namens-Einweihung. Diese Einweihung heißt »Namens-Einweihung«, weil es durch die Reinigung der verschiedenen Handlungsfähigkeiten und der dazugehörigen Aktivitäten nun für die Schüler angemessen ist, die Namen Akshobhya, Amogasiddhi, Ratnasambhava, Amitābha oder Vairochana zu tragen.

Bei der Erlaubnis-Einweihung berührt der Lama die fünf Stellen der Schüler mit fünf Hand-Symbolen – Vajra, Schwert, Juwel, Lotos und Rad –, die ihnen auch kurz in die Hand gelegt werden. Den Hand-Symbolen entströmt Ambrosia, es füllt den Körper, reinigt die Befleckungen des ursprünglichen Bewusstseins und bringt das ursprüngliche Gewahrsein von Glückseligkeit und Leerheit hervor, die Essenz der Erlaubnis-Einweihung.

In Entsprechung zu einem König der Welt, der alle vier Kontinente durch ein mit Juwelen besetztes Rad beherrscht, erhält der Schüler anschließend ein Rad. Dieses soll ein ursächlich wirkender Faktor dafür sein, dass der Schüler das Rad der Lehre drehen wird. Sodann erhalten die Schüler eine Muschel, damit sie deutlich vernehmbar die Lehre verkünden können. Außerdem erhalten sie ein Buch mit dem *Kālachakra-Tantra*, damit sie sich von seiner Bedeutung durchdringen lassen und anschließend das Rad der Kālachakra-Lehre für andere drehen können. Danach erhalten die Schüler eine Glocke als Symbol für Leerheit, das Nichtvorhandensein von unabhängiger Eigenexistenz. Im Symbol der Glocke soll ihnen bei der Verbreitung der Lehre stets gegenwärtig sein, dass dies der Daseins-Status sämtlicher Personen, sämtlicher Phänome überhaupt ist. So wie ein Vater seinem Kind eine der Familien-Tradition gemäße Lektüre zu lesen gibt, fordert der Lama/Kālachakra die Schüler dazu auf, die buddhistische Lehre weiter zu geben. Die Aushändigung der fünf Hand-Symbole – der Attribute der fünf Buddha-Familien – macht deutlich, dass dies in Einklang mit den Neigungen und Interessen der Schüler geschehen muss.

Bei den vier inneren Einweihungen kommt es, wie Sie sich erinnern werden, darauf an, den Prozess der Entwicklung von Körper, Rede, Geist und Glückseligkeit im Mutterleib zu reinigen. Und ebenso geht es bei der Einteilung der sieben Einweihungen in die entsprechenden vier Gruppen darum, den Entwicklungsprozess von Körper, Rede, Geist und Glückseligkeit im Kindesalter nach dem Verlassen des Mutterschoßes zu reinigen. Da den Erläuterungen zufolge die Entwicklung des Glückseligkeitselements im Alter von 16 Jahren zum Abschluss gelangt,[119b] darf man davon ausgehen, dass diese sieben Einweihungen sich auf die Zeitspanne bis zum Erreichen des 16. Lebensjahres beziehen.

Zudem stehen die sieben Einweihungen in einer Beziehung zu den ersten sieben Bodhisattva-Stufen, da jede dieser Einweihungen die Fähigkeit verleiht, die entsprechende Stufe zu erreichen. Ebenso wie sich in jeder der sieben Einweihungen das ursprüngliche Gewahrsein von untrennbarer Glückseligkeit und Leerheit manifestiert, beinhaltet jede Bodhisattva-Stufe eine zunehmend höhere Stufe von meditativem Gleichgewicht, in dem man Leerheit unmittelbar gewahrt. Und dabei dient das Weisheitsbewusstsein als Basis, als Nährboden für eine fruchtbare Entwicklung zahlreicher heilsamer Eigenschaften. Um eine der sieben Bodhisattva-Stufen zu erreichen, müssen Praktizierende allerdings die höheren Einweihungen erhalten und die Vollendungsstufe praktizieren.

Außerdem werden die Praktizierenden durch die ersten sechs Einweihungen autorisiert, darauf hinzuarbeiten, dass sie die besonderen Verwirklichungen der fünf Mütter, der fünf Buddhas, der zehn Shaktis, der ursprünglichen Vater- und Mutter-Gottheit, der männlichen und weiblichen Bodhisattvas oder auch der – männlichen und weiblichen – zornvollen Gottheiten erreichen.

Und schließlich bewirken diese Einweihungen, dass im Geistesstrom der Praktizierenden die Fähigkeit entsteht, den Zustand der fünf Mütter beziehungsweise der fünf Buddhas zu erreichen und die zehn befreienden Qualitäten zu verwirklichen; ferner die Fähigkeit, die Winde aus dem rechten und dem linken Kanal im Hauptkanal zu sammeln und festzuhalten, Vajra-gleiche Sinneskräfte und Vajra-gleiche Sinneswahrnehmungsfelder zu verwirklichen und mit Hilfe der vier Unermesslichen[120] die vier Dämonen zu überwinden.

Die ersten beiden Einweihungen lassen Potenziale zur Verwirklichung des Vajra-Körpers entstehen. Durch die nächsten beiden Einweihungen entstehen Potenziale für die Vajra-Rede. Durch die nächsten beiden Einweihungen entstehen Potenziale für den Vajra-Geist. Und durch die letzte Einweihung entstehen (wenngleich dies nicht eigens erwähnt wird) Potenziale für die Vajragleiche Glückseligkeit. Alle sieben Einweihungen zusammen *reinigen* Befleckungen durch negative Handlungen; sie *autorisieren* die Praktizierenden, die Meditationen der Hervorbringungsphase zu entwickeln und die endgültige, das höchste Reine Land betreffende weltliche Verwirklichung zu *erlangen*; sie *legen* im Geistesstrom Potenziale zur Ansammlung von Verdienst *an*; und sie *geben* den Praktizierenden die zur Hervorbringungsphase gehörenden Meditationsmethoden an die Hand.

Die Hervorbringungsphase, die man nach Erhalt der sieben dem Muster der Kindheit entsprechenden Einweihungen entwickelt, ermöglicht eine Reinigung der äußeren wie auch der inneren Grundlagen. Diese Grundlage der Reinigung ist einerseits das äußere Umfeld, die Außenwelt, und andererseits die Kanäle, Winde und Tropfen im Innern des Menschen. Im ersten Fall spricht man vom *äußeren Kālachakra*, im zweiten vom *inneren Kālachakra*. Dazu muss entweder ein vollständiges Mandala von Körper, Rede und Geist, bloß das Geist-Mandala (das bedeutet in diesem Fall: die drei oberen Ebenen des Mandala) oder ein Mandala von fünf oder mehr Gottheiten meditativ entwickelt werden. Eine einfache Meditation allein über Kālachakra oder über Kālachakra mit Gefährtin genügt nicht, um die Hervorbringungsphase durchzuführen. Während dieser meditativen Entwicklung des Weges spricht man – wie auch in der Einweihung selbst – von den reinigenden Methoden als dem *alternativen Kālachakra*. Solch eine Hervorbringungsphase, so sagt man, diene als Mittel, die Ursachen jenes Verdienstes reif werden zu lassen, dem man die Fähigkeit zur vollständigen Entwicklung der Vollendungsphase verdankt.

Altruistische Umwandlung

Im Verlauf der Einweihung sind die Praktizierenden damit bekannt gemacht worden, die Buddha-Natur – die lichte, wissende Natur des Geistes und seine Leerheit von unabhängiger Eigenexistenz – als Grundlage für körperliche, sprachliche und geistige Manifestationen zu nutzen. Dadurch vollziehen sie den Übergang zu einer neuen Art des Daseins: den Übergang von einem Getriebensein durch getrübte Emotionen zu einem auf überprüfbaren Grundlagen beruhenden und im Dienst eines altruistisch motivierten Handelns stehenden Zustands von Freiheit. Die Praktizierenden haben die Autorisation für die Praxis des Gottheiten-Yoga erhalten und sind mit dieser Praxis bekannt gemacht worden, bei der man altruistisch motivierte Weisheit in physischer Gestalt zum Ausdruck bringt, indem man, vom Wahrheitskörper ausgehend, die Manifestation eines Buddha in unzähligen Formkörpern nachvollzieht.

Auch wenn die tantrische Praxis das Modell des letztlich zu erreichenden Zustands – Buddhaschaft, die sich in Wahrheits- und Formkörpern manifestiert – bereits nutzt, so bewegt sich der Praktizierende dennoch zunächst einmal auf das Ziel des altruistischen Vollendungszustands zu. Die Tatsache, dass man auf dem tantrischen Weg das Modell des letztlich zu erreichenden Zustands bereits nutzt, besagt mit anderen Worten nicht, dass man glaubt, man habe dieses Ziel im gegenwärtigen Zustand tatsächlich schon verwirklicht. Vielmehr orientiert sich der Entwicklungsprozess auf dem tantrischen Weg am Modell des letztlich zu erreichenden Zustands. Entsprechendes gilt für die Begierde. Zwar macht man sie sich auf dem Weg zunutze, doch die zahllosen Reinigungsphasen im Verlauf dieses Rituals lassen keinen Zweifel darüber aufkommen, dass nach wie vor das Ziel der tantrischen Praxis darin besteht, getrübte Emotionen wie Begierde, Hass und dergleichen zu läutern – und ebenso den Gesamtprozess des Existenzkreislaufs, indem man die ihm zu Grunde liegenden Prozesse in einem wesentlich anderen Kontext nachahmt. Einerseits gibt es die »aufwärts gerichtete Nachahmung« der Buddhaschaft, andererseits die »abwärts gerichtete Nachahmung« der unkontrollierten Abläufe im Existenzkreislauf. In beiden Fällen bedient man sich der gleichen grundlegenden Methode: Man ruft glückselige, normalerweise mit Unklarheit assoziierte nicht-konzeptuelle Erfahrungen hervor und nutzt diese kraftvollen Bewusstseinszustände zu einer Einsicht in die Natur der Phänomene, die so klar und weit reichend ist, dass getrübte Emotionen gar nicht erst aufkommen können. Die alles entscheidende Rolle des Altruismus innerhalb dieses Prozesses zeigt sich sehr deutlich in der Tatsache, dass die Einweihung mit einer altruistischen Neuausrichtung der Motivation beginnt – und auch darin, dass mit der abschließenden Autorisierung der Auftrag verbunden ist, sich bei der Verbreitung der Lehre auf jene altruistische Weisheit zu stützen, die persönliche Neigungen und Interessen einbezieht.

Ergänzungen

Von den beiden Ergänzungen zur Erlaubnis-Einweihung kommt der Vajra-Meister-Einweihung größere Bedeutung zu. Ihr gehen die »vier Zweige« voraus: die Erteilung eines Mantra, die Aushändigung eines Heilmittels für die Augen, eines Spiegels und die Aushändigung von Pfeil und Bogen. Lassen Sie uns zunächst auf diese vier Elemente eingehen.

Ein Mantra erhalten die Schüler, weil nicht nur die außergewöhnliche Verwirklichung der Buddhaschaft, sondern auch jede gewöhnliche Verwirklichung auf der Mantra-Praxis basiert. Eine gewöhnliche Verwirklichung wie die Fähigkeit, Krankheiten zu lindern, die Lebensspanne zu verlängern, die Intelligenz zu steigern, große Schwierigkeiten zu überwinden und dergleichen wird auf Grund der Verwendung von Mantras während der Hervorbringungsphase erreicht. Diese Mantras bezeichnet man als vorläufige Mantras – im Unterschied zu den endgültigen Mantras, klanglichen Manifestationen des ursprünglichen Gewahrseins von Glückseligkeit und Leerheit, durch die man die höchste Verwirklichung der Buddhaschaft erreichen kann.

Für die Mantra-Praxis ist es vollkommen unerlässlich, die Sicht der Leerheit von unabhängiger Eigenexistenz zu haben. Die Schüler erhalten daher vorläufige wie auch endgültige Mantras, Heilmittel für die Augen, einen Spiegel, Pfeil und Bogen, damit in ihrem Geist die entsprechenden Dispositionen bewirkt werden, um sowohl ein begriffliches Leerheitsverständnis zu gewinnen, als auch zu erkennen, dass sämtliche Phänomene, die in Erscheinung treten und denen sie begegnen, insofern Illusionen gleichen, als sie dem Anschein nach – tatsächlich jedoch nicht – über unabhängige Eigenexistenz verfügen. Und schließlich sollen sie zu unmittelbarem Leerheitsgewahrsein gelangen. Die dramatische Erfahrung, in der man Leerheit durch das Medium eines geistigen Bildes gewahrt (indem man nicht nur diskursiv Worte über Leerheit aneinander reiht, sondern zu unzweifelhafter Einsicht gelangt), gleicht der Erfahrung des Sehens bei einem Menschen, dem gerade durch eine Augenoperation der graue Star entfernt wurde. Wenn der illusionsgleiche Charakter der Phänomene erfahrbar wird, gleicht dies dem Anblick von Gegenständen in einem Spiegel. Die gänzlich nicht-duale Leerheitserfahrung, in der Leerheit von unabhängiger Eigenexistenz und das sie gewahrende Weisheitsbewusstsein miteinander verschmolzen sind, gleicht einem tief in sein Ziel eindringenden Pfeil. Den Schülern werden diese Analogien vor Augen geführt, damit sie imaginativ Geisteszustände wachrufen können, die der angestrebten Weisheitserfahrung nahe kommen. Die Metaphern vermitteln eine gewisse Vorstellung davon, wie es wäre, sehen zu können, ohne einen Schleier der Unwissenheit vor Augen zu haben; wie es wäre, zu erkennen zu können, dass alles anders ist, als es erscheint; und wie es wäre, wenn es dem Geist gelänge, zu Leerheit vorzudringen. Die Schüler werden angeleitet, sich vorzustellen, das »Auge« erlangt zu haben, welches die Realität der Leerheit von unabhängiger Eigenexistenz erblickt. Sie werden angeleitet, sich vorzustellen, infolge ihrer tiefen meditativen Versenkung in Leerheit, ihres Verweilens in meditativer Ausgeglichenheit, Einsicht in die Natur der Phänomene, welche Spiegelbildern ähneln, und unmittelbares Leerheitsgewahrsein gewonnen zu haben. Durch die meditative Vergegenwärtigung all dessen entsteht die Befähigung, dies tatsächlich tun zu können.

Bei der Vajra-Meister-Einweihung, der wichtigsten Ergänzung, sind Vajra und Glocke die Einweihungssubstanzen. Diese lösen sich wie die Schüler in Leerheit auf. Die Schüler und der Vajra treten dann als Vajrasattva in Erscheinung, und die Glocke tritt als Prajñāpāramitā (»Vollkommenheit der Weisheit«) in Erscheinung. Sie alle werden zu der tatsächlichen Gottheit, indem sie die Weisheitswesen (die tatsächlichen Gottheiten) in sich aufnehmen. Die Gottheiten erhalten die Einweihung, woraufhin sich die neuen Erscheinungsformen der Einweihungssubstanzen auflösen und wiederum zu Vajra und Glocke werden.

Zunächst erhält der Schüler den Vajra als Symbol der ursprünglichen Weisheit in Form von großer Glückseligkeit. Anschließend erhält er die Glocke als Symbol für Leerheit gewahrende Weisheit. Diese beiden – große Glückseligkeit und Leerheit gewahrende Weisheit – müssen als *ein* Bewusstsein hervorgebracht werden, als das große, Leerheit gewahrende Glückseligkeitsbewusstsein.

Dieses Weisheitsbewusstsein der großen Glückseligkeit wiederum erscheint in einer göttlichen Gestalt, als so genannter göttlicher Körper des großen Siegels. Technisch betrachtet erscheint der »erfassende Aspekt« (*bzung rnam*) des großen Glückseligkeitsbewusstseins als Körper. Das bedeutet allerdings, so die Erklärung dazu, dass das eigentliche Bewusstsein als Gottheit in Erscheinung tritt. Der Erscheinungsaspekt des großen Glückseligkeitsbewusstseins tritt als göttlicher Körper in Erscheinung, und der Vergewisserungsaspekt gewahrt weiterhin Leerheit von unabhängiger Eigenexistenz. Dergestalt sind beide Aspekte, die altruistische Methode und die altruistische Weisheit der letztendlichen Natur aller Phänomene in *einem* Bewusstsein enthalten. Das ist die untrennbare Einheit von Methode und Weisheit im Tantra – dem Gottheiten-Yoga. Genau dieses In-Erscheinung-Treten des glückseligen Weisheitsbewusstseins, das Leerheit in göttlicher Gestalt gewahrt, macht die Essenz der Vajra-Meister-Einweihung aus. Als Meister-Einweihung autorisiert sie an diesem Punkt die Schüler, Handlungs-, Ausübungs- und Yoga-Tantra zu lehren. (Die Einweihung, die die Schüler autorisiert, das Höchste Yoga-Tantra zu lehren, erfolgt nach den vier hohen und den vier außerordentlich hohen Einweihungen.)

Der Vajra repräsentiert Glückseligkeit und wird mit dem Geist in Verbindung gebracht. Die Glocke wird, obgleich sie Leerheit gewahrende Weisheit repräsentiert, mit der Rede (Sprache) in Verbindung gebracht. Denn diese Leerheit gewahrende Weisheit bildet die entscheidende Voraussetzung dafür, dass ein Buddha mühelos und spontan genau das lehrt, was für die Schüler, die er oder sie gerade vor sich hat, richtig und angemessen ist. Außerdem ist Leerheit von unabhängiger Eigenexistenz das von allen Buddhas sprachlich vermittelte Hauptthema, weil erst durch dieses Leerheitsgewahrsein (und dieses Gewahrsein muss durch die altruistische Methode intensiviert werden) der Zustand unablässiger Hilfsbereitschaft und das Glück der Buddhaschaft erreicht werden kann. Es heißt, dass im Klang der Glocke zum Ausdruck kommt, was Leerheit von unabhängiger Eigenexistenz bedeutet. Das große Siegel wird, da es einen göttlichen Körper repräsentiert, mit dem Körper in Verbindung gebracht. Bei den drei auf Vajra, Glocke und Siegel bezogenen Verpflichtungen geht es daher um Körper, Rede und Geist. Durch Entgegennahme der Einweihung verpflichten sich die Schüler also zu Achtsamkeit in Bezug auf solch große Glückseligkeit, solches Leerheitsgewahrsein und beider Erscheinung in göttlicher Gestalt, indem sie Vajra und Glocke in den Händen halten und sie in Höhe des Herzens kreuzen.

In diesem Kontext bezieht sich »große Glückseligkeit« nicht auf jene Glückseligkeit, die aufkommt, wenn man zum Beispiel eine Gefährtin umarmt. Denn diese Leerheit gewahrenden Bewusstseinszustände der Glückseligkeit sind die Essenz der vier hohen und der vier außerordentlich hohen Einweihungen, die zur Praxis der Vollendungsstufe autorisieren. Die Hervorbringungsphase und die Vollendungsphase stimmen darin überein, dass in beiden Phasen glückselige Bewusstseinszustände für die Einsicht in die Beschaffenheit der Phänomene und als Ausgangsmaterial für neue Erscheinungen genutzt werden. Allerdings manifestieren sich in der Vollendungsphase durch intensivere Glückseligkeit gekennzeichnete, deshalb stärker nach innen gewandte und subtilere Bewusstseinsebenen. Dadurch wird es dann letztlich möglich, tatsächlich als Gottheit in Erscheinung zu treten.

Die Tatsache, dass am Schluss der sieben Einweihungen, die die Schüler mit den Grundzügen der tantrischen Methode bekannt machen und sie zu deren Anwendung autorisieren, der Gottheiten-Yoga und die Weitergabe der Lehre an andere im Vordergrund stehen, bringt die spezifische Besonderheit des Tantra anschaulich zum Ausdruck: die in rein altruistischem Handel greifbar werdende Verbindung von Mitgefühl und Weisheit in *einem* Bewusstsein. Die sieben Einweihungen zeigen, dass Tantra beileibe nicht von den Grundprinzipien der Sūtra-Praxis abweicht. Vielmehr handelt es sich um eine Neuformulierung genau dieser Prinzipien unter Verwendung vieler subtiler Methoden, mit deren Hilfe diese Prinzipien in Körper, Rede und Geist der Praktizierenden umso wirkungsvoller zum Tragen kommen.

9
Die Texte

Der Einweihungsritus

Der in diesem Buch übersetzte Ritualtext für die Einweihung ist »Der Mandala-Ritus des glorreichen Kālachakra: Erläuterungen zur Bedeutung« (*dpal dus kyi 'khor lo'i dkyil chog dgongs pa rab gsal*) von Kädrup Geleg Pälsang (mkhas grub dge legs dpal bzang, 1385–1438).[121] Aus diesem Text wurden die Abschnitte über den vorbereitenden Ritus und über die sieben zur Praxis der Hervorbringungsphase autorisierenden Einweihungen übersetzt, wobei der letztgenannte Teil in erster Linie für jene Schüler geschrieben wurde, die den so genannten Selbst-Eintritt in das Kālachakra-Mandala vornehmen: Praktizierende, die bereits die Einweihung erhalten haben, führen den Selbst-Eintritt beispielsweise zur Reinigung von Verstößen gegen die Gelübde durch, indem sie sämtliche Aktivitäten des Lamas, die nötig sind, um in das Mandala einzutreten und die Einweihung zu empfangen, selbst visualisieren.

Da also der Autor den Abschnitt über die zur Praxis der Hervorbringungsphase autorisierenden sieben Einweihungen in erster Linie an jene Praktizierenden adressiert hat, die einen Selbst-Eintritt vornehmen, wurde für das vorliegende Buch zusätzliches Material verwendet. Es entstammt dem Text »Der Kālachakra-Einweihungsritus, leicht verständlich dargelegt« (*dus 'khor lo'i dbang chog nag 'gros su bkod pa*) von Losang Tsültrim Tänpä Gyältsän (*blo bzang tshul khrims bstan pa'i rgyal mtshan*), einem Gelehrten, der von Ende des 19. Jahrhunderts bis in die erste Hälfte des 20. Jahrhunderts in der Provinz Kham (*khams*) lebte und auch unter dem Namen Trewo Khangsar Kyabgön Rinpoche (*tre bo khang gsar skyabs mgon rin po che*) bekannt ist.[122] Dieser Text wurde allein zu einem Zweck verfasst: Er sollte den vorher genannten Text für die Durchführung einer Einweihungszeremonie adaptieren. Den Ritus zur Vorbereitung des Schülers enthält Losang Tsültrim Tänpä Gyältsäns Text nicht. Er bleibt also auch in Hinblick auf die Rituale unvollständig, die ein Lama durchführen muss, wenn er Schülern die Einweihung erteilt. Kädrups Text hingegen berücksichtigt sämtliche Phasen eines Einweihungsrituals: angefangen mit dem Ritus für die Inanspruchnahme des Platzes, an dem das Ritual durchgeführt wird, bis hin zu den außerordentlich hohen Einweihungen. Andere, in Kädrups Text unvollständig wiedergegebene Aspekte des Rituals sind wiederum in Losang Tsültrim Tänpä Gyältsäns Text zu finden. Kädrups »Mandala-Ritus« liefert zum Beispiel nur selten vollständige Beschreibungen der Gottheiten. Vielmehr begnügt er sich meist mit entsprechenden Verweisen in Form von Auslassungszeichen. Deshalb sind diese Stellen anhand von Losang Tsültrim Tänpä Gyältsäns »Einweihungsritus« vervollständigt worden. Beide Texte zusammen enthalten also den gesamten Ritus.

Angesichts der zahlreichen Wiederholungen bei den sieben Einweihungen haben allerdings beide Autoren die Tendenz, die sich wiederholenden Textelemente nur ein einziges Mal vollständig aufzuführen. In der hier vorliegenden Übersetzung werden jedoch all diese Wiederholungen vollständig und nicht nur in Form von Verweisen durch Auslassungszeichen wiedergegeben, um einen möglichst umfassenden Eindruck vom Ablauf der Einweihung zu vermitteln.

Der in diesem Buch übersetzte Auszug aus Kädrups »Mandala-Ritus« befasst sich mit den Einweihungen für die Hervorbringungsphase: insbesondere mit jenen Teilen der Einweihungen, in die der Schüler einbezogen ist. Unübersetzt bleiben hingegen die vorhergehenden Abschnitte, die sich mit den Vorbereitungen befassen, welche der Lama durchzuführen hat. Kädrups Text gliedert sich in sechs Teile. Die hier übersetzten Abschnitte, die sich mit der Autorisierung der Schüler für die Praxis der Hervorbringungsphase befassen, entstammen dem letzten dieser sechs Teile:

1. die Qualifikationen, über die ein Meister verfügen sollte, der die Einweihung erteilt, 261.2
2. die Qualifikationen, über die ein Schüler verfügen sollte, der die Einweihung erhält, 262.1
3. die Klassifizierung all jener Mandalas, in denen man eine Einweihung erhält, 262.7
4. die Anzahl und Reihenfolge der erteilten Einweihungen, 264.2
5. den Zeitpunkt, zu dem die Einweihung erteilt wird, 265.7
6. den eigentliche Ritus zur Erteilung der Einweihung, 266.1

Die ersten fünf Punkte werden nur sehr knapp auf fünf Seiten dargelegt. Punkt sechs gliedert sich in zwei Teile:

1. der Schüler spricht ein Bittgebet, und [der Meister] bietet ihm beziehungsweise ihr seinen Schutz an, 266.1
2. die einzelnen Phasen, in denen ein Lama den Mandala-Ritus durchführt, 266.3

Der erste Punkt wird in einer einzigen Textzeile abgehandelt. Punkt zwei ist wiederum in vier Teile untergliedert:

1. der Ritus für den Durchführungsort, 266.3
2. der vorbereitende Ritus, 282.5
3. der eigentliche Ritus, 305.6
4. der abschließende Ritus

Bei dem zweiten von zahlreichen Unterpunkten des Mandala-Rituals, dem Ritus zur Vorbereitung des Schülers (Kä 295.1/Bu 184.1),[123] führt der für die Einweihung verantwortliche Lama zum ersten Mal eine Handlung aus, die unmittelbar auf die an der Einweihung teilnehmenden Schüler bezogen ist. Genau an dieser Stelle beginnt deshalb unsere Textübersetzung.

Der vorbereitende Ritus beinhaltet sechs Elemente:

1. Korrektur der Motivation und Erteilung der inneren Einweihung, Kä 295.1/Bu 184.1
2. Der Schüler äußert eine Bitte [um Erteilung der Zufluchtnahme, der Bodhisattva-Gelübde und der Mantra-Gelübde], und der Lama sorgt dafür, dass die Bedeutung der Lehre [für den Schüler] ersichtlich wird, Kä 296.1/Bu 185.1
3. Der Schüler nimmt die Gelübde und erhält den Segen, Kä 296.6/Bu 185.6
4. Wurf des Zahnstochers, Entgegennahme von drei Hand voll Wasser und so weiter, Kä 298.4/Bu 186.7
5. Bestimmung der Zugehörigkeit zu einer der sechs Buddha-Familien und Anrufung von Vajrasattva, Kä 299.2/Bu 187.5
6. Erzeugung freudigen Eifers durch die Darlegung der Lehre und das Erteilen von Unterweisungen zur Traumdeutung, Kä 299.4/Bu 187.7

Kädrups Text benennt noch weitere, auf den vorbereitenden Ritus folgende Schritte. In der Praxis werden diese allerdings zu einem früheren Zeitpunkt vorgenommen, so dass sich das eigentliche Einweihungsritual am nächsten Tag unmittelbar an den vorbereitenden Ritus anschließen kann. Der eigentliche Ritus zur Erteilung der Einweihung beinhaltet zahlreiche Unterpunkte:

A. das Eintreten in das Mandala, Kä 317.5
1. mit verbundenen Augen eintreten, Kä 317.7
   a. außerhalb des Vorhangs in das Mandala eintreten, Kä 318.1/Bu 206.6
   b. in den inneren Bereich eintreten, Kä 320.4/Bu 210.2
      1) in den inneren Bereich eintreten und, indem man das Mandala umschreitet, den fünf Buddha-Familien Ehrerbietung erweisen, Kä 320.4/Bu 210.3
      2) [dem Schüler] die Verpflichtungen auferlegen, Kä 322.5/Bu 210.7
      3) die Herabkunft des Weisheitswesens wahrheitsgetreu darlegen, Kä 323.5/Bu 211.6
2. in der Weise in das Mandala eintreten, dass man die [Buddha-]Natur entwickelt, die einen das Mandala erblicken lässt, Kä 325.5/Bu 213.4

B. Erteilung der Einweihung für den in das Mandala eingetretenen Schüler, Kä 326.6/Bu 214.4
1. Erteilung der sieben Einweihungen nach Art der Kindheit, Kä 326.6/Bu 214.4
   a. die Riten der sieben Einweihungen, Kä 326.6/Bu 214.4
      1) ein generelles [alle sieben Einweihungen betreffendes] Bittgebet sprechen und Negativität reinigen, Kä 326.7/Bu 214.5
      2) Erteilung der einzelnen Einweihungen, Kä 327.4/Bu 215.3
      a) Wasser-Einweihung, Kä 327.4/Bu 215.3
      b) Kronen-Einweihung, Kä 332.2/Bu 217.6
      c) Seidenband-Einweihung, Kä 333.7/Bu 218.4
      d) Einweihung mit Vajra und Glocke, Kä 336.1/Bu 219.3
      e) Verhaltens-Einweihung, Kä 337.3/Bu 220.1
      f) Namens-Einweihung, Kä 339.4/Bu 220.6
      g) Erlaubnis-Einweihung, Kä 341.7/Bu 221.7
         1* die eigentliche Erlaubnis-Einweihung, Kä 342.1/Bu 221.7
         2* die Ergänzungen, Kä 343.7/Bu 223.3
         a* die ergänzenden »vier Zweige« – Erteilung eines Mantra usw., Kä 343.7/Bu 223.3
         b* Erteilung der Vajra-Meister-Einweihung, der Hauptteil der Ergänzung, Kä 345.3/Bu 225.1

b. Einsicht in den Zeitpunkt der Verwirklichung, Kä 348.6/Bu 230.7
c. Unterweisung zur Vermeidung von »Wurzelvergehen« (besonders schwerwiegenden Vergehen), Kä 349.2/Bu 231.4

Riten für die tägliche Praxis

Der erste Praxis-Text ist »Der Kālachakra-Guru-Yoga in Verbindung mit den sechs Sitzungen in einer höchst hilfreichen Form« (*thun drug dang 'brel ba'i dus 'khor bla ma'i rnal 'byor nag 'gros su mdzad pa – The Guru Yoga of Kālachakra In Connection With the Six Sessions In Completely Facilitating Form*; Deer Park: Madison, 1981). Den hier zu Grunde liegenden Yoga in sechs Sitzungen hat der oberste Tutor des Dalai Lama, das 97. Oberhaupt des Klosters Ganden, Thubten Lungdok Namgyäl Thrinle (*thub bstan lung rtogs rnam rgyal 'phrin las*), bekannt als Ling Rinpoche (*gling rin po che*, 1903–1983), auf Geheiß Seiner Heiligkeit für die Kālachakra-Praxis bearbeitet. Da nach Ling Rinpoches Aussage der Dalai Lama deutlich gemacht hat, »wie der Inhalt beschaffen und angeordnet sein sollte« (siehe auch S. 435–436), sind offenbar beide gemeinsam Urheber dieses Textes (Eine Erörterung der Frage, welche Anleihen bei anderen Werken vorgenommen wurden, finden Sie auf S. 392–393 und in den Anmerkungen des betreffenden Kapitels.)

Beim zweiten Praxis-Text handelt es sich um den Basis-Text für den Yoga in sechs Sitzungen, den der Erste Panchen Lama, Losang Chökyi Gyältsän (*blo bzang chos kyi rgyal mtshan*, 1567?–1662), verfasst hat. Dieser Text, der keinen Titel hat, ist im ersten Band seiner Gesammelten Werke zu finden.[124] Mitunter wird er heutzutage fälschlich Pabongka (*pha bong-kha*, 1878–1941) zugeschrieben, der ihn in seinem Text »Ausführliche und verkürzte Verfahrensweisen bei der Praxis des Yoga in sechs Sitzungen, mit Kernunterweisungen für eine leichte Durchführung versehen« (*thun drug gi rnal 'byor rgyas bsdus nyams su len thsul 'khyer bde man ngag gis brgyan pa*; Kalimpong: Mani Printing Works, ohne Jahresangabe) in vollem Umfang zitiert. Pabongkas Text enthält zusätzlich eine Übersicht über die einzelnen Gelübde und zum Schluss ein dreistrophiges Wunschgebet. Beides findet hier Berücksichtigung.

Der letzte Praxis-Text, ein verkürzter Yoga in sechs Sitzungen, dargelegt von Losang Tendzin (*blo bzang bstan 'dzin*), ist im hinteren Teil des soeben genannten Werkes von Pabongka zu finden.[125]

Die Übersetzung

Im Rahmen einer vom *American Institute of Indian Studies* geförderten einmonatigen Forschungsreise habe ich im Frühjahr 1980 Seine Heiligkeit den Dalai Lama getroffen, um Unterweisungen über das Kālachakra-System zu erhalten. Dabei gab er mir 1.) Erläuterungen zu den Abschnitten über die Einweihung und die Hervorbringungsphase in Gyältsaps Text »Wie man die beiden Stufen des Weges zum glorreichen Kālachakra praktiziert: ein schneller Zugang zum Weg der großen Glückseligkeit«, 2.) Erläuterungen zu dem Abschnitt über den vorbereitenden Ritus und die sieben zur Praxis der Hervorbringungsphase autorisierenden Einweihungen in Kädrups »Mandala-Ritus« und 3.) den Ritus der Kālachakra-Praxis.

Bei seinem Besuch im Fachbereich für Südostasienstudien an der Universität von Virginia gab mir im Frühjahr 1981 auch Dschampäl Shenpen Rinpoche Unterweisungen zu diesen Abschnitten von Kädrups »Mandala-Ritus«. Damals habe ich gerade in Vorbereitung auf die für Juli 1981 in Madison anberaumte Kālachakra-Einweihung an der Übersetzung des Textes gearbeitet. Besonders hilfreich waren auch Dschampäl Shenpen Rinpoches Erläuterungen zu dem Abschnitt über das Kālachakra-System in Ngawang Päldens (*ngag dbang dpal ldan*, geb. 1797) Text »Darlegung der Ebenen und Pfade innerhalb der vier großen geheimen Tantra-Klassen, Erläuterung der Tantra-Texte« (*gsang chen rgyud sde bzhi'i sa lam gyi rnam bzhag rgyud gzhung gsal byed*).

Dschampäl Shenpen Rinpoche, ein in Ba, in der tibetischen Provinz Kham, geborener Gelugpa-Geshe von der Klosteruniversität Ganden, wurde in der schwierigen Zeit, als das tantrische Kolleg im unteren Teil von Lhasa ins südindische Hunsar umsiedelte, dessen Abt; und im Jahr 1984 wurde er zum Oberhaupt der Gelugpa-Überlieferungslinie ernannt. Eigentlich ist er zwar ein besonders versierter Kenner des *Guhyasamāja-Tantra*, doch zur Vorbereitung auf unsere Arbeit hat er einen Großteil von Kädrups Erläuterungen zu Kulika Pundarīkas Text »Großer Kommentar zum ›Kālachakra-Tantra‹, das makellose Licht« gelesen. Nicht nur seine Kālachakra-Erläuterungen waren sehr hilfreich für mich, sondern vor allem auch die allgemeinen Hintergründe, zu denen ich dank seiner weit gefächerten Erfahrung mit tantrischen Ritualen Zugang bekam.

Eine Reihe von Fragen zum Ritual hat mir der Dalai Lama schließlich noch kurz vor der Einweihung in Madison beantwortet, und in deren Verlauf hat er dann den Einweihungsprozess in aller Ausführlichkeit erläutert. Zu einem späteren Zeitpunkt, 1984 und 1985, habe ich mir die Tondbandaufnahmen mit den vom Dalai Lama und von Dschampäl Shenpen Rinpoche gegebenen Erläuterungen angehört und die Übersetzung von Kädrups »Mandala-Ritus« anhand der tibetischen Textvorlage überprüft. Bei dieser Gelegenheit habe ich die Erläuterungen des Dalai Lama aus der Madison-Einweihung und aus unseren persönlichen Unterredungen in Kädrups Text eingefügt. Die Kombination von Text und Erläuterung (beide lassen sich leicht auseinanderhalten, da der Text durch Einrückung gekennzeichnet ist und die Erläuterungen die volle Spaltenbreite einnehmen) macht deutlich, wie das Ritual konkret umzusetzen und wie es zu verstehen ist. Dadurch verliert das Tantra weitgehend den Nimbus des Geheimnisumwitterten.

Derselbe Prozess von Übersetzung, Überprüfung anhand der tibetischen Textvorlage und Einfügung der Erläuterungen fand auch beim Kapitel über den Ritus der täglichen Kālachakra-Praxis statt. Hier werden die – hauptsächlich vom Dalai Lama, aber auch von Dschampäl Shenpen Rinpoche stammenden – Erläuterungen in Form von Fußnoten wiedergegeben.

Der Übersetzung sind die Hinweise auf Kontextbezüge und die Erläuterungen, die mir diese beiden ganz außergewöhnlichen und höchst gelehrten Lamas gaben, enorm zugute gekommen. Offen gestanden wäre es ohne ihre Hilfe gar nicht möglich gewesen, diese Aufgabe in Angriff zu nehmen. Zwar gewährleistet auch das noch keine fehlerfreie Übersetzung, doch ließ sich durch den Konsultationsprozess die Zahl der groben Fehler stark reduzieren.

Da sich Kädrups Text in hohem Maß auf die Werke von Butön Rinchen Drup stützt, habe auch ich mich an vielen Stellen auf folgende Butön-Schriften bezogen:

1. »Der Mandala-Ritus des glorreichen Kālachakra: Quelle aller guten Eigenschaften« (*dpal dus kyi 'khor lo'i dkyil chog yon tan kun 'byung*)
2. »Leicht verständliche Anmerkungen zum glorreichen Kālachakra-Tantra in der kürzeren Fassung, Großer König der von dem Höchsten Urbuddha ausgegangenen Tantras« (*mchog gi dang po'i sangs rgyas las phyungs ba rgyud kyi rgyal po chen po dpal dus kyi 'khor lo'i bsdus pa'i rgyud kyi go sla'i mchan*)
3. »Kommentierende Erläuterung zum ›Einweihungs-Kapitel‹ [des Kālachakra-Tantra], Anmerkungen zu (Kulika Pundarīkas) ›Makelloses Licht‹« (*dbang gi le'u 'grel bshad dri med 'od kyi mchan*)
4. »Mittel zur Verwirklichung des Zustands des glorreichen Kālachakra, des überirdischen Herrschers: eine Traube mit Früchten vom wunscherfüllenden [Baum]« (*dpal dus kyi 'khor lo'i sugrub thabs dpag bsam snye ma*)

An vielen Stellen wird auch auf den Text des Siebten Dalai Lama mit dem Titel »Mittel zur Verwirklichung des Mandala des erhabenen Körpers, der erhabenen Rede und des erhabenen Geistes von Kālachakra, dem glorreichen überirdischen Herrscher: die segensreichen Worte von Gelehrten und Meistern« (*bcom ldan 'das dus kyi 'khor lo'i sku gsung thugs yongs su rdzogs pa'i dkyil 'khor gyi sgrub thabs mkhas grub zhal lung*) und auf eine besonders nützliche Erläuterung der Einweihungen durch Losang Tsültrim Tänpä Gyältsän Bezug genommen (siehe Bibliographie).

Sehr hilfreich war ferner Dr. Edward W. Bastians gut 16-stündige Videoaufzeichnung der Einweihung in Madison.

10
Der Autor des Mandala-Ritus

Kädrup Geleg Pälsangpo (*mkhas grub dge legs dpal bzang po*, 1385–1438), der Autor des in diesem Buch übersetzten Ritus für die Kālachakra-Einweihung, war einer der beiden bedeutendsten Schüler von Tsongkapa (*tsong kha pa*, 1357–1419), dem Begründer der Gelugpa-Überlieferungslinie im tibetischen Buddhismus.[126] Kädrup wurde als ältester Sohn von Tashi Pälsang (*bkra shis dpal bzang*) und Budren Gyälmo (*bu 'dren rgyal mo*) in der oberen Tsang-Provinz geboren. Auch sein nächstjüngerer Bruder, Baso Chökyi Gyältsän (*ba so chos kyi rgyal mtshan*, 1402–1473) wurde ein bekannter Meister der Gelugpa-Linie.[127]

Schon bevor er Tsongkapas Schüler wurde, war Kädrup ein großer Gelehrter in der Sakyapa-Überlieferungslinie des tibetischen Buddhismus. Die Gelugpas sehen in Kädrups Konversion einen wichtigen Beleg dafür, welche Wirkung und Überzeugungskraft von Tsongkapas Persönlichkeit und seinem überragenden Intellekt ausgingen. Kädrup hat bedeutende Werke über Logik und Erkenntnistheorie, über die Auffassung von Leerheit in den verschiedenen philosophischen Schulrichtungen, zum Beispiel in der Nur-Geist-Schule, in der Autonomie-Schule[128] oder in der Schule des Mittleren Weges, und über die Lehrsysteme des *Hevajra-Tantra* und des *Guhyasamāja-Tantra* geschrieben. Das *Kālachakra-Tantra* ist ein weiteres Thema, zu dem er umfangreiche Schriften hinterließ (siehe S. 65–66).

Die »Geheime Biographie« (*gsang ba'i rnam thar*), die Dschetsün Chökyi Gyältsän (*rje btsun chos kyi rgyal mtshan*, 1469–1546) über Kädrup verfasst hat, betrachtet sein Leben aus drei Blickwinkeln:

1. Kädrup hatte tatsächlich bereits Buddhaschaft verwirklicht. Und da Tsongkapa – was Dschetsün Chökyi Gyältsän bei seiner Leserschaft als bekannt voraussetzt – eine Inkarnation der Weisheitsgottheit Mañjushrī war, kam in Kädrups Konversion lediglich eine göttliche Aktivität zum Ausdruck.

2. Kädrup war eine Wiedergeburt des Kulika Mañjushrīkīrti, Verfasser des »Kālachakra-Tantra in der kürzeren Fassung« und erster als »Kulika« bezeichneter König von Shambhala, und Kädrup war eine Wiedergeburt von Abhayākara, von Rikpä Kuchuk dem Größeren (*rig pa'i khu phyug che ba*) und von weiteren namhaften indischen Gelehrten. Er wird also als ein Wesen betrachtet, das sich, von Altruismus motiviert, im Verlauf vieler Leben mit großer Energie der Verbreitung von Buddhas Lehre widmet; insbesondere derjenigen des *Kālachakra-Tantra*. Kädrups gesamtes Leben ist beispielhaft für die Weitergabe der Lehre – die höchste Form von Freigebigkeit. Gewöhnlichen Praktizierenden kann sein Leben daher als Vorbild für altruistisches Streben nach Gelehrsamkeit dienen.
3. In Anbetracht der Emotionen, die der tief traurige und von Schmerz erfüllte Schüler Kädrup nach dem Dahinscheiden seines Lehrers durchlebt hat, war er ebenso ein Mensch wie die Leser seiner Biographie.

Der Umstand, dass Kädrup bereits ein Buddha war und sich so gesehen jenseits von tatsächlicher Entwicklung – geschweige denn von Konversion – befand, verringert keineswegs die Wirkung, die seine Lebensgeschichte auf den Leser ausübt. Auf allen drei Ebenen wird die Biographie ihrer Aufgabe gerecht, ohne dass eine Ebene zu einer anderen in Widerspruch tritt.

Zur Darstellung wichtiger Etappen in Kädrups Leben eignet sich eine komprimierte Fassung seiner Biographie, die Geshe Thubten Gyatso vom Gomang-Kolleg der Kloster-Universität Drepung[129] anhand von Dschetsün Chökyi Gyältsäns Text »Geheime Biographie« erstellt hat.

Kädrup Geleg Pälsang
Eine Kurzbiographie von Geshe Thubten Gyatso

Unser wunderbarer, erhabener Lama, der allwissende, in den drei Bereichen – oberhalb der Erde, auf der Erde und unter der Erde – berühmte Kädrup, stand in vielen früheren Leben seit mehreren Weltaltern unter der Obhut des Ehrfurcht gebietenden Mañjushrī. Auf Grund von Mañjushrīs Unterweisungen zu den methodischen Aspekten der Lehre von der unauslotbaren Leerheit und zu den unermesslichen Stufen der klaren Verwirklichung – auf letzteren manifestiert sich die verborgene Bedeutung der Sūtras von der Vervollkommnung der Weisheit – hat Kädrup die fünf Pfade und die zehn Bodhisattva-Stufen durchlaufen und den Zustand von Vajradhara [den Zustand eines Buddha] verwirklicht. Aus der Schrift wie auch auf Grund einer vernunftgemäßen Beurteilung wird ersichtlich, dass sich dies so verhält; und seine Lebensgeschichte lässt ebenso eindeutig darauf schließen. Hier wollen wir allerdings aus jener Perspektive über seine Lebensgeschichte sprechen, aus der gewöhnliche Schüler sie betrachten.

Frühere Leben

Als unser großer Lehrer Buddha Shākyamuni auf Erden weilte, wurde dieser bemerkenswerte Lama in Gestalt eines Novizen namens Kamalashīla (*padma'i ngang tshul*) geboren, dessen Ordensoberer Kāshyapa war. Er machte sich mit allen drei Schriftsammlungen – mit den Schriften über Ethik und Disziplin, mit der Sammlung der Lehrreden und mit den Schriften über philosophische, kosmologische und psychologische Fragestellungen – bestens vertraut; und er verfügte über den Mut, den jemand benötigt, der sich dieses Wissen zu Eigen machen und den Weg zur Befreiung beschreiten will. In seinem Leben als Kädrup erschien ihm daher der unvergleichliche Tsongkapa in einem Traum und trug ihm »Das von Kāshyapa erbetene Sūtra« (*'os srung gi le'u, kāshyapaparivarta*) vor, woraufhin sich bei Kädrup besondere Verwirklichung manifestierte. Denn durch die Traumerscheinung wurden Dispositionen zu neuem Leben erweckt, die auf jene Zeit zurückgingen, in der er als Kāshyapas Schüler dieselben Unterweisungen vernommen hatte.

Auch vorher hatte es schon Wiedergeburten dieses ganz außergewöhnlichen Wesens gegeben: Als Mañjushrīkīrti hatte er das »Kālachakra-Tantra in der kürzeren Fassung« zusammengestellt,[130] und er war in Indien in Gestalt von berühmten Weisen und Bewahrern der drei Schriftsammlungen wiedergeboren worden. Als Abhayākara verfasste er in einer seiner Existenzen als indischer Gelehrter unter Mañjushrīs Anleitung den Text »Ozean der Mittel zur Verwirklichung« (*sgrub thabs rgya mtsho*) und weitere Werke. Unter seinen zahlreichen Büchern gab es ein Werk mit dem Titel »Schmuck der Gedanken des Siegreichen« (*thub pa'i dgongs rgyan, munimatālamkāra*).[131] Dieses ist einer der 21 Kommentare zu Maitreyas »Schmuck der klaren Verwirklichung« (*mngon riogs rgyan, abhisamayālamkāra*), aber auch eine generelle Erläuterung zu den Gedanken des Buddha.

Ferner nahm sich, als dieser höchst bemerkenswerte Lama als Pandita Rigpä Kuchuk der Größere wiedergeboren wurde, der ruhmreiche Chandrakīrti seiner an, wodurch er die Fesseln der extremen Sichtweisen abstreifen konnte. An einem bestimmten Punkt erklärte ihm Chandrakīrti: »Der verehrungswürdige Mañjushrī wird eines künftigen Tages als Mönch in einem entlegenen Land wiedergeboren werden. Dort solltest du ebenfalls eine Wiedergeburt annehmen, sein Wort in die Tat umsetzen und die Lehre verbreiten.« Bei dem entlegenen Land handelte es sich um Tibet, und Mañjushrī wurde als Tsongkapa wiedergeboren.[132]

Gelehrsamkeit

In Bezug auf die Bedeutung der drei Schriftsammlungen und der vier Tantra-Klassen verfügte er auch in diesem Leben bereits als junger Mann über einen mustergültigen, reibungslos arbeitenden analytischen Verstand. Denn in diesen Wissensbereichen hatte er sich ja seit vielen Leben geschult, und er hatte unter der Obhut des verehrungswürdigen Mañjushrī gestanden. Infolgedessen wurde er mehr als jeder andere Gelehrte zum großen Protagonisten eines Weges, des so genannten Streitwagen-Weges. Dies wurde bereits deutlich, als dieser so außergewöhnliche Lama gerade einmal 16 Jahre alt war. Damals erklärte der große Gelehrte Bodong Chogle Namgyäl (*bo dong phyogs las rnam rgyal*, 1376–1451), er werde den Text von Sakya Pandita Kunga Gyältsän (*sa skya pandita kun dga' rgyal mtshan*, 1182–1251) »Schatzkammer der Beweisführung« (*rigs gter*) widerlegen, und er forderte die Sakyapas auf, jemanden zu benennen, der seine Widerlegung entkräften solle.[133] Niemand traute sich jedoch, mit den entsprechenden Gegenargumenten die Position des Textes zu vertreten. Da ließ der Schirmherr des Klosters Jangnam Ringpa (*byang ngam ring pa*) alle Gelehrten zusammenrufen und erklärte: »Bodongwa will den ehrwürdigen Sakya Pandita widerlegen. Wer von euch versteht es also, diesem üblen Vogel das Gefieder zu rupfen? Wer dazu in der Lage ist, erhält eine große Belohnung von mir.«

Nachdem sich alle Gelehrten im Kloster Jangnam Ringpa versammelt hatten, wurde in der Mitte der Versammlung ein Sitz für Bodong Chogle Namgyäl hergerichtet, während der Schirmherr auf dem Thron Platz nahm. Vor all den vor ihm versammelten Gelehrten begann Bodong, Sakya Panditas »Schatzkammer der Beweisführung« systematisch zu widerlegen. Da keiner der Gelehrten etwas dagegen vorbringen konnte, kam man nach dem ersten Tag zu dem Schluss, der Text sei voller Widersprüche. Der Schirmherr ließ jedoch nicht locker und fragte erneut, wer sich zutraue, Sakya Panditas Auffassung im Disput zu vertreten. Schließlich klärte Kädrup, dieses gerade 16 Jahre alte, großartige Wesen, am nächsten Tag all jene Ungereimtheiten auf, die zunächst Sakya Pandita zugeschrieben worden waren, und widerlegte mit makelloser Argumentation die von Bodong Chogle Namgyäl vorgetragenen Ansichten. Kädrup fuhr mit dem Disput so lange fort, bis Bodong nichts mehr zu entgegnen wusste. Daraufhin musste dieser einräumen, bei den aufgezeigten Widersprüchen handele es sich um innere Widersprüche in den Grundsätzen der Sūtra-Schule (*mdo sde pa, sautrāntika*), deren Position Sakya Pandita lediglich wiedergegeben habe.

Kädrup vollbrachte noch weitere Bravourleistungen der Gelehrsamkeit. Zum Beispiel bezwang er den Gelehrten Yakpa (*g.yag pa*) bei einem Disput vor den Augen aller Mönche und Gelehrten, die sich in der Versammlungshalle eingefunden hatten. Da er sich im Verlauf vieler Leben in den verschiedenen Wissensbereichen geschult hatte, war ihm kein anderer Gelehrter gewachsen.

Die Begegnung mit Tsongkapa

Bei der ersten Begegnung mit dem unvergleichlichen Tsongkapa rief allein schon dessen strahlende Erscheinung bei Kädrup eine Reaktion hervor, die derjenigen des immerfort weinenden Bodhisattvas (*rtag tu ngu, sadāprarudita*) bei Dharmodgatas Anblick glich: Unwillkürlich standen ihm am ganzen Körper die Haare zu Berge; und er war derart erfüllt von Vertrauen, dass Tränen aus seinen Augen flossen und sein Mund spontan Worte der Verehrung verlauten ließ. Auf Grund der früheren Verbindung erweckte ihre Begegnung bereits im allerersten Moment ein unerschütterliches, mit nichts zu vergleichendes Vertrauen.

In der nächsten Nacht hatte er einen Traum, in dem er lange Zeit in dichter, alles verdunkelnder Finsternis versank. Später erschien im Osten ein großes Rad mit Hunderten auf der Spitze stehenden Schwertern, deren Griffe zum Zentrum des Rades wiesen. An der Schwertspitze waren also Hunderte Sonnen zu sehen und im Zentrum des Rades weilte, inmitten eines Regenbogens, der Ehrfurcht gebietende Mañjushrī. Er hatte einen orangefarbenen Körper, hielt ein Schwert und ein Buch in den Händen, trug juwelenbesetzte Kostbarkeiten als Schmuck und war von solch jugendlicher Frische, dass man sich an ihm gar nicht satt sehen konnte. Voller Freude kam Mañjushrī auf Kädrup zu und löste sich in ihn auf. Darauf folgte ein großer Sonnenaufgang, und augenblicklich war alle Finsternis verbannt. Der Strahlenkranz der Sonne erfüllte die ganze Welt. Dies war sein Traum.

Als er am nächsten Tag Tsongkapa traf, schilderte er ihm den Traum und fragte nach seiner Bedeutung. Der unvergleichliche Tsongkapa antwortete ihm: »Du hast deinen Lama und deine Schutzgottheit in ihrer Untrennbarkeit gesehen. Du bist ein juwelengleicher Mensch, in besonderer Weise dazu bestimmt, ein Mantra-Schüler zu werden. Wie du mich gesehen hast, als verehrungswürdigen Mañjushrī, so bin ich tatsächlich. Aber Personen von geringem Einsichtsvermögen sehen in mir einen gewöhnlichen Menschen. Du wirst vielen Schülern eine große Hilfe sein.«

Dann fragte der unvergleichliche Tsongkapa: »Wer ist deine Schutzgottheit?« Kädrup antwortete: »Der orangefarbene Mañjushrī und Raktayamāri.«

Tsongkapa fuhr fort: »Ob du nun Raktayamāri, Krshnayamāri oder Bhairava als Schutzgottheit wählst – du stehst unter Mañjushrīs Obhut, denn diese drei sind in zunehmendem Maß zornvolle Manifestationen Mañjushrīs. Da aber meine Übertragungslinie unter Mañjushrīs Schutz steht und seinen Segen trägt, solltest du Bhairava zur Schutzgottheit nehmen. [Denn die zornvollste Form hat zugleich die höchste Wirksamkeit.] ... Sie erfüllt viele besondere Aufgaben, deren Bedeutung anderen unverständlich ist.« Sofort darauf erteilte ihm Tsongkapa, ohne dass Kädrup darum bitten musste, die Vajrabhairava-Einweihung. Fortan versäumte Kädrup es niemals, die tägliche Vajrabhairava-Praxis durchzuführen.

Dieser Lama wurde mit der Zeit zum bedeutendsten spirituellen Sohn des verehrungswürdigen Tsongkapa.[134] Da ihm Tsongkapas Rede unentwegt zufloss wie Ambrosia und da er über unfehlbare Kenntnis der drei Schriftsammlungen und der vier Tantra-Klassen verfügte, wurde er zum großen Wegbereiter eines Streitwagen-Weges. Dank seines grenzenlosen Mitgefühls, das ihn für alle Wesen so empfinden ließ, wie eine Mutter ihrem einzigen Kind gegenüber empfindet, wurden viele vom Glück begünstigte Schüler mit dem Ambrosia seiner vorzüglichen Darlegungen erfüllt.

Damit auch künftigen Schülern verständlich werden möge, dass der von Tsongkapa gewiesene – den Fußstapfen der vorausgegangenen Siegreichen folgende – Weg zu Befreiung und Allwissenheit führt, verfasste er zahlreiche Erläuterungen zu Buddhas Wort und zu den entsprechenden Kommentaren. Insbesondere verfasste er zahlreiche Abhandlungen zu dem Zweck, die äußerst verdichteten, diamantenen Redewendungen und tiefgründigen Formulierungen in Tsongkapas Texten zu erläutern. Dies tat er in einer Art und Weise, die so leicht zu erfassen ist, wie ein Nachtfalter, der sich auf der Handfläche niedergelassen hat. Seine Schriften bestehen aus den neun Bänden seiner Gesammelten Werke [die 58 verschiedene Abhandlungen enthalten].

Kurzum: Dem eigenen Vorteil und Nutzen schenkte er ebenso wenig Beachtung wie stilistischen Feinheiten. Er hat zahllose Handlungen ausgeführt, bei denen es ihm einzig und allein auf die Lehre und auf das Wohlergehen der empfindenden Wesen ankam: Er hat die Lehren des Buddha, des Siegreichen, erläutert, strittige Fragen geklärt, Lehr- und Kommentartexte verfasst. Darauf richtet auch die hier vorliegende Biographie dieses großen Wesens ihr Hauptaugenmerk. Einzelheiten sind der ausführlicheren Biographie zu entnehmen.

Kleiner Nachtrag

In der Folge schildert Geshe Thubten Gyatso in seiner komprimierten Fassung der Biographie detailliert die fünf Visionen, die Kädrup nach dem Tod seines Lehrers hatte. Diese Visionen von Tsongkapa stellten sich bei folgenden Gelegenheiten ein: 1.) als Kädrup vom geringen Niveau der Schüler, denen er begegnete, schmerzlich berührt war; 2.) als ihn das eigene Unvermögen, die Bedeutung schwieriger Textstellen zu erfassen, schmerzlich berührte; 3.) als ihm unter Tränen bewusst wurde, welch unermesslich großen Dienst sein Lehrer der Welt erwiesen hatte; 4.) als er angesichts der Ungewissheit über den Fortbestand von Tsongkapas Lehre auf dieser Welt den schmerzlichen Wunsch nach der Präsenz seines Lehrers verspürte; 5.) als er ein intensives Verlangen empfand, wieder mit seinem Lehrer zusammen sein zu können. In diesen Visionen erhielt Kädrup weiterhin Unterweisungen von Tsongkapa, der ihm zunächst in eigener Gestalt erschien – erst auf einem Elefanten reitend und dann auf einem goldenen Thron. Anschließend erschien er ihm in der jugendlichen Gestalt auf einem Furcht einflößenden weißen Löwen; danach als Yogi auf einem Furcht einflößenden männlichen Tiger und schließlich als Mönch inmitten von weißen Wolken. Dschetsün Chökyi Gyältsän berichtet, später bei Kädrups Tod hätten manche seiner Schüler mit reinem Karma Visionen gehabt, wie er nach Shambhala ging.[135]

11

Der Autor der Erläuterungen

Wenn ein Lama eine tantrische Einweihung erteilt, erklärt er den Schülern bei jedem Schritt des Rituals, welche Einstellung sie haben sollten, welche Visualisation erforderlich ist und worin die zu kontemplierende Bedeutung der Visualisation besteht. Denn damit die Einweihung tatsächlich vollzogen wird, reicht es nicht, einfach nur bei einer Zeremonie dabei zu sein und ein paar Laute zu hören, denen man keine Bedeutung entnehmen kann. Der für das Ritual verantwortliche Lama erläutert dieses, damit eine wirkungsvolle Verbindung aus seinen eigenen Visualisationen, den Visualisationen der Schüler und dem durchgeführten Ritual entstehen kann. Hier in unserem Fall gibt Seine Heiligkeit Tenzin Gyatso, der Vierzehnte Dalai Lama, diese Erläuterungen.

Der Dalai Lama hat seine Autobiographie veröffentlicht,[136] und John F. Avedon hat ein ausgezeichnetes Buch geschrieben, in dem er detailliert auf die Aktivitäten Seiner Heiligkeit nach dem Einmarsch der Chinesen eingeht.[137] Daher erübrigt sich hier der Versuch, die entsprechenden Punkte nochmals darzulegen. Sehr aussagekräftig finde ich allerdings den nachfolgend wiedergegebenen Bericht, in dem Liushar Thubten Tharpa, ein hochrangiges Mitglied der tibetischen Regierung, schildert, wie nach dem Dahinscheiden des Dreizehnten Dalai Lama der jetzige Dalai Lama gefunden wurde. Er vermittelt einen gewissen Eindruck von der Bedeutung, die diesem führenden Vertreter einer großen Weltreligion innerhalb des tibetischen Kulturkreises zukommt.

Als die Tibeter 1959 nach Indien fliehen mussten, gehörte Liushar Thubten Tharpa dem tibetischen Kabinett an. Als Mitglied eines Kabinetts ohne festgeschriebene ministerielle Geschäftsbereiche wurde er vielfach als »Außenminister« bezeichnet. Er war Mönch und entstammte einer vornehmen Familie aus Lhasa, in deren Leben dem praktizierten Buddhismus eine tragende Rolle zukommt. Mitte der 60er-Jahre war er der Repräsentant des Dalai Lama in New York. Damals begann zwischen ihm und mir eine lang anhaltende Freundschaft. Sie überdauerte die Jahre seines zurückgezogen Lebens in einem buddhistischen Kloster an meinem damaligen Studienort New Jersey. Und sie hatte auch weiterhin Bestand, als er schließlich auf Wunsch Seiner Heiligkeit nach Dharamsala, Indien, zurückkehrte. Den Bericht über die Auffindung des Vierzehnten Dalai Lama gab er 1975 an der Universität von Virginia, und die Niederschrift korrigierte er später, als er bereits in Indien lebte, mit großer Sorgfalt.

Im Westen kannte man ihn als Thubten Tharpa Liushar. Doch auf seine Veranlassung hin habe ich den Familiennamen Liushar vorangestellt. In New York hatte er sich diesbezüglich an die westlichen Gepflogenheiten gehalten. In der Zeit seines zurückgezogenen Klosterlebens entschloss er sich jedoch, es so damit zu halten, wie bei den Tibetern üblich. Er war ein Mensch, dessen Gegenwart einem auf ganz natürliche Weise Respekt einflösste. Einer seiner Landsleute in der tibetischen Regierung erklärte mir, seine Kraft gewinne Liushar Thubten Tharpa aus der Mantra-Praxis. In der Tat waren seine Lippen nahezu ohne Unterlass, selbst wenn er bei einem Gespräch anderen zuhörte, leicht in Bewegung.

Meine liebste Erinnerung an meinen alten Freund, der 1984 verstarb, bezieht sich auf eine Diskussion, die ich im Kloster von New Jersey mit einigen tibetischen Gelehrten führte. Im Verlauf der Diskussion hatte ich die Auffassung zum Ausdruck gebracht, dass nach meinem Dafürhalten diejenige Sichtweise, die uns selbst und den Phänomenen keine unabhängige Eigenexistenz zuspricht, sehr wohl die höchste Sicht sei. Auf mich übe sie allerdings eine besondere Anziehung in Verbindung mit jener Sicht aus, der zufolge Subjekt und Objekt auf einer konventionellen Ebene wesensgleich sind. Mein Ansinnen, die Sicht der Prāsangika-Mādhyamika-Schule mit der Sicht der Nur-Geist-Schule zu kombinieren, ließ die Gelehrten verstummen. Später gab mir jedoch Liushar Thubten Tharpa im Tempel mit einer Geste zu verstehen, ich solle mir eine Seite eines Tsongkapa-Textes anschauen. Bei der Zeile, auf die er mich hinwies, handelte es sich um eine Praxisanweisung, die besagte, dass die Praktizierenden sich selbst, alle übrigen Gottheiten des Mandala und auch das Wohnsitz-Mandala so betrachten sollten, dass sie ein und dieselbe Essenz haben, Manifestationen des einen, von Mitgefühl motivierten Weisheitsbewusstseins sind. Als ich mich anschickte, mit dem Text zu den Gelehrten zu gehen, da fasste er mich mit der einen Hand am Arm. Zugleich legte er einen Finger der anderen Hand auf seine Lippen.

Die Auffindung des Vierzehnten Dalai Lama von Liushar Thubten Tharpa

Der Dreizehnte Dalai Lama fasste 1932 in einem Brief an die Regierungsbeamten einige Überlegungen und Ratschläge zu Tibets prekärer Situation zusammen. Seinen Warnungen zufolge würde, sofern man sich nicht in Acht nähme, die »rote Weltanschauung« die Herrschaft über Tibet an sich reißen. Dies würde nicht nur für die Mönche, sondern ebenso für die Regierungsangestellten eine Situation heraufbeschwören, in der sie Tag und Nacht die kommunistischen Direktiven auszuführen hätten. »Von jetzt an«, so erklärte er, »müssen Sie größte Umsicht und größte Vorsicht walten lassen. ... Da ich nunmehr beinahe 58 Jahre alt bin, werde ich die politische Arbeit nicht mehr sehr viel länger leisten können.« Kaum jemand schenkte diesen Aussagen damals so recht Beachtung. Doch im nächsten Jahr, als er tatsächlich 58 Jahre alt geworden war, verstarb er. Das war 1933.

Als sich noch in der gleichen Nacht die Nachricht verbreitete, der Dalai Lama sei dahingeschieden, versammelten sich die Regierungsangestellten, aber auch viele andere Menschen vor seinem Sommerpalast. Am nächsten Morgen zeigte sich eine Wolkenformation am Himmel, die einem nach Osten weisenden Regenbogen ähnelte. Darin sah man ein Vorzeichen, dem zufolge die nächste Wiedergeburt des Dalai Lama im Osten zu finden sein werde.

Ungefähr zwei Jahre lang haben wir viele große Opferungsrituale durchgeführt, haben mit dem Wunsch, die nächste Wiedergeburt des Dalai Lama möge rasch gefunden werden, meditiert und zahllose Gebete verrichtet. Dem Brauch folgend, brachten wir die sterblichen Überreste des Dalai Lama in den hoch über Lhasa sich erhebenden Potala, seinen Winterpalast, und legten sie in einen goldenen, in einer gewaltigen Kapelle stehenden Stupa.

Dort gibt es zahlreiche solche Reliquienschreine. Die größten, diejenigen des Fünften und des Dreizehnten Dalai Lama, sind etwa 15 Meter hoch und vergoldet. Wir haben damals zwei oder drei Jahre gebraucht, um den Reliquienschrein für die sterblichen Überreste des Dreizehnten Dalai Lama fertigzustellen und auf der Westseite des Potala neben der Hauptkapelle einen kleinen Tempel für diesen Schrein zu bauen.

Im ganzen Land wandten wir uns an die Eltern neugeborener Kinder: Sie sollten Acht geben, ob ihr Kind spezielle Merkmale aufwies, ob sie selbst vor der Geburt ungewöhnliche Träume hatten, ob es in Zusammenhang mit der Geburt besondere Zeichen gab oder ob das Kind über außergewöhnliche Fähigkeiten verfügte. Gegebenenfalls sollten sie dies der Regierung mitteilen.

Seinerzeit, bei der Auffindung des Dreizehnten Dalai Lama, hatte das Orakel geraten, den heiligen See Lhamo Lhatso südöstlich von Lhasa aufzusuchen. In ihm würden Einzelheiten über seinen Geburtsort offenbar werden. Daher verfuhren wir diesmal ebenso. Bei uns sagt man, dieser Gebirgssee sei das Zuhause der »ruhmreichen Göttin« Pälden Lhamo (*dpal ldan lha mo*). An der Spitze einer Delegation begab sich der damalige Regent Radreng Rinpoche (*ra sgreng rin po che*) an den See Lhamo Lhatso, um selbst zu schauen, was der See offenbaren würde. Nachdem der Regent verschiedene Riten durchgeführt hatte, erblickten er und die Delegationsmitglieder im See zahlreiche Gebäude. Sie sahen alles wie in einem Film: einen pagodenartigen dreistufigen Tempel mit einem blauen Dach, eine Straße, das kleine Haus eines Dorfbewohners und noch ein weiteres kleines Haus. Sie hatten, wie sich später zeigte, genau jenen Ort vor Augen, an dem der Dalai Lama geboren wurde.

Nach Lhasa zurückgekehrt, berief der Regent die Nationalversammlung ein, um darzulegen, was er erblickt hatte. Er berichtete auch von drei großen Buchstaben, die im See sichtbar geworden waren – »A«, »Ka« und »Ma«. Die Anwesenden überlegten, welche Bewandtnis es mit den Buchstaben haben könne, und tauschten Gedanken darüber aus. Anschließend sandte die Regierung Delegationen aus Lamas und Regierungsbeamten in alle vier Himmelsrichtungen, um den in der Vision beschriebenen Ort ausfindig zu machen. Und diejenigen Tibeter, die glaubten, in ihrer Familie sei in der fraglichen Zeit ein außergewöhnliches Kind geboren worden, zeigten diese Kinder den Delegationsmitgliedern.

Tatsächlich wurde der Vierzehnte Dalai Lama in der Provinz Amdo geboren, und zwar in einem Gebiet, das bei uns Siling heißt. Auf westlichen Landkarten hingegen ist es als Kokonor, »Blauer See«, verzeichnet. Kumbum, Tsongkapas Geburtsort unweit des Kokonor, liegt zwar in Tibet, befand sich allerdings zur damaligen Zeit unter chinesischer Herrschaft. Vom Kloster Kumbum zum Geburtsort des Dalai Lama benötigt man zu Pferd ungefähr zwei Stunden.

Da sich im See Lhamo Lhatso chinesisch anmutende Gebäude gezeigt hatten und man zu dem Schluss gekommen war, solch eine Szenerie könne eigentlich nur in einem von Chinesen kontrollierten Gebiet zu finden sein, war eine Delegation, bestehend aus einem Lama namens Ketsang (*ke'u tshang*) und fünf oder sechs Regierungsbeamten, nach Kumbum gereist. Die Mitglieder dieser Reisegruppe suchten nicht offen nach der Reinkarnation des Dalai Lama, sondern erweckten den Eindruck, sich auf einer Pilgerreise zu befinden. Gelegentlich fragten sie, ob es in jüngerer Zeit irgendwo in der Umgebung eine außergewöhnliche Kindesgeburt gegeben habe. In einem Fall, so erfuhren sie, hätten die Eltern vor der Geburt ihres Kindes zahlreiche ungewöhnliche Träume gehabt. Und zum Zeitpunkt der Geburt seien nahe bei ihrem Haus Regenbögen am Himmel sichtbar gewesen.

Weiterhin tat Lama Ketsangs Reisegruppe so, als befinde man sich auf Pilgerreise. Man ging also zum Haus dieser Familie und fragte: »Könntet ihr uns bitte für ein paar Tage Unterkunft gewähren?« Sobald der Dalai Lama, der zu jener Zeit ungefähr drei Jahre alt war, sie erblickte, kam er auf sie zu gelaufen, als sei man bestens miteinander vertraut. Sie aber verhielten sich, als sei dem keine Bedeutung beizumessen, und legten eine ganz normale Freundlichkeit an den Tag.

Die Delegationsmitglieder hatten einen kleinen Rollentausch vorgenommen: Ein Mönchsbeamter tat so, als sei er das ranghöchste Mitglied der Reisegruppe, während Lama Ketsang sich als sein Diener ausgab. Diese beiden Männer und ein drittes Mitglied der Gruppe, ein Mönch aus dem Kloster Sera in Lhasa, führten ein längeres Gespräch. Unvermittelt fragte der Lama den Jungen: »Weißt du, wer das ist?« – »Ein Mönchsbeamter«, antwortete der Kleine. »Und der Mann dort drüben?« Im Amdo-Dialekt nennt man Mönche »Aga«, und so erwiderte der Junge: »Das ist ein Sera-Aga.« Da er zu sagen vermochte, aus welchem Kloster in Lhasa der Mönch kam, dachten sie sich: »Nun, hier liegt tatsächlich etwas Außergewöhnliches vor.«

Sie schickten eine Nachricht nach Lhasa, aus der hervor ging, dass sie einen Jungen mit solchen Merkmalen gefunden hatten und dieser mit dem Lama, dem Mönch und dem Beamten mitgehen wolle, statt bei seinen Eltern zu bleiben. In einem Antwortschreiben forderte die Zentralregierung sie auf, weitere Nachforschungen anzustellen. Nachdem sie dies getan hatten, schickten sie einen weiteren Brief an die Zentralregierung, in dem es hieß: »Es besteht kein Zweifel.«

Den Leichnam des Dreizehnten Dalai Lama hatte man inzwischen in dem auf der Westseite des Potala-Palastes entstandenen Tempelneubau in den Reliquienschrein gebettet, neben dem zwei Holzpfeiler standen. An der Ostseite dieser beiden Pfeiler wuchs jeweils ein etwa dreißig Zentimeter hohes, wie ein Elefantenstoßzahn geformtes Gebilde aus dem Boden empor. Diese Phänomene wurden damals fotografiert und sind daher auf den Fotos wahrscheinlich bis heute dokumentiert. Auch dies verstand man als Hinweis, dass der Dalai Lama östlich von Lhasa geboren wurde. Außerdem wuchsen trotz winterlicher Eiseskälte auf dem podestartigen Thron des Dalai Lama in einem für Vorlesungen unter freiem Himmel erbauten Amphitheater Blumen. Es herrschte Winter, niemand hatte Samen ausgesät oder sie mit Wasser versorgt und trotzdem wuchsen Blumen. Allgemein war man verwundert darüber und fragte sich, warum diese Blumen blühten. Erst rückblickend wurde uns klar, dass es sich hier um »Drachenblumen« gehandelt hatte: um einen Hinweis auf die erst im Jahr des Drachen, 1940, durchführbare Inthronisation des Dalai Lama.

Zu jener Zeit begannen die Einwohner von Lhasa – scheinbar grundlos – gewisse Lieder zu singen. Sie sangen solche Dinge wie »An die Langlebensfrau vom See, wunderschöne Blume«. Wie uns später klar wurde, war »langes Leben« (Tsering, *tshe ring*) ein Hinweis auf den Vater des Dalai Lama. Er hieß Tsering. Und »Frau vom See« (Tsomo, *mtsho mo*) war der Name seiner Mutter, Tsomo. Es gab viele solche Zeichen, denen wir damals allerdings keine Beachtung schenkten.

Auf Anweisung aus Lhasa setzte die Gruppe um Lama Ketsang ihre Nachforschungen fort. Man hatte einige Teile aus dem Nachlass des vorigen Dalai Lama mitgebracht: zwei Gebetsketten, eine kleine Handtrommel und einen Spazierstock. Und man hatte auch entsprechende Gegenstände dabei, die nicht aus seinem Besitz stammten. Zunächst zeigten sie dem Jungen zwei zum Verwechseln ähnlich aussehende schwarze Gebetsketten, und er nahm sich die richtige. Anschließend zeigten sie ihm zwei zum Verwechseln ähnlich aussehende gelbe Gebetsketten, und erneut traf er die richtige Wahl. Danach zeigten sie dem Jungen zwei kleine Handtrommeln. Diejenige aus dem Nachlass des Dalai Lama war weit unansehnlicher als die andere, eine mit wunderschönen Schnitzereien und faszinierend aussehenden Klöppeln ausgestattete Trommel. Lama Ketsang und seine Begleiter nahmen an, der Junge werde sich die attraktivere und größere Trommel aussuchen. Doch er wählte die richtige und begann sie zu spielen. Er nahm auch einen der beiden Spazierstöcke in die Hand, betrachtete ihn, legte ihn dann beiseite und holte sich den anderen Spazierstock: den aus dem Nachlass des Dalai Lama. Er hatte sich also vor ihren staunenden Augen die richtigen Gegenstände herausgesucht. Sie waren nun endgültig überzeugt, dass er der Dalai Lama war. Daraufhin schilderten sie der Regierung in Lhasa in einem Bericht, was sich zugetragen hatte.

Die Entscheidung über die Reinkarnation des Dalai Lama muss korrekt sein. Also wollte die Regierung, um ganz sicher zu gehen, noch auf eine zusätzliche Prüfungsmethode zurückgreifen. Dazu ließ der Regent vor einer bedeutenden und wertvollen Statue aus der Zeit von König Songtsen Gampo (*srong btsan sgam po*, 569–650) zwei aus angefeuchtetem Tsampa (geröstetem Gerstenmehl) geknetete Kugeln in einem Becher kreisen. Umhüllt waren diese Teigbällchen mit einem Blatt Papier, auf das man die Namen der beiden

Hauptkandidaten geschrieben hatte. Als man von dem Bällchen, das zuerst aus dem Becher herausgeschleudert wurde, das Papier entfernte, stand darauf der Name Lhamo Döndrup (*lha mo don grub*). Diesen Namen hatte der Vierzehnte Dalai Lama von seinen Eltern erhalten. Auf der Papierumhüllung des anderen Teigbällchens hatte sich der Name des zweiten Kandidaten befunden. Man stand also – dafür lieferte diese Weissagungsmethode eine weitere Bestätigung – im Begriff, die richtige Wahl zu treffen. Daraufhin entschied man endgültig, dass der Junge aus Amdo die Inkarnation des Dalai Lama war.

Da die Kokonor-Region wie gesagt unter chinesischer Kontrolle stand, gab es in Siling, der Regionalhauptstadt, keinen buddhistischen Gouverneur. Vielmehr herrschte dort ein skrupelloser Machthaber, ein chinesischer Moslem namens Mabufang. Die Delegationsmitglieder mussten daher diskret vorgehen und durften nicht ausplaudern, dass sie den Jungen für den Dalai Lama hielten. Also erklärten sie dem Gouverneur: »Wir sind auf Suche nach der Inkarnation des Dalai Lama und haben hier einen Jungen gefunden, der wie einige andere auch ziemlich ungewöhnlich ist. Um der Sache auf den Grund gehen zu können, möchten wir ihn nach Lhasa einladen. Durch eingehende Prüfungen werden wir dort unter allen Jungen den richtigen herausfinden. Bisher sind wir jedoch noch zu keiner Entscheidung gelangt.« Aber der Gouverneur dachte sich: »Dieser Junge könnte durchaus der Dalai Lama sein.« Daher antwortete er ihnen: »Wenn ihr meint, dass er der Dalai Lama ist, dann trefft besser gleich jetzt an Ort und Stelle eure Entscheidung.« Der Gouverneur ordnete an, dass die Eltern mit ihrem Kind zu ihm kommen sollten. Er setzte das Kind auf seinen Schoß und fragte: »Bist du der Dalai Lama?« und der Dalai Lama antwortete: »Ja, das bin ich.«

Unter einem Vorwand wollte der Gouverneur verhindern, dass die Delegation den Jungen nach Lhasa mitnähme. Deshalb ließ er den Mönchen des Klosters Kumbum die Nachricht zukommen, er werde das Kind zu ihnen schicken. Man solle in Kumbum feststellen, ob es sich bei ihm tatsächlich um den Dalai Lama handele. Dazu brauchte es zwei Jahre. Und an Mabufang mussten wir letztlich einen gewaltigen Geldbetrag entrichten. Zunächst wurden ihm 100 000 chinesische Silberdollar übergeben, und anschließend erhielt er nochmals 300 000 chinesische Silberdollar und zusätzlich eine komplette Ausgabe des Schriftenkanons mit den Lehren des Buddha und den entsprechenden indischen Kommentaren, alles in Goldlettern gedruckt.

Schließlich konnten wir den neuen Dalai Lama im Herbst 1940 nach Lhasa einladen. Die Reiseroute führte durch die Hochebene. Da es aber weder Straßen noch Autos oder dergleichen gab, musste die ganze Reise zu Pferd zurückgelegt werden. Für den Dalai Lama hatte man einen Wagen angefertigt, der von Maultieren gezogen wurde. Zwei Monate lang war die Reisegruppe unterwegs. Von Lhasa aus schickte man ihr zu verschiedenen Treffpunkten Eskorten entgegen. Ich erhielt den Auftrag, die dritte dieser Eskorten zu übernehmen.

Ich sollte den Dalai Lama an einem Pass hinter Nagchu treffen, zu Pferd ungefähr sieben oder acht Tagesreisen von Lhasa entfernt. Da der Treffpunkt gleich hinter dem verabredeten Pass lag, überquerten wir diesen und warteten. Inzwischen bereiteten wir Opferungen vor, richteten Zelte und einen Thron her, schufen eine Bleibe für die nächste und die übernächste Nacht.

Als erstes hießen wir ihn in einem Zelt willkommen und übergaben ihm ein Schreiben, aus dem hervorging, dass er einer in aller Form getroffenen Entscheidung zufolge der Dalai Lama ist. Obgleich zu diesem Zeitpunkt erst fünf Jahre alt, wirkte er ganz und gar nicht wie andere Kinder. Es war wirklich erstaunlich.

Als wir nach Nagchu kamen, hatte die Zentralregierung umfangreiche Vorbereitungen für einen Empfang des Dalai Lama im großen Kloster getroffen. Zwei oder dreitausend Menschen waren da. Man setzte ihn auf einen sehr hohen Thron, während sein Vater und seine Mutter seitlich von ihm Platz nahmen, allerdings auf einem viel niedrigeren Podest. Andere Kinder würden es auf solch einem Platz nicht lange aushalten, sondern zu ihrer Mutter wollen und dergleichen. Er musste zwei Stunden dort oben auf seinem Thron bleiben, denn die Menschen waren gekommen, um ihn zu sehen. Und er saß einfach zwei Stunden lang still da. Andere Kinder hätten zumindest den Blick umherschweifen lassen und genau betrachtet, was sich um sie herum abspielt. Bei ihm hingegen war es so, als habe er dies alles schon gesehen und schenke ihm keine Beachtung. Ich war verblüfft, wirklich sehr verblüfft. (Täglich waren wir zwei oder drei Stunden unterwegs, verbrachten also nur einen kleinen Teil des Tages mit der Weiterreise.)

Zwei oder drei Tage vor der Ankunft in Lhasa hatte man eine große Zeltstadt errichtet, damit die Regierungsbeamten, die Adelsfamilien und einige andere Leute den Dalai Lama empfangen konnten. Auch drei Mönche, die in der vorigen Inkarnation seine Bediensteten gewesen waren, trafen ihn dort. Einer von ihnen ist so etwas wie sein erster Diener, kümmert sich um das Essen, sorgt dafür, dass es zubereitet und serviert wird. Ein anderer ist ausschließlich für die Kleidung verantwortlich. Er achtet darauf, dass sie sauber ist, dass sie aus den Schränken herausgeholt, bereit gelegt und später wieder fortgeräumt wird. Der dritte bereitet alle religiösen Gegenstände vor, die der

Dalai Lama für die Riten und Rituale benötigt. Diese drei Männer sind seine Hauptbediensteten und bekleiden sehr hohe Positionen.

Der für den Ritualbereich zuständige Diener hatte ein Thangka mit einer Darstellung von Pälden Lhamo bei sich, das in einem roten, mit einem Deckel verschlossenen Behälter aufbewahrt wird. Seit der Zeit des Fünften Dalai Lama hat man das Thangka mit Pälden Lhamo selbst gleichgesetzt. Es wurde nie auseinander gerollt, sondern blieb stets aufgewickelt. Es begleitet den Dalai Lama, wo auch immer er hingeht – niemals ist er von ihm getrennt.

Der Diener hatte das Thangka in der Nähe des Zelteingangs abgestellt. Als er an der Stelle vorbei kam, nahm der Dalai Lama es mit ins Zelt hinein und entrollte es sogleich. Niemand bekommt es normalerweise zu sehen, doch damals konnte man es sehen. Dann rollte er es zusammen und steckte es wieder in den Behälter. Alle waren verblüfft darüber, dass er das getan hatte.

Bei der Ankunft in Lhasa brachte man ihn zum Haupttempel, damit er dort vor den Statuen seine Ehrerbietung erweisen konnte. Gleich anschließend brachte man ihn zum Sommerpalast – also nicht zum Potala, seinem Winterpalast, sondern zum Norbulingka. Nach dem tibetischen Kalender gerechnet im ersten Monat des Jahres 1940, dem westlichen Kalender zufolge im Februar desselben Jahres – bat man ihn schließlich, in seine Hauptresidenz, den Potala, zu kommen. Damals, am 22. Februar 1940 nach westlicher Zeitrechnung, fand die eigentliche Inthronisation statt.

Am Tag seiner Amtseinsetzung waren auch seine beiden Tutoren zugegen: Der Regent Radreng Rinpoche sowie Tagdra Rinpoche, der später dessen Nachfolge antrat. Am Tag der Inthronisation gab der Regent dem Dalai Lama den Namen Dschetsün Dschampäl Ngawang Losang Yeshe Tenzin Gyatso Shrisum Wangyur Tsungpa Mepäde Pälsangpo.[138] Seitdem heißt er – mit der Kurzform seines Namens – Tenzin Gyatso.

Sein Kopf wurde wie bei einem Mönch geschoren. Oben am Scheitel blieb jedoch ein kleines Haarbüschel stehen. Um deutlich zu machen, dass er zum Mönchs-Novizen geworden war, wurde dieses anschließend ebenfalls abgeschnitten. Der Abt fragte ihn in diesem Moment: »Wirst du ohne eigenen Hausstand durchs Leben gehen?« Und er antwortete: »Ja, ich werde ein mönchisches Dasein führen.«

Der Potala wurde nun zu seiner Residenz, und seine Ausbildung begann. Obwohl er sehr jung war, sah es fast so aus, als brauche man ihm solch ein Basiswissen wie zum Beispiel das Alphabet gar nicht zu vermitteln. Andere Kinder bräuchten einen Ort, an dem sie herumtollen könnten, bräuchten Spielkameraden und so weiter. Er hingegen hatte einzig und allein seine drei alten Diener. Jedes andere Kind würde solch ein Leben nach einer Weile sehr beschwerlich finden und sagen: »Ich will zurück zu meiner Mutter.« Das alles traf bei ihm nicht zu. Gelegentlich kam seine Mutter zu Besuch. Doch ansonsten war er allein auf seinem Zimmer und las in den Büchern. Hin und wieder hat man seinen etwas älteren Bruder zu ihm geschickt.

Als der Dalai Lama dreizehn wurde, war es für ihn an der Zeit, die Kloster-Kollegien von Drepung beziehungsweise Sera zu besuchen – und mit dem Eintritt in ein Kloster-Kolleg ein noch eifriger studierender Mönch zu werden. Beide Kollegien trafen große Vorbereitungen für seinen Empfang. Um deutlich zu machen, dass er das förmliche Philosophie-Studium aufgenommen hatte, verbrachte er drei Wochen in Drepung und zwei Wochen in Sera. Er hatte zwei Haupttutoren und acht hervorragende Geshes, Doktoren der Philosophie, mit denen er alle Themen eingehend erörtern konnte. Im Sommerpalast oder im Winterpalast – stets waren sie bei ihm.

Als er sechzehn Jahre alt war, marschierten in der Provinz Kham die Chinesen nach Tibet ein. Normalerweise werden die Dalai Lamas erst mit achtzehn Jahren zum Regierungsoberhaupt ernannt. Doch alle waren sich einig, dass in dieser gefährlichen Zeit der Dalai Lama sofort die Führung der Regierungsgeschäfte voll verantwortlich übernehmen solle. Bereits in sehr jungen Jahren übernahm er also die Regierungsverantwortung – eine ungeheure Bürde, denn dies war die Ära der Besetzung Tibets durch die Chinesen. Zugleich setzte er die ganze Zeit über seine Studien fort, und 1958 wurde er im Alter von 25 Jahren Geshe. Zuvor musste er sich allerdings erst einmal vor den anderen Geshes des Klosters Drepung in der philosophischen Debatte bewähren. Wohl einige Tausend Mönche waren damals dabei, eine große Zahl von Regierungsbeamten und viele andere. Er befand sich inmitten all dieser Menschen. Anschließend absolvierte er entsprechende Prüfungen in Sera und Ganden. Beim Abschlussdisput, der zur Neujahrsfeier stattfand, als Abordnungen sämtlicher Klöster in Lhasa versammelt waren, musste er sich in drei solchen Debatten behaupten. Das war im Februar 1959. Anschließend wurde ihm der höchste Geshe-Titel zuerkannt.

Lediglich einen Monat später musste er nach Indien fliehen, wo er bis heute seinen Exil-Wohnsitz hat. In Indien leben ungefähr 80 000 Exil-Tibeter. Und der Dalai Lama ist ihr großer Hoffnungsträger, denn einen anderen haben sie nicht. Als seine Repräsentanten haben wir in Gesprächen mit der indischen Regierung Regelungen getroffen, die es den tibetischen Flüchtlingen erlaubten, sich in Indien niederzulassen. Trotz unseres Flüchtlingsdaseins befinden wir uns also in einer recht günstigen Situation. Wir haben die Freiheit, unsere Religion auszuüben und so zu leben, als wären wir in unserem eigenen Land.

Diejenigen, die in Tibet geblieben sind, befinden sich in einer schlimmen, sehr leidvollen Situation. Uns bleiben allerdings kaum Möglichkeiten, ihnen konkrete Hilfe zu leisten. Aber der Dalai Lama hat die Bürde auf sich genommen, sie aus ihrem Leid und Elend zu befreien. Er konnte beispielsweise Japan, Thailand und verschiedene europäische Länder besuchen, und zwar nicht als Regierungschef, sondern als Privatperson. Sein Anliegen bei diesen Besuchen – zumal bei jenen in westlichen Ländern – ist ein Gedankenaustausch. Er möchte herausfinden, welche Vorstellungen die Menschen im Westen haben, und seinerseits einige östliche Vorstellungen darlegen. Deshalb ist er, wenn er in die Vereinigten Staaten kommt, sicherlich bereit, auf Fragen zur buddhistischen Lehre einzugehen.

Was übrigens die drei Buchstaben »A«, »Ka« und »Ma« im See Lhamo Lhatso anbelangt, so stand »A« für Amdo, die Provinz, in der Seine Heiligkeit geboren wurde. »Ka« stand für das nahe gelegene Kloster Kumbum und »Ma« bezog sich nach Auffassung vieler Leute auf seine Mutter. 1974 fragte ich den Dalai Lama, worin er die Bedeutung des »Ma« sehe. Er erzählte mir, als Kind sei er Lhamo Döndrup genannt worden. Das ist ein ungewöhnlicher Name für einen kleinen Jungen, denn er bedeutet »*Göttin* Siddhārtha«. »Ma«, im Tibetischen eine weibliche Endung, bezöge sich demnach auf diesen Namen.

★

Dieser Bericht gibt wieder, was ich über die Auffindung des Vierzehnten Dalai Lama gehört beziehungsweise – zu einem geringen Teil – selbst miterlebt habe. Wer mehr darüber wissen möchte, kann zwei verlässliche Quellen zu Rate ziehen: Die Autobiographie Seiner Heiligkeit des Dalai Lama, *Mein Leben und mein Volk*; ferner ein Buch von Sönam Wangdu, der zur von Ketsang Rinpoche geleiteten Delegation gehörte, mit dem Titel *The Discovery of the 14th Dalai Lama* (»Die Auffindung des Vierzehnten Dalai Lama«).[139]

DIE ERLÄUTERUNGEN DES DALAI LAMA ZUM RITUS DER KĀLACHAKRA-EINWEIHUNG: HERVORBRINGUNGSSTUFE

Anmerkung

Auf den folgenden Seiten gibt Seine Heiligkeit der Dalai Lama Erläuterungen zu Kädrup Geleg Pälsangs Schrift »Der Mandala-Ritus des glorreichen Kālachakra: Erläuterungen zur Bedeutung« (*dpal dus kyi 'khor lo'i dkyil chog dgongs pa rab gsal*). Zur Vervollständigung wurde dem hier übersetzten »Mandala-Ritus« ergänzendes Textmaterial aus Losang Tsültrim Tänpä Gyältsäns Schrift »Der Kālachakra-Einweihungsritus, leicht verständlich dargelegt« (*dus 'khor lo'i dbang chog nag 'gros su bkod pa*) hinzugefügt.

Die Erläuterungen Seiner Heiligkeit heben sich im Druckbild von den Quellentexten ab: Die Textpassagen mit den Erläuterungen Seiner Heiligkeit nehmen die volle Seitenbreite ein. Der eigentliche Ritualtext der Kālachakra-Einweihung wurde zur leichteren Unterscheidung eingerückt. Damit sich auch die Ritualanweisungen für den mit der Durchführung betrauten Lama von dem im Verlauf des Rituals tatsächlich gesprochenen Wortlaut gut unterscheiden lassen, sind die Ritualanweisungen in Kursivschrift wiedergegeben.

Erster Teil:
Der vorbereitende Ritus

Hintergrund

Die Stellung des Kālachakra-Tantra innerhalb der buddhistischen Fahrzeuge

Da der Buddha ein Lehrer von großem methodischem Geschick war, hat er seine Lehren in Form von insgesamt 84 000 Unterweisungen dargelegt, um den unterschiedlichen Neigungen und Interessen der Schüler gerecht zu werden. Dazu bemerkt Maitreya in seinem »Schmuck der Mahāyāna-Sūtras« (*theg pa chen po'i mdo sde rgyan, mahāyānasūtrālamkāra*, XI.a)[1]: »Bei den Schriftsammlungen handelt es sich entweder um zwei oder um drei«. Mit anderen Worten kann man Buddhas zahlreiche Schriften entweder in drei Schriftsammlungen (die Schriften über Ethik und Disziplin, die Sammlung der Lehrreden und die Schriften über philosophische, kosmologische und psychologische Fragestellungen) oder aber in die Schriften der beiden Fahrzeuge (des Kleineren Fahrzeugs der Hörer und Alleinverwirklicher sowie des Großen Fahrzeugs der Bodhisattvas) zusammenfassen. Die Einteilung in die beiden Fahrzeuge wird anhand der unterschiedlich weiten Geisteshaltung – oder Motivation – vorgenommen, die ihnen zu Grunde liegt. Infolgedessen unterscheiden sich die beiden Fahrzeuge auch in methodischer Hinsicht. Daraus ergibt sich wiederum ein Unterschied in Bezug auf die Frucht, auf das erreichte Resultat. Auf diese Weise unterscheidet man die beiden Fahrzeuge voneinander.

Das Große Fahrzeug, das Bodhisattva-Fahrzeug, gliedert sich wiederum in das Fahrzeug der Vollendung und das Mantra-Fahrzeug. Beide setzen eine altruistisch motivierte Einstellung und die Praxis der sechs befreienden Qualitäten voraus. Das in beiden Fahrzeugen herbeigeführte Resultat ist unübertroffene Erleuchtung. Dennoch werden das Fahrzeug der Vollendung und das Mantra-Fahrzeug als zwei verschiedene Fahrzeuge angesehen, weil man die unübertroffene Erleuchtung im Sūtra und im Tantra mit unterschiedlich profunden Mitteln erreicht. Sie unterscheiden sich also in der Methode, mit der man die Allwissenheit eines Buddha erreicht. Die nachfolgenden Erklärungen betreffen das Mantra-Fahrzeug.

Dem *Vajrapañjara-Tantra*, einem erläuternden Tantra zufolge gibt es innerhalb des Mantra-Fahrzeugs vier Tantra-Klassen. In anderen Texten finden sich allerdings davon abweichende Einteilungen der Tantras: in sechs Klassen, in fünf Klassen und so weiter. Wenn von vier Tantra-Klassen die Rede ist, heißen diese Klassen Handlungs-Tantra, Ausübungs-Tantra, Yoga-Tantra und Höchstes Yoga-Tantra. Von »Handlungs-Tantra« spricht man, weil diese Yoga-Praxis im Vergleich zu den anderen Tantra-Klassen stärkeres Gewicht auf äußere Aktivitäten in Form von rituellen Waschungen und auf die Wahrung von Reinlichkeit legt – obgleich man hier natürlich ebenfalls die meditative Stabilisierung des Geistes kultiviert. Das »Ausübungs-Tantra« trägt diese Bezeichnung, weil hier der Ausübung äußerer Aktivitäten ebenso großer Wert beigemessen wird wie dem inneren Yoga. Das »Yoga-Tantra« wird so genannt, weil der innere Yoga mehr im Vordergrund steht als die äußeren Aktivitäten. Das Höchste Yoga-Tantra [wörtlich: Unübertroffenes Yoga-Tantra] betont den inneren Yoga prinzipiell sogar noch stärker, als dies im Yoga-Tantra der Fall ist, und insofern wird es von nichts übertroffen. Deshalb bezeichnet man es als »Höchstes Yoga-Tantra«. Im Kontext der Kālachakra-Einweihung wird das Höchste Yoga-Tantra dargelegt.

Was haben alle Tantra-Systeme miteinander gemeinsam? Stets ist es im Tantra notwendig, die altruistische Geisteshaltung hervorzubringen und die im Fahrzeug der Vollendung beschriebenen sechs befreienden Qualitäten zu praktizieren. Darin besteht ihre gemeinsame Grundlage. Das spezifische Merkmal des Geheimen Mantra-Fahrzeugs sind zusätzliche Methoden, mit deren Hilfe man rasch jene meditative Stabilisierung entwickeln kann, die ruhiges Verweilen und besondere Einsicht in sich vereint: jene einsgerichtete meditative Stabilisierung, die mit Leerheitsgewahrsein einhergeht. In erster Linie erreicht man sie durch den Gottheiten-Yoga.

Aus einer bestimmten Perspektive, in Hinblick auf das Ansammeln von Verdienst, ist Tantra wirkungsvoller als Sūtra, da man in der Yoga-Praxis den eigenen Körper als göttlichen Körper visualisiert. Noch aus einer weiteren Perspektive, in Hinblick auf ihren Gegenstand beziehungsweise ihre Grundlage – die Selbst-losigkeit, deren man in der Meditation gewahr wird –, gibt es einen Unterschied zwischen dem Fahrzeug der Vollendung und dem Mantra-Fahrzeug. Denn im Mantra-Fahrzeug gewahrt man nicht die Leerheit grobstofflicher Phänomene, die Leerheit eines gewöhnlichen Körpers etwa, sondern die Leerheit eines subtilen Phänomens, das innerlich, im Geist, in Erscheinung tritt: die Leerheit eines göttlichen Körpers. Diese Vorgehensweise, bei der man einen nicht-dualen Yoga des Profunden und des Manifesten praktiziert – wobei das Manifeste die imaginative Betrachtung eines Kreises oder Mandalas von Gottheiten ist und das Profunde in Soheit gewahrender Weisheit besteht –, kennzeichnet die generelle Methode in den drei unteren Tantras, dem Handlungs-, dem Ausübungs- und dem Yoga-Tantra.

Zusätzlich zu all diesen Merkmalen des Vollendungsfahrzeugs und der drei unteren Tantras verfügt das Höchste Yoga-Tantra über spezielle Methoden, bei denen der Geist einsgerichtet auf wichtigen Punkten des Körpers verweilt, wodurch sich subtilere Ebenen des Geistes manifestieren und zu essenziellen Bestandteilen des Weges werden. Der außerordentlich tiefgründige Unterschied zwischen allen Arten von Texten des Höchsten Yoga-Tantra – das entscheidende Merkmal, auf Grund dessen das Höchste Yoga-Tantra seine außerordentliche Wirksamkeit entfaltet – besteht in der Darlegung von Methoden, mit deren Hilfe man den grundlegenden, immer schon vorhandenen Geist des klaren Lichts zu einem essenziellen Bestandteil des Weges machen kann.

In manchen Texten des Höchsten Yoga-Tantra heißt es, das einsgerichtete Verweilen des Geistes auf den Winden [oder inneren Energieströmen] des Körpers sei die geeignete Methode, um zu bewirken, dass der grundlegende, immer schon vorhandene Geist des klaren Lichts sich manifestiert. Einige Texte messen den vier Freuden besondere Bedeutung bei, und in anderen heißt es, man brauche lediglich in nicht-konzeptueller Meditation zu verweilen. Im *Guhyasamāja-Tantra* zum Beispiel wird in erster Linie gesagt, man solle den Geist einsgerichtet auf den Winden verweilen lassen. Im *Chakrasamvara-Tantra* und im *Hevajra-Tantra* ist hauptsächlich von den vier Freuden die Rede. Und die Methode, bei der man die Manifestation des klaren Lichts durch nicht-konzeptuelle Meditation herbeiführt, findet sich vor allem in der »Großen Vollendung«, im Dzogchen (*rdzogs chen*) der Nyingma Überlieferungslinie und im »Großen Siegel« (*phyag rgya chen po, mahāmudrā*) der Kagyü-Überlieferungslinie. Im Kontext des Höchsten Yoga-Tantra werden all diese Praxisformen in fundierten und verlässlichen Quellentexten beschrieben.

Um die vollkommene Erleuchtung eines Buddha zu verwirklichen, muss man sich der Praxis des Mantra-Fahrzeugs widmen, insbesondere der Praxis des Höchsten Yoga-Mantra. Andernfalls lässt sich Buddhaschaft nicht verwirklichen; und zwar aus folgendem Grund: Um als Wirkung, als Resultat, den Verwirklichungszustand der beiden Körper eines Buddha – des Formkörpers und des Wahrheitskörpers – zu erhalten, muss man eine Meditationsmethode kultivieren, die in ihrem Erscheinungsbild diesen beiden Körpern entspricht. Auch im Fahrzeug der Vollendung benötigt man eine Ursache, die mit der Wirkung in Einklang steht. Um den Formkörper eines Buddha zu verwirklichen, muss man eine substanzielle Ursache für einen Formkörper haben, die von gleicher Art ist wie dieser. Das ist der entscheidende Punkt. Für den Wahrheitskörper benötigt man ebenfalls eine gleich geartete substanzielle Ursache.

Aus diesem Grund kann unser grobstofflicher Körper, ein Resultat [früheren Karmas], nicht als gleich geartete substanzielle Ursache für den Formkörper eines Buddha dienen. Auch der göttliche Körper, der als Vorstellung im Geist eines das Handlungs-Tantra, Ausübungs-Tantra und Yoga-Tantra praktizierenden Yogi erscheint, kann nicht als gleich geartete substanzielle Ursache für den Formkörper eines Buddha dienen; und ebensowenig kann dies ein, zum Beispiel durch die Praxis des Yoga-Tantra erlangter, tatsächlicher Körper.

Was aber kann als solch eine substanzielle Ursache für einen Formkörper dienen? Der Körper eines Buddha bildet eine untrennbare Wesenseinheit mit dem Geist dieses Buddha. Jene Form [beziehungsweise jener Körper] einer untrennbaren Wesenseinheit mit dem *subtilen* Geist eines Buddha kann keine *grobstoffliche* Form sein. Bei dem Formkörper, der eine untrennbare Wesenseinheit mit dem subtilen Geist eines Buddha bildet, muss es sich um eine sehr subtile Entität handeln. Daher ist es erforderlich, als seine gleich geartete substanzielle Ursache einen Körper von sehr subtiler Natur bereits zu dem Zeitpunkt zu erlangen, da man eine entsprechende Methode praktiziert. Innerhalb des Höchsten Yoga-Tantra erlangt man diesen 1.) im Guhyasamāja-System mittels eines illusorischen Körpers, 2.) im Kālachakra-System mittels leerer Form oder 3.) in den Mutter-Tantras mittels eines lichthaften Regenbogenkörpers. Wenn man einen subtilen Körper auf solche Weise nicht bereits zu dem Zeitpunkt erlangt, da man eine entsprechende Methode praktiziert, lässt sich der Formkörper eines Buddha nicht verwirklichen.

Eine Methode, mit deren Hilfe man die substanzielle Ursache für den Formkörper eines Buddha herbeiführen kann, wird also weder in den drei unteren Tantras noch im Fahrzeug der Vollendung dargelegt. Und eine Methode, mit deren Hilfe man die *außergewöhnliche* substanzielle Ursache für den Geist eines Buddha herbeiführen kann, wird in den drei unteren Tantras oder im Fahrzeug der Vollendung ebensowenig dargelegt. Die Spezifizierung in »*außergewöhnliche* substanzielle Ursache« ist in diesem Zusammenhang notwendig. Denn eine gewöhnliche substanzielle Ursache für den Geist eines Buddha, ein grobes Leerheit gewahrendes Weisheitsbewusstsein, *wird* in den drei unteren Tantras oder im Fahrzeug der Vollendung dargelegt. Man kann also sagen, dass dort *in einem gewöhnlichen Sinn* durchaus eine Ursache für das allwissende Bewusstsein eines Buddha vorhanden ist. Die *außergewöhnliche* substanzielle Ursache aber muss der Geist des klaren Lichts sein. Methoden, mit deren Hilfe man erreichen kann, dass sich der grundlegende, immer schon vorhandene Geist des klaren Lichts manifestiert, werden in den drei unteren Tantras oder im Fahrzeug der Vollendung jedoch nicht dargelegt.

Daher lässt sich Buddhaschaft nicht verwirklichen, wenn man sich nicht generell auf das Mantra-Fahrzeug, insbesondere auf das Höchste Yoga-Mantra, stützt. Ebenso beinhaltet jenes Nirvāna, das darin besteht, allen vorübergehenden (siehe S. 15) Befleckungen durch ihre Gegenmittel in der Sphäre der Wirklichkeit für immer ein Ende zu bereiten, die buddhistische Interpretation von Befreiung, von Frieden. Und diesen Befleckungen kann man in der Sphäre der Wirklichkeit allein durch jene Methode ein Ende bereiten, bei der man sich der Leerheit vergewissert und über sie meditiert. Deshalb lässt sich die in buddhistischen Texten dargelegte Befreiung nur mit den Mitteln des buddhistischen Weges erreichen. Mehr noch: Die eigentliche buddhistische Befreiung kann man nur erreichen, indem man sich – unter allen buddhistischen Lehren – auf diejenige Sicht stützt, die in der Prāsangika-Mādhyamika-Schule [die Schule des Mittleren Weges, welche die Widerlegung sämtlicher philosophischer Beweisführungen unternimmt, indem sie die jeweils daraus folgende Konsequenz ad absurdum führt] dargelegt wird.

In Nāgārjunas Schrift »Grundverse zum Mittleren Weg – ›Weisheit‹ genannt« (*dbu ma rtsa ba'i tshig le'ur byas pa shes rab bya ba, prajñānāmamūlamadhyamakakārikā*, XVIII. 5a) heißt es: »Indem man [befleckten] Handlungen und Geistestrübungen ein Ende bereitet, kommt Befreiung zustande.« Meditiert man über die Wirklichkeit der Leerheit, des Nichtvorhandenseins von unabhängiger Eigenexistenz, führt man sich ihre Realität vor Augen und macht sich immer wieder aufs Neue mit der unmittelbar wahrgenommenen Bedeutung von Wirklichkeit vertraut, so hat es in der Sphäre der Wirklichkeit mit den vorübergehenden Befleckungen für immer ein Ende. Diese Sphäre der Wirklichkeit – in die hinein man die vorübergehenden Befleckungen für immer verlöschen lässt – *ist* Befreiung, Nirvāna. Diese Befreiung kann nur erreichen, wer der realen Bedeutung von Leerheit, der Abwesenheit von unabhängiger Eigenexistenz, gewahr geworden ist.

Selbst innerhalb der buddhistischen Schulen sind die Schule der großen Darlegung, die Sūtra-Schule, die Nur-Geist-Schule oder die Autonomie-Schule (Svātantrika) beziehungsweise die Anhänger dieser Schulen dazu nicht wirklich in der Lage. In diesem Licht betrachtet sagt man, dass solch ein Feindüberwinder, wie er in den Lehrsystemen des manifesten Wissens (*chos mngon pa, abhidharma*) beschrieben wird, kein wirklicher Feindüberwinder ist. Wie man zur Verwirklichung von Buddhaschaft das Höchste Yoga-Tantra benötigt, genauso ist daher für die Befreiung aus dem Daseinskreislauf die Sicht der Prāsangika-Mādhyamika-Schule vonnöten.

Das Höchste Yoga-Tantra wird wiederum in Vater- und Mutter-Tantras unterteilt. Bestimmte Gelehrte sprechen auch von nicht-dualen Tantras und führen zur Veranschaulichung das *Kālachakra-Tantra* als Beispiel an. Anderen Gelehrten zufolge, die nicht diese Position vertreten, es gebe nicht-duale, weder den Vater- noch den Mutter-Tantras zuzuordnende Tantras, zählt das *Kālachakra-Tantra* zu den Mutter-Tantras. Für diese Zuordnung gibt es folgenden Grund: Hauptthema des *Kālachakra-Tantra* ist der sechsteilige Yoga, der Yoga in »sechs Zweigen« [besonderes Zurückziehen, einsgerichtetes Verweilen des Geistes, Einbehalten der Vitalenergie, ihrer Bewahrung, die daraufhin entstehende Achtsamkeit und meditative Stabilisierung]. Unter diesen sechs Zweigen ist dabei letztlich die unwandelbare Glückseligkeit des sechsten Zweiges, meditative Stabilisierung, das Ziel, das man zu erreichen versucht. Weil das *Kālachakra-Tantra* eben dieser unwandelbaren Glückseligkeit besonderes Gewicht beimisst, wird es als Mutter-Tantra bezeichnet.

Die erstgenannte Gruppe von Gelehrten bezeichnet das *Kālachakra-Tantra* als nicht-duales Tantra, denn ihrer Auffassung nach ist sein zentrales Thema der Zustand der *Einheit* – eine Verbindung von leerer Form und unwandelbarer großer Glückseligkeit, wobei die unwandelbare große Glückseligkeit mittels einer leeren Form des großen Siegels herbeigeführt wird. Im Unterschied zu der recht geheimnisvollen Beschreibung, die das *Guhyasamāja-Tantra* liefert, wird dieser Zustand der Einheit, der Nicht-Dualität von Körper und Geist, im *Kālachakra-Tantra* auf sehr klare Art und Weise beschrieben. Daher sagen diese Gelehrten, das *Kālachakra-Tantra* sei ein nicht-duales Tantra.

Das *Kālachakra-Tantra* hat viele solche einzigartige Besonderheiten. Generell wird in den Höchsten Yoga-Tantras von einer Hervorbringungsphase und einer Vollendungsphase gesprochen. Die wichtigere von beiden ist die Vollendungsphase. Innerhalb der Vollendungsphase gibt es zwei Stufen: Auf der ersten Stufe geht es darum, die Winde oder inneren Energien wieder in den zentralen Energiekanal zurückzuholen, während die zweite Stufe erst zum Tragen kommt, nachdem man diese Rückholung der Winde in den Zentralkanal erfolgreich vollzogen hat. Im Kālachakra-System handelt es sich bei den ersten Zweigen des sechsteiligen Yoga im Wesentlichen um Mittel, mit deren Hilfe man die Winde im Zentralkanal sammelt. Und da hier der Phase, in der man die Winde in den Zentralkanal zurückholt, ein so großer Stellenwert eingeräumt wird, bietet das *Kālachakra-Tantra* höchst wirkungsvolle Methoden für die vorbereitenden Stufen.

Außerdem steht das *Kālachakra-Tantra* in spezieller Verbindung zu einem Land, dem Königreich Shambhala, in dem es die allgemein verbreitete Religion ist. Auch in dieser Hinsicht nimmt das *Kālachakra-Tantra* eine einzigartige Position ein. Denn die Entstehung von anderen Tantras aus der Klasse des Höchsten Yoga-Tantra wird mit bestimmten Personen oder Schülern verknüpft, wie zum Beispiel im Fall des *Guhyasamāja-Tantra* und des Königs Indrabhuti. Beim *Kālachakra-Tantra* hingegen bestehen innige Verbindungen zum Königreich Shambhala: zu seinen 96 Regionen, zu seinen Königen und deren Gefolge.

Wenn Sie allerdings einen Atlas aufschlagen, um nach Shambhala zu suchen, werden Sie es nicht finden können. Vielmehr handelt es sich hier offenbar um ein *Reines Land*, das man nicht unmittelbar sehen oder aufsuchen kann – es sei denn, Karma und Verdienst eines Menschen sind dementsprechend gereift. Ebenso verhält es sich beispielsweise auch mit dem »freudvollen Reinen Land« (*dga' ldan, tushita*), mit den »himmlischen Bereichen« (*mkha' spyod*), mit dem »Reinen Land der Glückseligkeit« (*bde ba can, sukhāvatī*), mit dem Berg Dala und so weiter. Obgleich Shambhala ein wirkliches Land – ein wirkliches Reines Land – ist, haben gewöhnliche Menschen keinen unmittelbaren Zugang zu Shambhala; etwa in dem Sinn, dass sie sich nur ein Flugticket kaufen müssten. Gesetzt den Fall, in Zukunft würde die technische Weiterentwicklung von Flugzeugen einmal einen Punkt erreichen, an dem sie sich schneller als das Licht fortbewegten, könnte man womöglich mit dem Flugzeug dorthin gelangen. Aber die Tickets würden wahrscheinlich sehr viel Geld kosten! Tatsächlich können wir verdienstvolle Handlungen als eine Art Fahr- beziehungsweise Eintrittskarte nach Shambhala betrachten: Man muss mit anderen Worten reich an Verdienst sein, um nach Shambhala zu gelangen.

Die Vorbereitung auf die Einweihung

Um eine Segnung vorzunehmen, benötigt man nicht unbedingt ein Mandala. Die Erteilung einer Einweihung setzt allerdings ein Mandala voraus. Zur Durchführung der Kālachakra-Einweihung für die Hervorbringungsphase benötigt man ein Sand-Mandala, ein unter Verwendung von farbigem Pulver oder gefärbtem Sand gestreutes Mandala. Man braucht also erst einmal einen geeigneten Bereich, in dem das Mandala hergerichtet werden kann. Zunächst unterzieht man den dafür in Betracht kommenden Bereich einer eingehenden Untersuchung. Sofern er sich als geeignet erweist, wird er anschließend abgetrennt, gereinigt und seiner Bestimmung gemäß in Gebrauch genommen. All diese Schritte sind Teil eines Ritus zur Unterwerfung eines Areals. Darauf folgen die verschiedenen Vorbereitungsphasen.

Im Verlauf der Vorbereitung benötigt man Vasen. Daher gibt es einen entsprechenden vorbereitenden Ritus. Da es ein Wohnsitz-Mandala und ein Mandala der dort residierenden Gottheiten gibt, wird ein vorbereitender Ritus für die Gottheiten durchgeführt. Danach gibt es einen vorbereitenden Ritus für die Schüler, damit ihr Geistesstrom zum geeigneten Gefäß für die zu erteilende Einweihung wird. All diese Schritte gehören zur Vorbereitung der Einweihung. In der Praxis wird, um den Ablauf zu erleichtern, der Ritus zur Vorbereitung der Schüler, die an der Einweihung teilnehmen werden, vor der eigentlichen Einweihung durchgeführt. Während der vergangenen Tage [hier in Madison, Wisconsin] habe ich die verschiedenen Schritte, in denen das Mandala hergerichtet und aktiviert wird, bereits vorgenommen und den Gottheiten Opferungen dargebracht. Daher ist jetzt alles so weit gediehen, dass wir mit dem Ritus zur Vorbereitung der Schüler beginnen können.

Der Ritus zur Vorbereitung der Schüler

Der Ritus zur Vorbereitung des Schüler beinhaltet sechs Elemente: die Neuausrichtung der Motivation und die Erteilung der inneren Einweihung; ein Bittgebet an den Lama/Kālachakra, der daraufhin bewirkt, dass [die Schüler] sich die Lehre zu Herzen nehmen; das Annehmen der Gelübde und den Erhalt des Segens; das Werfen des Zahnstochers, die Darreichung von drei Handvoll Wasser und so weiter; die Bestimmung der Zugehörigkeit [des Schülers] zu einer der sechs Buddha-Familien und die Anrufung Vajrasattvas; die Weckung freudvoller Begeisterung durch Erläuterung [der Großartigkeit] der Lehre und die Erteilung von Unterweisungen zur Deutung von Träumen.

1
Motivation und innere Einweihung

Neuausrichtung der Motivation und Erteilung der inneren Einweihung

Die Substanzen für den vorbereitenden Ritus [mit anderen Worten: die Gegenstände, die dabei Verwendung finden] werden den Blicken [des Schülers] durch einen Vorhang entzogen. Außerhalb davon nimm eine eingehende Untersuchung [der Schüler] vor; nachdem die qualifizierten[2] Schüler – 25 oder weniger, keine gerade Anzahl – sich gewaschen haben, nehmen sie eine Mandala-Opferung vor.

In der Praxis des Geheimen Mantra wird die Kraft der Imagination als Weg genutzt. Man stellt sich also vor, das gesamte Weltsystem erscheine in glorifizierter Form als das Spiel des ursprünglichen Gewahrseins von untrennbarer Glückseligkeit und Leerheit – einer Einheit von Methode (unwandelbarer großer Glückseligkeit) und Weisheit (Leerheitsgewahrsein). Diese Erscheinungen, ihrer Natur nach das Spiel von untrennbarer Glückseligkeit und Leerheit, sind die Opfergaben.

Auch das Areal sollte man nicht so sehen, als handele es sich dabei lediglich um diesen entzückenden Ort in Wisconsin. Betrachten Sie es als den unermesslichen Wohnsitz des überirdischen Herrschers Kālachakra, dessen ureigenste Natur ursprüngliches Gewahrsein ist. Stellen Sie sich vor, dass es genau in der gleichen Weise für Sie gegenwärtig ist, wie ich darüber meditiere, und dass Sie vor diesem Wohnsitz verweilen. Stellen Sie sich vor, dass die Tore des unermesslichen Wohnsitzes geschlossen sind, dass Sie sich außerhalb der Tore aufhalten und dem glorreichen Kālachakra Opferungen darbringen.

Dem Lama, der persönlichen Gottheit und den Drei Juwelen opfere ich in der Visualisation
Körper, Rede, Geist und alles, worauf ich und andere uns stützen können,
alles Positive, das wir in Vergangenheit, Gegenwart und Zukunft angesammelt haben,

und das Mandala von wundervoller Kostbarkeit mit den Anhäufungen von Samantabhadras Opfergaben.
Bitte nimm, veranlasst durch dein Mitgefühl, diese Opfergaben an, und gib mir deinen Segen.
Idam guru-ratna mandalakam niryātayāmi. [Dieses mit Juwelen besetzte Mandala opfere ich dem Guru.]

Im ersten Schritt des vorbereitenden Ritus richten die Schüler ihre Motivation in angemessener Weise aus. Die meisten von Ihnen wissen um die Bedeutung von Güte – jener besonderen Art von Altruismus, die auf Sanskrit *Bodhichitta* genannt wird – und von Weisheit, *Prajñā*. Diese beiden geistigen Entwicklungen sind als Grundlage für jegliche tantrische Praxis, als ihr Fundament, völlig unverzichtbar. Daher muss ich und sollten auch Sie, die Sie mir zuhören, in diesen beiden Geisteshaltungen zumindest eine gewisse Erfahrung entwickeln.

Was ist hier mit Weisheit gemeint? – Die Dinge erwecken zwar durchaus den Anschein, als verfügten sie über eine unabhängige Existenz. Doch in Wirklichkeit existieren sie nicht auf solch eine Weise. Wir sollten begreifen, dass den Dingen diese solide Daseinsverfassung, die sie dem Anschein nach haben, in Wahrheit nicht zukommt.

Und was den Altruismus anbelangt, so könnte die menschliche Gesellschaft ohne Güte nicht existieren, gar nicht überleben. Wenn wir es recht bedenken, basiert die gesamte menschliche Gesellschaft auf Güte. Güte steht im Grunde genommen im Zentrum aller menschlichen Beziehungen. Und im Bereich der religiösen Praxis ist der alles entscheidende Punkt, dass wir Güte empfinden.

Ferner ist es sehr wichtig, sich über die Natur des Leids im Klaren zu sein. Solange wir diese Art von physischem Körper unter dem Einfluss von verunreinigten Handlungen (*las*, *karma*) und getrübten Emotionen (*nyon mongs*, *klesha*) haben, wird stets irgendetwas nicht in Ordnung sein: Dieses wird nicht in Ordnung sein, oder jenes wird nicht in Ordnung sein. Es kommt darauf an, sich klarzumachen, dass die Phänomene des Daseinskreislaufs von leidhafter Natur sind.

Eine weitere wichtige Einsicht betrifft die Vergänglichkeit. Unablässig unterliegen die Dinge der Veränderung. Sie sollten begreifen, dass dies in ihrer Natur liegt. Indem wir diese Überlegungen im Sinn behalten, fahren wir mit der Einweihung fort.

Der wichtigste Faktor ist eine gute Motivation. Einen nützlichen menschlichen Körper haben wir bereits erhalten. Dies verschafft uns die Gelegenheit, etwas zu erreichen, das große Tragweite haben kann. Sie sollten den Gedanken hegen, dass Sie mit diesem menschlichen Körper, den Sie bereits erlangt haben, etwas Bedeutungsvolles anfangen wollen. Um mit diesem Körper etwas Bedeutungsvolles anzufangen, sollten Sie nicht selbstbezogen sein, sondern eine möglichst altruistische Einstellung hervorbringen. Altruismus ist von allergrößter Bedeutung.

Als Nächstes stellt sich nun die Frage, wie man anderen Menschen von Nutzen sein, wie man anderen Wesen – nicht nur seinen Mitmenschen, sondern allen empfindenden Wesen – eine Hilfe sein kann. Den buddhistischen Lehren zufolge gehen die Geschehnisse, die uns widerfahren, auf karmische Kräfte zurück, die wir selbst hervorgerufen haben. Damit die Menschen erreichen, dass das Glück, nach dem sie streben, auch tatsächlich zu Stande kommt, und damit sie das Leid, das sie nicht erfahren wollen, vermeiden können, benötigen sie eine unfehlbare Methode, wie sie Karma ansammeln können, das diesen Zielen entspricht. Wir können anderen Wesen also in erster Linie dadurch eine Hilfe sein, dass wir ihnen erklären, was man sich in der Praxis zu Eigen machen und welches Verhalten man ablegen sollte.

In einem Sūtra heißt es:

Die Siegreichen [die Buddhas] reinigen negative Handlungen niemals mit Wasser,
ebensowenig beseitigen sie das Leid der Wesen mit ihren Händen
oder übertragen ihre Verwirklichung auf andere.
Befreit werden die Wesen durch die Lehren von der Wahrheit, der letztendlichen Wirklichkeit.

Und damit jemand unfehlbar aufzeigen kann, was man sich in der Praxis zu Eigen machen und welche Dinge man aufgeben sollte, muss er oder sie sich selbst über die entsprechenden Punkte im Klaren sein. In seinem Kommentar zu (Dignāgas) »Kompendium der gültigen Erkenntnis« (*tshad ma rnam 'grel, pramānavarttika*) erklärt Dharmakīrti:[3]

Um dem Leid [anderer] abzuhelfen,
arbeiten die Liebevollen offenkundig mit Methoden.
Wenn die Ursachen der aus diesen Methoden hervorgehenden Resultate [einem selbst] unklar sind,
kann man sie [anderen] schwerlich erklären.

Was jenseits des eigenen Horizonts liegt, können Sie keinesfalls jemand anderem vermitteln. Alle möglichen Praxismethoden müssen Ihnen daher bekannt sein.

Außerdem müssen Sie ganz genau die unterschiedlichen Neigungen und Interessen derjenigen kennen, denen Sie diese Dinge vermitteln wollen. Sind Ihnen diese Neigungen und Interessen unbekannt, so kann es passieren, dass Sie trotz guter Absicht Schaden anrichten, weil Sie den Betreffenden etwas vermitteln wollen, das für sie nicht angemessen ist. Solange Ihr Geist in der Weise von den Hindernissen für die Allwissenheit beeinträchtigt ist, dass Sie nicht Zugang zu sämtlichen Wissensobjekten haben, können Sie das Wohl der anderen nicht voll und ganz zu Stande bringen.

Daher betrachten Bodhisattvas die Hindernisse für die Allwissenheit als ihren wahren Widersacher. Wenn Bodhisattvas vor der Wahl stünden, wenn sie sich entweder der Leid verursachenden Hindernisse, die die Befreiung aus dem Daseinskreislauf vereiteln, oder der Hindernisse für die Allwissenheit entledigen könnten, würden sie sich für die zweite Möglichkeit entscheiden. Tatsächlich handelt es sich jedoch bei den Hindernissen für die Allwissenheit um Prädispositionen, welche die Leid verursachenden Hindernisse hinterlassen haben. Ohne die Faktoren zu beseitigen, die für diese Prädispositionen den Ausschlag geben, kann man also auch die Prädispositionen nicht beseitigen. Zwangsläufig muss man daher zunächst die Leid verursachenden Hindernisse beseitigen und anschließend die Hindernisse für die Allwissenheit. Um das Wohl der anderen zu bewirken, ist es also notwendig, beide Hindernisse ganz und gar zu beseitigen – die Hindernisse für die Befreiung und die Hindernisse für die Allwissenheit. Jene Stufe, auf der die Leid verursachenden Hindernisse, und ebenso die darauf zurückgehenden Prädispositionen, ein für allemal beseitigt sind, nennt man Buddhaschaft. Im Zustand der Buddhaschaft verfügt man über jenes ursprüngliche Gewahrsein, das mit sämtlichen Aspekten der Wissensobjekte vertraut ist.

Das Wohl der empfindenden Wesen zu bewirken ist das Ziel; und die eigene Buddhaschaft das Mittel, um dieses Ziel zu erreichen. Dieser Gedankengang führt Sie zu der Schlussfolgerung, dass Sie den anderen Wesen zuliebe Buddhaschaft verwirklichen müssen. Die so hervorgebrachte Geisteshaltung wird *Bodhichitta* genannt, das altruistische Streben nach Erleuchtung, und diese Geisteshaltung muss man unablässig kultivieren. Sie sollten denken: »Ich will mich auf jene Methode stützen, die Sūtra und Mantra in sich vereint, vor allem auf das Höchste Yoga-Tantra – namentlich auf das Kālachakra-Tantra –, um auf diese Weise solch eine Buddhaschaft leicht zu erreichen. So will ich den anderen Wesen zuliebe höchste Erleuchtung verwirklichen und aus diesem Grund um die Einweihung bitten.«

Der Wortlaut des Ritus, in dem die Neuausrichtung der Motivation angesprochen wird, entstammt dem Text des »Allgemeinen Geheimen Tantra« (*dkyil 'khor thams cad kyi spy'i cho ga gsang ba'i rgyud, sarvamandalasāmānyavidhiguhyatantra*). Dieses ist ein *allgemeines* Handlungs-Tantra, weil es auf sämtliche Praxis-Linien Bezug nimmt. Das hieraus entnommene Textzitat findet bei zahlreichen Einweihungen Verwendung, nicht nur bei der Kālachakra-Einweihung.

> [*Die Schüler*] *berühren mit den Knien* [*den Boden*] *und legen ihre Handflächen – zwischen denen sich Blumen befinden – in Höhe des Herzens aneinander. Während sie vorne* [*vor dem Lama*] *sitzen, lauten die Worte* [*des Lamas*]*:*

> Manche treten in das Mandala ein
> mit dem Bestreben, das Geheime Mantra für dieses [Leben] zu erlangen.

Hier wird die fehlerhafte Motivation beschrieben, die darin besteht, für dieses Leben Glück anzustreben: wenn zum Beispiel jemand in ein Mandala eintritt, um Krankheiten zu verhüten oder bei einer bestimmten Unternehmung Erfolg zu haben. Es ist nicht richtig, mit dieser Motivation um die Einweihung zu ersuchen.

> Andere hegen den Wunsch nach Verdienst.

Dann gibt es diejenigen, die Verdienst ansammeln wollen, weil sie sich in Zukunft einen höheren Daseinsstatus innerhalb des Existenzkreislaufs wünschen. Solch eine Einstellung ist ebenfalls fehl am Platz. Nach einer anderen Lesart bezieht sich diese Zeile auf jene, die Verdienst ansammeln wollen, weil sie für sich selbst die Befreiung aus dem Daseinskreislauf anstreben, und deshalb in das Mandala eintreten. Auch das ist eine unangemessene Einstellung.

> Andere streben das Wohl der anderen auf der Welt an.
> Die Einsichtigen sollten in das Mandala eintreten,
> indem sie mit vielen vertrauensvollen Handlungen
> jenes Ziel anstreben, das über die Welt hinausreicht.

Jene altruistischen Menschen, die vertrauensvoll nach dem streben, was die Welt transzendiert – nach dem Zustand der drei Kāyas, der drei »Buddha-Körper« –, sind geeignet, in ein Mandala einzutreten, und sollten die Erlaubnis dazu erhalten.

Der letzte Teil dieser Textpassage verrät den Grund, weshalb Sie den empfindenden Wesen zuliebe nach Buddhaschaft streben sollten:

> Die Betreffenden sollten nicht den Wunsch hegen, schon in
> diesem Leben Resultate zu sehen.
> Wer nach diesem Leben Verlangen hat,
> gelangt nicht an das Ziel, das über die Welt hinausreicht.
> Wer ein Streben nach dem hervorbringt, was die Welt
> transzendiert,
> [erntet] reichlich Früchte [auch] in dieser Welt.

Machen Sie sich die Bedeutung dieser Worte klar. Wenn ich die Textpassage rezitiere, stellen Sie sich vor, Kālachakra als Hauptgottheit gebe Ihnen aus dem Inneren des Mandala zu verstehen, dass Sie so darüber denken sollen.

Vergegenwärtigen Sie sich in diesem Augenblick in der Meditation, dass der Lama und die Hauptgottheit des Mandala sich nicht voneinander unterscheiden. Damit sage ich nicht, Sie sollten mich als einen Gott ansehen. Vielmehr meditiert man in der Mantra-Praxis über sich selbst als Gottheit, und man meditiert auch über den eigenen Lama als Gottheit.

> *Stelle die Bedeutung dieser Worte klar heraus, damit die Schüler ein Bewusstsein dafür entwickeln, dass es notwendig ist, mit der besten der drei Motivationen in das Mandala einzutreten: mit der Absicht, das an nichts [weder am Extrem des Existenzkreislaufs noch am Extrem einer einsam und allein verwirklichten Freiheit] festhaltende Nirvāna – das, was über die Welt hinausreicht – anzustreben.*

Gemäß diesen Leitlinien für die Motivation sollte jedem von uns nicht in erster Linie am eigenen Wohlergehen gelegen sein, sondern wir sollten zuvorderst das Wohl der anderen zu unserem Anliegen machen.

> [ERTEILUNG DER INNEREN EINWEIHUNG]
>
> *dann [erklärt der Lama]*
> Man meditiert folgendermaßen:

> Von meinem Herzen, das als Kālachakra – Vater und Mutter – von allen Verdunkelungen befreit ist, ausgehende Lichtstrahlen ziehen jeden einzelnen Schüler an. Die Schüler treten in meinen Mund ein und lösen sich im Lotos der Mutter auf.

Man wird gleichsam als Kind seiner speziellen Gottheit Kālachakra wiedergeboren.

Visualisieren Sie in Ihrer Vorstellung den Lama als Kālachakra im Vater-Mutter-Aspekt, das heißt in Vereinigung mit seiner Gefährtin. Lichtstrahlen, die von der im Herzen des Lamas (der als Kālachakra erscheint) erstrahlenden Keimsilbe *hūm* ausgehen, ziehen jeden einzelnen Schüler in den Mund des Lamas. Und die Schüler legen den Weg durch den Körper des Lamas bis in den Schoß der Mutter zurück. Dort verwandeln sie sich in Leerheit.

Lösen Sie nicht einfach nur alle Erscheinungen auf. Beachten Sie zugleich, dass alle in Erscheinung und ins Dasein tretenden Erkenntnisobjekte leer sind, keine unabhängige Eigenexistenz haben – so wie es exemplarisch an *Ihnen* deutlich wird. Das zuvor entwickelte altruistische Bestreben, erleuchtet zu werden, hat weiterhin Bestand. Außerdem denken Sie nun: »Wie an mir selbst offenbar wird, sind alle Phänomene leer von unabhängiger Eigenexistenz.« Diese Gedanken dienen jetzt als »Ausgangsmaterial« für Ihre Erscheinung als Kālachakra mit *einem* Gesicht und zwei Armen. Von Mitgefühl motiviert und im Gewahrsein von Leerheit, dem Nichtvorhandensein einer unabhängigen Eigenexistenz, verwandelt sich der Geist in die Keimsilbe *hūm*, die zu einem Vajra wird. Dieser wiederum verwandelt sich in Kālachakra, nicht mit sämtlichen, die Hauptgottheit des Mandala kennzeichnenden, Gesichtern und Armen, sondern lediglich mit einem Gesicht und zwei Armen.

> Aus *hūm* und einem Vajra gehen Sie als Kālachakra mit einem Gesicht und zwei Händen hervor.

Sodann holen Lichtstrahlen, die vom Lama als Verkörperung Kālachakras in Höhe seines Herzens ausgehen, all die So-Gegangenen – oder Buddhas – herbei, deren Natur das ursprüngliche Gewahrsein von nicht-dualer Glückseligkeit und Leerheit ist. Sie treten in den Mund des Lamas ein und lösen sich in Höhe seines Herzens in Licht auf, in den so genannten Erleuchtungsgeist. Der Erleuchtungsgeist ergießt sich in den Schoß der Mutter und erteilt den Schülern, die sich im Schoß der Mutter als Kālachakra visualisieren, die Einweihung. Zusätzlich zu der Leerheit gewahrenden Weisheit, die als Kālachakra erscheint, erfahren die Schüler auch das besondere ursprüngliche Gewahrsein großer Glückseligkeit. Stellen Sie sich vor, dass die innere Einweihung solch eine Glückseligkeit hervorbringt.

> Das Licht aus der Keimsilbe in Höhe meines Herzens lädt alle So-Gegangenen ein herbeizukommen. Sie treten ein in meinen Mund, und in Höhe meines Herzens führt das Feuer der Anziehung [das heißt, die wechselseitige Freude, die sie aneinander haben] zur Verschmelzung [ihrer Körper] in [Licht, das man als] den Erleuchtungsgeist [bezeichnet], der auf dem Vajra-Pfad entsteht. [296] Dadurch wird den im Lotos der Weisheitsfrau verweilenden Schülern die Einweihung zuteil. [Daraufhin entsteht das ursprüngliche Gewahrsein von Leerheit und Glückseligkeit, die Essenz der inneren Einweihung.]

Sie kommen aus dem Schoß der Mutter hervor und befinden sich wieder bei dem Pfeiler draußen vor dem östlichen Tor des Mandala. Die ganze Zeit über visualisieren Sie sich als Kālachakra mit einem Gesicht und zwei Armen.

> Die Schüler kommen aus dem Lotos der Mutter hervor und werden wieder an ihren jeweiligen Platz zurückversetzt.

Auf drei Ebenen innerhalb des Mandala sind Tore vorhanden – in Entsprechung zu den drei Ebenen, die sich auf den erhabenen Körper, die erhabene Rede und den erhabenen Geist beziehen. In diesem Moment befinden Sie sich vor den äußersten Toren auf der Ebene des erhabenen Körper-Mandala. An anderer Stelle wurde dargelegt, dass es Ihnen vor der Einweihung nicht gestattet ist, über sich selbst in Gestalt einer Gottheit zu meditieren. Mit dem Erhalt der inneren Einweihung hat allerdings jener Prozess begonnen, in dem Sie über sich selbst in Gestalt einer Gottheit meditieren.

Der Ablauf dieser imaginativen Meditation steht mit der früher in Indien vorhandenen Gesellschaftsstruktur in Einklang. Daher fiel es den Praktizierenden leicht, all diese Dinge vor ihrem inneren Auge entstehen zu lassen. Die Meditation weist eine Verbindung zu der später erfolgenden Vajra-Meister-Einweihung auf, bei der der Schüler zu einer Art Repräsentant oder edlem Nachfolger des Lamas wird.

Damit sind die Neuausrichtung der Motivation und die Erteilung der inneren Einweihung abgeschlossen.

2
Bittgebet und Vertrauen

Ein Bittgebet an den Lama/Kālachakra, der [den Schülern] daraufhin die Lehre begreiflich macht

Der Daseinskreislauf gleicht einem Ozean, in dem es die Schrecken einflößenden Meeresungeheuer von Geburt, Alterung, Krankheit und Tod gibt. Am Anfang des Lebens steht die Geburt, am Ende der Tod; und dazwischen bedrängen uns die Kümmernisse von Krankheit und Alterung. Im Laufe unseres Lebens müssen wir eine Vielzahl von Fehlschlägen hinnehmen. Wenn das in der Natur des Daseinskreislaufs liegt, so ist dies etwas, das wir nicht wollen. Der Schüler bittet den Lama als Kālachakra – den Lehrer der Methoden, mit denen wir uns aus solcher Bedrängnis befreien können –, ihn beziehungsweise sie unter seine Obhut zu nehmen.

Gestützt auf das Vajra-Fahrzeug, den Weg des Geheimen Mantra, beseitigt man vollständig die beiden Hindernisse: die Hindernisse für die Befreiung und die Hindernisse für die Allwissenheit. Darin bestehen, wie bereits dargelegt, die Mittel zur Befreiung. Sie erklären, dass Sie gewillt sind, auf diesem Weg zur Befreiung zu gelangen. Dies erfordert aber die sorgfältige Beachtung der Verpflichtungen und Gelübde. Daher bitten Sie den Lama auch, Ihnen die entsprechenden Verpflichtungen aufzuerlegen und Gelübde zu geben. Und so bitten Sie um die Bodhisattva-Gelübde. Damit Sie diese erhalten können, bitten Sie darum, dass der Lama den Ritus für den »strebenden Erleuchtungsgeist« durchführt – was wiederum voraussetzt, dass Sie zum Buddha, zu seiner Lehre und zur spirituellen Gemeinschaft Zuflucht nehmen. Und so bitten Sie darum, Zuflucht nehmen zu dürfen. Indem Sie sich solcher Methoden bedienen, bitten Sie um Unterstützung für den Zugang zur Stadt der großen Befreiung. Vergegenwärtigen Sie sich, wenn Sie den Wortlaut wiederholen, bitte die Bedeutung dieser Worte.

Die Essenz dieser Worte lässt sich kurz folgendermaßen zusammenfassen: »Zum Wohl aller empfindenden Wesen – dem Ziel meines Strebens nach Erleuchtung – will ich rasch die unübertroffene, vollkommen makellose Erleuchtung verwirklichen. Damit mir dies gelingen möge, will ich dem Weg der Mantra-Praxis folgen. Bitte gib mir alles, was ich dazu brauche.«

Die Schüler sprechen dreimal folgendes Bittgebet:

Aus dem Ozean des Daseinskreislaufs,
der durch Meeresungeheuer und dergleichen –
die Krokodile von Geburt, Alterung und Tod –
ein Ort voller Schrecken ist,
bist du, o mein großer, freudvoller Lehrer, der einzige Befreier.

O großer Beschützer, ich strebe nach
dem unerschütterlichen Daseinszustand der großen Erleuchtung.
Gewähre mir die Verpflichtungen.
Gewähre mir auch den Erleuchtungsgeist.

Gewähre mir ferner die dreifache Zuflucht –
zum Buddha, zu seiner Lehre und zur spirituellen Gemeinschaft.
O Beschützer, bitte lass mich eintreten
in die unvergleichliche Stadt der großen Befreiung.

Nachdem Sie dieses Bittgebet dreimal gesprochen haben, stellen Sie sich vor, dass der Lama als Kālachakra Sie stillschweigend als Schüler angenommen hat.

[Den Schülern die Bedeutung der Lehre begreiflich machen]

Im nächsten Schritt macht der Lama den Schülern die Bedeutung der Lehre begreiflich. Er sorgt mit anderen Worten dafür, dass sie Vertrauen zum Großen Fahrzeug gewinnen.

Indem der Lama sich stellvertretend[4] für alle anderen an einen *Schüler wendet, sagt er:*

Kind, komm hierher.
Ich will dich die Riten für die Geheime Mantra-Praxis des
Großen Fahrzeug gründlich lehren.
Du bist ein Gefäß für den großen Weg.

Der Lama bezeichnet den Schüler als »Kind«. Dieser Ausdruck der Nähe besagt Folgendes: Der Schüler sollte nicht unter dem Einfluss begrifflicher Vorstellungen stehen, er oder sie sollte nicht für Glück halten, was in Wahrheit kein Glück ist, und nicht an materiellem Wohlergehen innerhalb des Daseinskreislaufs haften. Frei von Verlangen nach dem materiellen Wohlergehen des Daseinskreislaufs sollte der Schüler »hierher kommen«, ohne durch die wunderbaren Dinge des Daseinskreislaufs abgelenkt zu sein.

Welcher Aktivität sollte der »hierher gekommene« Schüler nun nachgehen? Da Sie Gefäße für das Vajra-Fahrzeug des Geheimen Mantra sind und Ihnen die Aufgabe zufällt, entsprechend zu praktizieren, werde ich Sie in der Methode der Geheimen Mantra-Praxis des Großen Fahrzeugs unterweisen.

> Durch die Kraft des Vajra-Mantra
> erlangen die in den drei Zeiten in Erscheinung tretenden
> Buddhas –
> diejenigen, die über die Vajras des erhabenen Körpers, der erhabenen Rede und des erhabenen Geistes verfügen –
> voll und ganz das unvergleichliche ursprüngliche Gewahrsein.

Die mit den Vajras des erhabenen Körpers, der erhabenen Rede und des erhabenen Geistes Ausgestatteten sind Buddhas. Denn Buddhaschaft ist die Ebene der Ununterscheidbarkeit von Körper, Rede und Geist. In ihrer essenziellen Natur verfügen die Buddhas der Vergangenheit, der Gegenwart und der Zukunft über die Ununterscheidbarkeit von Körper, Rede und Geist; und sie werden das durch und durch reine, unvergleichliche, ursprüngliche Gewahrsein der Buddhaschaft verwirklichen, indem sie auf die Kraft vertrauen, die dem Weg des Geheimen Mantra innewohnt.

Kurzum: Im Vertrauen auf die Kraft, die dem Weg des Geheimen Mantra innewohnt, verwirklichen die Buddhas aller Zeiten – diejenigen, die in ihrer essenziellen Natur mit dem erhabenen Körper, der erhabenen Rede und dem erhabenen Geist ausgestattet sind – ein ursprüngliches Gewahrsein: das ursprüngliche Gewahrsein des allem zu Grunde liegenden, immer schon vorhandenen klaren Lichts, das von jeglichem Hindernis frei ist; das ursprüngliche Gewahrsein der letztgültigen Wirklichkeitssphäre, der die beiden Arten von Reinheit zu Eigen sind – die natürliche Reinheit und die Reinheit von vorübergehenden Befleckungen. Da diesem Gewahrsein unter dem ursprünglichen Gewahrsein all derjenigen, die noch damit beschäftigt sind zu lernen, nichts gleichkommt, ist es »unvergleichlich«. Durch die Kraft des Geheimen Mantra haben sie solch einen allwissenden Weisheitswahrheitskörper eines Buddha verwirklicht, verwirklichen ihn jetzt und werden ihn in Zukunft verwirklichen.

Buddhaschaft – die Ununterscheidbarkeit von erhabenem Körper, erhabener Rede und erhabenem Geist – verwirklicht man, wenn man sich auf den Weg des Mantra stützt. Auf welche Weise geschieht das? Unser gegenwärtiges grobes Bewusstsein ist ungeeignet, die substanzielle Ursache für das allwissende Bewusstsein eines Buddha zu sein. Was aber kann als geeignete Ursache dienen? – Der höchst subtile, allem zu Grunde liegende, immer schon vorhandene Geist des klaren Lichts. Nichts anderes kann als unmittelbare substanzielle Ursache für das allwissende Bewusstsein dienen. Aus diesem Grund muss der höchst subtile, allem zu Grunde liegende, immer schon vorhandene Geist des klaren Lichts als Essenz des Weges, als Essenz aller heilsamen Eigenschaften, hervorgebracht werden. Dies kann nur mit Hilfe einer Methode des Höchsten Yoga-Mantra geschehen, bei der man den Geist auf bestimmten Körperstellen von zentraler Bedeutung einsgerichtet verweilen lässt. Ohne solch eine Methode gibt es keine Möglichkeit, den allem zu Grunde liegenden, immer schon vorhandenen Geist des klaren Lichts zu einem essenziellen Bestandteil des Weges zu machen. Und in den drei niedrigeren Tantra-Klassen – dem Handlungs-, dem Ausübungs- und dem Yoga-Tantra wie auch im Vollendungsfahrzeug – ist von dem allem zu Grunde liegenden, immer schon vorhandene Geist des klaren Lichts ebensowenig die Rede wie von Methoden, mit deren Hilfe man diesen zu einem essenziellen Bestandteil des Weges macht. Dort wird das Ansammeln von Verdienst und Weisheit – ursprünglichem Gewahrsein – lediglich im Kontext gröberer Bewusstseinsstufen angesprochen.

Solange man nicht die subtilste Bewusstseinsstufe zu einem essenziellen Bestandteil des Weges machen kann, bleibt die Allwissenheit eines Buddha unerreichbar. Darüber hinaus strebt man in erster Linie den anderen empfindenden Wesen zuliebe nach solcher Allwissenheit. Maitreya schreibt im »Schmuck der klaren Verwirklichung« (*mngon riogs rgyan, abhisamayālamkāra*):[5] »Den [altruistischen] Geist hervorzubringen bedeutet, sich allen anderen zuliebe die vollkommen makellose Erleuchtung zu wünschen.« Beim Streben nach der Allwissenheit der Buddhaschaft kommt es einem also letztlich auf das Wohl der anderen Wesen an. Betrachtet man nun einerseits den Weisheitswahrheitskörper, andererseits die Formkörper eines Buddha, so wird Folgendes deutlich: Was den Schülern erscheint und dadurch ihr Wohl herbeiführt, sind die Formkörper. Der Weisheitswahrheitskörper hingegen kann anderen nicht durch sein tatsächliches In-Erscheinung-Treten von Nutzen sein. Daher richtet sich das Bestreben eines Praktizierenden auf dem Weg des Höchsten Yoga-Mantra vor allem darauf, den *Formkörper* eines Buddha zu verwirklichen.

Unser gegenwärtiger, aus Fleisch, Blut, Knochen und Ähnlichem zusammengesetzter Körper kann für solche Formkörper keine substanzielle Ursache sein. Nun spricht man im Vollendungsfahrzeug von der Verwirklichung eines Geistkörpers: Dieser entstehe in Abhängigkeit von Faktoren, die der so genannten Ebene der Veranlagung zu Unwissenheit und unbeflecktem Karma zugerechnet werden; er weise Ähnlichkeiten mit den größeren und kleineren Merkmalen eines Buddha auf; und, so heißt es im Vollendungsfahrzeug weiter, dieser besondere Geistkörper diene als substanzielle Ursache für die Formkörper eines Buddha. Doch bei genauerer Nachforschung zeigt sich: Die »Ebene der Veranlagungen zu Unwissenheit« bezieht sich auf die Hindernisse für die Allwissenheit, und ein dergestalt erreichter Geistkörper geht somit auf unreine Ursachen zurück. Wenn dieser Geistkörper also aus unreinen Ursachen hervorgegangen ist, kann er nicht als substanzielle Ursache für einen Formkörper dienen, der von derselben Essenz ist wie das allwissende Bewusstsein eines Buddha.

Um die substanzielle Ursache für den – in der Essenz mit dem allwissenden Bewusstsein eines Buddha identischen – Formkörper eines Buddha verwirklichen zu können, muss man sich in außergewöhnlicher Weise auf das Höchste Yoga-Mantra stützen. Im *Kālachakra-Tantra* geht es hierbei um eine leere Form des großen Siegels. Im *Guhyasamāja-Tantra* handelt es sich um einen illusorischen Körper oder, anders betrachtet, um einen Regenbogenkörper. Ohne solch eine Methode kann unser grobstofflicher Körper keinesfalls als substanzielle Ursache für die Formkörper eines Buddha dienen.

In ihrer *grobstofflichen* Form unterscheiden sich unser Körper, unsere Rede und unser Geist beträchtlich voneinander. Doch selbst jetzt haben wir einen *subtilen* Körper, eine *subtile* Rede und einen *subtilen* Geist, die ununterscheidbar voneinander sind. Im Höchsten Yoga-Mantra wird in aller Deutlichkeit erklärt, dass wir den subtilen Körper, die subtile Rede und den subtilen Geist – in unserem gewöhnlichen Zustand ununterscheidbare Entitäten, die in befleckter Form in Erscheinung treten – zur Grundlage der Praxis machen und sie in den erhabenen Körper, die erhabene Rede und den erhabenen Geist der zu erwirkenden Buddhaschaft transformieren. Ohne den Weg des Höchsten Yoga-Mantra haben wir keinerlei Möglichkeit, unseren subtilen Körper, unsere subtile Rede und unseren subtilen Geist in der Weise klar zu manifestieren, dass sie Aktivitäten ausüben können. Zum Beispiel verfügt unser gegenwärtiger subtiler Geist über die *Fähigkeit*, Objekte zu erfassen. Damit er tatsächlich die Aktivität des Erfassens von Objekten in manifester Weise ausüben kann, benötigen wir die Praxis des Höchsten Yoga-Mantra. Und will man die Fähigkeit unseres gegenwärtigen subtilen Körpers – das heißt, unserer sehr subtilen Winde oder inneren Energien –, jede gewünschte Erscheinungsform anzunehmen, vollständig entwickeln, benötigt man dazu ebenfalls die Methode des Höchsten Yoga-Mantra.

Um den sehr subtilen Wind und Geist gut nutzen zu können, muss man dafür sorgen, dass die Bewegung von Wind und Geist auf den groben Ebenen zum Erliegen kommt. Den Ausdruck »Wind« kann man am ehesten als Bezeichnung für eine spezielle Art von Energie verstehen. In dieser subtilen Erscheinungsform bilden Geist und Wind eine ununterscheidbare Einheit. Von Geist – oder Bewusstsein – spricht man aus der Perspektive der Objekterkenntnis. Von Wind – oder Energie – spricht man aus der Handlungsperspektive beziehungsweise der Perspektive des Zugehens auf die Objekte. Innerhalb des Kālachakra-Systems werden zehn oder zwölf Arten von Wind beschrieben. Wenn man den abwärts entleerenden Windes in drei verschiedene Arten untergliedert, spricht man von zwölf Windarten – ansonsten von zehn. Der als Dhamnajaya (*nor las rgyal*) bezeichnete Wind bewirkt, dass der Körper sich von Augenblick zu Augenblick verändert; und daher heißt es, selbst in einem Leichnam sei er noch präsent.

Indem man der Bewegung von Wind und Geist auf den gröberen Ebenen wirkungsvoll Einhalt gebietet, kann man die subtileren Ebenen nutzen. Zu diesem Zweck werden nicht etwa chirurgische Eingriffe vorgenommen oder Drogen eingesetzt. Vielmehr macht man sich hier die Wirkung der meditativen Stabilisierung oder spezieller Körperübungen zunutze. Falls dabei Schwierigkeiten auftreten sollten, so heißt es ferner, könne man den Kanal am Rad der Freude im Bereich des Kehlkopfes in einer Weise zusammenpressen, dass sich das klare Licht manifestiere. Allerdings besteht die Gefahr, dass man hierdurch stirbt, statt eine Manifestation des klaren Lichts hervorzurufen! Manche dieser Techniken sind also ausgesprochen gefährlich. Auch kann man krank werden, wenn man den Wind-Yoga nicht in angemessener Weise praktiziert. Selbst bei gewöhnlichen Meditierenden können bei unsachgemäßer Durchführung des Wind- beziehungsweise Atem-Yoga Kopf- oder Augenschmerzen auftreten. Deshalb ist es wichtig, sich unter Anleitung eines erfahrenen und qualifizierten Lehrers schrittweise darin zu üben.

Indem man von solchen Methoden des Höchsten Yoga-Mantra Gebrauch macht, kann man die gröberen Winde zügeln und ihnen Einhalt gebieten.

Dann werden sie nicht einfach nur unter dem Einfluss von Karma angehalten wie im Augenblick des Todes, sondern durch die Kraft des Yoga, auf Grund der Wirkung entsprechender Techniken. Kommt die Bewegung von Wind und Geist auf den gröberen Ebenen zum Erliegen, so setzt die Aktivität der subtileren Ebenen von Wind und Geist ein. Manifestiert sich dann ein subtileres Bewusstsein, so ist dieses nicht unklar, sondern klar und gewahr, da die Bewegung der groben Ebenen von Wind und Geist eben nicht unter dem Einfluss des Karmas zu erliegen kommt, sondern mit Hilfe einer neuen Methode bewusst gezügelt wird. *Kundalini* ist eine der wichtigsten Methoden dafür. Sie macht sich die geläuterte Essenz des Körpers zunutze. Damit diese Läuterung gelingt, ist es notwendig, die innere Hitze zu entfachen, die so genannte zornvolle Frau (*gtum mo*, *chandālī*). Dazu bedarf es einer Gefährtin – einer Frau des »Großen Siegels« (*phyag rgya ma*, *mahāmudrā*).

Das Ziel besteht letztlich darin, den höchst subtilen Geist des klaren Lichts, der als die substanzielle Ursache für ein allwissendes Bewusstsein dienen kann, als essenziellen Bestandteil des Weges zu einem erhabenen, sämtliche Aspekte kennenden Weisheitsbewusstsein hervorzubringen. Aus diesem Grund wird die Methode zur wirkungsvollen Beseitigung der gröberen Ebenen von Wind und Geist gelehrt. Dazu muss man das Verströmen und das Sammeln der roten und der weißen Elemente unter Kontrolle bekommen – und zu diesem Zweck wird die Methode gelehrt, bei der man eine Gefährtin in die Praxis mit einbezieht.

Kurzum: Die unmittelbare substanzielle Ursache für die Verwirklichung eines Weisheitswahrheitskörpers und die unmittelbare substanzielle Ursache für die Verwirklichung eines Formkörpers kann man nur erlangen, wenn man sich auf das Geheime Mantra stützt. Um vollkommen erleuchtet zu werden, mussten sich daher die Buddhas der Vergangenheit notwendigerweise auf das Höchste Yoga-Mantra stützen. Und ebenso müssen sich die Buddhas der Zukunft auf das Höchste Yoga-Mantra stützen, um vollkommen erleuchtet zu werden.

> Mit dem unvergleichlichen[6] Yoga des Geheimen Mantra
> überwanden der Löwe der Shākyas
> und die übrigen Erhabenen[7] die ganz verheerenden
> und sehr mächtigen Dämonenscharen.
>
> Im Bewusstsein, dass die Welt ihm nacheifern würde,
> drehte er das Rad der Lehre, und anschließend schied er dahin.

Gestützt auf solch wunderbare Methoden des Geheimen Mantra überwanden diejenigen, die den höchsten Zustand erreichten – wie etwa unser Lehrer, der Buddha Shākyamuni – die Heere der Dämonen, wurden vollkommen erleuchtet, drehten daraufhin das Rad der Lehre und zeigten anschließend, auf welche Weise ein Erleuchteter dahinscheidet. All diese Handlungen konnten nur dank der Kraft des Geheimen Mantra ausgeführt werden. Daher sollten Sie – als Vajra-Schüler – unerschütterlich starkes Interesse am Mantra-Fahrzeug und ebenso großes Vertrauen zu ihm entwickeln.

> Um Allwissenheit zu erreichen, o Kind,
> praktiziere dies deshalb [mit all] deiner Einsicht.

Indem [der Lama dem Schüler] die Bedeutung dieser Sachverhalte erläutert, gewinnt das zuvor bereits vorhandene Interesse am Mantra unerschütterliche Stabilität.

3

Gelübde und Segen

Die Gelübde nehmen und den Segen erhalten

Mache den Schülern deutlich und sorge dafür, dass sie genau[8] *begreifen, wie man Schritt für Schritt die allgemeinen und die außerordentlichen Gelübde des Großen Fahrzeugs nimmt und welche Bedeutung der Einhaltung der Gelübde zukommt.*

In den Texten der indischen Gelehrten werden verschiedene Möglichkeiten, die Mantra-Gelübde zu nehmen, dargelegt – ausschließlich während der Vorbereitungsphase, ausschließlich während der eigentlichen Einweihung oder bei beiden Gelegenheiten. Da wir, wie es scheint, heute ohnehin schon viel Zeit benötigen, werden die Mantra-Gelübde morgen während der eigentlichen Einweihung gegeben. So können wir es für heute bei den Bodhisattva-Gelübden bewenden lassen.

Um die Bodhisattva-Gelübde zu nehmen, stellen Sie sich vor, dass diejenigen, von denen Sie die Gelübde erhalten – die Buddhas und ihre »Kinder«, die Bodhisattvas – hier zugegen sind. Wir fassen einen großen Entschluss: »Ich werde versuchen, den anderen Wesen zuliebe Buddhaschaft zu verwirklichen. Ohne wirklich ernsthaft zu praktizieren, kann man Buddhaschaft auf keinen Fall erreichen. Daher will ich nicht nur den Entschluss fassen, Buddhaschaft zu verwirklichen, sondern auch sämtliche Bodhisattva-Praktiken in die Tat umsetzen. Damit mir dies gelingt, will ich die Bodhisattva-Gelübde nehmen und mit aller Entschiedenheit versprechen, mich der Schulung in der Bodhisattva-Praxis zu widmen. Deshalb bitte ich darum, die Bodhisattva-Gelübde zu erhalten.« Vergegenwärtigen Sie sich, wenn Sie die Worte des nachfolgenden Textes nachsprechen, ihren Bedeutungsgehalt.

Dann sprechen die Schüler [dem Lama] dreimal nach: [297]

Ich nehme Zuflucht zu den Drei Juwelen,
offenbare jede einzelne Verfehlung, die ich begangen habe,
hege Bewunderung für die Vorzüge der Wesen
und mache mir in meiner inneren Einstellung die Erleuchtung eines
Buddha zu Eigen.

Dadurch nimmt man das [dem Sūtra-Fahrzeug und dem Großen Fahrzeug des Mantra gemeinsame] Gelübde [der Bodhisattvas].

Wenn Sie die letzte Zeile (»und mache mir in meiner inneren Einstellung die Erleuchtung eines Buddha zu Eigen«) zum dritten Mal sprechen, so stellen Sie sich vor, dass Sie die reinen Bodhisattva-Gelübde vollständig in Ihren Geistesstrom aufgenommen haben. Zumindest sollten Sie sich vorstellen, besonderes Verdienst erlangt zu haben. Wer sich zur praktischen Umsetzung beziehungsweise Einhaltung der Bodhisattva-Regeln außerstande sieht oder kein Interesse daran hat, braucht sich hingegen nicht vorzustellen, ein Versprechen zur Ausübung der Bodhisattva-Praktiken abgelegt zu haben.

[Der Vollständigkeit halber wird der Ritus zur Erteilung der Mantra-Gelübde an dieser Stelle mit aufgeführt. Die Erläuterungen dazu finden Sie im Zweiten Teil, Kap. 2 »Außerhalb des Vorhangs«, S. 232 ff.]

Durch dreimaliges Nachsprechen bittet der Schüler anschließend darum, das außerordentliche [mantrische] Gelübde zu erhalten:

Bitte erteile mir die vorzügliche,
unwiderrufliche Einweihung in den [Mandala-]Kreis,
o Beschützer, und gib mir dabei Erläuterungen
zu den Prinzipien des Mandala, zu den Gottheiten,
den Aktivitäten eines Meisters,
den Verpflichtungen aller Buddhas
und den höchst geheimen Gelübden.
Um das Wohl aller empfindenden Wesen zu verwirklichen,
will ich allzeit wie ein Meister handeln.

Dann erhält man die außerordentlichen mantrischen[9] Gelübde, indem man dreimal wiederholt:

O all ihr Buddhas und Bodhisattvas, bitte nehmt euch meiner an.
Ich (nennen Sie Ihren Namen) werde von nun an,
bis ich zur Essenz der Erleuchtung gelange,
die edle, unübertroffene Absicht
entwickeln, erleuchtet zu werden,
genauso wie die Beschützer der drei Zeiten
eine klare Entscheidung im Sinne der Erleuchtung treffen.
Beharrlich will ich alle drei Formen der Ethik beachten – die ethischen Vorschriften,
den Leitfaden der heilsamen Handlungen
und die Verwirklichung des Wohls aller empfindenden Wesen.
Für den fünfstrahligen Vajra [die Buddha-Familie von Akshobhya] werde ich Vajra, Glocke, Siegel und den Lama am Scheitelpunkt meines Kopfes tragen.
Dem Juwel [der Buddha-Familie von Ratnasambhava] werde ich Geschenke machen. Für das Rad [die Buddha-Familie von Vairochana] werde ich die Verpflichtungen der höchsten Siegreichen einhalten.
Für das Schwert [die Buddha-Familie von Amoghasiddhi] werde ich Opferungen darbringen. Für den strahlenden Lotos [die Buddha-Familie von Amitābha] werde ich Zurückhaltung wahren.
Damit sämtliche Wesen befreit werden mögen, will ich für die Buddha-Familie des Ahnen aller Siegreichen [Vajrasattva] Erleuchtung hervorbringen.
Wer [durch die Hindernisse für die Allwissenheit] eingeschränkt ist, den will ich davon befreien.
Wer [an den Daseinskreislauf] gefesselt ist, den will ich daraus befreien.
Wer [in den widrigen Daseinsbereichen] gefangen ist, den will ich daraus befreien
und den empfindenden Wesen zur Verwirklichung von Nirvāna verhelfen. [298]

[Segnung (der Schüler)]

Als Nächstes erfolgt eine Segnung. Dazu stellt man sich vor, die sechs Elemente des Schülers – Erde, Wasser, Feuer, Wind, Raum und Bewusstsein – seien von gleicher Natur wie die sechs Weisheitsfrauen. Die Schüler visualisieren sich als Kālachakra, und an sechs Stellen ihres Körpers visualisieren sie die Essenz dieser sechs Elemente. Diese erscheint hier symbolisch in Form von sechs Silben: Das Element Wasser stellt man sich im Körper des Schülers als die Silbe *Ū*, die Natur von Māmakī, auf einem Mond in Höhe der Stirn vor. Das Element Wind stellt man sich als die Silbe *Ī*, die Natur von Tārā, auf einer grünen *Rāhu*-Scheibe in Höhe des Herzens vor. Das Element Raum stellt man sich als die Silbe *Ā*, die Natur von Vajradhātvīshvarī, auf einem Tropfen im Bereich der Kronenwölbung vor. Das Element Erde stellt man sich als die Silbe *L̄*, die Natur von Lochanā, auf einer gelben *Kālāgni*-Scheibe in Höhe des Nabels vor. Das Element Feuer stellt man sich als die Silbe *R̄*, die Natur von Pāndarā, auf einer Sonne in Höhe des Halses vor. Und das Element Bewusstsein stellt man sich als die Silbe *Āh*, die Natur von Prajñāpāramitā, im Rad des ursprünglichen Gewahrseins im verborgenen Bereich vor.

Dann kontempliert [*der Lama*]*:*

> Indem man ein *Ū* auf einem Mond in Höhe der Stirn, ein *Ī* auf einer grünen *Rāhu*-Scheibe in Höhe des Herzens, ein *Ā* auf einem Tropfen im Bereich der Kronenwölbung, ein *L̄* auf einer gelben *Kālāgni*-Scheibe in Höhe des Nabels, ein *R̄* auf einer Sonne in Höhe des Halses und ein *Āh* im Rad des ursprünglichen Gewahrseins im verborgenen Bereich visualisiert, erhält man den Schutz dessen, was die Essenz der weiblichen Gottheiten der sechs Buddha-Familien, den erhabenen Körper, die erhabene Rede und den erhabenen Geist von Methode und Weisheit ausmacht.

Im Rahmen Ihrer Selbstvisualisierung als Kālachakra visualisieren Sie dann ein schwarzes *Hūm* auf einer grünen *Rāhu*-Scheibe in Höhe des Herzens, ein rotes *Āh* auf einer Sonne in Höhe des Halses und ein weißes *Om* auf einem Mond in Höhe der Stirn. Die Natur Ihres subtilen Geistes, Ihrer subtilen Rede und Ihres subtilen Körpers erscheint als diese drei Silben. Stellen Sie sich vor, dass es sich bei den drei Silben um die Essenz des erhabenen Körpers, der erhabenen Rede und des erhabenen Geistes handelt. Stellen Sie sich vor, wenn ich diese drei Silben – *hūm, āh, om* – ausspreche und dabei durch eine Geste symbolisch Ihr Herz, Ihre Kehle und Ihre Stirn berühre, berühre ich Sie mit Wassertropfen aus der Muschelvase in Höhe des Herzens, der Kehle und der Stirn, und dabei gehen von diesen drei Silben Lichtstrahlen aus. Stellen Sie sich vor, dass die von sämtlichen Buddhas und Bodhisattvas vorgenommenen Segnungen des erhabenen Geistes, der erhabenen Rede und des erhabenen Körpers sich in diese Punkte auflösen und dadurch die Verfehlungen und Hindernisse von Geist, Rede und Körper ebenso reinigen wie deren seit anfangloser Zeit angesammelte Neigungen.

Dann kontempliert der Lama:

Ein schwarzes *Hūm*[10] auf einer grünen *Rāhu*-Scheibe, die sich beim Schüler in Höhe des Herzens befindet, ein rotes *Āh* auf einer Sonne in Höhe des Halses und ein weißes *Om* auf einem Mond in Höhe der Stirn.

Der Meister spricht die drei Silben [hūm, āh, om] aus. Er benetzt, von unten nach oben vorgehend, die drei Orte [Herz, Kehle und Scheitelpunkt des Kopfes] mit wohlriechendem Wasser, das er mit den Fingern seiner den Vajra haltenden Hand aufgenommen hat. Nachdem er [die Schüler] gesegnet hat, bringt er ihnen die fünf Opfergaben dar [Blumen, Räucherwerk, Lichter, wohlriechendes Wasser und Nahrung].

Dadurch werden die drei Tore – Körper, Rede und Geist – gesegnet. Das tibetische Wort für »segnen« lautet *dschin-lab* (*byin rlabs*): *dschin* bedeutet »Erhabenheit« (*gzi byin*)und *lab* bedeutet »verwandeln« (*sgyur ba*); *dschin-lab* bedeutet also die Transformation von Gewöhnlichem und Unreinem in etwas Reines.

Um solch einen Segen zu erhalten, bedarf es einer Anstrengung unsererseits. Wenn Ihnen angenehme oder unangenehme Objekte begegnen, sollten Sie nicht an der (angenehmen oder unangenehmen) Erscheinung haften, sondern sie als etwas Illusionäres betrachten. So geraten Sie im Umgang mit solchen Objekten nicht unter den Einfluss von den Geist trübenden Emotionen. Indem Sie diese Objekte als Illusionen betrachten, die bloß dem Anschein nach eine unabhängige Eigenexistenz haben, obwohl ihnen in Wahrheit solch eine inhärente Existenz gar nicht zukommt, machen Sie diese zum Bestandteil ihrer – zur Einsicht in das bedingte Entstehen und zu Leerheitsgewahrsein führenden – Praxis. Noch auf eine andere Art von Praxis können Sie hier zurückgreifen: Im Umgang mit solchen Objekten können Sie jene Faktoren ins Spiel bringen, die helfen, das Feuer der Glückseligkeit anzufachen. Solch ein Segen ist also ein Mittel, den eigenen Körper, die Rede und den Geist während guter und schlechter Erfahrungen in etwas Reines zu transformieren.

Stellen Sie sich vor, dass Sie eine Blumengirlande als Opfergabe erhalten, die Sie auf dem Kopf tragen sollen. Sie erfüllt einen doppelten Zweck: Sie soll Ihnen helfen, die illusionsgleiche Natur der Phänomene zu verstehen, und sie soll Glückseligkeit hervorrufen. Falls Sie in diesen Blumen etwas sehen, das über eine unabhängige Eigenexistenz verfügt, wird durch diese Sicht der Geist getrübt und die Kraft dieser Vorstellung ruft Anhaftung hervor. Man denkt: »Diese Blumen sind wirklich wunderschön.« Dadurch entsteht größeres Verlangen nach ihnen – und Sie werden wütend, auf jeden und alles, der oder das Ihre Freude an diesen Blumen beeinträchtigt.

Betrachten Sie die Blumen hingegen als Objekte, die ähnlich wie die von einem Magier hervorgerufenen Truggebilde lediglich dem Anschein nach – nicht jedoch in Wirklichkeit – über eine unabhängige Eigenexistenz verfügen, und nutzen die Blumen in dieser Weise als Mittel, um das Feuer der Glückseligkeit zu entfachen, dann wird durch die Wahrnehmung der Blumen Ihre Praxis keineswegs beeinträchtigt. Sie verhilft Ihnen im Gegenteil zu Fortschritten in Ihrer Praxis. Aus diesem Grund wird Ihnen die Blumengirlande als Opfergabe dargebracht.

Außerdem werden Ihnen angenehme Düfte für Ihre Nase, Dunkelheit und Trübheit vertreibende Lichter für die Augen, wohlriechendes Wasser für den Körper und Nahrung für die Zunge als Opfergaben dargebracht. Sie erfüllen den gleichen Zweck.

4

Zahnstocher, Wasser, Kusha-Gras und Schutzbändchen

Werfen des Zahnstochers, Darreichung von drei Hand voll Wasser und so weiter

Ein Zahnstocher [ein traditioneller Vorläufer der modernen Zahnbürste] wird geworfen [beziehungsweise auf eine quadratische, in vier Felder und einen zentralen Bereich unterteilte (Holz-)Tafel fallen gelassen], um herauszufinden, in welchem Bereich ein Schüler daran arbeiten sollte, eine besondere Verwirklichung (*dngos grub*, *siddhi*) zu erlangen. Zu diesem Zweck muss der Schüler ein Sanskrit-Mantra wiederholen, bei dem zunächst die Keimsilben der sechs Buddha-Familien rezitiert und dann die vier Tore zur Befreiung erwähnt werden.

Die drei Tore zur Befreiung sind Kennzeichenlosigkeit, Wunschlosigkeit und Leerheit, und als viertes Tor wird hier zusätzlich Nicht-Aktivität aufgeführt. Damit wird auf den Umstand Bezug genommen, dass Ursachen zwar durchaus Wirkungen hervorrufen, dieses jedoch nicht inhärent tun. Das Mantra drückt aus, dass Körper, Rede und Geist durch die ideale, in ihrem Wesen von der Wirklichkeit der vier Tore zur Befreiung ununterscheidbaren Form von erhabenem Körper, erhabener Rede und erhabenem Geist gereinigt werden.

Dann wasche mit wohlriechendem Wasser einen zwölf Finger messenden, von einem Milchfrucht-Baum wie Ficus Glomearata (Udumvāra)[11] *gewonnenen Zahnstocher. Kein Lebewesen darf sich auf ihm befinden, er muss gerade sein und frei von Rissen; Haut und Rinde dürfen keine Beeinträchtigungen oder Narben aufweisen. Halte eine Blumengirlande an die Spitze [des Zahnstochers], und nachdem du Opferungen mit Wohlgerüchen und so weiter dargebracht hast, sprich [und lasse die Schüler wiederholen]:*

Om āh hūm hoh ham kshah vajra-danta-kāshtha-chatur-vimoksha-mukha-vishuddha-svabhāvam kāya-vāk-chitta-jñāna-mukha-dantādi-malam vishodhaya svāhā. [Mögen die Keimsilben der sechs

Buddha-Familien – om āh hūm hoh ham kshah – und der Vajra-Zahnstocher, indem sie die reine Natur der vier Tore zur Befreiung haben, die Verunreinigungen der Zähne und sonstige Verunreinigungen im Antlitz des erhabenen Körpers, der erhabenen Rede und des erhabenen Geistes sowie des ursprünglichen Bewusstseins reinigen, svāhā.]

Gib ihn dem nach Osten gewandten Schüler. Nach siebenmaliger Rezitation von

Om āh hūm

wirft [der Schüler] auf das Mandala [das heißt, er lässt den Zahnstocher darauf fallen]. Das Mandala misst auf jeder Seite eine Elle, hat vier Ecken, und es ist mit den fünf Kuh-Substanzen[12] *gesalbt. Dadurch weiß man, dass [der Schüler] die vielfältigen, mit der vom Zahnstocher gewiesenen Richtung übereinstimmenden Aktivitäten ausführen wird.*

[Darreichung von drei Hand voll Wasser]

Als Nächstes werden drei Hand voll Wasser gereicht. Sie dienen zur Reinigung der drei Pforten – Körper, Rede und Geist.

Dann sprich:

Om hrīh suvishuddha-dharma-sarva-pāpam nichāmasya shodhaya sarva-vikalpanā-apanaya hūm. [Om hrīh, reinige auf Grund der vollkommenen Reinheit der Phänomene alle Verfehlungen dieser Anhäufung, beseitige alles konzeptionelle Denken, hūm.]

Anschließend gieße drei Hand voll wohlriechenden Wassers nebst der fünf Arten von Ambrosia [in des Schülers] Hand.

Verwenden Sie zunächst ein wenig von dem Wasser, das in Ihre Hand gegossen wurde, um den Mund auszuspülen. Nehmen Sie das verbliebene Wasser in drei Schlucken zu sich, und sehen Sie darin ein Mittel, um Schluck für Schluck Körper, Rede und Geist zu reinigen.

Aushändigung von Kusha-Gras

In Zusammenhang mit der später erteilten Unterweisung zur Deutung der in der nächsten Nacht auftretenden Träume wird Kusha-Gras verteilt, damit Sie klare und unmissverständliche Träume haben. Es soll auch schädliche Einflüsse und Verunreinigungen beseitigen und so für Klarheit des Geistes sorgen.

Dann entferne [Hindernisse von dem] Kusha-Gras. Es sollte an den Spitzen keine Beeinträchtigung aufweisen und groß sein. Anschließend sprich:

Aus hūm hervorgegangen.

Wiederhole danach hūm und die sechs Silben [om āh hūm hoh ham kshah]. Dieses Kusha-Gras ist für die Matratze bestimmt. Bei dem kleineren hingegen sprich:

Aus dhīh entstanden.

Nachdem du dann erneut dhīh gesagt und die sechs Silben [om āh hūm hoh ham kshah] wiederholt hast, ist dieses Kusha-Gras für das Kissen bestimmt. Beide werden zwischen die aneinander gelegten Handflächen des Schülers gegeben, [299] *während du sprichst:*

Om vajra-tīkshna bam. [Om, Vajra-Schärfe, bam.]

Den größeren Stiel Kusha-Gras sollten Sie unter Ihre Matratze und den kleineren unter Ihr Kopfkissen legen.

Aushändigung eines Schutzbändchens

Danach reinige und läutere ein rotes Bändchen, dessen Länge der Körpergröße des Schülers entspricht und das dreifach gewunden ist, mit den Worten:

Aus hūm entstanden.

Nachdem du hūm und die sechs Silben [om āh hūm hoh ham kshah] siebenmal wiederholt hast, mache drei Knoten in das Bändchen. Dabei sprich:

Om buddha-maitri raksha raksha sarvān svāhā. [Om, schütze, schütze gegen alles (Widrige) mit Buddha-Liebe, svāhā.]

Binde es dem Schüler um die Schulter. Dies dient dem gleichen Zweck, wie an anderer Stelle dargelegt.

In dem Mantra wird das Wort für Liebe verwendet, »*Maitri*«. Denn Liebe ist der wahre Schutz. Je größer die Liebe in Ihrem Geist wird, umso weniger geraten Sie unter den Einfluss von negativen Kräften. Die Kultivierung von Liebe ist deshalb die eigentliche Methode zum Schutz vor negativen Einflüssen.

5

Die sechs Buddha-Familien und die Anrufung Vajrasattvas

Die Zuordnung der sechs Buddha-Familien und die Anrufung Vajrasattvas

Die Keimsilben der sechs Buddha-Familien – der üblichen fünf Buddha-Familien von Akshobhya, Amoghasiddhi, Ratnasambhava, Amitābha und Vairochana sowie einer sechsten, der von Vajrasattva – werden sechs Stellen im Körper des Schülers zugeordnet. Ob Sie ein Mann oder eine Frau sind, macht diesbezüglich keinen Unterschied. Malen Sie sich im Geist aus, Sie hätten den Körper von Kālachakra. Stellen Sie sich vor, dass Ihre Stirn deutlich sichtbar ein weißes *Om* aufweist, Ihr Hals ein rotes *Āh*, Ihr Herz ein schwarzes *Hūm*, die Nabelgegend ein gelbes *Hoh*, Ihre Kronenwölbung ein grünes *Ham* und Ihr verborgener Bereich ein blaues *Kshah*.

> Ein [weißes] Om erhält seinen Platz auf der Stirn des Schülers, ein [rotes] Āh am Hals, ein [schwarzes] Hūm am Herzen, ein [gelbes] Hoh am Nabel, ein [grünes] Ham an der Kronenwölbung und ein blaues Kshah im verborgenen Bereich.
>
> [ANRUFUNG VAJRASATTVAS]

Als Nächstes sprechen die Schüler dem Lama das Mantra zur Anrufung Vajrasattvas nach. Im Wesentlichen besagt das Mantra: Möge Vajrasattva, das reine, ursprüngliche Gewahrsein, mir das Höchste [die höchste Verwirklichung in Form der Buddhaschaft] zuteil werden lassen, indem der Segen von Kālachakras erhabenem Körper, erhabener Rede und erhabenem Geist Eingang in meinen Geistesstrom findet.

> *Zur Anrufung Vajrasattvas sprich:*
>
> Om ā ā am ah vajrasatva-mahāsukha-vajra-kālachakra shishyasya abhimukho bhava samtushto bhava varado bhava, kaya-vāk-

chittādhishthānam kuru svāhā. [Vajrasattva, Vajra Kālachakra von großer Glückseligkeit, wende dich dem Schüler zu, erfreue (den Schüler) vollkommen, gewähre das Höchste (die höchste Verwirklichung in Form der Buddhaschaft), segne den erhabenen Körper, die erhabene Rede und den erhabenen Geist.]

So werden der erhabene Körper, die erhabene Rede und der erhabene Geist des Schülers gesegnet. Denke daraufhin, dass dem Schüler das Höchste [die Möglichkeit zur höchsten Verwirklichung der Buddhaschaft] zuteil geworden ist.

6
Freudiges Streben und Träume

Durch Erläuterung der Lehre Enthusiasmus wecken; Unterweisungen zur Traumdeutung

Damit die Schüler Wertschätzung für die Lehre entwickeln, wird eine Passage aus dem »Kālachakra-Tantra in der kürzeren Fassung« zitiert:[13]

> Im Mutterleib leidet man darunter, in der Gebärmutter verweilen zu müssen. Bei der Geburt und im Verlauf der Kindheit leidet man ebenfalls.
> Die Jugend und das Erwachsenendasein sind von solch leidvollen Erfahrungen wie dem Verlust des Gemahls beziehungsweise der Gemahlin[14] oder dem Verlust von Besitz und Wohlstand erfüllt, außerdem von großem Leid, das durch die getrübten Emotionen hervorgerufen wird.
> Die Alten haben unter dem Tod zu leiden, ferner unter den Schrecknissen der sechs Daseinsbereiche, zum Beispiel des Höllenbereichs der heulenden Wesen.[15]

Diese Zeilen zeugen vom Leid unter den Menschen wie auch von den unermesslich vielfältigen Formen jenes Leids, das man nach dem Tod in den sechs Daseinsbereichen erfährt – als Höllenwesen, Hungergeist, Tier, Mensch, Halbgott oder als Gott. Beginnend mit dem Aufenthalt im Mutterschoß erfährt man vielerlei Leid; ebenso nach der Geburt und im Laufe der Kindheit. Als Erwachsener verliert man irgendwann seinen Partner, büßt Besitz, Wohlstand und dergleichen ein. Selbst in materiell hoch entwickelten Ländern gibt es viel Leid. In materiell weniger entwickelten Ländern sind noch vielfältigere Formen von Schmerz und Leid anzutreffen. Und im Alter leidet man später zunehmend unter Krankheiten. Wenn der Tod bevorsteht, ist man mit dem Leid des Todes konfrontiert. Nach dem Tod wiederum leidet man darunter, unweigerlich ein weiteres Dasein in einem der sechs Daseinsbereiche durchlaufen zu müssen.

Für all das Leid, mit dem wir es zu tun haben, gibt es Ursachen und Bedingungen. Worin aber bestehen diese Ursachen?

> All diese die Daseinsbereiche durchlaufenden Wesen haften, von trügerischen Vorstellungen fehlgeleitet, an leidvollen Erfahrungen und ziehen so neuerliches Leid auf sich.

Erfahrungen, die in Wahrheit leidvoll sind, werden nicht als das erkannt, was sie sind. Vielmehr hält man sie auf Grund der Geistestrübungen fälschlich für Glück und haftet daher an diesen Erfahrungen. Ebenso wird ein Selbst, das scheinbar – in Wahrheit jedoch nicht – über eine unabhängige Eigenexistenz verfügt, so wahrgenommen, als besäße es solch eine unabhängige Eigenexistenz. Durch die Handlungen, die aus einer derartigen, die Natur von Personen und sonstigen Phänomenen missverstehenden Unwissenheit resultieren, häuft man positives und negatives Karma an. Da dieses Karma die Triebkraft für weitere Leben im Daseinskreislauf ist, setzt sich der Kreislauf des Leids fort. Man hat zwar den Wunsch, glücklich zu sein, doch auf Grund solcher Unwissenheit vermag man diesen Wunsch nicht zu verwirklichen. Und obwohl man kein Leid erfahren will, trägt man mangels Einsicht in die Ursachen dieses Leids zur Schaffung genau jener Voraussetzungen bei, die neues Leid verursachen. Man macht sich also jene Dinge zu Eigen, die man eigentlich aufgeben müsste und umgekehrt, und so führt ein Leid zum anderen.

Das Mantra des Magiers beeinflusst die Wahrnehmung derer, die dem magischen Schauspiel beiwohnen. Derart der Täuschung erlegen, entwickeln sie Anhaftung, sobald sie illusionsgleiche Erscheinungen von Pferden, Elefanten und dergleichen mehr erblicken. Da die Wesen fälschlich von einer unabhängigen Eigenexistenz der Phänomene ausgehen, überschätzen sie den Stellenwert von »guten« oder »schlechten« Phänomenen. Dies führt zur Entwicklung von Begierde und Hass und somit zur Ansammlung von Handlungen (*las*, *karma*).

Lässt sich solch einer leidvollen Situation abhelfen? Und wenn ja, mit welcher Methode? Wie bereits dargelegt, trägt jeder von uns die Buddha-Natur in sich. Und gelingt uns die Transformation des subtilen Körpers, der subtilen Rede und des subtilen Geistes in einen reinen Körper, eine reine Rede und einen reinen Geist, so sind wir für alle Zeiten von Leid und den damit einhergehenden Tendenzen befreit.

Allein die Existenz einer derartigen Methode bewirkt jedoch noch keine Befreiung von Leid: Wir selbst müssen diese Methode in unseren Geistesstrom integrieren, uns um ihre Umsetzung bemühen. An dem Punkt unseres Daseins, an dem wir uns jetzt befinden, haben wir eine gute Gelegenheit, genau das zu tun – und wir sollten diese Gelegenheit nicht ungenutzt verstreichen lassen.

> Einige Wesen im Existenzkreislauf erlangen zwar ein menschliches Dasein, doch nur wenige von ihnen haben eine spirituelle Einstellung.
> Von diesen wiederum begibt sich, von Buddha angezogen, lediglich ein kleiner Teil auf den Weg des ausgezeichneten Fahrzeugs.
> Eine noch kleinere Anzahl von Menschen widmet sich unter Aufbietung all ihrer Intelligenz dem glorreichen Vajra-Fahrzeug.
> Menschen, die in Zustände höchster Glückseligkeit eintreten, weil sie den Wunsch nach Buddhaschaft haben, sind leider noch weitaus seltener. [300]

Innerhalb des Existenzkreislaufs ist die Zahl derer, die sich auf ein menschliches Dasein stützen können, sehr gering. Denn nur wer positive Ursachen bewirkt hat, erreicht das bevorzugte Dasein als Mensch. Nur ein Bruchteil von diesen wenigen Wesen kommt mit einer spirituellen Lehre in Berührung. Unter ihnen hat wiederum eine geringere Anzahl den durch die Lehren des Großen Fahrzeugs vorgezeichneten Weg eingeschlagen und strebt nach der Erleuchtung eines Buddha. Noch seltener interessiert sich jemand aufrichtig für das Geheime Mantra-Fahrzeug. Solche Menschen sind äußerst rar. Und kaum jemals findet man schließlich jemanden, der sich nicht nur aufrichtig für das Geheime Mantra-Fahrzeug interessiert, sondern im Streben nach Buddhaschaft die darin enthaltenen Methoden auch angemessen praktiziert.

Wir haben an diesem Punkt also einen menschlichen Körper erhalten, sind mit Buddhas Lehre, insbesondere mit der Lehre des Großen Fahrzeugs, in Kontakt gekommen und haben darüber hinaus aufrichtiges Interesse am Geheimen Mantra-Fahrzeug entwickelt. Dass wir obendrein auch den Wunsch hegen, diese tiefgründige Lehre zu praktizieren, ist fürwahr ein weiterer sehr glücklicher Umstand.

Als Nächstes folgt die Reflexion auf einen Text aus dem »Allgemeinen Geheimen Tantra«. Sie soll bewirken, dass Sie voll freudigem Enthusiasmus beginnen, die Lehre in die Tat umzusetzen.

Ferner:
Die Allwissenden erscheinen
selten auf der Welt,
tauchen bloß gelegentlich auf, wie eine Udumvāra-Blüte[16],
und erscheinen dann wieder nicht.
Noch seltener begegnet man der Methode der Geheimen
Mantra-Praxis.

Generell ist das Auftreten eines Buddha ein seltenes Ereignis. Noch seltener begegnet man der Lehre der Geheimen Mantra-Praxis.

Warum ist die Mantra-Praxis so selten zu finden? – Weil die Wesen nur selten über die Befähigung verfügen, diese kraftvolle Praxis in die Tat umzusetzen. Des weiteren legt diese Textpassage dar, *wie* wirkungsvoll die Mantra-Praxis ist, da man mit ihrer Hilfe jetzt, in diesem Leben, Buddhaschaft verwirklichen kann.

Durch sie lässt sich das unübertroffene Wohl der empfindenden
Wesen
noch in diesem Leben verwirklichen.
Selbst alle Verfehlungen der Vergangenheit,
begangen im Laufe von zehn Millionen Äonen,
sind vollständig behoben,
sobald man solch ein Mandala erblickt.
Was braucht man da noch die Vorzüge aufzuführen,
die mit der Ausübung der viel gerühmten Mantra-Praxis
verbunden sind!

Erblickt man ein korrekt hergerichtetes und gesegnetes Mandala, so kann man dadurch augenblicklich die über viele Äonen angehäuften Verfehlungen reinigen. In Anbetracht dessen muss man eigentlich gar nicht weiter erwähnen, wie heilsam es ist, diese Praxis in angemessener Weise auszuüben.

Wenn man das schützende geheime Mantra immer
wieder rezitiert,
wird man den unübertroffenen Zustand erreichen.

Der Ausdruck »Mantra« wird hier etymologisch von »Was den Geist schützt« hergeleitet. Insbesondere schützt es den Geist vor gewöhnlichen Erscheinungen und vor Vorstellungen, denen zufolge wir gewöhnliche Wesen seien. Wenn solch ein schützendes geheimes Mantra in angemessener Weise rezitiert wird, lässt sich innerhalb eines einzigen Lebens höchste Erleuchtung verwirklichen.

> Wer sich ganz unbeirrbar
> auf diese höchste Form der Praxis konzentriert,
> wird den widrigen Wiedergeburten ein Ende bereiten,
> aus denen alles Leid resultiert.

Aus Mitgefühl hat der überirdische Siegreiche mit großem methodischem Geschick drei Grundformen der Praxis dargelegt: Für diejenigen, die an einem Leben in Genügsamkeit interessiert sind, hat er eine spirituelle Praxis des Freiseins von Verlangen dargelegt. Für diejenigen, die an einem offenen, weit gefassten Ansatz interessiert sind, hat er die Bodhisattva-Praxis dargelegt – die Praxis des Stufenwegs zur Erleuchtung und die Praxis der befreienden Qualitäten. Und für Menschen mit Interesse am Tiefgründigen hat er eine Praxisform dargelegt, bei der man sich das Verlangen nach den Attributen des Begierdebereichs im Sinne des Weges zunutze macht.

Wenn Sie in Anbetracht dieser drei Formen von Praxis ein ganz unbeirrbares, rational begründetes und beständiges Vertrauen in die höchste Methode des Geheimen Mantra haben, welche die Nutzung der Attribute des Begierdebereichs im Sinne des Weges mit einschließt, können Sie leicht der Wiedergeburt in den widrigen Daseinsbereichen, dem Ursprung großen Leids, ein Ende bereiten.

> Was ihr vorzüglichen Wesen heute[17]
> gefunden habt, ist mit nichts zu vergleichen.
> Denn ihr alle werdet in dieser Belehrung
> die Unterstützung des Siegreichen und seiner Kinder erhalten.
>
> Und euch vorzüglichen Wesen
> ist daran gelegen, in das Mandala hineingeboren zu werden.
> Auf Grund dessen werdet ihr morgen voll und ganz
> zu Kindern des Großen Fahrzeugs werden.

»Vorzügliche Wesen« meint Sie, die Schüler, denn Sie haben die Möglichkeit erhalten, den Weg des Geheimen Mantra zu betreten. Damit haben Sie etwas gefunden, dem nichts gleichkommt. Denn da Sie um die Einweihung gebeten haben, stehen Sie heute am Anfang eines Prozesses, in dessen Verlauf Sie zu Yogis werden und sich der Praxis des Geheimen Mantra-Fahrzeugs widmen. Morgen werden Sie in das Mandala eintreten und am Tag darauf werden Sie die Einweihungen erhalten, durch die Sie zu Wissensträgern des Vajra-Fahrzeugs werden, zu Māntrikas.

> Indem ihr auf diesem glorreichen höchsten Weg voranschreitet
> und die Unterweisungen des Großen Fahrzeugs hervorragend
> praktiziert,
> werdet ihr So-Gegangene [Buddhas] werden
> und die ganze Welt kennen –
> selbst-entstandene Wesen, denen großes Glück zuteil wird.

Sie werden die Möglichkeit haben, in diesem Leben Buddhaschaft zu verwirklichen, indem Sie sich auf den Weg des Höchsten Yoga-Mantra stützen, auf dem man den Wahrheits- und die Formkörper eines Buddha leicht hervorbringen kann. Glorreich ist dieser höchste Weg, weil ein Praktizierender, der diesen Weg geht, zunächst einen Körper verwirklicht, der in seinem Erscheinungsbild dem Formkörper eines Buddha gleicht, um dann auf dieser Grundlage den Körper des Verwirklichungszustands eines Buddha zu erreichen.

Da Sie Vajra-Schüler sind, die auf diesem Weg vorangehen, werden auch Sie in nicht allzu langer Zeit »selbst-entstandene Wesen, denen großes Glück zuteil wird« sein: Wenn man den Weisheitswahrheitskörper verwirklicht, so wird zugleich auch der Formkörper verwirklicht; und dies geschieht unabhängig. Das heißt, zu seiner Verwirklichung bedarf es keiner weiteren Faktoren oder Bedingungen. In diesem Sinn heißt es hier, der Formkörper sei »selbst-entstanden«.

Entsprechend wird auch der Weisheitswahrheitskörper »selbst-entstanden« genannt. Denn die Leerheit, die der Gegenstand des Weisheitswahrheitskörpers ist, hat seit anfangloser Zeit Bestand; unabhängig davon, ob die So-Gegangenen auf der Welt in Erscheinung treten oder nicht. Daher bleibt die Soheit stets, was sie schon immer war.

Der Geist des klaren Lichts, der eine untrennbare Einheit mit dieser Soheit bildet – dem ursprünglichen Gewahrsein des grundlegenden, immer schon vorhandenen Geistes des klaren Lichts –, ist ebenfalls anfanglos. Die untrennbare Einheit von Objekt und Subjekt, die untrennbare Einheit von Soheit und dem grundlegenden, immer schon vorhandenen Geist des klaren Lichts, bildet die Grundlage oder schöpferische Energie für die Emanation sämtlicher Buddhas. In diesem Sinn ist der Wahrheitskörper also selbst-entstanden. Weil sie solch einen selbst-entstandenen Form- und Wahrheitskörper besitzen, sind Buddhas Wesen, denen »großes Glück zuteil wird«.

Wecke Enthusiasmus, indem du die Bedeutung dieser Worte darlegst.

[Deutung von Träumen]

Nun folgen die Unterweisungen zur Deutung von Träumen, die sich heute Nacht einstellen. Richten Sie Ihre Schlafstätte nach Möglichkeit so her, dass das Kopfende zum Mandala weist. Würde das zuviel Umstände bereiten, so stellen Sie sich einfach vor, dies sei der Fall. Legen Sie dann den größeren Stiel Kusha-Gras unter Ihre Matratze und den kleineren unter Ihr Kopfkissen. Schlafen Sie auf der rechten Körperseite in der Löwenhaltung.[18] Nehmen Sie diese Haltung ein, wenn Sie zu Bett gehen. Falls sich im Laufe der Nacht Ihre Position verändert, ist das in Ordnung. Denn ansonsten müssten Sie ja an der Matratze festgeschraubt werden!

Lassen Sie nicht zu, dass sich in Ihrem Geist unter die Gedanken an Kālachakra andere Vorstellungen mischen: Richten Sie Ihr Augenmerk auf Kālachakra; und denken Sie dabei, soweit es Ihnen möglich ist, an die altruistische Absicht, erleuchtet zu werden und an die Sicht der Leerheit. Wenn Sie das nicht können, entwickeln Sie zunächst einmal Vertrauen und Mitgefühl, und richten Sie Ihre Aufmerksamkeit direkt auf den eigenen Geist.

Falls Sie gewöhnlich sehr tief schlafen, können Sie für einen leichteren Schlaf sorgen, indem Sie sich einen Punkt im oberen Bereich des Körpers vorstellen. Haben Sie hingegen normalerweise einen allzu leichten Schlaf, so können Sie ihn dadurch vertiefen, dass Sie an einen Punkt im unteren Teil des Körpers denken.

Nutzen Sie bestimmte Methoden, um mit einer positiven Geisteshaltung einschlafen zu können. Innerhalb der vier Phasen, in die man die Nacht unterteilt, sind die Träume in der vierten Phase, etwa zur Zeit der Morgendämmerung, für eine Deutung geeignet. Viele Mysterien, die uns verborgen bleiben, viele Fakten, die wir mit unseren Augen nicht wahrnehmen können, umgeben uns. Wir haben einen grobstofflichen physischen Körper. Solange dieser Körper sehr aktiv ist, fällt es uns daher schwer, mit diesen verborgenen Dingen in unmittelbarer Verbindung zu stehen. Wenn wir jedoch nicht bei vollem Bewusstsein sind, wenn unser Bewusstsein subtiler wird, wird auch das grobe, auf dem grobstofflichen physischen Körper beruhende Bewusstsein schwächer, und es fällt uns leichter, eine Verbindung zu diesen verborgenen Dingen aufzunehmen.

Aus diesem Grund zeigen sich Vorzeichen für künftige Ereignisse und Ähnliches vielfach im Verlauf unserer Träume. In tiefer Meditation können sich Ihnen diese Dinge eventuell durch bestimmte meditative Erfahrungen erschließen. Doch für gewöhnliche Menschen ist dies lediglich im Traum möglich.

Ich gebe Ihnen jetzt eine mündliche Übertragung für ein Mantra, das Sie heute Abend rezitieren sollten.

> *Gib die sechs Silben [om āh hūm hoh ham kshah] zum Zweck der Rezitation. Nachdem du den Schülern aufgetragen hast, sich so hinzulegen, dass ihr Kopf zum Lama beziehungsweise zum Mandala weist, und dir am Morgen zu berichten, welche Träume sie im vierten Teil der Nacht, zur Zeit des Morgendämmerung, hatten, schicke die Schüler in ihre Schlafräume.*[19]

Damit ist der Ritus zur Vorbereitung des Schülers auf die Einweihung in die Praxis des überirdischen Herrschers Kālachakra abgeschlossen. Ich habe noch diverse Dinge zu erledigen. Deshalb sollten Sie nach der Mandala-Opferung hinausgehen.

(Ende des ersten Tages in Madison.)

Zweiter Teil:
Das Eintreten in das Mandala

Der Aufbau

Unterweisungen zur Deutung der Träume

Wie gestern erläutert, sollten Sie Träume, die gegebenenfalls in der vierten Phase der Nacht, etwa zur Zeit der Morgendämmerung, aufgetreten sind, sorgfältig auf kleine Hinweise untersuchen. Wenn aber unter den vier Elementen Erde, Wasser, Feuer und Wind im Körper das Erdelement überwiegt, kann es passieren, dass man keine klaren Träume hat. Ein Traum, bei dem man Angst oder Unwohlsein empfindet, gilt als ein etwas ungünstiger Traum. Ein Traum, in dem man viele Blumen vorfindet, bereitet zwar Freude, falls es sich jedoch um rote Blumen handelt, ist dies kein gutes Zeichen. Ausnahmen sind allerdings möglich, zum Beispiel in Zusammenhang mit der Durchführung von Riten zur Verwirklichung bestimmter Aktivitäten. Vielleicht kam in Ihrem Traum auch ein Tempel vor. Wenn der Tempel aber nicht strahlend, sondern unansehnlich war, schmutzig oder verfallen, so ist dies ungünstig. Oder wenn es in Ihrem Traum eine Statue gab, die nicht makellos schön, sondern mit Staub bedeckt war, so ist darin ebenfalls ein ungünstiges Zeichen zu sehen.

Es ist schon besser, von Dingen zu träumen, die für den Geist erfreulich sind. Doch soll man auch an einem guten Traum nicht in der Weise Gefallen finden, dass Anhaftung entsteht. Ebenso wenig sollten Sie sich allerdings über einen ungünstigen Traum den Kopf zerbrechen. Hatten Sie gar keine Träume, so ist das weder positiv noch negativ.

Falls Ihnen schlechte Träume zu schaffen machen, kann man dagegen etwas unternehmen. In erster Linie sollte man über Leerheit meditieren. Aber in Situationen, in denen man Angst und Unwohlsein empfindet, ist es auch wichtig, dass man das Angst auslösende oder unser Missfallen erregende Objekt – die betreffende Person oder das betreffende Wesen – genau untersucht, um dann Mitgefühl und Liebe zu entwickeln. Denn das Wesen, welches versucht, Ihnen etwas zu Leide zu tun, gleicht Ihnen insofern, dass es ebenso wie Sie nach Glück strebt und kein Leid erfahren will. Den besten Schutz bietet daher der Gedanke: »Genau wie ich glücklich sein will, will auch dieses Wesen glücklich sein. Möge dieses Wesen glücklich werden, möge ihm das Glück hold sein!«

Während eines Alptraums Mantras zu rezitieren und Visualisationen durchzuführen hat, jedenfalls nach meiner Erfahrung, keine sonderlich große Wirkung. Wenn wir uns jedoch als letzte Rettung auf das selbstlose Mitgefühl besinnen, das wir für dieses Wesen empfinden, so wird uns dadurch unverzüglich innerer Frieden zuteil. Den besten Schutz erhalten wir, indem wir uns selbst schützen – indem wir uns nämlich dadurch vor Wut, Hass und Angst schützen, dass wir stets jenen Mut und jene Entschlossenheit an den Tag legen, die man benötigt, um Mitgefühl aufzubringen.

Als zusätzliches Mittel zur Überwindung schlechter Träume werde ich nun etwas Wasser versprenkeln und gleichzeitig das Mantra *om āh hūm hoh ham kshah* rezitieren. Dabei sollten Sie sich vorstellen, dass durch die Kraft des Mantra und durch die zur Einsicht in Leerheit gelangende Weisheit alle negativen Auswirkungen von Ihnen genommen werden.

Der Aufbau der Einweihung

Der Lama muss viele Handlungen ausführen, damit eine Einweihung zu Stande kommt, und auch für den Schüler gibt es zahlreiche Dinge zu tun. Was also habe ich bis zu diesem Punkt gemacht? Als erstes habe ich mit Hilfe des vollständigen Mandala-Ritus für den erhabenen Körper, die erhabene Rede und den erhabenen Geist die Selbst-Hervorbringung als Kālachakra vollzogen. Es folgte die Transformation der Vasen [in Gottheiten, die dann wiederum als Vasen in Erscheinung treten] und danach die Hervorbringung der Gottheit Kālachakra, die man vor sich entstehen lässt. Es gibt zwei Arten von Hervorbringung beziehungsweise Visualisation, durch die man die Gottheit vor sich entstehen lässt: Im einen Fall sind die Gottheit und man selbst dieselbe Wesenheit, und im anderen Fall ist sie eine andere Wesenheit. Hier beim *Kālachakra-Tantra* werden der Kālachakra, als den man sich selbst visualisiert, und der Kālachakra, den man vor sich visualisiert, als unterschiedliche Wesenheiten aufgefasst.

Um die eingegangenen Gelübde zu erneuern, führt man den Selbst-Eintritt in das Mandala durch. Wäre der Dalai Lama zuvor töricht gewesen [und hätte gegen ein Gelübde verstoßen], so hätte er durch den Ritus des Selbst-Eintritts in das Mandala die Gelübde wiederhergestellt. Es folgt ein Bittgebet zum

Wohl des Schülers, und die Kraft der Wahrheit wird zum Ausdruck gebracht. Anschließend wird zu Gunsten widriger Geister, die eventuell die Einweihung stören könnten, ein Nahrungsopfer dargebracht; und in der Meditation bringt der Lama ein von Schutzgottheiten gebildetes Rad hervor. Darin bestehen die Aufgaben des Lamas. Nach wie vor halte ich jetzt die Vorstellung aufrecht, Kālachakra zu sein, die Hauptgottheit des Mandala. Seit der Durchführung des Selbst-Eintritts in das Mandala wahre ich den »Stolz« (siehe S. 73–74), die Hauptgottheit des Mandala zu sein.

Sache der Schüler ist es, Ehrerbietung zu zeigen, sich den Mund auszuspülen und anschließend, wie gerade geschehen, Mandala-Opferungen vorzunehmen. Stellen Sie sich nun so wie gestern vor, dass Sie sich außerhalb des dreistufigen Mandala auf der Ebene des Körper-Mandala aufhalten. Bringen Sie in Gedanken von dort aus eine [weitere] Mandala-Opferung dar.[20]

Dem Lama, der persönlichen Gottheit und den Drei Juwelen opfere ich in der Visualisation
Körper, Rede, Geist und alles, worauf ich und andere uns stützen können,
alles Positive, das wir in der Vergangenheit, der Gegenwart und der Zukunft angesammelt haben,
und das Mandala von wundervoller Kostbarkeit mit den Anhäufungen von Samantabhadras Opfergaben.
Bitte nimm, veranlasst durch dein Mitgefühl, diese Opfergaben an, und gib mir deinen Segen.
Idam guru-ratna mandalakam niryātayāmi. [Dieses mit Juwelen besetzte Mandala opfere ich dem Guru.]

Wie bereits gestern erwähnt, stellt die angemessene Motivation für jemanden, der in das Kālachakra-Mandala eintreten und die Einweihung erhalten möchte, eine wichtige Voraussetzung dar: Ihre Motivation beim Zuhören sollte von der altruistischen Intention, erleuchtet zu werden, geprägt sein, und Ihre Sicht sollte auf der Einsicht in Leerheit, das Nichtvorhandensein einer unabhängigen Eigenexistenz, beruhen.

Die Geschichte des Kālachakra-Tantra

Gemäß *einer* Interpretation hat unser Lehrer, Buddha Shākyamuni, zur Zeit des Vollmonds im dritten Monat nach jenem Jahr, in dem er den Weg zu einer wirklich vollkommenen Erleuchtung aufgezeigt hatte, erstmals das *Kālachakra-Tantra* dargelegt. Einer anderen Interpretation zufolge hat Buddha Shākyamuni, nachdem er gezeigt hatte, wie man eine ganz und gar vollkommene Erleuchtung verwirklicht,[21] dreimal das Rad der Lehre gedreht – und das *Kālachakra-Tantra* dann erst zu einem späteren Zeitpunkt, ein Jahr vor seinem Dahinscheiden, dargelegt. Im Wurzeltext des *Kālachakra-Tantra* heißt es dazu:

Wie der Lehrer die Methode zur Vervollkommnung der Weisheit auf dem Geiergipfel [dargelegt hat],
so hat er an der Stūpa von Dhānyakataka (*'bras spungs*) sämtliche Methoden [dieses] Geheimen Mantra dargelegt.

Wörtlich genommen besagt diese Textpassage, dass Buddha Shākyamuni seine Lehre in Form zahlreicher Methoden dargelegt hat. Und wie er auf dem Geiergipfel und an verschiedenen anderen Orten die Sūtras von der Vervollkommnung der Weisheit erläutert hat, so hat er in Dhānyakataka das Rad der Lehre vom Geheimen Mantra gedreht, mit dem *Kālachakra-Tantra* als wichtigstes Tantra.

Insbesondere in Shambhala hat Buddha Shākyamuni dieses Tantra vielen Schülern – Göttern wie Menschen – dargelegt, zum Beispiel dem König Suchandra (*rgyal po zla ba bzang po*). Das *Kālachakra-Tantra* selbst besteht aus 12 000 Strophen. König Suchandra hat dazu einen 60 000 Strophen umfassenden Kommentar geschrieben.

Gelegentliche Zitate aus dem Wurzel-Tantra in Kulika Pundarīkas Text »Großer Kommentar zum ›Kālachakra-Tantra‹, das makellose Licht« (*dri med 'od, vimālaprabhā*) sowie in weiteren Kommentaren und in »Kurze Erklärung der Einweihungen« (*dbang mdor bstan, shekhoddesha*) sind ins Tibetische übersetzt worden. Das Wurzel-Tantra selbst wurde hingegen nicht ins Tibetische übersetzt. Nachdem vor ihm sieben andere Religionskönige die Regentschaft inne hatten, ließ König Mañjushrīkīrti (*'jam dpal grags pa*) schließlich zahlreiche Schüler, zum Beispiel Sūryaratha (*nyi ma'i shing rta*), in das Mandala eintreten, wodurch er ihnen zu großer Reifung verhalf. Und so verband er all diese Menschen durch ihre Zugehörigkeit zu einer einzigen Vajra-Überlieferungslinie. Darum erhielten die Religionskönige von diesem Zeitpunkt an den

Titel *Kulika* (*rigs ldan*) »einer, der die Linie trägt«, »Linienhalter«. Bereits das Wurzel-Tantra enthält einen Hinweis, in der Zukunft werde jemand namens Kīrti eine kürzere Fassung des Tantra anfertigen. Und in Übereinstimmung damit fasste der Kulika Mañjushrīkīrti die zentralen Punkte des Tantra in der heute vorliegenden Fassung zusammen. Sie beinhaltet fünf Kapitel mit mehr als tausend Strophen und wird als »Kālachakra-Tantra in der kürzeren Fassung« bezeichnet. Da bereits im Wurzel-Tantra sein Wirken vorausgesagt worden war, wird das *Kālachakra-Tantra* als ein authentisches Tantra anerkannt.

Später schrieb Kulika Pundarīka einen 12 000 Strophen langen Kommentar zum »Kālachakra-Tantra in der kürzeren Fassung«, der den Titel »Makelloses Licht« trägt. Diese beiden Texte, das »Kālachakra-Tantra in der kürzeren Fassung« und »Makelloses Licht« wurden ins Tibetische übersetzt. Spätere Erläuterungen des *Kālachakra-Tantra* basieren in erster Linie auf diesen beiden Texten. Der beste Kommentar zum *Kālachakra-Tantra* aus der Feder eines Tibeters – kommentierte Anmerkungen zum Tantra selbst und zu Kulika Pundarīkas Schrift »Makelloses Licht« – stammt von dem Sakyapa-Gelehrten Butön Rinchen Drup (*bu ston rich chen grub*, 1290–1364).

Zweimal wurde das Tantra ins Tibetische übersetzt: durch den Übersetzer Ra Dordsche Dragpa (*rva lo tsā ba rdo rje grags pa*) sowie durch den Übersetzer Dro Sherab Drag (*bro lo tsā ba shes rab grags*). Die Übertragungen für die Erläuterung gehen hauptsächlich auf Ra und auf Dro zurück. Bei Butön Rinpoche treffen beide Übertragungslinien zusammen. Die mündliche Übertragung des Tantra, die ich erhalten habe, geht auf diese Übertragung zurück. Ausgehend von Butön Rinpoche, wurde sie bis zu Ling Rinpoche weitergegeben, meinem gütigen Wurzel-Lama. Die Übertragung für die Erläuterung des Tantra gab mir Serkong Rinpoche, der seinerseits zwei verschiedene Übertragungen für die Erläuterung erhalten hat. Ich bin nach wie vor ein Schüler des *Kālachakra-Tantra* – doch möglicherweise ein schon etwas erfahrener Schüler.

Themen des Tantra

In Hinblick auf die Themen in den fünf Kapiteln des »Kālachakra-Tantra in der kürzeren Fassung« gilt es zunächst ein paar Fragen zur Bedeutung des Worts »Kālachakra«, zu deutsch »Rad der Zeit« zu klären: Was heißt »Rad der Zeit«? Was ist hier »Zeit«? Was ist »Rad«? – »Zeit« bezieht sich auf unwandelbare Glückseligkeit und »Rad« auf verschiedene leere Formen. Im *Kālachakra-Tantra* werden zwei Arten von Leerheit beschrieben – Leerheit, die sich unter einem bestimmten Aspekt zeigt, und eine von allen Aspekten freie Leerheit. Die von allen Aspekten freie Leerheit stimmt mit der Leerheit überein, die in den Abhandlungen der Schule des Mittleren Weges (*dbu ma, madhyamaka*) beschrieben wird – Leerheit von unabhängiger Eigenexistenz. Der Geist des klaren Lichts, der diese Leerheit zu seinem »Objekt« macht, wird gelegentlich ebenfalls als von allen Aspekten freie Leerheit bezeichnet. In ähnlicher Weise wird auch der Ausdruck »damit übereinstimmende letztgültige Wahrheit« für ein zu Leerheitseinsicht gelangtes Weisheitsbewusstsein gebraucht.[22]

Andererseits bezeichnet »Leerheit, die sich unter einem Aspekt zeigt«, leere Formen. Durch die von allen Aspekten freie Leerheit wird eine unabhängige Eigenexistenz der Phänomene negiert. Durch Leerheit, die sich unter einem bestimmten Aspekt zeigt, werden hingegen aus Teilen zusammengesetzte materielle Phänomene negiert. »Leerheit, die sich unter einem Aspekt zeigt«, bezieht sich also auf verschiedene Formen – man könnte auch sagen: auf wahrnehmbare Objekte – jenseits der Materialität.

Auf welcher Grundlage gelangt man zu diesen verschiedenen leeren Formen? – Mit den Mitteln des Geistes. Im *Kālachakra-Tantra* wird der Wind-Yoga beschrieben. Er hat hier jedoch keinen so hohen Stellenwert wie im *Guhyasamāja-Tantra* und im *Heruka-Tantra* [das auch *Chakrasamvara-Tantra* genannt wird]. Denn mit Hilfe des Windes gelangt man nicht zu leeren Formen.

Zusammenfassend lässt sich also sagen, dass der Ausdruck »Kālachakra« auf die *Einheit* von unwandelbarer Glückseligkeit und leerer Form in einer Entität verweist. Diese Erklärung bezieht sich vornehmlich auf die Verwirklichungsstufe der Buddhaschaft, auf den Zeitpunkt, an dem man das letztlich angestrebte Ziel erreicht hat. Um durch meditative Praxis solch eine Verwirklichung herbeizuführen, benötigt man eine Grundlage, auf der man die Methoden dieser Praxis anwenden kann. Das erklärt, weshalb es den äußeren, den inneren und den alternativen Kālachakra gibt.

Der äußere Kālachakra bezieht sich auf unsere gesamte Umwelt – Berge, Zäune, Häuser, Planeten, Gestirnskonstellationen, Sonnensysteme und so weiter. Der innere Kālachakra bezieht sich auf die Beschaffenheit des menschlichen Körpers, auf das Vorhandensein von Kanälen, von Winden und von Tropfen der essenziellen Flüssigkeit. Der alternative Kālachakra bezieht sich auf die Methoden, mit deren Hilfe man die unreinen Faktoren des äußeren und des inneren Kālachakra – die ja die Grundlage für die Reinigung bilden – reinigen kann, um dadurch die angestrebte Transformation zu bewirken: die Transformation zu einem Kālachakra der Verwirklichungsstufe, der Stufe wirklicher Buddhaschaft. Innerhalb des alternativen Kālachakra, der für den

Weg steht, gibt es wiederum die Unterteilung in 1.) die Vollendungsstufe, die den Weg, die Methode, zur Vollendung bringt; sie beinhaltet den sechsteiligen Yoga; 2.) die Hervorbringungsstufe, die den Praktizierenden für die Praxis der Vollendungsstufe reif werden lässt; und 3.) die Einweihungen, durch die man autorisiert wird, Unterweisungen zu diesen Methoden der Hervorbringungs- und der Vollendungsstufe zu hören, über sie nachzusinnen und zu meditieren.

Die drei Kālachakras – der äußere, der innere und der alternative – sind Gegenstand der Erörterung in den fünf Kapiteln des »Kālachakra-Tantra in der kürzeren Fassung«. Die zehn Buchstaben von Kālachakras Wurzel-Mantra, *ham kshah ma la va ra ya*, repräsentieren die vollständige Bedeutung des äußeren, des inneren und des alternativen Kālachakra. Es wird das kraftvolle Mantra mit den zehn Aspekten genannt (*rnam bcu dban ldan*). Das Kālachakra-Mantra *ham kshah ma la va ra ya* besteht aus sieben Buchstaben – h, ksh, m, l, v, r und y; hinzu kommen das *Visārga* [in *kshah*; sie hat die Form eines Halbmonds], das *Anusvāra* [in *ham*] und der Vokal *a*, der [die Konsonanten] mit »Leben« erfüllt. Das macht im Ganzen zehn Buchstabenelemente. Ferner gibt es noch ein elftes Symbol, das *Nāda* [eine vom obersten Punkt ausgehende Schlängellinie].

Die Erläuterungen zur Entstehung und zur Bedeutung des Mantra sind sehr komplex. In aller Kürze zusammengefasst, lässt sich dazu Folgendes sagen:

Wenn diese zehn Buchstaben zum äußeren Kālachakra in Beziehung gesetzt werden, symbolisieren sie die vier Elemente, den Berg Meru[23], Sonne, Mond und so weiter. Im Kālachakra-System wird das Dasein im Existenzkreislauf in 31 Kategorien unterteilt. Durch eine Zusammenfassung der Daseinsstufen im Götterbereich werden diese hier allerdings auf elf Kategorien reduziert.

Wenn man die zehn Buchstaben zum inneren Kālachakra in Beziehung setzt, symbolisieren sie die vier inneren Elemente – Erde, Wasser, Feuer und Wind – des Praktizierenden, die Wirbelsäule, das Chakra im verborgenen Bereich, den zentralen, den rechten und den linken Kanal sowie Glückseligkeit.

Wenn die zehn Buchstaben wie auch der *Nāda* zum alternativen Kālachakra – und darin wieder zu den Einweihungen, die den Schüler reifen lassen – in Beziehung gesetzt werden, symbolisieren sie die elf Einweihungen. In der weiter gefassten Aufzählung kommt man zwar auf fünfzehn Einweihungen, alle fünfzehn sind jedoch in den elf Arten von Einweihung enthalten.

Bei den ersten sieben dieser Einweihungen handelt es sich um die Einweihungen nach dem Muster der Kindheit:

1. Wasser-Einweihung
2. Kronen-Einweihung
3. Seidenband-Einweihung
4. Einweihung mit Vajra und Glocke
5. Verhaltens-Einweihung
6. Namens-Einweihung
7. Erlaubnis-Einweihung

Ferner gibt es die vier hohen Einweihungen:

8. Vasen-Einweihung
9. geheime Einweihung
10. Einweihung in das Weisheitswissen
11. vorläufige Wort-Einweihung

Und schließlich die vier außerordentlich hohen Einweihungen:

12. Vasen-Einweihung
13. geheime Einweihung
14. Einweihung in das Weisheitswissen
15. endgültige Wort-Einweihung

Bei einer Reduzierung dieser fünfzehn zu elf Einweihungen werden die Vasen-Einweihung, die geheime Einweihung und die Einweihung in das Weisheitswissen aus den außerordentlich hohen Einweihungen den entsprechenden hohen Einweihungen zugeordnet. Und die vorläufige Wort-Einweihung aus den hohen Einweihungen wird – innerhalb der hohen Einweihungen – mit den beiden Einweihungen in das Weisheitswissen zusammengefasst. So bleibt als elfte Einweihung die endgültige Wort-Einweihung. [Die elf Einweihungen sind demzufolge:

Sieben Einweihungen nach dem Muster der Kindheit:

1. Wasser-Einweihung
2. Kronen-Einweihung
3. Seidenband-Einweihung
4. Einweihung mit Vajra und Glocke
5. Verhaltens-Einweihung
6. Namens-Einweihung
7. Erlaubnis-Einweihung

Vier hohe Einweihungen:

8. zwei Vasen-Einweihungen (vorher 8 und 12)
9. zwei geheime Einweihungen (vorher 9 und 13)
10. zwei Einweihungen in das Weisheitswissen und die vorläufige Wort-Einweihung (vorher 10, 14 und 11)
11. endgültige Wort-Einweihung (vorher 15).]

Wenn die zehn Buchstaben wie auch der *Nāda* zum alternativen Kālachakra – und darin nun zur Hervorbringungsphase – in Verbindung gesetzt werden, symbolisieren sie die Mandalas [mit anderen Worten die Sphären] der vier Elemente, den Berg Meru, den unermesslichen Palast auf dem Gipfel von Berg Meru, die drei Throne von *Rāhu*, Sonne und Mond, ferner den Kreis der Gottheiten [das heißt, das Mandala, auf das sich die Meditation der Hervorbringungsphase bezieht]. Und wenn schließlich die zehn Buchstaben wie auch der *Nāda* zum alternativen Kālachakra – und darin zur Vollendungsphase – in Beziehung gesetzt werden, symbolisieren sie die Chakras und so weiter. So weist das kraftvolle Mantra der zehn Aspekte symbolische Bezüge auf zu den Grundlagen, dem Weg und der Frucht des Kālachakra-Systems, und zwar in Hinblick auf den äußeren, den inneren und den alternativen Kālachakra.

Einzelne Aspekte der hier durchgeführten Einweihung

Das *Mandala, in dem die Einweihungen erteilt werden*, ist ein so genanntes Sand-Mandala, das unter Verwendung von farbigem Pulver oder gefärbtem Sand gestreut wird. Bestimmte außergewöhnliche Umstände einmal ausgenommen, muss man sich bei der Erteilung der sieben Einweihungen nach dem Muster der Kindheit auf ein Sand-Mandala beziehen.

Der *Vajra-Meister*, der gestützt auf solch ein Mandala die Einweihung erteilt, muss, so besagt das *Kālachakra-Tantra*, selbst die Einweihung erhalten haben. Er muss ferner die Verpflichtungen und Gelübde korrekt einhalten, sich im Tantra und in den Verrichtungen, die das Mandala betreffen, entsprechend auskennen, zuvor eine Annäherung [an den Zustand der Gottheit] vollzogen und daraufhin die Erlaubnis zur Erteilung der Einweihung erhalten haben und so weiter. Viele solche Voraussetzungen sind zu erfüllen. Man könnte sagen, dass ich gerade an jenem Punkt angelangt bin, an dem ich die Mindestvoraussetzungen erfülle.

Voller Vertrauen in das altruistische Streben nach Erleuchtung sollten die *Schüler* sich um seine Verwirklichung und um die korrekte Sicht bemühen; mit anderen Worten um Einsicht in die Leerheit von unabhängiger Eigenexistenz. Selbst wenn sie diesbezüglich über keine Erfahrung verfügen, sollten sie im Grunde ihres Daseins den Gedanken hegen: »Beides ist wirklich notwendig und wirklich gut.« Außerdem müssen die Schüler Vertrauen in die Mantra-Praxis haben und an ihrer Ausübung interessiert sein.

Als *Ort*, an dem die Einweihung erteilt werden soll, steht uns dieses bestens geeignete – abgelegene, saubere und ruhige – Areal hier in Wisconsin zur Verfügung. Und falls Sie hungrig sind, können Sie zu dem Maisfeld dort drüben gehen und ein wenig Mais essen!

Als *Zeitpunkt* ist die Zeit des Vollmonds im dritten Monat gemäß dem Kālachakra-Kalender zu bevorzugen (dazu benötigt man allerdings Kenntnisse in Astrologie – muss sich mit den Häusern, den Konstellationen und dergleichen mehr auskennen); ansonsten kommt auch die Vollmondphase jedes anderen Monats in Betracht. Morgen haben wir den Vollmond des fünften Monats. In Lhasa ist der 15. Tag des fünften Monats normalerweise ein Feiertag für das allgemeine Wohl der Welt – ein glücklicher Zufall, denn wir hatten dies gar nicht so eingeplant.

Die als Erstes erteilten *Einweihungen* – die Einweihungen nach dem Muster der Kindheit – sollen den Geistesstrom für die Hervorbringungsphase reif werden lassen. Bezüglich der hohen und der außerordentlich hohen Einweihungen besteht aus meiner Sicht keinerlei Notwendigkeit zur Eile. Bei angemessener Durchführung werden die verschiedenen Einweihungen unter Berücksichtigung der zum jeweiligen Zeitpunkt gegebenen Erfordernisse erteilt. Bei einer Kālachakra-Einweihung, die lediglich als eine öffentliche Zeremonie aufgefasst wird, erteilt man hingegen alle Einweihungen zur gleichen Zeit. Wir werden die sieben Einweihungen nach dem Muster der Kindheit in zwei Etappen durchführen: Am ersten Tag befassen wir uns mit all den Dingen, die das Eintreten in das Mandala betreffen; am zweiten Tag erfolgen dann, nach dem Eintreten in das Mandala, die Einweihungen.

2

Außerhalb des Vorhangs

Der Ritus, in dessen Verlauf man die Einweihung erhält, wird in zwei Teilen dargelegt: Eintreten in das Mandala und Erteilung der Einweihung für diejenigen, die in das Mandala eingetreten sind.[24]

In das Mandala eintreten

Dieser Abschnitt besteht aus zwei Teilen: mit verbundenen Augen eintreten und so eintreten, dass es der eigenen Natur entspricht, das Mandala zu erblicken. [318]

Mit verbundenen Augen eintreten

Dieser Abschnitt besteht aus zwei Teilen, dem Eintreten in den Bereich außerhalb des Vorhangs und dem Eintreten in den Bereich innerhalb des Vorhangs.

In den Bereich außerhalb des Vorhangs eintreten

[Sofern du den Selbst-Eintritt (bdag 'jug) in das Mandala vornimmst,] stelle dir vor, dass die Hauptgottheit, die sich vom Lama nicht unterscheidet, die Aktivitäten des Lamas ausführt und dass du die Aktivitäten des Schülers ausführst. Nachdem du ein Bad genommen hast, verweile am Osttor des Mandala; und nach dem Erweis der Ehrerbietung opfere ein goldenes Mandala.

Zunächst gibt es außerhalb des Mandala einiges zu tun: Als Erstes sollten Sie freudiges Streben entwickeln. Denn es erfüllt Sie mit Freude, dass Sie die Einweihung erhalten werden, durch die alle Verwirklichungen – die höchste Verwirklichung und gewöhnliche Verwirklichungen – zu Stande kommen.

Genau dies drückt das zu rezitierende Mantra aus. Sprechen Sie das Mantra nach, und seien Sie sich dabei seiner Bedeutung bewusst.

Lege deine Handflächen aneinander, und sprich:

Om pravishaya bhagavān mahāsuka-moksha-puram sarva-siddhi-sukha-pradam paramasukha-uttamasiddhya jah hūm bam hoh pra-siddhyasva.

Oder, ins Tibetische [und hier ins Deutsche] übersetzt, sprich dreimal:

Überirdischer Siegreicher, lass mich um der großen
Glückseligkeit willen
in die Stadt der Befreiung [das Mandala] eintreten,
die freudvolle Glückseligkeit aller Verwirklichungen.
Lass es durch die Verwirklichung der vorzüglichen
höchsten Glückseligkeit
voll und ganz erreicht sein, jah hūm bam hoh.

Die höchste Verwirklichung ist gleichbedeutend mit Buddhaschaft. Verwirklichungen mittleren Ranges sind die acht großen Verwirklichungen und so weiter. Geringe Verwirklichungen bestehen in der Fähigkeit, Krankheiten zu lindern und dergleichen mehr. Durch die Praxis der Hervorbringungsphase erlangt man gewöhnliche Verwirklichungen. Durch die Praxis des sechsteiligen Yoga der Vollendungsphase erreicht man Buddhaschaft, die höchste Verwirklichung.

All diese Verwirklichungen kommen unter der Voraussetzung zu Stande, dass man sich in den Methoden der beiden Stufen – der Hervorbringungsstufe und der Vollendungsstufe – schult. Um eine dieser Verwirklichungen zu erreichen, muss Ihr Geistesstrom zunächst einmal durch die Einweihung zur Reife gebracht werden. Dann ist es notwendig, die Hervorbringungsphase zu praktizieren. Um die höchste Verwirklichung zu erreichen, ist es außerdem notwendig, die Vollendungsphase zu praktizieren. All dies wird also nur unter der Voraussetzung möglich, dass man die Einweihung erhalten hat. Die Einweihung ist daher gewissermaßen die Quelle sämtlicher Verwirklichungen. Sie bitten um Zutritt zur Stadt der Befreiung, dem mit solch außerordentlichen Qualitäten ausgestatteten Mandala, und um die Segnung, die Transformation in einen erhabenen Zustand, damit Sie die höchste Verwirklichung der Buddhaschaft erreichen können.

Als Nächstes folgt ein Bittgebet, dessen Wortlaut bereits gestern erläutert wurde. Sie ersuchen die Gottheit – das besagt dieses Gebet im Kern –, Sie in das Mandala eintreten zu lassen und Ihnen jene Verpflichtungen aufzuerlegen und Gelübde zu erteilen, die Ihnen Zugang zu den Stufen der Befreiung und der Allwissenheit verschaffen.

Sprich dreimal folgendes Bittgebet:

Aus dem Ozean des Daseinskreislaufs,
der durch Meeresungeheuer und dergleichen –
die Krokodile von Geburt, Alterung und Tod –
ein Ort voller Schrecken ist,
bist du, o mein großer, freudvoller Lehrer, der einzige Befreier.

O großer Beschützer, ich strebe nach
dem unerschütterlichen Daseinszustand der großen Erleuchtung.
Gewähre mir die Verpflichtungen.
Gewähre mir auch den Erleuchtungsgeist.

Gewähre mir ferner die dreifache Zuflucht –
zum Buddha, zu seiner Lehre und zur spirituellen Gemeinschaft.
O Beschützer, bitte lass mich eintreten
in die unvergleichliche Stadt der großen Befreiung.

Für die Mantra-Praxis in einem Mandala benötigen Sie ein klares Erscheinungsbild von sich selbst als Gottheit und den Stolz [oder die Vorstellung], eine Gottheit zu sein. Der Stolz, eine Gottheit zu sein, ist das Wichtigere von beidem. Doch dazu ist es notwendig, ein klares Bild von sich selbst als Gottheit zu haben. Dabei negieren Sie keineswegs die gewöhnlichen Erscheinungen, die Ihre Augen zu sehen bekommen. Sie lassen nur nicht zu, dass gewöhnliche Phänomene vor Ihrem geistigen Bewusstsein in Erscheinung treten, sondern Sie lassen stattdessen die göttlichen Erscheinungen umso strahlender in Erscheinung treten.

Wenn Sie gewöhnliche Erscheinungen nicht mehr vor dem geistigen Bewusstsein in Erscheinung treten lassen und ein klares Erscheinungsbild von sich selbst als Gottheit entwickeln, führt dies zu einer Stabilisierung solch klarer Erscheinungen. Und dadurch treten gewöhnliche geistige und physische Aggregate (siehe S. 57), gewöhnliche Elemente, gewöhnliche Sinne und gewöhnliche Sinneswahrnehmungsfelder schließlich gar nicht mehr in

Erscheinung: zu Gunsten von göttlichen Aggregaten – geistigen wie physischen –, göttlichen Elementen, göttlichen Sinnen und göttlichen Sinneswahrnehmungsfeldern. Aus dem an diesem Punkt erwachenden Bewusstsein erwächst der Gedanke an einen selbst, an ein »Ich«, als Designation, die sich auf solch reine geistige und physische Aggregate, reine Elemente, reine Sinne und reine Sinneswahrnehmungsfelder stützt. Zusätzlich zur Praxis von Methode und Weisheit im Fahrzeug der Vollendung kommen so bei dieser Mantra-Praxis zahlreiche Methoden zusammen, die eine rasche Entwicklung ermöglichen.

Um die Achtsamkeit für die klare Erscheinung Ihrer selbst als Gottheit und den Stolz auf sich selbst als Gottheit zu fördern, tragen Sie verschiedene, einer Gottheit zukommende Kleidungsstücke und sonstige Insignien.

> *Dann jeweils mit den drei* [*Teilen des folgenden Mantra*]:
>
> Om sarva-tathāgata-anuttarra-bodhi-alamkāra-vastra-pūja-megha-samudra-spharana samaya shrī ye hūm, om vajra-raksha ham, om vajra-ushnīsha hūm phat. [Om, die Verpflichtung bringt einen Ozean aus Wolken von Opfergaben in Form von Kleidungsstücken als Schmuck für die höchste Erleuchtung der So-Gegangenen hervor, shrī ye hūm. Om, Vajra-Schutz, ham. Om, Vajra-Kronenwölbung, hūm phat.]
>
> *Gib* [*dem Schüler die Kleidung einer Gottheit*], *die untere Robe aus den vielen Stoffen, die gelbe obere Robe und die rote Kronenwölbung, mantrisch gereinigt mit den sechs Silben* [*om āh hūm hoh ham kshah*], *und lasse* [*den Schüler*] *sie* anlegen [*um das Gefühl, eine Gottheit zu sein, zu verstärken*].

Es wäre fehl am Platz, wenn der Schüler zum jetzigen Zeitpunkt die verborgenen Bestandteile des Mandala erblickte. Daher werden Augenbinden verteilt.

> *Dann sprich*:
>
> Om dvadasha-anga-nirodha-kārini hūm phat. [Om, bewirke das Aufhören der zwölf Zweige, hūm phat.]
>
> *Und lege* [*dem Schüler*] *eine Augenbinde aus orangefarbenem oder läytün (las 'thun) gefärbtem Stoff um.*

Damit Sie später, wenn Sie in das Mandala eintreten und Kālachakra begegnen, ein Geschenk für die Gottheit haben, erhalten Sie eine Blumengirlande. Wenn ich Ihnen diese überreiche, stellen Sie sich vor, dass diejenigen, die bei der Verteilung der Blumengirlanden helfen, Vajra-Helfer sind und die Erscheinungsform von Kālachakra mit einem Gesicht und zwei Armen haben.

Du sollst [den Schüler] eine Blumengirlande halten [lassen].
Dabei sprich:

Āh kham-vīra hūm.

Nun lassen die Schüler, genau wie gestern, einen Zahnstocher fallen, um herauszufinden, in welchem Bereich sie daran arbeiten sollten, eine Verwirklichung zu erlangen. Ebenso werden wieder drei Hand voll Wasser gereicht.[25]

Wasche mit wohlriechendem Wasser einen zwölf Finger messenden, von einem Milchfrucht-Baum wie zum Beispiel Udumvāra gewonnenen Zahnstocher. Kein Lebewesen darf sich auf ihm befinden, er muss gerade sein und frei von Rissen; Haut und Rinde dürfen keine Beeinträchtigungen oder Narben aufweisen. Halte eine Blumengirlande an seine Spitze, und nachdem du Opferungen mit Wohlgerüchen und dergleichen dargebracht hast, sprich:

Om āh hūm hoh ham kshah vajra-danta-kāshtha-chatur-vimoksha-mukha-vishuddha-svabhāvam kāya-vāk-chitta-jñāna-mukha-dantādi-malam vishodhaya svāhā. [Mögen die Keimsilben der sechs Buddha-Familien, om āh hūm hoh ham kshah, und der Vajra-Zahnstocher die Verunreinigungen der Zähne und sonstige Verunreinigungen im Antlitz des erhabenen Körpers, der erhabenen Rede und des erhabenen Geistes sowie des ursprünglichen Bewusstseins reinigen, da sie die reine Natur der vier Tore zur Befreiung haben, svāhā.]

Gib ihn dem nach Osten gewandten Schüler. Nach siebenmaliger Rezitation von

Om āh hūm

wirft [der Schüler] auf das Mandala [das heißt, er lässt den Zahnstocher darauf fallen]. Das Mandala misst auf jeder Seite eine Elle, hat vier Ecken, und es ist mit den fünf Kuh-Substanzen[26] *gesalbt. Dadurch weiß man, dass [der Schüler] die vielfältigen, mit der vom Zahnstocher gewiesenen Richtung übereinstimmenden Aktivitäten ausführen wird. Dann sprich:*

Om hrīh suvishuddha-dharma-sarva-pāpam nichāmasya shodhaya sarva-vikalpanā-apanaya hūm. [Om hrīh, reinige auf Grund der vollkommenen Reinheit der Phänomene alle Verfehlungen dieser Anhäufung, beseitige alle Konzeptualität, hūm.]

Anschließend gieße drei Hand voll wohlriechenden Wassers nebst der fünf Arten von Ambrosia [in des Schülers] Hand.

Als Nächstes folgt die Selbst-Hervorbringung als Gottheit. Das heißt, Sie stellen sich vor, dass Sie eine Gottheit sind. Sowohl die männlichen als auch die weiblichen Schüler sollen sich als blauer Kālachakra visualisieren.

Dann entferne [Hindernisse] durch Rezitation der sechs Silben [om āh hūm hoh ham kshah] und durch das Wasser aus der Mahāvijaya-Muschel. [Der Lama sagt:]

Augenblicklich verweilt [ihr Schüler] als blauer Kālachakra, Vajra und Glocke haltend, mit leicht vorgestrecktem rechten Bein in Umarmung mit der blauen Vishvamātā, die ein Vajra-Hackmesser und eine Schädelschale hält.

Werden Sie sich augenblicklich Ihrer letztendlichen Wirklichkeit bewusst – der Leerheit von unabhängiger Eigenexistenz. Machen Sie sich dann in Bezug auf Ihre Wahrnehmung der Phänomene von allen gewöhnlichen Erscheinungen frei, indem Sie diese gewissermaßen in Leerheit reinigen. Stellen Sie sich vor, dass von dieser Leerheit aus Ihre Transformation in Kālachakra vonstatten geht. Stellen Sie sich ferner vor, dass sich in Höhe Ihres Herzens ein schwarzes *Hūm* auf einer *Rāhu*-Scheibe befindet, ein rotes *Āh* auf einer Sonnenscheibe in Höhe des Halses und ein weißes *Om* auf einer Mondscheibe in Höhe der Stirn. Stellen Sie sich vor, dass die von den drei Silben ausgehenden Lichtstrahlen Ihren Körper in klares Licht verwandeln.

Ein schwarzes Hūm befindet sich auf einer [grünen] Rāhu-Scheibe, ein rotes Āh auf einer Sonnenscheibe in Höhe des Halses und ein weißes Om auf einer Mondscheibe in Höhe der Stirn. Von den drei Silben ausgehende Lichtstrahlen verwandeln deinen Körper in klares Licht. [319]

Dann erkundigt sich der Lama als Gottheit mit der Frage »Nun, wer bist du?« nach der geistigen Herkunft des Schülers. Anschließend fragt er: »Was möchtest du?«, um zu erfahren, worauf sich das Interesse des Schülers richtet. Auf die erste Frage antwortet der Schüler mit den Worten: »Ein vom Glück Begünstigter bin ich.« Das soll besagen, dass er nicht nur für sich alleine Befreiung erlangen will, sondern von dem altruistischen Bestreben geleitet ist, allen empfindenden Wesen Hilfe und Glück zuteil werden zu lassen.

Solch ein vom Glück Begünstigter ist derjenige, dessen Prädispositionen für den Bodhisattva-Weg zum Tragen gekommen sind, dessen Zugehörigkeit zur Bodhisattva-Familie offenbar geworden ist. Und selbst wenn sich diese Familienzugehörigkeit bei Ihnen bisher noch nicht in dem Sinn manifestiert haben sollte, dass Sie tatsächlich großes Mitgefühl entwickelt haben, so schicken Sie sich jedenfalls jetzt an, durch Ihre Aktivität die Ahnenreihe des Großen Fahrzeugs fortzuführen.

Mit der zweiten Antwort »große Glückseligkeit« machen Sie deutlich, dass Sie sich innerhalb des Großen Fahrzeugs für die Praxis des Geheimen Mantra interessieren. Wenn Sie mir auf die entsprechende Frage allerdings bloß eine rein mechanische, innerlich unbeteiligte Antwort geben, so ist das nichts weiter als Spielerei. – Nein, Sie müssen im Innern ein dementsprechendes Gefühl entwickeln und aus diesem Gefühl heraus antworten.

[*Der Lama fragt nach der Herkunft und dem Interesse des Schülers:*]

Nun, wer bist du? Was möchtest du?

Auf die Frage des Lamas antwortet der Schüler:

Ein vom Glück Begünstigter bin ich. Große Glückseligkeit.

Durch [*die Antwort*] *erlangt man Kenntnis über* [*das Große Fahrzeug als*] *die Herkunft* [*des Schülers*] *und das Interesse* [*am Geheimen Mantra*].

Nun sprechen die Schüler ein dreistrophiges Bittgebet. Die ersten beiden Strophen sind Nāropas Kommentar [zur »Kurzen Erläuterung der Einweihungen«] entnommen und die dritte Strophe stammt aus Kulika Pundarīkas Text »Großer Kommentar«.

Dann spricht [der Schüler] ein Bittgebet:

Zu deinen Füßen nehme ich Zuflucht zu dir,
der du dem Daseinskreislauf seine Schrecken nimmst
und von den Mängeln des Daseinskreislaufs unbeschadet bleibst,
Essenz aller vorzüglichen Eigenschaften.

Wie werden hier, im Kontext des Geheimen Mantra, dem Daseinskreislauf seine Schrecken genommen? Ein Hörer, der sich der von Verlangen befreienden Praxis des Kleineren Fahrzeugs widmet, beseitigt die Schrecken des Daseinskreislaufs, indem er einsgerichtet die den Attributen des Begierdebereichs innewohnende Mangelhaftigkeit wahrnimmt und sich daraufhin von ihnen abwendet. Im Kontext des Mantrayana hingegen werden die Schrecken des Daseinskreislaufs durch eine Praxis beseitigt, die sich die Attribute des Begierdebereichs für den Weg zunutze macht. Das ist die Essenz jenes Weges, der zur Beseitigung der Schrecken im Daseinskreislauf führt, die Nutzung der Attribute des Begierdebereichs für den Weg – allerdings dergestalt, dass man von den Mängeln des Daseinskreislaufs unbeschadet bleibt. Man macht sich zwar die Attribute des Begierdebereichs für den Weg zunutze, doch nimmt man durch die Mängel, die diesen Handlungen innewohnen und unter anderen Umständen eine neuerliche Wiedergeburt im Existenzkreislauf bewirken würden, keinen Schaden, weil man die Unterstützung der besonderen Methode und Weisheit in Anspruch nimmt. Genießt man ohne solche Unterstützung durch Methode und Weisheit die Attribute des Begierdebereichs, so liegt darin die Ursache, aus der aufs Neue das Leid von Geburt, Alterung, Krankheit und Tod hervorgeht.

Für mich gibt es keine andere Zuflucht
vor den unerschöpflichen Schrecken des Daseinskreislaufs.
Darum sei auf Grund deines starken Mitgefühls
heute gütig zu mir.

Vom entsetzlichen Daseinskreislauf abgeschreckt, nehme ich von heute an ausdrücklich Zuflucht zu den Siegreichen,
mit reinem Körper, reiner Rede und reinem Geist auch zu deinen Lotos-Füßen, der du ein für allemal dem Daseinskreislauf seinen Schrecken nimmst.

Ausdrücklich nehmen Sie Zuflucht zu den Buddhas und zu den Lotos-Füßen des Lamas. Der Lama vereint in sich alle drei Aspekte der Zuflucht und verfügt über die Fähigkeit, durch seinen beziehungsweise ihren Segen die Schrecken des Daseinskreislaufs zu beseitigen. Daher nehmen Sie mit reinem Körper, reiner Rede und reinem Geist Zuflucht zu ihm oder ihr – durch Verbeugungen mit dem Körper, durch Lobpreisungen mit der Rede und durch respektvolles Vertrauen mit dem Geist.

> *Nachdem du dieses Bittgebet gesprochen hast, nimm die beiden Gelübde wie schon zuvor bei dem Ritus zur Vorbereitung des Schülers.*[27]

Im nächsten Schritt nimmt man die Bodhisattva-Gelübde. Stellen Sie sich vor, dass sämtliche Buddhas und Bodhisattva als Zeugen zugegen sind, und vertiefen Sie sich dann in die Kontemplation folgender Gedanken: »Ich will die unübertroffene, vollkommen makellose Erleuchtung erlangen, um allen empfindenden Wesen – deren Wohl das Ziel meines Strebens nach Erleuchtung darstellt – eine Hilfe sein und Glück bringen zu können.« Buddhaschaft kann man nicht verwirklichen, indem man es bei frommen Wünschen belässt. Ebenso wenig können die Buddhas uns Buddhaschaft zum Geschenk machen. Wie aber lässt sie sich verwirklichen? Jeder von uns muss sich selbst darum bemühen. Deshalb haben die Bodhisattvas vergangener Zeiten zunächst ein altruistisches Streben nach Erleuchtung hervorgebracht und sich dann in der Praxis der sechs befreienden Qualitäten geübt, wodurch sie vollkommen erleuchtet wurden. Darum sollten Sie denken: »Ganz so, wie die Bodhisattvas der Vergangenheit ein altruistisches Erleuchtungsstreben hervorgebracht haben, will auch ich dieses Streben hervorbringen. So wie sie sich in der Lebensführung eines Bodhisattvas geübt haben, will auch ich mich darin üben. Dadurch will ich Buddhaschaft erreichen. Genau das will ich tun.« Eine Verbindung dieses Strebens nach Buddhaschaft zum Wohl der anderen mit der praktischen Lebensführung eines Bodhisattvas – das ist es, was wir benötigen.

Shāntideva hat dies in seinem »Eintritt in die Bodhisattva-Praxis« (*byang chub sems dpa'i spyod pa la 'jug pa, bodhicaryāvatāra*) in Worte gefasst:[28]

Genau wie die Zur-Glückseligkeit-Gelangten der Vergangenheit
ein altruistisches Erleuchtungsstreben entwickelt haben
und Stufe für Stufe beharrlich in der Bodhisattva-Praxis
fortgeschritten sind,

so werde auch ich, um den Wesen im Daseinskreislauf von Nutzen
sein zu können,
ein altruistisches Erleuchtungsstreben entwickeln
und mich Stufe um Stufe in der Praxis eines Bodhisattvas üben.

Entwickeln Sie mit großer innerer Zielstrebigkeit ein altruistisches Streben nach höchster Erleuchtung – diesen strebenden Erleuchtungsgeist, der für die Handlungen eines Bodhisattvas die Grundlage bildet –, und fassen Sie den festen Entschluss, die Bodhisattva-Gelübde zu nehmen und sich in allen Bodhisattva-Handlungen zu üben.

Die erste Zeile des Textes, den es anschließend zu rezitieren gilt: »Ich nehme Zuflucht zu den Drei Juwelen«, beinhaltet die Zufluchtnahme. Die zweite Zeile »offenbare jede einzelne von mir begangene Verfehlung« beinhaltet ein Gefühl der Reue bei der Offenlegung aller negativen Handlungen, die Sie seit anfangloser Zeit ausgeführt und angehäuft haben. Durch die dritte Zeile »hege Bewunderung für die Vorzüge der Wesen« bringen Sie – von ganzem Herzen, ohne Missgunst und Konkurrenzdenken – Ihre Freude und Bewunderung zum Ausdruck angesichts der Ursachen für positive Eigenschaften, die Sie und andere angesammelt haben. Die vierte Zeile »und mache mir in meiner inneren Einstellung die Erleuchtung eines Buddha zu Eigen« bringt zum Ausdruck, dass Sie – was auch immer geschehen mag – allen empfindenden Wesen zuliebe Buddhaschaft erreichen werden, dass Sie zu diesem Zweck die Bodhisattva-Gelübde nehmen und ihnen gemäß praktizieren werden: Dies kündigt sich in Ihrer Zufluchtnahme, der Offenlegung sämtlicher Verfehlungen und der Bewunderung für alle positiven Eigenschaften an.

Wer sich hingegen nicht in der Lage fühlt, die Bodhisattva-Gelübde zu nehmen, sollte sich bei der Rezitation des Textes auch nicht vorstellen, dies zu tun, sondern in Gedanken einfach dieses heilsame altruistische Streben nach Erleuchtung entwickeln.

Mache den Schülern deutlich und sorge dafür, dass sie im Einzelnen begreifen, wie man Schritt für Schritt die allgemeinen und die außerordentlichen Gelübde des Großen Fahrzeugs nimmt und welche Bedeutung der Einhaltung der Gelübde zukommt. Daraufhin sprechen die Schüler [dem Lama] dreimal nach:

Ich nehme Zuflucht zu den Drei Juwelen,
offenbare jede einzelne von mir begangene Verfehlung,

hege Bewunderung für die Vorzüge der Wesen
und mache mir in meiner inneren Einstellung die Erleuchtung eines
Buddha zu Eigen.

Dadurch nimmt man das allgemeine [dem Sūtra-Fahrzeug und dem Großen Fahrzeug des Mantra gemeinsame] Gelübde [der Bodhisattvas].

Hegen Sie, während Sie den Text zum zweiten Mal nachsprechen, einen noch stärkeren Wunsch, das altruistische Erleuchtungsstreben zu entwickeln, die Bodhisattva-Gelübde zu nehmen und sich in der Lebensführung eines Bodhisattvas zu üben. Wenn Sie zum Schluss, bei der dritten Wiederholung des Textes, die Worte »und mache mir in meiner inneren Einstellung die Erleuchtung eines Buddha zu Eigen« sprechen, stellen Sie sich einsgerichtet vor, dass in Ihrem Geistesstrom makellose Bodhisattva-Gelübde zu Stande gekommen sind.

Shāntideva legt in seinem »Eintritt in die Bodhisattva-Praxis«[29] dar, welch großes Verdienst es beinhaltet, allein schon den strebenden Erleuchtungsgeist zu entwickeln. Daher erübrigt sich im Grunde jede Erklärung darüber, welch unvorstellbar großes Verdienst man ansammelt, wenn man die Bodhisattva-Gelübde nimmt und sich daraufhin in der Lebensführung eines Bodhisattvas übt.

Anschließend folgt ein spezielles, auf die Mantra-Gelübde bezogenes Bittgebet.

Daraufhin spricht der Schüler ein Bittgebet für die außerordentlichen [Mantra-]Gelübde, indem er dreimal wiederholt:

Bitte erteile mir die vorzügliche,
unwiderrufliche Einweihung in den [Mandala-]Kreis,
o Beschützer, und gib mir dabei Erläuterungen
zu den Prinzipien des Mandala, zu den Gottheiten,
den Aktivitäten eines Meisters,
den Verpflichtungen aller Buddhas
und den höchst geheimen Gelübden.
Um das Wohl aller empfindenden Wesen zu verwirklichen,
will ich allzeit wie ein Meister handeln.

Der »Kreis« ist das Kālachakra-Mandala. Die »unwiderrufliche Einweihung« ist die Vajra-Meister-Einweihung; sie wird »unwiderruflich« genannt, weil durch sie spezielle unumkehrbare Einflüsse wirksam werden.

Nur auf Grundlage der Vajra-Meister-Einweihung kann man Mantra-Gelübde nehmen. Ohne sie erhält man keine Mantra-Gelübde. Den Vajra-Meister, der hier »Beschützer« genannt wird, ersuchen Sie, Ihnen Erläuterungen zum Mandala, den Gottheiten im Mandala, den Aktivitäten eines Vajra-Meisters, den Verpflichtungen den fünf Buddha-Familien gegenüber und den generellen Mantra-Gelübden zu geben. Kurzum: Damit Sie das Wohl aller empfindenden Wesen erwirken können, wollen Sie als Vajra-Meister handeln; und um ein Vajra-Meister zu werden, bitten Sie um die Vajra-Meister-Einweihung und um die Erteilung der Mantra-Gelübde.

Wenn Sie gleich die Worte sprechen, mit denen Sie die Mantra-Gelübde tatsächlich nehmen, nennen Sie Ihren Namen. Dadurch bekräftigen Sie Ihr Versprechen, und Sie gewährleisten, dass Sie sich keinesfalls von der Einhaltung Ihres Versprechens abbringen lassen. Die Gelübde sind nicht auf Monate, Jahre oder auch nur auf dieses Leben beschränkt. Vielmehr bekunden Sie Ihre feste Absicht, sich an diese Richtlinien zu halten, bis Sie Buddhaschaft, die Essenz aller Erleuchtung, verwirklicht haben.

Was beinhalten die Gelübde, die man hier nimmt? – An allererster Stelle die altruistische Absicht, erleuchtet zu werden. Sie erklären: »Genau wie die ›Beschützer der drei Zeiten‹ – die Buddhas der Vergangenheit, der Gegenwart und der Zukunft –, die diese altruistische Gesinnung für die Seele des Weges zur Verwirklichung der unübertroffenen Erleuchtung halten, werde auch ich dieses altruistische Streben nach höchster Erleuchtung hervorbringen. Das heißt, ich werde nicht nur diese Geisteshaltung entwickeln, sondern ich werde unbeirrbar, immer wieder aufs Neue, die drei Formen der Ethik beachten – die ethischen Vorschriften, den Leitfaden der heilsamen Handlungen und die Verwirklichung des Wohls aller empfindenden Wesen.«

Dann nimmt man die außerordentlichen Mantra-Gelübde, indem man dreimal wiederholt:

O all ihr Buddhas und Bodhisattvas, bitte nehmt euch meiner an.
Ich (nennen Sie Ihren Namen) werde von nun an,
bis ich zur Essenz der Erleuchtung gelange,
die edle, unübertroffene Absicht entwickeln,
erleuchtet zu werden – genauso,

wie die Beschützer der drei Zeiten
sich klar für die Erleuchtung entschieden haben.
Beharrlich will ich alle drei Formen der Ethik beachten –
die ethischen Vorschriften,
den Leitfaden der heilsamen Handlungen
und die Verwirklichung des Wohls aller empfindenden Wesen.

Dann heißt es in Bezug auf die Verpflichtungen, die man den fünf Buddha-Familien gegenüber eingeht:[30]

Für den fünfstrahligen Vajra [die Buddha-Familie von Akshobhya] werde ich mich als Hüter von Vajra, Glocke, Siegel und dem Lama am Scheitelpunkt meines Kopfes erweisen.

Wörtlich heißt es im Text »Begierde-Vajra« (*'dod pa'i rdo rje*). »Begierde« steht hier für »fünf«. Die Verbindung zwischen »Begierde« und »fünf« ist in dem Umstand zu sehen, dass es *fünf* Attribute des Begierdebereichs gibt – als angenehm empfundene Objekte im Bereich der sichtbaren Formen, der Klänge und Gerüche, der geschmacklichen Wahrnehmungen und der Tastempfindungen. Bei der Buddha-Familie des fünfstrahligen Vajra handelt es sich um die Buddha-Familie von Akshobhya. Die auf sie bezogenen Verpflichtungen beinhalten Achtsamkeit in Bezug auf: 1.) den Vajra als Symbol für das ursprüngliche Gewahrsein großer Glückseligkeit; 2.) die Glocke als Symbol der Leerheit gewahrenden Weisheit; und 3.) das großen Siegel. Letzteres bezieht sich hier auf einen göttlichen Körper: auf die Erscheinung des »erfassenden Aspekts« solch einer Glückseligkeit und solch einer Leerheit gewahrenden Weisheit in Gestalt einer Gottheit. Sie erklären, dass Sie für Vajra, Glocke und das große Siegel stets Achtsamkeit aufbringen und alle drei niemals vergessen werden. Darüber hinaus erklären Sie, dass Sie 4.) immer das gebührende Vertrauen zum Lama am Scheitelpunkt Ihres Kopfes behalten werden, der Sie die Erscheinungsformen von Vajra, Glocke und großem Siegel lehrt.

Dem Juwel [der Buddha-Familie von Ratnasambhava] werde ich Geschenke machen. Für das Rad [der Buddha-Familie von Vairochana] werde ich die Verpflichtungen der höchsten Siegreichen einhalten.

Die außergewöhnlichen Verpflichtungen, die ein Praktizierender aus der Juwelen-Familie, der Buddha-Familie von Ratnasambhava, einzuhalten hat, beinhalten das unablässige Sich-Üben in den zehn Aspekten von Freigebigkeit – anderen vom eigenen Besitz abgeben, zum Beispiel solch wertvolle Güter wie Eisen, Kupfer, Rinder, Pferde, Elefanten und dergleichen, ferner den eigenen Gefährten beziehungsweise die Gefährtin, die eigenen Kinder, das eigene Fleisch und so weiter.

Die Rad-Familie ist die Buddha-Familie von Vairochana. Für einen Praktizierenden aus dieser Buddha-Familie gilt es insbesondere, die Verpflichtungen der höchsten Siegreichen, der fünf So-Gegangenen, einzuhalten – das heißt, die fünf Arten von Fleisch und die fünf Arten von Ambrosia zu verwenden, die die Natur der fünf männlichen und weiblichen So-Gegangenen aufweisen –, und auf den Körper und die Sinneskräfte Acht zu geben. Vairochana ist der Reinigungsfaktor des Form-Aggregats; und die fünf Arten von Fleisch sowie die fünf Arten von Ambrosia dienen als Mittel zur Veredelung des Körpers, der die Grundlage für das Erlangen der Glückseligkeit darstellt. Eine der körperlichen Verfassung abträgliche Askese muss man demzufolge vermeiden.

> Für das Schwert [die Buddha-Familie von Amoghasiddhi] werde ich Opferungen darbringen. Für den strahlenden Lotos [die Buddha-Familie von Amitābha] werde ich Zurückhaltung wahren.

Die außerordentlichen Verpflichtungen (jene Verpflichtungen also, denen besondere Bedeutung beigemessen wird) für die Buddha-Familie von Amoghasiddhi, deren Symbol das Schwert ist, bestehen in der Darbringung von Opferungen – äußeren, inneren, geheimen Opferungen und der Darbringung der Soheit – für Gurus, Buddhas, Bodhisattvas und ähnlich spezielle Wesen.

Der Lotos steht für die Buddha-Familie von Amitābha. Die Praktizierenden dieser Buddha-Familie geloben vor allem, das Glückseligkeit hervorrufende Ausströmen [von Samen beim Mann und von »Erregungsflüssigkeit« bei der Frau (A. d. Ü.)] nicht zuzulassen, selbst wenn sie sich mit einem Gefährten beziehungsweise einer Gefährtin vereinigen, und so die Reinheit des Verhaltens zu wahren.

> Damit sämtliche Wesen befreit werden mögen, will ich für die Buddha-Familie des Ahnen aller Siegreichen [Vajrasattva] Erleuchtung hervorbringen.

Die Buddha-Familie des Ahnen aller Siegreichen ist diejenige von Vajrasattva – auch Vajradhara genannt –, die Buddha-Familie des einsgerichteten Vajra. Ein Praktizierender dieser Buddha-Familie legt besonderen Wert darauf, Erleuchtung hervorzubringen. Das soll heißen: Im Zustand der unübertroffenen Erleuchtung sind die Potenziale des höchst subtilen Windes und des höchst subtilen Geistes voll und ganz entwickelt beziehungsweise zur Vollendung gebracht. Um dies zu erreichen, muss der von Natur aus vorhandene höchst subtile Geist als untrennbare Einheit von Methode und Weisheit, von Mitgefühl und der Leerheit gewahrenden Weisheit, zum Bestandteil des Weges gemacht werden. Das ist die Verwirklichung des großen Siegels. Da höchste Erleuchtung auf diese Weise verwirklicht werden muss, besteht für Praktizierende der Buddha-Familie von Vajrasattva der wichtigste Aspekt der Praxis darin, als Methode zur Verwirklichung solcher Erleuchtung das sehr subtile Bewusstsein selbst in der Weise hervorzubringen, so dass es – als Untrennbarkeit von Methode und Weisheit – zu einem essenziellen Bestandteil des Weges wird.

Was bezweckt die Einhaltung dieser Verpflichtungen? – 1.) Diejenigen Wesen, die zwar von den Hindernissen für die Befreiung aus dem Daseinskreislauf, nicht jedoch von den Hindernissen für die Allwissenheit frei sind, von letzteren zu befreien; 2.) diejenigen zu befreien, die ungeachtet der Hindernisse für die Allwissenheit auch die Hindernisse für die Befreiung nicht überwunden haben; 3.) diejenigen zu befreien, die ungeachtet der Befreiung von den Hindernissen für die Allwissenheit oder den Hindernissen für die Befreiung aus dem Daseinskreislauf in der Weise unter dem Einfluss von getrübten Emotionen stehen, dass sie sich auf Grund einer ungünstigen Wiedergeburt als Höllenwesen, Hungergeister oder Tiere in einem Seinszustand befinden, in dem sie jegliches Glück entbehren müssen.

Kurzum – Sie sollten denken: »Ich nehme diese Gelübde, um jedes einzelne empfindende Wesen in den Daseinszustand des an nichts festhaltenden Nirvāna der Buddhaschaft zu versetzen. Der Lama und die Gottheiten des Mandala sollen meine Zeugen dafür sein, dass ich dem Weg des Höchsten Yoga-Mantra entsprechend praktizieren werde, um allen empfindenden Wesen Hilfe und Glück zu bringen. Und damit mir dies gelingt, nehme ich die Mantra-Gelübde.«

> Wer [durch die Hindernisse für die Allwissenheit] eingeschränkt ist, den will ich davon befreien.
>
> Wer [an den Daseinskreislauf] gefesselt ist, den will ich daraus befreien.

Wer [in den widrigen Daseinsbereichen] gefangen ist, den will ich daraus befreien
und den empfindenden Wesen zur Verwirklichung von Nirvāna verhelfen.

Um es in einem Satz zusammenzufassen: Mantra-Gelübde werden eingehalten, um alle empfindenden Wesen in das an nichts festhaltende Nirvāna der Buddhaschaft zu versetzen. Diese Gelübde und Verpflichtungen sind für Praktizierende gedacht, die beabsichtigen, in das Mandala einzutreten und die Einweihung zu erhalten, und die das Gefühl haben, die Verpflichtungen und Gelübde wahren zu können. Wenn Sie bei der dritten Wiederholung des Textes die Worte »und den empfindenden Wesen zur Verwirklichung von Nirvāna verhelfen« sprechen, stellen Sie sich wie zuvor einsgerichtet vor, dass in Ihrem Geistesstrom makellose Mantra-Gelübde zu Stande gekommen sind.

Als Nächstes werden die auf die 25 ethischen Verhaltensweisen bezogenen Verpflichtungen erteilt. Bei ihnen geht es darum, sich der fünf Verfehlungen, der fünf sekundären Verfehlungen, der fünf Arten von Mord, der fünf Arglistigkeiten und der fünf Begierden zu enthalten.[31]

Schädlichen Handlungen, der Unwahrhaftigkeit und den Ehepartner[32] von anderen – ihnen muss man entsagen. Gleiches gilt für das Hab und Gut anderer Leute und für das Biertrinken.
Dies sind die fünf Verfehlungen[33], Vajra-Fallstricke, Vernichter positiver Eigenschaften.
Diese [Unterweisungen] werden im Namen von [Shākyamuni und anderen] Gurus der Götter und Menschen erteilt – entstanden zu der Zeit [seines Lehrens].
An dieses den Schrecken des Daseinskreislaufs zunichte machende Wort des [Shākyamuni und anderer, den] höchsten unter [all] den mannigfaltigen [Wesen,] solltet auch ihr euch halten.

Weder solltet ihr dem Würfelspiel frönen, ungebührliche Nahrung verzehren, niederträchtige Worte lesen, Opferriten für die Ahnen oder extreme religiöse Praktiken durchführen,
noch dürft ihr die fünf Arten von Mord begehen – an Vieh, an Kindern, Frauen und Männern oder an den Gurus von Göttern und Menschen,[34]

noch euch gegenüber Freunden, Menschen von höherem Rang, den Gurus von Göttern und Menschen,[35] der spirituellen Gemeinschaft oder denen, die euch vertrauen, streitlustig gebärden,
noch ein Haften der Sinne [an bestimmten Wahrnehmungen] zulassen. Das sind die 25 von den Daseinsgebietern dargelegten Verhaltensweisen.

Die fünf Verfehlungen beinhalten Folgendes: anderen Schaden zufügen – das reicht von geringfügigem Schaden bis hin zur Tötung – oder sie belügen, fremdes Hab und Gut stehlen, Ehebruch begehen, Bier trinken. Falls Sie dem Alkoholkonsum nicht vollständig entsagen können, so verringern Sie ihn zumindest. Die fünf sekundären Verfehlungen sind: Wetten abschließen; unreines beziehungsweise ungeeignetes Fleisch essen; ohne triftigen Grund Texte lesen, die solche Dinge wie Krieg und Gewalt beschreiben oder gar verherrlichen, oder Geschichten, die geschrieben wurden, um Begierde, Hass oder falsche Auffassungen zu bekräftigen; den Ahnen Lebewesen opfern; oder sich überhaupt mit Tieropferungen und extremen religiösen Praktiken befassen. Die fünf Arten von Mord bestehen im Töten von Vieh, von Kindern, Frauen und Männern oder in der Zerstörung religiöser Symbole, die den erhabenen Körper, die erhabene Rede und den erhabenen Geist repräsentieren. Die fünf Arten von Groll beziehen sich auf den Groll gegen Freunde, spirituelle Ratgeber, Gurus, die spirituelle Gemeinschaft oder diejenigen, die Ihnen vertrauen. Und schließlich die fünf Arten von Begierde: Hier geht es darum, nicht der Faszination der als angenehm empfundenen Objekte im Bereich der sichtbaren Formen, der Klänge und Gerüche, der Geschmacks- und der Tastempfindungen zu erliegen, indem man einzig und allein ihre Vorzüge wahrnimmt, ohne sich über ihre Schattenseiten im Klaren zu sein.

Von diesen 25 Verhaltensformen sollten Praktizierende sich frei machen.

Der Schüler nimmt sie entgegen, indem er dreimal sagt:

Diese 25 ethischen Verhaltensweisen,
die laut [Shākyamuni und anderen,] den höchsten unter den mannigfaltigen [Wesen,]
die Schrecken des Daseinskreislaufs zunichte machen,
will ich stets beherzigen. [320]

Als Nächstes gilt es, die Geisteshaltung des allumfassenden Yoga zu entwickeln, das heißt den konventionellen und den letztendlichen Erleuchtungsgeist. Das ist der wichtigste Teil. Zuerst sollten wir uns – ausgehend von rationalen Überlegungen, aber auch von anderen Ansätzen, sofern sie denn wirkungsvoll sind – darauf besinnen, was das heißt: so gütig und altruistisch, also auf andere bezogen zu sein, wie wir nur können. Bezogen auf ein dem Altruismus entgegengesetztes Verhalten schildert Shāntideva dies in einer Strophe aus »Eintritt in die Bodhisattva-Praxis«:[36]

> Wenn man das eigene Glück nicht
> gegen das Leid der andern eintauscht,
> kann man Buddhaschaft nicht verwirklichen;
> ja nicht einmal Glück im Daseinskreislauf kann sich einstellen.

Sofern wir nicht in der Lage sind, unsere Selbstbezogenheit, die uns nur an das eigene Glück denken und das der anderen missachten lässt, gegen eine Haltung auszutauschen, die das Glück der anderen an vorderste Stelle setzt, werden wir nicht nur zu guter Letzt keine Buddhaschaft verwirklichen können – wir werden uns auch zum jetzigen Zeitpunkt nicht wohl fühlen und selbst während unseres Verbleibs im Daseinskreislauf vielerlei Leid ertragen müssen.

Auch in unserer derzeitigen globalen Situation können wir durch Wut und Hass offensichtlich keinen wirklich dauerhaften Weltfrieden erzielen. Selbst wenn man viel über solch positive Ansätze wie Abrüstung und Rüstungskontrolle spricht, wie könnte man denn diese Ziele durch Hass erreichen? – Das ist völlig ausgeschlossen. Man kann sie nur durch inneren Frieden erreichen: durch Liebe, Güte und gegenseitiges Vertrauen. Hass macht jede Entwicklung von gegenseitigem Vertrauen unmöglich. Und wie könnte man ohne Vertrauen solche schönen Ziele erreichen? Zwar können Sie mit einem großen Füller ein eindrucksvolles Schriftstück aufsetzen. Doch niemand wird dieses respektieren, solange mit Ihrem Herzen etwas im Argen ist. Man braucht daher ein gutes Herz, um diese Dinge zu verwirklichen.

Frieden kann man also auf allen Ebenen – in der einzelnen Familie, im nationalen und im internationalen, weltweiten Rahmen – durch eine positive Motivation, durch Herzenswärme, durch ein wahrhaft menschliches Empfinden erreichen. Zwei Menschen mögen einander versprochen haben, bis ans Ende dieses Lebens zusammen zu bleiben. Wenn sich jedoch Wut und Hass entwickeln und steigern, werden sie sich schließlich scheiden lassen. Solch unnötige Dinge sind die Folge von Hass, von mangelnder Güte, mangelnder Liebe, mangelndem Verständnis, Mangel an gegenseitigem Respekt. Das ist ganz klar.

Mit großer Entschiedenheit müssen wir Güte entwickeln. Stellen Sie sich dann vor, dass diese in Güte gründende Geisteshaltung – die Sie in der Weise entwickelt haben, dass Sie eine starke und lebhafte Motivation verspüren, allen empfindenden Wesen zu helfen – sich in eine Mondscheibe verwandelt, die sich in Höhe Ihres Herzens befindet. Falls Sie allerdings dieses Gefühl in Ihrem Innern nicht verspüren, entbehrt die bloße Visualisierung einer Mondscheibe ihrer eigentlichen Bedeutung. Darum müssen wir ein bestimmtes Gefühl entwickeln, das dann in eine Mondscheibe transformiert werden kann. Der bis hierhin dargelegte Teil des allumfassenden Yoga beschäftigt sich mit dem konventionellen Erleuchtungsgeist.

Der andere Teil beschäftigt sich mit dem Leerheitsgewahrsein. In welcher Weise erscheinen uns all die Erkenntnisobjekte, mit denen wir es zu tun haben? – Wenn diese Objekte in Erscheinung treten, handelt es sich allem Anschein nach bei ihnen nicht um ein von Seiten unseres begrifflichen Auffassungsvermögens postuliertes Phänomen. Vielmehr verfügen die Objekte anscheinend über eine objektive Existenz. Das steht, wie es scheint, außer Frage. Wenn nun aber diese von uns begrifflich bezeichneten – mit einer Designation versehenen – Objekte tatsächlich in der Weise existieren, wie es für uns den Anschein hat, dann sollten sie in dem Moment, da wir sie zu finden versuchen, immer deutlicher zum Vorschein kommen. Tatsächlich jedoch werden diese mit einer Designation versehenen Objekte, sobald wir sie zu finden versuchen, ausgesprochen unbestimmt: Sie sind unauffindbar.

Dies ist allerdings kein Beleg für die Nicht-Existenz der Phänomene. Denn offenkundig können von ihnen nützliche oder schädliche Auswirkungen für uns ausgehen. Zweifellos existieren sie also. Da man aber bei der Suche nach den begrifflich benannten – mit einer Designation versehenen – Objekten zu der Feststellung gelangt, dass sie nicht objektiv, nicht aus eigenem Recht, existieren, ist damit unweigerlich erwiesen, dass sie nicht von sich aus, sondern auf Grund anderer Bedingungen existieren. Da sie auf Grund anderer Bedingungen existieren, unterliegen sie dem bedingten – oder abhängigen – Entstehen. Da sie also in Bedingtheit, in Abhängigkeit, entstanden sind, fehlt ihnen die Unabhängigkeit, existieren sie nicht aus eigener Kraft. Sie sind »leer« von Unabhängigkeit, verfügen über keinen selbstbestimmten Daseinsstatus.

Indem Sie in dieser Weise über sämtliche Phänomene nachdenken, gelangen Sie zu dem Schluss, dass unter gar keinen Umständen irgendein Phänomen von sich aus entstanden sein kann. Der zu dieser Einsicht gelangte Geist wird dann in der Visualisation zu einem Vajra, der auf dem Mond in Höhe Ihres Herzens steht.

Kultivieren Sie also in Ihrer Meditation zunächst ein altruistisches Bestreben, erleuchtet zu werden. Transformieren Sie diese Geisteshaltung anschließend in eine Mondscheibe.

Indem du Folgendes sagst, entwickle im Geist [beziehungsweise veranlasse die Schüler dazu] ein Streben nach dem allumfassenden Yoga:

Die konventionelle strebende Erleuchtungsabsicht gemäß dem Gedanken: »Allen empfindenden Wesen zuliebe will ich Buddhaschaft verwirklichen«, verwandelt sich und erscheint als eine Vollmondscheibe in Höhe des Herzens.

Versuchen Sie dann zu der Einsicht zu gelangen, dass kein einziges Phänomen über eine unabhängige Eigenexistenz verfügt. Stellen Sie sich vor, dass der zu dieser Einsicht gelangte Geist sich in einen Vajra verwandelt hat.

Der letztendliche Erleuchtungsgeist, in dem die Leerheit sämtlicher Phänomene von unabhängiger Eigenexistenz und die deines eigenen Geistes von *einem* Geschmack sind, verwandelt sich und erscheint auf der Mondscheibe als ein fünfstrahliger Vajra.

Diese beiden, der konventionelle – oder relative – und der letztendliche Erleuchtungsgeist, sind die Ursachen für den Formkörper beziehungsweise für den Wahrheitskörper eines Buddha. Stellen Sie sich vor, dass Sie beide Arten des Erleuchtungsgeistes stets aufrechterhalten können und sie Ihnen niemals verloren gehen. Nun sprechen Sie mir nach:

Om sarva-yoga-chittam utpadayāmi. [Ich lasse die Geisteshaltung des allumfassenden Yoga entstehen.]

Stellen Sie sich solch einen Mond und solch einen Vajra auch in Höhe von Kālachakras Herz vor. Von beiden sondert sich ein Ebenbild ab, das sich in den Mond beziehungsweise in den Vajra in Höhe Ihres Herzens auflöst und ihnen Stabilität verleiht.

Der Lama hält einen Vajra mit einer Blüte ans Herz [des Schülers]. Sprich die Worte:

Om surata-samayas tvam hoh siddhya-vajra-yathā sukham. [Mögest

> du, indem du die Verpflichtung zu vollkommener Freude hast, den Vajra (der Buddhaschaft) wunschgemäß verwirklichen.]
>
> *Und verleihe ihm dadurch Stabilität.*

Stellen Sie sich vor, dass der konventionelle und der letztendliche Erleuchtungsgeist Stabilität erlangt haben. Unablässig müssen Sie dieser beiden Geisteshaltungen eingedenk sein, denn sie sind die Wurzeln. Die Einweihungen und all die anderen in der Mantra-Praxis unter so vielen Aspekten miteinander verbundenen Methoden dienen der Intensivierung und Bekräftigung dieser beiden – Altruismus und Weisheit.

Die Sicht des Leerheitsgewahrseins, gegenwärtig noch eine grobe Form des geistigen Bewusstseins, muss zu guter Letzt in das zuvor angesprochene subtilere Bewusstsein transformiert werden.

Es folgt eine Ermahnung zu Verschwiegenheit: Man soll nicht öffentlich über die Mantra-Praxis sprechen, sondern Stillschweigen wahren.

> Heute werdet ihr den Segen sämtlicher So-Gegangener erhalten. Ihr solltet über dies höchst geheime Mandala all der So-Gegangenen nicht mit jenen Menschen sprechen, die nicht in ein Mandala eingetreten sind, und auch nicht mit denjenigen, die kein Vertrauen haben.

Anschließend treten Sie in das Mandala ein.

3
Der Anblick des Mandala

Die Darlegung des Eintretens ins Innere des Mandala hat drei Teile: 1.) in den inneren Bereich eintreten und beim Umschreiten des Mandala [den fünf Buddha-Familien] Ehrerbietung erweisen; 2.) [dem Schüler] die Verpflichtung [zu Verschwiegenheit] auferlegen; und 3.) die Herabkunft des Weisheitswesens wahrheitsgetreu erläutern.

In den inneren Bereich eintreten und beim Umschreiten des Mandala Ehrerbietung zeigen

Dann ergreifst du den Vajra in der Hand des Lamas und vergegenwärtigst dir meditativ, dass der Zornvolle am östlichen Tor spricht:

Om vighnāntakrt hūm.

Inzwischen führt er dich ins Innere. Stell dir vor, dass du im Innern des Mandala ankommst, [während der Lama] spricht:

Āh kham[37]-vīra hūm,

Und stell dir vor, dass du tatsächlich in den Bereich innerhalb des Vorhangs eintrittst.

Stellen Sie sich vor, dass sich, während ich die Mantras *om vighnāntakrt hūm* und *āh kham-vīra hūm* spreche, die Tore auf allen drei Mandala-Ebenen öffnen und Sie durch das Osttor die Ebene des erhabenen Körpers betreten.

Stellen Sie sich dann beim Nachsprechen des folgenden Mantra vor, dass Sie das zu Ihrer Rechten liegende Mandala dreimal umschreiten [also im Uhrzeigersinn]; und zwar innerhalb der Mauer des erhabenen Körpers, jedoch außerhalb jenes Bereichs, in dem die Gottheiten dieser Ebene sitzen.

Sie sagen:

Om mahārata, sudriddha sutoshyo, sususho, vajrasatva ādya-siddhya mām. [Mögen große Wonne, vollkommene Stabilität, vollkommene Freude, vollkommene Glückseligkeit, Vajrasattva, heute in mir begründet werden.]

Dabei umschreitest du entweder das Mandala dreimal oder meditierst, dass du es umschreitest.

Nach dreimaligem Umschreiten gehen Sie durch das Osttor hinaus und erweisen neben dem am Osttor befindlichen Pfeiler Ihre Ehrerbietung, vor allem Akshobhya gegenüber. Sie haben sich als Kālachakra visualisiert. Verwandeln Sie sich jetzt in einen blauen Akshobhya.

Augenblicklich wirst du zu Akshobhya.

Während Sie sich vorstellen, dass Sie Verbeugungen machen, wiederholen Sie dieses Mantra:

Om sarva-tathāgata-pūja-upasthānāya ātmānam niryātayāmi, sarva-tathāgata-vajrasatva adhitishthasva mām hūm. »Da ich mich für die Verehrung und die Huldigung aller So-Gegangenen opfere, möge mir bitte Vajrasattva, die Essenz aller So-Gegangenen, seinen Segen erteilen.« [321]

Stellen Sie sich vor, dass Ihrem Bittgebet entsprochen wurde und Sie den Segen erhalten haben.

Indem du dergestalt am Osttor das Bittgebet verrichtest, erhältst du durch den Segen die Fähigkeit, alle So-Gegangenen zu verehren und ihnen zu huldigen.

Sie haben sich als Akshobhya visualisiert. Verwandeln Sie sich jetzt in einen schwarzen Amoghasiddhi.

Du wirst zu Amoghasiddhi.

Indem Sie sich vorstellen, dass Sie Verbeugungen machen, insbesondere vor der Buddha-Familie von Amoghasiddhi, sprechen Sie das Mantra nach:

> Om sarva-tathāgata-pūja-karmane ātmānam niryātayāmi, sarva-tathāgata vajra-karma kuru mām. »Da ich mich für die Aktivität der Verehrung aller So-Gegangenen opfere, mögen mir bitte alle So-Gegangenen die Vajra-Aktivitäten gewähren.«

Stellen Sie sich vor, dass Ihrem Bittgebet entsprochen wurde und Sie den Segen erhalten haben.

> Indem du dergestalt am Osttor das Bittgebet verrichtest, erhältst du durch den Segen die Fähigkeit, alle So-Gegangenen zu verehren und außergewöhnliche Aktivitäten zu verrichten.

Treten Sie jetzt durch das Osttor in das Mandala ein. Begeben Sie sich zum südlichen Tor, und gehen Sie dort wieder hinaus. Stellen Sie sich vor, dass Sie sich in einen gelben Ratnasambhava verwandelt haben. Verbeugen Sie sich wie zuvor, sprechen Sie das Mantra und seine Übersetzung nach, und vertrauen Sie darauf, den Segen erhalten zu haben.

> Du wirst zu Ratnasambhava.
>
> Om sarva-tathāgata-pūja-abhishekāya ātmānam niryātayāmi, sarva-tathāgata vajra-ratna-abhishimcha mām. »Da ich mich für die Verehrung aller So-Gegangenen und für die Erteilung der Einweihung opfere, mögen mir bitte alle So-Gegangenen die Einweihung des Vajra-Juwels erteilen.«
>
> Indem du dergestalt am Südtor das Bittgebet verrichtest, erhältst du durch den Segen die Fähigkeit, alle So-Gegangenen zu verehren und die Einweihung zu erteilen.

Treten Sie jetzt durch das Südtor in das Mandala ein. Begeben Sie sich zum nördlichen Tor, und gehen Sie dort hinaus. Stellen Sie sich vor, dass Sie sich in einen weißen Amitābha verwandeln. Verbeugen Sie sich wie zuvor, sprechen Sie das Mantra und seine Übersetzung nach, und vertrauen Sie darauf, den Segen erhalten zu haben.

> Du wirst zu Amitābha.

Om sarva-tathāgata-pūja-pravaratanāya ātmānam niryātayāmi, sarva-tathāgata vajra-dharma-pravarataya mām. »Da ich mich für eine vollständige Drehung [des Rades der Lehre] allen So-Gegangenen opfere, mögen bitte alle So-Gegangenen [das Rad der] Vajra-Lehre vollständig für mich drehen.«

Indem du dergestalt am Nordtor das Bittgebet verrichtest, erhältst du durch den Segen die Fähigkeit, alle So-Gegangenen zu verehren und das Rad der Lehre zu drehen. [322]

Treten Sie danach durch das Nordtor in das Mandala ein, umschreiten Sie es im Uhrzeigersinn, und gehen Sie durch das westliche Tor hinaus. Stellen Sie sich vor, dass Sie sich in einen gelben Vairochana verwandeln. Verbeugen Sie sich wie zuvor, sprechen Sie das Mantra und seine Übersetzung nach, und vertrauen Sie darauf, den Segen erhalten zu haben.

Du wirst zu Vairochana.

Om sarva-buddha-pūja-upasthānāya ātmānam niryātayāmi, sarva-tathāgata-vajra-vairochana adhitishtha mām. »Da ich mich für die Verehrung und die Huldigung aller So-Gegangenen opfere, möge mir bitte Vairochana, die Essenz aller So-Gegangenen, seinen Segen erteilen.«

Indem du dergestalt am Westtor das Bittgebet verrichtest, erhältst du durch den Segen die Fähigkeit, alle So-Gegangenen zu verehren und ihnen zu huldigen.

Wenn in diesen Zeiten einem Schüler die Einweihung erteilt wird, solltest du [der Schüler] an den vier Toren auf je unterschiedliche Weise Ehrerbietung zeigen, indem du im Osten 1.) mit ausgestreckten Vajra-Handflächen eine volle Niederwerfung vornimmst, so dass der ganze Körper auf dem Boden ausgestreckt ist, und indem du 2.), die Vajra-Handflächen in Höhe des Herzens gefaltet, mit dem Scheitel den Boden berührst; im Süden solltest du Ehrerbietung zeigen, indem du 3.), die Vajra-Handflächen in Höhe des Herzens, mit der Stirn den Boden berührst; im Norden solltest du Ehrerbietung erweisen, indem du 4.), die Vajra-Handflächen in Höhe der Stirn gefaltet, mit dem Mund den Boden berührst; und im Westen solltest du Ehrerbietung zeigen, indem du 5.) mit ausgestreckten Vajra-Handflächen eine volle Niederwerfung ausführst, so dass der ganze Körper auf dem Boden ausgestreckt ist.

Treten Sie dann durch das Westtor ins Innere des Mandala ein, umschreiten Sie es im Uhrzeigersinn, und gehen Sie durch das Osttor hinaus. Verbeugen Sie sich dort, insbesondere vor dem Lama.

Dann erweise am Osttor den Füßen des Lamas deine Ehrerbietung.

Sprechen Sie mir nach:

> Om guru-charana-pūja-upasthānāya ātmānam niryātayāmi, sarva-satva-paritrānāya ātmānam niryātayāmi. »Zur Verehrung und Huldigung opfere ich mich zu Füßen des Gurus, ich opfere mich zum Nutzen aller Wesen.«

[Dem Schüler] die Einhaltung der Verpflichtungen auferlegen

Der Schüler wird zur Wahrung von Verschwiegenheit verpflichtet. Dazu werden zunächst ihre Vorzüge und die mit dem Bruch der Verschwiegenheit verbundenen Gefahren dargelegt; anschließend wird ihm noch einmal beides vor Augen geführt – Vorzüge und Gefahren.

> Heute wirst du in die Familien all der So-Gegangenen aufgenommen. Daher werde ich in dir das ursprüngliche Vajra-Gewahrsein entstehen lassen. Durch dieses ursprüngliche Gewahrsein wirst du die besonderen Verwirklichungen aller So-Gegangenen erlangen. Was braucht man da noch zu erwähnen, dass du auch alle anderen besonderen Verwirklichungen erlangen wirst! Darüber solltest du nicht vor denjenigen sprechen, die das Mandala nicht erblickt haben; sonst werden deine Verpflichtungen Schaden nehmen.

Dann wird der Schüler zu Verschwiegenheit verpflichtet, und die mit einem Bruch der Verschwiegenheit verbundenen physischen Gefahren werden beschrieben.

Nun legt [der Lama] den Vajra auf den Kopf [des Schülers] auf und spricht:

> Dies ist dein Samaya-Vajra[38]. Er wird dir den Kopf spalten, falls du über diese Methode mit jemandem sprichst, der dafür nicht qualifiziert ist.

Schließlich wird der Schüler zu Verschwiegenheit verpflichtet, indem die Gefahren für den Geist beschrieben werden.

> [*Der Lama*] *legt den Vajra auf den Kopf* [*des Schülers*] *auf und spricht:*
>
> Om, heute hat sich Vajrasattva selbst
> voll und ganz in dein Herz begeben. [323]
> Falls du über diese Methode sprichst,
> wird er sich unmittelbar danach von dir absondern und fortgehn.

»Vajrasattva« meint hier das ursprüngliche Gewahrsein von untrennbarer Glückseligkeit und Leerheit.

> *Mit diesen dreien werden* [*dem Schüler*] *unter Hinweis auf die Vorzüge, die Gefahren und auf beides die Verpflichtungen auferlegt. Vor allem übernimmt der Schüler die auf das* [*Unterlassen des*] *Wurzelvergehen*[*s*] *– die Preisgabe des Geheimnisses an unreife Menschen – bezogene Verpflichtung.*

Hiermit übernehmen Sie insbesondere die Verpflichtung, [über die Einweihung und so weiter] nicht mit denjenigen zu sprechen, deren Geistesstrom [durch die entsprechende Praxis, die Einweihung usw.] noch nicht zur Reife gelangt ist. Es geht hier also vor allem um das siebte Vergehen gegen die Mantra-Gelübde – die Preisgabe des Geheimnisses an einen Menschen, der dafür nicht reif ist –, und Sie verpflichten sich, diesen Verstoß nicht zu begehen.

Sodann übernimmt der Schüler die Verpflichtung, jegliches Wurzelvergehen zu vermeiden. Dazu werden die Vorzüge und die Gefahren dargelegt.

> *Dann hole mit dem Daumen und dem Ringfinger Wasser aus der sakralen Mahāvijaya-Muschel, gib dem Schüler das Wasser in den Mund und sprich:*
>
> Wenn du gegen die Verpflichtungen verstößt,
> wird dies brennendes Höllenwasser sein.
> Bei Einhaltung der Verpflichtungen wird es dir besondere Verwirklichungen verleihen.
> Trink das Vajra-Ambrosia-Wasser.
> Om vajra-udakathah. [Om, trink das Vajra-Wasser.]
>
> *Gieße das Eid-Wasser, um dem Schüler – unter Hinweis auf die Vorzüge,*

auf die Gefahren und auf beides – die Verpflichtungen aufzuerlegen. Dadurch hat [der Schüler] die allgemeinen Verpflichtungen übernommen: die Wurzelverpflichtungen und die sekundären Verpflichtungen.

Als Nächstes übernimmt der Schüler die Verpflichtung, den Worten des Lamas Folge zu leisten. Sie betrifft vor allem das erste Vergehen gegen die Mantra-Gelübde – den Lama geringzuschätzen.

Dann ergreift der Lama die rechte Hand des Schülers, um [dem Schüler] speziell die Verpflichtung in Bezug auf [die Unterlassung von Verstößen gegen] das erste Gelübde aufzuerlegen.

Von nun an bin ich dein Vajrapāni. Was ich dir auftrage, das musst du tun. Du solltest mich nicht geringschätzen, und falls du es tust, wird die Zeit des Todes kommen, ohne dass die Angst von dir weicht, und du wirst in eine Hölle stürzen.

Dessen ungeachtet gibt Ashvaghoshas Schrift »Fünfzig Strophen [über die Hingabe] zum Guru« (*bla ma lnga cu pa, gurupañchāsikā*), die sich mit der Frage befasst, wie man aus Sicht des Höchsten Yoga-Tantra mit einem Guru – oder Lama – bekannt wird und in welcher Weise man sich auf ihn stützt, folgende Empfehlung: Falls der Lama etwas sagt, das aller Vernunft widerspricht, oder etwas verlangt, das man nicht tun darf, sollte man die Gründe darlegen und es nicht tun.[39] Man muss also unterscheiden können zwischen dem im Allgemeinen angemessenen Verhalten und den Ausnahmen davon.[40]

Die Herabkunft des Weisheitswesens wahrheitsgetreu erläutern

Das Weisheitswesen [die tatsächliche Gottheit] kommt herab, und dann erfolgt ein Ausdruck der Kraft der Wahrheit [das heißt, ein Eid, der auf dem tatsächlichen Faktum beruht]. Zunächst spricht der Schüler ein Bittgebet für die Herabkunft der Weisheitswesen:

[Der Schüler] spricht ein Bittgebet:

Mögen alle So-Gegangenen mich segnen.
Möge der glorreiche Kālachakra auf mich herabkommen.

Da man dieses Gebet spricht, um gesegnet zu werden, ist es wichtig, zu wissen, wie man Segen erhält. Zunächst bringen Sie einen göttlichen Körper hervor, Sie visualisieren Ihren Körper als einen göttlichen Körper. In diesem Fall handelt es sich um den Körper der zornvollen Gottheit Vajravega. Außerdem versetzen Sie dann die Keimsilben der vier Elemente – Erde, Wasser, Feuer und Wind – in Ihrem Körper in einen Rotationszustand. Dies beeinflusst Ihren Geist in der Weise, dass in Ihrem Geistesstrom das ursprüngliche Gewahrsein von Glückseligkeit und Leerheit hervorgebracht wird. Darin besteht Ihre Visualisation.

Als Erstes wird alles in Leerheit gereinigt. Als Sie an den vier Toren den fünf Buddha-Familien Ihre Ehrerbietung erwiesen haben, sind Sie bei der letzten Hervorbringung einer Gottheit zu Vairochana geworden. Diese Visualisation löst sich nun in Leerheit auf. Daraufhin tritt, aus Leerheit entstehend, ein *Hūm* in Erscheinung. Es wird zu einem Vajra, der sich dann in Vajravega verwandelt.

> *Mit Wasser aus der Mahāvijaya-Muschel und mit den sechs Silben* [*om āh hūm hoh ham kshah*] *entfernt* [*der Lama Hindernisse*].
>
> Om shūnyatā-jñāna-vajra-svabhāvāmatko´ ham. [Ich habe eine essenzielle Natur, in der Leerheit und Weisheit untrennbar sind.]
>
> Aus Leerheit kommend wirst du aus Hūm und [dann] aus einem Vajra als Vajravega hervorgebracht,[41] mit blauem Körper, drei Hälsen – einem schwarzen in der Mitte, einem roten auf der rechten und einem weißen auf der linken Seite; und mit vier Gesichtern – einem blauen in der Mitte, einem nach rechts gewandten roten, einem nach links gewandten weißen und einem nach hinten gerichteten gelben Antlitz. Alle vier sind zornvoll, weisen entblößte Reißzähne und je drei orangefarbene Augen auf. Sein orangefarbenes Kopfhaar steht zu Berge. Sein erstes Schulterpaar ist schwarz, das zweite rot, das dritte weiß. Er hat also sechs Schultern mit zwölf Oberarmen und 26 Unterarmen Die ersten vier Unterarme [auf jeder Seite] sind schwarz, die zweiten vier rot und die dritten weiß. Und von den verbleibenden beiden Unterarmen ist der rechte schwarz und der linke gelb. Die Daumen der Hände sind [an der Außenseite] gelb, die Zeigefinger weiß, die Mittelfinger rot, die Ringfinger schwarz und die kleinen Finger grün. Die ersten Fingergelenke sind [auf der Innenseite] schwarz, die zweiten rot und die dritten weiß. Die Finger tragen Ringe als Schmuck, und ein Leuch-

ten geht von ihnen aus. Das rote rechte und das weiße linke Bein drücken – in einer Stellung, in der das rechte Bein gestreckt ist – das Herz eines Dämonengottes aus dem Begierdebereich und eines gepeinigten *Īshvara* nieder.[42] Er trägt Schlangen- und Knochenschmuck, ein Tigerfell um die Hüften, einen herabhängenden Kranz aus Köpfen und Schädeln sowie die volle Anzahl von Nāga-Schmuckstücken und Hand-Symbolen.[43]

Wenn du Schülern die Einweihung erteilst, benenne jedes einzelne [Attribut].

Wozu ist es gut, über solch eine, mit all diesen bizarren Merkmalen ausgestattete Gottheit zu meditieren? Generell verhält es sich so, dass der Formkörper eines Buddha den Schülern durch die Kraft der beiden Ansammlungen von Verdienst und Weisheit auf vielfältige Art und Weise erscheint – natürlich, spontan und ohne Anstrengung, den Neigungen und Interessen der Schüler entsprechend. Das erklärt zum Beispiel Shāntideva in seinem »Eintritt in die Bodhisattva-Praxis«. Der Buddha hat also keineswegs eine bestimmte, vom Vorhandensein der Schüler unabhängige Form beziehungsweise Gestalt.

Die Formkörper eines Buddha sind auf die jeweilige Situation bezogen und richten sich nach dem, was die Schüler benötigen. Eine These lautet sogar, Formkörper seien im Geistesstrom der Schüler inbegriffen. Ungeachtet der Frage, ob diese Position in einem buchstäblichen Sinn akzeptiert werden kann, kann sie uns jedenfalls dabei behilflich sein, die Natur der Formkörper zu begreifen. Ein Formkörper ist Gegenstand der meditativen Betrachtung für ein dem Mutterschoß entwachsenes und aus den sechs Elementen Erde, Wasser, Feuer, Wind, Raum und Bewusstsein sich zusammensetzendes Wesen. Darin liegt der Zweck seines Erscheinens. Die Erscheinung eines bestimmten Formkörpers steht also in Beziehung zu einem Meditierenden, und sie steht in Entsprechung zur Situation dieses Meditierenden.

Im Fall von Kālachakra steht nun die Praxis des *Kālachakra-Tantra* in Zusammenhang mit der Meditation über die kosmischen Faktoren des äußeren Kālachakra, die ich bereits angesprochen habe. Daher besteht also eine Beziehung zwischen solch einer Meditation und der speziellen Form eines göttlichen Körpers, über den ein Praktizierender meditiert. Abhängig von der Perspektive stehen die Anzahl der Gesichter, die Anzahl der Arme und so weiter – ihre Farbe und Form – in Beziehung zum Körper des Meditierenden oder aber zur Sonne, zum Mond, zu Gestirnskonstellationen und dergleichen.

Sodann heißt es in Hinblick auf die Visualisierung der vier Elemente:

> Aus der Silbe Lam in Höhe deines Nabels[44] kommt ein quadratisches gelbes Erd-Mandala hervor, auf dem ein Rad zu sehen ist. Auf dem Erd-Mandala befindet sich eine [gelbe] Kālāgni-Scheibe und auf ihr ein gelbes Ho. [324] Aus einem Yam in Höhe deines Herzens kommt ein bogenförmiges schwarzes Wind-Mandala hervor, auf dem zwei im Wind flatternde Banner zu sehen sind. Auf dem Wind-Mandala befindet sich auf einer [grünen] Rāhu-Scheibe ein schwarzes Hūm. Aus einem Ram in Höhe deines Halses kommt ein dreieckiges rotes Feuer-Mandala hervor, auf dem ein Juwel zu sehen ist. Auf dem Feuer-Mandala befindet sich auf einer Sonne ein rotes Āh. Aus einem Bam auf deiner Stirn kommt ein rundes weißes Wasser-Mandala hervor, auf dem eine Vase zu sehen ist. Auf dem Wasser-Mandala befindet sich eine Sonne und auf ihr ein weißes Om. Die Lichtstrahlen aus den vier Silben und die Lichtstrahlen aus dem Hūm beim Herzen des Lamas, der von der Hauptgottheit nicht getrennt ist, laden die vier Vajra-Gottheiten [das heißt: Körper, Rede, Geist und Glückseligkeitsbewusstsein] ein, die sich dann in die vier Silben auflösen. Aus einem Yam unter deinen Füßen kommt ein Wind-Mandala. Dieses entzündet ein Ram. Aus ihm entsteht ein dreieckiges rotes Feuer-Mandala, auf dem wiederum ein Ram zu sehen ist. Und auf ihm beginnen, auf den beiden Fußsohlen, rote Jhai Lichtstrahlen auszusenden.

An diesem Punkt treten Lichtstrahlen, die von außerhalb – aus dem Herzen des Lamas – kommen, in Ihren Körper ein und aktivieren die vier Elemente in Ihrem Körper. Durch diese beiden Faktoren entsteht in Ihrem Geistesstrom ursprüngliches Gewahrsein von großer Glückseligkeit, eine meditative Stabilisierung von Glückseligkeit und Leerheit. Stellen Sie sich vor, dass auf diese Weise in Ihrem Geistesstrom ein besonderes ursprüngliches Gewahrsein der Untrennbarkeit von Glückseligkeit und Leerheit entsteht, in der sich ein Glückseligkeitsbewusstsein der Leerheit vergewissert, des Nichtvorhandenseins einer unabhängigen Eigenexistenz. Außerdem werden sämtliche Buddhas der zehn Richtungen angezogen und finden mit all den Segnungen der Gottheiten des erhabenen Körpers, der erhabenen Rede und des erhabenen Geistes Eingang in Ihren Körper. Das ist der Segen.

Indem die Lichtstrahlen aus dem Herzen des Lamas, der sich von der Hauptgottheit nicht unterscheidet, auf den Wind treffen, gerät der Wind in Bewegung. Dadurch wird das Feuer angefacht, und dadurch wiederum treten die Lichtstrahlen aus dem Jhai über Löcher in den Fußsohlen in den Körper ein. Die Lichtstrahlen regen die vier Silben an, die ihrerseits Lichtstrahlen aussenden, und diese erfüllen den gesamten Körper. Von dem Hūm in Höhe des Herzens des Lamas, der von der Hauptgottheit nicht getrennt ist, gehen Lichtstrahlen aus und laden sämtliche Buddhas in Gestalt des übernatürlichen Herrschers Kālachakra und des Königs der Zornvollen ein. Sie erfüllen die gesamte Sphäre des Raumes und finden Eingang in deinen Körper.

Om āh ra ra ra ra, la la la la, vajra-aveshaya hūm. [Om āh ra ra ra ra, la la la la, mögen die Vajras vollständig herabkommen, hūm.]

Sprich dies mit starker Intonation, und läute die Glocke. Verwende Weihrauch aus den fünf Arten von Fleisch, den fünf Arten von Ambrosia und Safran als Räucherwerk. Wenn der Meister zuvor [dieses Mantra] zehn Millionen Mal rezitiert und ein Zehntel soviel Feueropferungen durchgeführt hat, werden allein schon auf Grund des Umstandes, dass er den Geist [darauf] lenkt, [die Gottheiten] herabkommen. Dann überreiche eine Blume, zuvor gereinigt mit dem Mantra:

Om āh hūm.

[Sie soll] auf den Kopf gelegt werden. Selbst wenn die Herabkunft eine gewisse Unruhe hervorruft, so wird diese dadurch besänftigt. Die Anzeichen für die Ankunft [der Gottheiten] sollten in allen Einzelheiten aus den Kommentaren zum Tantra bekannt sein.[45]

[Die Herabkunft] wird durch die sechs Familien von Methode und Weisheit bestärkt und geschützt.[46]

Dann sorge mit [den sechs Keimsilben] der sechs Familien von Methode und Weisheit für Schutz:

An der Stirn [des Schülers] ein [weißes] Om; in Höhe des Herzens ein [schwarzes] Hūm; im Bereich der Kronenwölbung ein [gelbes]

Ham; in Höhe des Nabels ein [gelbes] Hoh; in Höhe der Kehle ein [rotes] Āh; im verborgenen Bereich ein [blaues] Kshah.

Als Nächstes sollen die Schüler die Binde von den Augen nehmen und darauf achten, ob sich im Zwischenbereich zwischen dem Mandala und dem Himmel eine spezielle Farbe zeigt. Der Lama fragt, was Sie sehen.

Falls Schülern die Einweihung erteilt wird, lasse sie dann [die Augenbinden hochziehen und] in den Raum oberhalb des Mandala blicken. Frage sie:

Was war in deiner Blickrichtung zu sehen?

Anhand der [den einzelnen Schülern sich zeigenden] unterschiedlichen Farben am Himmel werden die spezifischen Aktivitäten erkennbar, an deren Verwirklichung [sie arbeiten sollten].

Manchmal sind gewisse Farben zu sehen; in anderen Fällen hingegen nicht. So soll ausfindig gemacht werden, an welcher Art von Verwirklichung Sie arbeiten sollten. Ziehen Sie die Augenbinde jetzt wieder über die Augen.

Stellen Sie sich als Nächstes vor, dass Sie wie zuvor das Mandala dreimal umschreiten und dabei das Mantra *om āh hūm hoh ham kshah* rezitieren.

Dann ergreift der Vajra-Helfer die beiden Daumen der Schüler mit seiner rechten Hand, die auch einen Vajra [hält]; sie tanzen den Vajra-Tanz, rezitieren die sechs Silben [om āh hūm hoh ham kshah] und umschreiten so dreimal das Mandala.

Daraufhin richte ich am östlichen Tor ein Bittgebet an das Mandala, damit sich in dem Moment, da die Schüler eine Blume auf ein Mandala [hier eine in verschiedene Teilbereiche untergliederte quadratische (Holz-) Tafel] fallen lassen, unmissverständlich zeigt, welcher Buddha-Familie sie angehören und welche besonderen Verwirklichungen sie erreichen werden.

Am Osttor des Mandala läutet der Meister eine Glocke und vollzieht eine Wahrheitssegnung:

Möge die Ebene der göttlichen Familienzugehörigkeit
dieser Schüler, die ich einführe

Kālachakra: Künstler unbekannt
Foto: © Peter Nebel

Dieses Kālachakra-Thangka, von dem auch die Bildausschnitte auf den folgenden Seiten stammen, hängt in Thekchen Chöling, Dharamsala, Indien (dem Wohnsitz Seiner Heiligkeit des Dalai Lama). Fotos: © John Leidenfrost, 1985.

in dieses vorzügliche Mandala,
ihrem Verdienst entsprechend erkennbar werden.
Mögen ihre besonderen Verwirklichungen erkennbar werden.
Mögen die Buddha-Familien, deren Gefäß sie sind, erkennbar werden.
Möge die Kraft ihres Verdienstes in dem Maß,
wie sie vorhanden ist, im Mandala erkennbar werden.

In der Weise in das Mandala eintreten, dass man jene Natur zu entwickeln lernt, die einen das Mandala erblicken lässt

Jeder von uns hat die Buddha-Natur und damit grundsätzlich auch die Fähigkeit, die Erleuchtung eines Buddha zu verwirklichen. Allerdings ist unklar, welcher der fünf Buddha-Familien Sie angehören. Diese Familienzugehörigkeit lässt sich feststellen, indem Sie eine Blume auf ein Mandala werfen.

Nehmen Sie aus der vorhin erhaltenen Blumengirlande eine Blume heraus, und stellen Sie sich vor, dass Sie im Innern des Mandala angekommen sind. [Die Schüler oder jemand, der in ihrem Auftrag handelt, lassen die Blume auf dieses kleine Mandala fallen, um zu sehen, auf welchem Feld sie liegen bleibt.]

Entferne aus der zuvor überreichten Blumengirlande eine Blume, die strahlend schön und nicht welk ist; visualisiere sie, nachdem du sie mit dem Mantra trām gereinigt hast, als Juwelenblume, und gib sie in die schalenförmig geöffneten Hände des Schülers. Indem du dir vorstellst, dass sie dabei auf das Haupt der zentralen Gottheit im Mandala fällt, lass sie den Schüler auf fünf Zeichen auf der Oberseite der Vijaya-Vase werfen. Sprich:

Om sarva-tathāgata-kula-vishodhani svāhā. [Om, die Reinigung der Familien aller So-Gegangenen, svāhā.]

Für den Selbst-Eintritt [in das Mandala] genügt es, das Mantra zu sprechen und sich dabei vorzustellen, man werfe die Blume. Man braucht sie nicht wirklich auf die Zeichen zu werfen. Indem die Blume auf einem bestimmten Zeichen liegen bleibt, wird daraus die göttliche Familienzugehörigkeit des Schülers ersichtlich.

Wenn Sie die Blume auf das Mandala fallen lassen, so stellen Sie sich vor, dass Sie die Blume den Gottheiten des Mandala opfern, die sie segnen und sie Ihnen dann zurückgeben. Legen Sie sie auf Ihren Kopf. Schon dadurch entsteht in Ihrem Geistesstrom das ursprüngliche Gewahrsein von Glückseligkeit und Leerheit.

Lass die Schüler daraufhin diese Blume wieder an der Blumengirlande fest machen[47]*, und befestige diese auf ihrem Kopf oder [falls du den Selbst-Eintritt vornimmst] auf dem eigenen Kopf. Sprich:*

Om pratigrhnas tvam imam satva-mahābala. [Großes, machtvolles Wesen, nimm dich dieses (Schülers) an.] [326]

Indem du die Gottheit anrufst, auf deren Haupt diese Blume gefallen ist, lege ihr ans Herz, sich um den Schüler zu kümmern:

Machtvolles erhabenes Wesen, nimm dich dieses Schülers an, bis er Erleuchtung erreicht hat.

Wenn Sie die Familie des Siegreichen bestimmt haben, in der Sie Erleuchtung verwirklichen werden, sollten Sie die Gottheit der betreffenden Buddha-Familie zu Ihrer Hauptgottheit machen. Und die Einhaltung der für die betreffende Buddha-Familie spezifischen Verpflichtungen sollten Sie ganz besonders beachten. Diese Familienzugehörigkeit richtet sich nach der relativen Stärke der getrübten Emotionen in Ihrem Geist, ferner nach zahlreichen anderen Faktoren, die vom Ausmaß Ihres Verdienstes abhängen. Daraus resultieren dann unterschiedliche Sinnesfähigkeiten, Neigungen und so weiter.

Nach Befestigung der Blumen auf dem Kopf oder zur gleichen Zeit, wie er die Blume wirft, spricht [*der Lama*]*:*

Heute bemüht sich Kālachakra,
dir die Augen zu öffnen.
Durch die Offenheit wird alles sichtbar.
Das Vajra-Auge ist unübertroffen.
Om divyendriyānudghataya svāhā. [Om, öffne die göttliche Sinneskraft, svāhā.]

Entferne die Augenbinde.

Nehmen Sie nun die Augenbinde ab. Stellen Sie sich vor, dass damit die Finsternis der Unwissenheit beseitigt ist.

Stellen sie sich nach dem Abnehmen der Augenbinde vor, dass Sie das Mandala erblicken.

[*Der Lama*] *sagt:*

Durch die Kraft des Vertrauens
schau jetzt nur auf dieses Mandala und das [von ihm
Symbolisierte].[48]
Du bist in die Buddha-Familie hineingeboren worden
und hast den Segen von Siegel und Mantra erhalten.

Die Erfüllung sämtlicher Verwirklichungen
wird dir als dem höchsten [Halter der] Verpflichtungen zuteil werden.
Durch das Spiel an den Spitzen von Vajra und Lotos
wirst du die geheimen Mantras erlangen.
He vajra-pashya. [O blicke zum Vajra(-Mandala).]

Der Ausdruck »Spiel an den Spitzen von Vajra und Lotos« verweist darauf, dass man den Weg des Mantra-Fahrzeugs mittels Methode und Weisheit, die nicht voneinander zu trennen sind, vollenden muss.

Dann [*sprich*]*:*

Klar und deutlich siehst du das gesamte Mandala.

Auf Grund dieser Vorstellung entwickle starkes Vertrauen. Wenn du einem Schüler die Einweihung erteilst, benenne jede einzelne Gottheit gemäß den Mitteln zur Verwirklichung[49] (*sgrub thabs, sādhana*).

Während Sie sich nun eine bildliche Darstellung des Mandala anschauen, werde ich Ihnen eine einführende Erklärung dazu geben. Und indem ich das tue, stellen Sie sich vor, dass Sie jeweils den entsprechenden Teil des tatsächlichen Mandala vor Augen haben. Ganz außen sehen Sie zunächst eine Reihe von farbigen Lichtern. [Sie repräsentieren einen das Mandala umgebenden Feuerberg.] Dann folgt ein grüner Bereich. Er symbolisiert Raum; höchst wahrscheinlich keinen offenen, unumschränkten, sondern einen durch bestimmte Faktoren definierten Raum – wie zum Beispiel den Raum innerhalb von Hohlräumen. Die Vajras in diesem grünen Bereich bilden einen [das Mandala umgebenden] Schutzkreis. Nach innen folgen in den Farben Grau, Rot, Weiß und Gelb – mit Swastikas im gelben Bereich – vier weitere Schichten. Sie repräsentieren Wind, Feuer, Wasser und Erde. Diese Schichten von Grün bis Gelb repräsentieren also die fünf Elemente: Raum, Wind, Feuer, Wasser und Erde.

Achten Sie dann in dem innen daran angrenzenden Bereich auf die unterschiedlichen Farben, die der Untergrund in den vier Richtungen aufweist. Da sich im Osten [aus der Perspektive des Betrachters ist dies der untere Teil des Bildes, von der im Zentrum sitzenden Gottheit aus gesehen ist es hingegen vorne] Amoghasiddhi befindet, hat der Untergrund dort die Farbe schwarz. Der Süden, Ratnasambhava, ist rot; der Norden, Amitābha, weiß; und der Westen, Vairochana, gelb. Die Farben der vier Richtungen geben nicht zuletzt die Farben der vier Gesichter von Kālachakra im Zentrum des Mandala wieder.

Dies ist der Untergrund für das quadratische, mit viel Schmuck versehene, drei Ebenen und auf jeder Ebene vier Tore umfassende Mandala. Außen haben wir das Mandala des erhabenen Körpers, dann das Mandala der erhabenen Rede und noch weiter innen das Mandala des erhabenen Geistes. Ganz in der Mitte gibt es einen grünen Lotos mit acht Blütenblättern, in dessen Zentrum der glorreiche Kālachakra mit seiner Gefährtin Vishvamātā verweilt. Kālachakra hat vier Gesichter, 24 Hände und zwei Beine. Momentan werde ich noch nicht detaillierter auf Kālachakra eingehen.

Sie sollten sich vorstellen, das gesamte Mandala in der Weise erblickt zu haben und ihm begegnet zu sein, wie es auf dem Bild zu sehen ist – und zwar in seiner lichthaften Natur. Stellen Sie sich vor, Kālachakra und seiner Gefährtin Vishvamātā leibhaftig zu begegnen.

Auf den acht Blütenblättern rings um Kālachakra und seine Gefährtin halten sich die acht Shaktis auf. Der Ort, an dem die Hauptgottheit mit ihrer Gefährtin und die acht Shaktis verweilen, ist das Mandala der großen Glückseligkeit. Bei dem daran sich anschließenden, viereckigen und sechzehnfach unterteilten Bereich handelt es sich um das Mandala des ursprünglichen Bewusstseins. In den vier Richtungen sind die vier männlichen So-Gegangenen zu finden; und in den vier Zwischenrichtungen die vier weiblichen So-Gegangenen. [Sie alle werden durch Lotos-Blüten dargestellt.] Die vier männlichen So-Gegangenen umarmen vier weibliche So-Gegangene, und die vier weiblichen So-Gegangenen umarmen vier männliche So-Gegangene.

Lassen Sie uns jetzt sämtliche Abschnitte in einer Richtung, und zwar der östlichen, beschreiben: Gleich vor dem Mandala der erhabenen Weisheit sieht man im Mandala des erhabenen Geistes einen schwarzen Bereich, den Boden des Geist-Mandala. In dem daran sich anschließenden weißen Bereich sind die sechs männlichen und sechs weiblichen Bodhisattvas des erhabenen Geist-Mandala zu Hause. Man könnte auch sagen, dass sich hier der Sitz dieser Gottheiten befindet. Außerhalb davon gibt es einen ganz schmalen schwarzen Streifen. Hier haben wir abermals ein Stück Boden vom Mandala des erhabenen Geistes vor uns.

Jedes der vier Tore hat einen Schützer: eine [je durch eine Lotos-Blüte dargestellte] zornvolle Gottheit, die sich innerhalb des Tores aufhält. Eine weitere zornvolle Gottheit wird – als Schützer in Richtung des Himmels – durch einen zweiten Lotos im Osten angedeutet. Unmittelbar neben dem gerade angesprochenen schwarzen Bodenstreifen des Geist-Mandala erhebt sich die dreischichtige – weiße, gelbe und grüne – Mauer dieses Mandala. Von außen stößt ein weißer Bereich – der weiße Vorhof, in dem die Opfergöttinnen zu Hause sind – an diese Mauer. Ferner gibt es zwölf Schützer: je zwei in den vier Richtungen, zwei oben und zwei unten. Damit ist das Mandala des erhabenen Geistes komplett. Stellen Sie sich vor, dass Sie alle 70 im Mandala des erhabenen Geistes vertretenen Gottheiten erblicken und ihnen begegnen.

Indem Sie die Stufen zur nächsten Ebene hinuntergehen, betreten Sie den [durch einen schwarzen Streifen dargestellten] Boden des nächsten Mandala. Genau wie im Mandala des erhabenen Geistes gibt es hier, im Mandala der erhabenen Rede, einen weißen Bereich, in dem Gottheiten dieses Mandala zu Hause sind. Dort halten sich acht Yoginis der erhabenen Rede auf – je eine [durch eine Lotos-Blüte dargestellt] in den vier Richtungen und in den vier Zwischenrichtungen. Sie werden von männlichen Gottheiten umarmt und sind jeweils von acht Göttinnen umgeben. Insgesamt befinden sich dort also 80 Gottheiten.

Sodann gibt es, wie beim Mandala des erhabenen Geistes, einen grauen beziehungsweise schwarzen Streifen, den Boden des Rede-Mandala; und gleich daran anschließend seine fünfschichtige Mauer. Außerhalb der Mauer, auf dem weißen, das Rede-Mandala umgebenden Vorhof verweilen 36 Göttinnen. Vom dorthin gewandten Antlitz der Hauptgottheit aus betrachtet, sind fünf Göttinnen auf der rechten Seite des Tores und vier Göttinnen auf der linken Seite des Tores zu sehen. Bis hierhin kommen wir also auf eine Gesamtzahl von 186 Gottheiten. Stellen Sie sich vor, dass Sie alle 186 Gottheiten erblicken und ihnen begegnen.

Wenn Sie anschließend vom Mandala der erhabenen Rede einige Stufen hinuntergehen, gelangen Sie zum Mandala des erhabenen Körpers. Abermals finden Sie dort den schwarzen Boden vor; und dann den weißen Bereich, in dem die Gottheiten des Körper-Mandala zu Hause sind. In den vier Richtungen gibt es jeweils zwei große Hauptgottheiten für die Tage, und in den vier Zwischenrichtungen gibt es je eine – im Ganzen also zwölf [die zwölf Monate repräsentierende Gottheiten]. Jede Gottheit umarmt eine Gefährtin und ist von 28 Gottheiten umgeben. [Daraus resultiert die – für die Tage eines Monats stehende – Gesamtzahl von 30 Gottheiten pro Gruppe.] Dies sind die Taggottheiten für die 360 Tage eines Jahres.

Ferner hält sich in jedem der vier Tore des Körper-Mandala ein Schützer auf; und es gibt auch je einen Schützer für oben und unten, die im oberen beziehungsweise im unteren Bereich des Bildes jeweils auf einem Kreis aus Wasser dargestellt sind. Sodann befinden sich auf dem weißen Vorhof außerhalb der fünfschichtigen Mauer des Körper-Mandala 36 Göttinnen, die jenen im Rede-Mandala entsprechen. Vom betreffenden Antlitz der Hauptgottheit aus betrachtet, sind wiederum fünf Göttinnen rechts und vier Göttinnen links des Tores.

Als Nächstes kommen die Gottheiten auf dem äußeren weißen Vorhof rechts und links des Portals: Auf der Ostseite sind dort bogenförmige Wind-Sphären zu sehen; auf der Südseite Feuer-Sphären von dreieckiger Form; auf der Nordseite runde Wasser-Sphären; und auf der Westseite Erd-Mandalas von quadratischer Form. Auf ihnen halten sich jeweils acht Nāgas[50] auf, und zwar in Umarmung mit sehr zornvollen weiblichen Gottheiten. Insgesamt gibt es zehn Nāgas; acht haben einen Lotos-Thron.

Auf der rechten Seite des Osttors ist ein Raum-Mandala zu sehen, und genau gegenüber, auf der Westseite, ein Mandala des ursprünglichen Gewahrseins. Diese wären in einer räumlichen Mandaladarstellung oberhalb beziehungsweise unterhalb des Mandala angeordnet. Damit ist das Mandala des erhabenen Körpers komplett.

Außerdem sehen Sie innerhalb der Peripherien von Feuer und Wind zehn Räder. Sie symbolisieren zehn Leichenstätten – vier in den Hauptrichtungen, vier in den Zwischenrichtungen, eine oben und eine unten. Auf den acht Speichen dieser Räder befindet sich jeweils eine sehr zornvolle weibliche Gottheit. Somit haben wir hier zehnmal acht sehr zornvolle weibliche Gottheiten, die von Nāgas umarmt werden. Ferner gibt es zwischen jedem der acht Friedhöfe elf Elementargeister, insgesamt also 88. Sie sind die Hauptgeister unter den Millionen von Elementargeistern.

Die 88 Elementargeister mit eingerechnet, weist das gesamte Mandala 722 Gottheiten auf. Stellen Sie sich vor, dass Sie all diese Gottheiten wirklich erblickt haben.

Die Zählung der Hauptgottheiten im Mandala erklärt sich aus einer Entsprechung zur Anzahl der Lotos-Blütenblätter[51], die den verschiedenen Zentren der Energiekanäle (Chakras) zugeordnet werden: Das Chakra an der Kronenwölbung weist vier Blütenblätter auf; das Chakra im Bereich des Kehlkopfes hat 32 Blütenblätter; das Herz-Chakra acht Blütenblätter; das Chakra am Scheitelpunkt des Kopfes 16 Blütenblätter; das Nabel-Chakra 64 Blütenblätter; das Chakra im verborgenen Bereich 64 Blütenblätter. Zusätzlich gibt es die sechs Kanäle der sechs Buddha-Familien, ferner den rechten, den linken und den zentralen Kanal oberhalb des Nabels – *Lalanā*, *Rasanā* und *Avadhūtī* – und die Entsprechungen dazu unterhalb des Nabels (die Kanäle für Urin, Fäkalien und Samenflüssigkeiten). Ihre Gesamtzahl beläuft sich auf 162.

78 der zuvor aufgeführten Gottheiten, die in Vereinigung mit ihren Gefährtinnen beziehungsweise Gefährten verweilen, haben einen Lotos-Thron. Bei separater Zählung ihrer Partner sind es 156. Rechnet man die sechs Gottheiten hinzu, die durch ihren Segen das Siegel der Ermächtigung erscheinen lassen, so erhält man 162 Gottheiten. Die 162 Hauptgottheiten im Kālachakra-Mandala stehen also in Entsprechung zu den 162 Hauptkanälen im Körper.

Stellen Sie sich vor, dass Sie der gesamten Anzahl von 722 Gottheiten des Kālachakra-Mandala, die in Hinblick auf äußere und innere Faktoren von solcher Bedeutung sind, wirklich begegnet sind.

Daraufhin stimmt man einen Gesang der Freude über das sichtbare Erscheinen der Gottheiten an.

> *Dann spricht [der Schüler] die Verpflichtung aus:*

> Om, ich bin in das Vajra-Mandala eingetreten, das große
> Mandala.

Das »Vajra-Mandala« wird hier erwähnt, weil im Höchsten Yoga-Tantra die Buddha-Familie von Akshobhya, die Vajra-Familie, die erhabenste Familie ist. Dies macht das Vajra-Mandala zum großen Mandala.

Ich habe das yogische Mandala vor Augen, das große Mandala.

Die Bedeutung von »Yoga«, so sagt man, besteht in der Einheit von Methode und Weisheit. Methode bezeichnet hier unwandelbare Glückseligkeit, und Weisheit meint Leerheitsgewahrsein, Einsicht in das Nichtvorhandensein einer unabhängigen Eigenexistenz. Das ursprüngliche Gewahrsein von untrennbarer Glückseligkeit und Leerheit tritt unter dem Aspekt eines Mandala in Erscheinung. Darum handelt es sich hier um ein yogisches Mandala. Groß ist es, weil es den materiellen Mandalas überlegen ist. Das erkennen Sie.

Mir wird die Einweihung in das geheime Mandala erteilt, das große Mandala.

Es ist geheim, weil es vor denjenigen verborgen gehalten wird, die lediglich in Tantras der anderen Tantra-Klassen eingeweiht worden sind. Dieses Kālachakra-Mandala aus dem Höchsten Yoga-Tantra übertrifft Mandalas aus den niedrigeren Tantra-Klassen, und deshalb ist es groß. Weil Sie die Einweihung in solch ein Mandala erhalten, stimmen Sie einen Freudengesang an:

Samaya hoh hoh hoh hoh.

Dies beschließt die Erläuterungen der Dinge, die das Eintreten in das Mandala betreffen.

(Ende des zweiten Tags in Madison.)

Dritter Teil:
Die Einweihungen

Die Einweihungen nach dem Muster der Kindheit

Dieser Abschnitt hat drei Teile: 1.) die Riten der sieben Einweihungen; 2.) den Zeitpunkt der Verwirklichung erfahren; 3.) Unterweisung zur Vermeidung von Wurzelvergehen.

Die Riten der sieben Einweihungen

Dieser Abschnitt hat zwei Teile: 1.) ein generelles [alle sieben Einweihungen betreffendes] Bittgebet sprechen und ungünstige Umstände klären; 2.) die einzelnen Einweihungen erteilen.

Orientierung

Heute ist der Tag, an dem Sie in das Mandala eintreten, der Tag, an dem die Einweihung erteilt werden soll. Generell gibt es im *Kālachakra-Tantra* folgende Einweihungen: die sieben Einweihungen nach dem Muster der Kindheit, die höheren Einweihungen und die Vajra-Meister-Einweihungen. Hier sollen heute die sieben Einweihungen nach dem Muster der Kindheit erteilt werden.

Als Erstes bringen die Schüler Mandala-Opferungen dar. Anschließend ersuchen sie mit einem Bittgebet um alle sieben Einweihungen. Dann reinigt der Lama jegliche ungünstigen Umstände und erteilt die einzelnen Einweihungen. Stellen Sie sich bei der Mandala-Opferung vor, dass Sie sich wieder vor dem Osttor des Körper-Mandala befinden. Da heute der Zeitpunkt für Sie gekommen ist, die Einweihung tatsächlich zu erhalten, sollten Sie die jeweils erforderlichen Visualisationen, die ich Ihnen zum gegebenen Zeitpunkt nenne, sorgfältig ausführen.

Dem Lama, der persönlichen Gottheit und den Drei Juwelen opfere ich in der Visualisation
Körper, Rede, Geist und alles, worauf ich und andere uns stützen können,
alle Ansammlungen von Verdienst in Vergangenheit, Gegenwart und Zukunft
und das Mandala von wundervoller Kostbarkeit mit den Anhäufungen von Samantabhadras Opfergaben.
Bitte nimm diese Opfergaben durch dein Mitgefühl an und gib mir deinen Segen.
Idam guru-ratna-mandalakam niryātayāmi. [Dieses mit Juwelen besetzte Mandala opfere ich dem Guru.]

Ein Bittgebet für die Erteilung aller sieben Einweihungen und die Klärung von ungünstigen Umständen

Nachdem du das Mandala geopfert hast, knie mit dem rechten Bein nieder, [327] *lege deine geöffneten Handflächen in Höhe des Herzens so aneinander, dass ein kleiner Hohlraum entsteht, in dem du eine Blume hältst, und sprich dreimal folgendes Bittgebet:*

Genau wie Bodhivajra den Buddhas
die große Opfergabe [der Einweihung] zuteil werden ließ,
lasse sie heute mir zuteil werden, o Raum-Vajra,
damit ich vollkommen befreit sein möge.

Kālachakra wird »Raum-Vajra« genannt, weil Kālachakra eine Erscheinung – eine körperliche Erscheinungsform mit Gesicht, Armen, Beinen und so weiter – des raumgleichen ursprünglichen Gewahrseins des klaren Lichts ist: essenziell untrennbar von der raumgleichen Wirklichkeit der Leerheit von unabhängiger Eigenexistenz. Kālachakra ist also ein endgültiger Formkörper, der als Mittel dienen kann, das Leid der Schüler und auch die Ursachen dieses Leids zu reinigen. Solch einen Kālachakra ersuchen Sie, Ihnen heute die sieben Einweihungen zu erteilen.

Beim dreimaligen Sprechen des Bittgebets sinnt man über seinen in diesem Sinn zu verstehenden Bedeutungsgehalt nach.

[Klärung von ungünstigen Umständen]

Wenn wir waschen, benötigen wir Waschsubstanzen. Entsprechend kommen auch hier – in Zusammenhang mit der Reinigung und Läuterung von negativen Kräften, von Verfehlungen und Hindernissen – verschiedene Substanzen zum Einsatz. Während ich mit diesen Substanzen eine kreisende Geste ausführe und gleichzeitig das Mantra rezitiere, stellen Sie sich vor, dass solch ungünstige Faktoren dadurch beseitigt sind.

Wenn du den Selbst-Eintritt vornimmst, wird [Folgendes] entweder durch einen Handlungs-Vajra meditativ vergegenwärtigt, oder es wird tatsächlich ausgeführt. Wird einem Schüler die Einweihung erteilt, so führt der Lama diese Handlung aus. – Nimm in beide Handflächen Senfsamen, über dem siebenmal die sechs Silben [om āh hūm hoh ham kshah] gesprochen wurden, und lass ihn zweimal nach links kreisen. Dabei sprich:

Om sarva-pāpam dahana-vajrāya-vajrasatvasya, sarva-pāpam daha svāhā. [Om, verbrenne Vajrasattvas Vajra zu Ehren, der sämtliche Verfehlungen verbrennt, sämtliche Verfehlungen, svāhā.]

Wirf den Senfsamen energisch ins Feuer. Lass Senfsamen ebenso zweimal nach rechts kreisen. Nimm sodann Wasser mit den Handflächen auf, und verfahre entsprechend. Daraufhin tue dies viermal mit weißem Kampfer, danach viermal mit einem Sud aus Kuhdung mitsamt jungen Trieben aus der Grasnarbe, viermal mit einem Sud aus Fruchtfleisch und viermal mit weißen Stoffstücken,[52] *indem du sie wie zuvor nach rechts und nach links kreisen lässt. Der Kampfer und alle danach genannten Substanzen werden allerdings nicht ins Feuer geworfen.*

Danach erfolgt eine rituelle Waschung der Ohren, der Nase, des Mundes und des Körpers mittels einer Reinigungsgeste, bei der diese Stellen symbolisch mit einer speziellen Flüssigkeit berührt werden.

Dann nimm die Waschung vor.

Anschließend wird dem Schüler wiederum eine Opferung dargebracht – ähnlich wie diejenige im Verlauf des vorbereitenden Ritus (siehe S. 194–195).

Sprich das Mantra der Hauptgottheit [Kālachakra], und nachdem du [dem Schüler] Opferungen – Wohlgeruch in Höhe des Herzens, Blumen in Höhe des Kopfes und die Waschung vor ihm – dargebracht hast, führe mit der Butterlampe eine Kreisbewegung [rings um den Schüler] aus.

Danach nimmt man ein Weihrauchgefäß, um Räucherwerk hineinzugeben.

Fülle es mit weißem Räucherwerk und mit Butter, nachdem über beidem siebenmal die sechs Silben [om āh hūm hoh ham kshah] gesprochen wurden.

Erteilung der (sieben) einzelnen Einweihungen

Dieser Abschnitt hat sieben Teile.

Beginnend mit der Wasser-Einweihung werden nun der Reihe nach die sieben Einweihungen erteilt. Der generellen Vorgehensweise im Höchsten Yoga-Tantra entsprechend wird Erleuchtung hier nicht mittels äußerer Substanzen verwirklicht, sondern auf der Grundlage jenes subtilen Bewusstseins, das bei uns von Natur aus – auch im gewöhnlichen Zustand, [in dem wir es allerdings nicht nutzen] – vorhanden ist. Auf dieser Grundlage legt das Höchste Yoga-Tantra Methoden dar, mit denen wir die Buddha-Qualitäten des erhabenen Körpers, der erhabenen Rede und des erhabenen Geistes vervollkommnen können.

Das Kālachakra-System bezieht sich auf vier Faktoren: Körper, Rede, Geist und Glückseligkeit.[53] Auch von den vier Tropfen im Körper eines Menschen ist hier die Rede. Bezogen auf die vier Tropfen im oberen Teil des Körpers wird Folgendes gesagt: Am Scheitelpunkt des Kopfes befindet sich der Tropfen, der den Wachzustand bewirkt; in Höhe des Kehlkopfes der Tropfen, der den Traumzustand bewirkt; in Höhe des Herzens der Tropfen, der den Schlafzustand bewirkt; und in Höhe des Nabels der Tropfen, der den vierten Zustand, den Zustand der Glückseligkeit, bewirkt.

Dem Tropfen am Scheitelpunkt des Kopfes, der den Wachzustand bewirkt, wohnt die Möglichkeit inne, verschiedene Erscheinungen von Objekten hervorzurufen. In unserem gewöhnlichen Zustand als empfindende Wesen, das heißt, als Nicht-Buddha, ruft er Erscheinungen unreiner Objekte hervor. Auf dem tantrischen Weg nutzt man diese Möglichkeit zugunsten eines bloßen In-Erscheinung-Tretens der Objekte, indem man sie aktiviert und jenen Faktor, der unreine Erscheinungen hervorbringt, überwindet. Auf Grund der solchermaßen aktivierten Kraft jenes Tropfens, der den Wachzustand bewirkt, treten verschiedene reine Formen – subtile und grobstoffliche Formen – in Erscheinung. Solange man sich auf dem Weg befindet, wird also die Kraft dieses Tropfens zur Verwirklichung verschiedener leerer Formen genutzt. Darauf sich stützend verwirklicht man, sobald man die Frucht der Buddhaschaft erlangt, die Formkörper.

Dem Tropfen in Höhe des Kehlkopfes, der den Traumzustand bewirkt, wohnt die Möglichkeit inne, verschiedene Erscheinungen bloßer Klänge hervorzurufen. In unserem gewöhnlichen Zustand ruft er verschiedene Manifestationen unreiner Klänge hervor. Solange man sich auf dem Weg befindet, nutzt man ihn zur Verwirklichung des unüberwindlichen Klanges. Darauf sich stützend verwirklicht man, sobald man die Frucht der Buddhaschaft erlangt, die erhabene Rede in all ihren Aspekten.

Dem Tropfen in Höhe des Herzens, der den Tiefschlafzustand bewirkt, wohnt die Möglichkeit inne, ein nicht-konzeptuelles Bewusstsein – das rein oder unrein sein kann – hervorzurufen. Im gewöhnlichen Zustand bewirkt er eine unreine beziehungsweise unklare Nichtbegrifflichkeit. Auf dem tantrischen Weg hingegen nutzt man seine Kraft, um ein strahlend klares Gewahrsein hervorzurufen. Darauf sich stützend verwirklicht man, sobald man die Frucht der Buddhaschaft erlangt, den von Konzeptualität freien Wahrheitskörper – das Ausschlag gebende Moment zur vollständigen Beilegung aller gedanklichen Fabrikationen in der Buddhaschaft.

Dem Tropfen in Höhe des Nabels, der den vierten Zustand bewirkt, wohnt die Möglichkeit inne, bloße Glückseligkeit hervorzurufen. Auf einer unreinen Ebene ruft er die Glückseligkeit des Samenergusses hervor – dabei sind die entsprechenden Tendenzen eine Ursache für das neuerliche Eintreten in den Daseinskreislauf. Durch die Kraft der Methoden auf dem Weg des Höchsten Yoga-Tantra wird die Möglichkeit, bloße Glückseligkeit hervorzurufen, genutzt und gesteigert, wodurch auf dem tantrischen Weg 21 600 Phasen unwandelbarer Glückseligkeit zu Stande kommen. Daraufhin verwirklicht man, sobald man die Frucht der Buddhaschaft erlangt, den Naturkörper (*ngo bo nyid sku, svabhāvikakāya*) der großen Glückseligkeit. Im Höchsten Yoga-Tantra ist nicht von einem einfachen, sondern von einem zusammengesetzten Naturkörper der großen Glückseligkeit die Rede.

So dreht sich der gesamte Aufbau der Kālachakra-Praxis um die Befleckungen der vier Arten von Tropfen und die Tendenzen zum Erguss des essenziellen Elements. »Erguss des essenziellen Elements« bezieht sich nicht allein auf den Erguss von grobstofflichem Samen (beziehungsweise grobstofflicher Erregungsflüssigkeit), sondern vor allem auf dementsprechende Neigungen. Denn es heißt, dass selbst die Wesen im Bereich der Formlosigkeit Tendenzen zum Erguss aufweisen. Bei diesen Neigungen handelt es sich um eine Art Begierde. Auf Grund der Neigung zum Erguss durchläuft man den Daseinskreislauf. Daher wird den Wesen im Bereich der Formlosigkeit ebenfalls nachgesagt, sie wiesen die Neigung zum Erguss auf. Ferner, so heißt es, verfügen sie auch über »Samen« [oder essenzielle Substanz]. Der »Samen« der Wesen im Begierdebereich hat fünf Eigenschaften; der »Samen« der Wesen im Bereich der Form drei Eigenschaften; der »Samen« der Wesen im Bereich der Formlosigkeit zwei Eigenschaften; »Erguss« und »Samen« haben daher in diesem Kontext eine subtilere Bedeutung.

Kurz: Um den erhabenen Körper, die erhabene Rede und den erhabenen Geist eines Buddha mittels eines subtilen Bewusstseins zu verwirklichen, müssen wir zunächst unsere grobstofflichen geistigen und physischen Aggregate, Elemente und Bewusstseinsquellen [die Sinneswahrnehmungsfelder und Sinnesorgane] reinigen. Die sieben Einweihungen – die Wasser-Einweihung und die daran sich anschließenden Einweihungen – stehen Schritt für Schritt mit der Reinigung dieser gröberen Verunreinigungsfaktoren in Zusammenhang. So reinigt die Wasser-Einweihung unreine Faktoren der fünf Elemente, die Kronen-Einweihung reinigt unreine Faktoren der fünf geistigen und physischen Aggregate und so weiter.

1

Die Wasser-Einweihung

Opferung und Bittgebet

Die Wasser- und die Kronen-Einweihung sind Mittel zur Läuterung des Körpers. Daher blicken die Schüler während dieser Einweihungen auf das nach Norden gewandte weiße Körper-Antlitz der Hauptgottheit Kālachakra und bringen sich als die weiße Gottheit, die sogenannte Vajra-Körper-Gottheit, hervor, oder – anders ausgedrückt – sie visualisieren sich als diese Gottheit.

Mit seiner rechten, einen Vajra haltenden Hand führt der Lama den Schüler an dessen linker Hand; den Blick [stets] dem vor ihm befindlichen Mandala zugewandt, umschreitet er dieses im Uhrzeigersinn. Auf das [weiße] Körper-Antlitz [von Kālachakra] blickend, sitzt der Schüler am nördlichen Tor auf dem Einweihungssitz. Dem Lama, vom Vajra-Körper Kālachakras ununterscheidbar, wird als Opfergabe für die Erteilung der Einweihungen, die den Körper läutern, ein Mandala dargebracht.

Nimm eine Mandala-Opferung vor.[54]

Dem Lama, der persönlichen Gottheit und den Drei Juwelen opfere ich in der Visualisation
Körper, Rede, Geist und alles, worauf ich und andere uns stützen können,
alle Ansammlungen von Verdienst in Vergangenheit, Gegenwart und Zukunft
und das Mandala von wundervoller Kostbarkeit mit den Anhäufungen von Samantabhadras Opfergaben.
Bitte nimm, veranlasst durch dein Mitgefühl, diese Opfergaben an, und gib mir deinen Segen.

Idam guru-ratna-mandalakam niryātayāmi. [Dieses mit Juwelen besetzte Mandala opfere ich dem Guru.]

Sprechen Sie mir dieses Mantra nach:

Sprich dreimal folgendes Bittgebet:

Om ham hām him hīm hrm hṝm hum hūm hlm hḹm ā ī ṝ ū ḹ vajra-dākinyau vajra-amrta-ghatair abhishiñchantu mām svāhā. [Om ham hām him hīm hrm hṝm hum hūm hlm hḹm ā ī ṝ ū ḹ, mögen mir die Vajra-Himmelsgängerinnen mit den Vasen des Vajra-Ambrosia bitte die Einweihung erteilen, svāhā.][55]

Die zehn Silben – *ham hām him hīm hrm hṝm hum hūm hlm hḹm* – sind die Keimsilben der zehn Vasen; und die fünf Vokale – *ā ī ṝ ū ḹ* – die Keimsilben der fünf Mütter, von denen die Erteilung der Wasser-Einweihung abhängt. Der verbleibende Teil des Mantra besagt soviel wie: »Vajra-Himmelsgängerinnen, erteilt mir die Einweihung mit den Vasen des Vajra-Ambrosia.« Der jeweiligen Einweihung entsprechend, beginnt man alle sieben Einweihungen mit dieser Art von Bittgebet.

Die innere Einweihung

Anschließend wird die innere Einweihung erteilt. Die Schüler werden in den Körper des Lamas – in Gestalt der Hauptgottheit – hineingezogen. Sie legen den Weg durch den Körper des Lamas in den Schoß der Gefährtin zurück, lösen sich dort in Leerheit auf und treten, als Gottheit, als Vajra-Körper hervorgebracht, neu in Erscheinung. Das Weisheitswesen [die tatsächliche Gottheit] wird eingeladen, tritt in den – als eben diese Gottheit hervorgebrachten – Schüler ein, geht in diese Visualisation über, findet Gefallen daran und ist schließlich von *einem* Geschmack mit dem Schüler. All die männlichen und weiblichen Siegreichen und Bodhisattvas werden eingeladen und erhalten Opfergaben dargeboten. Der Lama spricht ein Bittgebet. Daraufhin werden die männlichen und weiblichen Siegreichen voneinander angezogen, und nach Eintritt in den Zustand der Vereinigung verschmelzen sie zu einer Ambrosia-Essenz, die als Erleuchtungsgeist bezeichnet wird. Das Ambrosia strömt in den Körper des – mit der Hauptgottheit identischen – Lamas, durchläuft seinen Körper und erteilt den Schülern, die wie gesagt in Gestalt von Vajra-Körper-Gottheiten im Schoß der Gefährtin verweilen, die Einweihung. Dann kommen die Schüler aus dem Schoß der Gefährtin hervor und werden auf den Einweihungssitz gesetzt. Die noch folgenden Einweihungen nehmen diesbezüglich genau den gleichen Verlauf.

> *Mit den sechs Silben [om āh hūm hoh ham kshah] und mit Wasser aus der Muschel werden [Hindernisse] entfernt.*

> Lichtstrahlen gehen beim Lama, der sich von der Hauptgottheit nicht unterscheidet, von dem Hum in Höhe seines Herzens aus und ziehen dich an. [328] Du gelangst in seinen Mund hinein, legst den Weg durch das Zentrum seines Körpers zurück, gelangst über den Vajra-Pfad in den Lotos der Mutter und verschmilzst zu einem Tropfen, der zu Leerheit wird.

Sie müssen über zweierlei Leerheit nachsinnen – eine Kombination 1.) von makelloser Leere, dem Zurückweichen aller alten Erscheinungen, und 2.) von Leerheit, dem Nichtvorhandensein von unabhängiger Eigenexistenz.

> Aus Leerheit entsteht ein Om, [das sich in] einen Lotos [verwandelt], aus dem eine weiße Vajra-Körper-Gottheit hervorgebracht wird: mit drei Gesichtern – einem weißen, einem schwarzen und einem roten – und sechs Händen – in den drei rechten Händen einen Vajra-Hammer, einen Speer und einen Dreizack, und in den linken Händen einen hundertblättrigen weißen Lotos, ein Rad und eine Gebetskette. Pāndarāvāsin umarmt dich.
>
> Lichtstrahlen aus dem Herzen des Lamas, der sich von der Hauptgottheit nicht unterscheidet, holen die Weisheitswesen, die den meditativ vergegenwärtigten gleichen, herbei. Jah hūm bam hoh hi. [Seid herbeigerufen, tretet ein, verschmelzt mit, findet Gefallen daran, und seid vom selben Geschmack.] Daraufhin sind sie vom selben Geschmack.
>
> Lichtstrahlen aus dem Herzen des Lamas, der sich von der Hauptgottheit nicht unterscheidet, holen all die Siegreichen aus den zehn Richtungen herbei – Väter, Mütter, Söhne und Töchter. Vajra-bhairava ākarshaya jah. [Vajra-Furchterzeuger, rufe herbei, jah.]

Opfere mit:

Gandham pushpam dhūpam dīpam akshate naividye lāsye hāsye vādye nrtye gītye kāme pūja kuru kuru svāhā.[56] [Bringe Opferungen dar mit Wohlgeruch, Blumen, Räucherwerk, Lichtern, Früchten, Speisen, der unteren Robe, Lächeln, Musik, Tanz, Gesang und Berührung, svāhā.]

Ebenso wie Vajradhara
dem Schutz der Wesen im Daseinskreislauf zuliebe
den Buddhas Einweihungen gegeben hat, die Quelle
der guten Eigenschaften,
so gebt diese bitte auch hier.

Indem du so das Bittgebet sprichst, treten alle Siegreichen, Väter, Mütter und so weiter in den Zustand der Vereinigung ein; das Feuer des großen Verlangens [mit anderen Worten große Glückseligkeit] lässt sie miteinander verschmelzen; und sie treten über die Kronenwölbung in den Lama ein, der sich von der Hauptgottheit nicht unterscheidet. Der aus dem Vajra-Pfad hervorgehende Erleuchtungsgeist erteilt dir, der du zu einer Vajra-Körper-Gottheit gemacht worden bist, die Einweihung. Du kommst aus dem Lotos der Mutter hervor und wirst auf den Einweihungssitz gesetzt.

Hinsichtlich der Aussage, die Gottheiten seien »durch das Feuer des großen Verlangens miteinander verschmolzen« muss man verstehen, dass in diesem Kontext Glückseligkeit zwar auf Grund von Verlangen entsteht, ihr jedoch keineswegs die negativen Seiten des Verlangens anhaften. Wie zum Beispiel ein Wurm das Holz, aus dem er hervorgekommen ist, verzehrt, genauso macht der aus Verlangen hervorgebrachte Yoga das Verlangen zunichte.

Diese Überlegungen in Bezug auf Leerheit und die Nutzung der Attribute des Begierdebereichs im Sinne des Weges lassen sich auf alle anderen Einweihungen übertragen.

Reinigung, Läuterung und Transformation der Schüler und der Einweihungssubstanzen

Als Nächstes muss die Einweihungssubstanz, das Wasser in den Vasen, in eine Gottheit verwandelt werden. Die vor mir befindliche Mahāvijaya-Muschel wurde während der Vorbereitungsphase mitunter als Mandala des erhabenen Geistes hervorgebracht, überwiegend jedoch als das vollständige Mandala des erhabenen Körpers, der erhabenen Rede und des erhabenen Geistes und hat so den Segen erhalten. In den Vasen der zehn Richtungen wurden die fünf männlichen und die fünf weiblichen So-Gegangenen hervorgebracht, und sie haben so den Segen erhalten. Wasser aus jeder dieser Vasen wurde in die Mahāvijaya-Muschel gefüllt.

Die Wasser-Einweihung ist das Mittel zur Läuterung der fünf Elemente. Die fünf Elemente des Praktizierenden – das sechste Element, der ursprüngliche Geist [Glückseligkeit], nicht mit inbegriffen – sind als innere Substanzen die Grundlage der Reinigung, und die äußere Substanz ist das Wasser in den Vasen. Die entsprechenden Anteile an Wasser und den inneren Elementen werden als die fünf weiblichen So-Gegangenen hervorgebracht – als Vajradhātvīshvarī und so weiter. Diese reinigen die fünf Elemente. Es ist wichtig, dass Sie sich all das, was der Wortlaut des Rituals besagt, aktiv vorstellen.

> *Mit dem Mantra »Om Prajñāpāramitā hum hūm phat« nimmt [der Lama] etwas Wasser aus den oberen und aus den unteren Vasen; und entsprechend mit »Om Lochani hum hūm phat« aus den Vasen im Westen und im Nordwesten; mit »Om Māmakī hum hūm phat« aus jenen im Norden und Nordosten; mit »Om Pāndarā hum hūm phat« aus jenen im Süden und Südwesten; und mit »Om Tāra hum hūm phat« aus den Vasen im Osten und Südosten. Dies alles wird in der vor dir aufgestellten Mahāvijaya-Muschel gesammelt und miteinander vermischt. Mit den sechs Silben [om āh hūm hoh ham kshah] werden der Schüler und das Wasser in der Vase [von Hindernissen] gereinigt. Mit:*
>
> Om shūnyatā-jñāna-vajra-svabhāvātmako ´ham [Ich habe die essenzielle Natur der unteilbaren Leerheit und Weisheit] werden die fünf Elemente des Schülers[57] und das Wasser in der Vase zu Leerheit. [329] Das aus Leerheit hervorgehende Raumelement deines [des Schülers] Körpers sowie das [aus der] obere[n] und untere[n Vase stammende] Quantum Wasser, vermischt mit dem Wasser aus der

sakralen Muschel, [erscheinen als zwei] Ā; [diese verwandeln sich in zwei] Vajras, aus denen [zwei] grüne Vajradhātvīshvarīs hervorgehen: mit drei Gesichtern – einem grünen,[58] einem roten und einem weißen – und sechs Händen; in ihren drei rechten Händen hält jede von ihnen einen Vajra, ein Vajra-Hackmesser und eine Axt; und in ihren drei linken Händen eine Vajra-Glocke, eine Schädelschale und einen Kopf Brahmās. Vajrasattva umarmt sie.

Das Windelement deines Körpers sowie das östliche und das südöstliche Quantum Wasser, vermischt mit dem Wasser aus der sakralen Muschel, [erscheinen als zwei] Ī; [diese verwandeln sich in zwei] Schwerter, aus denen [zwei] schwarze Tārās hervorgehen: mit drei Gesichtern – einem schwarzen, einem roten und einem weißen – und sechs Händen; in ihren drei rechten Händen hält jede von ihnen ein Schwert, ein Vajra-Hackmesser und einen Dreizack; in den drei linken Händen einen Schild, eine Schädelschale und einen Khatvānga. Vairochana umarmt sie.

Das Feuerelement des Körpers sowie das südliche und das südwestliche Quantum Wasser, vermischt mit dem Wasser aus der sakralen Muschel, [erscheinen als zwei] R̄; [diese verwandeln sich in zwei] Juwelen, aus denen [zwei] rote Pāndarās hervorgehen: mit drei Gesichtern – einem roten, einem weißen und einem schwarzen – und sechs Händen; in ihren drei rechten Händen hält jede von ihnen einen dreifachen Pfeil, einen Vajra-Haken und eine laut ertönende Dāmaru-Trommel; und in ihren drei linken Händen einen Bogen, eine Vajra-Fangschlinge und einen Juwel mit neun Facetten. Amitābha umarmt sie.

Das Wasserelement des Körpers sowie das nördliche und das nordöstliche Quantum Wasser, vermischt mit dem Wasser aus der sakralen Muschel, [erscheinen als zwei] Ū; [diese werden zu zwei] Lotos-Blüten, aus denen [zwei] weiße Māmakīs hervorgehen: mit drei Gesichtern – einem weißen, einem schwarzen, einem roten – und sechs Händen; in ihren drei rechten Händen hält jede von ihnen einen Vajra-Hammer, einen Speer und einen Dreizack; in ihren drei linken Händen weiße Lotos-Blüten mit hundert Blütenblättern, einen Spiegel und eine Gebetskette. Ratnasambhava umarmt sie.

Das Erdelement des Körpers sowie das westliche und das nordwestliche Quantum Wasser, vermischt mit dem Wasser aus der sakralen Muschel, [erscheinen als zwei] L̄; [diese verwandeln sich in zwei] Räder, aus denen [zwei] gelbe Lochanās hervorgehen: mit drei Gesichtern – einem gelben, einem weißen und einem schwarzen – und sechs Händen; in ihren drei rechten Händen hält jede von ihnen ein Rad, einen Stab und einen Schrecken einflößenden Vajra; und in ihren drei linken Händen eine Muschel, eine Vajra-Eisenkette und eine läutende Glocke. Amoghasiddhi umarmt sie.

In Höhe ihrer Stirn ist bei den fünf weiblichen So-Gegangenen ein Om zu sehen, in Höhe des Halses ein Āh, in Höhe des Herzens ein Hūm und in Höhe des Nabels ein Hoh. Von dem Hūm in Höhe ihres Herzens ausstrahlendes Licht holt Weisheitswesen herbei, die den meditativ vergegenwärtigten gleichen. Jah hūm bam hoh hi. [Seid herbeigerufen, tretet ein, verschmelzt mit, findet Gefallen daran, und seid vom selben Geschmack.] Daraufhin sind sie vom selben Geschmack wie das entsprechende Samaya-Wesen.

Om ā ī ṝ ū Ī pañcha-dhātu-vishodhani svāhā. [Om ā ī ṝ ū Ī, habe deine Grundlage in der Läuterung der fünf Elemente.] Die Mütter erteilen den Gottheiten der Einweihungssubstanz die Einweihung. Diese erhalten das Kronen-Siegel – durch Akshobhya beziehungsweise durch Amoghasiddhi, Ratnasambhava, Amitābha oder Vairochana.

Rückverwandlung der Gottheiten in eine erhabenere Form der Einweihungssubstanz

Dann bringt der Lama den Gottheiten Opferungen dar.

Opfere mit:

Gandham pushpam dhūpam dīpam akshate naividye lāsye hāsye vādye nrtye gītye kāme pūja kuru kuru svāhā. [Bringe Opferungen dar mit Wohlgeruch, Blumen, Räucherwerk, Lichtern, Früchten, Speisen, der unteren Robe, Lächeln, Musik, Tanz, Gesang und Berührung, svāhā.] [330]

Die Vater- und Mutter-Gottheiten treten in den Zustand der Vereinigung ein, wodurch das Feuer des großen Verlangens den Erleuchtungsgeist zum Schmelzen bringt und dieser zur Vasenflüssigkeit wird.

Einweihung der Schüler unter Verwendung der Einweihungssubstanz

Was die Gottheiten anbelangt, die tatsächlich die Einweihung vornehmen, so werden nicht nur Einweihungsgottheiten aus vielen anderen Daseinsbereichen eingeladen und herbeigeholt. Auch die fünf [als die fünf Mütter bezeichneten] Gottheiten, die im Mandala ihren Wohnsitz haben, verrichten die Aktivitäten zur Erteilung der Einweihung.

> Lichtstrahlen aus dem Herzen des Lamas, der sich von der Hauptgottheit nicht unterscheidet, holen die Einweihungsgottheiten herbei – Vater- und Mutter-Siegreiche, Söhne und Töchter. Vajrabhairava ākarshaya jah. [Vajra-Furchterzeuger, rufe herbei, jah.]
>
> *Opfere mit:*
>
> Gandham pushpam dhūpam dīpam akshate naividye lāsye hāsye vādye nrtye gītye kāme pūja kuru kuru svāhā. [Bringe Opferungen dar mit Wohlgeruch, Blumen, Räucherwerk, Lichtern, Früchten, Speisen, der unteren Robe, Lächeln, Musik, Tanz, Gesang und Berührung, svāhā.]
>
> *Sprich ein Bittgebet:*
>
> Ebenso wie Vajradhara
> dem Schutz der Wesen im Daseinskreislauf zuliebe
> den Buddhas Einweihungen gegeben hat, die Quelle
>   der guten Eigenschaften,
> so gebt diese bitte auch hier.
>
> *Ferner:*
>
> Die Siegreichen im Raum – Väter und Mütter – entwickeln die Absicht, die Einweihung zu erteilen. Die Bodhisattvas sprechen Glück verheißende Wunschgebete aus. Rūpavajrā und die anderen bringen Opferungen dar; es regnet Blumen und Ähnliches herab. Männliche und weibliche zornvolle Gottheiten verbannen Hindernisse. Die Mütter, die in dem ausgeführten Mandala wohnen, [sind zur] Erteilung der Einweihung mit weißen Vasen [bereit], die sie leicht gekippt in den Händen halten. Die Vasen sind mit dem Ambrosia des Erleuchtungsgeistes angefüllt.[59]

Es folgen die Verse eines Glück verheißenden Wunschgebets:

Durch eine Glücksverheißung, die dem Herzen aller Empfindenden innewohnt,
der Essenz sämtlicher [Buddhas], dem unübertroffenen Herrn aller Buddha-Familien,
dem Ahnherrn all der empfindenden [Buddhas], der großen Glückseligkeit,
mögest heute du bei der unübertroffenen Erteilung der Einweihung Glücksverheißung erfahren.

Für ein gutes Verständnis der Mantra-Praxis ist es hilfreich, wenn man die Bedeutung dieser Verszeilen versteht: Glück Verheißendes wohnt der essenziellen Natur aller Wesen inne. Diese Aussage lässt zwei Erklärungen zu, entweder in Hinblick auf das klare Licht als Objekt – die Leerheit von inhärenter Existenz – oder in Hinblick auf das klare Licht als Subjekt – Bewusstsein. Zunächst einmal möchte ich eine Erläuterung in Hinblick auf das klare Licht als Objekt geben: Die Wirklichkeit des Geistes – seine Leerheit von inhärenter Existenz –, die im Kern allen Bewusstseins vorhanden ist beziehungsweise dieses durchdringt, ist die Natur aller festen und beweglichen Phänomene im Daseinskreislauf und in Nirvāna; sie ist die Art und Weise, in der alle reinen und unreinen Phänomene existieren, und daher die essenzielle Natur von allem.

Das große, von der Wirklichkeit der Leerheit untrennbare Glückseligkeitsbewusstsein tritt als die Gottheit Akshobhya in Erscheinung, dessen Buddha-Familie die vorzüglichste unter den fünf Buddha-Familien ist. Unter den fünf geistigen und physischen Aggregaten, die die Grundlage der Reinigung darstellen, steht das Aggregat des Bewusstseins an erster Stelle; ihm gegenüber sind die anderen Aggregate sekundär. Aus diesem Grund kommt unter den fünf Familien der Siegreichen diejenige von Akshobhya an erster Stelle, denn sie wird mit der Reinigung des Bewusstseins-Aggregats in Verbindung gebracht. Wenn der – aller Hindernisse ledige – Geist zum ursprünglichen Gewahrsein der untrennbaren Glückseligkeit und Leerheit von unabhängiger Eigenexistenz gelangt, so ist dies der letztgültige Akshobhya, der letztgültige Kālachakra.

Da dieses große Glückseligkeitsbewusstsein alle reinen empfindenden Wesen hervorbringt – Buddhas, Zur-Glückseligkeit-Gegangene –, ist es der Ahnherr aller Empfindenden, die Grundlage für die Emanation, der Ahnherr aller reinen empfindenden Wesen und ihres Umfelds. In seiner Erscheinung als

Gottheit mit Gesicht, Armen und allen weiteren Attributen ist dieses Glückseligkeitsbewusstsein Akshobhya, oder Kālachakra, der Unübertroffene, der Herr aller anderen Buddha-Familien. Indem solch ein großes Glückseligkeitsbewusstsein in Ihrem Geistesstrom hervorgebracht wurde, ist heute etwas Glück Verheißendes geschaffen worden.

In Hinblick auf das klare Licht als Subjekt besteht die essenzielle Glücksverheißung in dem allem zu Grunde liegenden, immer schon vorhandenen Geist des klaren Lichts, den wir seit anfangloser Zeit haben. Er wird auch als Buddha-Natur bezeichnet. Im *Kālachakra-Tantra* ist von dieser Essenz die Rede, wenn es heißt: »Empfindende Wesen sind Buddhas; andere große Buddhas gibt es nicht in den weltlichen Bereichen.« Ebenso heißt es im *Hevajra-Tantra*:

> Empfindende Wesen sind eigentlich Buddhas,
> doch sind sie von vorübergehenden[60] Makeln befleckt.
> Werden diese beseitigt, so sind sie Buddhas.

Entsprechend heißt es im *Vajrapañjara-Tantra*, einem erläuternden Tantra [des Hevajra-Zyklus]:

> Abgesehen vom kostbaren Geist
> gibt es keine Buddhas, gibt es keine empfindenden Wesen.

Wie Schmutz im Wasser nicht die essenzielle Natur des Wassers beeinträchtigt, so wird auch der allem zu Grunde liegende, immer schon vorhandene Geist des klaren Lichts von Befleckungen nicht verschmutzt. Bei einem unreinen Wesen bleibt also der Geist des klaren Lichts von den Geistestrübungen unbeeinträchtigt: Diese Buddha-Natur ist die »Substanz«, die Grundlage für die Transformation in den Weisheitswahrheitskörper eines Buddha. Darum müssen wir nicht außerhalb von uns nach Buddhaschaft suchen. Auf Grund dessen sind Sie solange ein empfindendes Wesen, wie Sie nicht begreifen, dass der allem zu Grunde liegende, immer schon vorhandene Geist des klaren Lichts Ihre Natur ist. Haben Sie hingegen endgültige Klarheit gewonnen, dass in diesem Geist des klaren Lichts Ihre Natur besteht, so sind Sie ein Buddha.

Außerdem heißt es im *Hevajra-Tantra*:

> Nirgendwo sonst in einem der Daseinsbereiche der Welt
> sind Buddhas zu finden.

Lediglich empfindende Wesen sind eigentlich vollkommene Buddhas.
Für Buddhas an anderen Orten gibt es keinen Beleg.

Dies wird »Daseinskreislauf« genannt.
Es ist lediglich Nirvāna.
Infolge von Verdunkelung hat es die Form eines Daseinskreislaufs.
Ohne Verdunkelung ist der Daseinskreislauf lediglich rein.

Der eine, grundlegende, immer schon vorhandene Geist des klaren Lichts wird als Daseinskreislauf und als Nirvāna bezeichnet. Welcher Zustand wird also Daseinskreislauf genannt? Und welcher Zustand wird Nirvāna genannt? – Der Unterschied liegt darin, ob Ihre Natur für Sie verdunkelt ist oder nicht.

Der grundlegende, immer schon vorhandene Geist des klaren Lichts wohnt dem Herzen aller empfindenden Wesen inne beziehungsweise durchdringt es. Er ist zugleich die letztendliche essenzielle Natur und der »Schöpfer« sämtlicher Wesen und ihres Umfelds, die Basis für das Zustandekommen – oder die Emanation – allen samsarischen Daseins und für das Zustandekommen von Nirvāna. Denn sämtliche Phänomene – die Wesen und ihr Umfeld – sind das Spiel oder die Kunstfertigkeit des grundlegenden, immer schon vorhandenen Geistes des klaren Lichts, der als die Grundlage von allem bezeichnet wird. Er ist die Grundlage für die Emanation aller fünf Buddha-Familien und deshalb »der unübertroffene Herr aller Buddha-Familien«, weil der grundlegende, immer schon vorhandene Geist des klaren Lichts in die fünf Arten von Weisheit unterteilt wird, die sich in den fünf Buddha-Familien manifestieren. Er ist zugleich der »Ahnherr all der Empfindenden«, da er alles reine und unreine Empfinden hervorbringt, und die letztliche Designationsgrundlage für alle Personen.

»Große Glückseligkeit« hat zwei Bedeutungen. Die eine betrifft ein Glückseligkeitsbewusstsein, das für einen Praktizierenden auf dem tantrischen Weg aus der Kraft der Verschmelzung des essenziellen Elements (siehe S. 270–271) hervorgeht, und die andere betrifft den – infolge seiner nicht-konzeptionellen Natur von Begrifflichkeit unbefleckten – Geist des klaren Lichts in seinem Grundzustand.

Vor diesem Hintergrund können Sie die spezifischen Erklärungen im *Kālachakra-Tantra*, im *Guhyasamāja-Tantra*, im *Hevajra-Tantra* und im *Chakrasamvara-Tantra* zueinander in Verbindung setzen; und ebenso die auf diesen Tantras basierenden Systeme: das in der Kagyüpa-Überlieferungslinie gelehrte »Große Siegel« (*phyag rgya chen po, mahāmudrā*); die in der Sakyapa-Überlieferungslinie zu findende Sicht der Untrennbarkeit von Daseinskreislauf und Nirvāna in Bezug auf das kausale Kontinuum der Grundlage von allem, das eine Einheit von Manifestation und Leerheit ist; die Darlegung des grundlegenden, immer schon vorhandenen Geistes des klaren Lichts im Sinne des Guhyasamāja-Systems innerhalb der Gelugpa-Überlieferungslinie; und die »Große Vollendung« der Nyingmapa-Überlieferungslinie, in der sämtliche Erscheinungen der Wesen und ihres Umfelds ausdrücklich und klar als spielerische Kunstfertigkeit beziehungsweise als Selbstausstrahlung des grundlegenden Geistes – im Rahmen der Unterteilung in den gewöhnlichen Geist (*sem*) und den grundlegenden Geist (*rig pa*) – bestimmt werden. Außerhalb des Spiels dieses grundlegenden Geistes gibt es nichts. All diese Formen der Praxis gehen letztlich auf denselben Gedanken zurück. Wenn man viele Texte aus der Schule des Mittleren Weges und aus dem Höchsten Yoga-Tantra untersucht und versteht, erkennt man, dass sie alle auf denselben Grundgedanken hinauslaufen. Ist man hingegen mit diesen Texten nicht vertraut, so nimmt man an, grundverschiedene Lehrsysteme vor sich zu haben, bloß weil sie ein jeweils anderes Vokabular nutzen.[61]

Der Geist des klaren Lichts ist jetzt, in diesem Augenblick, in unserem Geistesstrom gegenwärtig. In dem Moment, da Sie die Wasser-Einweihung erhalten, schmecken Sie das Wasser, eine äußere Substanz, und führen innerlich die entsprechenden Visualisationen durch. Durch sie kommen die begrifflichen Denkprozesse fürs Erste zur Ruhe, und ein nicht-konzeptuelles Gewahrsein entsteht. Auch wenn Sie diesen Zustand noch nicht wirklich entstehen lassen können, sollten Sie ihn in Ihrer Vorstellung nachbilden.

Unterbinden Sie die Ablenkung durch äußere Einflüsse. Lernen Sie nach besten Kräften, die vollkommen lichte und wissende Natur des Geistes zu begreifen – und mehr noch die des subtileren Bewusstseins. Entwickeln Sie in diesem Zustand dann ein Gewahrsein für die Wirklichkeit des Geistes, seine Leerheit von unabhängiger Eigenexistenz. Zwar ist es notwendig, bei der Kontemplation über die Natur des Geistes eine Vergewisserung in Bezug auf Leerheit von unabhängiger Eigenexistenz herbeizuführen. Doch die Erfahrung des Geistes – die Aspekte von Lichtheit und Wissen – lässt die Leerheit von unabhängiger Eigenexistenz offenbar werden. Und so kann es durchaus geschehen, dass man in meditativer Ausgeglichenheit in dieser Erfahrung von Lichtheit und Wissen verweilt [und nicht nur im Wissen um die Leerheit von unabhängiger Eigenexistenz].

Heute sind Sie in die Hervorbringung dieses grundlegenden, immer schon vorhandenen Geistes des klaren Lichts, die essenzielle Natur der unwandelbaren Glückseligkeit von untrennbarer Methode und Weisheit, eingeweiht worden; und zwar in dem Sinn, dass dieser Geist des klaren Lichts in Ihrem Geistesstrom hervorgebracht wurde. Diese Erkenntnis sollten Sie hegen. Darin besteht die Glücksverheißung. Wenn Sie nun den Verstext hören, sollten Sie dementsprechend über seine Bedeutung nachsinnen.

Der Vajra-Helfer hebt die Vase empor. Glück verheißende Wunschgebete werden gesprochen:

Durch eine Glücksverheißung, die dem Herzen aller
Empfindenden innewohnt,
der Essenz von allen, dem unübertroffenen Herrn aller
Buddha-Familien,
dem Ahnherrn all der Empfindenden, der großen Glückseligkeit,
mögest heute du bei der unübertroffenen Erteilung der
Einweihung Glücksverheißung erfahren.

Die darauf folgenden drei Strophen von Nāgārjuna sind ein Glück verheißendes Wunschgebet, das die Qualitäten der Drei Juwelen – des Buddha, seiner Lehre und der spirituellen Gemeinschaft – beschreibt.

Durch den Buddha, der solche Vollkommenheit besitzt wie ein
Berg aus Gold,
den Beschützer der drei Welten, der die drei Befleckungen aufgegeben hat, [331]
mit einem Antlitz wie die großen Blütenblätter eines Lotos,
möge dir heute die Glücksverheißung der inneren Befriedung zuteil
werden.

Die Qualitäten des mit besonderen Kennzeichen und Schönheitsattributen ausgestatteten erhabenen Körpers eines Buddha sind wie ein Berg aus Gold. Ein Buddha ist ein Beschützer der unterirdischen Welt, der überirdischen Welt und der auf der Erde befindlichen Welt. Denn er lehrt, wie die Wesen der drei vergänglichen Welten ihre vorläufigen und ihre endgültigen Ziele erreichen können.

In Bezug auf die Geistesqualitäten hat ein Buddha alle Hindernisse aufgegeben – die Hindernisse für die Befreiung, für die Allwissenheit und für die meditative Ausgeglichenheit. Und was die Qualitäten der Rede anbelangt, so erstrahlt die Lehre aus dem Mund eines Buddha wie die Blütenblätter eines prächtigen Lotos.

> Durch die edelste, unübertroffene, unerschütterliche Lehre, die er dargelegt hat,
> berühmt in den drei Welten, von Göttern und Menschen verehrt,
> die vorzüglichste aller Lehren, die sämtlichen Wesen Frieden bringt,
> möge dir heute die Glücksverheißung der inneren Befriedung zuteil werden.

Die Unterweisung solch eines Buddha, der jegliche Unzulänglichkeit überwunden hat und über alle guten Eigenschaften verfügt, beinhaltet eine Lehre, deren vorzügliche Worte zu vorzüglicher Verwirklichung führen. Wenn seine Schüler sich auf die unfehlbaren Anweisungen stützen, aus denen hervorgeht, was sie sich zu Eigen machen und was sie aufgeben sollen, können sie ihre vorläufigen und ihre endgültigen Ziele erreichen. Daher ist seine Lehre unvergleichlich. Ohne einen inneren Widerspruch oder Makel, bei unvoreingenommener Betrachtung unanfechtbar, ist seine Lehre unerschütterlich.

Anders betrachtet kann man »edelste, unübertroffene« in Bezug auf die Vier Edlen Wahrheiten als wahre Wege [zum Aufhören des Leids] verstehen – als eine die Bedeutung von Soheit, Leerheit, unmittelbar gewahrende Weisheit, die dadurch als direktes Gegenmittel gegen die aufzugebenden Hindernisse wirkt und auf Grund dessen die »edelste« und »unübertroffene« ist. Das wahre Aufhören [des Leids] – den Zustand, in dem man sich für immer und auf jeder Ebene von den aufzugebenden Objekten gelöst hat, weil man sie in der Sphäre der Wirklichkeit hat zunichte werden lassen – erreicht man zum Zeitpunkt der Befreiung. Und dieses Aufhören ist so beschaffen, dass nie mehr Leid hervorgerufen wird; daher ist es »unerschütterlich«. Solch eine Lehre ist das vorzügliche Mittel, um die vorläufigen und die endgültigen Ziele zu erreichen. Sie ist unter Göttern und Menschen berühmt, die ihr dadurch Ehrerbietung erweisen, dass sie diese Lehre in die Tat umsetzen; und sie bringt ihnen den Frieden des vorläufigen und des endgültigen Glücks.

> Durch die vorzügliche spirituelle Gemeinschaft, reich an Glücksverheißungen, die Lehre vernommen zu haben,
> Stätte der Verehrung von Menschen, Göttern und Halbgöttern,
> die edelste, unübertroffene Versammlung, mit dem Bewusstsein vertraut, Grundstock der Herrlichkeit,

möge dir heute die Glücksverheißung der inneren Befriedung zuteil werden.

Die vorzügliche spirituelle Gemeinschaft besteht aus denjenigen, die durch die praktische Umsetzung dieser Lehre in ihrem Geistesstrom eine Verwirklichung wahrer Wege [zum Aufhören des Leids] und wahres Aufhören erreicht haben. Sie verfügen nicht nur über diese Qualitäten der praktischen Verwirklichung, sondern verstehen sich ebenso darauf, solche Verwirklichung bei anderen hervorzurufen und zu verstärken. Dadurch dass sie die Lehre bei vielen Gelegenheiten vernommen haben, sind sie auch bereit und fähig, sie an andere weiterzugeben. Sie können die Lehre nicht nur praktizieren, sondern sie auch anderen erläutern. Daher sind sie der erhabenste Personenkreis und werden von den Wesen verehrt. Der »Grundstock der Herrlichkeit« sind sie insofern, weil man im Umgang mit ihnen in besonderer Weise Verdienst ansammeln kann.

Wenn du den Selbst-Eintritt vornimmst, geht auf dich ein Blumenregen nieder, und wenn einem Schüler die Einweihung erteilt wird, geht auf den Schüler ein Blumenregen nieder. Es ist ein großer Fehler [zu glauben, dass] die Blumen auf die Vase niedergehen.

Wenn ich die folgenden Verszeilen und das Mantra rezitiere und durch eine Geste zum Ausdruck bringe, dass ich mit der wassergefüllten Muschel Ihre fünf Stellen – die Kronenwölbung, die Schultern, die Oberarme, die Oberschenkel und die Hüften – berühre, so stellen Sie sich vor, dass ich tatsächlich diese fünf Stellen bei Ihnen berühre und Sie dadurch die Wasser-Einweihung erhalten. Stellen Sie sich vor, dass die essenzielle Natur der Wasser-Einweihung – ein besonderes nicht-konzeptuelles ursprüngliches Gewahrsein von Glückseligkeit und Leerheit – in Ihrem Geistesstrom hervorgebracht wird. Die Erteilung der Einweihung wird als »großer Vajra« bezeichnet, weil die essenzielle Natur der Einweihung, die im Geistesstrom des Schülers hervorgebracht wird – das ursprüngliche Gewahrsein von untrennbarer Glückseligkeit und Leerheit –, wie ein Vajra, wie ein Diamant, die aufzugebenden Objekte überwinden kann und auf Grund ihrer Beschaffenheit von diesen Befleckungen nicht beeinträchtigt oder durchdrungen werden kann. Ihr gebührt die Verehrung der Wesen aus dem Begierdebereich, dem Bereich der Form und dem Bereich der Formlosigkeit.

Der Meister, der mit leicht angewinkeltem rechten Bein dasitzt, sagt:

Ich werde die große Vajra-Erteilung der Einweihung geben,
verehrt von den Wesen der drei Bereiche,
entstanden aus der Quelle der drei
Geheimnisse sämtlicher Buddhas.
Om ā ī ṝ ū Ī pañcha-dhātu-vishodhani svāhā. [Om ā ī ṝ ū Ī, habe deine Grundlage in der Läuterung der fünf Elemente.]

Berühre die fünf Stellen – die Kronenwölbung, die rechte und die linke Schulter, die Oberarme, die Oberschenkel und die Hüften – mit dem Wasser, und nachdem du ein wenig Wasser versprenkelt hast, [lass den Schüler] davon etwas trinken und sich auch damit waschen, wodurch die Einweihung erteilt wird.

Stellen Sie sich vor, dass durch das Zusammentreffen äußerer und innerer Bedingungen – wie bereits an anderer Stelle erwähnt – ein nicht-konzeptuelles Gewahrsein hervorgebracht wird und dadurch in Ihrem Geistesstrom große Glückseligkeit entsteht. Das große Glückseligkeitsbewusstsein lässt die Leerheit von unabhängiger Eigenexistenz offenbar werden, und dadurch wird ein besonderes ursprüngliches Gewahrsein von untrennbarer Glückseligkeit und Leerheit hervorgebracht.

Der außergewöhnlichen Vorgehensweise im *Kālachakra-Tantra* entsprechend sollten Sie sich vorstellen, dass es in dem Augenblick, da das begriffliche Denken zur Ruhe kommt, einen von Nicht-Begrifflichkeit erfüllten Zustand gibt, in dem spontan Erscheinungen leerer Formen entstehen. Die erste dieser Erscheinungen gleicht dichtem Rauch. Ganz allmählich werden die Formen immer subtiler – bis zu dem Punkt, an dem der Körper der vollkommenen Freude eines Buddha zum Vorschein kommt.

Abgesehen vom Element des ursprünglichen Geistes [Glückseligkeit] verwandeln sich jetzt die übrigen fünf Elemente Ihres Körpers – Erde, Wasser, Feuer, Wind und Raum – in den *Aspekt* der fünf Göttinnen, die als die fünf Mütter bezeichnet werden, sind aber ihrer *Natur* nach die fünf Elemente. In Höhe der Kronenwölbung befindet sich die essenzielle Natur des Raumelements Ihres Körpers, transformiert in den Aspekt einer grünen Vajradhātvīshvarī; in Höhe der Stirn die essenzielle Natur des Windelements Ihres Körpers, transformiert in den Aspekt von Tārā; in Höhe des Halses die essenzielle Natur des Feuerelements Ihres Körpers, transformiert in den Aspekt von Pāndarā; in Höhe des Herzens die essenzielle Natur des Wasserelements Ihres Körpers, transformiert in den Aspekt von Māmakī; in Höhe des Nabels die essenzielle Natur des Erdelements Ihres Körpers, transformiert in den Aspekt von Lochanā.

Durch solches Sprenkeln und Waschen werden Leiden und Befleckungen gereinigt; indem man es trinkt, erfährt man große Glückseligkeit. Die fünf Elemente des Körpers werden zu den fünf Müttern.

Von ihnen ausgehende Lichtstrahlen holen Ebenbilder der fünf im Mandala verweilenden Mütter herbei. Diese lösen sich in die fünf Mütter auf, die Sie an den entsprechenden Stellen Ihres Körpers visualisieren. Stellen Sie sich ferner vor, dass die Einweihungsgottheiten herbeigeholt werden und sich in die fünf Mütter auflösen.

Von ihnen ausgehende Lichtstrahlen holen die fünf Mütter aus dem Mandala in der Weise herbei, als würde sich eine zweite Butterlampe aus der ersten herauslösen. Die fünf Mütter lösen sich in die fünf Mütter deines Körpers auf. Auch sämtliche Einweihungsgottheiten werden herbeigerufen und lösen sich in deine, zu den fünf Müttern geläuterten, fünf Elemente auf.

Opfere mit:

Gandham pushpam dhūpam dīpam akshate naividye lāsye hāsye vādye nrtye gītye kāme pūja kuru kuru svāhā. [Bringe Opferungen dar mit Wohlgeruch, Blumen, Räucherwerk, Lichtern, Früchten, Speisen, der unteren Robe, Lächeln, Musik, Tanz, Gesang und Berührung, svāhā.]

Die Bedeutung der Einweihung

Lege sodann die Bedeutung der Einweihung und der mit ihr verbundenen Läuterung dar: [332]

In Entsprechung zur Waschung eines Neugeborenen durch seine Mutter läutert diese die fünf Elemente. Sie autorisiert dich, gestützt auf die fünf Mütter, besondere Verwirklichungen zu erlangen und Aktivitäten auszuführen. Sie legt in deinem Geistesstrom Potenziale an für die [Verwirklichung der] fünf Mütter und als Frucht davon entwickelt sie in dir die Fähigkeit, die erste Stufe zu erreichen.

Die sieben Einweihungen nach dem Muster der Kindheit dienen dazu, den Geistesstrom für die Praxis der Hervorbringungsphase reif werden zu lassen. Sie versetzen Sie in die Lage, die ersten sieben Bodhisattva-Stufen zu erreichen. Wirklich erreichen kann man eine Bodhisattva-Stufe allerdings erst, wenn man die Vollendungsphase praktiziert.

Im Großen Fahrzeug ist es so, dass man die erste Bodhisattva-Stufe in dem Augenblick erreicht, wenn man den Weg der Edlen (*'phags pa*, *āryan*) betritt. [Mit anderen Worten: Wenn man den Weg zur Verwirklichung der Geistesnatur betritt. (A. d. Ü.)] Die Entsprechung zwischen der Hervorbringungsphase und den ersten sieben Bodhisattva-Stufen besteht also in einer bestimmten Hinsicht: Bei Abschluss der Hervorbringungsphase entspricht das bis dahin angesammelte Verdienst dem Verdienst eines Bodhisattvas auf der siebten Bodhisattva-Stufe des Vollendungsfahrzeugs. Da aber auch ein Bodhisattva der ersten Stufe über unmittelbares Leerheitsgewahrsein verfügt, ist ihm ein Praktizierender des Höchsten Yoga-Mantra, der die Hervorbringungsphase abgeschlossen hat, in dieser Hinsicht keineswegs ebenbürtig. Was die Ansammlung von Verdienst anbelangt, kommt solch ein Mantrika hingegen einem Bodhisattva der siebten Stufe gleich.

In diesem Sinn stehen also die sieben Einweihungen nach dem Muster der Kindheit in einer Entsprechung zu den sieben Bodhisattva-Stufen. Durch die Wasser-Einweihung haben Sie die Fähigkeit gewonnen, die erste Stufe zu erreichen.

2

Die Kronen-Einweihung

Die Kronen-Einweihung hat im Prinzip den gleichen Aufbau wie die Wasser-Einweihung. Doch im Unterschied zur Wasser-Einweihung werden bei der Kronen-Einweihung Ihre fünf geistigen und physischen Aggregate als Akshobhya und so weiter hervorgebracht.

Opferung und Bittgebet

Dem Lama, vom Vajra-Körper Kālachakras ununterscheidbar, wird als Opfergabe für die Erteilung der Kronen-Einweihung, die die Befleckungen der fünf Aggregate reinigt, ein Mandala dargebracht.

Nimm eine Mandala-Opferung vor.

Dem Lama, der persönlichen Gottheit und den Drei Juwelen opfere ich in der Visualisation
Körper, Rede, Geist und alles, worauf ich und andere uns stützen können,
alle Ansammlungen von Verdienst in Vergangenheit, Gegenwart und Zukunft
und das Mandala von wundervoller Kostbarkeit mit den Anhäufungen von Samantabhadras Opfergaben.
Bitte nimm, veranlasst durch dein Mitgefühl, diese Opfergaben an, und gib mir deinen Segen.
Idam guru-ratna-mandalakam niryātayāmi. [Dieses mit Juwelen besetzte Mandala opfere ich dem Guru.]

Sprich dreimal folgendes Bittgebet:[62]

Om am im rm um lm sarva-buddha-vajra-mukutam mama pañcha-buddha-ātmakam bandhayantu hum hūm phat. [Om am im rm um lm, mögen mir bitte sämtliche Buddhas die Vajra-Kronen umbinden, die die Natur der fünf Buddhas haben, hum hūm phat.]

Reinigung, Läuterung und Transformation der Schüler und der Einweihungssubstanzen

Hier braucht die innere Einweihung nicht erneut durchgeführt zu werden. Daher entferne mit den sechs Silben [om āh hūm hoh ham kshah] und mit Wasser aus der Muschel [Hindernisse von dem Schüler] und der Krone. Mit:

Om shūnyatā-jñāna-vajra-svabhāvātmako ´ham [Ich habe die essenzielle Natur der unteilbaren Leerheit und Weisheit] verwandeln sich die fünf Aggregate des [Schülers] und die Krone – die in die Einweihung einbezogene Substanz – in Leerheit. Aus Leerheit gehen dein Bewusstseins-Aggregat und die grüne Krone hervor [und erscheinen als zwei] A; [diese verwandeln sich in] Vajras, aus denen grüne Akshobhyas hervorgehen: mit drei Gesichtern – einem grünen, einem roten und einem weißen – und sechs Händen; in ihren drei rechten Händen halten sie einen Vajra, ein Vajra-Hackmesser und eine Axt; und in den drei linken Händen Vajra und Glocke, eine Schädelschale und einen Kopf Brahmās. Prajñāpāramitā umarmt sie.

Dein Aggregat der zusammenfügenden Faktoren und die schwarze Krone [erscheinen als zwei] I; [diese verwandeln sich in] Schwerter, aus denen schwarze Amoghasiddhis hervorgehen: mit drei Gesichtern – einem schwarzen, einem roten und einem weißen – und sechs Händen; in den drei rechten Händen halten sie ein Schwert, ein Vajra-Hackmesser und einen Dreizack; und in den drei linken Händen einen Schild, eine Schädelschale und einen weißen Khatvānga. Lochanā umarmt sie.

Dein Aggregat der Empfindungen und die rote Krone [erscheinen als zwei] R; [diese verwandeln sich in] Juwelen, aus denen rote Ratnasambhavas hervorgehen: mit drei Gesichtern – einem roten, einem weißen und einem schwarzen – und sechs Händen; in den drei rechten Händen halten sie einen dreifachen Pfeil, einen Vajra-Haken und eine laut ertönende Dāmaru-Trommel; und in den drei linken Händen einen Bogen, eine Vajra-Fangschlinge und einen Juwel mit neun Facetten. Māmakī umarmt sie.

Dein Aggregat der unterscheidenden Wahrnehmungen und die weiße Krone [erscheinen als zwei] U; [diese verwandeln sich in] Lotos-Blüten, aus denen weiße Amitābhas hervorgehen: mit drei Gesichtern – einem weißen, einem schwarzen und einem roten – und sechs Händen; in den drei rechten Händen halten sie einen Vajra-Hammer, einen Speer und einen Dreizack; und in den drei linken Händen weiße Lotos-Blüten mit hundert Blütenblättern, einen Spiegel und eine Gebetskette. Pāndarā umarmt sie.

Dein Aggregat der Formen und die gelbe Krone [erscheinen als zwei] L; [diese verwandeln sich in] Räder, aus denen gelbe Vairochanas hervorgehen: mit drei Gesichtern – einem gelben, einem weißen und einem schwarzen – und sechs Händen; in den drei rechten Händen halten sie ein Rad, einen Stab und einen Schrecken einflößenden Vajra; und in den drei linken Händen eine Muschel, eine Vajra-Eisenkette und eine läutende Glocke. Tārā umarmt sie.

In Höhe ihrer Stirn befindet sich ein Om, in Höhe des Halses ein Āh, in Höhe des Herzens ein Hūm und in Höhe des Nabels ein Hoh. Von dem Hūm in Höhe ihres Herzens ausstrahlendes Licht holt Weisheitswesen herbei, die den meditativ vergegenwärtigten gleichen. Jah hūm bam hoh hi. [Seid herbeigerufen, tretet ein, verschmelzt mit, findet Gefallen daran, und seid vom selben Geschmack.] Daraufhin sind sie vom selben Geschmack wie das entsprechende Samaya-Wesen.

Om ā ī r̄ ū Ī pañcha-dhātu-vishodhani svāhā. [Om ā ī r̄ ū Ī, habe deine Grundlage in der Läuterung der fünf Elemente.] Die Mütter erteilen den Gottheiten der Einweihungssubstanz die Einweihung. Diese erhalten das Kronen-Siegel – durch Akshobhya beziehungsweise durch Amoghasiddhi, Ratnasmbhava, Amitābha oder Vairochana.

Rückverwandlung der Gottheiten in eine erhabenere Form der Einweihungssubstanz

Dann bringt der Lama den Gottheiten Opferungen dar.

Opfere mit:

Gandham pushpam dhūpam dīpam akshate naividye lāsye hāsye vādye nrtye gītye kāme pūja kuru kuru svāhā. [Bringe Opferungen dar mit Wohlgeruch, Blumen, Räucherwerk, Lichtern, Früchten, Speisen, der unteren Robe, Lächeln, Musik, Tanz, Gesang und Berührung, svāhā.] [333]

Die Vater- und Mutter-Gottheiten treten in den Zustand der Vereinigung ein; durch das Feuer des großen Verlangens zum Schmelzen gebracht, werden sie zur Krone, der Einweihungssubstanz.

Einweihung der Schüler unter Verwendung der Einweihungssubstanz

Lichtstrahlen aus dem Herzen des Lamas, der sich von der Hauptgottheit nicht unterscheidet, holen die Einweihungsgottheiten herbei – Vater- und Mutter-Siegreiche, Söhne und Töchter –, die die Weite des Raumes ausfüllen. Vajra-bhairava ākarshaya jah. [Vajra-Furchterzeuger, rufe herbei, jah.]

Opfere mit:

Gandham pushpam dhūpam dīpam akshate naividye lāsye hāsye vādye nrtye gītye kāme pūja kuru kuru svāhā. [Bringe Opferungen dar mit Wohlgeruch, Blumen, Räucherwerk, Lichtern, Früchten, Speisen, der unteren Robe, Lächeln, Musik, Tanz, Gesang und Berührung, svāhā.]

Sprich ein Bittgebet:

Ebenso wie Vajradhara
dem Schutz der Wesen im Daseinskreislauf zuliebe

den Buddhas Einweihungen gegeben hat, die Quelle
der guten Eigenschaften,
so gebt diese bitte auch hier.

Ferner:

Die Siegreichen im Raum – Väter und Mütter – entwickeln die Absicht, die Einweihung zu erteilen. Die Bodhisattvas sprechen Glück verheißende Wunschgebete aus. Rūpavajrā und die anderen bringen Opferungen dar; es regnet Blumen und so weiter herab. Männliche und weibliche zornvolle Gottheiten verbannen Hindernisse. Die fünf Buddhas, die in dem ausgeführten Mandala wohnen und die Kronen halten, [sind zur] Erteilung der Einweihung [bereit].

Der Vajra-Helfer hebt die Krone empor. Glück verheißende Wunschgebete[63] *werden gesprochen:*

Durch eine Glücksverheißung, die dem Herzen aller Empfindenden
innewohnt,
der Essenz von allen, dem unübertroffenen Herrn aller Buddha-
Familien,
dem Ahnherrn all der Empfindenden, der großen Glückseligkeit,
mögest heute du bei der unübertroffenen Erteilung der Einweihung
Glücksverheißung erfahren.

Durch den Buddha, der solche Vollkommenheit besitzt wie ein
Berg aus Gold,
den Beschützer der drei Welten, der die drei Befleckungen aufgegeben hat,
mit einem Antlitz wie die großen Blütenblätter eines Lotos,
möge dir heute die Glücksverheißung der inneren Befriedung zuteil
werden.

Durch die edelste, unübertroffene, unerschütterliche Lehre, die er
dargelegt hat,
berühmt in den drei Welten, von Göttern und Menschen verehrt,
die vorzüglichste aller Lehren, die sämtlichen Wesen Frieden bringt,
möge dir heute die Glücksverheißung der inneren Befriedung zuteil
werden.

Durch die vorzügliche spirituelle Gemeinschaft, reich an Glücksverheißungen, die Lehre vernommen zu haben,
Stätte der Verehrung von Menschen, Göttern und Halbgöttern,
die edelste, unübertroffene Versammlung, mit dem Bewusstsein vertraut, Grundstock der Herrlichkeit,
möge dir heute die Glücksverheißung der inneren Befriedung zuteil werden.

Wenn du den Selbst-Eintritt vornimmst, geht auf dich ein Blumenregen nieder, und wenn einem Schüler die Einweihung erteilt wird, geht auf den Schüler ein Blumenregen nieder. Der Meister, der mit leicht angewinkeltem rechten Bein dasitzt, sagt:

Ich werde die große Vajra-Erteilung der Einweihung geben,
verehrt von den Wesen der drei Bereiche,
entstanden aus der Quelle der drei
Geheimnisse sämtlicher Buddhas.

Wenn ich die Geste ausführe, bei der ich den Scheitelpunkt Ihres Kopfes und so weiter berühre, stellen Sie sich vor, dass Ihnen die fünf im Mandala wohnenden So-Gegangenen, die Krone – die Einweihungssubstanz – auf den Kopf setzen. Stellen Sie sich vor, dass daraufhin in Ihrem Geistesstrom ein besonderes nicht-konzeptuelles Weisheitsbewusstsein entsteht und dadurch in Ihrem Geistesstrom Potenziale zur Verwirklichung eines Buddha-Körpers mit den größeren und kleineren Merkmalen angelegt werden.

Om a i r u l pañcha-tathāgata-parishuddha svāhā. [Om a i r u l, habe deine Grundlage in der vollkommenen Reinheit der fünf So-Gegangenen.]

Berühre die fünf Stellen [die Kronenwölbung, beide Schultern, die Oberarme, die Oberschenkel und die Hüften] mit der Krone, und trage sie auf dem Kopf.

An die Kronen-Einweihung schließt sich noch eine weitere Wasser-Einweihung an.

Der Meister, der mit leicht angewinkeltem rechten Bein dasitzt, sagt:[64]

Ich werde die große Vajra-Erteilung der Einweihung geben,
verehrt von den Wesen der drei Bereiche,
entstanden aus der Quelle der drei
Geheimnisse sämtlicher Buddhas.
Om ā ī ṝ ū ḹ pañcha-dhātu-vishodhani svāhā. [Om ā ī ṝ ū ḹ, habe deine Grundlage in der Läuterung der fünf Elemente.]

Berühre die fünf Stellen – die Kronenwölbung, die rechte und die linke Schulter, die Oberarme, die Oberschenkel und die Hüften – mit dem Wasser, und nachdem du ein wenig Wasser versprenkelt hast, trink etwas davon, und wasche dich auch damit, wodurch die Einweihung erteilt wird.

Dies beschließt die Zusatz-Einweihung.

Durch die so erteilte Einweihung werden deine fünf Aggregate zu den fünf Buddhas.

Am Scheitelpunkt Ihres Kopfes verwandelt sich die essenzielle Natur Ihres Bewusstseins-Aggregats in Akshobhya. In Höhe Ihrer Stirn verwandelt sich die essenzielle Natur Ihres Aggregats der zusammenfügenden Faktoren in Amoghasiddhi. In Höhe Ihres Halses verwandelt sich die essenzielle Natur Ihres Aggregats der Empfindungen in Ratnasambhava. In Höhe Ihres Herzens verwandelt sich die essenzielle Natur Ihres Aggregats der unterscheidenden Wahrnehmungen in Amitābha. In Höhe Ihres Nabels verwandelt sich die essenzielle Natur Ihres Aggregats der Formen in Vairochana.

Von ihnen ausgehende Lichtstrahlen holen die fünf Buddhas aus dem Mandala in der Weise herbei, wie sich eine zweite Butterlampe aus der ersten löst. Die fünf Buddhas lösen sich in die fünf Buddhas deines Körpers auf. Auch sämtliche Einweihungsgottheiten werden herbeigerufen und lösen sich in deine, zu den fünf Buddhas geläuterten, fünf Aggregate auf.

Opfere mit:

Gandham pushpam dhūpam dīpam akshate naividye lāsye hāsye vādye nrtye gītye kāme pūja kuru kuru svāhā. [Bringe Opferungen dar mit Wohlgeruch, Blumen, Räucherwerk, Lichtern, Früchten, Speisen, der unteren Robe, Lächeln, Musik, Tanz, Gesang und Berührung, svāhā.]

Die Bedeutung der Einweihung

Lege sodann die Bedeutung der Einweihung und der mit ihr verbundenen Läuterung dar:

Diese steht in Entsprechung dazu, dass man einem Kind traditionell das Haar auf dem Scheitelpunkt des Kopfes zusammenband. Sie reinigt Befleckungen der fünf Aggregate. Sie autorisiert dich, gestützt auf die fünf Buddhas, besondere Verwirklichungen zu erlangen. Sie legt in deinem Geistesstrom Potenziale an für die [Verwirklichung der] fünf Buddhas und als Frucht davon verschafft sie dir die Fähigkeit, die zweite Stufe zu erreichen.

Dann beschreibe die mit beiden Einweihungen verbundene Läuterung:

Ebenso wie im Mutterschoß die Elemente und die Aggregate erste Gestalt annehmen, reinigen die beiden Einweihungen im Bereich des nördlichen Antlitzes des erhabenen Körpers physische Befleckungen und bilden Samen für einen Vajra-Körper, um Potenziale dafür zu schaffen, dass die unreinen Elemente und Aggregate, die deinen Körper ausmachen, als essenzielle Natur der männlichen und weiblichen So-Gegangenen von Befleckungen befreit werden. [Diese beiden Einweihungen] autorisieren dich, die besondere Verwirklichung eines Vajra-Körpers zu erlangen.

3

Die Seidenband-Einweihung

Die ersten beiden Einweihungen läutern den Körper; die nächsten beiden läutern die Rede. Da die Rede ihren Ursprung in Wind – oder den inneren Energien – hat, der sich hauptsächlich in den beiden Kanälen befindet, läutern die Seidenband-Einweihung sowie die Einweihung mit Vajra und Glocke die zehn Winde beziehungsweise die beiden Kanäle. Um diese Einweihungen zu erhalten, begeben sich die Schüler an das südliche Tor des Mandala, um dem Rede-Antlitz der zentralen Gottheit Kālachakra gegenüberzutreten.

Opferung und Bittgebet

Der Schüler, der das Mandala wieder im Uhrzeigersinn umschreitet, wird zum südlichen Tor geführt. [334] Auf das [rote] Antlitz der erhabenen Rede [von Kālachakra] blickend, sitzt der Schüler auf dem Einweihungssitz. Dem Lama, von der Vajra-Rede Kālachakras ununterscheidbar, wird als Opfergabe für die Erteilung der Seidenband-Einweihung, die Befleckungen der zehn Winde reinigt, ein Mandala dargebracht.

Nimm eine Mandala-Opferung vor.

Dem Lama, der persönlichen Gottheit und den Drei Juwelen opfere ich in der Visualisation
Körper, Rede, Geist und alles, worauf ich und andere uns stützen können,
alle Ansammlungen von Verdienst in Vergangenheit, Gegenwart und Zukunft

und das Mandala von wundervoller Kostbarkeit mit den Anhäufungen von Samantabhadras Opfergaben.
Bitte nimm, veranlasst durch dein Mitgefühl, diese Opfergaben an, und gib mir deinen Segen.
Idam guru-ratna-mandalakam niryātayāmi. [Dieses mit Juwelen besetzte Mandala opfere ich dem Guru.]

Mit der Rezitation eines Mantra ersucht der Schüler um die Einweihung. Das Mantra bedeutet: »Mögen die zehn Shaktis, deren Natur in den zehn befreienden Qualitäten[65] besteht, mir die Seidenband-Einweihung erteilen.«

Sprich dreimal folgendes Bittgebet:

Om a ā am ah ha hā ham hah phrem hoh sarva-pāramitā mama vajra-pattam bandhayantu hum hūm phat. [Om a ā am ah ha hā ham hah phrem hoh, mögen mir bitte all die Göttinnen der befreienden Qualitäten das Vajra-Seidenband umbinden, hum hūm phat.]

Die innere Einweihung

Da die Seidenband-Einweihung und die Einweihung mit Vajra und Glocke Mittel zur Läuterung der Rede sind, müssen die Schüler sich für diese Einweihungen als Gottheiten der Vajra-Rede hervorbringen. Dem Ritus gemäß sollten Sie sich daher als solche Gottheiten der Vajra-Rede visualisieren.

Mit den sechs Silben [*om āh hūm hoh ham kshah*] *und mit Wasser aus der Muschel werden* [*Hindernisse*] *entfernt.*

Lichtstrahlen gehen beim Lama, der sich von der Hauptgottheit nicht unterscheidet, von dem Hum in Höhe seines Herzens aus und ziehen dich an. Du gelangst in seinen Mund hinein, legst den Weg durch das Zentrum seines Körpers zurück, gelangst über den Vajra-Pfad in den Lotos der Mutter und verschmilzst zu einem Tropfen, der zu Leerheit wird. Aus Leerheit entsteht ein Āh[, das sich in] einen Juwel [verwandelt], aus dem eine rote Vajra-Rede-Gottheit hervorgebracht wird: mit drei Gesichtern – einem roten, einem weißen und einem schwarzen – und sechs Händen; in deinen drei rechten Händen hältst du einen dreifachen Pfeil, einen Vajra-Haken und eine laut ertönende Trommel; und in den linken Händen einen Bogen, eine Vajra-Fangschlinge und einen Juwel mit neun Facetten. Māmakī umarmt dich.

Lichtstrahlen aus dem Herzen des Lamas, der sich von der Hauptgottheit nicht unterscheidet, holen die Weisheitswesen, die den meditativ vergegenwärtigten gleichen, herbei. Jah hūm bam hoh hi. [Seid herbeigerufen, tretet ein, verschmelzt mit, findet Gefallen daran, und seid vom selben Geschmack.] Daraufhin sind sie vom selben Geschmack.

Lichtstrahlen aus dem Herzen des Lamas, der sich von der Hauptgottheit nicht unterscheidet, holen all die Siegreichen aus den zehn Richtungen herbei – Väter, Mütter, Söhne und Töchter. Vajra-bhairava ākarshīyī jah. [Vajra-Furchterzeuger, rufe herbei, jah.]

Opfere mit:

Gandham pushpam dhūpam dīpam akshate naividye lāsye hāsye vādye nrtye gītye kāme pūja kuru kuru svāhā. [Bringe Opferungen dar mit Wohlgeruch, Blumen, Räucherwerk, Lichtern, Früchten, Speisen, der unteren Robe, Lächeln, Musik, Tanz, Gesang und Berührung, svāhā.]

Ebenso wie Vajradhara
dem Schutz der Wesen im Daseinskreislauf zuliebe
den Buddhas Einweihungen gegeben hat, die Quelle
    der guten Eigenschaften,
so gebt diese bitte auch hier.

Indem du so das Bittgebet sprichst, treten alle Siegreichen, Väter, Mütter und so weiter in den Zustand der Vereinigung ein; das Feuer des großen Verlangens [mit anderen Worten große Glückseligkeit] lässt sie miteinander verschmelzen; und sie treten über die Kronenwölbung in den Lama ein, der sich von der Hauptgottheit nicht unterscheidet. Der aus dem Vajra-Pfad hervorgehende Erleuchtungsgeist erteilt dir, der du zu einer Vajra-Rede-Gottheit gemacht worden bist, die Einweihung. Du kommst aus dem Lotos der Mutter hervor und sitzt auf dem Einweihungssitz.

Reinigung, Läuterung und Transformation der Schüler und der Einweihungssubstanzen

Die Seidenbänder – die äußeren Substanzen, die in die Einweihung einbezogen werden – müssen als Göttinnen hervorgebracht werden, die man die zehn Shaktis (*nus ma*) nennt; und die zehn Winde der Schüler müssen ebenfalls als diese Göttinnen hervorgebracht werden.

> *Mit den sechs Silben [om āh hūm hoh ham kshah] und mit Wasser aus der Muschel entferne dann [Hindernisse] von dem Schüler und dem Seidenband, und reinige sie. Mit:*
>
> Om shūnyatā-jñāna-vajra-svabhāvātmako ´ham [Ich habe die essenzielle Natur der unteilbaren Leerheit und Weisheit] verwandeln sich deine zehn Winde und die Seidenbänder in Leerheit.

Der mit Feuer einhergehende Wind und der Schildkröten-Wind sind dem Windelement zugehörige Winde. Der aufwärts bewegende Wind und der Chamäleon-Wind gehören zum Element Feuer; der durchdringende Wind und der *Devadatta*-Wind zum Element Wasser; der Schlangen-Wind und der *Dhamnajaya*-Wind zum Erdelement. Der vitalisierende Wind ist ein Wind des Elements Raum. Der abwärts entleerende Wind ist ein Wind des Elements ursprünglicher Geist [oder Glückseligkeit].

> Aus Leerheit entstehend [erscheinen] dein mit Feuer einhergehender Wind, dein Schildkröten-Wind und zwei schwarze Seidenbänder [als zwei Abfolgen von] A und Ha, [die sich in] Weihrauchgefäße und Fächer aus schwarzem Yak-Schweifhaar [verwandeln]. Aus ihnen gehen schwarze Krshnadīptās mit vier Gesichtern hervor – einem schwarzen, einem roten, einem gelben und einem weißen – und acht Händen – in den rechten Händen Gefäße mit Weihrauch, Sandelholz, Safran und einer Mischung aus Kampfer und Moschus und in den linken Händen eine Glocke, ein Lotos, eine Blüte des *Deva*-Baumes und ein aus verschiedenen Blüten bestehendes Blumenband – sowie schwarze Dhūmās mit einem schwarzen, einem roten, einem gelben und einem weißen Antlitz und acht Händen, die acht schwarze Fächer aus Yak-Schweifhaar halten.

Dein aufwärts bewegender Wind, dein Chamäleon-Wind und zwei rote Seidenbänder [erscheinen als zwei Abfolgen von] Ah und Hah, [die sich in] Butterlampen und rote Fächer aus Yak-Schweifhaar [verwandeln]. [335] Aus ihnen gehen rote Raktadīptās mit vier Gesichtern – einem roten, einem gelben, einem weißen und einem blauen – und acht Händen hervor – in den rechten Händen eine Butterlampe, eine Perlenkette, eine Krone und einen Armreif und in den linken Händen ein Gewand, ein Gürtel, ein Ohrring und ein Fußkettchen – sowie rote Mārīchīs mit einem roten, einem gelben, einem weißen und einem blauen Antlitz und mit acht Händen, die acht rote Fächer aus Yak-Schweifhaar halten.

Dein durchdringender Wind, dein Devadatta-Wind und zwei weiße Seidenbänder [erscheinen als zwei Abfolgen von] Am und Ham, [die sich in] göttliche Speise und weiße Fächer aus Yak-Schweifhaar [verwandeln]. Aus ihnen gehen rote Shretadīptās mit vier Gesichtern – einem weißen, einem schwarzen, einem roten und einem gelben – und acht Händen hervor – in den rechten Händen Gefäße mit Milch, mit Wasser, mit dem alles übertreffenden Heilmittel und mit Bier, in den linken Händen Gefäße mit Ambrosia, mit vollendetem Wohlgeschmack,[66] mit Ambrosia-Frucht und mit Nahrung – sowie weiße Khadyotās mit einem weißen, einem schwarzen, einem roten und einem gelben Antlitz und acht Händen, die acht weiße Fächer aus Yak-Schweifhaar halten.

Dein Schlangen-Wind, dein Dhamnajaya-Wind und zwei gelbe Seidenbänder [erscheinen als zwei Abfolgen von] Ā und Hā, [die sich in] sakrale Muscheln und gelbe Fächer aus Yak-Schweifhaar [verwandeln]. Aus ihnen gehen rote Pītadīptās mit vier Gesichtern – einem gelben, einem weißen, einem blauen und einem roten – und acht Händen hervor – in den rechten Händen eine Muschel, eine Flöte, ein Juwel und eine Dāmaru, in den linken Händen eine Gitarre, eine Trommel, ein laut ertönender Gong und eine kupferne Muschel – sowie gelbe Pradīpās mit einem gelben, einem weißen, einem blauen und einem roten Antlitz und acht Händen, die acht gelbe Fächer aus Yak-Schweifhaar halten.

Dein vitalisierender Wind und das grüne Seidenband [erscheinen als zwei] Ho, [die sich in] Vajras [verwandeln]. Aus ihnen gehen grüne Vajradhātvīshvarīs mit drei Gesichtern – einem grünen, einem roten und einem weißen – und sechs Händen hervor; in den rechten Händen halten sie einen Vajra, ein Vajra-Hackmesser und eine Axt; in den linken Händen eine Vajra-Glocke, eine Schädelschale und einen Kopf Brahmās.

Dein abwärts entleerender Wind und das blaue Seidenband [erscheinen als zwei] Phrem, [die sich in] Vajra-Hackmesser [verwandeln]. Aus ihnen gehen blaue Vishvamātās mit drei Gesichtern – einem blauen, einem weißen und einem roten – und sechs Händen hervor; in den drei rechten Händen halten sie einen Vajra, eine Glocke und eine Axt; in den drei linken Händen eine Glocke, eine Schädelschale und einen Kopf Brahmās.

In Höhe ihrer Stirn befindet sich ein Om, in Höhe des Halses ein Āh, in Höhe des Herzens ein Hūm und in Höhe des Nabels ein Hoh. Von dem Hūm in Höhe ihres Herzens ausstrahlendes Licht holt Weisheitswesen herbei, die den meditativ vergegenwärtigten gleichen. Jah hūm bam hoh hi. [Seid herbeigerufen, tretet ein, verschmelzt mit, findet Gefallen daran, und seid vom selben Geschmack.] Daraufhin sind sie vom selben Geschmack wie das entsprechende Samaya-Wesen.

Om ā ī r̄ ū Ī pañcha-dhātu-vishodhani svāhā. [Om ā ī r̄ ū Ī, habe deine Grundlage in der Läuterung der fünf Elemente.] Die Mütter erteilen den Gottheiten der Einweihungssubstanzen die Einweihung. Diese erhalten das Kronen-Siegel durch Vajrasattva.

Rückverwandlung der Gottheiten in eine erhabenere Form der Einweihungssubstanz

Opfere [diesen Gottheiten] mit:

Gandham pushpam dhūpam dīpam akshate naividye lāsye hāsye vādye nrtye gītye kāme pūja kuru kuru svāhā. [Bringe Opferungen dar mit Wohlgeruch, Blumen, Räucherwerk, Lichtern, Früchten, Speisen, der unteren Robe, Lächeln, Musik, Tanz, Gesang und Berührung, svāhā.]

Die zehn Shaktis verschmelzen miteinander und werden daraufhin zu den Seidenbändern, den Einweihungssubstanzen.

Einweihung der Schüler unter Verwendung der Einweihungssubstanz

Lichtstrahlen aus dem Herzen des Lamas, der sich von der Hauptgottheit nicht unterscheidet, holen die Einweihungsgottheiten herbei – Vater- und Mutter-Siegreiche, Söhne und Töchter –, die die Weite des Raumes ausfüllen. Vajra-bhairava ākarshaya jah. [Vajra-Furchterzeuger, rufe herbei, jah.]

Opfere mit:

Gandham pushpam dhūpam dīpam akshate naividye lāsye hāsye vādye nrtye gītye kāme pūja kuru kuru svāhā. [Bringe Opferungen dar mit Wohlgeruch, Blumen, Räucherwerk, Lichtern, Früchten, Speisen, der unteren Robe, Lächeln, Musik, Tanz, Gesang und Berührung, svāhā.]

Sprich ein Bittgebet:

Ebenso wie Vajradhara
dem Schutz der Wesen im Daseinskreislauf zuliebe
den Buddhas Einweihungen gegeben hat, die Quelle
der guten Eigenschaften,
so gebt diese bitte auch hier.

Ferner:

Die Siegreichen im Raum – Väter und Mütter – entwickeln die Absicht, die Einweihung zu erteilen. Die Bodhisattvas sprechen Glück verheißende Wunschgebete aus. Rūpavajrā und die anderen bringen Opferungen dar; es regnet Blumen und so weiter herab. Männliche und weibliche zornvolle Gottheiten verbannen Hindernisse. Die zehn Shaktis, die in dem ausgeführten Mandala wohnen und die Seidenbänder halten, [sind zur] Erteilung der Einweihung [bereit].

Der Vajra-Helfer hebt die Seidenbänder empor. Glück verheißende Wunschgebete werden gesprochen:

Durch eine Glücksverheißung, die dem Herzen aller Empfindenden
innewohnt,

der Essenz von allen, dem unübertroffenen Herrn aller Buddha-Familien,
dem Ahnherrn all der Empfindenden, der großen Glückseligkeit,
mögest heute du bei der unübertroffenen Erteilung der Einweihung Glücksverheißung erfahren.

Durch den Buddha, der solche Vollkommenheit besitzt wie ein Berg aus Gold,
den Beschützer der drei Welten, der die drei Befleckungen aufgegeben hat,
mit einem Antlitz wie die großen Blütenblätter eines Lotos,
möge dir heute die Glücksverheißung der inneren Befriedung zuteil werden.

Durch die edelste, unübertroffene, unerschütterliche Lehre, die er dargelegt hat,
berühmt in den drei Welten, von Göttern und Menschen verehrt,
die vorzüglichste aller Lehren, die sämtlichen Wesen Frieden bringt,
möge dir heute die Glücksverheißung der inneren Befriedung zuteil werden.

Durch die vorzügliche spirituelle Gemeinschaft, reich an Glücksverheißungen, die Lehre vernommen zu haben,
Stätte der Verehrung von Menschen, Göttern und Halbgöttern,
die edelste, unübertroffene Versammlung, mit dem Bewusstsein vertraut, Grundstock der Herrlichkeit,
möge dir heute die Glücksverheißung der inneren Befriedung zuteil werden.

Wenn du den Selbst-Eintritt vornimmst, geht auf dich ein Blumenregen nieder, und wenn einem Schüler die Einweihung erteilt wird, geht auf den Schüler ein Blumenregen nieder. Der Meister, der mit leicht angewinkeltem rechten Bein dasitzt, sagt:

Ich werde die große Vajra-Erteilung der Einweihung geben,
verehrt von den Wesen der drei Bereiche,
entstanden aus der Quelle der drei
Geheimnisse sämtlicher Buddhas.

Bei den zehn Shaktis handelt es sich um die acht im Mandala zu sehenden Shaktis, außerdem um zwei Shaktis, Prajñāpāramitā (*shes rab kyi pha rol tu phyin ma*) und Jñānapāramitā (*ye she kyi pha rol tu phyin ma*), die eine ununterscheidbare Einheit mit Kālachakras Gefährtin Vishvamātā bilden, hier aber von ihr unterschieden werden müssen. Wenn ich die Geste ausführe, bei der ich mit den Seidenbändern Ihre fünf Stellen symbolisch berühre, so stellen Sie sich vor, dass diese zehn Shaktis, die im Mandala wohnen, Ihnen die Seidenband-Einweihung erteilen.

Durch die Segnung, die den zehn Winden in der Seidenband-Einweihung zuteil wird, sollen diese nutzbar gemacht werden. Stellen Sie sich vor, dass der ständige Wandlungsprozess der unreinen Begrifflichkeit ein Ende nimmt, daraufhin ein besonderes nicht-konzeptuelles Gewahrsein hervorgebracht wird und Glückseligkeit entsteht. Stellen Sie sich vor, dass in Ihrem Geistesstrom ein ursprüngliches Gewahrsein von untrennbarer Glückseligkeit und Leerheit hervorgebracht wird.

> Om a ā am ah ha hā ham hah hoh phrem dasha-pāramitā pāripūrāni svāhā. [Om a ā am ah ha hā ham hah hoh phrem, die weiblichen Verkörperungen der zehn befreienden Qualitäten, svāhā.]

> *Berühre mit den Seidenbändern die fünf Stellen [die Kronenwölbung, beide Schultern, die Oberarme, die Oberschenkel und die Hüften],*[67] *und binde sie um die Stirn.*

An die Seidenband-Einweihung schließt sich eine Wasser-Einweihung an.

> *Der Meister, der mit leicht angewinkeltem rechten Bein dasitzt, sagt:*

> Ich werde die große Vajra-Erteilung der Einweihung geben,
> verehrt von den Wesen der drei Bereiche,
> entstanden aus der Quelle der drei
> Geheimnisse sämtlicher Buddhas.
> Om ā ī ṝ ū ḹ pañcha-dhātu-vishodhani svāhā. [Om ā ī ṝ ū ḹ, habe deine Grundlage in der Läuterung der fünf Elemente.]

> *Berühre die fünf Stellen – die Kronenwölbung, die rechte und die linke Schulter, die Oberarme, die Oberschenkel und die Hüften – mit dem Wasser, und nachdem du ein wenig Wasser versprenkelt hast, [lass den Schüler]*

davon etwas trinken und sich auch damit waschen, wodurch die Einweihung erteilt wird.

Dies beschließt die Zusatz-Einweihung.

Durch die so erteilte Einweihung werden deine fünf Aggregate zu den fünf Buddhas.

Dem Kālachakra-System zufolge stehen die zehn Winde in Verbindung zu den acht Lotos-Blütenblättern des Kanals in Höhe des Herzens, ferner zu dem Kanal oberhalb des Herzens und zu dem Kanal unterhalb des Herzens. Oberhalb des Herzens befindet sich der vitalisierende Wind, unterhalb des Herzens der abwärts entleerende Wind; und die übrigen acht Winde stehen in Zusammenhang mit den acht Lotos-Blütenblättern des Herzens. An diesen Stellen gilt es Ihre zehn Winde als die zehn Shaktis hervorzubringen.

Von ihnen ausgehende Lichtstrahlen holen die zehn Shaktis aus dem Mandala in der Weise herbei, wie sich eine zweite Butterlampe aus der ersten löst. Die zehn Shaktis lösen sich in die zehn Shaktis deines Körpers auf. Auch sämtliche Einweihungsgottheiten werden herbeigerufen und lösen sich in deine, zu den zehn Shaktis geläuterten, zehn Winde auf.

Opfere mit:

Gandham pushpam dhūpam dīpam akshate naividye lāsye hāsye vādye nrtye gītye kāme pūja kuru kuru svāhā. [Bringe Opferungen dar mit Wohlgeruch, Blumen, Räucherwerk, Lichtern, Früchten, Speisen, der unteren Robe, Lācheln, Musik, Tanz, Gesang und Berührung, svāhā.]

Die Bedeutung der Einweihung

Lege sodann die Bedeutung der Einweihung und der mit ihr verbundenen Läuterung dar:

Diese steht in Entsprechung zum Durchstechen der Ohrläppchen bei einem Kind und dem Umhängen von Schmuck. [336] Sie reinigt Befleckungen der zehn Winde und macht sie nutzbar. Sie autorisiert dich, gestützt auf die zehn Shaktis, besondere Verwirklichungen zu erlangen. Sie legt in deinem Geistesstrom Potenziale an für die zehn befreienden Qualitäten und als Frucht davon verschafft sie dir die Fähigkeit, die dritte Stufe zu erreichen.

4

Die Einweihung mit Vajra und Glocke

Opferung und Bittgebet

Erneut wird dem Lama, der von der Vajra-Rede Kālachakras ununterscheidbar ist, als Opfergabe für die Erteilung der Einweihung mit Vajra und Glocke, die beide Kanäle läutert, ein Mandala dargebracht.

Nimm eine Mandala-Opferung vor.

Dem Lama, der persönlichen Gottheit und den Drei Juwelen opfere ich in der Visualisation
Körper, Rede, Geist und alles, worauf ich und andere uns stützen können,
alle Ansammlungen von Verdienst in Vergangenheit, Gegenwart und Zukunft
und das Mandala von wundervoller Kostbarkeit mit den Anhäufungen von Samantabhadras Opfergaben.
Bitte nimm, veranlasst durch dein Mitgefühl, diese Opfergaben an, und gib mir deinen Segen.
Idam guru-ratna-mandalakam niryātayāmi. [Dieses mit Juwelen besetzte Mandala opfere ich dem Guru.]

Im »Sutra von Nandas Eintritt in den Mutterleib« (*tshe dan ldan pa dga' bo mangal du 'jug pa bstan pa, āyushmannandagarbhābhāvakrāntinirdesha*) heißt es, dass in unserem Körper 84 000 Kanäle vorhanden sind. Und gemäß der Zählung im Mantra-Fahrzeug handelt es sich um 72 000 Kanäle. Darunter gibt es drei Hauptkanäle: den rechten, den linken und den zentralen Kanal. Ein Praktizierender ist bestrebt, den Zentralkanal zu nutzen.

Wenn der rechte und der linke Kanal – *Rasanā* und *Lalanā* – aktiv sind, werden Vorstellungen von Subjekt und Objekt erzeugt. Damit der rechte und der linke Kanal gereinigt werden, sprechen die Schüler daher ein Bittgebet, um die Einweihungen mit Vajra und Glocke zu erhalten.

Sprich dreimal folgendes Bittgebet:

Om hūm hoh vijñāna-jñāna svabhāve karunā-prajñā-ātmake vajra-vajra-ghante savyetarakarayor mama vajrasatvah saprajño dadātu hum hūm phat. [Om hūm hoh, möge bitte Vajrasattva gemeinsam mit (seiner) Weisheitsfrau den Vajra und die Vajra-Glocke gewähren, die eine Natur von Bewusstsein und ursprünglichem Gewahrsein haben (und) eine Essenz von Mitgefühl und Weisheit in meiner rechten Hand und der anderen Hand, hum hūm phat.]

Reinigung, Läuterung und Transformation der Schüler und der Einweihungssubstanzen

Dann werden der rechte und der linke Kanal des Schülers und die Einweihungssubstanzen, Vajra und Glocke, als [zwei Paare von] Kālachakra und seiner Gefährtin Vishvamātā hervorgebracht.

Entferne [Hindernisse] von dem Schüler sowie von Vajra und Glocke [mit den sechs Silben om āh hūm hoh ham kshah und mit Wasser aus der Muschel], und reinige sie. Mit:

Om shūnyatā-jñāna-vajra-svabhāvātmako ´ham [Ich habe die essenzielle Natur der unteilbaren Leerheit und Weisheit] werden du und die Vajra-Glocke zu Leerheit. Aus Leerheit hervorgehend [erscheinen] dein rechter Kanal und die Vajra-Glocke [jeweils als] Hūm, [die sich in] Vajras [verwandeln]. Aus ihnen gehen blaue Kālachakras mit *einem* Gesicht und zwei Händen hervor, in denen sie Vajra und Glocke halten. Sie werden umarmt von Vishvamātās, die ein Vajra-Hackmesser und eine Schädelschale halten. Dein linker Kanal und die Glocke [erscheinen jeweils als] Phrem, [die sich in] Vajra-Hackmesser [verwandeln], aus denen gelbe Vishvamātās mit *einem* Gesicht und zwei, ein Vajra-Hackmesser und eine Schädelschale haltenden Händen hervorgehen. Kālachakra umarmt sie. Bei beiden ist in Höhe der Stirn ein Om zu sehen, in Höhe des Halses ein Āh, in Höhe des Herzens ein Hūm und in Höhe des Nabels ein Hoh. Von dem Hūm in Höhe des Herzens ausstrahlendes Licht holt Weisheitswesen herbei, die den meditativ vergegenwärtigten gleichen. Jah hūm bam hoh hi. [Seid herbeigerufen, tretet ein, verschmelzt mit, findet Gefallen daran, und seid vom selben Geschmack.] Daraufhin sind sie vom selben Geschmack wie das entsprechende Samaya-Wesen.

Om ā ī r̄ ū Ī pañcha-dhātu-vishodhani svāhā. [Om ā ī r̄ ū Ī, habe deine Grundlage in der Läuterung der fünf Elemente.] Die Mütter erteilen den Gottheiten der Einweihungssubstanzen die Einweihung. Die Vater-Gottheit [Kālachakra] erhält das Kronen-Siegel durch Akshobhya, und die Mutter-Gottheit [Vishvamātā] erhält das Kronen-Siegel durch Vajrasattva.

Rückverwandlung der Gottheiten in eine erhabenere Form der Einweihungssubstanz

Opfere [diesen Gottheiten] mit:

Gandham pushpam dhūpam dīpam akshate naividye lāsye hāsye vādye nrtye gītye kāme pūja kuru kuru svāhā. [Bringe Opferungen dar mit Wohlgeruch, Blumen, Räucherwerk, Lichtern, Früchten, Speisen, der unteren Robe, Lächeln, Musik, Tanz, Gesang und Berührung, svāhā.]

Die Vater-Gottheit und die Mutter-Gottheit treten in den Zustand der Vereinigung ein. Daraufhin lässt das Feuer des großen Verlangens sie miteinander verschmelzen, und sie werden zu Vajra und Glocke, den Einweihungssubstanzen.

Einweihung der Schüler unter Verwendung der Einweihungssubstanz

Lichtstrahlen aus dem Herzen des Lamas, der sich von der Hauptgottheit nicht unterscheidet, holen die Einweihungsgottheiten herbei – Vater- und Mutter-Siegreiche, Söhne und Töchter –, die die Weite des Raumes erfüllen. Vajrabhairava ākarshaya jah. [Vajra-Furchterzeuger, rufe herbei, jah.]

Opfere mit:

Gandham pushpam dhūpam dīpam akshate naividye lāsye hāsye vādye nrtye gītye kāme pūja kuru kuru svāhā. [Bringe Opferungen dar mit Wohlgeruch, Blumen, Räucherwerk, Lichtern, Früchten, Speisen, der unteren Robe, Lächeln, Musik, Tanz, Gesang und Berührung, svāhā.]

Sprich ein Bittgebet:

Ebenso wie Vajradhara
dem Schutz der Wesen im Daseinskreislauf zuliebe
den Buddhas Einweihungen gegeben hat, die Quelle
der guten Eigenschaften,
so gebt diese bitte auch hier.

Ferner:

Die Siegreichen im Raum – Väter und Mütter – entwickeln die Absicht, die Einweihung zu erteilen. Die Bodhisattvas sprechen Glück verheißende Wunschgebete aus. Rūpavajrā und die anderen bringen Opferungen dar; es regnet Blumen und so weiter herab. Männliche und weibliche zornvolle Gottheiten verbannen Hindernisse. Die Vater-Gottheit und die Mutter-Gottheit im Zentrum des ausgeführten Mandala halten Vajra und Glocke, [und sie sind zur] Erteilung der Einweihung [bereit].

Der Vajra-Helfer hebt Vajra und Glocke empor. Glück verheißende Wunschgebete werden gesprochen:

Durch eine Glücksverheißung, die dem Herzen aller Empfindenden
innewohnt,
der Essenz von allen, dem unübertroffenen Herrn aller Buddha-
Familien,
dem Ahnherrn all der Empfindenden, der großen Glückseligkeit,
mögest heute du bei der unübertroffenen Erteilung der Einweihung
Glücksverheißung erfahren.

Durch den Buddha, der solche Vollkommenheit besitzt wie ein
Berg aus Gold,

den Beschützer der drei Welten, der die drei Befleckungen aufgegeben hat,
mit einem Antlitz wie die großen Blütenblätter eines Lotos,
möge dir heute die Glücksverheißung der inneren Befriedung zuteil werden.

Durch die edelste, unübertroffene, unerschütterliche Lehre, die er dargelegt hat,
berühmt in den drei Welten, von Göttern und Menschen verehrt,
die vorzüglichste aller Lehren, die sämtlichen Wesen Frieden bringt,
möge dir heute die Glücksverheißung der inneren Befriedung zuteil werden.

Durch die vorzügliche spirituelle Gemeinschaft, reich an Glücksverheißungen, die Lehre vernommen zu haben,
Stätte der Verehrung von Menschen, Göttern und Halbgöttern,
die edelste, unübertroffene Versammlung, mit dem Bewusstsein vertraut, Grundstock der Herrlichkeit,
möge dir heute die Glücksverheißung der inneren Befriedung zuteil werden.

Wenn du den Selbst-Eintritt vornimmst, geht auf dich ein Blumenregen nieder, und wenn einem Schüler die Einweihung erteilt wird, geht auf den Schüler ein Blumenregen nieder.

Wenn ich die Geste ausführe, bei der ich Ihre fünf Stellen symbolisch berühre, stellen Sie sich vor, dass Ihr rechter und Ihr linker Kanal nutzbar geworden sind. Statt als widrige Umstände das Eintreten der Winde in den Zentralkanal zu blockieren, wirken diese Kanäle jetzt als förderliche Umstände. Auf Grund dessen sind die Winde im rechten und im linken Kanal von nun an gezügelt: Sie sind im Zentralkanal gesammelt, verbleiben dort und lösen sich auf. Daraus resultieren jene Stufe von Achtsamkeit, auf der das große Siegel der leeren Form verwirklicht wird, und die Stufe der unerschütterlichen meditativen Stabilisierung. Stellen Sie sich vor, dass die Prädispositionen dafür geschaffen werden, diese Stufen der Praxis Schritt für Schritt zu erreichen, und dass eine besondere nicht-konzeptuelle meditative Stabilisierung hervorgebracht wird.

Der Meister, der mit leicht angewinkeltem rechten Bein dasitzt, sagt:

Ich werde die große Vajra-Erteilung der Einweihung geben,
verehrt von den Wesen der drei Bereiche,
entstanden aus der Quelle der drei
Geheimnisse sämtlicher Buddhas.

Om hum hoh sūrya-chandra-vishodhaka svāhā. [Om hum hoh, vollkommene Reinigung von Sonne und Mond, svāhā.]

Berühre die fünf Stellen [die Kronenwölbung, beide Schultern, die Oberarme, die Oberschenkel und die Hüften] mit Vajra und Glocke, und gib beide, nachdem du sie an den Scheitelpunkt des Kopfes gehalten hast, dem Schüler in die Hand, der die Geste des Annehmens ausführt.

An die Einweihung mit Vajra und Glocke schließt sich eine Wasser-Einweihung an.

Der Meister, der mit leicht angewinkeltem rechten Bein dasitzt, sagt:

Ich werde die große Vajra-Erteilung der Einweihung geben,
verehrt von den Wesen der drei Bereiche,
entstanden aus der Quelle der drei
Geheimnisse sämtlicher Buddhas.

Om ā ī r̄ ū l̄ pañcha-dhātu-vishodhani svāhā. [Om ā ī r̄ ū l̄, habe deine Grundlage in der Läuterung der fünf Elemente, svāhā.]

Berühre die fünf Stellen – die Kronenwölbung, die rechte und die linke Schulter, die Oberarme, die Oberschenkel und die Hüften – mit dem Wasser, und nachdem du ein wenig Wasser versprenkelt hast, [lass den Schüler] davon etwas trinken und sich auch damit waschen, wodurch die Einweihung erteilt wird.

Dies beschließt die Zusatz-Einweihung.

Durch die so erteilte Einweihung werden der rechte und der linke Kanal zur zentralen Vater-Gottheit und Mutter-Gottheit. Von ihnen ausgehende Lichtstrahlen holen die im Zentrum des Mandala befindliche Vater-Gottheit und Mutter-Gottheit in der Weise herbei, wie sich eine zweite Butterlampe aus der ersten löst. Die zentrale Vater-Gottheit und Mutter-Gottheit lösen sich in deinen, zur zentralen Vater- und Mutter-Gottheit geläuterten, rechten und linken Kanal auf.

Opfere mit:

Gandham pushpam dhūpam dīpam akshate naividye lāsye hāsye vādye nrtye gītye kāme pūja kuru kuru svāhā. [Bringe Opferungen dar mit Wohlgeruch, Blumen, Räucherwerk, Lichtern, Früchten, Speisen, der unteren Robe, Lächeln, Musik, Tanz, Gesang und Berührung, svāhā.]

Lege sodann die Bedeutung der Einweihung und der mit ihr verbundenen Läuterung dar:

Dies steht in Entsprechung zum Lachen und Sprechen bei einem Kind. Sie reinigt Befleckungen des rechten und des linken Kanals. [337] Sie legt Potenziale an für das Sammeln [der im] rechten und linken Kanal [befindlichen Winde] im Zentralkanal und sät Samen für den erhabenen Geist – die unwandelbare große Glückseligkeit – und die erhabene Rede in all ihren Formen. Sie autorisiert dich, besondere Verwirklichungen der zentralen Vater- und Mutter-Gottheit zu erlangen und versetzt dich in die Lage, die [innere] Sonne und den [inneren] Mond[68] zu läutern und die vierte Stufe zu erreichen.

Die Bedeutung der Einweihung

Lege sodann die Bedeutung der Einweihung und der mit ihr verbundenen Läuterung dar:

Wie im Mutterschoß die Entwicklung der Winde und Kanäle vonstatten geht, so reinigen die beiden Einweihungen im Bereich des südlichen Gesichts der erhabenen Rede die Befleckungen der Winde, des Ursprungs der Rede. Sie berechtigen dich, die Aktivitäten der Vajra-Rede auszuüben. Sie pflanzen Samen der Vajra-Rede in deinen Geistesstrom und autorisieren dich, besondere Verwirklichungen der Vajra-Rede zu erlangen.

5

Die Verhaltens-Einweihung

Nachdem die ersten beiden Einweihungen den Körper und die dritte und vierte Einweihung die Rede geläutert haben, sind die fünfte und die sechste Einweihung Mittel zur Läuterung des Geistes. Dazu begibt sich der Schüler zum östlichen Tor vor Kālachakras Geist-Antlitz.

Opferung und Bittgebet

Erneut schreitet der Schüler im Uhrzeigersinn um das Mandala und wird zum östlichen Tor geführt. Auf das [schwarze] Antlitz des erhabenen Geistes [von Kālachakra] blickend, sitzt der Schüler auf dem Einweihungssitz. Dem Lama, vom Vajra-Geist Kālachakras ununterscheidbar, wird als Opfergabe für die Erteilung der Verhaltens-Einweihung, die Befleckungen der Sinneskräfte und -objekte reinigt, ein Mandala dargebracht.

Nimm eine Mandala-Opferung vor.

Dem Lama, der persönlichen Gottheit und den Drei Juwelen opfere ich in der Visualisation
Körper, Rede, Geist und alles, worauf ich und andere uns stützen können,
alle Ansammlungen von Verdienst in Vergangenheit, Gegenwart und Zukunft
und das Mandala von wundervoller Kostbarkeit mit den Anhäufungen von Samantabhadras Opfergaben.
Bitte nimm, veranlasst durch dein Mitgefühl, diese Opfergaben an, und gib mir deinen Segen.

Idam guru-ratna-mandalakam niryātayāmi. [Dieses mit Juwelen besetzte Mandala opfere ich dem Guru.]

Sprich dreimal folgendes Bittgebet:

Om a ā e ai ar ār o au al āl am ah sarva-bodhisatvāh sabhāryāh sarvadā-sarvakāma-upabhogam vajra-pratam mama dadantu svāhā. [Om a ā e ai ar ār o au al āl am ah, mögen mir bitte all die Bodhisattvas mit ihren Gefährtinnen das Vajra-Verhalten – mich zu jeder Zeit an allem Begehrenswerten vollkommen zu erfreuen – gewähren, svāhā.]

Die innere Einweihung

Die Schüler bringen sich jetzt dem Ritus gemäß als Vajra-Geist-Gottheiten hervor.

Entferne [*Hindernisse*] *wie zuvor* [*mit den sechs Silben om āh hūm hoh ham kshah*].

Lichtstrahlen gehen beim Lama, der sich von der Hauptgottheit nicht unterscheidet, von dem Hum in Höhe des Herzens aus und ziehen dich an. Du gelangst in seinen Mund hinein, legst den Weg durch das Zentrum seines Körpers zurück, gelangst über den Vajra-Pfad in den Lotos der Mutter und verschmilzst zu einem Tropfen, der zu Leerheit wird.

Aus Leerheit entsteht ein Hūm, [das sich in] einen Vajra [verwandelt], aus dem eine schwarze Vajra-Geist-Gottheit hervorgebracht wird: mit drei Gesichtern – einem schwarzen, einem roten und einem weißen – und sechs Händen; in den rechten Händen hältst du ein Schwert, ein Vajra-Hackmesser und einen Dreizack; und in den linken Händen einen Schild, eine Schädelschale und einen Khatvānga. Lochanā umarmt dich.

Lichtstrahlen aus dem Herzen des Lamas, der sich von der Hauptgottheit nicht unterscheidet, holen die Weisheitswesen, die den meditativ vergegenwärtigten gleichen, herbei. Jah hūm bam hoh hi. [Seid herbeigerufen, tretet ein, verschmelzt mit, findet Gefallen daran, und seid vom selben Geschmack.] Daraufhin sind sie vom selben Geschmack.

Lichtstrahlen aus dem Herzen des Lamas, der sich von der Hauptgottheit nicht unterscheidet, holen all die Siegreichen aus den zehn Richtungen herbei – Väter, Mütter, Söhne und Töchter. Vajra-bhairava ākarshaya jah. [Vajra-Furchterzeuger, rufe herbei, jah.]

Opfere mit:

Gandham pushpam dhūpam dīpam akshate naividye lāsye hāsye vādye nrtye gītye kāme pūja kuru kuru svāhā. [Bringe Opferungen dar mit Wohlgeruch, Blumen, Räucherwerk, Lichtern, Früchten, Speisen, der unteren Robe, Lächeln, Musik, Tanz, Gesang und Berührung, svāhā.]

Ebenso wie Vajradhara
dem Schutz der Wesen im Daseinskreislauf zuliebe
den Buddhas Einweihungen gegeben hat, die Quelle
der guten Eigenschaften,
so gebt diese bitte auch hier.

Indem du so das Bittgebet sprichst, treten alle Siegreichen, Väter, Mütter und so weiter in den Zustand der Vereinigung ein; das Feuer des großen Verlangens [mit anderen Worten große Glückseligkeit] lässt sie miteinander verschmelzen; und sie treten über die Kronenwölbung in den Lama ein, der sich von der Hauptgottheit nicht unterscheidet. Der aus dem Vajra-Pfad hervorgehende Erleuchtungsgeist erteilt dir, der du zu einer Vajra-Geist-Gottheit gemacht worden bist, die Einweihung. Du kommst aus dem Lotos der Mutter hervor und sitzt auf dem Einweihungssitz.

Reinigung, Läuterung und Transformation der Schüler und der Einweihungssubstanzen

In der Verhaltenseinweihung wird den Sinneskräften des Schülers und den ihnen zugehörigen Objekten Segen zuteil, so dass sie nutzbar werden. Bei den zwölf Gliedern des bedingten Entstehens im Existenzkreislauf lässt das Zusammentreffen von Sinneskraft, Objekt und Bewusstsein den Geistesfaktor des Kontakts entstehen, der Objekte als anziehend, abstoßend oder neutral wahrnimmt. Auf Grund dessen gibt es dann Empfindungen von Freude, Leid oder Gleichgültigkeit. Und auf Grund dessen nehmen daraufhin Verlangen, Hass und Verdunkelung zu.

Sie alle werden durch das Zusammentreffen von Sinneskräften und Objekten hervorgebracht. Deshalb werden hier in dieser Einweihung die Sinneskräfte und ihre Objekte gesegnet, damit lediglich heilsame Bewusstseinszustände entstehen und das Kontinuum der Konzeptualität durchtrennt wird. Dadurch bringt das Zusammentreffen von Sinneskräften und Objekten nicht negative Bewusstseinszustände und Konzeptualität hervor, sondern liefert die Voraussetzung zur Hervorbringung von Nicht-Konzeptualität. Um dies zu erreichen, werden die Sinneskräfte und ihre Objekte in der Einweihung als Gottheiten hervorgebracht.

Die Sinneskräfte werden also im Zaum gehalten, ihre Objekte werden in Beschränkung auf Glückseligkeit und Leerheit erfahren. Entsprechend erhält man als äußere Substanz bei dieser Einweihung einen Ring, der auf den Finger beschränkend wirkt. Es könnte fünf Ringe geben – für alle fünf Finger, die mit Erde, Wasser, Feuer, Wind und Raum assoziiert werden. Wenn die Einweihung aber mit einem einzigen Ring durchgeführt wird, so steckt man ihn auf den Daumen, der mit Gelb gleichgesetzt wird, weil man diese Farbe mit Erde assoziiert. Das Erdelement wiederum steht in Beziehung zu den fünf Sinneskräften. Und der eine Ring, der so genannte »Daumen-Vajra«, wird dann als mehrere Gottheiten visualisiert.

In welcher Weise der Ring als Gottheiten visualisiert wird, können Sie der Beschreibung des Initiations-Ritus entnehmen.

> *Entferne dann [Hindernisse] von dem Schüler und von dem Daumen-Vajra [mit den sechs Silben om āh hūm hoh ham kshah und mit Wasser aus der Muschel], und reinige sie. Mit:*
>
> Om shūnyatā-jñāna-vajra-svabhāvātmako ´ham [Ich habe die essenzielle Natur der unteilbaren Leerheit und Weisheit] werden deine Sinneskräfte, die Objekte[69] und ebenso der Daumen-Vajra zu Leerheit.

Im Folgenden werden die Sinneskräfte nicht mit dem ihnen gemäßen Objekt, sondern mit anderen Objekten verknüpft. Klänge sind zum Beispiel die Objekte des Hörsinns; doch beim ersten Paar ist der Hörsinn zusammen mit den »sonstigen Phänomenen« – die zu speziellen Objekten des geistigen Bewusstseins in Bezug stehen – aufgeführt.

Aus Leerheit entstehend [erscheinen] dein Hörsinn und die Objekte – die für das geistige Bewusstsein wahrnehmbaren Phänomene –, ferner der Daumen-Vajra [als zwei Abfolgen von] A und Ā, [die sich in] Vajras [verwandeln], aus denen der grüne Vajrapāni beziehungsweise die grüne Dharmadhātuvajrā hervorgehen; sie haben drei Gesichter – ein grünes, ein rotes und ein weißes – und sechs Hände, in ihren rechten Händen halten sie einen Vajra, ein Vajra-Hackmesser und eine Axt; und in den linken Händen eine Vajra-Glocke, eine Schädelschale und einen Kopf Brahmās. Sie werden von Shabdavajrā beziehungsweise von Samantabhadra umarmt.

Dein Geruchssinn und die Objekte – mit dem Tastsinn wahrnehmbare Phänomene –, ferner der Daumen-Vajra [erscheinen als zwei Abfolgen von] E und Ai, [die sich in] Schwerter [verwandeln], aus denen der schwarze Khagarbha beziehungsweise die schwarze Sparshavajrā hervorgehen; sie haben drei Gesichter – ein schwarzes, ein rotes und ein weißes – und sechs Hände; in ihren rechten Händen halten sie ein Schwert, ein Vajra-Hackmesser und einen Dreizack; und in den linken Händen einen Schild, eine Schädelschale und einen weißen Khatvānga. Sie werden von Gandhavajrā beziehungsweise von Sarvanivaranavishkambhi umarmt. [338]

Dein Sehsinn und die Objekte – geschmacklich wahrnehmbare Phänomene –, ferner der Daumen-Vajra [erscheinen als zwei Abfolgen von] Ar und Ār, [die sich in] Juwelen [verwandeln], aus denen der rote Kshitigarbha beziehungsweise die rote Rasavajrā hervorgehen; sie haben drei Gesichter – ein rotes, ein weißes und ein schwarzes – und sechs Hände; in ihren rechten Händen halten sie einen dreifachen Pfeil, einen Vajra-Haken und eine laut ertönende Dāmaru-Trommel; und in den linken Händen einen Bogen, eine Vajra-Fangschlinge und einen Juwel mit neun Facetten. Sie werden von Rūpavajrā beziehungsweise von Lokeshvara umarmt.

Dein Geschmackssinn und die Objekte – sichtbare Formen –, ferner der Daumen-Vajra [erscheinen als zwei Abfolgen von] O und Au, [die sich in] Lotos-Blüten [verwandeln], aus denen der weiße Lokeshvara beziehungsweise die weiße Rūpavajrā hervorgehen; sie haben drei Gesichter – ein weißes, ein schwarzes und ein rotes – und sechs Hände; in ihren rechten Händen halten sie einen Vajra-Hammer, einen Speer und einen Dreizack; und in den linken Händen einen hundertblättrigen weißen Lotos, einen Spiegel und eine Gebetskette. Sie werden von Rasavajrā beziehungsweise von Kshitigarbha umarmt.

Dein Tastsinn und die Objekte – Gerüche –, ferner der Daumen-Vajra [erscheinen als zwei Abfolgen von] Al und Āl, [die sich in] Räder [verwandeln], aus denen der gelbe Sarvanivaranavishkambhi beziehungsweise die gelbe Gandhavajrā hervorgehen; sie haben drei Gesichter – ein gelbes, ein weißes und ein schwarzes – und sechs Hände; in ihren rechten Händen halten sie ein Rad, einen Stab und einen Schrecken einflößenden Vajra; und in den linken Händen eine Muschel, eine Vajra-Eisenkette und eine laut ertönende Glocke. Sie werden von Sparshavajrā beziehungsweise von Khagarbha umarmt.

Deine geistigen Sinneskräfte und die Objekte – Klänge –, ferner der Daumen-Vajra [erscheinen als zwei Abfolgen von] Am und Ah, [die sich in] Vajras [verwandeln], aus denen der blaue Samantabhadra beziehungsweise die blaue Shabdavajrā hervorgehen; sie haben drei Gesichter – ein blaues, ein rotes und ein weißes – und sechs Hände; in ihren rechten Händen halten sie einen Vajra, ein Vajra-Hackmesser und eine Axt; und in den linken Händen eine Vajra-Glocke, eine Schädelschale und einen Kopf Brahmās. Sie werden von Dharmadhātuvajrā beziehungsweise von Vajrapāni umarmt.

In Höhe ihrer Stirn befindet sich ein Om, in Höhe des Halses ein Āh, in Höhe des Herzens ein Hūm und in Höhe des Nabels ein Hoh. Von dem Hūm in Höhe ihres Herzens ausstrahlendes Licht holt Weisheitswesen herbei, die den meditativ vergegenwärtigten gleichen. Jah hūm bam hoh hi. [Seid herbeigerufen, tretet ein, verschmelzt mit, findet Gefallen daran, und seid vom selben Geschmack.] Daraufhin sind sie vom selben Geschmack wie das entsprechende Samaya-Wesen.

Om ā ī ṝ ū Ī pañcha-dhātu-vishodhani svāhā. [Om ā ī ṝ ū Ī, habe deine Grundlage in der Läuterung der fünf Elemente.] Die Mütter erteilen den Gottheiten der Einweihungssubstanzen die Einweihung. Die schwarzen Gottheiten erhalten das Kronen-Siegel durch Amoghasiddhi; die roten durch Ratnasambhava; die weißen durch

Amitābha; die gelben durch Vairochana; die grünen durch Vajrasattva; und die blauen durch Akshobhya.

Rückverwandlung der Gottheiten in eine erhabenere Form der Einweihungssubstanz

Opfere mit:

Gandham pushpam dhūpam dīpam akshate naividye lāsye hāsye vādye nrtye gītye kāme pūja kuru kuru svāhā. [Bringe Opferungen dar mit Wohlgeruch, Blumen, Räucherwerk, Lichtern, Früchten, Speisen, der unteren Robe, Lächeln, Musik, Tanz, Gesang und Berührung, svāhā.]

Die Vater- und die Mutter-Gottheiten treten in den Zustand der Vereinigung ein. Daraufhin lässt das Feuer des großen Verlangens sie miteinander verschmelzen, und sie werden zum Daumen-Vajra, der Einweihungssubstanz.

Was die Bedeutung der Meditation anbelangt, sollte man sich über Folgendes im Klaren sein: Der Daumen-Vajra schmilzt und verwandelt sich in zwei Buchstaben, aus denen zwei Gottheiten hervorgebracht werden; es verhält sich nicht so, dass der Daumen-Vajra schmilzt und zu einer Gottheit wird, die auch schmilzt und zu einer Gottheit wird, und so weiter. Dies sollte man auch in Hinblick auf die später erwähnten Armreife verstehen.

Einweihung der Schüler unter Verwendung der Einweihungssubstanz

Lichtstrahlen aus dem Herzen des Lamas, der sich von der Hauptgottheit nicht unterscheidet, holen die Einweihungsgottheiten herbei – Vater- und Mutter-Siegreiche, Söhne und Töchter –, die die Weite des Raumes ausfüllen. Vajra-bhairava ākarshaya jah. [Vajra-Furchterzeuger, rufe herbei, jah.]

Opfere mit:

Gandham pushpam dhūpam dīpam akshate naividye lāsye hāsye

vādye nṛtye gītye kāme pūja kuru kuru svāhā. [Bringe Opferungen dar mit Wohlgeruch, Blumen, Räucherwerk, Lichtern, Früchten, Speisen, der unteren Robe, Lächeln, Musik, Tanz, Gesang und Berührung, svāhā.]

Sprich ein Bittgebet:

Ebenso wie Vajradhara
dem Schutz der Wesen im Daseinskreislauf zuliebe
den Buddhas Einweihungen gegeben hat, die Quelle
der guten Eigenschaften,
so gebt diese bitte auch hier.

Ferner:

Die Siegreichen im Raum – Väter und Mütter – entwickeln die Absicht, die Einweihung zu erteilen. Die Bodhisattvas sprechen Glück verheißende Wunschgebete aus. Rūpavajrā und die anderen bringen Opferungen dar; es regnet Blumen und so weiter herab. Männliche und weibliche zornvolle Gottheiten verbannen Hindernisse. Die männlichen und weiblichen Bodhisattvas, die in dem ausgeführten Mandala wohnen und die Daumen-Vajras halten, [sind zur] Erteilung der Einweihung [bereit].

Der Vajra-Helfer hebt die Daumen-Vajras empor. Glück verheißende Wunschgebete werden gesprochen:

Durch eine Glücksverheißung, die dem Herzen aller Empfindenden
innewohnt,
der Essenz von allen, dem unübertroffenen Herrn aller Buddha-
Familien,
dem Ahnherrn all der Empfindenden, der großen Glückseligkeit,
mögest heute du bei der unübertroffenen Erteilung der Einweihung
Glücksverheißung erfahren.

Durch den Buddha, der solche Vollkommenheit besitzt wie ein
Berg aus Gold,
den Beschützer der drei Welten, der die drei Befleckungen aufge-
geben hat,
mit einem Antlitz wie die großen Blütenblätter eines Lotos,

möge dir heute die Glücksverheißung der inneren Befriedung zuteil
werden.

Durch die edelste, unübertroffene, unerschütterliche Lehre, die er
dargelegt hat,
berühmt in den drei Welten, von Göttern und Menschen verehrt,
die vorzüglichste aller Lehren, die sämtlichen Wesen Frieden bringt,
möge dir heute die Glücksverheißung der inneren Befriedung zuteil
werden.

Durch die vorzügliche spirituelle Gemeinschaft, reich an Glücksverheißungen, die Lehre vernommen zu haben,
Stätte der Verehrung von Menschen, Göttern und Halbgöttern,
die edelste, unübertroffene Versammlung, mit dem Bewusstsein
vertraut, Grundstock der Herrlichkeit,
möge dir heute die Glücksverheißung der inneren Befriedung zuteil
werden.

Wenn du den Selbst-Eintritt vornimmst, geht auf dich ein Blumenregen nieder, und wenn einem Schüler die Einweihung erteilt wird, geht auf den Schüler ein Blumenregen nieder.

Wenn ich die Geste ausführe, bei der ich mit dem Ring, der Einweihungssubstanz, Ihre fünf Stellen symbolisch berühre, so stellen Sie sich vor, dass die männlichen und weiblichen Bodhisattvas, die im Mandala wohnen, dies tun und Ihnen damit die Verhaltens-Einweihung erteilen. Stellen Sie sich vor, dass dadurch den fünf Sinneskräften, die Ihnen innewohnen, Segen zuteil wird – woraufhin diese nutzbar werden, ein besonderes nicht-konzeptuelles Gewahrsein hervorgebracht wird und eine unerschütterliche meditative Stabilisierung entsteht, in der die Einsicht in die Leerheit von unabhängiger Eigenexistenz durch das ursprüngliche Gewahrsein und Glückseligkeit von *einer* ununterscheidbaren Natur sind.

Der Meister, der mit leicht angewinkeltem rechtem Bein dasitzt, sagt:

Ich werde die große Vajra-Erteilung der Einweihung geben,
verehrt von den Wesen der drei Bereiche,
entstanden aus der Quelle der drei

Geheimnisse sämtlicher Buddhas.

Om a ā e ai ar ār o au al āl am ah vishayendriya-vishodhani svāhā. [Om a ā e ai ar ār o au al āl am ah, Läuterung der Objekte und der Sinneskräfte, svāhā.]

Nachdem du die fünf Stellen [die Kronenwölbung, beide Schultern, die Oberarme, die Oberschenkel und die Hüften] berührt hast, sprich:

Dies befindet sich an den Händen
sämtlicher Buddhas, Vajrasattvas.
Wahre stets
Vajrapānis unerschütterliches Verhalten. [339]

Überreiche den Daumen-Vajra. Stecke Blumen hinter die Ohren und so weiter.

Unabhängig davon, welche positiven oder negativen Erscheinungen sich den Sinneskräften zeigen, sollten Sie fortan nicht mehr unter den Einfluss von Vorstellungen der Gewöhnlichkeit geraten. Vielmehr sollten Sie jegliche Erscheinung als das Spiel der Leerheit, als das Spiel der Glückseligkeit betrachten und die sichtbaren Formen, Klänge, Gerüche, die für das Geschmacksempfinden und die für das Tastempfinden wahrnehmbaren Phänomene des Begierdebereichs in diesem Sinn nutzen.

Schauen Sie sich zum Beispiel, bevor Sie eine Sonnenbrille mit gelben Gläsern aufsetzen, ein grünes Blatt an, so sehen Sie, dass es grün ist. Setzen Sie anschließend die Sonnenbrille auf, dann erscheint ihnen das Blatt zunächst gelb. Doch genau auf Grund dieses Umstandes stellt sich bei Ihnen sogleich der Gedanke ein, dass es an den Gläsern liegt, wenn Ihnen das Blatt gelb erscheint, dass dieses Blatt tatsächlich jedoch nicht gelb ist. Der Anblick des gelben Blattes ist Voraussetzung für die Vergewisserung, dass das Blatt nicht in der Weise existiert, wie dies den Anschein hat.

Mit dem bedingten Entstehen verhält es sich ebenso. Haben Sie erst einmal ein gutes Verständnis entwickelt, dass die Phänomene in Abhängigkeit von anderen Phänomenen entstehen, dass sie folglich leer sind von unabhängiger Eigenexistenz, wird es Ihnen diesbezüglich so ergehen wie bei dem »gelben« Blatt: Wenn es dann unbestreibar so aussieht, als hätten die Objekte eine unabhängige Eigenexistenz, gibt Ihnen genau dieser Anschein den Anstoß, sich zu vergewissern, dass diese Objekte lediglich dem Anschein nach – nicht jedoch in Wirklichkeit – inhärent existieren. Gerade weil es den Anschein hat, als existierten die Objekte von sich aus, werden Sie veranlasst, sich ihrer Leerheit von solch einer Existenz zu vergewissern.

Wenn Ihnen daraufhin Objekte begegnen, geraten Sie nicht unter den Einfluss dieses Anscheins von unabhängiger Eigenexistenz. Im Gegenteil, genau dieser Anschein verhilft Ihnen dazu, sich zu vergewissern, dass diese Objekte nicht inhärent existieren. Sodann handelt es sich bei jenem Bewusstsein, das sich im Zustand meditativer Ausgeglichenheit der Bedeutung von Leerheit vergewissert, um ein durch die Verschmelzung essenzieller innerer Elemente hervorgerufenes Glückseligkeitsbewusstsein. Wenn solch ein Glückseligkeitsbewusstsein sich einsgerichtet der Leerheit vergewissert, gewahrt es – kraft der vorausgegangenen einsgerichteten Besinnung auf die Untrennbarkeit von Leerheit und Glückseligkeit im Zustand meditativer Ausgeglichenheit – in allem, was sich im Anschluss an solche meditative Ausgeglichenheit zeigt, nicht nur das Spiel der Leerheit, sondern auch das Spiel der Glückseligkeit.

Wenn Sie gewohnt sind, so zu praktizieren, brauchen Sie die Sinne nicht von ihren Objekten abzuwenden, um sie unter Kontrolle zu bekommen. Vielmehr geraten Sie in der Begegnung der Sinne mit ihren Objekten nicht unter den Einfluss von Konzeptualität. Das macht die essenzielle Bedeutung und den Zweck der Verhaltens-Einweihung aus. Das ist Vajra-Verhalten – unteilbares, unzerstörbares Verhalten: Man nutzt die Attribute des Begierdebereichs, ohne unter den Einfluss einer negativen, sich ansonsten verheerend auswirkenden Konzeptualität zu geraten. Auf Grund dessen können die sichtbaren Formen, Klänge, Gerüche, die für das Geschmacksempfinden und die für das Tastempfinden wahrnehmbaren Phänomene des Begierdebereichs Sie nicht überwältigen, beflecken oder aus dem Tritt bringen; vielmehr haben Sie die Attribute des Begierdebereichs unter Kontrolle. Deshalb spricht man hier von Vajra-Verhalten. Denn ein Vajra symbolisiert Unteilbarkeit, Unzerstörbarkeit.

An die Verhaltens-Einweihung schließt sich eine Wasser-Einweihung an.

Der Meister, der mit leicht angewinkeltem rechtem Bein dasitzt, sagt:

Ich werde die große Vajra-Erteilung der Einweihung geben,
verehrt von den Wesen der drei Bereiche,
entstanden aus der Quelle der drei
Geheimnisse sämtlicher Buddhas.

Om ā ī ṝ ū ḹ pañcha-dhātu-vishodhani svāhā. [Om ā ī ṝ ū ḹ, habe deine Grundlage in der Läuterung der fünf Elemente.]

Berühre die fünf Stellen – die Kronenwölbung, die rechte und die linke Schulter, die Oberarme, die Oberschenkel und die Hüften – mit dem Wasser, und nachdem du ein wenig Wasser versprenkelt hast, [lass den Schüler] davon etwas trinken und sich auch damit waschen, wodurch die Einweihung erteilt wird.

Dies beschließt die Zusatz-Einweihung.

Durch die solchermaßen erteilte Einweihung werden die Sinneskräfte und -objekte in deinem Geistesstrom zu männlichen und weiblichen Bodhisattvas. Von ihnen ausgehende Lichtstrahlen holen männliche und weibliche Bodhisattvas aus dem Mandala in der Weise herbei, wie sich eine zweite Butterlampe aus der ersten herauslöst. Die männlichen und weiblichen Bodhisattvas lösen sich in die Sinneskräfte und -objekte in deinem Geistesstrom auf. Auch sämtliche Einweihungsgottheiten werden herbeigerufen und lösen sich in die, zu männlichen und weiblichen Bodhisattvas geläuterten, Sinneskräfte und -objekte deines Geistesstroms auf.

Opfere mit:

Gandham pushpam dhūpam dīpam akshate naividye lāsye hāsye vādye nrtye gītye kāme pūja kuru kuru svāhā. [Bringe Opferungen dar mit Wohlgeruch, Blumen, Räucherwerk, Lichtern, Früchten, Speisen, der unteren Robe, Lächeln, Musik, Tanz, Gesang und Berührung, svāhā.]

Die Bedeutung der Einweihung

Lege sodann die Bedeutung der Einweihung und der mit ihr verbundenen Läuterung dar:

Diese steht in Entsprechung zu der Freude, die ein Kind den fünf Attributen des Begierdebereichs abgewinnt. Sie reinigt Befleckungen der Sinneskräfte und -objekte. Sie autorisiert dich, die besonderen Verwirklichungen der männlichen und weiblichen Bodhisattvas zu erlangen und ermächtigt dich dazu, dass du dich – im Wissen um ihre Natur – der fünf Attribute des Begierdebereichs erfreust. Sie versetzt dich in die Lage, Vajra-Sinneskräfte und Vajra-Sinneswahrnehmungsfelder (*skye mched*, *āyatana*) zu verwirklichen und als Frucht davon die fünfte Stufe zu erreichen.

6

Die Namens-Einweihung

Um zur Läuterung der Handlungsfähigkeiten und der entsprechenden Handlungen die sechste Einweihung, die Namens-Einweihung, zu erhalten, bringen die Schüler eine Mandala-Opferung dar und sprechen ein Bittgebet.

Opferung und Bittgebet

Dem Lama, der von der Vajra-Rede Kālachakras ununterscheidbar ist, wird als Opfergabe für die Erteilung der Namens-Einweihung, welche die Handlungsfähigkeiten und die entsprechenden Handlungen läutert, ein Mandala dargebracht.

Nimm eine Mandala-Opferung vor.

Dem Lama, der persönlichen Gottheit und den Drei Juwelen opfere ich in der Visualisation
Körper, Rede, Geist und alles, worauf ich und andere uns stützen können,
alle Ansammlungen von Verdienst in Vergangenheit, Gegenwart und Zukunft
und das Mandala von wundervoller Kostbarkeit mit den Anhäufungen von Samantabhadras Opfergaben.
Bitte nimm, veranlasst durch dein Mitgefühl, diese Opfergaben an, und gib mir deinen Segen.
Idam guru-ratna-mandalakam niryātayāmi. [Dieses mit Juwelen besetzte Mandala opfere ich dem Guru.]

Sprich dreimal folgendes Bittgebet:

Om ha hā ya yā ra rā va vā la lā sarva-krodha-rājāh sabhāryā maitrī-karunā-mudita-upekshā-sarva-samatā-svabhāvam vajra-pūrvamgamam nāma me dadantu hum hūm phat. [Om ha hā ya yā ra rā va vā la lā, mögen mir all die Könige der Zornvollen mit ihren Gefährtinnen den dem Vajra vorausgehenden Namen gewähren, der die Natur von vollkommen unparteiischer Liebe, Mitgefühl, Freude und Gleichmut hat, hum hūm phat.]

Reinigung, Läuterung und Transformation der Schüler und der Einweihungssubstanzen

Als Nächstes werden die Handlungsfähigkeiten und die entsprechenden Handlungen des Schülers als Gottheiten hervorgebracht. Hierbei wird zwischen [den Gottheiten von] Methode und Weisheit und den gegensätzlichen Elementen eine Verbindung hergestellt. Erde steht in Gegensatz zu Feuer; Feuer steht in Gegensatz zu Wasser; und so weiter.

Entferne [Hindernisse von] dem Schüler und den Armreifen [mit den sechs Silben om āh hūm hoh ham kshah und mit Wasser aus der Muschel], und reinige sie. Mit:

Om shūnyatā-jñāna-vajra-svabhāvātmako 'ham [Ich habe die essenzielle Natur der unteilbaren Leerheit und Weisheit] werden die Handlungsfähigkeiten, die entsprechenden Handlungen[70] und die Armreifen zu Leerheit.

Im Folgenden werden die Handlungsfähigkeiten nicht mit den ihnen entsprechenden Handlungen, sondern mit Handlungen, die zu anderen Handlungsfähigkeiten gehören, verknüpft.

Aus Leerheit hervorgehend [erscheinen] deine Befähigung zur Harnausscheidung, die Handlung des Absonderns der zur Fortpflanzung notwendigen Flüssigkeiten und der Armreif, der die Einweihungssubstanz ist, [als zwei Abfolgen von] Ha und Hā, [die sich in] Vajras [verwandeln]. Aus ihnen gehen Ushnishachakravartī und Raudrākshī hervor: mit drei Gesichtern – einem grünen, einem roten und einem weißen – und sechs Händen; in den drei rechten

Händen halten sie einen Vajra, ein Vajra-Hackmesser und eine Axt; und in den drei linken Händen eine Vajra-Glocke, eine Schädelschale und einen Kopf Brahmās. Sie werden von Atinīlā beziehungsweise von Sumbharāja umarmt.

Deine Fähigkeit des Mundes, die Tätigkeit der Darmentleerung und der Armreif, der die Einweihungssubstanz ist, [erscheinen als zwei Abfolgen von] Ya und Yā, [die sich in] Schwerter [verwandeln]. Aus ihnen gehen der schwarze Vighnāntaka [Atibala] und die schwarze Atibalā hervor [340]: mit drei Gesichtern – einem schwarzen, einem roten und einem weißen – und sechs Händen; in den drei rechten Händen halten sie ein Schwert, ein Vajra-Hackmesser und einen Dreizack; und in den drei linken Händen einen Schild, eine Schädelschale und einen weißen Khatvānga. Sie werden von Stambhakī beziehungsweise von Yamāntaka umarmt.

Deine Fähigkeit der Arme, die Tätigkeit des Gehens und der Armreif, der die Einweihungssubstanz ist, [erscheinen als zwei Abfolgen von] Ra und Rā, [die sich in] Juwelen [verwandeln]. Aus ihnen gehen der rote Prajñāntaka [Jambhaka] und die rote Jambhakī hervor: mit drei Gesichtern – einem roten, einem weißen und einem schwarzen – und sechs Händen; in den drei rechten Händen halten sie einen dreifachen Pfeil, einen Vajra-Haken und eine laut ertönende Dāmaru-Trommel; und in den drei linken Händen einen Bogen, eine Vajra-Fangschlinge und einen Juwel mit neun Facetten. Sie werden von der weißen Māmakī beziehungsweise von Padmāntaka umarmt.

Deine Fähigkeit der Beine, die Tätigkeit des Nehmens und der Armreif, der die Einweihungssubstanz ist, [erscheinen als zwei Abfolgen von] Va und Vā, [die sich in] Lotos-Blüten [verwandeln]. Aus ihnen gehen der weiße Padmāntaka und die weiße Māmakī hervor: mit drei Gesichtern – einem weißen, einem schwarzen und einem roten – und sechs Händen; in den drei rechten Händen halten sie einen Vajra-Hammer, einen Speer und einen Dreizack; und in den drei linken Händen einen hundertblättrigen weißen Lotos, einen Spiegel und eine Gebetskette. Sie werden von der roten Jambhakī beziehungsweise von Prajñāntaka umarmt.

Deine Befähigung zur Stuhlausscheidung, die Tätigkeit des Sprechens und der Armreif, der die Einweihungssubstanz ist, [erscheinen als zwei Abfolgen von] La und Lā, [die sich in] Räder [verwandeln].

Aus ihnen gehen der gelbe Yamāntaka und die gelbe Stambhakī hervor: mit drei Gesichtern – einem gelben, einem weißen und einem schwarzen – und sechs Händen; in den drei rechten Händen halten sie ein Rad, einen Stab und einen Schrecken einflößenden Vajra; und in den drei linken Händen eine Muschel, eine Vajra-Kette und eine laut ertönende Glocke. Sie werden von der schwarzen Atibalā beziehungsweise von Vighnāntaka umarmt.

Deine höchste Befähigung sowie die Tätigkeit des Wasserlassens und der Armreif, der die Einweihungssubstanz ist, [erscheinen als zwei Abfolgen von] Ham und Hah, [die sich in] Vajras [verwandeln]. Aus ihnen gehen der blaue Sumbharāja und die blaue Atinīlā hervor: mit drei Gesichtern – einem blauen, einem roten und einem weißen – und sechs Händen; in den rechten Händen halten sie einen Vajra, ein Vajra-Hackmesser und eine Axt; und in den linken Händen Vajra und Glocke, eine Schädelschale und einen Kopf Brahmās. Sie werden von der grünen Raudrākshī beziehungsweise von Ushnishachakravartī umarmt.

Hier werden die Farbe, die Gesichter und Hände all der männlichen und weiblichen Zornvollen, der Vater- und der Mutter-Gottheiten, in Entsprechung zu den sechs Buddha-Familien visualisiert; mithin anders als bei anderen Gelegenheiten.

In Höhe ihrer Stirn befindet sich ein Om; in Höhe des Halses ein Āh, in Höhe des Herzens ein Hūm und in Höhe des Nabels ein Hoh. Von dem Hūm in Höhe des Herzens ausstrahlendes Licht holt Weisheitswesen herbei, die den meditativ vergegenwärtigten gleichen. Jah hūm bam hoh hi. [Seid herbeigerufen, tretet ein, verschmelzt mit, findet Gefallen daran, und seid vom selben Geschmack.] Daraufhin sind sie vom selben Geschmack wie das entsprechende Samaya-Wesen.

Om ā ī ṝ ū Ī pañcha-dhātu-vishodhani svāhā. [Om ā ī ṝ ū Ī, habe deine Grundlage in der Läuterung der fünf Elemente.]

Die Mütter erteilen den Gottheiten der Einweihungssubstanzen die Einweihung. Sie erhalten das Kronen-Siegel – durch Vajrasattva beziehungsweise durch Amoghasiddhi, Ratnasambhava, Amitābha, Vairochana oder Akshobhya.

Rückverwandlung der Gottheiten in eine erhabenere Form der Einweihungssubstanz

Opfere mit:

Gandham pushpam dhūpam dīpam akshate naividye lāsye hāsye vādye nrtye gītye kāme pūja kuru kuru svāhā. [Bringe Opferungen dar mit Wohlgeruch, Blumen, Räucherwerk, Lichtern, Früchten, Speisen, der unteren Robe, Lächeln, Musik, Tanz, Gesang und Berührung, svāhā.]

Die Vater-Gottheit und die Mutter-Gottheit treten in den Zustand der Vereinigung ein. Daraufhin lässt das Feuer des großen Verlangens sie miteinander verschmelzen, und sie werden zu den Armreifen, den Einweihungssubstanzen. [341]

Einweihung der Schüler unter Verwendung der Einweihungssubstanz

Lichtstrahlen aus dem Herzen des Lamas, der sich von der Hauptgottheit nicht unterscheidet, holen die Einweihungsgottheiten herbei – Vater- und Mutter-Siegreiche, Söhne und Töchter –, die die Weite des Raumes ausfüllen. Vajra-bhairava ākarshaya jah. [Vajra-Furchterzeuger, rufe herbei, jah.]

Opfere mit:

Gandham pushpam dhūpam dīpam akshate naividye lāsye hāsye vādye nrtye gītye kāme pūja kuru kuru svāhā. [Bringe Opferungen dar mit Wohlgeruch, Blumen, Räucherwerk, Lichtern, Früchten, Speisen, der unteren Robe, Lächeln, Musik, Tanz, Gesang und Berührung, svāhā.]

Sprich ein Bittgebet:

Ebenso wie Vajradhara
dem Schutz der Wesen im Daseinskreislauf zuliebe
den Buddhas Einweihungen gegeben hat, die Quelle
der guten Eigenschaften,
so gebt diese bitte auch hier.

Ferner:

Die Siegreichen im Raum – Väter und Mütter – entwickeln die Absicht, die Einweihung zu erteilen. Die Bodhisattvas sprechen Glück verheißende Wunschgebete aus. Rūpavajrā und die anderen bringen Opferungen dar; es regnet Blumen und so weiter herab. Männliche und weibliche zornvolle Gottheiten verbannen Hindernisse. Die männlichen und weiblichen zornvollen Gottheiten in dem ausgeführten Mandala halten die Armreifen, [und sie sind zur] Erteilung der Einweihung [bereit].

Der Vajra-Helfer hebt die Armreifen empor. Glück verheißende Wunschgebete werden gesprochen:

Durch eine Glücksverheißung, die dem Herzen aller Empfindenden innewohnt,
der Essenz von allen, dem unübertroffenen Herrn aller Buddha-Familien,
dem Ahnherrn all der Empfindenden, der großen Glückseligkeit,
mögest heute du bei der unübertroffenen Erteilung der Einweihung Glücksverheißung erfahren.

Durch den Buddha, der solche Vollkommenheit besitzt wie ein Berg aus Gold,
den Beschützer der drei Welten, der die drei Befleckungen aufgegeben hat,
mit einem Antlitz wie die großen Blütenblätter eines Lotos,
möge dir heute die Glücksverheißung der inneren Befriedung zuteil werden.

Durch die edelste, unübertroffene, unerschütterliche Lehre, die er dargelegt hat,
berühmt in den drei Welten, von Göttern und Menschen verehrt,
die vorzüglichste aller Lehren, die sämtlichen Wesen Frieden bringt,
mögen dir heute Glück verheißende Wunschgebete der inneren Befriedung zuteil werden.

Durch die vorzügliche spirituelle Gemeinschaft, reich an Glücksverheißungen, die Lehre vernommen zu haben,

Stätte der Verehrung von Menschen, Göttern und Halbgöttern,
die edelste, unübertroffene Versammlung, mit dem Bewusstsein vertraut,
Grundstock der Herrlichkeit,
möge dir heute die Glücksverheißung der inneren Befriedung zuteil werden.

Wenn du den Selbst-Eintritt vornimmst, geht auf dich ein Blumenregen nieder, und wenn einem Schüler die Einweihung erteilt wird, geht auf den Schüler ein Blumenregen nieder.

Die männlichen und weiblichen zornvollen Gottheiten des Mandala halten die Armreifen, die hier die Einweihungssubstanzen sind, und geben sie Ihnen. Wenn sie mit den Armreifen Ihre fünf Stellen berühren, wird Ihren Handlungsfähigkeiten und den entsprechenden Tätigkeiten Segen zuteil, so dass sie nutzbar werden. Stellen Sie sich vor, dass dadurch in Ihrem Geistesstrom ein besonderes nicht-konzeptuelles Gewahrsein hervorgebracht wird.

Der Meister, der mit leicht angewinkeltem rechten Bein dasitzt, sagt:

Ich werde die große Vajra-Erteilung der Einweihung geben,
verehrt von den Wesen der drei Bereiche,
entstanden aus der Quelle der drei
Geheimnisse sämtlicher Buddhas.

Om ha hā ya yā ra rā va vā la lā chatur-brahma-viharā-vishuddha svāhā. [Om ha hā ya yā ra rā va vā la lā, die vollkommene Reinheit der vier Orte der Reinheit, svāhā.]

Berühre die fünf Stellen [die Kronenwölbung, beide Schultern, die Oberarme, die Oberschenkel und die Hüften] mit Armreifen aus Edelsteinen oder Blumen, und lege sie auf die Arme und Beine.

»Namens-Einweihung« heißt diese Einweihung aus folgendem Grund: Wenn wir zum Beispiel jemanden als Lehrer oder als Ingenieur bezeichnen, so erhält der Betreffende diese Bezeichnung, diesen Namen, auf Grund seiner Tätigkeit; und das Hauptanliegen dieser Einweihung ist die Reinigung der Handlungsfähigkeiten beziehungsweise der entsprechenden Tätigkeiten, woraufhin den Schülern die Verwirklichung von Erleuchtung vorausgesagt wird.

An die Namens-Einweihung schließt sich eine Wasser-Einweihung an.

Der Meister, der mit leicht angewinkeltem rechten Bein dasitzt, sagt:

Ich werde die große Vajra-Erteilung der Einweihung geben,
verehrt von den Wesen der drei Bereiche,
entstanden aus der Quelle der drei
Geheimnisse sämtlicher Buddhas.

Om ā ī ṝ ū Ī pañcha-dhātu-vishodhani svāhā. [Om ā ī ṝ ū Ī, habe deine Grundlage in der Läuterung der fünf Elemente.]

Berühre die fünf Stellen – die Kronenwölbung, die rechte und die linke Schulter, die Oberarme, die Oberschenkel und die Hüften – mit dem Wasser, und nachdem du ein wenig Wasser versprenkelt hast, [lass den Schüler] davon etwas trinken und sich auch damit waschen, wodurch die Einweihung erteilt wird.

Dies beschließt die Zusatz-Einweihung.

Um Ihnen nun einen Namen zu geben, legt der Lama äußere Mönchsroben von der Art an, wie sie auch der Guru Buddha Shākyamuni getragen hat, und erhebt sich. Als Symbol der Furchtlosigkeit hält er ein Ende der Robe nach Art eines Löwenohrs. In Entsprechung zu der Buddha-Familie, die zuvor durch das Werfen einer Blume auf die quadratische (Holz-) Tafel bestimmt wurde, gibt er den Schülern dann einen Namen und prophezeit, dass Sie mit einem bestimmten Namen zu einem So-Gegangenen mit einem Wahrheitskörper und mit Formkörpern werden. Stellen Sie sich, wenn der Lama den Namen ausspricht, vor, dass in Ihrem Geist ein nicht-konzeptueller Zustand hervorgerufen wird, große Glückseligkeit entsteht und in Ihrem Geistesstrom ein besonderes ursprüngliches Gewahrsein von untrennbarer Glückseligkeit und Leerheit hervorgebracht wird, in dem das Glückseligkeitsbewusstsein sich der Abwesenheit von unabhängiger Eigenexistenz vergewissert.

Der Lama nimmt die Erscheinungsform eines So-Gegangenen an. Mit seiner linken Hand hält er die [beiden] Enden seiner Mönchsrobe in Höhe seines Herzens und bildet mit seiner rechten Hand das Siegel der Gewährung von Furchtlosigkeit. Sage:

Mit [allen] Vajrasattvas, So-Gegangenen,
prophezeie ich hier, dass du
nach der Befreiung[71] aus den ungünstigen Wiedergeburten
den Daseinskreislauf zur Ruhe bringen wirst.

Ihnen wird prophezeit, dass Sie ein Buddha werden: durch Verwirklichung von Formkörpern, deren Aufgabe in der Befreiung der empfindenden Wesen aus den ungünstigen Wiedergeburten des Daseinskreislaufs besteht, und durch Verwirklichung eines Wahrheitskörpers – der Aufhebung des Daseinskreislaufs in der Sphäre tiefen Friedens.

O Vajra (Ihr Mantra-Name), tathāgata-siddhi-samayas tvam bhūr bhuva[h]svah. [O, da du zur Einsicht in die Wirklichkeit (der drei Bereiche) unter der Erde, auf der Erde und in den Himmeln befähigt bist, wirst du zum So-Gegangenen werden, Vajra (Ihr Mantra-Name).]

Verwende einen Namen, der zu jener Buddha-Familie gehört, auf die die Blume [beim Wurf auf das Mandala] fiel.

Durch die Erteilung der Einweihung in dieser Weise und durch solch eine Prophezeiung werden deine Handlungsfähigkeiten und Handlungen zu den männlichen und weiblichen zornvollen Gottheiten. Lichtstrahlen gehen von ihnen aus und ziehen weibliche und männliche zornvolle Gottheiten des Mandala auf eine Weise an, wie sich eine zweite Butterlampe aus der ersten löst. Die männlichen und weiblichen zornvollen Gottheiten lösen sich in deine, zu den männlichen und weiblichen zornvollen Gottheiten geläuterten, Handlungsfähigkeiten und entsprechenden Handlungen auf. Auch sämtliche Einweihungsgottheiten werden herbeigerufen und lösen sich in deine, zu den männlichen und weiblichen zornvollen Gottheiten geläuterten, Handlungsfähigkeiten und die entsprechenden Handlungen auf.

Opfere mit:

Gandham pushpam dhūpam dīpam akshate naividye lāsye hāsye vādye nrtye gītye kāme pūja kuru kuru svāhā. [Bringe Opferungen dar mit Wohlgeruch, Blumen, Räucherwerk, Lichtern, Früchten, Speisen, der unteren Robe, Lächeln, Musik, Tanz, Gesang und Berührung, svāhā.]

Die Bedeutung der Einweihung

Lege sodann die Bedeutung der Einweihung und der mit ihr verbundenen Läuterung dar:

Diese steht in Entsprechung zur Namensgebung bei einem Kind. Sie reinigt Befleckungen der Handlungsfähigkeiten und entsprechender Handlungen. Sie autorisiert dich, die besonderen Verwirklichungen der männlichen und weiblichen zornvollen Gottheiten zu erlangen. Sie verschafft dir die Fähigkeit, durch die vier Unermesslichen[72] die vier Dämonen zu überwinden und als Frucht davon die sechste Stufe zu erreichen.

Dann beschreibe die mit beiden Einweihungen verbundene Läuterung:

Ebenso wie im Mutterschoß die Grundlagen für die Handlungsfähigkeiten und die entsprechenden Handlungen entstehen, reinigen die beiden im Bereich des östlichen Antlitzes des erhabenen Geistes vorgenommenen Einweihungen Befleckungen des Geistes, die bewirken, dass die Sinne von Objekten gefesselt werden und die Handlungsfähigkeiten mit Handlungen beschäftigt sind. Sie legen [in deinem Geistesstrom] Potenziale für den erhabenen Vajra-Geist an und autorisieren dich, die besonderen Verwirklichungen des erhabenen Vajra-Geistes zu erlangen.

7
Die Erlaubnis-Einweihung und die Ergänzungen

Dieser Abschnitt hat zwei Teile: die eigentliche Erlaubnis-Einweihung und die Ergänzungen dazu. [342]

Die Erlaubnis-Einweihung

Bei der Erlaubnis-Einweihung geht es um die Lehr-Autorisierung des Schülers: Er oder sie erhält die Erlaubnis, den Angehörigen der einzelnen Buddha-Familien, wie etwa der von Vairochana, unter Berücksichtigung ihrer jeweiligen Neigungen und Interessen Unterweisungen zu geben. Zu diesem Zweck betrachten die Schüler zunächst einmal den Lama als ununterscheidbar von der Gottheit des ursprünglichen Vajra-Bewusstseins, nehmen eine Mandala-Opferung vor und sprechen ein Bittgebet.

Opferung und Bittgebet

Der Schüler, der das Mandala wieder im Uhrzeigersinn umschreitet, wird zum westlichen Tor geführt. Auf das [gelbe] Antlitz des ursprünglichen Bewusstseins [von Kālachakra] blickend, sitzt der Schüler auf dem Einweihungssitz. Dem Lama, vom ursprünglichen Vajra-Bewusstsein Kālachakras ununterscheidbar, wird als Opfergabe für die Erteilung der Erlaubnis-Einweihung, die das ursprüngliche Bewusstsein [d. h. das Glückseligkeitsbewusstsein] läutert, ein Mandala dargebracht.

Nimm eine Mandala-Opferung vor.

Dem Lama, der persönlichen Gottheit und den Drei Juwelen opfere ich in der Visualisation
Körper, Rede, Geist und alles, worauf ich und andere uns stützen können,
alle Ansammlungen von Verdienst in Vergangenheit, Gegenwart und Zukunft
und das Mandala von wundervoller Kostbarkeit mit den Anhäufungen von Samantabhadras Opfergaben.
Bitte nimm, veranlasst durch dein Mitgefühl, diese Opfergaben an, und gib mir deinen Segen.
Idam guru-ratna-mandalakam niryātayāmi. [Dieses mit Juwelen besetzte Mandala opfere ich dem Guru.]

Sprich dreimal folgendes Bittgebet:

Om evam padma-vajra-chīhnau prajñopāyau mandala-adhipati-vajra-sukha-jñānāmgam mama dadatām ham hah hūm phat. [Om evam, mögen mir bitte Weisheit und Methode, symbolisiert durch Lotos und Vajra, als Zweig des ursprünglichen Vajra-Gewahrseins der Glückseligkeit eines Mandala-Gebieters gewährt werden, ham hoh hūm phat.]

Die innere Einweihung

Dann wird eine innere Einweihung erteilt, in deren Verlauf die Schüler als Gottheiten des ursprünglichen Vajra-Bewusstseins hervorgebracht werden.

Entferne [Hindernisse von den Schülern mit den sechs Silben om āh hūm hoh ham kshah und mit Wasser aus der Muschel].

Lichtstrahlen gehen beim Lama, der sich von der Hauptgottheit nicht unterscheidet, von dem Hum in Höhe seines Herzens aus und ziehen dich an. Du gelangst in seinen Mund, legst den Weg durch das Zentrum seines Körpers zurück, gelangst über den Vajra-Pfad in den Lotos der Mutter und verschmilzst zu einem Tropfen, der zu Leerheit wird. Aus Leerheit entsteht ein Ho, [das sich in] ein Rad [verwandelt], aus dem eine gelbe Gottheit des ursprünglichen Vajra-

Bewusstseins hervorgebracht wird: mit drei Gesichtern – einem gelben, einem weißen und einem schwarzen – und sechs Händen; in den rechten Händen ein Rad, ein Stab und ein Schrecken einflößender Vajra; in den linken Händen eine Muschel, eine Vajra-Kette und eine läutende Glocke. Er wird von Tārā umarmt.

Lichtstrahlen aus dem Herzen des Lamas, der sich von der Hauptgottheit nicht unterscheidet, holen Weisheitswesen, die den meditativ vergegenwärtigten gleichen, herbei. Jah hūm bam hoh hi. [Seid herbeigerufen, tretet ein, verschmelzt mit, findet Gefallen daran, und seid vom selben Geschmack.] Daraufhin sind sie vom selben Geschmack.

Lichtstrahlen aus dem Herzen des Lamas, der sich von der Hauptgottheit nicht unterscheidet, holen all die Siegreichen aus den zehn Richtungen herbei – Väter, Mütter, Söhne und Töchter. Vajra-bhairava ākarshaya jah. [Vajra-Furchterzeuger, rufe herbei, jah.]

Opfere mit:

Gandham pushpam dhūpam dīpam akshate naividye lāsye hāsye vādye nrtye gītye kāme pūja kuru kuru svāhā. [Bringe Opferungen dar mit Wohlgeruch, Blumen, Räucherwerk, Lichtern, Früchten, Speisen, der unteren Robe, Lächeln, Musik, Tanz, Gesang und Berührung, svāhā.]

Ebenso wie Vajradhara
dem Schutz der Wesen im Daseinskreislauf zuliebe
den Buddhas Einweihungen gegeben hat, die Quelle
der guten Eigenschaften,
so gebt diese bitte auch hier.

Indem du so das Bittgebet sprichst, treten alle Siegreichen, Väter, Mütter und so weiter in den Zustand der Vereinigung ein; das Feuer des großen Verlangens [mit anderen Worten große Glückseligkeit] lässt sie miteinander verschmelzen; und sie treten über die Kronenwölbung in den Lama ein, der sich von der Hauptgottheit nicht unterscheidet. Der aus dem Vajra-Pfad hervorgehende Erleuchtungsgeist erteilt dir, der du zu einer Gottheit des ursprünglichen Vajra-Bewusstseins gemacht worden bist, die Einweihung.

Du kommst aus dem Lotos der Mutter hervor und sitzt auf dem Einweihungssitz.

Reinigung, Läuterung und Transformation der Schüler und der Einweihungssubstanzen

Die äußeren Einweihungssubstanzen sind die Hand-Symbole [Vajra, Schwert, Juwel, Lotos und Rad], und der innere Faktor auf Seiten des Schülers ist das Aggregat des ursprünglichen Bewusstseins. Von den insgesamt 36 Kategorien – Elementen sowie geistigen und physischen Aggregaten – sind 34 bereits als Gottheiten hervorgebracht worden. Die Erlaubnis-Einweihung ist ein Mittel zur Läuterung des Aggregats und des Elements des ursprünglichen Bewusstseins.

»Ursprüngliches Bewusstsein« steht hier in Beziehung zum Tropfen des vierten Zustands, verweist also auf den Faktor, der Glückseligkeit und Nicht-Konzeptualität hervorruft. Dieser Faktor des ursprünglichen Bewusstseins wie auch die Hand-Symbole werden jetzt als die Gottheiten Vajrasattva und Prajñāpāramitā hervorgebracht.

Entferne dann [Hindernisse] von den Schülern und den Hand-Symbolen [mit den sechs Silben om āh hūm hoh ham kshah und mit Wasser aus der Muschel], und reinige sie. Mit:

Om shūnyatā-jñāna-vajra-svabhāvātmako ´ham [Ich habe die essenzielle Natur der unteilbaren Leerheit und Weisheit] verwandeln sich dein Aggregat des ursprünglichen Bewusstseins, dein Element des ursprünglichen Bewusstseins[73] ebenso wie die Hand-Symbole in Leerheit.

Aus Leerheit hervorgehend [erscheinen] dein Aggregat des ursprünglichen Bewusstseins, dein Element des ursprünglichen Bewusstseins und die Hand-Symbole [als zwei Abfolgen von] Ham und Kshah, [die sich in] Vajras [verwandeln]. Aus ihnen gehen der blaue Vajrasattva und die blaue Prajñāpāramitā hervor; sie haben drei Gesichter – ein blaues, ein rotes und ein weißes – und sechs Hände; in ihren drei rechten Händen halten sie einen Vajra, ein Vajra-Hackmesser und eine Axt; und in ihren drei linken Händen eine Vajra-Glocke, eine Schädelschale und einen Kopf Brahmās. Sie werden von Dharmadhātvīshvarī beziehungsweise von Akshobhya umarmt.

In Höhe ihrer Stirn befindet sich ein Om, in Höhe des Halses ein Āh, in Höhe des Herzens ein Hūm und in Höhe des Nabels ein Hoh. Von dem Hūm in Höhe ihres Herzens ausstrahlendes Licht holt Weisheitswesen herbei, die den meditativ vergegenwärtigten gleichen. Jah hūm bam hoh hi. [Seid herbeigerufen, tretet ein, verschmelzt mit, findet Gefallen daran, und seid vom selben Geschmack.] Daraufhin sind sie vom selben Geschmack wie das entsprechende Samaya-Wesen.

Om ā ī r̄ ū Ī pañcha-dhātu-vishodhani svāhā. [Om ā ī r̄ ū Ī, habe deine Grundlage in der Läuterung der fünf Elemente, svāhā.]

Die Mütter erteilen den Gottheiten der Einweihungssubstanzen die Einweihung. Diese erhalten das Kronen-Siegel durch Akshobhya.

Rückverwandlung der Gottheiten in eine erhabenere Form der Einweihungssubstanz

Opfere [diesen Gottheiten] mit:

Gandham pushpam dhūpam dīpam akshate naividye lāsye hāsye vādye nrtye gītye kāme pūja kuru kuru svāhā. [Bringe Opferungen dar mit Wohlgeruch, Blumen, Räucherwerk, Lichtern, Früchten, Speisen, der unteren Robe, Lächeln, Musik, Tanz, Gesang und Berührung, svāhā.]

Die Vater- und Mutter-Gottheiten treten in den Zustand der Vereinigung ein; durch das Feuer des großen Verlangens zum Schmelzen gebracht, werden sie zu den Hand-Symbolen, den Einweihungssubstanzen.

Einweihung der Schüler unter Verwendung der Einweihungssubstanz

Lichtstrahlen aus dem Herzen des Lamas, der sich von der Hauptgottheit nicht unterscheidet, holen die Einweihungsgottheiten herbei – Vater- und Mutter-Siegreiche, Söhne und Töchter –, die die Weite des Raumes ausfüllen. Vajra-bhairava ākarshaya jah. [Vajra-Furchterzeuger, rufe herbei, jah.]

Opfere mit:

Gandham pushpam dhūpam dīpam akshate naividye lāsye hāsye vādye nrtye gītye kāme pūja kuru kuru svāhā. [Bringe Opferungen dar mit Wohlgeruch, Blumen, Räucherwerk, Lichtern, Früchten, Speisen, der unteren Robe, Lächeln, Musik, Tanz, Gesang und Berührung, svāhā.]

Sprich ein Bittgebet:

Ebenso wie Vajradhara
dem Schutz der Wesen im Daseinskreislauf zuliebe
den Buddhas Einweihungen gegeben hat, die Quelle
der guten Eigenschaften,
so gebt diese bitte auch hier.

Ferner:

Die Siegreichen im Raum – Väter und Mütter – entwickeln die Absicht, die Einweihung zu erteilen. Die Bodhisattvas sprechen Glück verheißende Wunschgebete aus. Rūpavajrā und die anderen bringen Opferungen dar; es regnet Blumen und so weiter herab. Männliche und weibliche zornvolle Gottheiten verbannen Hindernisse. Vajrasattva und Prajñāpāramitā, die in dem Mandala wohnen und die Hand-Symbole halten, [sind zur] Erteilung der Einweihung [bereit].

Der Vajra-Helfer hebt die Hand-Symbole empor. Glück verheißende Wunschgebete werden gesprochen:

Durch Glücksverheißungen, die dem Herzen aller Empfindenden innewohnen,
der Essenz von allen, dem unübertroffenen Herrn aller Buddha-Familien,
dem Ahnherrn all der Empfindenden, der großen Glückseligkeit,
mögest heute du bei der unübertroffenen Erteilung der Einweihung Glücksverheißung erfahren.

Durch den Buddha, der solche Vollkommenheit besitzt wie ein Berg aus Gold,
den Beschützer der drei Welten, der die drei Befleckungen aufgegeben hat,
mit einem Antlitz wie die großen Blütenblätter eines Lotos,
möge dir heute die Glücksverheißung der inneren Befriedung zuteil werden.

Durch die edelste, unübertroffene, unerschütterliche Lehre, die er dargelegt hat,
berühmt in den drei Welten, von Göttern und Menschen verehrt,
die vorzüglichste aller Lehren, die sämtlichen Wesen Frieden bringt,
möge dir heute die Glücksverheißung der inneren Befriedung zuteil werden.

Durch die vorzügliche spirituelle Gemeinschaft, reich an Glücksverheißungen, die Lehre vernommen zu haben,
Stätte der Verehrung von Menschen, Göttern und Halbgöttern,
die edelste, unübertroffene Versammlung, mit dem Bewusstsein vertraut, Grundstock der Herrlichkeit,
möge dir heute die Glücksverheißung der inneren Befriedung zuteil werden.

Wenn du den Selbst-Eintritt vornimmst, geht auf dich ein Blumenregen nieder, und wenn einem Schüler die Einweihung erteilt wird, geht auf den Schüler ein Blumenregen nieder.

Indem die fünf Stellen des Schülers jeweils mit allen fünf Hand-Symbolen berührt werden, erfolgt eine allgemeine Erlaubnis-Einweihung für die fünf Buddha-Familien. Stellen Sie sich vor, dass Vajrasattva und Prajñāpāramitā, die im Mandala wohnen und die fünf Hand-Symbole halten, Ihre fünf Stellen berühren, woraufhin das ursprüngliche Gewahrsein großer Glückseligkeit in Ihrem Geistesstrom entsteht. So wird die Einweihung erteilt.

Um allen empfindenden Wesen
in allen Welten auf jegliche Weise zu helfen,
drehe das Rad der Lehre so,
wie es der Zähmung der verschiedenen Wesen angemessen ist.

Da allen empfindenden Wesen geholfen werden muss und da diese den verschiedenen Buddha-Familien angehören, also unterschiedliche Neigungen und Interessen haben, sollten Sie diese Wesen in Entsprechung zu ihrer Buddha-Familie – das heißt, ihren Neigungen und Interessen entsprechend – in den Lehren unterweisen. Diesen Wesen sollte stets das vermittelt werden, was dazu angetan ist, den Geist der betreffenden Buddha-Familie – der Vajra-, Schwert-, Lotos-, Juwelen- oder Rad-Familie – zu zähmen.

Om ham kshah dharma-chakra-pravartaka svāhā. [Om ham kshah,
der du das Rad der Lehre drehst, svāhā.]

Erteile die Einweihung, indem du die fünf Stellen [die Kronenwölbung, beide Schultern, die Oberarme, die Oberschenkel und die Hüften] mit allen fünf Hand-Symbolen gleichzeitig berührst.

Um allen empfindenden Wesen
in allen Welten auf jegliche Weise zu helfen,
drehe das Vajra-Rad so,
wie es der Zähmung der verschiedenen Wesen angemessen ist.
Om ham kshah vajra-chakra-pravartaka svāhā.
[Om ham kshah, der du das Vajra-Rad drehst, svāhā.]

Um allen empfindenden Wesen
in allen Welten auf jegliche Weise zu helfen,
drehe das Schwert-Rad so,
wie es der Zähmung der verschiedenen Wesen angemessen ist.
Om ham kshah khadga-chakra-pravartaka svāhā.
[Om ham kshah, der du das Schwert-Rad drehst, svāhā.]

Um allen empfindenden Wesen
in allen Welten auf jegliche Weise zu helfen,
drehe das Juwelen-Rad so,
wie es der Zähmung der verschiedenen Wesen angemessen ist.
Om ham kshah ratna-chakra-pravartaka svāhā.
[Om ham kshah, der du das Juwelen-Rad drehst, svāhā.]

Um allen empfindenden Wesen
in allen Welten auf jegliche Weise zu helfen,
drehe das Lotos-Rad so,
wie es der Zähmung der verschiedenen Wesen angemessen ist.
Om ham kshah padma-chakra-pravartaka svāhā.
[Om ham kshah, der du das Lotos-Rad drehst, svāhā.]

Um allen empfindenden Wesen
in allen Welten auf jegliche Weise zu helfen,
drehe das Rad des Rades so,
wie es der Zähmung der verschiedenen Wesen angemessen ist.
Om ham kshah chakra-chakra-pravartaka svāhā.
[Om ham kshah, der du das Rad des Rades drehst, svāhā.] [343]

Händige den Schülern die fünf Hand-Symbole – den Vajra und so weiter – [eins nach dem anderen] aus.

Die Schüler gehören unterschiedlichen Buddha-Familien an – manche gehören zur Buddha-Familie von Akshobhya, manche zu der von Vairochana, andere zu der von Ratnasambhava, und so weiter; die Schüler aus den verschiedenen Buddha-Familien sollten Sie daher ihren Neigungen gemäß in der Lehre unterweisen.

An die Erlaubnis-Einweihung schließt sich eine Wasser-Einweihung an.

Der Meister, der mit leicht angewinkeltem rechten Bein dasitzt, sagt:

Ich werde die große Vajra-Erteilung der Einweihung geben,
verehrt von den Wesen der drei Bereiche,
entstanden aus der Quelle der drei
Geheimnisse sämtlicher Buddhas.

Om ā ī ṝ ū ḹ pañcha-dhātu-vishodhani svāhā. [Om ā ī ṝ ū ḹ, habe deine Grundlage in der Läuterung der fünf Elemente.]

Berühre die fünf Stellen – die Kronenwölbung, die rechte und die linke Schulter, die Oberarme, die Oberschenkel und die Hüften – mit dem Wasser, und nachdem du ein wenig Wasser versprenkelt hast, [lass den Schüler] davon etwas trinken und sich auch damit waschen, wodurch die Einweihung erteilt wird.

Dies beschließt die Zusatz-Einweihung.

Durch die Erteilung der Einweihung werden dein Aggregat des ursprünglichen Bewusstseins [d. h. Glückseligkeit] und dein Element des ursprünglichen Bewusstseins zu Vajrasattva, Vater und Mutter. Von ihnen ausgehende Lichtstrahlen holen männliche und weibliche Vajrasattvas in der Weise herbei, wie sich eine zweite Butterlampe aus der ersten löst. Männliche und weibliche Vajrasattvas lösen sich in dein, zu männlichen und weiblichen Vajrasattvas geläutertes Aggregat des ursprünglichen Bewusstseins und dein Element des ursprünglichen Bewusstseins auf. Auch sämtliche Einweihungsgottheiten werden herbeigerufen und lösen sich in dein Aggregat des ursprünglichen Bewusstseins und dein Element des ursprünglichen Bewusstseins auf.

Opfere mit:

Gandham pushpam dhūpam dīpam akshate naividye lāsye hāsye vādye nrtye gītye kāme pūja kuru kuru svāhā. [Bringe Opferungen dar mit Wohlgeruch, Blumen, Räucherwerk, Lichtern, Früchten, Speisen, der unteren Robe, Lächeln, Musik, Tanz, Gesang und Berührung, svāhā.]

Um den Schüler dazu zu bewegen, das Wohl der anderen Wesen herbeizuführen, wird ihm ein Rad kurz in die Hände gelegt, das dies symbolisiert.

Dann:

Aus bhrūm geht ein Rad hervor.
Om vajra-hetu mam. [Om, Vajra-Ursache, mam.]

Gib es nach vorne oder auf den Sitz.

Wie lässt sich das Wohl der anderen herbeiführen? Vor allem durch Darlegung der Lehre. Daher ist es an Ihnen, das Wohl der anderen zu bewirken, indem Sie die Muschel der Lehre weithin vernehmbar erschallen lassen.

Aus dem Schlussvokal ah geht eine Muschel hervor.
Om vajra-bhāsha ram. [Om, Vajra-Rede, ram.]

Gib sie in die rechte Hand.

Welche Lehre gilt es darzulegen? Fürs Erste sollten Sie den empfindenden Wesen eine ihren Neigungen und Interessen angemessene Lehre darlegen, um sie schließlich auf den Weg des *Kālachakra-Tantra* zu geleiten.

Aus dem ersten Vokal A geht ein Buch [des *Kālachakra-Tantra*] hervor.
A.

Von diesem Moment an, da du heute die Absicht hervorbringst,
[das Rad der Lehre zu drehen],
vollständig und in jeder Weise erfüllt
von der unübertroffenen Muschel der Lehre,
drehe das Rad der Lehre.[74]

Gib es in beide Hände.

Auch bei der Darlegung der Lehre sollte man niemals das Wissen um die Leerheit von unabhängiger Eigenexistenz aus dem Blick verlieren und man sollte in diesem Wissen sämtliche Phänomene so betrachten, als seien sie gleichsam von einem Magier hervorgerufene Illusionen. In Übereinstimmung mit solch einem Wissen um die Bestehensweise der Phänomene und von einsgerichtetem Altruismus motiviert, sollten Sie das Wohl der empfindenden Wesen herbeiführen.

Aus dem Schlussvokal ah geht eine Glocke hervor.
Ah.

Gib sie in die linke Hand und lass sie [von dem Schüler] läuten.

Wiederholen Sie die Verszeilen, die ich Ihnen gleich vorsprechen werde, und läuten Sie am Ende der letzten Zeile die Glocke. Die Bedeutung dieser Zeilen ist: »Sämtliche Phänomene haben die Natur von Raum.« Was kennzeichnet Raum? – »Raum« wird hier in negativer Hinsicht bestimmt: als bloßes Nichtvorhandensein von Hindernissen, mit denen man in Berührung kommen könnte. In Entsprechung dazu sind sämtliche Phänomene leer von unabhängiger Eigenexistenz. Und so wie Raum lediglich unter dem Aspekt des Nichtvorhandenseins von Hindernissen, mit denen man in Berührung kommen könnte – und nicht anhand eines positiven Phänomens –, definiert wird, besteht die letztendliche Natur sämtlicher Phänomene im bloßen Nichtvorhandensein einer unabhängigen Eigenexistenz und ist lediglich eine nominelle Festlegung. »Indem du dein Gewahrsein mit dieser raumgleichen Natur der Phänomene eins werden lässt, kommt die höchste Natur der Phänomene – ihre Wirklichkeit – in jeder Hinsicht klar zum Vorschein.«

Gelangt man nämlich bei *einem* Phänomen zur Einsicht in die Leerheit von unabhängiger Eigenexistenz, so wird einem allein schon auf Grund dieser Einsicht die Leerheit aller übrigen Phänomene ebenfalls klar. Darum sollten Sie eine Lehre darlegen, die sich vom Verständnis der Leerheit aller Phänomene, des Nichtvorhandenseins einer unabhängigen Eigenexistenz, herleitet.

Alles hat die Natur von Raum.
Raum hat ebenfalls keine Natur [von unabhängiger
Eigenexistenz].
Durch den Yoga des Einssein mit Raum,
ist im Einssein das Höchste von allem offenbar.

Von diesem Moment an, da du heute die Absicht hervorbringst,
[das Rad der Lehre zu drehen],
vollständig und in jeder Weise erfüllt
von der unübertroffenen Muschel der Lehre,
drehe das Rad der Lehre.

Um allen empfindenden Wesen
in allen Welten auf jegliche Weise zu helfen,
drehe das Rad der Lehre so,
wie es der Zähmung der verschiedenen Wesen angemessen ist.

Führe nun das Wohl der empfindenden Wesen herbei,
durch [die Lehre], die die essenzielle Natur von Weisheit
und Methode hat,
edel wie ein wunscherfüllender Juwel,
ohne Hindernis und frei von Zweifeln.

Auf diese Weise sollten Sie das Wohl der empfindenden Wesen herbeiführen und dabei keine Trennung von Methode (der altruistischen Motivation) und Weisheit zulassen.

Nun versichern Sie, dass Sie genau den Unterweisungen gemäß handeln werden.

Nachdem der Schüler dem Lama seine Ehrerbietung erwiesen hat, sagt er:

Wie es der Gebieter erklärt, so werde ich es tun.

Ergänzungen

Der Abschnitt mit den Ergänzungen zur Erlaubnis-Einweihung besteht aus zwei Teilen: 1.) den vier ergänzenden Zweigen – Erteilung des Mantra und so weiter – und 2.) der Meister-Einweihung, der Hauptergänzung.

Die vier ergänzenden Zweige: Das (dreifache) Mantra wird erteilt; ferner werden Augenmedizin, ein Spiegel sowie Pfeil und Bogen gegeben.

Erteilung des Mantra

Der Lama bittet:

O ihr überirdischen Siegreichen, ich werde es gewähren.
Bitte gebt darauf Acht. [344]

Um diesen Segen zu erhalten, sprechen die Schüler ein Bittgebet.

Der Schüler sagt:

Überirdischer Siegreicher, ich werde die Verpflichtung auf mich nehmen.
Bitte gib auf mich Acht.

Die erste Ergänzung besteht in der Erteilung der Kālachakra-Mantras. Während der Hervorbringungsphase verwirklicht man Aktivitäten der Befriedung und so weiter, indem man sich auf Mantras von vorläufiger Bedeutung stützt. Während der Vollendungsphase hingegen erreicht man die höchste Verwirklichung und gewöhnliche Verwirklichungen, indem man sich auf das Mantra von letztgültiger Bedeutung stützt – auf das ursprüngliche Gewahrsein von untrennbarer Glückseligkeit und Leerheit.

Damit solch eine Mantra-Praxis erfolgreich ist, muss mit Hilfe der zu Einsicht in Leerheit führenden Sicht ein besonderes Potenzial entwickelt werden. Um auf dem Pfad der Ansammlung und auf dem Pfad der Vorbereitung mittels eines begrifflichen Allgemeinverständnisses Voraussetzungen für die erste Einsicht in Leerheit zu schaffen, wird nach der Mantra-Erteilung Augenmedizin gegeben. Um Voraussetzungen dafür zu schaffen, dass man – im Anschluss an das Verweilen in meditativer Ausgeglichenheit auf Leerheit – sämtliche

Phänomene in ihrer illusionsgleichen Trugbildhaftigkeit wahrnimmt, wird danach ein Spiegel gegeben. Um im Anschluss an die Praxis der Vereinigung solch einer meditativen Ausgeglichenheit und der daraus hervorgehenden Verwirklichung Voraussetzungen für ein unmittelbares Leerheitsgewahrsein zu schaffen, werden als Nächstes Pfeil und Bogen gegeben. Danach wird die eigentliche Vajra-Meister-Einweihung erteilt.

Im Laufe des ersten Teils sprechen Sie die Mantras nach, die Ihnen der Lama nennt. Zunächst einmal visualisieren Sie sich augenblicklich als Kālachakra. Beim Lama, der als Kālachakra visualisiert wird, zeigt sich in Höhe des Herzens eine Abfolge von Mantra-Buchstaben. Diese verlässt, wenn Sie das Mantra zum ersten Mal nachsprechen, seinen Mund, tritt in Ihren Mund ein und verweilt in Höhe Ihres Herzens. Bei der zweiten Wiederholung des Mantra wird diese Buchstabenfolge ununterscheidbar von der in Höhe Ihres Herzens befindlichen Mantra-Sequenz, und bei der dritten Wiederholung erlangt sie Stabilität, wodurch Ihnen der ganze Segen des Mantra zuteil wird.

Dann:

Aus dem Herzen des Lamas, der von der Hauptgottheit nicht verschieden ist, taucht eine Mantra-Sequenz auf, kommt aus seinem Mund hervor, tritt ein in deinen Mund und verweilt in Höhe deines Herzens, wo sie sich zu einem Kreis um die Silbe hūm anordnet.

Sprechen Sie dem Lama zunächst das Mantra der Essenz, dann das Mantra der konzentrierten Essenz und das Wurzel-Mantra dreimal nach:

Om āh hūm hoh hamkshahmalavaraya hūm phat.

Das zweite Mantra ist das Mantra der konzentrierten Essenz.

Om hrām hrīm hrām hrīm hrum hrl hrah svāhā.

Das dritte ist das Mantra des erhabenen Vajra-Körpers.

Om shrī-kālachakra hum hūm phat.

Dies ist die Erlaubnis für das Mantra zur Beseitigung von Hindernissen, zur Erlangung von besonderen Verwirklichungen – Befriedung und so weiter – und zur Läuterung der Verwirklichungsfelder durch das letztendliche Mantra.

Augenmedizin wird gegeben

Durch die Augenmedizin sollen Prädispositionen für die Hervorbringung besonderer Einsicht in Leerheit von unabhängiger Eigenexistenz geschaffen werden. Zu dieser Einsicht gelangt man auf dem Pfad der Ansammlung und der Vorbereitung mittels eines Allgemeinverständnisses [d. h. einer begrifflichen Vorstellung].

Die Schüler stellen sich vor, dass ihre beiden Augen von der schwarzen Silbe *pram* bedeckt sind. Weiterhin stellen sie sich vor, dass in diesen beiden *Pram*-Silben all ihre Verfehlungen und Hindernisse enthalten sind; insbesondere Faktoren, welche die Wahrnehmung der Wirklichkeit verhindern. Wenn ich die Geste des Öffnens Ihrer Augen mit dem Augenlöffel ausführe, so stellen Sie sich vor, dass die Silben dadurch unvermittelt entfernt werden.

Für eine Augenanwendung nimm dann mit einem Goldlöffel Medizin von Butter und Honig aus einem Gold- oder Silbergefäß. Stelle dir Folgendes vor:

Auf jedem deiner Augen befindet sich ein schwarzes Pram.

Stelle dir vor, dass beide mit der Löffelspitze entfernt und deine Augen mit dem goldenen Augenlöffel geöffnet werden.

Om vajra-naitra-apahara-patalam hrīh. [Om, entferne den Schleier, das Hindernis für das Vajra-Auge, hrīh.]
Wie ein König der weltlichen Augenärzte
den Schleier des grauen Star entfernt,
ebenso, mein Kind, werden die Siegreichen
deine[75] Trübung der Unwissenheit entfernen.
Om divya-nayana-mudghātayāmi svāhā. [Om, ich öffne das göttliche Auge, svāhā.]

Befreit von der Trübung der Unwissenheit, ist das Auge des ursprünglichen Gewahrseins geöffnet worden.

Ein Spiegel wird gegeben

Nachdem man im Zustand meditativer Ausgeglichenheit mittels eines Allgemeinverständnisses zur Einsicht in die Leerheit von unabhängiger Eigenexistenz gelangt ist, kann man im Anschluss an das Verweilen in meditativer Ausgeglichenheit sämtliche Phänomene wie Illusionen, wie Spiegelbilder in einem Spiegel wahrnehmen – so, dass sie zwar den Anschein einer unabhängigen Eigenexistenz erwecken, tatsächlich jedoch leer sind von unabhängiger Eigenexistenz. Um Voraussetzungen für die Verwirklichung solch einer Einsicht zu schaffen, wird ein Spiegel gegeben.

Stelle dir vor:

Aus āh entsteht ein Spiegel.

Zeige ihn dann.

Phänomene sind wie Spiegelbilder,
licht und klar, unbefleckt,
unbegreiflich und unaussprechlich,
aus Ursachen und Wirkungen (*las*, *karma*) hervorgegangen.

Spiegelgleich wie diese sind,
licht, klar und unbefleckt,
genau so werde ich, Kālachakra, die Essenz aller Buddhas,
in deinem Herzen verweilen, o Kind.

Wissend, dass die Phänomene so beschaffen,
ohne unabhängige Eigenexistenz und ohne Grundlage sind,
führe das mit nichts zu vergleichende Wohlergehen der empfindenden Wesen herbei. [345]
Du wirst als Kind der Beschützer geboren.

Wisse, dass grundsätzlich alle Phänomene wie Spiegelbilder in einem Spiegel sind, und sei dir vor allem darüber im Klaren, dass der deinem Herzen innewohnende Kālachakra dem Abbild in einem Spiegel gleicht.

Sie sollten verstehen, dass Kālachakras Segen, desgleichen der sehr subtile Wind und der sehr subtile Geist des klaren Lichts, der den Segen in sich aufnimmt und der Schöpfer aller in Erscheinung tretenden und uns vor Augen kommenden Phänomene ist, ebensowenig eine Eigenexistenz haben wie die Abbilder in einem Spiegel.

Pfeil und Bogen werden gegeben

Als Nächstes werden Pfeil und Bogen gegeben. Wenn Sie sich über das Medium einer begrifflichen Vorstellung unablässig mit der Einsicht in Leerheit, das Nichtvorhandensein einer unabhängigen Eigenexistenz, vertraut machen, werden schließlich ebenso, wie ein Pfeil tief in sein Ziel eindringt, alle Befleckungen durch dualistische Erscheinungen beseitigt sein: Dann sind Ihr Leerheit gewahrendes Bewusstsein und Leerheit selbst wie Wasser, das in Wasser gegossen wird – Subjekt und Objekt sind zu einer ununterscheidbaren Einheit geworden. Damit ist die unmittelbare, Soheit gewahrende yogische Wahrnehmung verwirklicht. Pfeil und Bogen sollen also als Mittel zur Reifung Ihres Geistesstromes dienen, damit Sie rasch solch ein Gewahrsein hervorbringen.

> Aus hoh werden Pfeil und Bogen hervorgebracht.
> Hoh.
> Om sarva-tathāgatān anurāgayasva. [Om, gereiche allen So-Gegangenen zur Freude.]
>
> *Reiche sie [Pfeil und Bogen] mit diesen Worten dem Schüler.*

Sprechen Sie mir, während ich die Geste des Bogenschießens – in die vier Richtungen, ferner nach oben und nach unten weisend – ausführe, das folgende Mantra nach.

> Om sarva-tathāgatān anurāgayāmi. [Om, ich gereiche allen So-Gegangenen zur Freude.]
>
> *Mit der Vorstellung, dass die Hindernis-Faktoren durchdrungen werden, führe die Geste des Bogenschießens aus – in die vier Richtungen, ferner nach oben und nach unten.*

Erteilung der Meister-Einweihung, die Hauptergänzung

Dieser Abschnitt hat zwei Teile: die eigentliche Meister-Einweihung und die Hinweise auf die Läuterungs-Phänomene

Die eigentliche Meister-Einweihung

Die Hauptergänzung ist die Meister-Einweihung, bei der man die drei Verpflichtungen in Bezug auf Vajra, Glocke und Siegel eingeht – Verpflichtungen in Bezug auf den erhabenen Geist, die erhabene Rede und den erhabenen Körper. Der »erfassende Aspekt«[76] des ursprünglichen Gewahrseins von nichtdualer Glückseligkeit und Leerheit erscheint in Gestalt einer Gottheit. Darin besteht an diesem Punkt im Kālachakra-System die Meister-Einweihung. Zunächst werden die Schüler, Vajra und Glocke als Gottheiten hervorgebracht.

Entferne [Hindernisse] von dem Schüler sowie von Vajra und Glocke [mit den sechs Silben om āh hūm hoh ham kshah und mit Wasser aus der Muschel], und reinige sie. Mit

Om shūnyatā-jñāna-vajra-svabhāvātmako ´ham [Ich habe die essenzielle Natur der unteilbaren Leerheit und Weisheit] werden du, Vajra und Glocke zu Leerheit. Aus Leerheit hervorgehend [erscheinen] du und der Vajra [als zwei] Hūm, [die sich in] Vajras [verwandeln], aus denen [zwei] Vajrasattvas hervorgehen. Die Glocke [erscheint als] Āh, [das sich in] ein Vajra-Hackmesser [verwandelt], aus dem Prajñāpāramitā hervorgeht. Alle drei haben blaue Körper, drei Gesichter – ein blaues, ein weißes und ein rotes – und sechs Hände; in den drei rechten Händen halten sie einen Vajra, ein Vajra-Hackmesser und eine Axt; in den drei linken Händen eine Glocke, eine Schädelschale und einen Kopf Brahmās. In Höhe ihrer Stirn befindet sich ein Om, in Höhe des Halses ein Āh, in Höhe des Herzens ein Hūm und in Höhe des Nabels ein Hoh. Von dem Hūm in Höhe ihres Herzens ausstrahlendes Licht holt Weisheitswesen herbei, die den meditativ vergegenwärtigten gleichen.

Jah hūm bam hoh hi. [Seid herbeigerufen, tretet ein, verschmelzt mit, findet Gefallen daran, und seid vom selben Geschmack.]

Daraufhin sind sie vom selben Geschmack wie das entsprechende Samaya-Wesen.

Om ā ī ṝ ū Ī pañcha-dhātu-vishodhani svāhā. [Om ā ī ṝ ū Ī, habe deine Grundlage in der Läuterung der fünf Elemente.]

Mit der Ambrosia-Flüssigkeit erteilen die Mütter den Gottheiten der Einweihungssubstanzen die Einweihung. Sie erhalten das Kronen-Siegel durch Akshobhya. Sie verschmelzen miteinander und werden zu Vajra und Glocke.

Der erhabene Geist, anfanglos und endlos,
ist der höchst freudvolle Vajrasattva,
der Allumfassend-Gute, die Essenz von allem,
die Essenz, die der Herr von Vajra-Würde ist,
überirdischer Siegreicher, glorreiches höchstes Wesen von uranfänglichem Sein.

Der grundlegende, immer schon vorhandene Geist des klaren Lichts hat weder Anfang noch Ende. Bringt man ihn als essenzielle Natur der unwandelbaren Glückseligkeit hervor, so wird er als der »höchst freudvolle Vajrasattva« bezeichnet. Vorzüglich am Anfang, in der Mitte und am Ende, ist er »allumfassend gut«. Als Symbol für die Untrennbarkeit der essenziellen Natur von Methode und Weisheit wird Vajrasattva in Vereinigung mit der Göttin Vajra-Würde dargestellt.

Om mahā-vajra hūm. [Om, großer Vajra, hūm.] [346]

Das nicht-dualistische ursprüngliche Gewahrsein, der von Leerheit ununterscheidbare Geist des Siegreichen, ist der geheime Vajra. Um dir dies zu vergegenwärtigen, halte – durch Befolgung des Vajra-Prinzips – stets den Vajra.

Gib ihn mit diesen Worten dem Schüler in die rechte Hand.

Der Vajra symbolisiert das ursprüngliche Gewahrsein großer Glückseligkeit. Dieses ist der letztgültige Vajra. Da Sie das ursprüngliche Gewahrsein großer Glückseligkeit stets zur Anwendung bringen müssen, sollten Sie als Symbol dafür einen Vajra halten.

Die Glocke symbolisiert die zur Einsicht in Leerheit von unabhängiger Eigenexistenz gelangende Weisheit. Das ursprüngliche Gewahrsein großer Glückseligkeit und die, durch die Glocke symbolisierte, Leerheit gewahrende Weisheit müssen als eine essenzielle Einheit hervorgebracht werden, bei der Schaffung und dauerhafter Fortbestand nicht voneinander zu trennen sind.

> Diese [Glocke] und jenes [von ihr Symbolisierte] stehen den
> Erklärungen zufolge in Einklang
> mit dem Klang der Weisheit aller Buddhas.
> Sie solltest du ebenfalls stets halten.
> Die Siegreichen bezeichnen dies als unübertroffene Erleuchtung.

»Diese« verweist auf das Symbol, die Glocke; »jenes« verweist auf das von ihr Symbolisierte, auf die letztgültige Glocke – auf die Leerheit gewahrende Weisheit. »Jenes« verweist also auf die zentrale »Aussage« aller Buddhas, auf dasjenige, was durch die erhabenen Rede-Eigenschaften aller Buddhas primär zum Ausdruck gebracht wird. Indem die Buddhas den Klang der Leerheit von unabhängiger Eigenexistenz erklingen lassen, überwinden sie die Hindernisse – das, was im Geistesstrom von Schülern erst noch aufgegeben werden muss. Solch eine Glocke sollten Sie halten.

> Mit dem Gedanken, dass die Glocke vom Klang des Nichtvorhandenseins einer unabhängigen Eigenexistenz aller Phänomene kündet, lasse sie – durch Befolgung des Glocken-Prinzips – stets erklingen.
>
> *Gib sie in die linke Hand.*

Stellen Sie sich vor, dass der Klang der Glocke, während Sie diese Zeilen nachsprechen, die Bedeutung der Leerheit von unabhängiger Eigenexistenz verkündet.

> *Indem du die Glocke läutest, sprich:*
>
> Der Daseinskreislauf ist von Natur aus rein.
> Auf Grund dieser Wirklichkeit lässt man den
> Daseinskreislauf hinter sich.
> Hat man einen Geist von [solch] natürlicher Reinheit,
> wird vorzügliches Dasein zu Stande gebracht.

Der Daseinskreislauf ist von Natur aus rein. Deshalb kann man sich vom Daseinskreislauf befreien. Da man solch einen natürlicherweise reinen Geist hat, kann man das vorzügliche Dasein der Buddhaschaft erreichen.

Sage dies, und läute die Glocke.

Der Schüler bringt – tatsächlich oder imitativ – das ursprüngliche Gewahrsein der durch Vajra und Glocke symbolisierten untrennbaren Glückseligkeit und Leerheit hervor. Einsgerichtetes Vertrauen, dass das wahrnehmbare Moment dieses ursprünglichen Gewahrseins als der Körper von Vajrasattva in Erscheinung tritt, ist an diesem Punkt des *Kālachakra-Tantra* die eigentliche Vajra-Meister-Einweihung. Betrachten Sie diesen göttlichen Körper Vajrasattvas, eine Erscheinung des »erfassenden Aspekts« des ursprünglichen Gewahrseins von untrennbarer, durch Vajra und Glocke symbolisierter Glückseligkeit und Leerheit – einen natürlicherweise vorhandenen Körper der untrennbaren Methode und Weisheit. Stellen Sie sich vor, dass in Ihrem Geistesstrom die essenzielle Natur der Meister-Einweihung hervorgebracht wurde.

Stelle dir vor:

Ich bin zum göttlichen Körper des großen Siegels geläutert worden, einer Erscheinung des »erfassenden« Aspekts des ursprünglichen Gewahrseins von untrennbarer Glückseligkeit und Leerheit als der erhabene Körper von Vajrasattva.

Der Prinzipien von Vajra und Glocke eingedenk halte diese in Höhe des Herzens über Kreuz.

Sorgen Sie dafür, dass sich Ihrem Geist die Bedeutung von großer Glückseligkeit und von Leerheit zeigt. Stellen Sie sich vor, dass eben diese ursprüngliche, Leerheit gewahrende Weisheit als der göttliche Körper Vajrasattvas in Erscheinung tritt, und betrachten Sie einsgerichtet den göttlichen Körper.

An die Meister-Einweihung schließt sich eine Wasser-Einweihung an.

Der Meister, der mit leicht angewinkeltem rechten Bein dasitzt, sagt:

Ich werde die große Vajra-Erteilung der Einweihung geben,
verehrt von den Wesen der drei Bereiche,

entstanden aus der Quelle der drei
Geheimnisse sämtlicher Buddhas.
Om ā ī ṛ ū ḹ pañcha-dhātu-vishodhani svāhā. [Om ā ī ṛ ū ḹ, habe deine Grundlage in der Läuterung der fünf Elemente.]

Berühre die fünf Stellen – die Kronenwölbung, die rechte und die linke Schulter, die Oberarme, die Oberschenkel und die Hüften – mit dem Wasser, und nachdem du ein wenig Wasser versprenkelt hast, [lass den Schüler] davon etwas trinken und sich auch damit waschen, wodurch die Einweihung erteilt wird.

Du erhältst das Kronen-Siegel durch Akshobhya.

Opfere mit:

Gandham pushpam dhūpam dīpam akshate naividye lāsye hāsye vādye nrtye gītye kāme pūja kuru kuru svāhā. [Bringe Opferungen dar mit Wohlgeruch, Blumen, Räucherwerk, Lichtern, Früchten, Speisen, der unteren Robe, Lächeln, Musik, Tanz, Gesang und Berührung, svāhā.]

Was dies anbelangt, so ist die im [Kālachakra-] Tantra erwähnte Hauptergänzung – mit dem Wortlaut:[77] *»Der Herr der Siegreichen gewährt vollständig die Erlaubnis [-Einweihung] wie auch die Ergänzungen« – die Meister-Einweihung. Außerdem heißt es im Tantra:*[78] *»Nach Gewährung von Vajra und Glocke muss die Lehre von der Läuterung mit allerhöchstem Mitgefühl aufgezeigt werden.« Der ausdrücklichen Erwähnung der Erteilung der Verpflichtungen von Vajra und Glocke lässt sich entnehmen, dass das Siegel-Gelübde ebenfalls erteilt werden muss. Was seine Durchführung anbelangt, [behaupten] andere, [dabei habe man] in Übereinstimmung mit [dem – folgendermaßen beschriebenen – Vorgehen beim Guhyasamāja-Tantra und entsprechenden Tantras zu verfahren]:*
Schließe mit Vajra und Glocke
eine sechzehnjährige Weisheit[sfrau]
vollständig in [deine] Arme.
Dies wird als die Meister-Einweihung bezeichnet.

Sie erklären, im Anschluss an die Meditation der Schüler [über sich selbst] als Vajrasattva – Vater und Mutter – in Umarmung habe man sie das Prin-

zip eines Siegels mit folgenden Worten zu lehren: »Nachdem man das Weisheits-Siegel [d. h. eine visualisierte Gefährtin] gesegnet hat …« [Doch ihre Behauptung] ist nicht plausibel. [347] *Denn in diesem Fall müsste man dies [absurderweise] so auffassen, als bestünde die Meister-Einweihung [im Kālachakra-Tantra] bei dieser Gelegenheit lediglich in dem Gewahrsein der erhabenen Glückseligkeit, das auf Grund der Meditation über die Umarmung eines erhabenen Weisheits-Siegels [d. h. einer Gefährtin] und so weiter hervorgebracht wurde. Und in diesem Fall würde sie sich nicht von der Vasen-Einweihung in der Erteilung der auf ein Weisheits-Siegel sich stützenden höheren Einweihungen unterscheiden. Da aber davon im [Kālachakra-]Tantra nicht die Rede ist, meinen sie, dies sei auf Grund von Fehlern des eigenen Geistes so. Zwar erlangt man also solch eine Meister-Einweihung [wie im Kālachakra-Tantra beschrieben]; da jedoch gesagt wird, durch diese sei man als Meister lediglich dazu autorisiert, höchstens bis zur Stufe des Yoga-Tantra Erläuterungen zu geben usw., [müssten sie absurderweise die Auffassung vertreten,] dass man durch diese Zeilen zwar die Meister-Einweihung erlangt, auf die [im System des Guhyasamāja und so weiter] hingewiesen wird, dessen ungeachtet jedoch als Meister nicht geeignet wäre, das Höchste Yoga-Tantra zu erläutern und so weiter. Dadurch würden sie unter großer Anstrengung die sehr schwere karmische Belastung auf sich nehmen, mit der Lehrmeinung zu brechen, [die die Auffassung vertritt,] dass »es in anderen Klassen von Einweihungen, etwa in denen des Guhyasamāja-, Hevajra-* und *Chakrasamvara-Tantra, keine voll qualifizierte Meister-Einweihung gibt.« Daher bezieht sich hier [im Kālachakra-Tantra der Begriff] »Siegel-Gelübde« nicht auf ein Siegel in Gestalt einer Weisheitsfrau [eine Gefährtin], sondern auf einen göttlichen Körper des großen Siegels [d. h. auf eine Selbst-Visualisation in göttlicher Gestalt]. Nichtsdestoweniger unterscheidet sich dieser vom göttlichen Körper des großen Siegels gemäß den im Yoga-Tantra zu findenden Arten von Unterweisungen. Dies wird auf Grund von bereits gegebenen Erklärungen verständlich; und ich habe dies an anderer Stelle ausführlich dargelegt.*

Hinweise auf die Läuterungs-Phänomene

Diejenigen aus der Buddha-Familie des Vajra sollten zweifellos töten; diejenigen aus der Buddha-Familie des Schwerts [sollten] die Unwahrheit [sagen].

Diejenigen aus der Juwelen-Familie sollten anderer Menschen Besitz stehlen; diejenigen aus der Lotos-Familie anderen den Gatten fortnehmen.

Diejenigen aus der Familie des Rades sollten von berauschenden Substanzen, den Buddha-Lampen [den fünf Arten von Fleisch und von Ambrosia] und allen angenehmen Objekten Gebrauch machen.

Diejenigen aus der Familie des Hackmessers sollten bei keiner Frau, nicht bei solchen von gewöhnlicher Art und so weiter, den Himmels-Lotos gering schätzen.

Du solltest diesen Körper wie auch deinen Besitz zum Wohl der empfindenden Wesen hergeben; du solltest ihn nicht [selbstsüchtig] für dich behalten.

O Kind aus guter [Buddha-] Familie, wie der Siegreiche erklärt, wirst du [dadurch] zu einem Buddha werden – andernfalls jedoch nicht einmal im Laufe von endlos vielen Äonen.[79]

Weise auf den vorläufigen und den letztgültigen Sinn der Gelübde hin. Die Aussage im Tantra, die mit »Wasser (chu)« beginnt und mit »sind vollständig zu gewähren (rab sbyin bya)« endet,[80] *fasst die bereits an anderer Stelle dargelegte Bedeutung zusammen: »Auf diese Weise gewährt der Meister dem Schüler vollständig die sieben Einweihungen – die Wasser-Einweihung und so weiter.«* [348] *Das bedeutet nicht, dass der Meister diese Worte zum Schüler sagen sollte, wenn er die Einweihung erteilt.*

Solche Aussagen lassen sich auf zweierlei Art und Weise erläutern: in einem vorläufigen und in einem letztgültigen Sinn. Im *Guhyasamāja-Tantra* zum Beispiel muss eine Aussage wie: »Wenn [du] all die So-Gegangenen tötest, wirst [du] die höchst vorzügliche Verwirklichung erlangen«, auf vielfältige Weise erläutert werden. Man spricht dabei von den sechs Methoden und den vier Möglichkeiten.

Hier, bei der Erklärung zu diesen Gelöbnissen, wird gesagt, dass diejenigen aus der Buddha-Familie des Vajra – mit anderen Worten diejenigen aus der Buddha-Familie von Akshobhya – »zweifellos töten sollten«. In seiner vorläufigen Bedeutung besagt dies Folgendes: Von Mitgefühl motiviert, könnten diejenigen aus der Buddha-Familie von Akshobhya – unter bestimmten Umständen – Menschen töten, die der Lehre Schaden zufügen beziehungsweise die empfindenden Wesen hassen und sich anschicken, abscheuliche und unheilvolle Handlungen zu begehen, von denen sie mit anderen Mitteln nicht abzuhalten sind. Im letztgültigen Sinn bedeutet dies, dass diejenigen aus der Buddha-Familie von Akshobhya den weißen »Erleuchtungsgeist«, die Grundlage der Glückseligkeit, in der Kronenwölbung gesammelt halten und die zum Erguss führenden Winde töten sollten.

Es wird gesagt, dass diejenigen aus der Buddha-Familie von Amoghasiddhi, symbolisiert durch das Schwert, »die Unwahrheit sagen sollten«. In seiner vorläufigen Bedeutung besagt dies Folgendes: Diejenigen aus der Buddha-Familie von Amoghasiddhi sollten in Übereinstimmung mit den Neigungen und Interessen der empfindenden Wesen unterschiedliche – auslegungsfähige und letztgültige – Lehrmeinungen zur Sprache bringen. Das heißt, zur Vermittlung eines wichtigen Lehrinhalts oder im Interesse der empfindenden Wesen sollten sie auch Aussagen zulassen, in denen die Erscheinungsform der Phänomene nicht genau so beschrieben wird, wie es ihrer tatsächlichen Seinsweise entspricht. Im letztgültigen Sinn bedeutet dies, dass diejenigen aus der Buddha-Familie von Amoghasiddhi, nachdem sie die Winde in den Zentralkanal zurückgeholt haben, das vollkommen nicht-verweilende falsche Wort des unüberwindlichen, in Höhe des Herzens lokalisierten kurzen *A* aussprechen sollten. Im *Guhyasamāja-Tantra* heißt es, man solle falsche Worte sprechen. Das ist folgendermaßen zu verstehen: Da die Phänomene keine unabhängige Eigenexistenz haben, obwohl sie den Anschein erwecken, sollte man über die Leerheit von unabhängiger Eigenexistenz sprechen, die mit dieser falschen Erscheinungsform der Phänomene nicht übereinstimmt.

Es wird gesagt, diejenigen aus der Juwelen-Familie von Ratnasambhava »sollten anderer Menschen Besitz stehlen«. In seiner vorläufigen Bedeutung besagt dies Folgendes: Diejenigen aus der Buddha-Familie von Ratnasambhava, deren störende Hauptemotion großer Geiz ist, könnten – unter bestimmten Umständen – zur Überwindung dieses Geizes anderer Menschen Besitz stehlen und ihn dazu verwenden, den empfindenden Wesen zu helfen. Im letztgültigen Sinn bedeutet dies, dass diejenigen aus der Buddha-Familie von Ratnasambhava den wunscherfüllenden Juwel des unwandelbaren Tropfens in Höhe des Halses stehlen sollten. Dies steht in Einklang mit der Feststellung im *Guhyasamāja-Tantra*, Buddhaschaft solle man sich nehmen, da sie einem nicht gegeben wird. Denn sie ist etwas, das einem niemand geben kann, das man vielmehr selbst verwirklichen muss.

Es wird gesagt, diejenigen aus der Lotos-Familie von Amitābha »sollten anderen den Gatten fortnehmen«. In seiner vorläufigen Bedeutung besagt dies Folgendes: Diejenigen aus der Buddha-Familie von Amitābha könnten als

Hilfe für ein empfindendes Wesen, das besonders stark an seiner Gattin beziehungsweise seinem Gatten hängt und auf Grund dessen negatives Karma ansammelt, diesem Menschen – unter besonderen Umständen und um der oder dem Betreffenden zu helfen – die Gattin beziehungsweise den Gatten fortnehmen. Im letztgültigen Sinn bedeutet dies, dass diejenigen aus der Buddha-Familie von Amitābha die in Höhe der Stirn zu lokalisierende Frau des großen Siegels von unwandelbarer Glückseligkeit, die sämtliche vorzüglichen Aspekte aufweist, stehlen sollten. Im *Guhyasamāja-Tantra* wird Leerheit von unabhängiger Eigenexistenz als »Gatte« bezeichnet; und wenn es heißt, man solle sich des Gatten eines anderen bedienen, ist dies so zu verstehen, dass man stets mit Leerheit, dem Nichtvorhandensein von unabhängiger Eigenexistenz, vertraulichen Umgang pflegen sollte.

Es wird gesagt, dass diejenigen aus der Buddha-Familie von Vairochana, symbolisiert durch das Rad, von berauschenden Substanzen, den Buddha-Lampen – den fünf Arten von Fleisch und von Ambrosia – und allen angenehmen Objekten Gebrauch machen sollten. In seiner vorläufigen Bedeutung besagt dies, dass diejenigen aus der Buddha-Familie von Vairochana die in den Gelübden genannten Substanzen ohne jedes Anhaften benutzen könnten. Im letztgültigen Sinn bedeutet dies, dass diejenigen aus der Buddha-Familie von Vairochana mit natürlicher Freude die Ambrosia-gleiche Essenz sämtlicher Fähigkeiten und Elemente in Höhe des Nabels gesammelt halten sollten, ohne einen Erguss zuzulassen.

Es wird gesagt, diejenigen aus der Buddha-Familie von Vajrasattva, symbolisiert durch das Hackmesser, »sollten bei keiner Frau den Himmels-Lotos gering schätzen«, nicht bei solchen von gewöhnlicher Art und so weiter. In seiner vorläufigen Bedeutung besagt dies, dass diejenigen aus der Buddha-Familie von Vajrasattva keine Frau aus einer der fünf Buddha-Familien gering schätzen sollten, selbst wenn sie gewöhnlich sein sollte. Im letztgültigen Sinn bedeutet dies, diejenigen aus der Buddha-Familie von Vajrasattva sollten Siegel [Gefährtinnen] nutzen – in der Weise allerdings, dass sie den weißen »Erleuchtungsgeist«, die Grundlage der Glückseligkeit, einbehalten und keinen Erguss zulassen.

Die Aussage, »Du solltest diesen Körper wie auch deinen Besitz zum Wohl der empfindenden Wesen hergeben; du solltest ihn nicht [selbstsüchtig] für dich behalten«, weist darauf hin, dass all diese Aktivitäten von Mitgefühl und Altruismus motiviert sein und dass sie ausgeführt werden müssen, um Verdienst anzusammeln. Indem man sich in solch einer Praxis übt, die das Ansammeln von Verdienst und von Weisheit in sich vereint, hält man sich an die

Prinzipien des Mantra-Weges, auf dem man Buddhaschaft leicht verwirklichen kann. Andernfalls, wenn man lediglich den Weg des Vollendungsfahrzeugs beschreitet, lässt sich selbst über einen unermesslich langen Zeitraum zahlloser Äonen hinweg Buddhaschaft nicht erlangen.

Die Bedeutung der Einweihung

Hören Sie nun, welche Läuterung die Erlaubnis-Einweihung und alle sieben Einweihungen bewirken.

> *Lege sodann die Bedeutung der Einweihung und der mit ihr verbundenen Läuterung dar:*
>
> Die Erlaubnis-Einweihung im Bereich des westlichen Antlitzes des ursprünglichen Bewusstseins steht in Entsprechung zu einer Lesestunde, die ein Vater seinem Kind gibt. Wie unmittelbar nach der Empfängnis der Wind des ursprünglichen Bewusstseins [der Glückseligkeit] zirkuliert, so reinigen die Erlaubnis-Einweihung und ihre Ergänzungen Befleckungen des ursprünglichen Bewusstseins [der Glückseligkeit]. Indem der Samen von Vajrasattva [in das Kontinuum] eingebracht wird, klärt dies den Aspekt des ursprünglichen Bewusstseins [von Glückseligkeit]; und als Frucht davon verschafft sie dir die Fähigkeit, die siebte Stufe zu erreichen.
>
> *Dann beschreibe die mit den sieben Einweihungen einhergehende Läuterung:*
>
> Auf diese Weise hast du in einem Mandala aus farbigem Pulver oder gefärbtem Sand – einer der vier Arten von Mandalas – alle sieben Einweihungen erhalten, die als »Wasser-Einweihungen« bezeichnet werden, weil sich an sie jeweils ein Wasser-Ritus anschließt. Sie reinigen Befleckungen auf Grund von Verfehlungen. Sie autorisieren dich, die Hervorbringungsphase zu entwickeln und die letztgültigen besonderen weltlichen Verwirklichung des höchsten Reinen Landes zu erlangen. Sie legen im Geistesstrom Potenziale für die Ansammlung von Verdienst an, gewähren auf die Hervorbringungsphase bezogene Praktiken und Autorisierung. Wenn du – als ein nach Er-

leuchtung Strebender (*dge bsnyen, upāsaka*) des Geheimen Mantra – im Laufe dieses Lebens das Rad des Mandala verwirklichst, wirst du in diesem Leben zu einem Gebieter der siebten Stufe werden. Falls es hingegen in diesem Leben nicht dazu kommt, du aber von den zehn unheilvollen Handlungen frei bleibst, wirst du innerhalb von sieben Leben zu einem Gebieter der siebten Stufe werden.

Sprechen Sie dann in dem Gefühl, die siebte Bodhisattva-Stufe zu erreichen, und indem Sie die Arme vor sich kreuzen, folgendes Mantra nach.

Sprich dieses Mantra, und wahre den Stolz, eine Gottheit zu sein:

Om sarva-tathāgata-sapta-abhisheka-sapta-bhūmi-prāpto ´ham.
[Om, da offenkundig all die So-Gegangenen die sieben Einweihungen gewähren, habe ich die sieben Stufen erreicht.]

Die Gesuche um die sieben Einweihungen, die Mantras zur Erteilung der Einweihung und das Mantra, durch das man sich den Stolz, [*die Gottheit zu sein*], *zu Eigen macht – all dies wird in den Mitteln zur Verwirklichung* (*sgrub thabs, sādhana*) *dargelegt.*[81]

Vierter Teil: Schluss

1

Einsicht in den Zeitpunkt der Verwirklichung

Was nun folgt, ist für den Selbst-Eintritt nicht erforderlich, jedoch dann auszuführen, wenn man Schülern die Einweihung erteilt. Diesbezüglich sagt [der Meister]: »Hier, in dem und dem Jahr, zu einem Zeitpunkt, an dem der und der Kulika-König die Lehre verbreitet, in dem und dem Monat, in der und der Phase mit den und den Planten und bei Konstellationen von der und der Bedeutung habe ich, der Vajra-Meister soundso, den und den Schülern durch sieben Einweihungen in einem Mandala des Urbuddha die Einweihung erteilt. Ich habe vorausgesagt, dass sie die besondere weltliche Verwirklichung einer letzten Existenz im höchsten [Reinen Land] erlangen werden, ferner die Frucht ihres Verdienstes und ursprünglichen Gewahrseins – allen empfindenden Wesen als Leitbild zu dienen –, und ich habe ihnen die Erlaubnis [erteilt].« So weiß man, wer die Einweihung früher und wer sie später erhalten hat.

Was den Zeitpunkt anbelangt, an dem Ihnen hier im Kālachakra-Mandala mit den sieben Einweihungen die vollständige Einweihung erteilt wird,[82] so gilt Folgendes: Kädrup zufolge wurde Buddha Shākyamuni, der unübertreffliche Lehrer, im Jahr des weiblichen Wasser-Pferdes – genannt »das vielfältige« – vollkommen erleuchtet. Seither sind also 2857 Jahre verstrichen, so dass wir jetzt das Jahr 2858 erreicht haben. Und 2856 Jahre sind vergangen, seit Buddha Shākyamuni im Jahr des weiblichen Wasser-Schafs an der Stūpa von Dhānyakataka (*'bras spungs*) das *Kālachakra-Tantra* in seiner ursprünglichen Form dargelegt hat. Auf dieses Ereignis bezogen, haben wir jetzt also das Jahr 2857. Und begeben wir uns von den sieben Religionskönigen und Kulikas [Linienhaltern] in Shambhala nach Norden, so sind seit der Thronbesteigung des 21. Kulika Aniruddha (*ma 'gags pa, aniruddha*) 53 Jahre vergangen; und demnach ist dieses Jahr das Jahr 54.

Gemäß der im Theravāda-Buddhismus vorherrschenden Auslegung handelt es sich um das Jahr 2525 nach Buddha Shākyamunis Dahinscheiden.

Innerhalb des 16. Zyklus befinden wir uns im Jahr des weiblichen Eisen-Vogels.

Dem Kālachakra-System zufolge ist dies der mittlere Sommermonat; grob taxiert der Monat *Ñön* (*snron, jyesthā*); bei genauerer Berechnung der fünfzehnte Tag des Monats *Chudö* (*chu stod, pūrvāshādhā*). Die Sonne steht im Haus des Ehestandes.

Nach einem anderen Berechnungssystem ist es das Jahr des großen männlichen Erd-Affen in der zunehmenden Phase.

Dem Kālachakra-System zufolge ist dies der Vokal *l* und der Konsonant *t*. In Bezug auf das Element ist es Erde; bezüglich des Begierde-Attributs Geruch; auf den Planeten bezogen Venus (Freitag). Dies ist ein bevorzugter Zeitpunkt für mehrende Aktivitäten und für die Darlegung der Lehre. Die Konstellation ist *Chudö* (*chu stod, pūrvāshādhā*) – ein bevorzugter Zeitpunkt für Segnungen und Einweihungen. Die Konjunktion ist *Wangpo* (*dbang po*) – günstig für Studien. Von den zwölf Gliedern des bedingten Entstehens ist es das Ergreifen – günstig für Reisen nach Süden und Norden. Der *Tröchung* (*'phrod chung*) ist Erde und Wasser – ein sehr günstiger Augenblick für materielle Prachtentfaltung und materiellen Reichtum, für die Begehung festlicher Gelegenheiten, für die Einsetzung in einen höheren Rang; günstig, um besondere Kleidung zu tragen, sich zu schmücken und vergnügt zu sein. Der *Tröchen* (*'phrod chen*) ist Mehrung, weshalb Besitz und materielle Mittel zunehmen.

Zu diesem, sich durch solch positive Eigenschaften auszeichnenden, Zeitpunkt habe ich als Vajra-Meister Ihnen, den Schülern, mittels der sieben Einweihungen zuzüglich der Ergänzungen in einem farbigen Sand-Mandala des glorreichen Urbuddha Kālachakra die Einweihung erteilt. Wie dargelegt wurde, werden Sie bei Einhaltung der Gelübde und Verpflichtungen innerhalb von sieben Leben den Zustand der siebten Bodhisattva-Stufe verwirklichen können.

2

Unterweisung zur Vermeidung der Wurzelvergehen

Die vierzehn Wurzelvergehen werden in einer Textpassage aus dem »Kāla-chakra-Tantra in der kürzeren Fassung«[83] im Einzelnen aufgeführt:

> Falls es auf Grund von Täuschung zu einem Wurzelvergehen kommt, wirst du in die Hölle geraten, denn diese sind [Voraussetzungen für] Leid.

Falls Sie die Gelübde genommen haben, diese jedoch nicht ordnungsgemäß einhalten, weil Sie unter den Einfluss der getrübten Emotionen geraten, werden Sie unter solchen Voraussetzungen leidvolle Erfahrungen zu machen beginnen. Darum sollten Sie die Gelübde in gebührender Weise einhalten.

> Reinigung von Wurzelvergehen gibt es für diejenigen, die erst die sieben Einweihungen erhalten haben und über die positiven Eigenschaften verfügen, [das heißt den Vorsatz gefasst haben, sich künftig im Zaum zu halten, und dazu das Mantra ihrer Gottheit 36 000 Mal wiederholen].[84]

Falls es zu einem Wurzelvergehen kommt, muss dieses gereinigt werden: Man muss starke Reue darüber empfinden, es begangen zu haben, und den festen Vorsatz fassen, in Zukunft nicht noch einmal so zu handeln. Wer lediglich die sieben Einweihungen nach dem Muster der Kindheit erhalten hat, sollte das Mantra der Gottheit, auf die die Blume gefallen ist, 36 000 Mal wiederholen. Dadurch wird, so heißt es, das Vergehen gereinigt.

> Wer die Vasen-Einweihung und die geheimen Einweihungen erhalten hat, [reinigt Verstöße] indem er [oder sie] sich ein [besonderes] Verhalten zu Eigen macht. Wenn man die höheren [Einwei-

hungen] erhalten hat, kommt [allein durch solche Mittel] für die Betreffenden keine Reinigung zu Stande.

Diejenigen, die auch die Vasen-Einweihung und die geheimen Einweihungen erhalten haben, können Verstöße reinigen, indem sie sich aufrichtig bemühen, besonderes Verdienst anzusammeln. Bei ihnen reicht es nicht, wenn sie lediglich das Mantra ihrer Gottheit wiederholen. Vielmehr müssen sie besondere Anstrengungen daran setzen, Verdienst anzusammeln und sich aufrichtig in ethischem Verhalten zu üben.

Wenn man höhere Einweihungen erhalten hat als die Vasen-Einweihung und die geheimen Einweihungen – also die Einweihung in das Weisheitswissen und die darüber hinausgehenden Einweihungen –, genügt es zur Reinigung von Verstößen nicht, lediglich Mantras zu rezitieren oder besondere Verhaltensformen zu beachten. Vielmehr ist eine Reinigung nur dann möglich, wenn man sich nicht nur besondere ethische Verhaltensformen zu Eigen macht, sondern auch den Segen der Buddhas und Bodhisattvas erhält. Mit dem zunehmend höheren Rang, den man auf Grund von höheren Einweihungen einnimmt, trägt man auch eine entsprechend größere Verantwortung, so dass selbst geringfügige Vergehen eine schwere Verfehlung darstellen: Äußerlich betrachtet mag es sich zwar um das gleiche Vergehen handeln, doch diejenigen mit den höheren Einweihungen laden dadurch eine schwerere Verfehlung auf sich. Daher bedarf es anderer Mittel zur Reinigung.

> Wenn es zu einem Wurzelvergehen gekommen ist, sollte man, um den Verstoß zu reinigen, in dies Mandala eintreten.
>
> Aber auch wenn du die Erlaubnis erhalten, [das heißt das Gelübde wiederhergestellt] hast, verliert dein Name in der Gemeinschaft an Gewicht.

Um ein Wurzelvergehen zu reinigen, sollte man von Neuem in das Mandala eintreten, die Einweihung empfangen und dadurch die Gelübde wiederherstellen. Auf Grund der zuvor begangenen Verfehlung nimmt man allerdings in der Gemeinschaft der Yogis einen geringeren Rang ein.
Worin bestehen Wurzelvergehen?

> Für törichte Wesen kommt das erste[85] Wurzelvergehen dadurch zu Stande, dass sie der erleuchteten Geisteshaltung des glorreichen Lamas zuwiderhandeln.

Wenn Sie sich nicht an das Wort des Lamas halten, der Ihnen die glorreiche Kālachakra-Einweihung erteilt – immer unter der Voraussetzung, dass das Wort des Lamas mit der Lehre in Einklang steht –, und dadurch der erleuchteten Geisteshaltung des Lamas zuwiderhandeln, so stellt dies das erste Wurzelvergehen dar. In Kulika Pundarīkas Text »Großer Kommentar zum ›Kālachakra-Tantra‹, das makellose Licht« heißt es, falls man den mit der Lehre unvereinbaren Anweisungen des Lamas keine Folge leiste, sei daran nichts zu beanstanden – getreu der Maxime: »Handle in Einklang mit einer ethisch untadeligen Lehre, widersetze dich einer unethischen Lehre.« In solch einem Fall sollten Sie sich zu Ihrem Standpunkt bekennen, Ihre Gründe darlegen und dann Abstand davon nehmen, mit der Lehre unvereinbare Dinge zu tun. Falls an den Worten oder Handlungen des Lamas etwas nicht mit der Lehre in Einklang steht, sollte man dies aber keinesfalls zum Anlass nehmen, Geringschätzung oder Mangel an Vertrauen zu entwickeln.

> In der Abweichung von seinem Wort besteht ein weiteres, und in Wut den Brüdern [und Schwestern] gegenüber besteht das dritte [Wurzelvergehen].

Wenn Sie sich über die vom Lama gegebenen Anweisungen einfach hinwegsetzen, indem sie ihnen keinerlei Beachtung schenken, so ist dies das zweite, nicht mit dem ersten gleichzusetzende, Wurzelvergehen. Das dritte besteht darin, aus Wut an seinen Vajra-Brüdern und -Schwestern – an denjenigen, die früher, später oder zur gleichen Zeit vom selben Lama Einweihungen erhalten haben – herumzumäkeln oder ihnen gegenüber aggressiv zu sein.

> Keine Liebe aufzubringen ist das vierte, der Verlust des Erleuchtungsgeistes das fünfte [Wurzelvergehen].

Wenn Sie Ihre Liebe zu den empfindenden Wesen einbüßen, so ist dies das vierte Vergehen.

Zum fünften Vergehen: Das allerbeste Mittel, eine ganz und gar vollkommene Erleuchtung zu verwirklichen, ist das ursprüngliche Gewahrsein unwandelbarer Glückseligkeit. Und das essenzielle Element – weiß wie die Kunda-Blume – wird als »Erleuchtungsgeist« bezeichnet. Es bildet die Grundlage dieser Glückseligkeit. Wenn also ein Praktizierender diesen weißen »Erleuchtungsgeist« nicht ohne Erguss einbehält, statt dessen Anhaftung an die mit dem Erguss einhergehende Glückseligkeit entwickelt und deshalb den Erguss zulässt, so stellt dies ein Wurzelvergehen dar. Entsprechend stellt der Verlust der altruistischen Absicht, erleuchtet zu werden – der Verlust des »strebenden Erleuchtungsgeistes« –, ebenfalls ein Wurzelvergehen dar.

> Geringschätzung den Lehren [des Vollendungsfahrzeugs] gegenüber ist das sechste; die Weitergabe der Geheimnisse an Menschen, die dafür noch nicht reif sind, das siebte.

Das sechste Vergehen liegt dann vor, wenn man das Vollendungsfahrzeug einfach als unnütz abtut, weil man Buddhaschaft *ausschließlich* mit den Mitteln seiner Praxis nicht verwirklichen kann. Das siebte besteht in der Weitergabe der geheimen Lehrinhalte an diejenigen, deren Geistesstrom nicht durch die Einweihung zur Reife gebracht wurde, beziehungsweise an diejenigen, die kein Vertrauen haben.

> Indem du deine [geistigen und physischen] Aggregate quälst, kommt das achte zu Stande; das neunte wiederum besteht darin, nicht auf die [natürliche] Reinheit der Phänomene zu vertrauen.

Die geistigen und physischen Aggregate eines Yogi sind von großem Wert: Auf Grund Ihrer Beschaffenheit kann der Yogi das ursprüngliche Gewahrsein von Glückseligkeit und Leerheit praktizieren. Wer sich in der Absicht, der eigenen Gesundheit zu schaden, geistigen und körperlichen Torturen unterzieht, verübt das achte Wurzelvergehen. Das neunte ist fehlendes Vertrauen in die natürliche Reinheit der Phänomene – in ihre Soheit, ihre eigentliche Seinsweise, die in Leerheit von unabhängiger Eigenexistenz besteht. Kein aufrichtiges Interesse an der Leerheitsauffassung der Nur-Geist-Schule beziehungsweise der Schule des Mittleren Weges zu haben und sich davon abzukehren stellt einen Verstoß dar.

> Falsche Liebe ist das zehnte; Zweifel daran [zu hegen], dass einem die namenlose Glückseligkeit zuteil wird und so weiter, ist das elfte.

»Falsche Liebe« meint hier fehlenden Einklang zwischen Ihren Worten und Ihren eigentlichen Empfindungen. Wenn Sie trotz eines Widerwillens, den Sie in Ihrem Herzen hegen, Worte im Munde führen, die den Eindruck von Freundlichkeit und Liebenswürdigkeit zu erwecken versuchen, so macht dies das zehnte Wurzelvergehen aus. »Die namenlose Lehre« ist Leerheit – und wenn man sich vom ursprünglichen Gewahrsein unwandelbarer Glückseligkeit und Leerheit abkehrt, ohne eine Anstrengung zu unternehmen, die Mittel zur Einsicht in Leerheit zu erlangen, so verübt man das elfte Wurzelvergehen.

> An makellosen empfindenden Wesen herumzumäkeln ist das zwölfte, eingegangene Gelübde zu brechen ein weiteres [das dreizehnte].

»Makellose empfindende Wesen« meint hier Yogis. An ihnen herumzumäkeln ist das zwölfte Wurzelvergehen. Wenn man Gelübde, die den Gebrauch von Siegeln, Vajra, Glocke und so weiter erforderlich machen, missachtet, weil man das Gefühl hat, sie für die eigene Schulung nicht zu benötigen, so besteht darin das dreizehnte Wurzelvergehen.

> Eine Frau gering zu schätzen ist das vierzehnte. Diese gelten für diejenigen, die dauerhaft im Vajra-Fahrzeug bleiben.

Ganz allgemein sind Frauen sehr gütig. Insbesondere spielen sie eine entscheidende Rolle für das Zustandekommen des ursprünglichen Gewahrseins von Glückseligkeit und Leerheit. Deshalb müssen Sie allen Frauen Respekt erweisen und sie so betrachten, als seien sie Ihre Mutter. Falls Sie jedoch – in Verkehrung all dessen – eine Frau gering schätzen, so handelt es sich um das vierzehnte Wurzelvergehen. Wer in ein Mandala des Mantra-Fahrzeugs eingetreten ist und die Mantra-Gelübde erhalten hat, übernimmt damit die Verpflichtung, diese Vorgaben einzuhalten.

> *Wenn [der Lama] einem Schüler die Einweihung erteilt, sollte er die Bedeutung dieser [Unterweisungen] eingehend darlegen.*[86]

Als Nächstes erklärt sich der Schüler bereit, den weisen Ratschlägen des Lamas gemäß zu handeln.

> *Dann sagt der Schüler dreimal:*

> Ich werde alles tun,
> was mir die Hauptgottheit angeraten hat.

Dies beschließt die Erteilung der sieben Einweihungen in der Art, wie man ein Kind in seine Obhut nimmt; und ebenso die Erteilung der nachfolgenden

Wasser-Einweihungen. Zu guter Letzt werden die überaus positiven Auswirkungen dieses Ereignisses hervorgehoben, gefolgt von einer Mandala-Opferung.

Dann:[87]

Jetzt trägt meine Geburt Früchte.
Dass ich am Leben bin, trägt ebenfalls Früchte.
Heute bin ich in der Familie der Buddhas geboren worden.
Ich bin heute ein Kind des Buddha geworden.

Nimm eine Mandala-Opferung vor.

Dem Lama, der persönlichen Gottheit und den Drei Juwelen opfere ich in der Visualisation
Körper, Rede, Geist und alles, worauf ich und andere uns stützen können,
alle Ansammlungen von Verdienst in Vergangenheit, Gegenwart und Zukunft
und das Mandala von wundervoller Kostbarkeit mit den Anhäufungen von Samantabhadras Opfergaben.
Bitte nimm, veranlasst durch dein Mitgefühl, diese Opfergaben an, und gib mir deinen Segen.
Idam guru-ratna-mandalakam niryātayāmi. [Dieses mit Juwelen besetzte Mandala opfere ich dem Guru.][88]

3
Wunschgebete

Jeder sollte heilsame Wunschgebete sprechen. Wir wollen hier die Wunschgebete aus dem Ritus der täglichen Praxis rezitieren (siehe auch S. 426–434).

Möge ich durch die Kraft des unermesslichen Sees der Ansammlungen von Verdienst,
der immer größer wird, weil ich im See meines Geistes stets aufs Neue
die Ansammlung des makellosen Meditationsstroms, der Rezitation
und der Opferung vom Schneeberg solch lauterer, besonderer Intention vornehme,

und durch die Kraft der geistigen Ansammlung
all der heilsamen Eigenschaften der Vergangenheit, Gegenwart und Zukunft,
in den aufeinander folgenden Leben von heiligen Beschützern,
von spirituellen Ratgebern des unübertroffenen Fahrzeugs, in Obhut genommen werden.

Möge ich auf Grund der Unterweisungen, die sie mit Freude erteilen,
zu der Erfahrung vordringen, durch die man die Lehren der drei Fahrzeuge
miteinander vereint, und, indem ich sie ihrer tieferen Bedeutung entsprechend praktiziere,
meinen Geistesstrom mittels der allgemeinen Methoden zur Reife bringen.

Mögen dadurch, dass ich die sieben makellosen Einweihungen erhalte,
gute Potenziale für die sieben Stufen geschaffen werden,
die sieben Befleckungen der Elemente und so weiter gereinigt werden,
und möge ich ermächtigt werden, den Yoga der ersten Stufe zu praktizieren und die gewöhnlichen Verwirklichungen zu erlangen.

Mögen durch die vier – irdischen und überirdischen – unübertroffenen
Einweihungen
die Samen für die vier Vajras der vier Körper angelegt werden, und möge ich
autorisiert werden,
die vier auf die Annäherung an die zweite Stufe und auf ihre Verwirklichung
sich beziehenden Zweige
zu hören, zu erläutern und zu entwickeln.

Möge ich, auf dem Thron der vier makellosen Einweihungen
im unermesslichen höchsten Palast des Vajra-Fahrzeugs sitzend,
mit ungebrochenen Gelübden und Verpflichtungen als meiner Fußbank,
zu einem Weltenherrscher der Lehre von den beiden Stufen werden.

Mögen durch den erhabenen Körper, die Rede, den Geist und die Weisheit,
die gereinigt und geläutert sind,
durch den Yoga der Meditation auf die sechs Buddha-Familien und die sechs
Zweige
und durch die intensiven Lichtstrahlen der an besondere Stellen im Körper
lokalisierten Vajras
Dämonen und Hindernisse verbrannt werden.

Mögen inmitten der Weite des Raumes
Mandalas der vier Elemente hervorgebracht werden,
und mögen auf Grund ihrer Vereinigung zu einem einzigen Mandala ein
fünf- und ein dreistufiger Zaun
sowie ein Palast mit einem Thron geschaffen werden.

Möge ich in dessen Zentrum als der glorreiche Vajravega
durch die unerschütterliche meditative Stabilisierung des Königs der
Zornvollen
äußeren und inneren Dämonen und Hindernissen ein Ende bereiten,
indem ich eine Schar von 60 Torwächtern aussende.

Mögen die Ansammlungen, da auf Grund der Übung des Zerstreuens und
Sammelns
das Feld der Ansammlung die gesamte Ausdehnung des Raumes durchmisst,
kraftvoll wie Wellen, zur Gänze vollendet werden,

indem die Anhäufung der Ansammlungen – die Vorbereitung – dem Ritus gemäß durchgeführt wird.

Möge ich, indem ich am Ende der Auflösung der sechs Elemente,
die den Stadien des Todes gleicht, den Stolz des Wahrheitskörpers entwickle,
die meditative Stabilisierung der vier Tore zur Befreiung vollenden
und augenblicklich die vollkommene Erleuchtung verwirklichen.

Möge ich, indem ich über Raum, Wind, Feuer, Wasser, Erde und den Berg Meru meditiere,
den Zustand des Vajra-Körpers verwirklichen,
mit Rädern der Kanäle und so weiter am Scheitelpunkt des Kopfes,
in Höhe der Stirn, des Halses, des Herzens, des Nabels und des verborgenen Bereichs.

Möge durch gutes Meditieren über ein Vajra-Zelt,
das Lotos, Mond, Sonne, Rāhu und Kālāgni überspannt,
den Ansammlungen der Winde des rechten und des linken Kanals
im Kanal-mit-Muschel durch den unübertroffenen Vajra-Yoga Einhalt geboten werden.

Möge durch die Kraft des Meditierens über einen unermesslichen Palast
beim Licht makelloser Juwelen im Vajra-Zelt
das Land, in dem ich die Erleuchtung als Buddha erfahren werde,
geläutert und der Körper, der mich trägt, von Befleckung befreit werden.

Möge durch das Meditieren über das Sich-Verbinden der Zweiheiten – Mond und Sonne, Vokale und Konsonanten,
Wind und Geist, sowie die beiden Buchstaben – zu Einem, dem Buchstaben *ham*,
aus der Vereinigung des weißen und des roten Elements sowie des subtilen Windes und des subtilen Geistes
im Zentralkanal große Glückseligkeit hervorgebracht werden.

Mögen sodann durch die Kraft des Meditierens über die Gottheiten im Mandala der großen Glückseligkeit –
den erhabenen, in sämtlichen Aspekten vollkommenen Körper von Kālachakra,

der die Natur der großen Glückseligkeit hat und so den höchsten aller
Aspekte aufweist,
zusammen mit seiner Weisheitsfrau –

[diese Meditationen] als Ursache zur Hervorbringung
der höchsten Vollendungsstufen dienen, in denen das große Siegel
der leeren Form vom Geschmack der unwandelbaren, immer schon
vorhandenen Glückseligkeit erfüllt ist,
wirklich umarmt von den – Aspekte beziehungsweise keine Aspekte
aufweisenden – Siegeln.

Möge ich durch die fünf Aspekte manifeste Erleuchtung entwickeln,
den höchsten König der Mandalas, den Zweig der Annäherung.
Möge ich aus dem Samen der Vereinigung von Vater und Mutter
den höchst vollkommenen Kreis der Gottheiten im Mutterleib erzeugen,

diese an der ihnen jeweils zukommenden Stelle richtig plazieren
und die unübertroffenen Verwirklichungen des Weges hervorbringen,
indem ich die Aggregate, die Elemente, die Sinneskräfte,
ihre Objekte, die Handlungsfähigkeiten und die Aktivitäten läutere.

Möge ich durch den Vajra-gleichen überirdischen Siegreichen und eine
Weisheitsfrau,
die in Gestalt eines Tropfens der großen Glückseligkeit
dem Lotos im Rad der großen Glückseligkeit innewohnen,
kraft der Verschmelzung durch das Feuer der zornvollen Weisheitsfrau in
Höhe des Nabels

meditativ den Zweig der Beinahe-Verwirklichung entwickeln, den höchsten
König der Aktivitäten: mittels der Erleuchtung in zwanzig Aspekten
– den fünf Erweckungen durch die wohlklingenden Gesänge der Göttinnen,
der Selbst-Hervorbringung als Gottheit in fünf Schritten und jenen fünf, die
aus den fünf Zornvollen bestehen,

der Einladung [der Weisheits-Wesen] in den Kreis der Samaya-Wesen,[89]
dem Eintreten, Sich-Verbinden, Gefallen-daran-Finden,
Vom-selben-Geschmack-Sein –

und mittels Erteilung der Einweihung, Besiegelung der Praxis[90] und Wahrung der Reinheit durch Achtsamkeit.
Und möge dadurch ihr Sinn und Zweck verwirklicht werden.

Möge durch das im Zentralkanal emporlodernde,
vom abwärts entleerenden Wind entfachte Feuer der zornvollen Frau
nach der Segnung der verborgenen Stelle, nach der Vereinigung
und dem, auf Grund dessen erfolgenden, allmählichen Herabsinken des Erleuchtungsgeistes

als Folge des am Scheitelpunkt des Kopfes schmelzenden Buchstabens *ham*
und der zum Stillstand kommenden Bewegung der Winde im rechten und im linken Kanal
der Yoga der Tropfen verwirklicht werden, der unübertroffene Zweig der Verwirklichung,
und mich dazu bringen, die vier Freuden des fortschreitenden Prozesses gründlich zu begreifen.

Möge ich durch die vier Freuden der zuvor angesprochenen Stabilität,
den Zweig der großen Verwirklichung zur Vollendung bringen,
indem der gleiche Prozess aufwärts verläuft,
den subtilen Yoga und die manifeste Erleuchtung des magischen Gewebes.

Kurzum: Möge ich das Bestreben zur Vollendung bringen, in vier Sitzungen
die unübertroffene Hervorbringungsstufe, die die äußeren und inneren Reinigungsgrundlagen reinigt,
Wasser, das gewöhnliche Erscheinungen und die Vorstellung von Gewöhnlichkeit reinigt,
und den Weg, der zur vollständigen Hervorbringung der Vollendungsstufe reif macht, zu entwickeln.

Möge ich ferner zahllose Wesen im Daseinskreislauf reif dafür machen,
frei von Hindernissen die besonderen Kennzeichen
der höchsten Art von letztgültiger Verwirklichung erreichen zu können,
indem sie sich um Wiederholung, Feueropfer und das Darbringen von Opfergaben bemühen.

Möge ich mit dem sechsteiligen Yoga vertraut werden:
mit den zwei heilsamen Qualitäten am Anfang – besonderer Zurückziehung und einsgerichtetem Verweilen des Geistes,
den zwei heilsamen Qualitäten in der Mitte – den Methoden zur Einbehaltung der Vitalenergie und ihrer Bewahrung,
und den zwei heilsamen Qualitäten am Ende – Achtsamkeit und meditativer Stabilisierung.

Möge mein Geist einsgerichtet, frei von Erschlaffung und Erregung,
mittels des nach innen gewandten Blicks der halb geschlossenen Augen
auf derjenigen Stelle ruhen, an der – kontemplativer Betrachtung gemäß –
der hinterste Teil der Augen in das obere Ende des Zentralkanals hineinreicht.

Mögen sich dadurch die vier nächtlichen Zeichen – wie Rauch, wie eine Luftspiegelung,
wie Glühwürmchen oder wie eine Butterlampe – manifestieren,
untrügliche Anzeichen dafür, dass man die Winde
des rechten und des linken Kanals im Zentralkanal gesammelt hat.

Mögen ferner, indem ich wie zuvor gut meditiere,
und zwar in der Weise, wie man einen wolkenlosen Himmel anschaut,
die sechs Zeichen – Lodern, Mond, Sonne, Rāhu,
Blitz und Tropfen – vollendet werden.

Möge durch die Konzentration des einsgerichteten Beobachtens von Formen
auf Grund des allmählichen Sich-Zurückziehens
der leeren Formen im Bereich des Körper-Tropfens meinem Wunsch gemäß
die Glückseligkeit der körperlichen und geistigen Geschmeidigkeit herbeigeführt werden.

Möge ich durch die Kraft des einsgerichteten Vertrautwerdens mit den beiden Yogas,
mit denen man auf diese Weise leere Formen erzielt
und die erzielten stabilisiert,
das Wort der Wahrheit und die fünf Arten von Klarsichtigkeit verwirklichen.

Mögen durch das Vertrautwerden mit dem Anhalten der Vitalenergie in Form von spontaner Vajra-Rezitation,

bei welcher der Wind und das Mantra im Rāhu-Pfad untrennbar sind,
und mit dem Anhalten der Vitalenergie in Form der Kessel[-gleichen Wind-Kontrolle],
bei der die oberen und die unteren Winde in Höhe des Nabels zum Erliegen kommen,

die besonderen Zeichen für die Ansammlungen der Winde sichtbar werden,
indem die Winde vollständig in das Zentrum des Rades der Ausstrahlung hineingehen
und für eine Weile dort bleiben,
und möge so der von den Bodhisattvas gepriesene Wohlklang verwirklicht werden.

Möge zum Schluss, wenn ich die vier Freuden
des Herabsinkens von oben und der Stabilität von unten hervorgebracht habe,
ohne Schwankungen in der Mitte, wo sich der vitalisierende
und der abwärts entleerende Wind im Zentrum der sechs Räder zu *einem* Wind verbinden,

mein Geist durch den Yoga der unbewegten Geisteshaltung in einen Körper der leeren Form aufsteigen,
und mögen den Gruppen der Dämonen eines unzeitigen Todes Einhalt geboten werden.
Möge ich, nachdem ich die Fähigkeit zur Kontrolle sämtlicher Formen und der Vitalenergie
gründlich erworben habe, wirklich in einen Körper der leeren Form aufsteigen,

in Vater-Mutter-Vereinigung,
von der immer schon vorhandenen Glückseligkeit
durch das neu angefachte Feuer der zornvollen Frau herbeigeführt,
und mögen von meinen Haar-Poren vielfarbige Lichtstrahlen ausgehen.

Möge ich eine Meditation ausführen, in der die, durch die Kraft des Siegels
– durch Vereinigung mit einem großen Siegel von solch leerer Form –
wirkungsvoll herbeigeführte, unwandelbare große Glückseligkeit
mit Leerheit verbunden ist.

Mögen durch die Kraft der angesammelten weißen und roten Elemente,
21 600 an der Zahl
überall im gesamten Zentralkanal,
die materiellen Elemente meines Körpers so aufgezehrt werden, wie Eisen
Quecksilber verzehrt.

Mögen die 21 600 Zeitspannen unwandelbarer, Leerheit gewahrender
großer Glückseligkeit die entsprechende Anzahl von karmischen Winden
zum Erliegen bringen, hinderliche Neigungen rasch läutern,
und möge ich den erhabenen Körper eines Siegreichen erlangen.

Möge ich diese Wünsche leicht und ohne Behinderung verwirklichen
und ein unübertroffener Kapitän werden,
der mittels dieses unübertroffenen Weges die im Daseinskreislauf befindlichen
Wesen
in die Freiheit des unübertroffenen kostbaren Landes eines Siegreichen
entlässt.

Kurzum: Welche Ansammlungen von heilsamem Verdienst,
wie hier veranschaulicht, auch immer angehäuft worden sind,
möge ich durch sie rasch in Shambhala, der Schatzkammer der Kostbarkeiten,
geboren werden
und die Stufen des Weges im Höchsten Yoga-Tantra vollenden.

4
Die tägliche Praxis

Sie haben die sieben Einweihungen nach dem Muster der Kindheit erhalten. Durch sie wird man autorisiert, Unterweisungen zur Hervorbringungsstufe zu hören, über sie nachzusinnen und die Hervorbringungsstufe meditativ zu entwickeln. Wenn Schüler dann den Punkt erreichen, an dem sie zu einem geeigneten Gefäß für die Entwicklung der Vollendungsstufe geworden sind, benötigen sie die vier hohen und die vier außerordentlich hohen Einweihungen. Wer darüber hinaus nicht nur die beiden Stufen – der Hervorbringung und der Vollendung – entwickelt, in denen die Bedeutung des *Kālachakra-Tantra* besteht, sondern auch andere Praktizierende das gesamte Tantra lehren soll, benötigt neben den vier außerordentlich hohen Einweihungen noch die Einweihung als hoher Vajra-Gebieter[91]. Die Einweihungen für die Vollendungsphase benötigt man fürs Erste nicht. Sie können zu einem späteren, der Entwicklung der Schüler angemessenen Zeitpunkt in Betracht gezogen werden.

Da Sie die Einweihung – oder Autorisierung – für die Hervorbringungsphase erhalten haben, sollten Sie sich darauf konzentrieren, sie zu praktizieren. Und je ausgedehnter man die Hervorbringungsphase meditativ entwickelt, umso tiefer reicht die Praxis. Die kürzeste Form einer meditativen Entwicklung der Hervorbringungsphase ist die Selbst-Hervorbringung in einem Mandala des erhabenen Geistes. Aber selbst diese bereitet manchen Menschen Schwierigkeiten. Daher kann man auch eine sehr kurze Selbst-Hervorbringung als Kālachakra in Verbindung mit dem Yoga in sechs Sitzungen vornehmen.

Machen Sie die Praxis der Regeln für die Bodhisattva-Gelübde und die Mantra-Gelübde zur Grundlage Ihrer Praxis, und auf dieser Grundlage sollten Sie den Yoga in sechs Sitzungen entwickeln. Den Wortlaut des Ritus brauchen Sie nicht unbedingt zu rezitieren; sich auf seine Bedeutung zu besinnen genügt. Der Yoga in sechs Sitzungen ist eine Kurzfassung all der Praktiken, die dreimal im Laufe des Tages und dreimal im Laufe der Nacht durchzuführen sind.

Damit verhält es sich ähnlich wie mit dem Wiederaufladen einer Batterie: Wenn Sie einen Akku lange Zeit unbenutzt liegen lassen, ohne ihn aufzuladen, wird er Ihnen an dem Tag, an dem Sie ihn dann verwenden wollen, nichts nützen. Entsprechend verhilft Ihnen die meditative Entwicklung des Yoga in sechs Sitzungen nicht unbedingt zu großen Fortschritte in der Kālachakra-Praxis; zumindest aber bleiben Sie auf dem erreichten Stand.

Deshalb ist es gut, wenn Sie in Verbindung mit der Selbst-Hervorbringung als Kālachakra den Yoga in sechs Sitzungen rezitieren beziehungsweise über seine Bedeutung reflektieren können. Wenn Sie nach und nach über die Bedeutung der darin angesprochenen Themen Klarheit gewonnen haben, müssen Sie schließlich nicht mehr unbedingt den Wortlaut rezitieren, sondern können stattdessen Einsichtsmeditation praktizieren: Sie sinnen über die Bedeutung nach, indem Sie jedes Thema im Geist vor sich auftauchen lassen. Dazu bedarf es einer Meditationspraxis, die Geistesruhe und analytische Meditation in sich vereint.

Die Hauptpraxis ist der Gottheiten-Yoga. Wenn das klare Erscheinen als Gottheit und der »Stolz«, diese Gottheit zu sein, bis zu einem Punkt gediehen sind, an dem Sie – vorausgesetzt, Sie leiden nicht unter einer körperlichen Erkrankung oder Ähnlichem – vier Stunden lang in solch einer klaren Erscheinung und in dem »Stolz« verharren können, ohne dass sich andere Vorstellungen dazwischen schieben, haben Sie die Hervorbringungsphase gut entwickelt. An diesem Punkt können Sie dann Ihre Aufmerksamkeit auf jedes beliebige Objekt im Körper richten: Da Wind und Geist zusammenwirken, sammeln sich die Winde an der betreffenden Stelle. Führen wir hingegen jetzt eine mit den Winden in Verbindung stehende Visualisationen durch, so macht sich womöglich am Scheitel ein Jucken oder Ähnliches bemerkbar.

Wenn Sie die Entwicklung der Hervorbringungsphase in diesem Sinn vollständig durchgeführt haben, können Sie Ihren Geist voll und ganz mit der meditativen Entwicklung der Vollendungsphase verbinden. Die Vollendungsphase im *Kālachakra-Tantra* ist der »Yoga in sechs Zweigen«, auf den wir hier im Einzelnen nicht einzugehen brauchen.

Beim sechsten Zweig in der Vollendungsphase, dem so genannten Zweig der meditativen Stabilisierung, erzielt man eine Einheit von unwandelbarer Glückseligkeit und leerer Form. 21 600 Zeitspannen unwandelbarer Glückseligkeit werden nach und nach verwirklicht; und jeweils unmittelbar danach wird der subtile Geist des klaren Lichts zur Entität eines allwissenden Bewusstseins, das alle Aspekte der Wissensobjekte kennt. An diesem Punkt hat man als Grundlage der unwandelbaren Glückseligkeit 21 600 Einheiten des, als »Erleuchtungsgeist« bezeichneten, essenziellen Elements vollendet. Und auf dieser Grundlage hat man 21 600 Zeitspannen unwandelbarer Glückseligkeit verwirklicht, durch die 21 600 karmische Winde zum Erliegen gekommen und 21 600 materielle Faktoren des Körpers aufgezehrt worden sind. Im nächsten Moment wird der Zustand der vier Körper eines Buddha verwirklicht.

Um solche Methoden der Hervorbringungsphase und der Vollendungsphase praktizieren zu können, muss man zunächst einmal eine makellose Einweihung erlangen. Um eine makellose Einweihung zu erlangen, muss man, bezogen auf das altruistische Streben nach Erleuchtung, über einige Erfahrung verfügen. Einsicht in Leerheit muss ebenfalls vorhanden sein. Denn wie ich im Verlauf der Einweihung dargelegt habe, spielt sie für den gesamten Prozess der Einweihung – am Anfang, in der Mitte und am Ende – eine wesentliche Rolle. Wenn zu der Einsicht in Leerheit das altruistische Streben nach Erleuchtung hinzutritt, kann sie als Gegenmittel gegen die Hindernisse für die Allwissenheit dienen.

Um solch ein altruistisches Streben nach Erleuchtung zu haben – das heißt, um den Wunsch zu entwickeln, alle empfindenden Wesen in den Zustand der Buddhaschaft zu versetzen, in dem jegliches Leid und seine Ursachen aufgehoben sind –, muss man zunächst einmal umfassendes Mitgefühl entwickeln: Man muss zur Kenntnis nehmen, dass die empfindenden Wesen von Leid gepeinigt werden, und zugleich ein umfassendes Wissen darüber haben, welche Arten von Leid diese Wesen quälen. Aus diesem Grund müssen Sie zunächst einmal für sich selbst klären, mit welchen allgemeinen und besonderen Formen von Leid Sie im Daseinskreislauf konfrontiert werden, und dadurch einen Zustand erreichen, in dem Sie den Wunsch haben, von diesem Leid frei zu sein. Um ein derart starkes Gewahrsein dafür zu entwickeln, dass Sie solch allgemeine und besondere Leiden des Daseinskreislaufs nicht haben und vielmehr von ihnen befreit werden wollen, müssen Sie – als innerer und subtilerer Bestandteil dieses Prozesses – die Faszination durch die Erscheinungen dieses Lebens überwinden: Dann erst können Sie auch die Faszination durch die Erscheinungen künftiger Leben überwinden.

Daher müssen Sie eine Geistesschulung vornehmen, Schritt für Schritt. Durch diese Einweihungen sind die Faktoren und Bedingungen zusammengekommen, die es Ihnen möglich machen, eine ganze Reihe solcher Methoden zu entwickeln.

Unserem Alltag kommt dabei allergrößte Bedeutung zu. Immer wieder bringe ich zum Ausdruck, dass diese menschliche Daseinsform, über die wir jetzt verfügen, eine ausgezeichnete Gelegenheit darstellt. Deshalb müssen wir gute, rechtschaffene Menschen sein. Das ist von allergrößter Bedeutung. Als Praktizierende müssen wir dann das, woran wir glauben, ernsthaft und aufrichtig praktizieren. Setzen wir diese Anschauungen im täglichen Leben in die Praxis um, so werden sie uns zugute kommen. Falls es dagegen bei bloßem »Wissen« bleibt, werden wir keinen Nutzen davon haben. Daher ist es so wichtig, dass wir sie in die Tat umsetzen.

Auch sollten Anfänger nicht schon gleich zu Beginn allzu große Erwartungen hegen. Überzogene Erwartungen führen zum Misserfolg. Am Anfang müssen Sie sich erst einmal darüber im Klaren sein, dass innere Entwicklung Zeit braucht und beileibe keine einfache Angelegenheit ist. Aus eigener Erfahrung weiß ich, dass sie Zeit erfordert.

Ferner ist Zielstrebigkeit – stetiges Bemühen – außerordentlich wichtig. Wenn wir mit unbefriedigenden Situationen konfrontiert werden, sollten wir nicht unsere Entschlossenheit, unseren Mut verlieren. Haben wir Mut, so können wir jedes Hindernis überwinden. Deshalb sind unsere Entschlossenheit und unsere Zielstrebigkeit sehr wichtig.

Gäbe es einen anderen Weg, um wirklich dauerhaft Ruhe und Frieden zu erreichen, wäre die Praxis des Dharma nicht so bedeutungsvoll. Wenn wir aber keine anderen Mittel und Wege finden, höchstes Glück zu erreichen, dann gibt es keine Alternative zum spirituellen Weg. Wir müssen einen festen Entschluss fassen, zu praktizieren.

Gleichzeitig sollten wir nichtbuddhistischen Religionen mit großem Respekt begegnen. Alle Religionen haben essenziell dieselbe Botschaft von Mitgefühl und menschlicher Vervollkommnung. Da dem menschliche Geist eine so große Vielfalt zu Eigen ist, sind für bestimmte Menschen das Christentum, das Judentum, der Hinduismus, der Islam oder andere Religionen wirkungsvoller, heilsamer. Deshalb müssen wir jede Religion respektieren und dürfen niemals in sektiererischen Eifer verfallen.

Unter uns Buddhisten gibt es das so genannte Kleinere Fahrzeug und das Große Fahrzeug, innerhalb des letzteren gibt es wiederum kleinere Unterschiede. Und innerhalb des tibetischen Buddhismus gibt es die so genannten Rothüte, Gelbhüte, Schwarzhüte und so weiter. Buddha Shākyamuni hatte allerdings keinen Hut. Lediglich seine Schüler haben sich dann stärker mit Fragen der Mode befasst. Wäre der Hut die eigentliche Lehre, so hätte Buddha keine Lehre gehabt! Wir müssen einfach sehen, dass sämtliche Buddhisten Schüler desselben Lehrers sind, des Buddha Shākyamuni.

Auf Grund von Unwissenheit entwickeln wir manchmal Gefühle wie: »Das ist meine Tradition.« – »Das ist meine Religion.« – »Das ist mein Lehrer.« Wie bedauerlich! Wir müssen von sektiererischen Tendenzen wirklich frei bleiben. Als Praktizierende müssen wir Fehler bei uns suchen, nicht bei anderen. Wenn unerfreuliche Dinge geschehen, sollten wir mit dem Finger nach innen weisen – nicht nach außen, indem wir sagen: »Diejenigen haben dies getan.« »Und jene dort haben das und das getan.« Die Verantwortung auf andere abzuwälzen ist absolut fehl am Platz. Ist das klar?

Der Buddha hat gesagt: »Du bist dein eigener Herr.« Was zum Beispiel mich anbelangt, so hängt meine Zukunft von mir ab. Soweit es um meine Zukunft geht, darf ich mich nicht auf andere verlassen. Ob sie gut oder schlecht ist, hängt ganz und gar von mir ab. Wenn ich etwas Unrechtes tue, werde letztlich ich mich den Konsequenzen zu stellen haben – nicht etwa der Buddha. Genauso hängt Ihre Zukunft von Ihnen ab. Darum müssen wir gute, rechtschaffene, aufrichtige, wahrhaftige, mutige und warmherzige Menschen sein. Dann sehen wir einer Glück verheißenden Zukunft entgegen. Wenn wir keine innere Stärke entwickeln, zu zögerlich und ängstlich sind, so haben wir eine schwierigere Zukunft vor uns.

Es ist wichtig, nicht gleich von Anfang an zu viel zu erwarten. Aber in der Zwischenzeit gilt es, große Entschlossenheit zu wahren. Mit solch einer Einstellung kann Ihnen nur eine bessere Zukunft beschieden sein.

DIE RITEN
FÜR DIE TÄGLICHE PRAXIS:
DREI FASSUNGEN DES YOGA
IN SECHS SITZUNGEN

Einführung

Dieses Kapitel enthält drei Fassungen des Yoga in sechs Sitzungen – einer täglichen Praxis, die dreimal im Laufe des Tages und dreimal im Laufe der Nacht durchgeführt wird, vorzugsweise in gleich bleibenden Intervallen. Den Grundtext des Yoga in sechs Sitzungen, die zweite der drei Fassungen, hat der Erste Panchen Lama, Losang Chökyi Gyältsän (*blo bzang chos kyi rgyal mtshan*, 1567?–1662) formuliert. Der oberste Tutor des Dalai Lama, der 97. Abt des Klosters Ganden, Thubten Lungdok Namgyäl Thrinle (*thub bstan lung rtogs rnam rgyal 'phrin las*), bekannt als Ling Rinpoche (*gling rin po che*, 1903–1983), hat auf Geheiß Seiner Heiligkeit diesen Basistext für die Kālachakra-Praxis bearbeitet. Um diese beträchtlich erweiterte Bearbeitung handelt es sich bei der ersten Fassung.

Zahlreiche Passagen dieses ersten Textes stammen aus anderen Mitteln zur Verwirklichung (*sgrub thabs*, *sādhana*). Zudem ist unklar, welche Passagen aus der Feder des Dalai Lama stammen und welche von Ling Rinpoche. Beide Autoren hatten jedenfalls beim Abfassen des Textes solche Praktizierenden im Blick, die im Rahmen ihrer täglichen Verpflichtungen nicht den nötigen zeitlichen Spielraum haben für eine Sādhana des vollständigen Mandala von Körper, Rede und Geist – etwa die Praxis der vom Siebten Dalai Lama verfassten »Mittel zur Verwirklichung des Mandala des erhabenen Körpers, der erhabenen Rede und des erhabenen Geistes von Kālachakra, dem glorreichen überirdischen Siegreichen: die segensreichen Worte von Gelehrten und Meistern« – oder auch nur für eine Sādhana des erhabenen Geistes, etwa die vom Siebten Dalai Lama verfassten »Mittel zur Verwirklichung des Mandala des erhabenen Geistes des glorreichen Kālachakra: die gute Vase aller besonderen Verwirklichungen«.

Aber wie der Dalai Lama in den Anmerkungen zu seiner Übersetzung erklärt, führt man solch eine Praxis am besten in einer möglichst umfassenden Form durch. Und so bietet der Text zwar eine ziemlich kurze Praxis, tut zugleich aber den Anforderungen des Yoga in sechs Sitzungen mehr als Genüge. Dessen ungeachtet benötigt man allerdings eine umfangreichere Textfassung, um die Praxis der Hervorbringungsphase durchführen zu können.

Beim letzten der drei Texte handelt es sich um eine sehr kurze Fassung des Yoga in sechs Sitzungen für diejenigen, die selbst die auf dem Grundtext basierende Praxis nicht in ihren Tagesablauf integrieren können. Ein bisschen – so bringt seine Kürze zum Ausdruck – ist immer noch besser als gar nichts. Dies zeugt von einer flexiblen Haltung, die den persönlichen Möglichkeiten eines Menschen am jeweiligen Punkt seiner Entwicklung Rechnung trägt.

All diejenigen Praxisaspekte, die in der täglichen Praxis zu berücksichtigen man durch die Zufluchtnahme zu den Drei Juwelen, durch die Bodhisattva-Gelübde, die Mantra-Gelübde und -Verpflichtungen gelobt hat, sind im Yoga in sechs Sitzungen repräsentiert. Innerhalb des Textes werden sie, vom Meditationsprozess getrennt, in Anmerkungen einzeln kenntlich gemacht. Die Praxis soll bewirken, dass man sich die Bedeutung jedes Abschnitt ganz klar vor Augen führt, und die Rezitation des Wortlauts soll als Anstoß für die Reflexion über diese Bedeutung dienen. Abhängig vom persönlichen Entwicklungsstand erhalten jeweils einzelne Abschnitte besonderes Gewicht, und man fügt Zusatzblätter in den Text ein, die ausführlicher auf die betreffende Thematik eingehen.

1

Der Kālachakra-Guru-Yoga in Verbindung mit den sechs Sitzungen in einer höchst hilfreichen Form

Diesen Text hat Seine Heiligkeit der Vierzehnte Dalai Lama formuliert, und Ling Rinpoche, sein vornehmster Beschützer, hat ihn in Verse gefasst. Er wurde entsprechend den von Seiner Heiligkeit dem Vierzehnten Dalai Lama und von Ganden Tri Rinpoche Dschampäl Shenpen gegebenen Unterweisungen übersetzt.

Der Text besteht aus Erläuterungen, die hier über die volle Seitenbreite wiedergegeben sind, und aus dem eigentlichen Meditationsritus in Form des eingerückten Verstextes. Die Fußnoten liefern weitere Erläuterungen, die Seine Heiligkeit der Dalai Lama dem Übersetzer mündlich gegeben hat. Zusätzliche Erklärungen von Ganden Tri Rinpoche Dschampäl Shenpen sind, als solche ausgewiesen, ebenfalls in den Fußnoten zu finden. Anmerkungen des Herausgebers Jeffrey Hopkins und des Übersetzers ins Deutsche stehen in eckigen Klammern.

Namo guru-shrī-kālachakrāya.

Ich verbeuge mich vor dem ursprünglichen Buddha[1],
der den Vajra der großen Glückseligkeit[2] mit dem großen Siegel, das keine
Aspekte aufweist, in sich vereint,
und werde hier eingehend darlegen, in welcher Weise man den überaus
tiefgründigen Guru-Yoga[3]
in Verbindung mit den sechs Sitzungen praktiziert.

1 Dschampäl Shenpen: »ursprünglicher Buddha« sollte man als »Buddha, dessen Ursprung in unwandelbarer Glückseligkeit liegt« verstehen beziehungsweise als Körper der vollkommenen Freude in dem Sinn, dass er die Grundlage für die Ausstrahlung der Emanationskörper ist.

2 Der »Vajra der großen Glückseligkeit« steht für die Methode unwandelbarer großer Glückseligkeit. Das »große Siegel, das keine Aspekte aufweist«, steht für Leerheit. Demgegenüber handelt es sich bei dem Aspekte aufweisenden großen Siegel um die Gefährtin Vishvamātā. Die Vereinigung des Vajras der großen Glückseligkeit mit dem großen Siegel, das keine Aspekte aufweist, steht für das ursprüngliche Gewahrsein der nicht voneinander zu trennenden Glückseligkeit und Leerheit. Der »erfassende Aspekt« (*bzung rnam*) des ursprünglichen Gewahrseins von Glückseligkeit und Leerheit tritt als Kālachakra in Erscheinung. Solch einem Kālachakra wird zu Beginn des Guru-Yoga Ehrerbietung erwiesen.

Wer das Gute will, sollte nicht in Anhaftung an die wunderbaren Dinge der Erscheinungswelt dieses Lebens verharren, so als seien diese die Essenz. Vielmehr sollte er oder sie die großen letzten Ziele dieses und zukünftiger Leben aktiv verwirklichen [die Befreiung aus dem Daseinskreislauf und die große Befreiung der Buddhaschaft]. Um die Essenz der letztgültigen Bestrebungen zu verwirklichen, sollte man sich also in jenen Methoden schulen, deren Essenz Leerheit und Mitgefühl sind.[4] Zu diesem Zweck sollten Sie sich sorgsam einen höchst qualifizierten spirituellen Ratgeber suchen und sich dann in Ihrem Denken und Handeln auf ihn stützen. Es ist für uns unbedingt erforderlich zu erkennen, dass solch ein Guru-Yoga den Lebensnerv des spirituellen Weges ausmacht.

Wer in ein Mandala einer der beiden höheren Tantra-Klassen [Yoga- und Höchstes Yoga-Tantra][5] eingetreten ist und die Einweihungen erhalten hat, sollte außerdem täglich die Wurzelgelübde und -verpflichtungen sowie die sekundären Gelübde und Verpflichtungen überprüfen.[6] Insbesondere begeht man einen groben Verstoß, wenn man nicht täglich in den sechs Sitzungen die Gelübde der fünf Buddha-Familien aufrechterhält. Und da es heißt, eine grobe Zuwiderhandlung gegen die mantrischen Regeln sei eine Verfehlung, die schwerer wiege, als wenn man gegen alle für die individuelle Befreiung geltenden vier Gelübde verstoßen würde [einen Menschen töten, stehlen, sexuelle Verfehlungen begehen, in Zusammenhang mit spirituellen Kenntnissen und Fähigkeiten die Unwahrheit sagen], ist die kontinuierliche Einhaltung der sechs Sitzungen sehr wichtig.

Um im Vertrauen auf den übernatürlichen siegreichen Kālachakra den Guru-Yoga in Verbindung mit dem Yoga in sechs Sitzungen, dargelegt in einer höchst hilfreichen Form,[7] zu praktizieren, sollte der Praktizierende seinen

3 Dschampäl Shenpen: Man bezeichnet diese Praxis als Guru-Yoga, weil man hier seinen Lama (*guru*) und Kālachakra als voneinander ununterscheidbar ansieht.

4 Hinsichtlich der Methode, deren Essenz Leerheit und Mitgefühl sind, findet man im Sūtra, in den drei niedrigeren Tantras, im Höchsten Yoga-Tantra und im *Kālachakra-Tantra* jeweils andere Auslegungen. [Siehe dazu auch Anmerkung 112 der Einleitung.]

5 Beide beinhalten mantrische Gelübde, und deshalb muss in beiden Fällen der Yoga in sechs Sitzungen praktiziert werden.

6 Mit »überprüfen« ist gemeint, dass man sich jedes dieser Gelübde und jede dieser Verpflichtungen vergegenwärtigen sollte. Man sollte überlegen, wie man eigentlich handeln und sich verhalten müsste, und sich dementsprechend korrigieren.

7 *nag 'gros su 'god pa*; wörtlich: »so dargelegt, dass man im Dunkeln seinen Weg finden könnte«. Der Text bietet mit anderen Worten solche Klarheit, dass er ein leichtes Vorankommen ermöglicht – selbst im Dunkeln gewissermaßen. Er ist so konzipiert, dass er beiden Ansprüchen gerecht wird: ein Yoga des Höchsten Yoga-Tantra und eine kurze Selbst-Hervorbringung als Kālachakra zu sein.

beziehungsweise ihren Geist in den Methoden des allgemeinen Weges geschult haben. Ein Yogi, der nach Erhalt der reinen Einweihung dieser persönlichen Gottheit [Kālachakra] die Verpflichtungen und Gelübde korrekt einhält, sollte sodann den Meditationsplatz, der die im [vierten] Kapitel [des *Kālachakra-Tantra*] über die Durchführung dargelegten Eigenschaften aufweist, sorgfältig säubern. Und schließlich sollten Sie vor entsprechend aufgestellten Gegenständen, die den erhabenen Körper, die erhabene Rede und den erhabenen Geist repräsentieren [zum Beispiel einer Statue, einem Buch und einem Stūpa], die für Sie verfügbaren Opfergaben in ansprechender Weise anordnen – Opfergaben, die völlig ohne Fehl und Tadel sind hinsichtlich der Motivation, der Beschaffung und so weiter.[8]

Indem Sie in der Sieben-Punkte-Haltung des Vairochana[9] eine geeignete

8 Werden sakrale Gegenstände aufgestellt, um ein Haus oder ein Zimmer zu verschönern, so liegt die falsche Motivation vor. Hat man die betreffenden Gegenstände von anderen Menschen durch Täuschung oder Betrug oder auf Grund eines unlauteren Lebenswandels erlangt, so ist die Art und Weise der Beschaffung falsch. Über solcherlei Unlauterkeit heißt es in Nāgārjunas »Ein kostbarer Kranz« (Strophen 413–415ab):

> Der Güter und des Ansehens wegen
> die Sinne zu beherrschen ist Heuchelei.
> Der Güter und des Ansehens wegen
> gefällige Wort zu sprechen ist Schmeichelei.
>
> Den Wohlstand der anderen zu loben,
> um in seinen Besitz zu gelangen, ist unredlicher Erwerb.
> Den Wohlstand der anderen herabzusetzen,
> um an ihre Güter zu gelangen, ist berechnender Erwerb.
>
> Vergangene Erwerbungen zu preisen zeugt von dem Wunsch,
> den Gewinn immer weiter zu mehren ...

Siehe: Nāgārjuna und Kaysang Gyatso, *The precious Garland and The Song of the Four Mindfulnesses* (George Allen and Unwin, London 1975), S. 80.

9 [Die sieben Punkte der empfohlenen Sitzhaltung sind:
Man sitzt in der Lotos- oder halben Lotos-Stellung auf einem weichen und bequemen Kissen.
Die Augen werden weder weit geöffnet noch fest geschlossen. Ohne Anstrengung orientiert sich der Blick ungefähr in Richtung Nasenspitze.
Den Körper hält man gerade, wobei die Wirbelsäule wie ein Turm aus Münzen in sich ruht.
Die Schultern hält man in gleicher Höhe.
Den Kopf hält man – weder erhoben noch gesenkt – unbewegt. Dabei sollten Nase und Nabel auf einer senkrechten Linie liegen (das heißt, das Kinn sollte leicht geneigt sein, A. d. Ü.).
Zähne und Lippen sollten ihre natürliche Haltung einnehmen, wobei die Zunge die Rückseite der oberen Zahnreihe leicht berührt.
Man atmet ruhig und sanft.
In leicht überarbeiteter Form entnommen aus: Geshe Lhündup Söpa und Jeffrey Hopkins, *Der tibetische Buddhismus* (Diederichs, München [9]1998), S. 16.]

Sitzposition auf dem Meditationskissen einnehmen, sollten Sie sich vorstellen, dass empfindende Wesen rings um Sie herum die ganze Weite des Raumes ausfüllen. Ihren Eltern in diesem Leben kommt unter diesen Wesen eine hervorgehobene Bedeutung zu. Obgleich die empfindenden Wesen in Wahrheit die ihnen gemäßen leidvollen Erfahrungen in einem der sechs Daseinsbereiche durchlaufen [als Höllenwesen, Hungergeister, Tiere, Menschen, Halbgötter und Götter], treten sie [in unserer Vorstellung] in menschlicher Gestalt in Erscheinung.

Es heißt, dass es zu Beginn und am Ende [von heilsamen Bestrebungen] die beiden Aktivitäten gibt [die darin bestehen, die Motivation neu auszurichten beziehungsweise angesammeltes Verdienst zu widmen]. Daher sollten Sie zu Beginn Ihren Geistesstrom gründlich prüfen und jede Motivation beseitigen, bei der es Ihnen um Frieden und Glück allein für Sie selbst geht – um ein Streben nach den schönen Seiten von Samsāra in diesem Leben oder in Zukunft und dergleichen. Sie sollten sich darauf besinnen, wie wichtig und wie schwierig es ist, Muße und Wohlergehen zu finden. Sie sollten über Tod und Vergänglichkeit nachdenken, über das Leid in den widrigen Daseinsbereichen, über die Zufluchtnahme, über Handlungen und ihre Auswirkungen, über die drei und über die sechs Arten von Leid im Daseinskreislauf[10] und so weiter. Dadurch sollten Sie nach besten Kräften die Einstellung entwickeln, diesen Daseinskreislauf hinter sich zu lassen.

Und indem Sie, von Ihrer eigenen Erfahrung ausgehend, Rückschlüsse ziehen, sollten Sie gründlich darüber nachdenken, wie die empfindenden Wesen überall im Raum, die in früheren Existenzen Ihre Mütter waren, den Daseinskreislauf in unzähligen, nicht enden wollenden Formen bewältigen müssen, weil sie die Vorstellung hegen, das Unbeständige habe Bestand, das Schmerzbringende sei eine Wohltat und Selbst-losigkeit, das Nicht-Selbst, sei das Selbst. Besinnen Sie sich gründlich darauf, welch unvorstellbar schlimmes Leid den Wesen widerfährt. Denken Sie daran, dass diese Wesen Ihnen seit anfangloser Zeit als Mütter gedient haben, dass sie Ihnen unmittelbar oder mittelbar große Wohltaten erwiesen haben, Sie mit ihrer Mutterliebe umsorgt, ernährt, aufgezogen haben und so weiter. Sie sollten erkennen, dass es jetzt in Ihrer Verantwortung liegt, sie vom Leid wie auch von dessen Ursachen zu befreien und dafür zu sorgen, dass ihnen Glück zuteil wird. Und dann sollten Sie von

10 [Die drei Arten von Leid sind: 1.) geistiger und körperlicher Schmerz, 2.) das Leid der Veränderung und 3.) das, auf den Einfluss von befleckten Handlungen und von Geistestrübungen zurückzuführende, alles durchdringende Leid des bedingten Daseins. Eine kurze Beschreibung der sechs Arten von Leid finden Sie in: *Der tibetische Buddhismus*, a. a. O., S. 59ff.]

ganzem Herzen den Wunsch entwickeln, in der kurzen Lebensspanne, die einem Menschen im Zeitalter des Verfalls zur Verfügung steht, den Zustand der Einheit [des erhabenen Körpers und des erhabenen Geistes, den Zustand der Buddhaschaft] zu verwirklichen, um diese empfindenden Wesen in den unübertroffenen Zustand der Einheit zu versetzen, der weder im Extrem des Daseinskreislaufs noch im Extrem des [einzeln verwirklichten] inneren Friedens verharrt.

Verbunden mit der Kraft dieses kostbaren altruistischen Vorsatzes, erleuchtet zu werden, der die beiden Bestrebungen beinhaltet [das Streben nach dem Wohl der anderen und das Streben nach der eigenen Erleuchtung, um dieses Wohl verwirklichen zu können], sollten Sie unmittelbar vor sich im Raum möglichst klar und detailgetreu – in Einklang mit dem, was die Kernunterweisungen besagen – die Zufluchtsjuwelen visualisieren.[11] Indem Sie die Ansammlung aller Ursachen für die außerordentliche Zuflucht des Großen Fahrzeugs vervollständigen [das heißt, indem Sie an dem – durch die Hindernisse für die Befreiung und durch die Hindernisse für die Allwissenheit bedingten – Zustand aller empfindenden Wesen Anteil nehmen und davon überzeugt sind, dass es in der Macht der Drei Juwelen liegt, diesen Wesen Schutz zu gewähren], sollten Sie sich vorstellen, dass alle empfindenden Wesen – darunter Sie selbst und diejenigen, die Ihnen nahe stehen – Zuflucht nehmen:[12]

> In [meinem Vertrauen zu] großer Klarheit nehme ich Zuflucht
> zum Buddha, dem Meister, von dem höchste Einweihung zu
> erlangen war,

11 Einem der Lehrsysteme zufolge befinden sich auf einem großen Lotos-Thron fünf kleinere Lotos-Throne. Auf dem mittleren sitzt Buddha Shākyamuni, vorne der Dalai Lama, rechts Maitreya, links Mañjushrī und auf dem hinteren Thron Vajradhara. In einem Kreis stehen ringsum: vorne Ihr Wurzel-Lama und dessen Wurzel-Lamas, rechts die Lamas aus der Linie der unermesslichen altrustischen Praxisformen, links die Lamas aus der Linie der tiefgründigen Leerheitssicht und im hinteren Bereich des Kreises die Lamas aus der Linie der Praxisformen, die großen Segen tragen. Zwischen ihnen und um sie herum sind persönliche Gottheiten zu sehen, Himmelsgängerinnen, Schützer der Lehre, Helden, Heldinnen, Buddhas und Bodhisattvas.
Im so genannten alles beinhaltenden Juwelen-System genügt es jedoch auch, wenn Sie lediglich Kālachakra visualisieren – als eine Wesenheit, die sämtliche Lamas, persönlichen Gottheiten, Buddhas, Bodhisattvas und so weiter in sich schließt.

12 [Diese Strophe ist zu finden in der vom Siebten Dalai Lama verfassten Schrift »Mittel zur Verwirklichung des Mandala des erhabenen Körpers, der erhabenen Rede und des erhabenen Geistes von Kālachakra, dem glorreichen überirdischen Siegreichen: die segensreichen Worte von Gelehrten und Meistern« (29.1).]

zur Lehre von der untrennbaren Methode und Weisheit, die von
ihm und den anderen Meistern gelehrt wird,[13]
und zu den beiden Arten der nach heilsamen Eigenschaften
Strebenden, die in dieser [Lehre] zu Hause sind.[14]

Bringen Sie daraufhin ein altruistisches Streben nach Erleuchtung hervor:[15]

Von jetzt an bis zum Augenblick der Erleuchtung
werde ich das altruistische Erleuchtungsstreben hervorbringen,
werde ich die überaus reine Absicht hervorbringen[16]
und die Vorstellung von einem [inhärent existenten] Ich und Mein
aufgeben.

Sprechen Sie die Zufluchtnahme und die [Strophen zur] Hervorbringung der altruistischen Gesinnung dreimal nach, und entwickeln Sie in Ihrem Geistesstrom ausdrücklich die Haltung der Zufluchtnahme. Damit tun Sie der Anforderung Genüge, der zufolge die Zufluchtnahme dreimal im Laufe des Tages und dreimal im Laufe der Nacht erneuert werden sollte, und Sie erfüllen die Vairochana gegenüber eingegangene Verpflichtung, zu den Drei Juwelen Zuflucht zu nehmen. Sagen Sie anschließend dreimal:

Ich werde [Liebe] entwickeln, [die in dem Wunsch besteht,] dass
den empfindenden Wesen Glück zuteil werden möge,
[Mitgefühl, das in dem Wunsch besteht,] dass sie frei sein mögen
von Leid,
Freude daran, dass sie für immer in Glückseligkeit verweilen und

13 Dem Kālachakra-System zufolge handelt es sich bei den beiden untrennbaren Wahrheiten im Einzelnen um die höchste unwandelbare Glückseligkeit und um leere Form. Untrennbare Glückseligkeit und Leerheit sind entsprechend die höchste unwandelbare Glückseligkeit und das große Leerheitssiegel. Der Lehre von solch untrennbarer Methode und Weisheit erweist man seine Ehrerbietung.

14 Dschampäl Shenpen: Die beiden Arten von spiritueller Gemeinschaft sind höchstwahrscheinlich diejenigen, die den Pfad des Sehens erreicht, und diejenigen, die ihn nicht erreicht haben.

15 [Diese Strophe ist zu finden in der vom Siebten Dalai Lama verfassten Schrift »Mittel zur Verwirklichung des Mandala des erhabenen Körpers, der erhabenen Rede und des erhabenen Geistes von Kālachakra, dem glorreichen überirdischen Siegreichen: die segensreichen Worte von Gelehrten und Meistern« (29.3).]

16 Man könnte »das altruistisches Erleuchtungsstreben« als Hervorbringung eines Strebens nach höchster Erleuchtung zum Wohl der anderen mittels der sieben Kernunterweisungen über Ursache und Wirkung auffassen und dann »die überaus reine Absicht« als die Entwicklung desselben Strebens durch die Methode, bei der wir uns selbst mit anderen gleichsetzen und austauschen.

den Gleichmut, der mich allen Wesen gleichermaßen
unvoreingenommen begegnen lässt.[17]

Die erste Zeile wird der Ratnasambhava gegenüber eingegangenen Verpflichtung, Liebe zu schenken, gerecht; [alles Übrige] erfüllt die Ratnasambhava gegenüber eingegangene Verpflichtung, keinen Schrecken zu verbreiten. Ferner:

Fortan werde ich bis zum Erreichen der Buddhaschaft die
altruistische Geisteshaltung wahren –
den Wunsch, vollkommene Erleuchtung zu erreichen, um
sämtliche Wesen in den Daseinsbereichen
von den Schrecken des Existenzkreislaufs und eines [einzeln
verwirklichten] inneren Friedens zu befreien –
ohne ihr jemals untreu zu werden, selbst wenn es mich mein
Leben kosten sollte.

Dies tut der Anforderung Genüge, dass ein Praktizierender, der sich in ritueller Form den *strebenden Erleuchtungsgeist* zu Eigen gemacht hat, in sechs über den Tag und die Nacht verteilten Sitzungen die altruistische Absicht, erleuchtet zu werden, hervorbringen soll. Um anschließend zu geloben, sich auch in der Praxis des *angewandten Erleuchtungsgeistes* zu üben, stellen Sie sich vor, dass Sie den, vor Ihnen befindlichen, Siegreichen und ihren Kindern [den Bodhisattvas] – den Zufluchtsjuwelen – folgenden Wortlaut nachsprechen:[18]

Ihr Lamas, Siegreichen und Kinder der Siegreichen,
bitte nehmt euch meiner an.
Genau wie die Zur-Glückseligkeit-Gelangten der Vergangenheit
ein altruistisches Erleuchtungsstreben entwickelt haben
und Stufe für Stufe beharrlich in der Bodhisattva-Praxis
fortgeschritten sind,

17 Liebe besteht in dem Wunsch, dass allen empfindenden Wesen Glück und die Ursachen für Glück zuteil werden mögen. Mitgefühl besteht in dem Wunsch, dass alle empfindenden Wesen von Leid und den Ursachen des Leids getrennt sein mögen. Freude besteht in dem Wunsch, dass alle empfindenden Wesen auf immerdar in Glück verweilen mögen. Gleichmut besteht in dem Wunsch, dass allen empfindenden Wesen gleich großes Glück zuteil werden möge.

18 [Diese Textpassage ist von der dritten Zeile bis zum Schluss Shāntidevas »Eintritt in die Bodhisattva-Praxis« (III, 22–23) entnommen. Den dazugehörigen Sanskrit-Text finden Sie in Anmerkung 28 der Erläuterungen.]

so werde auch ich, um den Wesen im Daseinskreislauf von Nutzen
sein zu können,
ein altruistisches Erleuchtungsstreben entwickeln
und mich Stufe um Stufe in der Praxis eines Bodhisattvas üben.

Geloben Sie durch dreimaliges Wiederholen dieser Zeilen, sich im angewandten Erleuchtungsgeist zu üben, und nehmen Sie dann die Zufluchtsjuwelen [in sich] auf. Entwickeln Sie Freude angesichts der Hervorbringung dieses altruistischen Strebens nach Erleuchtung:[19]

Jetzt trägt mein Leben Früchte.
Ich habe eine vorteilhafte menschliche Existenz erlangt.
Heute bin ich in der Familie der Buddhas geboren worden.
Ich bin ein Kind des Buddha geworden.

Entwickeln Sie Gewissenhaftigkeit:

Nun werde ich, was auch immer geschieht,
so handeln, dass ich diese
makellos heilige Buddha-Familie nicht beflecke,
und ich werde Handlungen in die Wege leiten, die dieser Familie
gemäß sind.

Nach den Regeln des strebenden Erleuchtungsgeistes soll man sich in sechs Sitzungen täglich darauf besinnen, welch großer Nutzen aus der Entwicklung des altruistischen Strebens nach Erleuchtung erwächst. Dieser Anforderung tun die beiden obigen Strophen Genüge. Bringen Sie anschließend das Feld für die Ansammlung [von Verdienst] hervor [das heißt, stellen Sie es sich vor]:

19 [Diese beiden Strophen sind Shāntidevas »Eintritt in die Bodhisattva-Praxis« (III, 25–26) entnommen. Der Sanskrit-Text lautet:

adya me saphalam janma sulabdho mānusho bhavah
adya buddhakule jāto buddhaputro ´smi sāmpratam

tathādhunā mayā käryam svakulochitakārinām
nirmalasya kulasyāsya kalanko na bhavedyathā.

Siehe: Vidhushekara Bhattacharya (Hrsg.), *Bodhicaryāvatāra*, Bibliotheca Indica, Band 280, the Asiatic Society, Calcutta 1960, S. 36–37.]

Innerhalb des großen Siegels des klaren Lichts, leer von den
Gedankenschöpfungen [einer unabhängigen Eigenexistenz],[20]
auf dem breiten Weg der unsterblichen Götter vor mir,
im Zentrum eines Ozeans von Samantabhadras Opferungswolken,
fünffarbigen Regenbögen[21] gleich in vollkommener Weise
geschmückt,
tragen acht Löwen einen Juwelen-Thron.
Auf einem Lotos mit tausend geöffneten Blütenblättern liegen dort
eine [weiße] Mond-, eine [rote] Sonnenscheibe, eine [schwarze]
Scheibe des Planeten Rāhu und eine [gelbe] des Planeten
Kālāgni.
Auf ihnen verweilt mein gütiger Lama. Er
vereint in sich all die unzähligen Erscheinungsformen der Zuflucht,
ist ununterscheidbar vom überirdischen Siegreichen, dem großen
Kālachakra,
vor Erhabenheit leuchtend, hat er den strahlenden Glanz eines
Saphirs,
ein Gesicht und zwei Hände, in denen er Vajra und Glocke hält,
um den außerordentlichen Weg der Vereinigung von Methode und
Weisheit zu symbolisieren.[22]
Seine Körperhaltung ist die der Vereinigung mit Vishvamātā,
deren Farbe dem Kampfer gleicht. Sie hält ein Vajra-Hackmesser
und eine Schädelschale.
Sein gestrecktes rechtes Bein von roter Farbe und sein
angewinkeltes linkes Bein von weißer Farbe
sind im Tanzschritt auf Māra und Rudra [symbolischen
Verkörperungen der getrübten Emotionen] zu sehen.
Mit Hunderten solcher Besonderheiten zieht er [den Betrachter]
in seinen Bann.

20 Dies ist die Leerheit von unabhängiger Eigenexistenz, das objektive klare Licht. Im Rahmen seiner Verwirklichung und des Meditierens auf das große Siegel des klaren Lichts – Leerheit, das Nichtvorhandensein von unabhängiger Eigenexistenz – erscheint Kālachakra wie beschrieben vor Ihnen im Raum. Der »breite Weg der unsterblichen Götter« ist der Raum.

21 [Wörtlich: »Veranschaulichung des Bogens der Sinne.«] Dschampäl Shenpen: Ebenso, wie es fünf Sinne gibt, hat ein Regenbogen fünf Farben.

22 Methode bedeutet hier unwandelbare große Glückseligkeit, und Weisheit bedeutet Leerheit gewahrendes Wissen. Der Weg der höchsten unwandelbaren Glückseligkeit – eine Vereinigung von Methode und Weisheit beziehungsweise eine Vereinigung der beiden Wahrheiten – wird dadurch hervorgebracht beziehungsweise erkennbar, dass man sich auf eine Gefährtin von leerer Form stützt. [Daher hat »symbolisieren« hier die Bedeutung von sichtbar machen, solch einen Weg hervorbringen.]

Seinen Körper ziert eine Vielfalt ganz erstaunlichen Schmucks,
der inmitten der fünf makellosen Lichter so erstrahlt,
wie die Weite des Weltraums in der Schönheit der Sternenbilder erstrahlt.
Die Erscheinungsform der Buchstaben aus dem Licht von göttlicher Natur,
das die drei Vajras spenden, schmückt die drei Stellen seines Körpers.[23]
Von der Keimsilbe in Höhe seines Herzens strahlen Vajravegas aus,[24]
ausgesprochen Furcht einflößend und verschiedene Waffen haltend.
Ohne weiteres holen sie die Verbände der Schützer herbei, die in unzähligen Ländern wohnen
und schließlich vom selben Geschmack sind wie das Samaya-Wesen.[25]
Dadurch wird er zu einem herrlichen Wesen, das sämtliche Aspekte der Zuflucht in sich vereint.

Damit kommen Sie der Akshobhya gegenüber eingegangenen Verpflichtung nach, Ihrem Meister stets [Hochachtung] entgegenzubringen. Als Nächstes folgt der erste Zweig der siebenteiligen Zeremonie, die Huldigung:

Voller Respekt verbeuge ich mich vor dem Lama der ununterscheidbaren drei Körper,
dem Wahrheitskörper der großen Glückseligkeit, von allem Anfang an frei von [dualistischen] Gedankenschöpfungen,
dem Körper der vollständigen Freude mit den fünf Merkmalen – den Selbst-Erscheinungen des ursprünglichen Gewahrseins –
und dem Tanz der Ausstrahlungskörper in den Ozeanen der Daseinsbereiche von Wesen, die sich im Existenzkreislauf befinden.

So bewahrt man den Geist vor dem ersten Verstoß gegen den [Verhaltenskodex eines] Bodhisattva und erweist dem Lama Ehrerbietung gemäß der in

23 Die drei Buchstaben oder drei Silben sind *oṃ āḥ hūṃ*, am Scheitelpunkt des Kopfes sowie in Höhe von Hals und Herz.

24 [Vajravega ist eine zornvolle Gottheit mit vier Gesichtern, 26 Armen und zwei Beinen.]

25 [Die visualisierte Gottheit wird als »Samaya-Wesen« (*dam tshig sems pa, samayasattva*) und die eigentliche Gottheit wird als »Weisheitswesen« (*ye shes sems pa, jñānayasattva*) bezeichnet.]

Ashvaghoshas »Fünfzig Strophen [über die Hingabe] zum Guru« (*bla ma lnga cu pa, gurupañchāsikā*) getroffenen Aussage, dass man dies dreimal am Tag mit größtem Vertrauen tun sollte.[26] Nun folgt der Zweig der Opferung:

> Um den gütigen Lama, das unübertroffene Feld [für die Ansammlung von Verdienst], zu erfreuen,
> opfere ich mit einem Geist, der frei ist von Anhaftung, von Behinderung und
> begrifflichen Vorstellungen über die drei Sphären [von inhärenter Existenz des Handelnden, der Handlung und ihres Objekts],
> gewaltige wogende Wolken von äußeren, inneren und geheimen Opferungen,[27]
> die aus dem Spiel der meditativen Stabilisierung tatsächlich [als Opferungen] aufgebaut worden beziehungsweise entstanden sind,
> zwölf anziehend wirkende [Göttinnen] mit einem schönen, Glückseligkeit schenkenden Körper
> – zur Opferung geeignete Substanzen zieren ihre Lotos-Hände –,
> ferner gewöhnliche und auch außergewöhnliche Opfergaben,[28]
> meinen Körper, den mir verfügbaren Besitz und meine Ansammlungen von Verdienst.

So erfüllt man die Amoghasiddhi gegenüber eingegangene Verpflichtung, eine Opferung darzubringen. Wenn Zeit dafür vorhanden ist, nehmen Sie an dieser

26 [Acht Zeilen zu Herukas Lobpreisung und acht Zeilen der Lobpreisung von Vajrayoginī wurden auf Anregung Seiner Heiligkeit des Dalai Lama hier fortgelassen.]

27 Dschampäl Shenpen: Bei den äußeren Opferungen bringt man unter anderem folgende Opfergaben dar: Wasser zur Fußwaschung, Blumen, Lichter, wohlriechendes Wasser, das Auge erfreuende Formen, Wohlklänge, Wohlgerüche, Wohlgeschmack, angenehm sich anfühlende Objekte und so weiter. Die innere Opferung besteht darin, dem Lama die fünf Arten von Fleisch und die fünf Arten von Ambrosia in gereinigter Form zu opfern. Die geheime Opferung beinhaltet die Emanation von Göttinnen, die dem Lama als Opfergabe dargebracht werden. Daraufhin treten sie in Vereinigung mit dem Lama ein und bringen große Glückseligkeit hervor. Mit diesem Glückseligkeitsbewusstsein meditiert der Lama in der Weise über Leerheit, dass er das Glückseligkeitsbewusstsein mit einem Leerheit gewahrenden Weisheitsbewusstsein verbindet. Daher bezeichnet man dies als Opferung von Soheit. Im Rahmen dieses Leerheitsgewahrseins strahlt der Lama verschiedene Formkörper aus, die das Wohl der empfindenden Wesen bewirken. Daher bezeichnet man dies als Opferung der Vereinigung [des erhabenen Geistes und Körpers].

28 Wie die Schriften über das Kālachakra-System dargelegen, beinhalten gewöhnliche Opferungen solche Dinge wie Blumen, Räucherwerk, wohlriechendes Wasser und dergleichen. Ungewöhnliche Opferungen sind das Fleisch, die Haut, das Blut, die Knochen, das Herz, die Leber, die Lungen und so weiter des eigenen Körpers.

Stelle umfangreiche Mandala-Opferungen vor. Wird hingegen lediglich die Kurzform der Mandala-Opferung durchgeführt, so bedient man sich dabei folgenden Wortlauts:

> Dem Lama, der persönlichen Gottheit und den Drei Juwelen
> opfere ich in der Visualisation
> Körper, Rede, Geist und alles, worauf ich und andere uns
> stützen können,
> alle Ansammlungen von Verdienst in Vergangenheit, Gegenwart
> und Zukunft
> und das Mandala von wundervoller Kostbarkeit mit den
> Anhäufungen von Samantabhadras Opfergaben.[29]
> Bitte nimm, veranlasst durch dein Mitgefühl, diese Opfergaben an,
> und gib mir[30] deinen Segen.
> Idam guru-ratna-mandalakam niryātayāmi. [Dieses mit Juwelen
> besetzte Mandala opfere ich dem Guru.]

Damit folgt man der in Ashvaghoshas »Fünfzig Strophen [über die Hingabe] zum Guru« dargelegten Verhaltensregel, dreimal täglich Mandala-Opferungen für den Lama durchzuführen. Dann kommt der Zweig des Offenlegens von Verfehlungen:

> Voller Reue und in der festen Absicht, mich in Zukunft zu zügeln,
> offenbare ich rückhaltlos jede einzelne Verfehlung, die ich
> begangen habe –
> alle Verstöße und Vergehen, von mir oder auf mein Drängen hin
> von anderen verübt,
> weil das seit anfangloser Zeit ungezügelte Pferd des Geistes
> durch das besinnungslos machende Bier der drei Geistesgifte[31]
> außer Rand und Band geriet –,

29 Dschampäl Shenpen: »Samantabhadra« (*kun tu bzang po*) [wörtlich: »der Allumfassend-Gute«] bezieht sich im Sūtra-System auf die Emanation Hunderttausender Körper, die Opferungen darbringen [wie es der Bodhisattva Samantabhadra getan hat]. Und im Mantra-System verweist »Samantabhadra« auf Opferungen, bei denen es sich um Erscheinungsformen des ursprünglichen Gewahrseins von untrennbarer Glückseligkeit und Leerheit handelt [welches allumfassend gut ist].

30 Dschampäl Shenpen: Hier sollte man »mir« im Sinne von »alle empfindenden Wesen« verstehen.

31 [Hier muss es *dug gsum* an Stelle von *dus gsum* heißen (15.3). Die drei Geistesgifte sind Begierde, Hass und Verdunkelung (statt »Verdunkelung« könnte man auch sagen »Befangensein in Täuschung und Irrtum« oder »Befangensein in grundlegender Unwissenheit«. (A. d. Ü.)]

insbesondere indem ich der erleuchteten Geisteshaltung des Vajra-Meisters zuwiderhandelte, gegen seine Weisung verstieß und dergleichen,
meinen Verpflichtungen allen fünf Buddha-Familien und meiner eigenen Buddha-Familie gegenüber nicht nachkam,
die 25 ethischen Verhaltensweisen[32] nicht angemessen beherzigte und Ähnliches mehr.

Für einen etwas ausführlicheren Kālachakra-Guru-Yoga können Sie die »Offenlegung von Verstößen«, die »Allgemeine Offenlegung« oder ähnliche Texte rezitieren. Nun folgen die noch verbleibenden Zweige [Bewunderung, Ersuchen, Bittgebet und Widmung]:

Ich empfinde Bewunderung angesichts der Ozeane der – von mir und von anderen vollbrachten – guten Taten
aus denen, Luftblasen gleich, Abertausende wohltuende Auswirkungen hervorgehen.
Bitte lass die Lehre der drei Fahrzeuge so herabregnen,
wie es den Interessen und dem Auffassungsvermögen der geringeren, der mittleren und der vorzüglichen Schüler entspricht.
Mögen grobstoffliche Formkörper für Hunderte von Äonen ohne Veränderung oder Verfall ständig
im Blickfeld derjenigen bleiben, deren Blick noch nicht weit reicht.[33]
Meine Ansammlungen von Verdienst, wie sie zum Beispiel hierin sichtbar werden, widme ich [der Erleuchtung aller empfindenden Wesen],
damit sie zu Ursachen für das rasche Erreichen des Zustands von Kālachakra werden.

32 [Siehe dazu die Seiten 239–240 und 423–424.]

33 Der subtile oder feinstoffliche Körper bleibt für immer bestehen, da der sehr subtile Wind [welcher Form ist] – und daher der grundlegende, immer schon vorhandene subtile Körper – wie auch der sehr subtile Geist für immer bestehen bleiben. Die grobstofflichen Formkörper eines Buddha treten in Erscheinung beziehungsweise entstehen, und sie vergehen auch wieder. Hier äußern Sie dagegen den Wunsch, dass selbst grobstoffliche Formkörper für viele Äonen fortbestehen mögen, ohne zu vergehen.

Zusätzlich sollten Sie, wenn Zeit dazu vorhanden ist, Ihren Geist so in den gewöhnlichen Methoden schulen, wie es die »Selbst-Hervorbringung von Kālachakra« [aus der Feder des Siebten Dalai Lama] darlegt:[34]

> Von jetzt an bis zum Augenblick der Erleuchtung
> werde ich das altruistische Erleuchtungsstreben hervorbringen,
> werde ich die überaus reine Absicht hervorbringen
> und die Vorstellung von einem [inhärent existenten] Ich und Mein aufgeben.
>
> Um der drei Ansammlungen willen [der Ansammlung von Verdienst, ethischem Verhalten und Weisheit]
> werde ich die befreienden Qualitäten verwirklichen: Freigebigkeit,
> ethische Disziplin, Geduld, freudiges Bemühen, Sammlung, Weisheit,
> Methode, Wunschgebete, Kraft und ursprüngliches Gewahrsein.[35]
>
> Ich werde [Liebe] entwickeln, [die in dem Wunsch besteht], dass den empfindenden Wesen Glück zuteil werden möge,
> [Mitgefühl, das in dem Wunsch besteht], dass sie von Leid frei sein mögen,
> Freude daran, dass sie für immer in Glückseligkeit verweilen und
> den Gleichmut, der mich allen Wesen gleichermaßen unvoreingenommen begegnen lässt.
>
> Nachdem ich mit der Geste der Freigebigkeit [Schüler] mühelos habe kommen lassen,
> werde ich Dinge vortragen, die zu hören eine Wohltat ist,
> und, nachdem ich durch sinnerfülltes Verhalten zu innerer Ruhe gefunden habe,
> werde ich ihnen die vorzüglichen Ratschläge zur Verwirklichung der Ziele anbieten.

34 [Zu finden in: »Mittel zur Verwirklichung des Mandala des erhabenen Körpers, der erhabenen Rede und des erhabenen Geistes von Kālachakra, dem glorreichen überirdischen Siegreichen: die segensreichen Worte von Gelehrten und Meistern«, (29.3).]

35 Die zuletzt genannten vier befreienden Qualitäten können als Untergruppe zur befreienden Qualität der Weisheit aufgefasst werden.

Ich werde die zehn unheilvollen Handlungen aufgeben:
die drei Arten von Handlungen des Körpers,
die vier Arten von Handlungen der Rede
und die drei Arten von Handlungen des Geistes.[36]

Ich werde die fünf Befleckungen aufgeben,
welche die drei Schulungen[37] behindern:
Bedauern, Dumpfheit, Schläfrigkeit,
Erregung und Zweifel.

Ich werde die vier Geistestrübungen aufgeben,
in denen der Existenzkreislauf seine Wurzel hat:
Begierde, Hass,
Verdunkelung und Stolz.

Ich werde die vier verunreinigenden Einflüsse,
die für den Existenzkreislauf ursächlichen Faktoren, aufgeben:
die Verunreinigung durch Begierde,
die Verunreinigungen durch [samsarische] Existenz[38] und durch Unwissenheit
sowie die Verunreinigung durch [negative] Anschauungen.

Ich werde durch die vier Tore der wirklichen Befreiung –
Leerheit, Kennzeichenlosigkeit,
Wunschlosigkeit und Nicht-Aktivität –
zu vollständiger Erleuchtung gelangen.

Führen Sie sich diese Worte vor Augen, und legen Sie von ganzem Herzen das Versprechen ab, sich in Einklang mit dem Weg auf diesen Pfaden zu schulen. Sprechen Sie anschließend ein Bittgebet:

36 [Die zehn unheilvollen Handlungen setzen sich zusammen aus: den drei unheilvollen körperlichen Handlungen (Töten, Stehlen und sexuelles Fehlverhalten), den vier unheilvollen sprachlichen Handlungen (Lüge, Verleumdung, verletzende Worte und müßiges Geschwätz) und den drei unheilvollen geistigen Handlungen (Habgier, Böswilligkeit und falsche Anschauungen).]

37 Die drei Schulungen sind: die Schulung in höherer Ethik, meditativer Stabilisierung und Weisheit.

38 Dschampäl Shenpen: Alle vier verunreinigenden Faktoren betreffen den Existenzkreislauf. Das Verlangen nach dem Bereich der Form und nach dem Bereich der Formlosigkeit wird als Verunreinigung durch den Existenzkreislauf, durch den »weltlichen Ausfluss« (*srid pa'i zag pa*) bezeichnet, um hervorzuheben, dass auch die Bereiche der Form und der Formlosigkeit, die von vielen als Zustände der Befreiung angesehen werden, in den Existenzkreislauf eingebunden sind.

Demütig richte ich meine Bitte an dich, gütiger Lama, der du
alle drei Zufluchtsjuwelen in dir vereinst.
Für denjenigen, der auf dich vertraut, bist du die größte
wunscherfüllende Quelle,
aus der alle heilsamen Qualitäten, alles Gute im Daseinskreislauf
und Frieden hervorgehen:
Erteile meinem Geistesstrom deinen Segen.

Führen Sie sich vor Augen, welch großen Nutzen man davon hat, wenn man auf einen spirituellen Ratgeber vertraut – und welchen Schaden, wenn man dies nicht tut. Legen Sie dann ein Versprechen ab, dass Sie, Ihr Denken und Handeln betreffend, in gebührender Weise auf einen spirituellen Ratgeber vertrauen werden. Dies ist die Essenz jener Unterweisungen, die darlegen, wie man auf den spirituellen Ratgeber vertrauen und die Verpflichtungen aus Ashvaghoshas »Fünfzig Strophen [über die Hingabe] zum Guru« einhalten sollte. Indem Sie sich auf die vorzüglichen Qualitäten des Lamas besinnen, auf die Vorzüge seines erhabenen Körpers, seiner erhabenen Rede und seines erhabenen Geistes, können Sie voller Vertrauen und Respekt das Bittgebet an den Lama fest im Geist verankern. Dieses sollte kein bloßes Lippenbekenntnis sein, sondern von ganzem Herzen kommen. Wiederholen Sie in diesem Sinn das Namens-Mantra des Lamas möglichst oft. Stellen Sie sich vor, dass dadurch Ambrosia auf Sie herabströmt und Sie reinigt:[39]

Om āh guru-vajradhara-vagindra-sumati-shāsanadhara-samudra-
shrībhadra sarva-siddhi hūm hūm.

Sprechen Sie erneut ein Bittgebet für die Einweihung:

Möge bitte der Lama, Kālachakra, die Einweihungen
vollständig erteilen. Gib mir deinen Segen,
damit die vier Arten von Befleckungen[40] gereinigt werden
und ich die vier Körper[41] erlangen möge.

39 [Man rezitiert den ins Sanskrit übertragenen Namen des Lamas, der die Einweihung erteilt. Hier steht *vagindra-sumati-shāsanadhara-samudra-shrībhadra* für den Namen des Dalai Lama, der im Tibetischen Ngawang Losang Tenzin Gyatso Pälsangpo lautet (*ngag dbang blo bzang bstan 'dzin rgya mtsho dpal bzang po*): *vagindra* (*ngag dbang*) *sumati* (*blo bzang*) *shāsanadhara* (*bstan 'dzin*) *samudra* (*rgya mtsho*) *shrībhadra* (*dpal bzang po*).]

40 Hierbei handelt es sich um die Befleckungen in Zusammenhang mit den vier Tropfen. [Siehe dazu die Seiten 108–129 und 270–271.] Wesen aus allen drei Bereichen – dem Begierdebereich, dem der Form und dem der Formlosigkeit – haben diese Tropfen, die allerdings im Bereich der Formlosigkeit von an-

Sprechen Sie dieses vierzeilige Bittgebet dreimal.

Zur-Glückseligkeit-Gelangte im Vater-Mutter-Aspekt
strahlen von Kālachakras Herzen aus,
und ebenso der Mandala-Kreis.
Die Einweihungsgottheiten erteilen die Wasser-Einweihung,
die Kronen-Einweihung, die Seidenband-Einweihung, die Einweihung mit Vajra und Glocke,
die Verhaltens-, die Namens- und die Erlaubnis-Einweihung.
Ferner erteilen sie die vier hohen und die vier außerordentlich hohen Einweihungen
und ebenso die Einweihung eines Vajra-Meisters.
Durch diese werden die physischen Kanäle und Winde nutzbar,
und ich bin autorisiert, die beiden Stufen zu entwickeln.[42]
Mein Los wird es sein, in diesem Leben den herrlichen,
die sieben Merkmale[43] aufweisenden Zustand von Kālachakra zu verwirklichen,
in dem die 21 600 karmischen Winde
und alle materiellen Faktoren des Körpers vollständig aufgezehrt worden sind.[44]

Falls Sie an diesem Punkt eine Kontemplation über den gesamten Weg durchführen können, zum Beispiel anhand des Textes »Die Grundlage der guten Eigenschaften« (*yon tan gzhi gyur ma*),[45] so ist dies sehr sinnvoll. Sodann:

derer Struktur sind. Mit diesen vier Tropfen verbundene Faktoren rufen materielle Phänomene hervor, die durch diese Art von Praxis gereinigt werden. Leere Form ist jenseits von Materie.

41 Dschampäl Shenpen: Die vier Tropfen im Kālachakra-System sind vor allem der Wahrheitskörper, der Körper der vollkommenen Freude, der Ausstrahlungskörper und der Körper des ursprünglichen Bewusstseins [Glückseligkeitskörper]. Die Erteilung der Kālachakra-Einweihungen gleicht einer Segnung. Auch ohne die für die Einweihungen erforderlichen Ritualgegenstände wie Vasen und so weiter erhält man durch diese Praxis einen ähnlichen Segen.

42 Die Hervorbringungsstufe und die Vollendungsstufe.

43 [Attribute, die den Verwirklichungszustand eines Buddha kennzeichnen: vollkommene Freude, Einssein, große Glückseligkeit, nicht-inhärente Existenz, Mitgefühl, ununterbrochene Kontinuität und Nicht-Aufhören. Siehe Anmerkungen zu: Tsongkapa, (Hrsg. Jeffrey Hopkins), *Tantra in Tibet* (Diederichs, München [9]1998), Anmerkung 84.]

44 21 600 karmische Winde und 21 600 materielle Faktoren sind durch die Verwirklichung von 21 600 Zeitspannen unwandelbarer Glückseligkeit vollkommen aufgezehrt worden. Damit ist der Zustand eines Kālachakra-Buddha erreicht.

45 [Unter dem Titel »Foundation of Excellence« finden Sie eine englische Übersetzung dieses Textes plus Kommentar in: Geshe Wangyal, *The Door of Liberation*, Lotsawa, New York 1978, S. 172–200.]

Während ich von Herzen und voller Respekt mein Bittgebet
an den Lama richte, den Großen Vajradhara, die Essenz,
die sämtliche Aspekte der Zuflucht in sich vereint,
gib meinem Geistesstrom bitte deinen Segen.
Durch die Kraft dieses tief empfundenen Ersuchens,
gelangt mein Wurzel-Lama, der große Kālachakra,
mühelos an den Scheitelpunkt meines Kopfes,
löst sich voll Freude auf und wird von einem Geschmack mit mir.
Sämtliche Phänomene – Ursachen und Wirkungen, Wesenheiten
und Aktivitäten – sind schon von Anbeginn an ebenso leer von
unabhängiger Eigenexistenz
wie die durch einen Magier hervorgerufenen Illusionen und
Träume.

Über welche Vergewisserung von Leerheit sie auch immer verfügen – wenn Sie diese klar zum Ausdruck bringen und in den, auf Glückseligkeit und Leerheit bezogenen, Zustand meditativer Ausgeglichenheit eintreten, so ist dies der endgültige Guru-Yoga – [ein Mittel zur] Anhäufung der Ansammlung von ursprünglichem Gewahrsein, dem unübertroffenen Schutz. Und dadurch bewahrt man den Geist vor dem elften Wurzelvergehen, welches darin besteht, Phänomene wie zum Beispiel Namen, [Bedeutungen] und dergleichen mehr, die leer [von unabhängiger Eigenexistenz] sind, [so] aufzufassen [als verfügten sie über eine unabhängige Eigenexistenz].[46]

Eine [weiße] Mond-, eine [rote] Sonnenscheibe, eine [schwarze]
Scheibe des Planeten Rāhu
und eine [gelbe] des Planeten Kālāgni sind wie aus Leerheit
hervorgehende Blasen.
Auf ihnen, im Zentrum eines Lotos mit geöffneten Blütenblättern,
befinden sich
[erneut] Mond und Sonne,[47] Entitäten aus den weißen und den
roten Elementen, deren Oberfläche mit der Abfolge

46 Dschampäl Shenpen: Das Wurzelvergehen besteht hier nicht einfach nur darin, die Phänomene als inhärent existent aufzufassen. Dieses kommt vielmehr erst dadurch zu Stande, dass es auf der Grundlage von philosophischen beziehungsweise dogmatischen Lehrsystemen geschieht. Es geht dabei also nicht um ein von Natur aus vorhandenes Bewusstsein, das die Phänomene als inhärent existent auffasst, sondern um eine künstlich fabrizierte Vorstellung von unabhängiger Eigenexistenz.

47 Diesmal ist die Sonne unten und der Mond oben.

von Vokalen und Konsonanten verziert ist, Entitäten der größeren
und kleineren Merkmale [eines Buddha].[48]
Im Zentrum befinden sich die Silben *hūm* und *hi*, [die] Wind
und Geist [repräsentieren].
Sie verschmelzen in die Erscheinungsform der Silbe *ham*.[49]
Auf Grund ihrer Transformation trete ich als Kālachakra in
Erscheinung,
vor Erhabenheit leuchtend, mit dem strahlenden Glanz eines
Saphirs,
mit vier Gesichtern und 24 Händen, in den beiden ersten
Vajra und Glocke haltend, welche die unübertroffene,
unwandelbare
große Glückseligkeit und die Wirklichkeit der Leerheit
symbolisieren
– die von [dualistischen] Gedankenschöpfungen freie Natur.
Indem ich diese [Symbole] halte, umarme ich die Mutter.

Durch die Kontemplation darüber kommt man den drei – Vajra, Glocke und Siegel betreffenden – Verpflichtungen nach, die man Akshobhya gegenüber eingegangen ist.

Hand-Symbole – Schwert, Schild und so weiter –
schmücken die übrigen Lotos-Hände, die rechten und die linken.
Mein gestrecktes rechtes Bein von roter Farbe und mein
angewinkeltes linkes Bein von weißer Farbe
Sind im Tanzschritt auf Māra und Rudra zu sehen.
Mit Hunderten solcher Besonderheiten ziehe ich [den Betrachter]
in meinen Bann.
Meinen Körper ziert eine Vielfalt ganz erstaunlichen Schmucks,
der inmitten der fünf makellosen Lichter so erstrahlt,
wie die Weite des Weltraums in der Schönheit der Sternenbilder
erstrahlt.

48 Gemäß der Darstellung im Text des Siebten Dalai Lama »Mittel zur Verwirklichung des Mandala des erhabenen Körpers, der erhabenen Rede und des erhabenen Geistes von Kālachakra, dem glorreichen überirdischen Herrscher: die segensreichen Worte von Gelehrten und Meistern« handelt es sich um 32 Vokale und 80 [zweimal 40] Konsonanten. Sie repräsentieren die 32 größeren und die 80 kleineren Merkmale.

49 Die Silbe *ham* repräsentiert das ursprüngliche Gewahrsein großer Glückseligkeit.

> Dem überirdischen Herrscher steht Vishvamātā gegenüber,
> safranfarben, sie hat vier Gesichter und acht Hände,
> in denen sie verschiedene Hand-Symbole hält, Messer,
> Schädelschale und so weiter.
> In der Stellung mit gestrecktem linken Bein
> umarmt sie den überirdischen Herrscher.
> Umgeben von acht Shaktis auf den Sitzen
> der acht[50] Glück verheißenden Blütenblätter in den Haupt- und Zwischenrichtungen,
> strahlen aus dem Herzen der wohlplatzierten Zentralfigur Vajravegas aus,
> ausgesprochen Furcht einflößend und verschiedene Waffen in den Händen haltend.
> Sie holen die Verbände der Schützer herbei, die in unzähligen Ländern wohnen
> und schließlich vom selben Geschmack sind wie das Samaya-Wesen.
> Einweihungsgottheiten erteilen die Einweihung und besiegeln die Praxis
> des höchsten Herrn der Buddha-Familie, der sich auf dem Kopf aller – der zentralen und der äußeren – Gottheiten befindet.

Hinsichtlich der Mantra-Rezitation sollten Sie sich Folgendes vorstellen:

> Rings um die Keimsilben auf Höhe des Herzens der Hauptgottheit
> und der Gottheiten in ihrem Umkreis sind die entsprechenden Mantra-Sequenzen zu sehen.
> Von ihnen ausstrahlende Gruppen von Mandala-Gottheiten
> bewirken das Wohl der Wesen in den Daseinsbereichen,
> finden sich anschließend wieder zusammen und lösen sich in die Keimsilbe in Höhe des Herzens auf.

Rezitieren Sie, ohne einen der acht Rezitationsfehler[51] zu begehen, möglichst

50 Das Wort *bkra shis* (Glück) bedeutet hier »acht«. Glück wird deshalb mit acht assoziiert, weil die Tibeter acht allgemein bekannte Glückssymbole haben.

51 Dschampäl Shenpen: Damit sind die Aussprache oder die Art des Vortrags betreffende Mängel gemeint, zum Beispiel ein zu schnelles oder zu langsames Sprechen.

häufig das essenzielle Mantra der Hauptgottheit, das Mantra der Mutter und auch die Mantras der acht Shaktis:[52]

Om āh hūm hoh hamkshahmalaveraya hūm phat.
Om phrem vishvamātā hum hūm phat.
Om dāna-pāramitā hum hūm phat.
Om shīla-pāramitā hum hūm phat.
Om kshānti-pāramitā hum hūm phat.
Om vīrya-pāramitā hum hūm phat.
Om dhyāna-pāramitā hum hūm phat.
Om prajñā-pāramitā hum hūm phat.
Om upāya-pāramitā hum hūm phat.
Om pranidhāna-pāramitā hum hūm phat.
Om bala-pāramitā hum hūm phat.
Om jñāna-pāramitā hum hūm phat.
Om vajrasatva, samayam anupālaya, vajrasatva, tvenopatishtha, drdho me bhava, sutoshyo me bhava, suposhyo me bhava, anurakto me bhava, sarva-siddhim me prayachchha, sarva-karmasu cha me chittam shrīyam kuru, hūm ha ha ha ha hoh, bhagavan-sarva-tathāgatha-vajra, mā me muñcha, vajrī bhava, mahāsamaya-satva, āh hūm phat. [Om Vajrasattva, halte (dein) Versprechen. Vajrasattva, wohne (in mir). Mache mich standhaft. Stelle mich zufrieden. Gib mir Erfüllung. Mache mich mitfühlend. Gewähre mir alle besonderen Verwirklichungen. Mache auch meinen Geist rechtschaffen in allem, was er tut. Hūm ha ha ha ha hoh, all ihr überirdischen siegreichen So-Gegangenen, lasst mich nicht im Stich, macht mich unteilbar. Großes Samaya-Wesen, āh hūm phat.]

Rezitieren Sie das [obige] 100-Silben-Mantra, um Versäumnisse wettzumachen, einen Ausgleich für all die Vorkommnisse zu schaffen, bei denen Sie in Extreme verfallen sind, und um den Segnungen Beständigkeit zu geben. Führen Sie anschließend Opferungen für Ihre Selbst-Hervorbringung [als Kālachakra] durch, indem Sie denken:

52 [Bei dem ersten der dreizehn Mantras handelt es sich um das von Kālachakra. Es folgen das Mantra von Vishvamātā und dann die Mantras der zehn Shaktis, von denen zwei mit Vishvamātā verschmolzen sind. Zum Schluss kommt das 100-Silben-Mantra. Es soll hier Auslassungen und andere Unzulänglichkeiten der Mantra-Rezitation bereinigen.]

Von meinem Herzen ausstrahlende Opfergöttinnen bringen [meiner Selbst-Hervorbringung als Kālachakra] Opferungen dar.

Om shrī-kālachakra-saparivāra argham pratīchchha namah. [Om, glorreicher Kālachakra mit deinem Gefolge, nimm eine Opfergabe entgegen, meine Ehrerbietung.]

Om shrī-kālachakra-saparivāra pādyam pratīchchha namah. [Om, glorreicher Kālachakra mit deinem Gefolge, nimm ein Fußbad entgegen, meine Ehrerbietung.]

Om shrī-kālachakra-saparivāra prokshanam pratīchchha namah. [Om, glorreicher Kālachakra mit deinem Gefolge, nimm eine Sprenkelung entgegen, meine Ehrerbietung.]

Om shrī-kālachakra-saparivāra amchamānam pratīchchha namah. [Om, glorreicher Kālachakra mit deinem Gefolge, nimm Wasser für das Gesicht entgegen, meine Ehrerbietung.]

Om shrī-kālachakra-saparivāra pushpe pratīchchha namah. [Om, glorreicher Kālachakra mit deinem Gefolge, nimm Blumen entgegen, meine Ehrerbietung.]

Om shrī-kālachakra-saparivāra dhūpe pratīchchha namah. [Om, glorreicher Kālachakra mit deinem Gefolge, nimm Räucherwerk entgegen, meine Ehrerbietung.]

Om shrī-kālachakra-saparivāra āloke pratīchchha namah. [Om, glorreicher Kālachakra mit deinem Gefolge, nimm Lichtopfer entgegen, meine Ehrerbietung.]

Om shrī-kālachakra-saparivāra gandhe pratīchchha namah. [Om, glorreicher Kālachakra mit deinem Gefolge, nimm Wohlgeruch entgegen, meine Ehrerbietung.]

Om shrī-kālachakra-saparivāra naividya pratīchchha namah. [Om, glorreicher Kālachakra mit deinem Gefolge, nimm Speise entgegen, meine Ehrerbietung.]

Om shrī-kālachakra-saparivāra shabda pratīchchha namah. [Om, glorreicher Kālachakra mit deinem Gefolge, nimm Musik entgegen, meine Ehrerbietung.]

Om shrī-kālachakra-mandala-saparivāribhyah namah. [Om, Ehrerbietung dem glorreichen Kālachakra-Mandala und seinem Gefolge.]

Mit [Letzterem] nimm die innere Opferung vor. Sprich eine Lobpreisung

Ehrerbietung dem glorreichen Kālachakra.
Seine Essenz ist Leerheit und Mitgefühl,[53]
er ist frei von der Erzeugung und Auflösung[54] der dreifachen[55]
samsarischen Existenz,
der Körper, in dem Geist und Geistesobjekt identisch sind.[56]
Ich werfe mich nieder vor Kālachakra,
dem Körper, der aus dem Unwandelbaren geboren worden ist,
obgleich der Zustand der Vereinigung von *āli* und *kāli*,[57] die Silben
hūm phat und so weiter aufgegeben wurden.[58]

Ich werfe mich nieder vor der Frau des Großen Siegels,
jenseits der Natur materieller Teilchen,
mit der Natur einer Weissagungs-Konfiguration,
der Frau, die den höchsten Aspekt von allen aufweist.[59]

53 »Leerheit und Mitgefühl« beziehen sich hier auf untrennbare Glückseligkeit und Leerheit – dabei ist Leerheit die letztendliche Wahrheit, die im Nichtvorhandensein einer unabhängigen Eigenexistenz besteht, das große Siegel, welches keinerlei Aspekte aufweist; und Mitgefühl ist die unwandelbare große Glückseligkeit.

54 Die »Erzeugung der samsarischen Existenz« bezieht sich auf das Extrem des Daseinskreislaufs selbst. Die »Auflösung der samsarischen Existenz« bezieht sich auf das Extrem eines [individuell verwirklichten] Nirvāna. Entsprechend wird im *Chakrasamvara-Tantra* auf das Extrem von Fortdauer oder Daseinskreislauf und auf das Extrem von Aufhebung oder Nirvāna Bezug genommen. Das nicht-verweilende Nirvāna eines Buddha ist frei von den beiden Extremen der Auflösung und der Erzeugung beziehungsweise von samsarischer Existenz und [individuell verwirklichtem] Nirvāna.

55 Dschampäl Shenpen: Die »dreifache samsarische Existenz« bezieht sich hier nicht auf die drei Bereiche, sondern auf Körper, Rede und Geist.

56 »Geist« verweist hier auf die höchste unwandelbare Glückseligkeit, und »Geistesobjekt« verweist auf das mit Aspekten versehene große Siegel der leeren Form. Solch ein erhabener Geist und Körper sind eine untrennbare Einheit, nicht-dual. Vor solch einem Kālachakra wirft man sich nieder.

57 Dschampäl Shenpen: Das weiße und das rote Element werden von den Vokalen und Konsonanten symbolisiert, die man als *āli* und *kāli* bezeichnet.

58 Der Kālachakra, vor dem man sich niederwirft, »ist geboren aus« – das heißt, er hat die Natur von – unwandelbarer Glückseligkeit, die hervorgebracht wurde: nicht aus einem Handlungs-Siegel [einer wirklichen Gefährtin], aus einem Weisheits-Siegel [einer visualisierten Gefährtin] oder aus der Bewegung innerhalb der Kanäle, aus den Winden und aus den Tropfen der essenziellen Flüssigkeit, sondern aus dem großen Siegel der leeren Form.

59 Der Körper von Vishvamātā, der »Frau des Großen Siegels«, ist jenseits aller Stofflichkeit materieller Teilchen. Wie eine Konfiguration, die sich bei einer bestimmten Art von Weissagung im Spiegel zeigt, ist ihr Körper – auf Grund des allem zu Grunde liegenden, immer schon vorhandenen Geistes des klaren Lichts – mit dem höchsten aller Aspekte ausgestattet. Vor solch einer Vishvamātā wirft man sich nieder.

Ehrerbietung für Vishvamātā,
Ahnherrin aller Buddhas[60],
welche Erzeugung und Auflösung aufgegeben hat.
Allumfassend-gute Handlungen sind ihr zu Eigen.

Dann führe die Auflösung [aller Erscheinungen] durch:

Die Shaktis verschmelzen – ebenso wie ihre Sitze –
zu Licht und lösen sich in mich auf.
Ich verschmelze ebenfalls zu Licht, und aus der Leerheit dessen,
was sich nicht begreifen lässt,
verwandle ich mich wieder in den Aspekt des herrlichen
Kālachakra
mit einem Gesicht und zwei Händen.

An diesem Punkt ist es auch angebracht, die Vollendungsstufe zu entwickeln. Sodann:

Allen empfindenden Wesen zuliebe, die meine Mütter waren,
gebe ich von jetzt an ohne Bedauern
meinen Körper her, meine materiellen Grundlagen und jegliche
Ansammlung
von Verdienst aus Vergangenheit, Gegenwart und Zukunft.

Indem man so die Haltung der Großzügigkeit verstärkt, übt man sich in der Bodhisattva-Praxis der Freigebigkeit, und man kommt damit auch den beiden übrigen Verpflichtungen Ratnasambhava gegenüber nach – in materiellen Dingen Großzügigkeit an den Tag zu legen, also Körper und Besitz herzugeben, und großzügig die Lehre weiterzugeben, also die Ursachen heilsamer Eigenschaften zu schenken.

Wenn Zeit dazu vorhanden ist, sollten Sie die Verpflichtungen und Gelübde wenigstens anhand der jeweiligen Zusammenfassung, die Sie später [in diesem Text] erhalten, überprüfen. Oder Sie üben in einer Kurzform einfache Achtsamkeit den drei Gelübden gegenüber:

60 Dschampäl Shenpen: Die letztgültige Vishvamātā ist das Leerheit unmittelbar erkennende, ursprüngliche Gewahrsein. Da aus ihm sämtliche Buddhas hervorgehen, ist die Göttin, die dieses Gewahrsein repräsentiert, die »Ahnherrin aller Buddhas«. Die relative oder vorläufige Vishvamātā ist die Erscheinung dieses Gewahrseins als Göttin von körperlicher Gestalt.

In Einklang mit dem Wort des Siegreichen werde ich
die Regeln in die Tat umsetzen, die er für die Gelübde
persönlicher Befreiung,
für die Bodhisattva-Gelübde und für die Gelübde des
Vajra-Fahrzeugs dargelegt hat,
und gegen die subtileren Regeln werde ich nicht einmal
im Traum verstoßen.

Indem Sie sich hierauf besinnen, führen Sie eine auf die drei Gelübde bezogene Achtsamkeitsübung in Kurzform durch, kommen der Vairochana gegenüber eingegangenen Verpflichtung nach, Verstöße gegen die drei Formen der Ethik[61] zu verhindern, und beachten Amoghasiddhi gegenüber die Verpflichtung, alle drei Gelübde zu erfüllen.

Der Intention des Siegreichen gemäß werde ich mir ohne jede
Einschränkung
die gesamte vorzügliche Lehre, die in den drei Fahrzeugen und
in den vier Tantra-Klassen enthalten ist, in Wort und Tat
gründlich zu Eigen machen.

Durch die Besinnung hierauf erfüllen Sie die drei Verpflichtungen der Lotos-Familie – zu einem Verständnis der drei Fahrzeuge innerhalb des Sūtra-Lehrsystems [dem Fahrzeug der Hörer, dem der Einzelverwirklicher und dem Bodhisattva-Fahrzeug], der beiden äußeren Lehren innerhalb des Mantra-Lehrsystems (dem Handlungs- und dem Ausübungs-Tantra) und den beiden geheimen Lehren innerhalb des Mantra-Lehrsystems (dem Yoga- und dem Höchsten Yoga-Tantra) zu gelangen. Und Sie erfüllen auch die Vairochana gegenüber eingegangene Verpflichtung, die ethischen Grundsätze aufrecht zu erhalten, welche die Summe aller verdienstvollen Praxisformen ist.

Ich werde die im Daseinskreislauf befindlichen Wesen mit Hilfe
der ihnen gemäßen Methoden voll und ganz befreien.

Indem man sich hierauf besinnt, wahrt man die Vairochana gegenüber eingegangene Verpflichtung, das Wohlergehen der empfindenden Wesen zu erwir-

61 [Die ethischen Vorschriften, den Leifaden der heilsamen Handlungen und die Verwirklichung des Wohls aller empfindenden Wesen beachten. (A. d. Ü.)]

ken. Sprechen Sie anschließend Wunschgebete, damit das angestrebte Ziel erreicht werden möge, und widmen Sie das Verdienst der höchsten Erleuchtung:

Genau wie jene aus dem Geschlecht der Weisen so wie schon
Ravi dank dieses [Tantra] Weisheitswissen erlangen konnten,
so mögen auch die empfindenden Wesen in den drei Arten von
samsarischer Existenz unter dem wohltätigen Einfluss des
Kālachakra [-*Tantra*] werden wie sie.[62]
Genau wie mein Geist-Vajra überall auf der Erde fortbesteht,
damit alle empfindenden Wesen befreit werden,
so möge er durch die Kraft von Kālachakra auch in den drei
Arten samsarischer Existenz für die empfindenden Wesen
fortbestehen.[63]

62 Genau wie viele aus dem Geschlecht der Weisen, darunter der Weise (*drang srong, rshi*) Sūryaratha (*nyi ma'i shing rta*) [der hier als Ravi (*nyi ma*) Erwähnung findet], auf diesem Weg gewöhnliche und außergewöhnliche Resultate erzielt und dank dieses Tantra Erleuchtung erlangt haben, so mögen auch die empfindenden Wesen der drei Daseinsebenen unter dem wohltätigen Einfluss dieses *Kālachakra-Tantra* alle gewöhnlichen und außergewöhnlichen Verwirklichungen erlangen.
[Diese beiden Zeilen stammen aus dem *Kālachakra-Tantra* (V.253cd):
prajñājñānasya lābhī saravimunikulam vai tathāsmadbabhūva
evam sattvā bhavantu trividhabhavagatāh kālachakraprasādāt.
Siehe: *Kālachakra-Tantra and Other Texts*, Teil 1, S. 377 bezüglich des Sanskrit und S. 328.5 bezüglich des Tibetischen, das sich geringfügig, aber nicht wesentlich von der hier zitierten tibetischen Fassung unterscheidet. Siehe auch: Butöns *Leicht verständliche Anmerkungen*, Gesammelte Werke, Band 1, 294.7–295.1, wo er die »drei Formen samsarischer Existenz« als den Begierdebereich, den Formbereich und den Bereich der Formlosigkeit bestimmt. Aus letztgenanntem Text sind die in eckigen Klammern hinzugefügten Ergänzungen entnommen.]

63 [Diese beiden Zeilen stammen aus dem *Kālachakra-Tantra* (V.258cd):
sattvānām mokshahetoh sakalabhuvigatam chittavajram yathā me
sattvānām eva yātu trividhabhavagatam kālachakraprabhāvāt
Siehe: *Kālachakra-Tantra and Other Texts*, Teil 1, S. 379 bezüglich des Sanskrit und S. 329.8 bezüglich des Tibetischen, das sich geringfügig, aber nicht wesentlich von der hier zitierten tibetischen Fassung unterscheidet. Siehe auch: Butöns *Leicht verständliche Anmerkungen*, Gesammelte Werke, Band 1, 296.7–297.2, wo die beiden Zeilen folgendermaßen wiedergegeben werden:
Genau wie mein, das heißt Mañjushrīkīrtis Geist-Vajra – ein von Hindernissen freier Geist – überall auf der ganzen Erde fortbesteht, damit alle empfindenden Wesen befreit werden mögen, so möge der erhabene Geist-Vajra durch die Kraft von Kālachakra auch in den drei Formen von samsarischer Existenz – den Bereichen der Begierde, der Form und der Formlosigkeit – verweilen und für die empfindenden Wesen offenbar werden.
Mañjushrīkīrti ist derjenige, der den Text des *Condensed Kālachakra-Tantra* (des »Kālachakra-Tantra in der kürzeren Fassung«) zusammengestellt hat. Die hier zitierten Zeilen und die beiden vorausgegangenen beinhalten sein Wunschgebet am Ende des Tantra.
In *Guru Yoga of Kālachakra* (30.5) heißt es in Übereinstimmung mit Butön und der gerade wiedergegebenen Tantra-Stelle (sattvānām): *dag gi rnam* statt *dag gis rnam*.]

Mögen jene Wesen, die auf Grund des Umgangs mit schlechten Freunden stets in der Finsternis von Unwahrheit wandeln und deren Weg in die Irre führt,
auf diesen Weg gelangen und in nicht allzu langer Zeit das Haus des Vajra-Juwels erreichen.[64]

Ferner:

Auf Grund der Kraft des hieraus entstandenen heilsamen Verdienstes
und auf Grund der Kraft von Vajradhara möge ich in all meinen Leben
die in den Lehren formulierten Grenzen nicht überschreiten
und die Stufen des Weges der zwei Phasen vollenden.[65]

Kurzum: Welche Ansammlungen von heilsamem Verdienst,
wie hier veranschaulicht, auch immer angehäuft worden sind,
möge ich durch sie rasch in Shambhala, der Schatzkammer der Kostbarkeiten, geboren werden
und die Stufen des Weges im Höchsten Yoga-Tantra vollenden.

Möge ich mich in all meinen Leben am strahlenden Glanz der Lehre erfreuen können,
ohne von den wahren Lamas getrennt zu sein, und möge ich,
indem ich die Qualitäten des Grundes und der Pfade ganz und gar zur Vollendung bringe,
rasch den Zustand eines Vajradhara erreichen.

Besiegeln Sie durch solche Wunschgebete und Widmungen die Praxis. Sorgen Sie für einen schönen Ausklang [der Praxis], indem Sie zum Schluss Glück verheißende Wunschgebete sprechen:

Mögen die Bodhisattvas oberhalb [der Erde], vor denen die unter den Dämonen weilenden Halbgötter große Furcht haben,
die in den Richtungen und den Zwischenrichtungen der

64 Mögen diejenigen, die, unter dem Einfluss schlechter Freunde stets in der Finsternis von Unwahrheit wandeln und von einem heilsamen Weg abgekommen sind, auf diesen guten, unfehlbaren Weg gelangen und rasch das Haus des Vajra-Juwels erreichen: den Zustand eines Vajradhara.

65 [Die Hervorbringungs- und die Vollendungsphase.]

Menschenwelten beheimateten zornvollen Könige und ihre Gefährtinnen,
und die unterirdischen Könige der Kobraschlangen, die seit jeher böse Geister und übelwollende Wesen im Zaum halten –
mögen sie alle Tag für Tag die unwissenden weltlichen Wesen in jeglicher Hinsicht beschützen.[66]

Sofern Sie als voll ordinierter Mönch beziehungsweise als voll ordinierte Nonne das Gelübde persönlicher Befreiung genommen haben, beginnt die eingehende Überprüfung der drei Gelübde mit einer Überprüfung der 253 Verhaltensvorschriften[67] [Ist man kein voll ordinierter Mönch beziehungsweise keine voll ordinierte Nonne, so lässt man die folgende Passage fort]:

Unter den fünf Gruppen von Verstößen gegen die Gelübde persönlicher Befreiung
werde ich die vier [moralischen] Niederlagen ebenso vermeiden wie
die dreizehn Übertretungen, bei denen ein Rest [intakter ethischer Disziplin] bleibt,
die 30 vollständigen Niederlagen, [die es erforderlich machen, ein Gelübde] auf[zu]geben,
die 90 bloßen [Beschädigungen], die vier, die man lediglich sich selbst offenbaren muß,
und die in den 17 Regeln aufgeführten 112 Verstöße und Verfehlungen.

66 Mögen schützende Wesen oberhalb, auf und unter der Erde sämtliche weltlichen Wesen vor allem, was Unglück verheißt, bewahren, indem sie diese in Übereinstimmung mit einer heilsamen Lebensführung auf einen unfehlbaren Weg bringen.
[Diese vier Zeilen stammen aus dem *Kālachakra-Tantra* (V.260):
ūrdhvam ye bodhisattvāh paramabhayakarā mārapakshe sthitānām
daityānām martyaloke dishi-vidishi-gatāh krodharājāh sabhāryah
pātāle ye phanīndrā grahaparamashubham sarvadā bandhayanti
te sarve pālayantu pratidinasamaye ´jñānalokam samantāt.
Siehe: *Kālachakra-Tantra and Other Texts*, Teil 1, S. 379 bezüglich des Sanskrit und S. 329.8 bezüglich des Tibetischen, das sich geringfügig, aber nicht wesentlich von der hier zitierten Fassung unterscheidet. Siehe auch: Butöns *Leicht verständliche Anmerkungen*, Gesammelte Werke, Band 1, 297.4–7, wo die unwissenden weltlichen Wesen als diejenigen bestimmt werden, denen die Bedeutung der Wirklichkeit unbekannt ist (*yang dag pa'i don*).
In *Guru Yoga of Kālachakra* (30.5) heißt es in Übereinstimmung mit Butön und der gerade wiedergegebenen Tantra-Stelle (´jñāna): *mi shes* statt *mi shis*.]

67 [Für eine voll ordinierte Nonne gilt es 364 Verhaltensvorschriften zu beachten.]

Die Überprüfung der 18 Wurzelvergehen gegen das Bodhisattva-Gelübde lautet:

Ich werde keines der 18 Wurzelvergehen verüben –
mich selbst zu loben und andere herabzusetzen; die Lehre nicht weiterzugeben beziehungsweise vom eigenen Besitz nichts abzugeben;
nicht zu vergeben, obwohl man um Verzeihung gebeten wird; sich von der Lehre des Großen Fahrzeugs abzukehren;
zu stehlen, was den Drei Juwelen gehört; sich von ihrer Lehre abzukehren;
eine safranfarbene Robe zu stehlen; die fünf Handlungen zu begehen, denen unmittelbare Vergeltung folgt;
an falschen Anschauungen festzuhalten; bewohnte Orte und Ähnliches zu zerstören;
zu jenen, deren Geist noch nicht reif dafür ist, über Leerheit zu sprechen;
[jemanden] vom Streben nach vollkommener Erleuchtung abzubringen;
[jemanden dazu zu bringen, den Gelübden] persönlicher Befreiung zu entsagen; das Fahrzeug der Hörer gering zu schätzen;
falsche Behauptungen über [die eigene Verwirklichung in Bezug auf] das Tiefgründige aufzustellen; in Empfang zu nehmen, was den Drei Juwelen gehört;
schlechte ethische Disziplin zu wahren; und die altruistische Gesinnung aufzugeben.
Bei 16 dieser Verstöße müssen, damit ein Wurzelvergehen zu Stande kommt,
alle vier vollständigen Verstrickungen vorliegen:
Nichtbeachtung der schädlichen Auswirkungen;
Nichtüberwindung des Wunsches, den Verstoß zu begehen;
Freude und Vergnügen daran; Scham- und Gewissenlosigkeit.
Bei zwei Verstößen – der falschen Anschauung und dem Aufgeben der altruistischen Gesinnung –
sind [für das Zustandekommen eines Wurzelvergehens] nicht alle vier Verstrickungen erforderlich.

Die auf Wurzelvergehen und andere Verstöße gegen das Mantra-Gelübde bezogene Überprüfung:

Unter Einsatz meines Lebens werde ich mich von den vierzehn
Wurzelvergehen fernhalten –
den Lama zu verspotten und ihn gering zu schätzen; seine
Weisungen zu missachten;
an Vajra-Brüdern und -Schwestern herumzumäkeln; keine Liebe
aufzubringen;
den strebenden und den angewandten Erleuchtungsgeist
aufzugeben;
die Lehren von Sūtra und Mantra gering zu schätzen;
das Geheime denjenigen kund zu tun, deren Geist noch nicht reif
dafür ist;
die eigenen Aggregate gering zu schätzen; sich von Leerheit
abzukehren;
einem Verderben bringenden Freund zu vertrauen; sich nicht auf
die richtige Anschauung zu besinnen;
die vertrauensvolle Haltung eines Menschen zu enttäuschen;
die Verpflichtungen zu missachten; und Frauen gering zu schätzen.

Prüfen Sie sich auch in Bezug auf die im *Kālachakra-Tantra* erwähnten Wurzelvergehen, die 25 ethischen Verhaltensweisen und so weiter:

Ich werde gewissenhaft und korrekt
die Wurzelvergehen und ebenso die Ansammlungen von
Verstößen vermeiden,
die im *Kālachakra-Tantra* dargelegt sind: die Gruppen der
Wurzelvergehen –
der erleuchteten Geisteshaltung des Lamas zuwider zu handeln;
gegen seine Weisung zu verstoßen;
die essenzielle Flüssigkeit zu ergießen; die Leerheit des Sūtra
oder die des Mantra
für überlegen beziehungsweise für unterlegen zu halten und
deshalb Geringschätzung zu entwickeln;
trügerische Liebenswürdigkeit an den Tag zu legen; die
unwandelbare Glückseligkeit aufzugeben;
und an Yogis herumzumäkeln.

Die 25 ethischen Verhaltensweisen bestehen im Unterlassen
der fünf Verfehlungen – töten, lügen, stehlen, Ehebruch begehen und Bier trinken;
der fünf sekundären Verfehlungen – Wetten abschließen, Würfel- und Brettspiele betreiben,
unreines Fleisch verzehren, sinnlos daherreden,
Opferriten für die Ahnen väterlicherseits oder mütterlicherseits durchführen
und Tiere töten, um Blutopferungen vorzunehmen;
der fünf Arten von Mord – der Tötung von Vieh, Kindern, Frauen und Männern
und der Zerstörung von Gegenständen, die den erhabenen Körper, die erhabene Rede und den erhabenen Geist repräsentieren;
der fünf falschen Denkweisen – fehlendes Vertrauen in die Lehre des Buddha,
Feindseligkeit gegen Freunde, spirituelle Ratgeber und die spirituelle Gemeinschaft
und der Täuschung jener, die mir ihr Vertrauen schenken;
sowie der fünf Arten von Begierde – dem Anhaften an sichtbaren Formen, an Klängen, Gerüchen, Geschmack und tastbaren Objekten.

Die Überprüfung der sekundären Verpflichtungen:

Ich werde ausnahmslos alle sekundären Verpflichtungen beachten –
werde den vier Wurzeln,[68] dem Bier und dem Müßiggang entsagen;
auf einen heiligen Schützer vertrauen; Freunden gegenüber respektvoll und hilfsbereit sein;
mich in den zehn befreienden Qualitäten üben; und keine Ursachen schaffen,
die bewirken, dass ich mich vom Großen Fahrzeug abkehre,
[sakrale Gegenstände] verächtlich behandele oder über sie hinwegsteige.

Die auf schwere Verstöße bezogene Überprüfung:

68 [Töten, Stehlen, sexuelles Fehlverhalten und über die eigene spirituelle Verwirklichung die Unwahrheit sagen.]

Insbesondere vermeide ich die schweren Verstöße –
sich auf ein ungeeignetes Siegel [eine ungeeignete Gefährtin beziehungsweise Gefährten] zu stützen; sich zu vereinigen, ohne über die drei Formen von unterscheidender Weisheit zu verfügen;
denjenigen, die keine geeigneten Gefäße dafür sind, geheime Gegenstände zu zeigen;
bei einer Opferungszeremonie vor der religiösen Gemeinschaft zu zanken und zu streiten;
jemandem eine aufrichtig gestellte Frage irreführend zu beantworten;
sieben Tage im Haus eines Hörers zu verweilen;
zu behaupten, ein Yogi zu sein, obwohl man dies in Wahrheit nicht ist;
die vorzügliche Lehre jenen darzulegen, die kein Vertrauen in sie haben;
Mandala-Aktivitäten nachzugehen, ohne durch Vervollständigung der Mantra-Rezitation die Annäherung an die Gottheit vollzogen zu haben;
absichtlich gegen die Regeln der persönlichen Befreiung und der Bodhisattva-Gelübde zu verstoßen;
sich in Widerspruch zu [den Regeln, dargelegt in] den »Fünfzig Strophen [über die Hingabe] zum Guru«[69] zu begeben.

Die Überprüfung der in den Mutter-Tantras dargelegten außergewöhnlichen Gelübde:

Ich werde auf niemanden, der sich ungeschickt verhält, herabsehen
werde Rühmliches sagen [über Frauen und Männer],
mich nicht mit jemand Ungeeignetem vereinigen,
in der Vereinigung nicht die richtige Anschauung einbüßen,
bleibendes Interesse daran haben, Begierde für den Weg zu nutzen,
die beiden Arten von Siegeln nicht gering schätzen,
vornehmlich an äußeren und inneren Methoden arbeiten,
keinen Erguss von Kunda zulassen, Reinheit des Verhaltens wahren
und keine Abscheu [vor Samsāra] empfinden, wenn ich den Erleuchtungsgeist hervorbringe.

69 [Siehe: *The Mahāmudrā Eliminating the Darkness of Ignorance Supplemented by Aśvagosa's Fifty Stanzas of Guru Devotion*, übersetzt und herausgegeben von Alexander Berzin, Library of Tibetan Works and Archives, Dharamsala 1978.]

Wenn man ausführlichere Wunschgebete sprechen möchte, so wählt man die folgenden:[70]

Möge ich durch die Kraft des unermesslichen Sees der
Ansammlungen von Verdienst,
der immer größer wird, weil ich im See meines Geistes stets
aufs Neue
die Ansammlung des makellosen Meditationsstroms, der Rezitation
und der Opferung vom Schneeberg solch lauterer, besonderer
Intention vornehme,

und durch die Kraft der geistigen Ansammlung
all der heilsamen Eigenschaften der Vergangenheit, Gegenwart und
Zukunft,
in den aufeinander folgenden Leben von heiligen Beschützern,
von spirituellen Ratgebern des unübertroffenen Fahrzeugs, in
Obhut genommen werden.

Möge ich auf Grund der Unterweisungen, die sie mit Freude
erteilen,
zu der Erfahrung vordringen, durch die man die Lehren der drei
Fahrzeuge
miteinander vereint, und, indem ich sie ihrer tieferen Bedeutung
entsprechend praktiziere,
meinen Geistesstrom mittels der allgemeinen Methoden zur Reife
bringen.

70 [Diese abschließenden Wunschgebete entstammen, abgesehen von der letzten Strophe, wortwörtlich dem Text »Wunschgebete des glorreichen Kālachakra mit Glück verheißenden Versen« (*dpal dus kyi 'khor lo'i smon lam shis brjod dang bcas pa*), 553–559.8 von dem buddhistischen Mönch Lodrö (*shākya btsun pa blo gros*). Im Kolophon erklärt Lodrö, mit diesem Text – der auch eine hier nicht wiedergegebene Passage enthält – gehe er auf eine Anregung am Ende von Kädrups »Gebetskette der Opferung an Kālachakra« (*dus kyi 'khor lo'i mchod phreng*) ein, in ausführlicherer Form Wunschgebete zu sprechen und Glücksverheißung zum Ausdruck zu bringen. Der Text ist im selben Band zu finden wie Kädrups »Mandala-Ritus«, Losang Tsültrim Tänpä Gyältsäns »Der Kālachakra-Einweihungsritus, leicht verständlich dargelegt« und weitere Texte; Veröffentlichungsdaten fehlen. Die Wunschgebete sind dem Anliegen gewidmet, dass die Voraussetzungen für eine vollständige, die Hervorbringungs- und die Vollendungsphase umfassende Praxis des Kālachakra-Tantra erfüllt sein mögen. Eine Erläuterung dieser Strophen würde eine umfassende Erläuterung des Kālachakra-Tantra in seinem Gesamtaufbau erfordern und wird deshalb an dieser Stelle nicht versucht. Es wird hoffentlich die Möglichkeit geben, in einem weiteren Buch eigens auf die Vollendungsphase des Kālachakra-Tantra einzugehen.]

Mögen dadurch, dass ich die sieben makellosen Einweihungen
erhalte,
gute Potenziale für die sieben Stufen geschaffen werden,
die sieben Befleckungen der Elemente und so weiter gereinigt
werden,
und möge ich ermächtigt werden, den Yoga der ersten Stufe zu
praktizieren und die gewöhnlichen Verwirklichungen zu
erlangen.

Mögen durch die vier – irdischen und überirdischen –
unübertroffenen Einweihungen
die Samen für die vier Vajras der vier Körper angelegt werden,
und möge ich autorisiert werden,
die vier auf die Annäherung an die zweite Stufe und auf ihre
Verwirklichung sich beziehenden Zweige
zu hören, zu erläutern und zu entwickeln.

Möge ich, auf dem Thron der vier makellosen Einweihungen
im unermesslichen höchsten Palast des Vajra-Fahrzeugs sitzend,
mit ungebrochenen Gelübden und Verpflichtungen als meiner
Fußbank,
zu einem Weltenherrscher der Lehre von den beiden Stufen
werden.

Mögen durch den erhabenen Körper, die Rede, den Geist und die
Weisheit, die gereinigt und geläutert sind,
durch den Yoga der Meditation auf die sechs Buddha-Familien und
die sechs Zweige
und durch die intensiven Lichtstrahlen der an besondere Stellen im
Körper lokalisierten Vajras
Dämonen und Hindernisse verbrannt werden.

Mögen inmitten der Weite des Raumes
Mandalas der vier Elemente hervorgebracht werden,
und mögen auf Grund ihrer Vereinigung zu einem einzigen
Mandala ein fünf- und ein dreistufiger Zaun
sowie ein Palast mit einem Thron geschaffen werden.

Möge ich in dessen Zentrum als der glorreiche Vajravega
durch die unerschütterliche meditative Stabilisierung des Königs der Zornvollen
äußeren und inneren Dämonen und Hindernissen ein Ende bereiten,
indem ich eine Schar von 60 Torwächtern aussende.

Mögen die Ansammlungen, da auf Grund der Übung des Zerstreuens und Sammelns
das Feld der Ansammlung die gesamte Ausdehnung des Raumes durchmisst,
kraftvoll wie Wellen, zur Gänze vollendet werden,
indem die Anhäufung der Ansammlungen – die Vorbereitung – dem Ritus gemäß durchgeführt wird.

Möge ich, indem ich am Ende der Auflösung der sechs Elemente,
die den Stadien des Todes gleicht, den Stolz des Wahrheitskörpers entwickle,
die meditative Stabilisierung der vier Tore zur Befreiung vollenden
und augenblicklich die vollkommene Erleuchtung verwirklichen.

Möge ich, indem ich über Raum, Wind, Feuer, Wasser, Erde und den Berg Meru meditiere,
den Zustand des Vajra-Körpers verwirklichen,
mit Rädern der Kanäle und so weiter am Scheitelpunkt des Kopfes,
in Höhe der Stirn, des Halses, des Herzens, des Nabels und des verborgenen Bereichs.

Möge durch gutes Meditieren über ein Vajra-Zelt,
das Lotos, Mond, Sonne, Rāhu und Kālāgni überspannt,
den Ansammlungen der Winde des rechten und des linken Kanals
im Kanal-mit-Muschel durch den unübertroffenen Vajra-Yoga Einhalt geboten werden.

Möge durch die Kraft des Meditierens über einen unermesslichen Palast
beim Licht makelloser Juwelen im Vajra-Zelt
das Land, in dem ich die Erleuchtung als Buddha erfahren werde,

geläutert und der Körper, der mich trägt, von Befleckung befreit
werden.

Möge durch das Meditieren über das Sich-Verbinden der
Zweiheiten – Mond und Sonne, Vokale und Konsonanten,
Wind und Geist, sowie die beiden Buchstaben – zu Einem, dem
Buchstaben *ham*,
aus der Vereinigung des weißen und des roten Elements sowie des
subtilen Windes und des subtilen Geistes
im Zentralkanal große Glückseligkeit hervorgebracht werden.

Mögen sodann durch die Kraft des Meditierens über die Gottheiten
im Mandala der großen Glückseligkeit –
den erhabenen, in sämtlichen Aspekten vollkommenen Körper von
Kālachakra,
der die Natur der großen Glückseligkeit hat und so den höchsten
aller Aspekte aufweist,
zusammen mit seiner Weisheitsfrau –

[diese Meditationen] als Ursache zur Hervorbringung
der höchsten Vollendungsstufen dienen, in denen das große Siegel
der leeren Form vom Geschmack der unwandelbaren, immer
schon vorhandenen Glückseligkeit erfüllt ist,
wirklich umarmt[71] von den Aspekte beziehungsweise keine Aspekte
aufweisenden – Siegeln.

Möge ich durch die fünf Aspekte manifeste Erleuchtung
entwickeln,
den höchsten König der Mandalas, den Zweig der Annäherung.
Möge ich aus dem Samen der Vereinigung von Vater und Mutter
den höchst vollkommenen Kreis der Gottheiten im Mutterleib
erzeugen,

diese an der ihnen jeweils zukommenden Stelle richtig plazieren
und die unübertroffenen Verwirklichungen des Weges
hervorbringen,

71 [Statt *'brgyud pa'i* muss es *'khyud pa'i* heißen (43.1).]

indem ich die Aggregate, die Elemente, die Sinneskräfte,
ihre Objekte, die Handlungsfähigkeiten und die Aktivitäten läutere.

Möge ich durch den Vajra-gleichen überirdischen Siegreichen und eine Weisheitsfrau,
die in Gestalt eines Tropfens der großen Glückseligkeit
dem Lotos im Rad der großen Glückseligkeit innewohnen,
kraft der Verschmelzung durch das Feuer der zornvollen Weisheitsfrau in Höhe des Nabels

meditativ den Zweig der Beinahe-Verwirklichung entwickeln, den höchsten
König der Aktivitäten: mittels der Erleuchtung in zwanzig Aspekten
– den fünf Erweckungen durch die wohlklingenden Gesänge der Göttinnen,
der Selbst-Hervorbringung als Gottheit in fünf Schritten und jenen fünf, die aus den fünf Zornvollen bestehen,

der Einladung [der Weisheits-Wesen] in den Kreis der Samaya-Wesen,
dem Eintreten, Sich-Verbinden, Gefallen-daran-Finden, Vom-selben-Geschmack-Sein –
und mittels Erteilung der Einweihung, Besiegelung der Praxis und Wahrung der Reinheit durch Achtsamkeit.
Und möge dadurch ihr Sinn und Zweck verwirklicht werden.

Möge durch das im Zentralkanal emporlodernde,
vom abwärts entleerenden Wind entfachte Feuer der zornvollen Frau
nach der Segnung der verborgenen Stelle, nach der Vereinigung
und dem, auf Grund dessen erfolgenden, allmählichen Herabsinken des Erleuchtungsgeistes

als Folge des am Scheitelpunkt des Kopfes schmelzenden Buchstabens *ham*
und der zum Stillstand kommenden Bewegung der Winde im rechten und im linken Kanal
der Yoga der Tropfen verwirklicht werden, der unübertroffene Zweig der Verwirklichung,

und mich dazu bringen, die vier Freuden des fortschreitenden
Prozesses gründlich zu begreifen.

Möge ich durch die vier Freuden der zuvor angesprochenen
Stabilität,
den Zweig der großen Verwirklichung zur Vollendung bringen,
indem der gleiche Prozess aufwärts verläuft,
den subtilen Yoga und die manifeste Erleuchtung des magischen
Gewebes.

Kurzum: Möge ich das Bestreben zur Vollendung bringen, in vier
Sitzungen
die unübertroffene Hervorbringungsstufe, die die äußeren und
inneren Reinigungsgrundlagen reinigt,
Wasser, das gewöhnliche Erscheinungen und die Vorstellung von
Gewöhnlichkeit reinigt,
und den Weg, der zur vollständigen Hervorbringung der
Vollendungsstufe reif macht, zu entwickeln.

Möge ich ferner zahllose Wesen im Daseinskreislauf reif dafür
machen,
frei von Hindernissen die besonderen Kennzeichen
der höchsten Art von letztgültiger Verwirklichung erreichen zu
können,
indem sie sich um Wiederholung, Feueropfer und das Darbringen
von Opfergaben bemühen.

Möge ich mit dem sechsteiligen Yoga vertraut werden:
mit den zwei heilsamen Qualitäten am Anfang – besonderer
Zurückziehung und einsgerichtetem Verweilen des Geistes,
den zwei heilsamen Qualitäten in der Mitte – den Methoden
zur Einbehaltung der Vitalenergie und ihrer Bewahrung,
und den zwei heilsamen Qualitäten am Ende – Achtsamkeit und
meditativer Stabilisierung.

Möge mein Geist einsgerichtet, frei von Erschlaffung und Erregung,
mittels des nach innen gewandten Blicks der halb geschlossenen
Augen

auf derjenigen Stelle ruhen, an der – kontemplativer Betrachtung gemäß –
der hinterste Teil der Augen in das obere Ende des Zentralkanals hineinreicht.

Mögen sich dadurch die vier nächtlichen Zeichen – wie Rauch, wie eine Luftspiegelung,
wie Glühwürmchen oder wie eine Butterlampe – manifestieren,
untrügliche Anzeichen dafür, dass man die Winde
des rechten und des linken Kanals im Zentralkanal gesammelt hat.

Mögen ferner, indem ich wie zuvor gut meditiere,
und zwar in der Weise, wie man einen wolkenlosen Himmel anschaut,
die sechs Zeichen – Lodern, Mond, Sonne, Rāhu,
Blitz und Tropfen – vollendet werden.

Möge durch die Konzentration des einsgerichteten Beobachtens von Formen
auf Grund des allmählichen Sich-Zurückziehens
der leeren Formen im Bereich des Körper-Tropfens meinem Wunsch gemäß
die Glückseligkeit der körperlichen und geistigen Geschmeidigkeit herbeigeführt werden.

Möge ich durch die Kraft des einsgerichteten Vertrautwerdens mit den beiden Yogas,
mit denen man auf diese Weise leere Formen erzielt
und die erzielten stabilisiert,
das Wort der Wahrheit und die fünf Arten von Klarsichtigkeit verwirklichen.

Mögen durch das Vertrautwerden mit dem Anhalten der Vitalenergie in Form von spontaner Vajra-Rezitation,
bei welcher der Wind und das Mantra im Rāhu-Pfad untrennbar sind,
und mit dem Anhalten der Vitalenergie in Form der Kessel[-gleichen Wind-Kontrolle],

bei der die oberen und die unteren Winde in Höhe des Nabels zum
Erliegen kommen,

die besonderen Zeichen für die Ansammlungen der Winde sichtbar
werden,
indem die Winde vollständig in das Zentrum des Rades der
Ausstrahlung hineingehen
und für eine Weile dort bleiben,
und möge so der von den Bodhisattvas gepriesene Wohlklang
verwirklicht werden.

Möge zum Schluss, wenn ich die vier Freuden
des Herabsinkens von oben und der Stabilität von unten
hervorgebracht habe,
ohne Schwankungen in der Mitte, wo sich der vitalisierende
und der abwärts entleerende Wind im Zentrum der sechs Räder
zu *einem* Wind verbinden,

mein Geist durch den Yoga der unbewegten Geisteshaltung in
einen Körper der leeren Form aufsteigen,
und mögen den Gruppen der Dämonen eines unzeitigen Todes
Einhalt geboten werden.
Möge ich, nachdem ich die Fähigkeit zur Kontrolle sämtlicher
Formen und der Vitalenergie
gründlich erworben habe, wirklich in einen Körper der leeren Form
aufsteigen,

in Vater-Mutter-Vereinigung,
von der immer schon vorhandenen Glückseligkeit
durch das neu angefachte Feuer der zornvollen Frau herbeigeführt,
und mögen von meinen Haar-Poren vielfarbige Lichtstrahlen
ausgehen.

Möge ich eine Meditation ausführen, in der die, durch die Kraft des
Siegels –
durch Vereinigung mit einem großen Siegel von solch leerer Form –
wirkungsvoll herbeigeführte, unwandelbare große Glückseligkeit
mit Leerheit verbunden ist.

Mögen durch die Kraft der angesammelten weißen und roten Elemente,
21 600 an der Zahl
überall im gesamten Zentralkanal,
die materiellen Elemente meines Körpers so aufgezehrt werden, wie Eisen Quecksilber verzehrt.

Mögen die 21 600 Zeitspannen unwandelbarer, Leerheit gewahrender
großer Glückseligkeit die entsprechende Anzahl von karmischen Winden
zum Erliegen bringen, hinderliche Neigungen rasch läutern,
und möge ich den erhabenen Körper eines Siegreichen erlangen.

Möge ich diese Wünsche leicht und ohne Behinderung verwirklichen
und ein unübertroffener Kapitän werden,
der mittels dieses unübertroffenen Weges die im Daseinskreislauf befindlichen Wesen
in die Freiheit des unübertroffenen kostbaren Landes eines Siegreichen entlässt.

Kurzum: Welche Ansammlungen von heilsamem Verdienst,
wie hier veranschaulicht, auch immer angehäuft worden sind,
möge ich durch sie rasch in Shambhala, der Schatzkammer der Kostbarkeiten, geboren werden
und die Stufen des Weges im Höchsten Yoga-Tantra vollenden.

[Ende der Rezitation und der Meditation]

Kolophon

Wo sonst außer auf diesem tiefgründigen Weg
des Gottheiten-Guru-Yoga und des Yoga in sechs Sitzungen
gibt es den König der wunscherfüllenden Juwelen, der mühelos in *einem* Leben
den Vajra-Körper mit einer Essenz von Leerheit und Mitgefühl gewährt!

Darum wird diese große Traube mit Früchten von dem alles beinhaltenden,
auf dem goldenen Boden der besonderen Absicht gut gediehenen [wunscherfüllenden Baum] der rituellen Ausdrucksform,
als Wolke von Opfergaben dargebracht und erfreut den Einen mit dem Lotos in der Hand.
Denn sie ist vortrefflich beschaffen und erstrahlt von hunderttausend Monden.

Möge der große Strom von unermesslich kostbaren Lehren der Zur-Glückseligkeit-Gelangten,
verschönert von den in alle Richtungen sich ausbreitenden Wellen der Erläuterung und Verwirklichung,
noch erhabener werden durch das Spiel der drei Arten von Gelehrsamkeit[72]
seitens der Nāgakönige in ihrer imposanten Erscheinung mit den Brillenzeichnungen[73] der dreifachen Schulung[74].

Möge er, in dessen Natur es liegt, als der eine Freund sämtlicher Wesen auf den drei Stufen in Erscheinung zu treten,
Tanz des Mitgefühls der den Raum durchdringenden Ozeane von Siegreichen,
am geistigen Himmel der Wesen im Daseinskreislauf einen festen Platz einnehmen
und durch die wärmenden Lichtstrahlen seiner Aktivität die Finsternis von Kummer und Sorgen überwinden.

72 Dschampäl Shenpen: Die drei Arten der Gelehrsamkeit sind Darlegung, Debatte und schriftliche Ausarbeitung.

73 [Brillenzeichnungen wie bei einer Brillenschlange, einer Kobra. (A. d. Ü.)]

74 Dschampäl Shenpen: Die dreifache Schulung beinhaltet die Schulung in höherer Ethik, meditativer Stabilisierung und Weisheit.

Mögen durch diesen Weg der höchst vorzüglichen Qualitäten Wesen in solcher Vielzahl, wie es Materieteilchen gibt,
im Kampf gegen die vier Arten von Befleckungen voll und ganz die Oberhand behalten
und in nicht allzu langer Zeit den Zustand von Kālachakra
mit der vollendeten Geschicklichkeit der zehn furchtlosen Fähigkeiten verwirklichen.

Der unübertroffene große Zufluchtgeber und Schützer [Seine Heiligkeit der Vierzehnte Dalai Lama], der göttliche Kronjuwel des Daseinskreislaufs und des Friedens, hat den Wunsch geäußert, dass nach seinen – Beschaffenheit und Anordnung des Inhalts betreffenden – Angaben eine Niederschrift des Ritus angefertigt werden möge, um eine Fortführung dieser Meditationspraxis zu ermöglichen. Auf sein Geheiß hin hat der 97. Abt des Klosters Ganden, der Tutor Ling [Rinpoche], auch Thubten Lungdok Namgyäl Thrinle (*thub bstan lung rtogs rnam rgyal 'phrin las*) genannt, voller Respekt diese »Form der Guru-Yoga-Praxis im Vertrauen auf den übernatürlichen Herrscher Kālachakra in Verbindung mit dem Yoga in sechs Sitzungen, Traube aus Früchten des alles beinhaltenden wunscherfüllenden Baumes« niedergeschrieben. Möge das hier Gebotene allen Wesen im Daseinskreislauf als Ursache dafür dienen, dass sich der allgegenwärtige Herrscher und Guru Kālachakra ihrer voller Freude annimmt.

2

Der Yoga in sechs Sitzungen

Diesen Text hat der Erste Panchen Lama Losang Chökyi Gyältsän (blo bzang chos kyi rgyal mtshan, 1567?–1662) verfasst. Übersetzt wurde hier nur der eigentliche Meditationsritus, nicht die kurzen, die Erfüllung von Gelübden, Verpflichtungen und so weiter betreffenden Angaben, da diese bereits im ersten Text des Yoga in sechs Sitzungen zu finden waren. Die abschließende Passage zur Überprüfung der einzelnen Gelübde, ist offenbar von Pabongka hinzugefügt worden (siehe S. 143).

Bis zur Erleuchtung nehme ich Zuflucht zum Buddha,
zu seiner Lehre und zur unübertroffenen Gemeinschaft.
Möge ich durch Freigebigkeit und anderes Verdienst, das ich erworben habe,
Buddhaschaft verwirklichen, um den Wesen im Daseinskreislauf zu helfen.
(dreimal)

Mögen alle empfindenden Wesen, nachdem sie sich von der Anhaftung
und Ablehnung frei gemacht haben,
der [vermeintlichen] Nähe [zu einigen] und Distanz [zu anderen], höchste
Glückseligkeit erlangen
und, nachdem sie sich aus dem schwer zu ertragenden Meer des Leidens
befreit haben,
von der Glückseligkeit der unübertrefflichen Befreiung niemals getrennt
sein.

Fortan werde ich bis zum Erreichen der Buddhaschaft die altruistische
Geisteshaltung wahren –
den Wunsch, vollkommene Erleuchtung zu erreichen, um sämtliche
Wesen in den Daseinsbereichen
von den Schrecken des Existenzkreislaufs und vom [individuell
verwirklichten] inneren Friedens zu befreien –

ohne ihr jemals untreu zu werden, selbst wenn es mich mein Leben kosten sollte.

Ihr Lamas, Siegreichen und Kinder der Siegreichen,
bitte nehmt euch meiner an.
Genau wie die Zur-Glückseligkeit-Gelangten der Vergangenheit
ein altruistisches Erleuchtungsstreben entwickelt haben
und Stufe für Stufe beharrlich in der Bodhisattva-Praxis fortgeschritten sind,
so werde auch ich, um den Wesen im Daseinskreislauf von Nutzen sein zu können,
ein altruistisches Erleuchtungsstreben entwickeln
und mich Stufe um Stufe in der Praxis eines Bodhisattvas üben.
(dreimal)

Jetzt trägt meine Geburt Früchte.
Ich habe eine gute menschliche Existenz erlangt.
Heute bin ich in der Familie der Buddhas geboren worden.
Ich bin ein Kind des Buddha geworden.

Nun werde ich, was auch immer geschieht,
so handeln, dass ich diese
makellos heilige Buddha-Familie nicht beflecke,
und ich werde Handlungen in die Wege leiten, die dieser Familie gemäß sind.

Vor mir im Raum befindet sich auf einer Sonnen- und einer Mondscheibe
und einem geöffneten Lotos ein Juwelen-Thron, dessen Schönheit den Geist anzieht.
Auf ihm sitzt mein Wurzel-Lama, der allgegenwärtige Meister Vajradhara,
von blauer Farbe, mit einem Gesicht und zwei Händen, in denen er Vajra und Glocke hält.

Er umarmt eine Gefährtin, die ihm gleicht.
Erstrahlend in der Herrlichkeit der größeren und kleineren Merkmale und mit vielen kostbaren Schmuckstücken versehen,
trägt er Kleidung von göttlicher Substanz, deren Schönheit den Geist anzieht.
Wenn man sich ihn bloß vergegenwärtigt, sind schon alle Kümmernisse behoben.

Als Essenz, in der alle unübertroffenen Zufluchtsjuwelen enthalten sind,
sitzt er in der Lotos-Stellung. Die drei Buchstaben zieren
die drei Stellen [seines Körpers]. Vom Licht des Buchstaben *hūm* [eingeladen,]
[kommt] der Lama Vajradhara aus seinem natürlichen Aufenthaltsort.
Jah hūm bam hoh. Sie werden nicht-zwei.

Ich verbeuge mich vor den Lotos-Füßen
des juwelengleichen Lamas Vajradhara,
durch dessen Güte sich augenblicklich
große Glückseligkeit zu entwickeln beginnt.

Ich bringe Opferungen dar mit Ozeanen von Wolken aus verschiedenen
äußeren, inneren und geheimen Opfergaben.
Dinge, die man besitzen, und andere, die man nicht besitzen kann,
tatsächlich zur Opferung aufgestellte Dinge und andere, bei denen es sich
um Ausstrahlungen des Geistes handelt.

Dem Lama, der persönlichen Gottheit und den Drei Juwelen opfere ich in der
Visualisation
Körper, Rede, Geist und alles, worauf ich und andere uns stützen können,
alle Ansammlungen von Verdienst in Vergangenheit, Gegenwart und Zukunft
und das Mandala von wundervoller Kostbarkeit mit den Anhäufungen von
Samantabhadras Opfergaben.
Bitte nimm, veranlasst durch dein Mitgefühl, diese Opfergaben an, und gib
mir deinen Segen.
[Idam guru-ratna-mandalakam niryātayāmi. (Dieses mit Juwelen besetzte
Mandala opfere ich dem Guru.)]

Ich richte meine Bitte an den Lama, den kostbaren.
Durch das – auf die Zähmung [der Schüler] ausgerichtete – safranfarbene
Spiel der Roben aller Zur-Glückseligkeit-Gelangten
der drei Zeiten und der zehn Richtungen
hat er in unzähligen Ländern die Großtaten eines Siegreichen vollbracht.

Ich richte meine Bitte an den Lama, den kostbaren. Zu Recht preist man ihn
als vorzügliches, sämtliche Räder der vielen Siegreichen übertreffendes
Feld für die Gedanken jener von gering entwickeltem Geist
und [als eine Emanation] von Vajradhara.

Ich habe gesehen, dass ausnahmslos alle – höchste und gewöhnliche – Verwirklichungen
zu Stande kommen, indem man auf dich, o Beschützer, gebührend vertraut.
Möge mir darum – ohne Rücksicht auf Leib und Leben – das Glück beschieden sein,
lediglich das zu erreichen, was dich erfreut.

Indem ich solche Bitten vorbringe, kommt der höchste Lama
zum Scheitelpunkt meines Kopfes, samājah,
und wird mit Freuden wieder zu *einem* Geschmack mit mir.

Wie die Truggebilde eines Magiers, wie Träume, wie der [Abglanz vom] Mond auf dem Wasser,
so sind die gesamte Umwelt und alle Wesen leer von unabhängiger Eigenexistenz.
Ohne wahrhaft existent zu sein, treten durch Namen bezeichnete und durch Vorstellungen festgelegte Phänomene
in Erscheinung wie Wasserblasen, die im Wasser emporsteigen.[1]

Mit dem Stolz, Vajrasattva zu sein,
und den Symbolen in der Hand – dem geheimen Vajra der immer schon vorhandenen großen Glückseligkeit
und der geheimen Glocke der Freiheit von den Gedankengebilden einer inhärenten Existenz –
umarme ich die weibliche überirdische Siegreiche.

Zum Wohl aller empfindenden Wesen, die einmal meine Mütter waren,
gebe ich von jetzt an ohne Bedauern
meinen Körper her, meine materiellen Mittel und jegliche Ansammlung
von Verdienst aus Vergangenheit, Gegenwart und Zukunft.

Ich werde keines der 18 Wurzelvergehen verüben –
mich selbst zu loben und andere herabzusetzen; die Lehre nicht weiterzugeben beziehungsweise vom eigenen Besitz nichts abzugeben;

1 Gemäß den Anweisungen, die Seine Heiligkeit der Dalai Lama gab, wurde diese Strophe aus einem Werk von Gungthang Könchog Tänpä Drönme (*gung thang dkon mchog bstan pa'i sgron me*, 1762–1823) hinzugefügt.

nicht zu vergeben, obwohl man um Verzeihung gebeten wird; sich von der Lehre des Großen Fahrzeugs abzukehren;
zu stehlen, was den Drei Juwelen gehört; sich von ihrer Lehre abzukehren;
eine Safranrobe zu stehlen; die fünf Handlungen zu begehen, denen unmittelbare Vergeltung folgt;
an falschen Anschauungen festzuhalten; bewohnte Orte und Ähnliches zu zerstören;
zu jenen, deren Geist noch nicht reif dafür ist, über Leerheit zu sprechen;
[jemanden] vom Streben nach vollkommener Erleuchtung abzubringen;
[jemanden dazu zu bringen, den Gelübden] persönlicher Befreiung zu entsagen; das Fahrzeug der Hörer gering zu schätzen;
falsche Behauptungen über [die eigene Verwirklichung in Bezug auf] das Tiefgründige aufzustellen; in Empfang zu nehmen, was den Drei Juwelen gehört;
schlechte ethische Disziplin zu wahren; und die altruistische Gesinnung aufzugeben.
Bei 16 dieser Verstöße müssen, damit ein Wurzelvergehen zu Stande kommt,
alle vier vollständigen Verstrickungen vorliegen:
Nichtbeachtung der schädlichen Auswirkungen; Nichtüberwindung des Wunsches, den Verstoß zu begehen;
Freude und Vergnügen daran; Scham- und Gewissenlosigkeit.
Bei zwei Verstößen – der falschen Anschauung und dem Aufgeben der altruistischen Gesinnung –
sind [für das Zustandekommen eines Wurzelvergehens] nicht alle vier Verstrickungen erforderlich.

Unter Einsatz meines Lebens werde ich mich von den vierzehn Wurzelvergehen fernhalten –
den Lama zu verspotten und ihn gering zu schätzen; seine Weisungen zu missachten;
an Vajra-Brüdern und -Schwestern herumzumäkeln; keine Liebe aufzubringen;
den strebenden und den angewandten Erleuchtungsgeist aufzugeben;
die Lehren von Sūtra und Mantra gering zu schätzen;
das Geheime denjenigen kund zu tun, deren Geist noch nicht reif dafür ist;
die eigenen Aggregate gering zu schätzen; sich von Leerheit abzukehren;

einem Verderben bringenden Freund zu vertrauen; sich nicht auf die richtige Anschauung zu besinnen;
die vertrauensvolle Haltung eines Menschen zu enttäuschen;
die Verpflichtungen zu missachten; und Frauen gering zu schätzen.

Ich werde ausnahmslos alle sekundären Verpflichtungen beachten –
werde den vier Wurzeln, dem Bier und dem Müßiggang entsagen;
auf einen heiligen Schützer vertrauen; Freunden gegenüber respektvoll und hilfsbereit sein;
mich in den zehn befreienden Qualitäten üben; und keine Ursachen schaffen,
die bewirken, dass ich mich vom Großen Fahrzeug abkehre,
[sakrale Gegenstände] verächtlich behandele oder über sie hinwegsteige.

Insbesondere vermeide ich die schweren Verstöße –
sich auf ein ungeeignetes Siegel [eine ungeeignete Gefährtin] zu stützen; sich zu vereinigen, ohne über die drei Formen von unterscheidender Weisheit zu verfügen;
denjenigen, die keine geeigneten Gefäße dafür sind, geheime Gegenstände zu zeigen;
bei einer Opferungszeremonie vor der religiösen Gemeinschaft zu zanken und zu streiten;
jemandem eine aufrichtig gestellte Frage irreführend zu beantworten;
sieben Tage im Haus eines Hörers zu verweilen;
zu behaupten, ein Yogi zu sein, obwohl man dies in Wahrheit nicht ist;
die vorzügliche Lehre jenen darzulegen, die kein Vertrauen in sie haben;
Mandala-Aktivitäten nachzugehen, ohne durch Vervollständigung der Mantra-Rezitation die Annäherung an die Gottheit vollzogen zu haben;
absichtlich gegen die Regeln der persönlichen Befreiung und der Bodhisattva-Gelübde zu verstoßen;
sich in Widerspruch zu [den Regeln, dargelegt in] den »Fünfzig Strophen [über die Hingabe] zum Guru« zu begeben.

Ich werde auf niemanden, der sich ungeschickt verhält, herabsehen
werde Rühmliches sagen [über Frauen und Männer],
mich nicht mit jemand Ungeeignetem vereinigen,
in der Vereinigung nicht die richtige Anschauung einbüßen,
bleibendes Interesse daran haben, Begierde für den Weg zu nutzen,
die beiden Arten von Siegeln nicht gering schätzen,

vornehmlich an äußeren und inneren Methoden arbeiten,
keinen Erguss von Kunda zulassen, Reinheit des Verhaltens wahren
und keine Abscheu [vor Samsāra] empfinden, wenn ich den Erleuchtungsgeist hervorbringe.

In Einklang mit dem Wort des Siegreichen werde ich
die Regeln in die Tat umsetzen, die er für die Gelübde persönlicher Befreiung,
für die Bodhisattva-Gelübde und für die Gelübde des Vajra-Fahrzeugs dargelegt hat,
und gegen die subtileren Regeln werde ich nicht einmal im Traum verstoßen.

Der Intention des Siegreichen gemäß werde ich mir ohne jede Einschränkung
die gesamte vorzügliche Lehre, die in den drei Fahrzeugen und
in den vier Tantra-Klassen enthalten ist, in Wort und Tat gründlich zu Eigen machen.

Ich werde die im Daseinskreislauf befindlichen Wesen mit Hilfe der ihnen gemäßen Methoden voll und ganz befreien.

Auf Grund der Kraft des hieraus entstandenen heilsamen Verdienstes
und auf Grund der Kraft von Vajradhara möge ich in all meinen Leben
die in den Lehren formulierten Grenzen nicht überschreiten
und die Stufen des Weges der zwei Phasen vollenden.

Kurzum: Welche Ansammlungen von heilsamem Verdienst,
wie hier veranschaulicht, auch immer angehäuft worden sind,
möge ich durch sie rasch in Shambhala, der Schatzkammer der Kostbarkeiten, geboren werden
und die Stufen des Weges im Höchsten Yoga-Tantra vollenden.

Möge ich mich in all meinen Leben am strahlenden Glanz der Lehre erfreuen können,
ohne von den wahren Lamas getrennt zu sein, und möge ich,
indem ich die Qualitäten des Grundes und der Pfade ganz und gar zur Vollendung bringe,
rasch den Zustand eines Vajradhara erreichen.

3

Der verkürzte Yoga in sechs Sitzungen

Diesen Text hat Losang Tenzin (blo bzang bstan 'dzin) formuliert.

Aus ganzem Herzen nehme ich Zuflucht zu den Drei Juwelen.
Ich werde alle empfindenden Wesen von Leid befreien und ihnen allen zu endgültiger Glückseligkeit verhelfen.
Um dies zu bewirken, werde ich eine altruistische Absicht zur Verwirklichung vollkommener Erleuchtung hervorbringen
und mich daraufhin in der Praxis eines Bodhisattvas üben.

Vor mir im Raum befindet sich auf einer Sonnenscheibe, einer Mondscheibe und einem Lotos
ein Juwelen-Thron, auf dem mein Wurzel-Lama sitzt, der allgegenwärtige Meister Vajradhara.
Er ist von blauer Farbe, hält Vajra und Glocke, umarmt Vajradhātvīshvarī
und bringt so die immer schon vorhandene Glückseligkeit zum Ausdruck.

Die drei Stellen [seines Körpers] sind durch die drei Buchstaben gekennzeichnet.
Mit dem Licht des Buchstaben *hūm* werden die Weisheitswesen eingeladen und werden zu *einem* Geschmack [mit den visualisierten Wesen].
Ehrerbietung den Lotos-Füßen von Vajradhara.
Ich bringe Opferungen dar mit Ozeanen aus Wolken von äußeren, inneren und geheimen Opfergaben
und mit den unübertroffenen Opfergaben von Samantabhadra – Gebirgen, Ländern, Vasen voller Juwelenschätze, Sonne, Mond und so weiter.

Ich habe gesehen, dass ausnahmslos alle – höchste und gewöhnliche – Verwirklichungen
zu Stande kommen, indem man auf dich, o Beschützer, gebührend vertraut.
Möge mir darum – ohne Rücksicht selbst auf Leib und Leben – das Glück beschieden sein,
lediglich das zu erreichen, was dich erfreut.

Indem ich solche Bitten vorbringe, kommt der höchste Lama zum Scheitelpunkt meines Kopfes,
löst sich in mich auf und wird zu *einem* Geschmack mit mir.
Ich bin Vajrasattva, Vajra und Glocke haltend,
und indem ich die überirdische Herrscherin umarme, manifestiert sich in mir das lebendige Spiel immer schon vorhandener Glückseligkeit.

Meinen Müttern zuliebe gebe ich von jetzt an ohne Bedauern
mein Zuhause her, meinen Körper, meine materiellen Mittel und jegliche Ansammlung von Verdienst aus Vergangenheit, Gegenwart und Zukunft.
Selbst wenn es mich mein Leben kosten sollte, werde ich nicht die für die drei Gelübde –
das Gelübde persönlicher Befreiung, das Bodhisattva-Gelübde und das Gelübde des Geheimen Mantra – festgelegten Grenzen überschreiten.

Da ich mir die in den drei Fahrzeugen und in den vier Tantra-Klassen enthaltene Lehre in Wort und Tat
gründlich zu Eigen gemacht habe, werde ich die Wesen im Daseinskreislauf durch angemessene Mittel vollständig befreien.

Mögen auf Grund des so entstandenen Verdienstes die Wünsche der Zur-Glückseligkeit-Gelangten und der Bodhisattvas verwirklicht werden.
Ich widme dieses Verdienst dem Fortbestand der Lehre.
Mögen durch die unwiderstehliche Kraft, die dem Segen der Drei Juwelen und dem bedingten Entstehen innewohnt,
meine guten Wünsche verwirklicht werden und ich rasch den Zustand der Buddhaschaft erreichen.

ANHANG

1

Mantras in der Kālachakra-Einweihung (Hervorbringungsstufe)

Bei dem Einweihungstext für die Hervorbringungsstufe im Kālachakra-System handelt es sich, wie bereits in der Einführung erwähnt, um Kädrups »Der Mandala-Ritus des glorreichen Kālachakra: Erläuterungen zur Bedeutung« (*dpal dus kyi 'khor lo'i dkyil chog dgongs pa rab gsal*), ergänzt durch Material aus Losang Tsültrim Tänpä Gyältsäns Schrift »Der Kālachakra-Einweihungsritus, leicht verständlich dargelegt« (*dus 'khor dbang chog nag 'gros su bkod pa*). Die im Folgenden aufgelisteten Mantras stammen daher aus diesen beiden Texten.

Übersetzungen von einigen dieser Mantras ins Tibetische aus einer Schrift des Siebten Dalai Lama Kälsang Gyatso (*bskal bzang rgya mtsho*, 1708–1757), »Mittel zur Verwirklichung des Mandala des erhabenen Körpers, der erhabenen Rede und des erhabenen Geistes von Kālachakra, dem glorreichen überirdischen Herrscher: die segensreichen Worte von Gelehrten und Meistern« (*dpal bcom ldan 'das dus kyi 'khor lo'i sku gsung thugs yongs su rdzogs pa'i dkyil 'khor gyi sgrub thabs mkhas grub zhal lung*), finden ebenfalls Berücksichtigung. Außerdem wird auf jenen Text Bezug genommen, der dem Siebten Dalai Lama offenkundig als Quelle für diese Übersetzungen diente: Butön Rinchen Drups (*bu ston rin chen grub*) »Kommentierende Erläuterung zum ›Einweihungs-Kapitel‹ [des Kālachakra-Tantra], Anmerkungen zu (Kulika Pundarīkas) ›Makelloses Licht‹« (*dbang gi le'u 'grel bshad dri med 'od kyi mchan*), zu finden im zweiten Band von Butöns Gesammelten Werken. Butöns Übersetzungen stimmen nahezu vollständig mit den im Text des Siebten Dalai Lama gebotenen Übersetzungen überein. Andererseits gibt es aber im letztgenannten Text auch einige Übersetzungen, die bei Butön nicht auftauchen.

Aufgeführt werden darüber hinaus einige Textvarianten aus zwei weiteren Schriften von Butön: »Der Mandala-Ritus des glorreichen Kālachakra: Quelle aller guten Eigenschaften« (*dpal dus kyi 'khor lo'i dkyil chog yon tang kun 'byung*) und »Mittel zur Verwirklichung des Zustands des glorreichen Kālachakra, des überirdischen Herrschers: eine Traube mit Früchten vom wunscherfüllenden [Baum]« (*dpal dus kyi 'khor lo'i sugrub thabs dpag bsam snye ma*). Beide sind in Band 5 seiner Gesammelten Werke enthalten. In einer anderen Schrift erstellt Butön 41 verschiedene Tantra-Übertragungslinien (wobei diejenige des *Kālachakra-Tantra* am Anfang steht), und er listet 355 in den verschiedenen Tantras zu findende Mantras auf. Sie heißt »Sammlung der

[Mantra-artigen] Rezitationsformeln aus den Tantra-Klassen des Geheimen Mantra« (*gsang sngags rgyud sde bzhi'i gzungs 'bum*) und ist in Band 16 seiner Gesammelten Werke zu finden.

In der Reihenfolge ihres Erscheinens im Text werden die Mantras jeweils unter der entsprechenden Kapitelüberschrift aufgelistet. Zunächst wird versucht, das Mantra lautlich wiederzugeben, meist gefolgt von einer, als vorläufig zu betrachtenden, deutschen Übersetzung. Es schließen sich Verweise auf Kädrups »Mandala Ritus« und/oder auf Losang Tsültrim Tänpä Gyältsäns »Einweihungsritus« an – jeweils mit der tibetischen Übersetzung, falls diese vorliegt. Darauf folgen wiederum Verweise auf Butöns Werke nebst einer tibetischen Übersetzung, falls vorhanden. Die Wortfolge im Tibetischen ist mitunter inkorrekt, da sie sich nach der Reihenfolge der Worte in Sanskrit richtet. Nach der ersten Fassung werden etwaige Textvarianten angeboten, in denen die Abweichungen kursiv hervorgehoben sind.

An verschiedenen Stellen wird auch auf Losang Tsültrim Tänpä Gyältsäns »Darlegung der Einweihungen des überirdischen Herrschers, des glorreichen Kālachakra: Rubinengirlande« (*bcom ldan 'das dus kyi 'khor lo'i dbang gi bshad pa padma ra ga'i phreng ba*) Bezug genommen. Dieser Text (der im dritten Band seiner Gesammelten Werke steht) enthält tibetische Übersetzungen verschiedener Mantras, die in den oben genannten Werken nicht übersetzt wurden. Verweise auf ihn werden am Schluss des jeweiligen Eintrags angefügt und, um eine problemlose Unterscheidung von seinem eigenen »Kālachakra-Einweihungsritus, leicht verständlich dargelegt« zu ermöglichen, mit »Khangsar« gekennzeichnet, da Losang Tsültrim Tänpä Gyältsän auch Trewo Khangsar Kyabgön Rinpoche (*tre bo khang gsar skyabs mgon rin po che*) genannt wurde. Unter »Siebter Dalai Lama, ›Darlegung‹« wird außerdem gelegentlich auf eine Schrift des Siebten Dalai Lama Bezug genommen, auf »Darlegung des Mandala-Ritus des glorreichen Guhyasamāja, Akshobhyavajra, eine die Grundbedeutung der Einweihung erhellende Erläuterung, Vajrasattvas geheiligtes Wort« (*dpal gsang ba 'dus pa mi bskyod rdo rje'i dkyil 'khor gyi cho ga'i rnam par bshad pa dbang don de nyid yang gsal snang ba rdo rje sems dpa'i zhal lung*). Die beiden letztgenannten Texte sind von besonderem Wert, weil sie nicht nur Übersetzungen der Mantras, sondern auch einen Verständniskontext für ihre Bedeutung bieten – womit klar sein dürfte, dass bei der Durchführung dieser Rituale nicht nur dem Klang, sondern auch dem Bedeutungsgehalt der Mantras ein wichtiger Stellenwert zukommt.

Die Bearbeitungsprinzipien sind konservativ; fast alle Veränderungen stützen sich auf wenigstens eine Textfassung.

I. 4 Zahnstocher, Wasser, Kusha-Gras und Schutzbändchen

Om āh hūm hoh ham kshah vajra-danta-kāshtha-chatur-vimoksha-mukha-vishuddha-svabhāvam kāya-vāk-chitta-jñāna-mukha-dantādi-malam vishodhaya svāhā.

»Mögen die Keimsilben der sechs Buddha-Familien – *om āh hūm hoh ham kshah* – und der Zahnstocher, indem sie die reine Natur der vier Tore zur Befreiung haben, die Verunreinigungen der Zähne und sonstige Verunreinigungen im Antlitz des erhabenen Körpers, der erhabenen Rede und des erhabenen Geistes sowie des ursprünglichen Bewusstseins reinigen, *svāhā.*«

Kädrups »Mandala-Ritus« 298.5: Om āh hūm hoh ham *ksha* vajra-danta-kāshtha-chatur-vimoksha, mukha-vishuddha-svabhāvam kāya-vāk-chitta-jñāna-mukha-dantādi-malam vishodhaya svāhā.

Butöns »Einweihungs-Kapitel«, Band 2, 297.7: Om āh hūm hoh ham kshah *vajrā*-danta-kāshtha-chatur-vimoksha, mukha-vishuddha-svabhāvam kāya-*vāg*-chitta-jñāna-mukha-dantādi-malam vishodhaya svāhā (rdo rje so shing bzhi rnam par thar pa rnam par´i rang bzhin sku gsung thugs ye shes zhag dang po sogs dri ma rnam par sbyang bar mdzod rnam par sbyang bar mdzod).

Khangsar, 382.2: rdo rje so shing rnam par thar pa *bzhi´i sgo* rnam par dag pa´i rang bzhin sku gsung thugs ye shes *zhal* dang po [so?] la sogs dri ma rnam par *sbyong.*

Om hrīh suvishuddha-dharma-sarva-pāpam nichāmasya shodhaya sarva-vikalpanā-apanaya hūm.

»*Om hrīh,* reinige auf Grund der vollkommenen Reinheit der Phänomene alle Verfehlungen der Anhäufung, beseitige alles konzeptuelle Denken, *hūm.*«

Kädrups »Mandala-Ritus« 298.6: Om hrīh suvishuddha-dharma-sarva *pāpa-nicha-asya* shodhaya sarva-*vikala-panā* apanaya hūm.

Butöns »Mandala-Ritus«, Band 5, 187.3: Om hrīh suvishuddha-dharma-sarva-*pāpa*-nichāmasya shodhaya sarva-*vikalpanāpanaya* hūm.

Khangsar, Bedeutung, 382.4: chos thams cad shin tu rnam par dag pas sgrib pa thams cad rnam par sol cig/rnam par rtog pa thams cad sol cig.

Om vajra-tīkshna bam.

»*Om, Vajra*-Schärfe, *bam.*«

Kädrups »Mandala-Ritus« 299.1: gleich lautend.

Butöns »Mandala-Ritus«, Band 5, 187.3: gleich lautend.

Siebter Dalai Lama, »Darlegung« 309.2: rdo rje rnon po.

Om buddha-maitri raksha raksha sarvān svāhā.

»*Om*, schütze, schütze gegen alles (Widrige) mit Buddha-Liebe, *svāhā.*«

Kädrups »Mandala-Ritus« 299.2: gleich lautend.

Butöns »Mandala-Ritus«, Band 5, 187.4: Om buddha-maitri-raksha raksha *sarvām* svāhā.

Siebter Dalai Lama, »Darlegung« 310.6: sangs rgyas byams pa srungs shig srungs shig thams cad.

I. 5 Die sechs Buddha-Familien einschließlich Vajrasattva

Om ā ā am ah vajrasatva-mahāsukha-vajra-kālachakra shishyasya abhimukho bhava samtushto bhava varado bhava, kaya-vāk-chittādhishthānam kuru svāhā.

»Vajrasattva, Vajra Kālachakra von großer Glückseligkeit, wende dich dem Schüler zu, erfreue [den Schüler] vollkommen, gewähre das Höchste, segne den erhabenen Körper, die erhabene Rede und den erhabenen Geist.«

Kädrups »Mandala-Ritus« 299.3: Om ā ā am ah vajrasatva-mahāsukha-vajra-kālachakra shishyasya abhimukho bhava *santushta* bhava *rado* bhava, kaya-vāk-*chittādhishthānam* kuru svāhā.

Butöns »Einweihungs-Kapitel«, Band 2, 298.3: Om ā ā am ah vajrasatva-mahāsukha-vajra-kālachakra shishyasya abhimukho bhava santushto bhava varoda bhava, kaya-vāk-chittādhishthānam kuru *kuru* svāhā (rdo rje sems dpa´ chen po bde ba rdo rje dus kyi ´khor lo slob ma´i mngon du phyogs par mdzod yang dag par mnyes par mdzod mchog stsol bar mdzod sku gsung thugs byin gyis brlab par mdzod).

II. 2 Außerhalb des Vorhangs

Om pravishaya bhagavān mahāsuka-moksha-puram sarva-siddhi-sukha-pradam paramasukha-uttamasiddhya jah hūm bam hoh prasiddhyasva.

»Überirdischer Siegreicher, lass mich um der großen Glückseligkeit willen
in die Stadt der Befreiung [das Mandala] eintreten,
die freudvolle Glückseligkeit aller Verwirklichungen.
Lass es durch die Verwirklichung der vorzüglichen höchsten Glückseligkeit
voll und ganz erreicht sein, *jah hūm bam hoh.*«

Kädrups »Mandala-Ritus« 318.2: Om pravishaya bhagavān mahāsuka-moksha-puram sarva-siddhi-sukha-pradam paramasukha-uttamasiddhya jah hūm bam hoh *prasiddhyasvā* (dngos grub kun gyi bde ba nyams dga´ ba// thar pa´i grong du bcom ldan bde chen ´jug// mchog tu bde ba dam pa´i dngos grub kyis// dzah hūm bam hoh rab tu grub par mdzod).

Butöns »Mandala-Ritus«, Band 5, 206.6: Om pravishaya bhagavān mahāsuka-moksha-*suram* siddhi-sukha-pradam paramasukha-uttamsiddhya jah hūm bam hoh prasiddhyasva.

Khangsar, 378.5: om ´jug pa bcom ldan ´das bde ba chen po thar pa grong du dngos grub kun bde ba rab tu dga´ ba mchog tu bde ba dam pa dngos grub rab tu grub par mdzod. (Vollständige Übersetzung, in Übereinstimmung mit der obigen: 379.3).

Om sarva-tathāgata-anuttara-bodhi-alamkāra-vastra-pūja-megha-samudra-spharana samaya shrīye hūm, om vajra-raksha ham, om vajra-ushnīsha hūm phat.

»*Om*, die Verpflichtung bringt einen Ozean aus Wolken von Opfergaben in Form von Kleidungsstücken als Schmuck für die höchste Erleuchtung der So-Gegangenen hervor, *shrīye hūm. Om*, Vajra-Schutz, *ham. Om*, Vajra-Kronenwölbung, *hūm phat.*«

Kädrups »Mandala-Ritus« 318.4: Om sarva-tathāgata-anuttara-bodhi-alamkāra-vastra-pūja-megha-samudra-spharana samaya shrīye *hum*, om vajra-raksha ham, om vajra-ushnīsha hūm phat.

Butöns »Mandala-Ritus«, Band 5, 209.3: Om *sarvva*-tathāgata-anuttara-bodhi-alamkāra-vastra-pūja-megha-samudra-spharana samaya shrīye hūm, om vajra-raksha *hūm*, om vajra-ushnīsha hūm phat.

Khangsar, 380.4: de bzhin gshegs pa thams cad kyi bla na med pa´i byang chub rgyan gos kyi mchod pa´i sprin gyi [im Text steht gyis] ni rgya mtsho ´phro ba´i dam tshig go// rdo rje´i bsrung ba// rdo rje´i gtsug tor.

Om dvadasha-anga-nirodha-kārini hūm phat.

»*Om*, bewirke das Aufhören der zwölf Zweige, *hūm phat.*«

Kädrups »Mandala-Ritus« 318.5: gleich lautend.

Butöns »Mandala-Ritus«, Band 5, 209.3: Om *dādasha*-anga-nirodha-kārini hūm phat.

Khangsar, 381.2: bcu gnyis yan lag ´gog pa byed pa.

Āh kham-vīra hūm.

Kädrups »Mandala-Ritus« 318.5: *Ā* kham-vīra hūm (jedoch später als oben).

Butöns »Mandala-Ritus«, Band 5, 209.3: *A* kham-vīra hūm.

Siebter Dalai Lama, »Darlegung« 457.5: āh ist die Keimsilbe von Vairochana; kha ist die Keimsilbe von Amoghasiddhi; vī ist der Anfangsbuchstabe von Vairochanas Namen; [ra] ist der Anfangsbuchstabe von Ratnasambhavas Namen; hūm ist die Keimsilbe von Akshobhya. Darum gib, während du das Mantra sprichst, jedem Schüler eine Blumengirlande, die aus der Erscheinung dessen hervorgeht, was in seiner essenziellen Natur die erhabene Weisheit der fünf Buddha-Familien in Gestalt dieser Buchstaben ist und durch diese Buchstaben, welche die jeweilige [Gottheit] hervorbringen, gekennzeichnet ist. Ein gewisser [Gelehrter] erklärt, die Bedeutung des Mantra āh kham-vīra hūm sei »Held des Raums« (*nam mkha´i dpa´ bo*).

Om sarva-yoga-chittam utpadayāmi.
»Ich lasse die Geisteshaltung des allumfassenden Yoga entstehen.«
Kädrups »Mandala-Ritus« 320.2: gleich lautend.
Butöns »Mandala-Ritus«, Band 5, 209.7: Om sarva-yoga-*chitta* utpadayāmi.
Khangsar, 390.6: thams cad rnal ´byor sems bskyed par bgyi´o.

Om surata-samayas tvam hoh siddhya-vajra-yathā sukham.
»*Om*, mögest du, indem du die Verpflichtung zu vollkommener Freude hast, den Vajra [der Buddhaschaft] wunschgemäß verwirklichen.«

Kädrups »Mandala-Ritus« 320.3: gleich lautend.

Butöns »Mandala-Ritus«, Band 5, 209.7: Om *surate* samayas tvam hoh siddhya-vajra-yathā sukham.

Khangsar, Bedeutung, 391.3: shin tu dga´ ba´i dam tshig dang ldan pa khyod kyi ji ltar dga´ ba´i rdo rje ste sangs rgyas bsgrub par bya´o.

II. 3 Der Anblick des Mandala

Om vighnāntakrt hūm.
Kädrups »Mandala-Ritus« 320.5: gleich lautend.
Butöns »Mandala-Ritus«, Band 5, 210.2: Om *vighnantakrt* hūm.

Om mahārata, sudriddha sutoshyo, sususho, vajrasatva ādya-siddhya mām.
»*Om*, Mögen große Wonne, vollkommene Stabilität, vollkommene Freude, vollkommene Glückseligkeit, Vajrasattva, heute in mir begründet werden.«

Kädrups »Mandala-Ritus« 320.5: Om mahārata, sudriddha *sutosho*, sususho, vajrasatva ādya-siddhya mām.

Butöns »Mandala-Ritus«, Band 5, 210.4: stimmt mit der ersten Version überein.

Khangsar, Bedeutung, 392.6: dga´ ba chen po shin tu brtan// shin tu dgyes dang shin tu bde// rdo rje sems dpa´ de ring ni// grub par mdzod cig bdag la´o.

Om sarva-tathāgata-pūja-upasthānāya ātmānam niryātayāmi, sarva-tathāgata-vajrasatva adhitishthasva mām hūm.
»Da ich mich für die Verehrung und die Huldigung aller So-Gegangenen opfere, möge mir bitte Vajrasattva, die Essenz aller So-Gegangenen, seinen Segen erteilen.«

Kädrups »Mandala-Ritus« 320.7: Om sarva-tathāgata-pūja-upasthānāya ātmānam niryātayāmi, sarva-tathāgata-vajrasatva *adhitishthāsvā mā* hūm (de bzhin gshegs pa thams cad la mchod pa dang bsnyen bkur ba´i phyir bdag

´bul bas de bzhin gshegs pa thams cad kyi ngo bo rdo rje sems dpas bdag la byin gyis brlab tu gsol).

Butöns »Mandala-Ritus«, Band 5, 210.4: *hūm* am Schluss ist fortgelassen.

Om sarva-tathāgata-pūja-karmane ātmānam niryātayāmi, sarva-tathāgata vajra-karma kuru mām.

»Da ich mich für die Aktivität der Verehrung aller So-Gegangenen opfere, mögen mir bitte alle So-Gegangenen die Vajra-Aktivitäten gewähren.«

Kädrups »Mandala-Ritus« 321.2: Om sarva-tathāgata-pūja-*karmana* ātmānam niryātayāmi, sarva-tathāgata vajra-karma kuru mām (de bzhin gshegs pa thams cad la mchod pa´i las kyi phyir bdag ´bul bas de bzhin gshegs pa thams cad kyis bdag la rdo rje las mdzad du gsol).

Butöns »Mandala-Ritus«, Band 5, 210.4: Om sarva-tathāgata-pūja-karmane *ātmanam* niryātayāmi, sarva-tathāgata vajra-*karmma kuruta* mām.

Om sarva-tathāgata-pūja-abhishekāya ātmānam niryātayāmi, sarva-tathāgata vajra-ratna-abhishimcha mām.

»Da ich mich für die Verehrung aller So-Gegangenen und für die Erteilung der Einweihung opfere, mögen mir bitte alle So-Gegangenen die Einweihung des Vajra-Juwels erteilen.«

Kädrups »Mandala-Ritus« 321.2: Om sarva-tathāgata-pūja-*abhishekaya* ātmānam *nīryātayāmi*, sarva-tathāgata vajra-ratna-*abhishiñcha mam* (de bzhin gshegs pa thams cad la mchod pa dang dbang bskur ba´i phyir bdag ´bul bas de bzhin gshegs pa thams cad kyi[s] bdag la rdo rje rin chen gyi dbang bskur du gsol).

Butöns »Mandala-Ritus«, Band 5, 210.5: Om sarva-tathāgata-pūja-abhishekāya *ātmanam* niryātayāmi, sarva-tathāgata vajra-ratna-*abhishinñcha* mām.

Om sarva-tathāgata-pūja-pravaratanāya ātmānam niryātayāmi, sarva-tathāgata vajra-dharma-pravarataya mām.

»Da ich mich für eine vollständige Drehung [des Rades der Lehre] allen So-Gegangenen opfere, mögen bitte alle So-Gegangenen [das Rad der] Vajra-Lehre vollständig für mich drehen.«

Kädrups »Mandala-Ritus« 321.6: Sanskrit gleich lautend (de bzhin gshegs pa thams cad la mchod pa rab tu skor ba´i phyir bdag ´bul bas de bzhin gshegs pa thams cad kyis bdag la rdo rje´i chos skor du gsol).

Butöns »Mandala-Ritus«, Band 5, 210.6: Om sarva-tathāgata-pūja-pravaratanāya *ātmanam* niryātayāmi, sarva-tathāgata vajra-*dharmah*-pravarataya mām.

Om sarva-buddha-pūja-upasthānāya ātmānam niryātayāmi, sarva-tathāgata-vajra-vairochana adhitishtha mām.

»Da ich mich für die Verehrung und die Huldigung aller So-Gegangenen opfere, möge mir bitte Vairochana, die Essenz aller So-Gegangenen, seinen Segen erteilen.«

Kädrups »Mandala-Ritus« 322.1: Om sarva-buddha-pūja-upasthānāya ātmānam *niryātayāma*, sarva-tathāgata-vajra-vairochana adhitishtha mām. (de bzhin gshegs pa thams cad la mchod pa dang bsnyen bkur ba´i phyir bdag ´bul bas de bzhin gshegs pa thams cad kyi ngo bo rnam par snang mdzad kyis bdag la byin gyis brlab tu gsol).

Butöns »Mandala-Ritus«, Band 5, 210.5: Om sarva-buddha-pūja-upasthānāya *ātmanam* niryātayāmi, sarva-tathāgatavajra-vairochana adhitishtha mām.

Om guru-charana-pūja-upasthānāya ātmānam niryātayāmi, sarvasatva-paritrānāya ātmānam niryātayāmi.

»Zur Verehrung und Huldigung opfere ich mich zu Füßen des Gurus, ich opfere mich zum Nutzen aller Wesen.«

Kädrups »Mandala-Ritus« 322.4: Om guru-charana-pūja-upasthānāya ātmānam niryātayāmi, sarvasatva-*paritranāya* ātmānam niryātayāmi.

Butöns »Mandala-Ritus«, Band 5, 210.7: Om guru-*charshana*-pūja-*upasthānaya ātmanam* niryātayāmi, sarvasatva-*paridānāya* ātmānam niryātayāmi.

Om vajra-udakathah.

»*Om*, trink das Vajra-Wasser.«

Kädrups »Mandala-Ritus« 322.3: gleich lautend.

Butöns »Mandala-Ritus«, Band 5, 211.4: Om *pañca-amrta*-vajra-udakathah.

Siebter Dalai Lama, »Darlegung« 491.4: rdo rje chu ´thung zhig.

Om shūnyatā-jñāna-vajra-svabhāvāmatko´ ham.

»Ich habe eine essenzielle Natur, in der Leerheit und Weisheit untrennbar sind.«

Kädrups »Mandala-Ritus« 323.6: in Abkürzung.

Om āh ra ra ra ra, la la la la, vajra-aveshaya hūm.

»*Om āh ra ra ra ra, la la la la*, mögen die Vajras vollständig herabkommen, *hūm*.«

Kädrups »Mandala-Ritus« 324.6: gleich lautend.

Butöns »Mandala-Ritus«, Band 5, 212.4: gleich lautend.

Siebter Dalai Lama, »Darlegung« 501.3: rdo rje kun tu phob.

Om sarva-tathāgata-kula-vishodhani svāhā.

»*Om*, die Reinigung der Familien aller So-Gegangenen, *svāhā*.«

Kädrups »Mandala-Ritus« 325.6: gleich lautend.

Butöns »Mandala-Ritus«, Band 5, 213.6: gleich lautend.

Butöns »Einweihungs-Kapitel«, Band 2, 391.5: Om sarva-tathāgata-kula-*vishvadhani* svāhā (thams cad be bzhin gshegs pa rnam par sbyongs).

Khangsar, 405.1: de bzhin gshegs pa thams cad *kyi rigs* rnam par sbyong.

Om pratigrhnas tvam imam satva-mahābala.

»Großes, machtvolles Wesen, nimm dich dieses [Schülers] an.

Kädrups »Mandala-Ritus« 325.7: Om *pratigrhnas-tva* imam satva-mahābala.

Butöns »Mandala-Ritus«, Band 5, 214.1: stimmt mit der ersten Fassung überein.

Khangsar, Bedeutung, 405.3: sems dpa´ stobs po che slob ma byang chub ma thob par rjes su zungs shig.

Om divyendriyānudghataya svāhā.

»*Om*, öffne die göttliche Sinneskraft, *svāhā*.«

Kädrups »Mandala-Ritus« 326.2: (unklar) Om *devyintrāyandyiddorahgha āya* svāhā.

Losang Tsültrim Tänpä Gyältsäns »Einweihungsritus«, 488,4: Om *devyintrāya-ah ntudaghatāya* svāhā.

Butöns »Mandala-Ritus«, Band 5, 213.7: Om *divyendriyānudghataya* svāhā.

Khangsar, Bedeutung, 406.2: lha´i dbang po rab tu dbye bar mdzod.

He vajra-pashya.

»O blicke zum Vajra [-Mandala].«

Kädrups »Mandala-Ritus« 326.4: gleich lautend.

Butöns »Mandala-Ritus«, Band 5, 214.1: gleich lautend.

Khangsar, 407.1: kye rdo rje ltos shig.

Siebter Dalai Lama, »Darlegung«, Bedeutung, 524.3: rdo rje dkyil ´khor la ltos.

Samaya hoh hoh hoh hoh.

Kädrups »Mandala-Ritus« 326.6: gleich lautend.

Butöns »Mandala-Ritus«, Band 5, 214.4: hoh hoh hoh.

III. Orientierung

Om sarva-pāpam dahana-vajrāya-vajrasatvasya, sarva-pāpam daha svāhā.

»*Om*, verbrenne Vajrasattvas Vajra zu Ehren, der sämtliche Verfehlungen verbrennt, sämtliche Verfehlungen, *svāhā*.«

Kädrups »Mandala-Ritus« 326.6: gleich lautend.

Butöns »Mandala-Ritus«, Band 5, 214.7: Om sarva-pāpam dahana-vajrāya-vajrasatvasya, sarva-pāpam *daha daha* svāhā.

Khangsar, Bedeutung, 420.3: rdo rje sems dpa´ rdo rje´i ched du sdig pa thams cad bsregs la gzhi tshugs.

III. 1 Die Wasser-Einweihung

Om ham hām him hīm hrm hṝm hum hūm hlm hḹm a ī ṝ ū ḹvajra-dākinyau vajra-amrta-ghatair abhishiñchantu mām svāhā.

»*Om ham hām him hīm hrm hṝm hum hūm hlm hḹm ā ī ṝ ū ḹ*, mögen mir bitte die Vajra-Himmelsgängerinnen mit den Vasen des Vajra-Ambrosia die Einweihung erteilen, *svāhā.*«

Siebter Dalai Lama, »Mittel zur Verwirklichung«, 56.3: Om ham hām him hīm hrm hṝm hum hūm hlm hḹm ā ī ṝ ū ḹ vajra-dākinyau vajra-amrta-ghatair *abhishañchatu* mām svāhā (rdo rje mkha´ ´gro ma la rdo rje bdud rtsi´i bum pa rnams kyis mngon par dbang bskur du gsol).

Butöns »Einweihungs-Kapitel«, Band 2, 300.7: Om ham hām him hīm hrm hṝm hum hūm hlm hḹm ā ī ṝ ū ḹ vajra-dākinyau *vajrāmrta*-ghatair *abhis-hishchantu mam* svāhā (rdo rje bdud rtsi´i bum pa rnams kyis mngon par dbang bskur du gsol bdag la).

Butöns »Mandala-Ritus«, Band 5, 215.7:

Om ham hām him hīm hrm hṝm hum hūm hlm hḹm ā ī ṝ ū ḹ vajra-dākinyau vajra-amrta-ghatair *ābhishiñhchantu mam* svāhā.

Jah hūm bam hoh hi.

»Seid herbeigerufen, tretet ein, verschmelzt mit, findet Gefallen daran, und seid vom selben Geschmack.«

Kädrups »Kommentar zum ›Einweihungs-Kapitel‹«, 604.5: dgug gzhug bcin mnyes par byed pa … ro mnyam du byed pa.

Vajra-bhairava ākarshaya jah.

»Vajra-Furchterzeuger, rufe herbei, *jah.*«

Kädrups »Mandala-Ritus« 328.3: gleich lautend.

Butöns »Einweihungs-Kapitel«, Band 2, 300.1, hat ein ähnliches Mantra: Vajra-*bhairavā* ākarshaya … jah (rdo rje ´jigs byed ´gugs par mdzod).

Gandham pushpam dhūpam dīpam akshate naividye lāsye hāsye vādye nrtye gītye kāme pūja kuru kuru svāhā.

»Bringe Opferungen dar mit Wohlgeruch, Blumen, Räucherwerk, Lichtern, Früchten, Speisen, der unteren Robe, Lächeln, Musik, Tanz, Gesang und Berührung, *svāhā.*«

Kädrups »Mandala-Ritus« 271.7. Siehe Anmerkung (zu den Erläuterungen des Dalai Lama) 53.

Om Prajñāpāramitā hum hūm phat
Om lochani hum hūm phat
Om māmakī hum hūm phat
Om pāndarā hum hūm phat
Om tāra hum hūm phat
Kädrups »Mandala-Ritus«, 328.6.

Om ā ū r̄ ū l̄ pañcha-dhātu-vishodhani svāhā.

»Om ā ī r̄ ū l̄, habe deine Grundlage in der Läuterung der fünf Elemente.«

Siebter Dalai Lama, »Mittel zur Verwirklichung«, 56.4: Sanskrit gleich lautend (khams lnga rnam par sbyong ma).

Butöns »Mandala-Ritus«, Band 5, 217.4: Sanskrit gleich lautend.

Butöns »Einweihungs-Kapitel«, Band 2, 392.1: Sanskrit gleich lautend (khams lnga rnam par sbyong *ba*).

Khangsar, Bedeutung, 428.4: yum lnga´i sa bon brjod pas de rnams kyi khams lnga rnam par sbyong ba la gzhi tshugs.

III. 2 Die Kronen-Einweihung

Om am im rm um lm sarva-buddha-vajra-mukutam mama pañcha-buddha-ātmakam bandhayantu hum hūm phat.

»*Om am im rm um lm*, mögen mir bitte sämtliche Buddhas die Vajra-Kronen umbinden, die die Natur der fünf Buddhas haben, *hum hūm phat.*«

Siebter Dalai Lama, »Mittel zur Verwirklichung«, 56.5: Sanskrit gleich lautend (sangs rgyas thams cad rdo rje cod pan bdag la lnga sangs rgyas bdag nyid can bcing du gsol).

Butöns »Einweihungs-Kapitel«, Band 2, 300.7 und Band 5, 217.6 für Sanskrit: Sanskrit gleich lautend (sangs rgyas thams cad dang rdo rje cod pan bdag la lnga sangs rgyas bdag nyid can bcing du gsol).

Khangsar, 430.5: om mgo ´dren am sogs lnga sangs rgyas lnga´i sa bon dang sangs rgyas thams cad kyis bdag la rdo rje cod pan sangs rgyas lnga´i bdag nyid can bcing du gsol.

Om a i r u l pañcha-tathāgata-parishuddha svāhā.

»*Om a i r u l*, habe deine Grundlage in der vollkommenen Reinheit der fünf So-Gegangenen.«

Siebter Dalai Lama, »Mittel zur Verwirklichung«, 56.5: Sanskrit gleich lautend (de bzhin gshegs pa lnga yongs su dag pa).

Butöns »Mandala-Ritus«, Band 5, 218.1: Sanskrit gleich lautend.

Butöns »Einweihungs-Kapitel«, Band 2, 392.2: stimmt in Sanskrit und im Tibetischen überein.

Khangsar, 433.3: de bzhin gshegs pa lnga yongs su dag pa gzhi tshugs.

III. 3 Die Seidenband-Einweihung

Om a ā am ah ha hā ham hah phrem hoh sarva-pāramitā mama vajra-pattam bandhayantu hum hūm phat.

»*Om a ā am ah ha hā ham hah phrem hoh*, mögen mir bitte all die Göttinnen der befreienden Qualitäten das Vajra-Seidenband umbinden, *hum hūm phat.*«

Siebter Dalai Lama, »Mittel zur Verwirklichung«, 56.7: Sanskrit gleich lautend (thams cad pha rol tu phyin ma bdag [la] rdo rje dar dpyangs bcing du gsol).

Butöns »Einweihungs-Kapitel«, Band 2, 301.1: Sanskrit gleich lautend (thams cad pha rol tu phyin *pa* bdag la rdo rje dar dpyangs bcing du gsol).

Butöns »Mandala-Ritus«, Band 5, 218.5: Om a ā am ah ha hā ham hah phrem hoh sarva-pāramitā mama vajra-*pattām* bandhayantu hum hūm phat.

Khangsar, 436.4: a sogs nus ma´i so bon dang pha rol tu phyin ma thams cad kyis bdag la rdo rje´i dar dpyangs bcing du gsol.

Om a ā am ah ha hā ham hah hoh phrem dasha-pāramitā pāripūrāni svāhā.

»*Om a ā am ah ha hā ham hah hoh phrem*, die weiblichen Verkörperungen der zehn befreienden Qualitäten.«

Siebter Dalai Lama, »Mittel zur Verwirklichung«, 57.1: Sanskrit gleich lautend (pha rol tu phyin ma bcu yongs su rdzogs ma).

Butöns »Einweihungs-Kapitel«, Band 2, 392.5: Sanskrit gleich lautend (pha rol tu phyin ma bcu yongs su rdzogs *pa*).

Khangsar, 440.4: pha rol tu phyin *pa* bcu yongs su rdzogs ma (zu bevorzugende Lesart).

III. 4 Die Einweihung mit Vajra und Glocke

Om hūm hoh vijñāna-jñāna svabhāve karunā-prajñā-ātmake vajra-vajra-ghante savyetarakarayor mama vajrasatvah saprajño dadātu hum hūm phat.

»*Om hūm hoh*, möge bitte Vajrasattva gemeinsam mit [seiner] Weisheitsfrau den Vajra und die Vajra-Glocke gewähren, die eine Natur von Bewusstsein und ursprünglichem Gewahrsein haben [und] eine Essenz von Mitgefühl und Weisheit in meiner rechten Hand und der anderen Hand, *hum hūm phat.*«

Siebter Dalai Lama, »Mittel zur Verwirklichung«, 57.1: Sanskrit gleich lautend (rnam shes dang ye shes kyi rang bzhin snying rje shes rab kyi bdag nyid can rdo rje dang rdo rje dril bu g.yas pa dang cig shos kyi lag pa dag la rdo rje sems dpa´i shes rab dang bcas pa stsal du gsol).

Butöns »Einweihungs-Kapitel«, Band 2, 301.2: Om hūm hoh vijñāna-jñāna-*svabhāva*-karunā-prajñā-ātmake vajra-vajra-ghante savyetarakarayor mama *vajrasatva*-saprajño dadātu (rnam shes dang ye shes kyi rang bzhin snying rje shes rab kyi bdag nyid can rdo rje rdo rje dril bu gyas pa dang cig shos kyi lag pa dag la). Butön fügt hinzu: »Die Übersetzung von Rva lautet: hum hūm phat; und da dies in jedem vorkommt, davor und danach, ist diese Übersetzung angemessen.«

Butöns »Mandala-Ritus«, Band 5, 219.3: Om hūm hoh vijñāna-jñāna svabhāve karunā-prajñā-ātmake vajra-vajra-*ghantai* savyetarakarayor mama vajrasatvah saprajño dadātu.

Khangsar, 441.6: ... vajrasatvah ...

Om hum hoh sūrya-chandra-vishodhaka svāhā.

»*Om hum hoh*, vollkommene Reinigung von Sonne und Mond.«

Siebter Dalai Lama, »Mittel zur Verwirklichung«, 57.3: Sanskrit gleich lautend (nyi ma zla ba rnam par sbyongs).

Butöns »Mandala-Ritus«, Band 5, 219.4: Sanskrit gleich lautend

Butöns »Einweihungs-Kapitel«, Band 2, 392.6: Sanskrit gleich lautend (nyi ma zla ba rnam par sbyong *ba*).

III. 5 Die Verhaltens-Einweihung

Om a ā e ai ar ār o au al āl am ah sarva-bodhisatvāh sabhāryāh sarvadā-sarvakāma-upabhogam vajra-pratam mama dadantu svāhā.

»*Om a ā e ai ar ār o au al āl am ah*, mögen mir bitte all die Bodhisattvas mit ihren Gefährtinnen das Vajra-Verhalten – mich zu jeder Zeit aller Begierden vollkommen zu erfreuen – gewähren, *svāhā.*«

Siebter Dalai Lama, »Mittel zur Verwirklichung«, 57.4: Sanskrit gleich lautend (thams cad byang chub sems dpa´ btsun mo dang gcas pa thams cad kyi tshe ´dod pa tham cad nyer bar longs spyod pa rdo rje brtul zhugs bdag la stsal du gsol).

Butöns »Einweihungs-Kapitel«, Band 2, 301.3: Om a ā e ai ar ār o au al āl am ah sarva-*bodhisatvah sabhāryah* sarvadā-sarvakāma-upabhogam vajra-pratam mama dadantu svāhā. (thams cad byang chub sems *dpas* thams cad kyi tshe ´dod pa tham cad nyer bar longs spyod pa rdo rje brtul zhugs bdag la stsal du gsol).

Butöns »Mandala-Ritus«, Band 5, 220.2: Om a ā e ai ar ār o au al āl am ah sarva-bodhisatvāh *sabhāryah* sarvadā-sarvakāma-upabhogam vajra-pratam mama dadantu svāhā.

Om a ā e ai ar ār o au al āl am ah vishayendriya-vishodhani svāhā.

»*Om a ā e ai ar ār o au al āl am ah*, Läuterung der Objekte und der Sinneskräfte, *svāhā*.«

Siebter Dalai Lama, »Mittel zur Verwirklichung«, 57.5: Sanskrit gleich lautend (yul dang dbang po rnam par sbyong ma).

Butöns »Einweihungs-Kapitel«, Band 2, 393.2: Sanskrit gleich lautend; doch beachten Sie seine Anmerkung, dass *am ah* nicht im indischen Text steht (yul dang dbang po rnam par *sbyong*).

Butöns »Mandala-Ritus«, Band 5, 220.2: Om a ā e ai ar ār o au al āl am ah *vishayendraya*-vishodhani svāhā.

III. 6 Die Namens-Einweihung

Om ha hā ya yā ra rā va vā la lā sarva-krodha-rājāh sabhāryā maitrī-karunā-mudita-upekshā-sarva-samatā-svabhāvam vajra-pūrvamgamam nāma me dadantu hum hūm phat.

»*Om ha hā ya yā ra rā va vā la lā*, mögen mir all die Könige der Zornvollen mit ihren Gefährtinnen den dem Vajra vorausgehenden Namen gewähren, der die Natur von vollkommen unparteiischer Liebe, Mitgefühl, Freude und Gleichmut hat, *hum hūm phat*.«

Siebter Dalai Lama, »Mittel zur Verwirklichung«, 57.6: Sanskrit gleich lautend (thams cad khro ba´i rgyal po gtsun mo dang bcas pa byams pa snying rje dga ´ba btang snyoms thams cad mnyam nyid rang bzhin rdo rje sngon du ´gro ba´i ming bdag la stsal du gsol).

Butöns »Einweihungs-Kapitel«, Band 2, 301.4: Om ha hā ya yā ra rā va vā la lā sarva-krodha-*rājah sabhārya* maitrī-karunā-*mudati*-upekshā-sarva-samatā-svabhāvam vajra-*pūrvagami* nāma me dadantu hum hūm phat (thams cad khro ba´i rgyal po gtsun mo dang bcas pa byams pa snying rje dga´ ba btang snyoms thams cad mnyam nyid rang bzhin sngon du ´gro ba´i ming bdag la stsal du gsol).

Butöns »Mandala-Ritus«, Band 5, 220.6: Om ha hā ya yā ra rā va vā la lā sarva-krodha-rājāh *sadhādya* maitrī-karunā-mudita-upekshā-sarva-samatā-svabhāvam vajra-*pūrvamgamām* nāma me dadantu hum hūm phat.

Om ha hā ya yā ra rā va vā la lā chatur-brahma-viharā-vishuddha svāhā.

»*Om ha hā ya yā ra rā va vā la lā*, die vollkommene Reinheit der vier Orte der Reinheit, *svāhā*.«

Siebter Dalai Lama, »Mittel zur Verwirklichung«, 58.1: Sanskrit gleich lautend (tshang pa´i gnas bzhi rnam par dag pa).

Butöns »Einweihungs-Kapitel«, Band 2, 393.3: stimmt in Sanskrit und im Tibetischen überein.

Butöns »Mandala-Ritus«, Band 5, 220.6: Sanskrit gleich lautend.

O Vajra (Ihr Mantra-Name), *tathāgata-siddhi-samayas tvam bhūr bhuva[h]svah.*

»O, da du zur Einsicht in die Wirklichkeit (der drei Bereiche) unter der Erde, auf der Erde und der Himmel im Stande bist, wirst du zum So-Gegangenen werden, Vajra (Ihr Mantra-Name).«

Kädrups »Mandala-Ritus« 341.3: tathāgata-siddhi-samayas tvam *bhūrbhuvasvah.*

Butöns »Mandala-Ritus«, Band 5, 221.6: tathāgata-siddhi-samayas tvam bhūr *bhubasvah.*

Khangsar, Bedeutung, 458.1: sa ´og sa steng mtho ris kyi ´jig rten gsum las ´das pa´i de bzhin gshegs pa khyod kyi grub pa´i dam tshig la gnas par byas so.

Siebter Dalai Lama, 617.2: *siddhi* grub pa, *samaya* … bkabs ´dir rtogs pa yin la/ sus rtogs na *tvam* zhes pa ste khyod/ gang rtogs na/ *bhūr* [im Text heißt es *bhūru*] rlung gi dkyil ´khor te de la sogs pa´i sa ´og/ *bhuva* sa steng/ *svah* mtho ris srid rtse´i bar kyi khams gsum gyi de kho na nyid/ *ah* yig dgag tshig gis mtshon pa de rtogs nus pa yin no// zhes pa ste don go bde bar brjod na khyod kyis khams gsum gyi chos nyid de sa [im Text steht: des] rab tu dga´ ba la sogs pa´i rim pas rtogs nus pas na/ de bzhin gshegs pa ´di zhes bya bar grub pa ste ´tshang rgya bar ´gyur ro// zhes pa yin nam snyam.

III. 7 Die Erlaubnis-Einweihung

Om evam padma-vajra-chīhnau prajñopāyau mandala-adhipati-vajra-sukha-jñānāmgam mama dadatām ham hah hūm phat.

»*Om evam*, mögen mir bitte Weisheit und Methode, symbolisiert durch Lotos und Vajra, als Zweig des ursprünglichen Vajra-Gewahrseins der Glückseligkeit eines Mandala-Gebieters gewährt werden, *hum hūm phat.*«

Siebter Dalai Lama, »Mittel zur Verwirklichung«, 58.1: Sanskrit gleich lautend (padma rdo rje mtshan ma shes rab dang thabs dag dkyil ´khor mnga´ bdag rdo rje bde ba ye shes kyi yan lag la bdag la stsal du gsol).

Butöns »Einweihungs-Kapitel«, Band 2, 301.5: Om evam padma-vajra-chīhnau *prajñopāyo mandalā-dhipati*-vajra-sukha-jñānāmgam mama dadatām ham hah hūm phat. (padma rdo rje mtshan ma shes rab dang thabs dkyil ´khor mnga´ bdag rdo rje bde ba ye shes kyi *mnga´ bdag* la bdag la stsal du gsol).

Butöns »Mandala-Ritus«, Band 5, 222.1: Om evam padma-vajra-*chīhno* prajñopāyau mandala-*adhipatī*-vajra-sukha-jñānāmgam mama dadatām ham hah hūm phat.

Om ham kshah dharma-chakra-pravartaka svāhā.

»*Om ham kshah*, der du das Rad der Lehre drehst, *svāhā.*«

Siebter Dalai Lama, »Mittel zur Verwirklichung«, 58.3: Sanskrit gleich lautend (chos kyi ´khor lo bskor bar byed pa).

Kädrups »Mandala-Ritus«, 342.6: Sanskrit gleich lautend mit Anweisungen für die folgenden fünf [Mantras].

Butöns »Einweihungs-Kapitel«, Band 2, 393.6: Sanskrit gleich lautend (chos kyi ´khor lo *rab tu* bskor bar byed pa).

Butöns »Mandala-Ritus«, Band 5, 222.3: Om ham kshah *dharmmah*-chakra-pravartaka svāhā.

Om ham kshah vajra-chakra-pravartaka svāhā.

»*Om ham kshah*, der du das Vajra-Rad drehst, *svāhā.*«

Om ham kshah khadga-chakra-pravartaka svāhā.

»*Om ham kshah*, der du das Schwert-Rad drehst, *svāhā.*«

Om ham kshah ratna-chakra-pravartaka svāhā.

»*Om ham kshah*, der du das Juwelen-Rad drehst, *svāhā.*«

Om ham kshah padma-chakra-pravartaka svāhā.

»*Om ham kshah*, der du das Lotos-Rad drehst, *svāhā.*«

Om ham kshah chakra-chakra-pravartaka svāhā.

»*Om ham kshah*, der du das Rad des Rades drehst, *svāhā.*«

Om vajra-hetu mam.

»*Om*, Vajra-Ursache, *mam.*«

Kädrups »Mandala-Ritus« 343.2: Sanskrit gleich lautend.

Butöns »Mandala-Ritus«, Band 5, 222.6: Sanskrit gleich lautend.

Khangsar, 466.2: rdo rje rgyu.

Om vajra-bhāsha ram.

»*Om*, Vajra-Rede, *ram.*«

Kädrups »Mandala-Ritus« 343.3: Sanskrit gleich lautend.

Butöns »Mandala-Ritus«, Band 5, 222.6: Sanskrit gleich lautend.

Khangsar, 466.2: rdo rje smra ba.

Om āh hūm hoh hamkshahmalavaraya hūm phat.
Om hrām hrīm hrām hrīm hrum hrl hrah svāhā.

Om shrī-kālachakra hum hūm phat.

Losang Tsültrim Tänpä Gyältsäns »Einweihungsritus«, 520.1: Om āh hūm *ho* hamkshahmalavaraya hūm phat. Om hrām *hrī hṝ hūm hrl̄* hrah svāhā.

Kädrups »Mittel zur Verwirklichung«, Band 5, 127.4: Om āh hūm hoh hamkshahmalavaraya *hum* phat. Om hrām *hrī* hrīm *hrūm hrl̄* hrah svāhā.

Butöns »Mittel zur Verwirklichung«, Band 5, 150: Om āh hūm *ho* hamkshahmalavaraya hūm phat. Om *hram hrīm hṝ* hrum *hrl̄* hrah *hūm phat.*

Khangsar, Bedeutung, 468.4: alle drei gleich lautend wie die erste Fassung.

Om vajra-naitra-apahara-patalam hrīh.

»*Om*, entferne den Schleier, das Hindernis für das Vajra-Auge, *hrīh.*«

Kädrups »Mandala-Ritus« 344.4: Om vajra-naitra-apahara-*patālam* hrīh.

Butöns »Mandala-Ritus«, Band 5, 223.7: Om vajra-naitra-apahara-patalam *hrih.*

Khangsar, 469.4: rdo rje´i mig gi sgrib g.yogs sol cig.

Siebter Dalai Lama, »Darlegung«, 608.6: Hrīh symbolisiert die Hervorbringung der Leerheit gewahrenden Weisheit.

Om divya-nayana-mudghātayāmi svāhā.

»*Om*, ich öffne voll und ganz das göttliche Auge, *svāhā.*«

Kädrups »Mandala-Ritus« 344.5: Om divya-*niyana-mudghatāyami* svāhā.

Butöns »Mandala-Ritus«, Band 5, 223.7: gleich lautend wie die erste Fassung.

Butöns »Einweihungs-Kapitel«, Band 2, 391.6: Om divya-nayana-*mudghatayāmi* svāhā (lha´i spyan rab tu dbye bar bgyi´o).

Om sarva-tathāgatān anurāgayasva.

»*Om*, gereiche allen So-Gegangenen zur Freude.«

Kädrups »Mandala-Ritus« 345.2: Om sarva-*tathāgata-anurāgayasvā.*

Butöns »Mandala-Ritus«, Band 5, 224.5: Sarva-tathāgatān *ānurāgayasva.*

Khangsar, 471.1: de bzhin gshegs pa thams cad mnyes par gyis shig.

Om sarva-tathāgatān anurāgayāmi.

»*Om*, ich gereiche allen So-Gegangenen zur Freude.«

Kädrups »Mandala-Ritus« 345.2: Om sarva-*tathāgata-anurāgayami.*

Butöns »Mandala-Ritus«, Band 5, 224.5: Sarva-tathāgatān *ānurāgayami.*

Khangsar, 471.2: de bzhin gshegs pa thams cad mnyes par bgyi´o.

Om mahā-vajra hūm.

»*Om*, großer Vajra, hūm.«

Kädrups »Mandala-Ritus« 345.7: gleich lautend.

Siebter Dalai Lama, »Darlegung«, 629.5: *mahā-vajra* ni rdo rje chen po/ *hūm* thugs mtshon byed yin pas rdo rje chen po sangs rgyas kyi thugs rdo rje de sgoms shig// ces pa´i don du rjes ´brang gi mkhas pa ´gas bshad la.

Om sarva-tathāgata-sapta-abhisheka-sapta-bhūmi-prāpto ´ham.

»*Om*, da offenkundig all die So-Gegangenen die sieben Einweihungen gewähren, habe ich die sieben Stufen erreicht.«

Siebter Dalai Lama, »Mittel zur Verwirklichung«, 58.4: Sanskrit gleich lautend (thams cad de bzhin gshegs pa bdun mngon par dbang bskur bas sa bdun thob pa nga´o).

Butöns »Einweihungs-Kapitel«, Band 2, 301.7: Om sarva-tathāgata-*saptābhisheka*-sapta-bhūmi-*labdho* ´ham (thams cad de bzhin gshegs pa bdun *pa* mngon par dbang bskur bas sa bdun *pa* thob pa nga´o).

Butöns »Mandala-Ritus«, Band 5, 230.6: Om sarva-tathāgata-sapta-abhhisheka-sapta-*bhumi-prapto* ´ham.

Bibliographie der zitierten Werke

In Teil 1 der Bibliographie sind Sūtras und Tantras – ihrem deutschen Titel entsprechend – alphabetisch aufgelistet. In Teil 2 sind, nach Autoren alphabetisch geordnet, indische und tibetische Abhandlungen zusammengefasst. Sonstige Werke erscheinen, nach Autoren geordnet, in Teil 3.

»P« – für »Peking-Ausgabe« – verweist auf das »Tibetische Tripitaka« (*Tibetan Tripitaka*, Tibetan Tripitaka Research Foundation, Tokio/Kyoto 1956).

1

Sūtras und Tantras

Allgemeines Geheimes Tantra [»Das Geheime Tantra zur allgemeinen Praxis aller Mandalas«]
sarvamandalasāmānyavidhiguhyatantra
dkyil ´khor thams cad kyi spyi´i cho ga gsang ba´i rgyud
P429, Band 9

Chakrasamvara-Tantra
dpal ´khor lo sdom pa´i rgyud kyi rgyal po dur khrod kyi rgyan rmad du ´byung ba
shrīchakrasambaratantrarājādbhutashmashanālamkāranāma
P57, Band 3
Übersetzung: *Shrīchakrasambhāra Tantra, a Buddhist Tantra.* Tantrik Texts, under the general editorship of Arthur Avalon, Band VII (hrsg. v. Kazi Dawa-Samdup, Luzac, London; Thacker, Sprink, Kalkutta 1919

Guhyasamāja-Tantra
sarvatathāgatakāyavākchittarahasyaguhyasamājanāmamahākalparāja
de bzhin gshegs pa thams cad kyi sku gsung thugs kyi gsang chen gsang ba ´dus pa zhes bya ba brtag pa´i rgyal po chen po
P81, Band 3

Hevajra-Tantra
Hevajratantrarāja
kye´i rdo rje zhes bya ba rgyud kyi rgyal po
P10, Band 1
englische Übersetzung: *Hevajra Tantra*, Teil I und II, D. L. Snellgrove (Hrsg. und Übers.), Oxford University Press, London 1959

Kālachakra-Tantra/Kālachakra-Tantra in der kürzeren Fassung/Kālachakra, König der von dem Höchsten Urbuddha erteilten Tantras
paramādibuddhoddhrtashrīkālachakranāmatantrarāja
mchog gi dang po´i sangs rgyas las byung ba rgyud kyi rgyal po dpal dus kyi ´khor lo
P4, Band 1
Sanskrit-Ausgabe: *Kālacakra-Tantra And Other Texts*, Prof. Dr. Raghu Vira and Prof. Dr. Lokesh Chandra (Hrsg.), Band 1, International Academy of Indian Culture, New Delhi 1966

Kāshyapa-Parivarta-Sūtra, »Das von Kāshyapa erbetene Sūtra«
Kāshyapaparivartasūtra
´os srung gi le´u´i mdo
P760.43, Band 24

Kurze Erläuterung der Einweihungen
shekhoddesha
dbang mdor bstan
P3, Band 1
Kommentar: Mario E. Carelli (Hrsg.), *Sekoddeśatikā o Nadapāda (Nāropā), being a commentary of the Sekoddeśa section of the Kālachakra tantra,* Oriental Institute, Baroda 1941

Prajñāpāramitā-Sūtra, »Sūtra von der Vervollkommnung der Weisheit in 100 000 Strophen«
shatasāhasrikāprajñāpāramitā
shes rab kyi pha rol tu phyin pa stong phrag brgya pa
P730, Band 12-18
Siehe E. Conze, *The Large Sūtra on Perfect Wisdom*, University of California Press, Berkeley 1975

Vajrapañjara-Tantra
Dākinivajrapañjaramahātantrarājakalpa
mkha´ ´gro ma rdo rje gur zhes bya ba´i rgyud kyi rgyal po chen po´i brtag pa
P11, Band 6

2

Texte in Sanskrit und tibetische Texte

Abhayākaragupta (´jigs med ´byung gnas sbas pa)
Schmuck für die Gedanken des Überwinders
munimatālamkāra
thub pa´i dgongs rgyan
P5294, Band 101

Baso Chökyi Gyältsän (ba so chos kyi rgyal mtshan, 1402–1473)
The Lam rim chen mo of the incomparable Tsong-kha-pa, with the interlineal notes of Ba-so Chos-kyi-rgyal-mtshan, Sde-drug Mkhan-chen Ngag-dbang-rab-brtan, 'Jam-dbyangs-bshad-pa'i-rdo-rje, and Bra-sti Dge-bshes Rin-chen-don-grub
Chos-´phel-legs-ldan, New Delhi 1972
Große Unterweisungen über die Anschauung des Mittleren Weges
dbu ma´i lta khrid chen mo
Mādhyamika Text Series, Band 3.
Lha-mkhar yons-´dzin Bstan-pa-rgyal-mtshan, New Delhi 1972ff.

Butön Rinchen Drup (bu ston rin chen grub, 1290–1364)
Ausführliche Erläuterung zu (Anandagarbhas) »Ritus des Vajradhātu-Mandala, das sämtliche Vajras entstehen lässt«: Wunscherfüllender Juwel
rdo rje dbyings kyi dkyil ´khor gyi cho ga rdo rje thams cad ´byung ba zhes bya ba´i rgya cher bshad pa yid bzhin gyi nor bu
Gesammelte Werke, Band 11
Der Mandala-Ritus des glorreichen Kālachakra: Quelle aller guten Eigenschaften
dpal dus kyi ´khor lo´i dkyil chog yon tan kun ´byung
Gesammelte Werke, Band 5
Kommentierende Erläuterung zum »Einweihungs-Kapitel« [des Kālachakra-Tantra], Anmerkungen zu (Kulika Pundarīkas) »Makelloses Licht«
dbang gi le´u ´grel bshad dri med ´od kyi mchan
Gesammelte Werke, Band 2
Leicht verständliche Anmerkungen zum glorreichen Kālachakra-Tantra, Großer König der von dem Höchsten Urbuddha ausgegangenen Tantras
mchog gi dang po´i sangs rgyas las phyungs ba rgyud kyi rgyal po chen po dpal dus kyi ´khor lo´i bsdus pa´i rgyud kyi go sla´i mchan
Gesammelte Werke, Band 1

Mittel zur Verwirklichung des Zustands des glorreichen Kālachakra, des überirdischen Herrschers: eine Traube mit Früchten vom wunscherfüllenden [*Baum*]
dpal dus kyi ´khor lo´i sugrub thabs dpag bsam snye ma
Gesammelte Werke, Band 5
Sammlung der [Mantra-artigen] Rezitationsformeln aus den Tantra-Klassen des Geheimen Mantra
gsang sngags rgyud sde bzhi´i gzungs ´bum
Gesammelte Werke, Band 16
International Academy of Indian Culture, New Delhi 1966

Chandrakīrti (zla ba grags pa)
Ergänzung zu (Nāgārjunas) »Abhandlung über den Mittleren Weg«
madhyamakāvatāra
dbu ma la ´jug pa
P 5261, Band 98; P 5262, Band 98
Ferner: *Madhyamakāvatāra par Candrakīrti.* Publiée par Louis de la Vallée Poussin, Biblio Verlag, Osnabrück 1970
französische Übersetzung von Louis de la Vallée Poussin bis VI.165 in *Muséon* 8 (1907), S. 249–317; *Muséon* 11 (1910), S. 271–358 und *Muséon* 12 (1911), S. 235–328
englische Übersetzung der ersten fünf Kapitel von Jeffrey Hopkins in: *Compassion in Tibetan Buddhism*, Rider, London 1980
englische Übersetzung des sechsten Kapitels von Stephen Batchelor in Geshe Rabtens *Echoes of Voidness*, Wisdom, London 1983, S. 47–92

Chökyi Gyältsän, Dschetsün (rje btsun chos kyi rgyal mtshan, 1469–1546)
Biographie des allwissenden Kädrup, zusammengestellt von Dschetsün Chökyi Gyältsän
mkhas grub thams cad mkhyen pa´i gsang ba´i rnam thar rje btsun chos kyi rgyal mtshan gyis mdzad pa
The Collected Works of the Lord Mkhas-grub rje dge-legs-dpal-bzan-po, Band a
Mongolian Lama Guru Deva, New Delhi 1980

Daktsang Sherab Rinchen (stag tshang lo tsā ba shes rab rin chen, geboren 1405)
Die allgemeine Bedeutung von Kālachakra: Ozean der Lehre
dus ´khor spyi don bstan pa´i rgya mtsho
Trayang & Jamyang Samten, New Delhi 1973

Dharmakīrti (chos kyi grags pa)
Kommentar zu (Dignāgas) »Kompendium der gültigen Erkenntnis«
pramānavarttikakārikā
tshad ma rnam ´grel gyi tshig le´ur byas pa
P5709, Band 130
ferner: Pleasure of Elegant Sayings Press, Sarnath (Indien) 1974, Band 17
Sanskrit-Ausgabe: Swami Dwarikadas Shastrī (Hrsg.), *Pramānavārttika of Acharya Dharmakirtti*, Bauddha Bharati, Varanasi 1968

Dschamyang Shäpa (´jam dbyangs bzhad pa, 1648–1721)

Große Darlegung des Mittleren Weges/Untersuchung zu (Chandrakīrtis) »Ergänzung zu (Nāgārjunas) ›Abhandlung über den Mittleren Weg‹«, Schatzkammer der Schrift und der Beweisführung, welche die tiefgründige Bedeutung [der Leerheit] vollständig erhellen, Zugang für die vom Glück Begünstigten

dbu ma chen mo/ dbu ma ´jug pa´i mtha´ dpyod lung rigs gter mdzod zab don kun gsal skal bzang ´jug ngogs

Gomang, Buxaduor 1967

Gyältsap Darma Rinchen (rgyal tshab dar ma rin chen, 1364–1432)

Wie man die beiden Stufen des Weges zum glorreichen Kālachakra praktiziert: ein schneller Zugang zum Weg der großen Glückseligkeit

dpal dus kyi ´khor lo´i lam rim pa gnyis ji ltar nyams su len pa´i tshul bde ba chen po´i lam du myur du ´jug pa

Gesammelte Werke, Band 1

Keine Angaben über Ort und Zeitpunkt der Veröffentlichung

Kädrup Geleg Pälsang (mkhas grub dge legs dpal bzang, 1385–1438)

Der Mandala-Ritus des glorreichen Kālachakra: Erläuterungen zur Bedeutung

dpal dus kyi ´khor lo´i dkyil chog dgongs pa rab gsal

The Collected Works of the Lord Mkhas-grub rje dge-legs-dpal-bzan-po, Band 5

Mongolian Lama Guru Deva, New Delhi 1980

Außerdem der sechste Text in einem Band mit dem Titel: *dpal bcom ldan ´das dus kyi ´khor lo´i sku gsung thugs yongs su rdzogs pa´i dkyil ´khor gyi sgrub thabs mkhas grub zhal lung*, 259–383

Keine Angaben über Ort und Zeitpunkt der Veröffentlichung

Ferner zu finden in: *The Collected Rites of the Kālacakra By Mkhas-grub Rje Dge-legs-dpal-bzan* (Titel auf den Buchdeckeln: *dpal dus kyi ´khor lo´i cho ga mkhas grub zhal lun*, Guru Deva, New Delhi 1979

Mittel zur Verwirklichung des vollständigen [Mandala des] erhabenen Körpers, der erhabenen Rede und des erhabenen Geistes des glorreichen Kālachakra: geheiligtes Wort des weißen Lotos

dus kyi ´khor lo´i sku gsung thugs yongs su rdzogs pa´i sgrub thabs padma´i dkar po´i zhal lung

The Collected Works of the Lord Mkhas-grub rje dge-legs-dpal-bzan-po, Band 6

Außerdem der dritte Text in einem Band mit dem Titel: *dpal bcom ldan ´das dus kyi ´khor lo´i sku gsung thugs yongs su rdzogs pa´i dkyil ´khor gyi sgrub thabs mkhas grub zhal lung*, 13-157

Keine Angaben über Ort und Zeitpunkt der Veröffentlichung

Stufen in der Abfolge von Opferungen an den glorreichen Kālachakra

dpal dus kyi ´khor lo´i mchod phreng gi rim pa

Der neunte Text in einem Band mit dem Titel: *dpal bcom ldan ´das dus kyi ´khor lo´i sku gsung thugs yongs su rdzogs pa´i dkyil ´khor gyi sgrub thabs mkhas grub zhal lung*, 431–457

Keine Angaben über Ort und Zeitpunkt der Veröffentlichung

Kälsang Gyatso (bskal bzang rgya mtsho, 1708–1757), der Siebte Dalai Lama
Darlegung des Mandala-Ritus des glorreichen Guhyasamāja, Akshobhyavajra, eine die Grundbedeutung der Einweihung erhellende Erläuterung, Vajrasattvas geheiligtes Wort
dpal gsang ba ´dus pa mi bskyod rdo rje´i dkyil ´khor gyi cho ga´i rnam par bshad pa dbang don de nyid yang gsal snang ba rdo rje sems dpa´i zhal lung
Tanzin Kunga, New Delhi 1972
Mittel zur Verwirklichung des Mandala des erhabenen Körpers, der erhabenen Rede und des erhabenen Geistes von Kālachakra, dem glorreichen überirdischen Herrscher: die segensreichen Worte von Gelehrten und Meistern
bcom ldan ´das dus kyi ´khor lo´i sku gsung thugs yongs su rdzogs pa´i dkyil ´khor gyi sgrub thabs mkhas grub zhal lung
Der elfte Text in einem Band mit demselben Titel, 477–532
Keine Angaben über Ort und Zeitpunkt der Veröffentlichung
Mittel zur Verwirklichung des Mandala des erhabenen Geistes des glorreichen Kālachakra: die gute Vase aller besonderen Verwirklichungen
dpal dus kyi ´khor lo´i thugs dkyil ´khor gyi sgrub dngos grub kun gyi bum bzang
Der fünfte Text in einem Band mit dem Titel: *dpal bcom ldan ´das dus kyi ´khor lo´i sku gsung thugs yongs su rdzogs pa´i dkyil ´khor gyi sgrub thabs mkhas grub zhal lung*, 159–257
Keine Angaben über Ort und Zeitpunkt der Veröffentlichung
Khangsar Kyabgön: Siehe unter Losang Tsültrim Tänpä Gyältsän
Könchog Tänpä Drönme, Gungthang (gung thang dkon mchog bstan pa´i sgron me, 1762–1823)
Eine Praxis in der Art der sehr verdichteten klaren Verwirklichung des unübertroffen Vorzüglichen, der Ozean der Siegreichen (Jinasamudra)
phags mchog rgyal ba rgya mtsho´i mngon rtogs shin tu bsdus pa´i tshul du nyams su len pa
Collected Works of Gun-than dkon-mchog bstan-pa´i sgron-me, Band 7
Ngawang Gelek Demo, 1975
Lodrö, buddhistischer Mönch (shākya btsun pa blo gros)
Wunschgebete an den glorreichen Kālachakra zusammen mit einem Ausdruck der Glücksverheißung
dpal dus kyi ´khor lo´i smon lam shis brjod dang bcas pa
Der dreizehnte Text in einem Band mit dem Titel: *dpal bcom ldan ´das dus kyi ´khor lo´i sku gsung thugs yongs su rdzogs pa´i dkyil ´khor gyi sgrub thabs mkhas grub zhal lung*, 553–567
Keine Angaben über Ort und Zeitpunkt der Veröffentlichung
Losang Chökyi Gyältsän (*blo bzang chos kyi rgyal mtshan*, 1567?–1662), der Erste Panchen Lama
Der Yoga in sechs Sitzungen
(kein Titel)

Collected Works of Blo-bzan-chos-kyi-rgyal-mtshan, the First Pan-chen Bla-ma of Bkra-śis-lhun-po, Band 1, 707.2–803,1
Gurudeva, New Delhi 1973

Der wunscherfüllende Juwel, die Essenz von (Kädrups) »Erläuterung der Prinzipien: eingehende Darlegung von (Kulika Pundarīkas) ›ausführlichem Kommentar zum Kālachakra-Tantra in der kürzeren Fassung, hergeleitet aus dem Wurzel-Tantra des überirdischen Herrschers, des glorreichen Kālachakra, dem König aller Tantras, dem makellosen Licht‹ «
rgyud thams cad kyi rgyal po bcom ldan ´das dpal dus kyi ´khor lo´i rtsa ba´i rgyud las phyung ba bsdus pa´i rgyud kyi rgyas ´grel dri ma med pa´i ´od kyi rgya cher bshad pa de kho na nyid snang bar byed pa´i snying po bsdus pa yid bzhin gyi nor bu
Collected Works of Blo-bzan-chos-kyi-rgyal-mtshan, the First Pan-chen Bla-ma of Bkra-śis-lhun-po, Band 3
Gurudeva, New Delhi 1973

Losang Tsültrim Tänpä Gyältsän, Trewo Khangsar Kyabgön (blo bzang tshul khrims bstan pa´i rgyal mtshan, tre bo khang gsar skyabs mgon, spätes 19. und frühes 20. Jahrhundert)
Darlegung der Einweihungen des überirdischen Herrschers, des glorreichen Kālachakra: Rubinengirlande
bcom ldan ´das dus kyi ´khor lo´i dbang gi bshad pa padma ra ga´i phreng ba
The Collected Works of Tre-bo Khan-gsar bLo-bzan-tshul-khrims-btsan-pa´i-rgyal-mtshan, Band 3, 369–488
T.G. Dhongthog Rinpoche, New Delhi 1975

Der Kālachakra-Einweihungsritus, leicht verständlich dargelegt
dus ´khor dbang chog nag ´gros su bkod pa
Der elfte Text in einem Band mit dem Titel: *dpal bcom ldan 'das dus kyi 'khor lo'i sku gsung thugs yongs su rdzogs pa'i dkyil 'khor gyi sgrub thabs mkhas grub zhal lung*, 477–532
Keine Angaben über Ort und Zeitpunkt der Veröffentlichung
Ferner: The Collected Works of Tre-bo Khan-gsar bLo-bzan-tshul-khrims-bstan-pa´i-rgyal-mtshan
T.G. Dhongthog Rinpoche, New Delhi 1975, 313–368

Maitreya (byams pa)
Schmuck der klaren Verwirklichung
abhisamayālamkāra
mngon par rtogs pa´i rgyan
P5184, Band 88
Sanskrit-Text: Th. Stcherbatsky und E. Obermiller (Hrsg.), *Abhisamayālamkāra-Prajñāpāramitā-Updesa-Śāstra*, Bibliotheca Buddhica XXIII, Biblio Verlag, Osnabrück 1970
englische Übersetzung: Edward Conze, *Abhisamayālamkāra*, Serie Orientale Roma, Is.M.E.O., Rom 1954

Schmuck der Mahāyāna-Sūtras
mahāyānasūtrālamkāra,
theg pa chen po´i mdo sde rgyan gyi tshig le´ur byas
P5521, Band 108
Sanskrit-Text: S. Bagchi (Hrsg.), *Mahāyāna-Sūtrālamkāra of Asanga,* Buddhist Sanskrit Texts, Nr. 13, Mithila Institute, Darbhanga 1970

Mipam Gyatso (mi pham rgya mtsho, 1846–1912)
Zur Klärung der Wortbedeutung des glorreichen Kālachakra-Tantra: Glanz der Vajra-Sonne
dpal dus kyi ´khor lo´i rgyud kyi tshig don rab tu gsal byed rdo rje nyi ma´i snang ba
Sonam Topgay Kazi, Gangtok 1971

Nāgārjuna (klu sgrub)
Ein kostbarer Kranz von Ratschlägen an den König
rājaparikathāratnavali
rgyal po la gtam bya ba rin po che´i phreng ba
P5658, Band 129
Sanskrit, tibetisch und chinesisch in: Michael Hahn, *Nāgārjuna's Ratnāvalī,* Band 1, die Grundtexte (Sanskrit, tibetisch und chinesisch), Indica et Tibetica Verlag, Bonn 1982
englische Übersetzung von Jeffrey Hopkins in: Nāgārjuna and the Seventh Dalai Lama, *The Precious Garland and the Song of the Four Mindfulnesses*, Harper and Row, New York 1975)
Abhandlung über den Mittleren Weg/ Grundverse zum Mittleren Weg – »Weisheit« genannt
madhyamakashāstra/prajñānāmamūlamadhyamakakārikā
dbu ma rtsa ba´i tshig le´ur byas pa shes rab ces bya ba
P5225, Band 95
Sanskrit-Text: Louis de la Vallée Poussin (Hrsg.), *Mūlamadhyamakakārikās (Mādhyamikasūtras) de Nāgārjuna avec la Prasannapadā Commentaire de Candrakīrti,* Bibliotheca Buddhica IV, Biblio Verlag, Osnabrück 1970
englische Übersetzungen: F. J. Streng, *Emptiness*, Abingdon, Nashville und New York 1967; K. Inada, *Nāgārjuna, A Translation of his Mūlamadhyamakakārikā with an Introductory Essay*, The Hokuseido press, Tokio 1970; etc.

Ngawang Losang Gyatso (ngag dbang blo bzang rgya mtsho, 1617–1682), der Fünfte Dalai Lama
Unterweisung zu den Stufen des Weges zur Erleuchtung, das Heilige Wort des Mañjushrī
byang chub lam gyi rim pa´i khrid yig ´jam pa´i dbyangs kyi zhal lung
kun-bzang-stobs-rgyal, Thimpu 1976

Ngawang Pälden (ngag dbang dpal ldan, 1797-?)
Darlegung der Ebenen und Pfade innerhalb der vier großen geheimen Tantra-Klassen, Erläuterung der Tantra-Texte

gsang chen rgyud sde bzhi'i sa lam gyi rnam bzhag rgyud gzhung gsal byed
Edition rgyud smad par khang, keine Angaben über Ort und Zeitpunkt der Veröffentlichung
Pundarīka, Kulika (rigs ldan pad ma dkar po)
Großer Kommentar zum »Kālachakra-Tantra«, das makellose Licht
vimālaprabhānāmamūlatantrānusārinīdvādashasāhasrikā-
laghukālachakratantrarājatīkā
bsdus pa'i rgyud kyi rgyal po dus kyi 'khor lo'i 'grel bshad rtsa ba'i rgyud kyi rjes su 'jug pa stong phrag bcu gnyis pa dri ma med pa'i 'od ces bya ba
P2064, Band 46
Shāntideva (zhi ba lha)
Eintritt in die Bodhisattva-Praxis
bodhi[sattva]caryāvatāra
byang chub sems dpa'i spyod pa la 'jug pa
P5272, Band 99
Texte in Sanskrit und im Tibetischen: Vidhushekara Bhattacharya, *Bodhicaryāvatāra,*
Bibliotheca Indica, Band 280, The Asiatic Society, Calcutta 1960
englische Übersetzung: Stephen Batchelor, *A Guide to the Bodhisattva's Way of Life,* Library of Tibetan Works and Archives, Dharamsala 1979; Marion Matics, *Entering the Path of Enlightenment,* Macmillan Co, New York 1970
deutsche Übersetzung: Ernst Steinkellner, *Eintritt in das Leben zur Erleuchtung; Poesie und Lehre des Mahāyāna-Buddhismus,* Diederichs, München [3]1997
Thogme Sangpo (rgyal sras thogs med bzang po, 1245–1369)
Die 37 Praktiken [der Bodhisattvas]
lag len so bdun ma
Tibetan Cultural Printing Press, Dharamsala, keine Angabe über den Veröffentlichungszeitpunkt
Tschangkya Rölpä Dordsche (*lcang skya rol pa'i rdo rje,* 1717–1786)
Darstellung der philosophischen Systeme/Klare Darlegung der philosophischen Systeme: Ein Ornament zur Schmückung der Lehre des Siegreichen
grub mtha'i rnam bzhag/grub pa'i mtha'i rnam par bzhag pa gsal bar bshad pa thub bstan lhun po'i mdzes rgyan
Pleasure of Elegant Sayings Printing Press, Varanasi 1970
Das Sautrāntika-Kapitel, übersetzt von Anne Klein in: *Mind and Liberation. The Sautrāntika Tenet System in Tibet: Perception, Naming, Positive and Negative Phenomena, Impermanence and the Two Truths in the Context of Buddhist Religious Insight as Presented in Ge-luk Literary and Oral Traditions,* Universitäts-Mikrofilme, Ann Arbor 1981
Das Svātantrika-Kapitel, übersetzt von Donald Lopez in: *The Svātantrika-Mādhyamika School of Mahāyāna Buddhism,* Universitäts-Mikrofilme, Ann Arbor 1982

Vasubandhu (dbyig gnyen)

Schatzkammer des höheren Wissens [in einer Versform]

abhidharmakoshakārikā

chos mngon pa'i mdzod kyi tshig le'ur byas pa

P5590, Band 115

französische Übersetzung: Louis de la Vallée Poussin, *L'Abhidharmakośa de Vasubandhu,* 6 Bände, Institut Belge des Hautes Études Chinoises, Brüssel 1971

Sanskrit-Text: P. Pradhan (Hrsg.), *Abhidharmakośabhāsyam of Vasubandhu* [Der Prosakommentar zum Abhidharmakosha«], Jayaswal Research Institute, Patna 1975

3

Sonstige Texte

Avedon, John F., *In Exile From the Land of Snows*, Knopf, New York 1984.

Bernbaum, Edwin, *The Way to Shambhala*, Anchor Books, New York 1980.

Deutsche Ausgabe: *Der Weg nach Shambhala*, Bauer, Freiburg i. Br. ^{2}1995.

Berzin, Alexander (Übers. und Hrsg.), *The Mahāmudrā Eliminating the Darkness of Ignorance supplemented by Aśvaghosa's Fifty Stanzas Of Guru Devotion*, Library of Tibetan Works and Archives, Dharamsala 1978.

Bhattacharyya, Benoytosh (Hrsg.), *Nispannayogāvalī of Mahāpanditā Abhayākaragupta*, Oriental Institute, Baroda 1972.

Bleeker, Dr. C. J., *Initiation*, E. J. Brill, Leiden 1965.

Eliade, Mircea, *Rites And Symbols Of Initiation, The Mysteries of Birth and Rebirth*, Harper and Row, New York 1965.

Fujita, Hiroki, *The World of Tibetan Buddhism*, Gyosei Ltd., Japan [1984].

Gyatso, Tenzin, der Vierzehnte Dalai Lama, *My Land and My People*, McGraw-Hill, New York 1962; Neuauflage: Potala Corporation, New York 1977.

Deutsche Ausgabe: *Mein Leben und mein Volk*, Knaur, München 1982.

– *The Buddhism of Tibet and The Key to the Middle Way*, George Allen and Unwin, London 1975.

– *Kindness, Clarity and Insight*, Snow Lion, Ithaca 1984.

Deutsche Ausgabe: *Die Logik der Liebe*, Goldmann, München 1991.

Hoffmann, Helmut, *The Religions of Tibet*, George Allen and Unwin, London 1961.

Hopkins, Jeffrey, »A Session of Meditating on Emptiness«, *The Middle Way*, Band 59, Nr. 1, Mai 1984.

– *Meditation on Emptiness*, Wisdom Publications, London 1983.

– »Reason as the Prime Principle in Tsong kha pa's Delineating Deity Yoga As the Demarcation Between Sūtra and Tantra«, *Journal of the International Association of Buddhist Studies*, Band 7, Nr. 2, 1984, S. 95–115.

– *The Tantric Distinction*, Wisdom Publications, London 1984.

Deutsche Ausgabe: *Der tibetische Buddhismus*, Diamant, Jägerndorf 1988.

Lati Rinbochay, Denma Lochö Rinbochay, Leah Zahler, Jeffrey Hopkins, *Meditative States in Tibetan Buddhism*, Wisdom Publications, London 1983.

Lati Rinbochay and Jeffrey Hopkins, *Death, Intermediate State and Rebirth in Tibetan Buddhism*, Rider and Co., London 1979.

Lessing, Ferdinand D., and Alex Wayman, *Mkhas Grub Rje's Fundamentals of the Buddhist Tantras*, Mouton, Den Haag 1968.

Nāgārjuna and Kaysang Gyatso, *Precious Garland and the Song of the Four Mindfulnesses*, George Allen and Unwin, London 1975.

Rabten, Geshe, *The Life and Teachings of Geshe Rabten*, (hrsg. und übers. von Alan Wallace), George Allen and Unwin, London 1982.

Deutsche Ausgabe: *Leben und Lehren eines tibetischen Meditationsmeisters*, Papyrus, Hamburg 1981.

Renou, Louis, *The Nature of Hinduism*, Walker and Company, New York 1962.

Roerich, George N., *The Blue Annals*, Motilal Banarsidass, Delhi 1979 (Neuauflage).

Sangpo, Khetsun, *Tantric Practice in Nyingma*, Rider, London 1982.

bSod nams rgya mtsho, *Tibetan Mandalas, The Ngor Collection*, Kodansha, Tokio 1983.

Sopa, Geshe Lhundup, and Jeffrey Hopkins, *Practice and Theory of Tibetan Buddhism*, Rider and Co., London 1976.

Deutsche Ausgabe: Geshe Lhündub Söpa und Jeffrey Hopkins, *Der Tibetische Buddhismus*, Diederichs, München [9]1998.

Tsong-ka-pa, *Tantra in Tibet*, George Allen and Unwin, London 1977.

Deutsche Ausgabe: Jeffrey Hopkins (Hrsg.), *Tantra in Tibet: Das geheime Mantra des Tsong-ka-pa*, Diederichs, München [6]1999.

– *The Yoga of Tibet*, George Allen and Unwin, London 1981.

Tucci, Giuseppe, *Tibetan Painted Scrolls*, La Libreria Dello Stato, Rom 1949.

Turner, Victor, *The Forest of Symbols*, Cornell University Press, New York 1967.

Wangdu, Sonam, *The Discovery of the 14th Dalai Lama*, (transl. by) Bhikku Thupten Kalsang Rinpoche, Ngodup Poljor, and John Blofeld, Klett Thai Publications, Bangkok 1975.

Wangyal, Geshe, *The Door of Liberation*, Lotsawa, New York 1978.

Anmerkungen

1

Anmerkungen zur Einführung

1 Bei diesem Kapitel handelt es sich um die überarbeitete Fassung eines Vortrags, den ich – unter Bezugnahme auf eine Abhandlung von Professor David Tracy (Universität von Chicago) – im März 1985 beim zweiten Treffen buddhistischer und christlicher Gelehrter im kanadischen Vancouver gehalten habe.

2 Meine Quellen sind in erster Linie, wenn auch nicht ausschließlich, Texte und mündliche Unterweisungen aus der Gelugpa-Überlieferungslinie des tibetischen Buddhismus, deren Gründer der Gelehrte/Yogi Tsongkapa (1357–1419) aus der Region Amdo im Nordosten Tibets war. Diese Linie gewann großen Einfluss in einem geographischen Bereich, der sich von den Siedlungsgebieten der kalmückischen Mongolen entlang des Wolga-Unterlaufs und des Wolga-Mündungsdeltas am Kaspischen Meer über die Äußere und die Innere Mongolei sowie die Buriatische Republik in Sibirien bis hin nach Ladakh und in viele Landesteile von Tibet erstreckte. Tsongkapa konnte schließlich in drei Regionen Tibets, vor allem aber in der Hauptstadt Lhasa, deren Bedeutung der von Rom für die katholische Kirche ähnelte, ein von großen Klosteruniversitäten getragenes Bildungssystem etablieren. Junge Männer aus den genannten Einflussgebieten kamen zum Studium nach Lhasa, um (bis zur Besetzung Tibets durch die Chinesen) im Allgemeinen nach Abschluss des Studiums in ihre Heimatländer zurückzukehren.
Weiteres Material zu den in diesem Kapitel angeschnittenen Fragen finden Sie in meinen Veröffentlichungen *Meditation on Emptiness* (Wisdom Publications, London 1983) und *The Tantric Distinction*, (Wisdom Publications, London 1984).

3 *theg dman, hīnayāna.*

4 Die vier großen philosophischen Schulrichtungen (einschließlich ihrer tibetischen und Sanskrit-Bezeichnungen) sind:
die Schule der großen Darlegung (*bye brag smra ba, vaibhāshika*)
die Sūtra-Schule (*mdo sde pa, sautrāntika*)
die Nur-Geist-Schule (*sems tsam pa, chittamātra*)
die Schule des Mittleren Weges (*dbu ma pa, mādhyamika*).

5 I.18ab. Die Textstelle in Sanskrit:
chittotpādah parārthāya samyaksambodhikāmatā.
Siehe: Th. Stcherbatsky und E. Obermiller (Hrsg.), *Abhisamayālamkāra-Prajñā-*

pāramitā-Updeśa-Śāstra, Bibliotheca Buddhica XXIII, Biblio Verlag, Osnabrück 1970, S. 4.

6 In der buddhistischen Überlieferung werden sechs Arten von Bewusstsein unterschieden: der Sehsinn (das visuelle Bewusstsein), der Hörsinn (das auditive Bewusstsein), der Geruchssinn (das olfaktorische Bewusstsein), der Tastsinn (das taktile Bewusstsein), der Geschmackssinn (das gustative Bewusstsein) und das geistige Bewusstsein. (Anm. d. Übers.)

7 Eine etwas technisch anmutende Definition von »altruistischem Streben nach Erleuchtung« im Kontext von Chandrakīrtis *Ergänzung zu (Nāgārjunas) »Abhandlung über den Mittleren Weg« (dbu ma la 'jug pa, madhyamakāvatāra)* lautet:
»ein starkes, dem Wohl der anderen und der [eigenen] großen Erleuchtung gewidmetes geistiges Bewusstsein, das, motiviert von nicht-dualistischer Einsicht und großem Mitgefühl, darauf ausgerichtet ist, beides zu erreichen.«
Auf tibetisch:
»dmigs pa gzhan don dang byang chub chen po la dmigs nas ched du bya ba sems can thams cad kyi don du rnam pa de thob par 'dod pa ngo bo gnyis med kyi blo dang snying rje chen pos drangs pa'i yid kyi rnam shes.«
Siehe: Dschamyang Shäpa, *Große Darlegung des Mittleren Weges/Untersuchung zu (Chandrakīrtis) »Ergänzung zu (Nāgārjunas) ›Abhandlung über den Mittleren Weg‹«, Schatzkammer der Schriften und der Beweisführung, welche die tiefgründige Bedeutung [von Leerheit] vollständig erhellen, Zugang für den vom Glück Begünstigten (dbu ma chen mo/ dbu ma 'jug pa'i mtha' dpyod lung rigs gter mdzod zab don kun gsal skal bzang 'jug ngogs)*, Gomang, Buxaduor 1967, 32b.6.

8 *chos sku, dharmakāya* und *gzugs sku, rūpakāya.*

9 Kapitel II:
sems kyi rang bzhin 'od gsal te//
dri ma rnams ni blo bur ba//.
Pleasure of Elegant Sayings, Varanasi 1974, Band 17, 63.11. Das Sanskrit lautet:
prabhāsvaramidam chittam prakrtyāgantatro malāh.
Siehe: Swami Dwarikadas Shastrī (Hrsg.), *Pramānavārttika of Acharya Dharmakirtti*, Bauddha Bharati, Varanasi 1968, Band 3, 73.1.

10 Siehe die entsprechenden Erläuterungen des Dalai Lama S. 281–284.

11 *rang bzhin gyis grub pa, svabhāvasiddhi.*

12 *gsal zhing rig pa.*

13 Meine Quelle für diese Auflistung ist Kensur Yeshe Thubten, der frühere Abt des Loseling-Kollegs an der Klosteruniversität Drepung, die gegenwärtig in Mundgod, im südindischen Bundesstaat Karnataka, neu ersteht. Die in den fünf Punkten aufgelisteten Sachverhalte gehören unter Gelugpa-Gelehrten zum Allgemeinwissen.

14 Siehe die entsprechenden Erläuterungen des Dalai Lama in seinem Buch *The Buddhism of Tibet and The Key to the Middle Way*, George Allen and Unwin, London 1975, S. 80–82.

15 Beim ersten Teil dieses Kapitels bis hin zum Abschnitt über den Unterschied

zwischen den vier Tantra-Klassen handelt es sich um eine bearbeitete Fassung des ersten Teils meines Artikels »Reason as the Prime Principle in Tsong kha pa's Delineating Deity Yoga As the Demarcation Between Sūtra and Tantra«, *Journal of the International Association of Buddhist Studies,* Band 7, Nr. 2, 1984, S. 95–115. Eine eingehendere Erörterung des Unterschieds zwischen Sūtra und Tantra finden Sie in: Jeffrey Hopkins (Hrsg.), *Tantra in Tibet: Das geheime Mantra des Tsong-ka-pa*, Diederichs, München [6]1999, und Jeffrey Hopkins, *The Tantric Distinction*, Wisdom Publications, London 1984. Da sich die Darstellung weitgehend an Tsongkapas Erörterung dieser Fragen in *Tantra in Tibet* beziehungsweise an der dort zu findenden Einleitung des Vierzehnten Dalai Lama orientiert, benennen die Anmerkungen auch die entsprechenden Seitenzahlen.

16 *bya ba, kriyā; spyod pa, charyā; rnal 'byor, yoga; rnal 'byor bla med, anuttarayoga.*

17 *nyan thos, shrāvaka.*

18 *rang rgyal, pratyekabuddha.*

19 *Tantra in Tibet*; darin die Einführung des Dalai Lama (»Das Wesen des Tantra«), S. 15–16.

20 Die Übersetzung von *Arhat* als »Feindüberwinder« steht in Einklang mit der tibetischen Übersetzung *dgra bcom pa.* Zur Etymologie und zur Begründung dieser Übersetzung siehe mein Buch *Meditation on Emptiness*, Anmerkung 553.

21 Einführung des Dalai Lama zu *Tantra in Tibet*, S. 39. Tsongkapa erwähnt ebenfalls diese beiden Bedeutungen von »Fahrzeug«. Allerdings wurden die entsprechenden Zeilen versehentlich aus dem Text von *Tantra in Tibet* entfernt. Der Anfang des ersten Abschnitts auf S. 106 im englischen Text sollte eigentlich lauten: »About ›vehicle‹, there is an effect vehicle which is that to which one is proceeding and a cause vehicle which is that by which one proceeds. Due to proceeding [it is called] a vehicle. With respect to ...« (»Was das ›Fahrzeug‹ anbelangt, so gibt es ein Wirkungs-Fahrzeug – dasjenige, auf das man sich zubewegt – und ein Ursachen-Fahrzeug – dasjenige, mittels dessen man sich voranbewegt. Weil man sich voranbewegt, [bezeichnet man es als] ein Fahrzeug. Bezüglich des ...«)

22 *dbu ma thal 'gyur pa, prāsangika-mādhyamika.*

23 Einführung des Dalai Lama zu *Tantra in Tibet*, S. 58–59.

24 Einführung des Dalai Lama zu *Tantra in Tibet*, S. 34–38, und die darin gegebene Erläuterung Tsongkapas, S. 88–89.

25 Tsongkapa erörtert diesen Punkt recht eingehend in seinem Kommentar (*dgongs pa rab gsal*) zu Chandrakīrtis *Ergänzung zu* (*Nāgārjunas*) *»Abhandlung über den Mittleren Weg«* (*madhyamakāvatāra*), dessen erste fünf Kapitel in *Compassion in Tibetan Buddhism*, Rider, London 1980, S. 174–175, übersetzt sind. (Zur Begründung meiner Übersetzung von *madhyamakāvatāra* als *»Ergänzung zur ›Abhandlung über den Mittleren Weg‹«* siehe mein Buch *Meditation on Emptiness*, S. 462–469 und 866–869.) Dort erklärt Tsongkapa (S. 175):
»Um zu erweisen, dass kein einziges Phänomen wahrhaft existiert, befassen

Schüler des Mahāyāna sich mit zahllosen unterschiedlichen Überlegungen wie denen, die in der »Abhandlung über den Mittleren Weg« dargelegt werden. Dies hat zur Folge, dass sie in Hinblick auf Soheit einen sehr offenen Geist haben. Schüler des Hinayāna stellen dagegen nur eine begrenzte [Anzahl von] Überlegung[en] an, um mittels gültiger Erkenntnis Soheit zu erweisen; und da sie den Nachweis von Leerheit nicht in der Weise führen, wie dies die Mahāyāna-Schüler tun, verfügen sie in Hinblick auf Soheit nicht über solche geistige Offenheit. ... Dieser Unterschied kommt zu Stande, weil Hörer und Alleinverwirklicher, die ja lediglich die Überwindung der Geistestrübungen [der Hindernisse für die Allwissenheit] anstreben, der Überzeugung sind, dafür genüge bereits ein kurzer Einblick in die Bedeutung von Soheit. Schüler des Mahāyāna sind darauf bedacht, die Hindernisse für die Allwissenheit zu überwinden; und dafür benötigt man einen für Soheit überaus offenen Weisheitsgeist.«

26 Einführung des Dalai Lama zu *Tantra in Tibet*, S. 58.

27 *'khor ba, samsāra.*

28 *byang chub kyi sems, bodhichitta.*

29 *Tantra in Tibet*, S. 88.

30 *phar phyin kyi theg pa, pāramitāyāna* und *sngags kyi thegs pa, mantrayāna*. Der Ausdruck »Tantrayāna« erfreut sich im Westen großer Beliebtheit. Hingegen ist er in Tibet offenbar nicht sehr verbreitet gewesen. Dort bevorzugte man den Ausdruck Guhyamantrayāna (*gsang sngags kyi theg pa*).

31 *rlung, prāna.* Dies ist einer von zahlreichen Gesichtspunkten, die Dschamyang Shäpa (*'jam dbyangs bzhad pa*, 1648–1721) im Sinne jener Auffassung anführt, der zufolge die im Sūtra und die im Tantra zu erreichende Buddhaschaft gleichzusetzen sind. Siehe seine *Große Darlegung der philosophischen Systeme* (*grub mtha' chen mo*), Da Lama, Mussoorie 1962, in etwa 44b.647.a.8.

32 *sngags bla med, anuttarayogamantra.*

33 Siehe: Lati Rinbochay and Jeffrey Hopkins, *Death, Intermediate State and Rebirth in Tibetan Buddhism*, Rider and Co., London 1979, S. 69–73.

34 Einführung des Dalai Lama zu *Tantra in Tibet*, S, 58, und Tsongkapas eigene Erläuterung, S. 134–137.

35 Einführung des Dalai Lama zu *Tantra in Tibet*, S. 58–59, und Tsongkapas Erläuterungen, S. 105.

36 Einführung des Dalai Lama zu *Tantra in Tibet*, S. 59.

37 Einführung des Dalai Lama zu *Tantra in Tibet*, S. 59, und Tsongkapas Erläuterungen, S. 95.

38 *lha'i rnal 'byor, *devatāyoga.*

39 Einführung des Dalai Lama zu *Tantra in Tibet*, S. 61–64, und Tsongkapas Erläuterungen, S. 114–115.

40 Quelle hierfür ist Dschampäl Shenpen Rinpoche. Zu der Zeit, als die Klosteruniversität aus Lhasa nach Südindien umgesiedelt wurde, war er Abt ihres Tantra-Kollegs; und gegenwärtig hat er – seit 1984 Oberhaupt der Gelugpa-

Überlieferungslinie – seinen Sitz in dem in Mundgod (Karnataka) neu entstandenen Jangdsä-Kolleg der Klosteruniversität Ganden.

41 Einführung des Dalai Lama zu *Tantra in Tibet*, S. 60–62, und Tsongkapas Erläuterungen, S. 115.

42 Siehe die diesbezügliche Feststellung des mongolischen Gelehrten Ngawang Pälden (*ngag dbang dpal ldan*) in Tsongkapas *Yoga of Tibet*, George Allen and Unwin, London 1981, S. 211–212.

43 Einführung des Dalai Lama zu *Tantra in Tibet*, S.63–64.

44 Einführung des Dalai Lama zu *Tantra in Tibet*, S.18, und Tsongkapas Erläuterungen, S. 102.

45 Dieser Abschnitt basiert auf Tsongkapas Erläuterungen in *Tantra in Tibet*, S. 147–160, der Einführung des Dalai Lama, S. 72–74, und meinen ergänzenden Erläuterungen, S. 195–202.

46 Tanzin Kunga, New Delhi 1972, 17.2–18.2.

47 Siehe *Tantra in Tibet*, S. 151–152.

48 Pleasure of Elegant Sayings Press, Sarnath 1970, 529.18–530.8.

49 Eine eingehende Erörterung dieser Position finden Sie in *Tantra in Tibet*, S. 197–200.

50 Edition rgyud smad par khang, keine Angaben über Ort und Zeitpunkt der Veröffentlichung, 7b.4ff. Diese Textstelle wird in meiner kurzen Erläuterung dieses Punktes in Tsong-ka-pa, *The Yoga of Tibet* auf Seite 211 zitiert.

51 Siehe den Abschnitt über Handlungs-Tantra in Tsong-ka-pa, *The Yoga of Tibet.*

52 *Tantra in Tibet*, S. 159.

53 Goldmann, München 1991. (Entsprechende Unterweisungen findet man inzwischen auch in anderen Büchern des Dalai Lama, besonders ausführlich zum Beispiel in: Dalai Lama, *Ohne Anfang, ohne Ende*, O. W. Barth, München 2001, Kapitel 1–3 [A. d. Ü.]).

54 Die hier zitierten Textstellen sind, mit einer kurzen Erläuterung in den Fußnoten versehen, auf den Seiten 419–421 dieses Buches im Kapitel über den Kālachakra-Guru-Yoga zu finden. Im tibetischen Text des *Kālachakra-Tantra* handelt es sich hierbei um die Stellen V.253cd, V.258cd und V.260.

54a Tibetan Cultural Printing Press, Dharamsala, keine Angaben zum Zeitpunkt der Veröffentlichung

55 Dieses Kapitel ist die überarbeitete Fassung eines erstmals in der Zeitschrift *The Middle Way,* Band 59, Nr. 1, Mai 1984 unter dem Titel »A Session of Meditating on Emptiness« veröffentlichten Artikels. Autor des Quellentextes ist Ngawang Losang Gyatso (ngag dbang blo bzang rgya mtsho, 1617–1682), der Fünfte Dalai Lama. Der vollständige Titel dieses Textes lautet: *Unterweisung zu den Stufen des Weges zur Erleuchtung, das Heilige Wort des Mañjushrī* (*byang chub lam gyi rim pa'i khrid yig 'jam pa'i dbyangs kyi zhal lung*); kun-bzang-stobs-rgyal, Thimpu 1976, 182.5–210.6. Eine englische Übersetzung des Kapitels zur Vervollkommnung der Weisheit finden Sie in: Jeffrey Hopkins, »Practice of Emptiness«, Library of

Tibetan Works and Archives, Dharamsala 1974. Eine eingehendere Erörterung zur Frage der Selbst-losigkeit von Personen finden Sie in meinem Buch *Meditation on Emptiness*, S. 43–51 und S. 175–196.

56 *ngo bo gcig la ldog pa tha dad.*

57 *Klare Darlegung der philosophischen Systeme: Ein Ornament zur Schmückung des Bergs Meru der Lehre des Siegreichen*, (*grub pa'i mtha'i rnam par bzhag pa gsal bar bshad pa thub bstan lhun po'i mdzes rgyan*), Pleasure of Elegant Sayings Printing Press, Varanasi 1970, 435.20–436.5.

58 *Leben und Lehren eines tibetischen Meditationsmeisters*, Papyrus, Hamburg 1981, bietet eine Schilderung seines Lebens und gibt einen Einblick in seine Aktivität als Lehrer.

Von Geshe Rabten sind noch einige weitere Buchtitel auf deutsch erschienen: *Mönch in Tibet*, Papyrus, Hamburg ^{2}1986. – *Mahamudra, der Weg zur Erkenntnis der Wirklichkeit*, Theseus, Berlin ^{4}1995. – *Buddhistische Philosophie und Meditation*, Dharma Edition, Hamburg 1990. – *Essenz der Weisheit. Ein Kommentar zum Herzsūtra*, Dharma-Edition, Hamburg 1990. – *Auf dem Weg zur geistigen Freude*, Dharma-Edition, Hamburg 1994. – *Das Buch vom heilsamen Leben, vom Tod und von der Wiedergeburt*, Herder, Freiburg i. Br. 1995. (Zweiter Teil der Anmerkung: A. d. Ü.)

59 Quelle hierfür ist Geshe Thubten Gyatso vom Gomang-Kolleg der Kloster-Universität Drepung, der Mitte der 80er Jahre im Studienzentrum für tibetischen Buddhismus in Washington, New Jersey, zu Gast war. Einer anderen Darstellung zufolge hat Buddha Shākyamuni das *Kālachakra-Tantra* ein Jahr vor seinem Tod dargelegt. Für die erste Version scheinen allerdings die besseren Argumente zu sprechen.

60 George N. Roerich, *The Blue Annals*, Motilal Banarsidass, (Neuauflage) Delhi 1979, S. 754, Anmerkung 1.

An anderer Stelle heißt es, Dhānyakataka sei vom ostindischen Bengal aus übers Meer in drei Tagesreisen zu erreichen. Siehe *The World of Tibetan Buddhism*. Gyosei Ltd., Japan [1984], S. 96.

61 Tibetisch: *zla ba bzang po*. Dass der Name in Sanskrit Suchandra und nicht Chandrabhadra ist, geht aus dem Tantra selbst hervor. Siehe *Kālacakra-Tantra And Other Texts*, Band 1, herausgegeben von Prof. Dr. Raghu Vira and Prof. Dr. Lokesh Chandra, International Academy of Indian Culture, New Delhi 1966, I.lc, Sanskrit S. 332; tibetisch S. 53.4.

62 Giuseppe Tucci, *Tibetan Painted Scrolls*, La Libreria Dello Stato, Rom 1949, S. 212. Eine sehr interessante und lesenswerte Schilderung der Legenden von Shambhala finden Sie in: Edwin Bernbaum, *Der Weg nach Shambhala*, Bauer, Freiburg i. Br. ^{2}1995.

63 Helmut Hoffmann, *The Religions of Tibet*, George Allen and Unwin, London 1961, S. 125.

64 a.a.O., S. 126.

65 Zur Zählweise der Strophen in jedem der fünf Kapitel siehe Professor Lokesh Chandras Einführung zu *Kālacakra-Tantra And Other Texts*, Band 1, herausgegeben von Prof. Dr. Raghu Vira and Prof. Dr. Lokesh Chandra, S. 18.

66 *The Blue Annals*, S. 753.

67 Lokesh Chandras Einführung zu *Kālacakra-Tantra And Other Texts*, Band 1, S. 7. Laut Roerich heißt der Meister Cheluka, *The Blue Annals*, S. 755.

68 Siehe *The Blue Annals*, S. 754–755.

69 Vihāra – wörtlich: »Aufenthaltsort« – bezeichnet einen Meditationsort für Mönche und wird heutzutage in vielen Fällen als Synonym für »Kloster« verwendet. (A. d. Ü.)

70 Helmut Hoffmann, *The Religions of Tibet*, George Allen and Unwin, London 1961, S. 126–127. Siehe sein Zitat von Padma Karpo (pad ma dkar po). Lokesh Chandra greift dies in seiner Einführung zu *Kālacakra-Tantra And Other Texts*, Band 1, S. 7–8, auf, und er vertritt die Auffassung, die Wiedereinführung des Tantra in Indien gehe auf Chilupā zurück.

71 Helmut Hoffmann, *The Religions of Tibet*, S. 127–128.

72 a.a.O.

73 a.a.O.

74 Helmut Hoffmann, *The Religions of Tibet*, S. 120 und 126–128. Hoffmann hält die Feststellung des tibetischen Geschichtsschreibers Sumpa Khenpo (*sum pa mkhan po*), Pindo Āchārya könnte entscheidend für die neuerliche Verbreitung des *Kālachakra-Tantra* in Indien gesorgt haben, für widerlegt: Diese Möglichkeit sei deshalb auszuschließen, weil Pindo Āchārya zum Kreis von Atīshas Schülern gehörte. Und Atīsha hatte die Einweihung in das Tantra bereits erhalten.

75 Helmut Hoffmann, *The Religions of Tibet*, S. 126; Lokesh Chandras Einführung zu *Kālacakra-Tantra And Other Texts*, Band 1, S. 7.

76 Lokesh Chandras Einführung zu *Kālacakra-Tantra And Other Texts*, Band 1, S. 6.

77 George Roerich hat in *The Blue Annals*, S. 755–765, die Entwicklung der Kālachakra-Überlieferung in Indien und ihre Verbreitung nach Tibet aufgezeichnet und dabei die Darstellungen von Historikern aus vier verschiedenen Überlieferungslinien berücksichtigt.

78 Lokesh Chandras Einführung zu *Kālacakra-Tantra And Other Texts*, Band 1, S. 8–10.

79 Helmut Hoffmann, *The Religions of Tibet*, S. 126; Lokesh Chandras Einführung zu *Kālacakra-Tantra And Other Texts*, Band 1, S. 7; Roerich nennt in *The Blue Annals*, S. 754, das Jahr 1027.

80 Helmut Hoffmann, *The Religions of Tibet*, S. 128.

81 Dieser und der folgende Absatz sind Helmut Hoffmann Buch *The Religions of Tibet*, S. 129–130, entnommen.

82 *The Blue Annals*, S. 755.

83 Eine Auflistung finden Sie in Lokesh Chandras Einführung zu *Kālacakra-Tantra And Other Texts*, Band 1, S. 11–12.

84 Deren Auflistung finden Sie in Lokesh Chandras Einführung zu *Kālacakra-Tantra And Other Texts*, Band 1, S. 13–14.

85 Deren Auflistung finden Sie in Lokesh Chandras Einführung zu *Kālacakra-Tantra And Other Texts*, Band 1, S. 14.

86 In seinen Gesammelten Werken, Band ka.

87 In einer zeitgenössischen Ausgabe verfügbar (Guru Deva, New Delhi 1973).

88 Siehe Lokesh Chandras Einführung zu *Kālacakra-Tantra And Other Texts*, Band 1, S. 16. Dort findet sich ein Hinweis auf eine andere Arbeit Chandras, *Materials for a History of Tibetan Literature*, S. 556–559.

89 Helmut Hoffmann, *The Religions of Tibet*, S. 125–126.

90 Die Quelle für den letzten Teil dieses Absatzes wie auch für den folgenden Absatz ist Geshe Thubten Gyatso; er hält sich an Pukba Lhündrup Gyatsos (*phug pa lhun grub rgya mtsho*) Auslegung der astrologischen Berechnungen zu Kālachakra, in denen Buddha Shākyamunis Tod näherungsweise auf das Jahr 880 v. Chr. fällt statt – wie in der südlichen buddhistischen Überlieferung – ungefähr auf das Jahr 483 v. Chr.

In Giuseppe Tuccis *Tibetan Painted Scrolls*, S. 599, und in Lokesh Chandras Einführung zu *Kālacakra-Tantra And Other Texts*, Band 1, S. 6, wird fälschlich erklärt, dieser Krieg habe bereits stattgefunden.

91 Diese Frucht kann man als Verwirklichung der Nicht-Dualität von vollendeter Form und vollendeter Weisheit beschreiben. (A. d. Ü.)

92 Die vorausgegangene Erörterung denkbarer etymologischer Abwandlungen des Wortes »Abhisheka« ist einer Schrift des Siebten Dalai Lama Kälsang Gyatso (bskal bzang rgya mtsho, 1708–1757) entnommen: *Darlegung des Mandala-Ritus des glorreichen Guhyasamāja, Akshobhyavajra, eine die Grundbedeutung der Einweihung erhellende Erläuterung, Vajrasattvas geheiligtes Wort* (*dpal gsang ba 'dus pa mi bskyod rdo rje'i dkyil 'khor gyi cho ga'i rnam par bshad pa dbang don de nyid yang gsal snang ba rdo rje sems dpa'i zhal lung*), Tanzin Kunga, New Delhi 1972, 70.1–73.2. Der Siebte Dalai Lama benennt als Quelle Butöns *Methode für die Einweihung des glorreichen Kālachakra* (*dpal dus kyi 'khor lo'i dbang gi lhan thabs*).

Meine Quelle für die nachfolgende Zählung der Einweihungen ist eine Schrift von Gyältsap Darma Rinchen (rgyal tshab dar ma rin chen, 1364–1432), *Wie man die beiden Stufen des Weges zum glorreichen Kālachakra praktiziert: ein schneller Zugang zum Weg der großen Glückseligkeit,* (*dpal dus kyi 'khor lo'i lam rim pa gnyis ji ltar nyams su len pa'i tshul bde ba chen po'i lam du myur du 'jug pa*), Gesammelte Werke, Band 1 (keine Angaben über Ort und Zeitpunkt der Veröffentlichung), 4a.3–4a.6.

93 S. 62–63.

93a Die Klassifizierung der Handlungsfähigkeiten und der entsprechenden Aktivitäten ist eigentlich kein Bestandteil der buddhistischen Überlieferung, sondern der Sāmkhya-Überlieferung (eines der sechs orthodox hinduistischen Philosophie-Systeme [A. d. Ü.]). Im Kālachakra-System findet man manche selbstbewusst vorgenommene terminologische Anleihe bei nichtbuddhistischen Systemen. Die hier vorliegende Anleihe aus der Sāmkhya-Philosophie erfordert keine Umdeutung, um in den buddhistischen Kontext zu passen. Durch Besetzung mit ausschließlich buddhistischen Bedeutungsinhalten ist hingegen die – auch im klassischen Yoga anzutreffende – Begrifflichkeit des sechsteiligen Yoga (oder Yoga in »sechs Zweigen«) für die Stufen der Vollendungsphase im Kālachakra-System vollständig umfunktioniert worden. Beachten Sie auch, dass jene Göttinnen, die Kālachakra und Vishvamātā im Mandala der großen Glückseligkeit umringen, als Shaktis (*nus ma*) bezeichnet werden – ein Ausdruck, der meines Wissens im buddhistischen Tantra ansonsten keine Verwendung findet. Die begrifflichen Anleihen bei anderen Systemen zeugen möglicherweise von einem Bemühen, Nichtbuddhisten die Umstellung auf eine buddhistische Überlieferung zu erleichtern.

94 Dieser Absatz entstammt Butöns Schrift *Ausführliche Erläuterung zu (Anandagarbhas) »Ritus des Vajradhātu-Mandala, das alle Vajras entstehen lässt«: Wunscherfüllender Juwel* (*rdo rje dbyings kyi dkyil 'khor gyi cho ga rdo rje thams cad 'byung ba zhes bya ba'i rgya cher bshad pa yid bzhin gyi nor bu*), Gesammelte Werke, International Academy of Indian Culture, New Delhi 1966, Band 11, 190.5–191.2.

95 Im Apte-Wörterbuch (Sanskrit/Englisch) steht die weibliche Form dieses Wortes, *shālabhañjikā*, für »Kurtisane«. Daher handelt es sich hier wahrscheinlich um die Dienerschaft der Göttinnen.

96 Diese Wesen sind Halbgötter. Vermutlich ist hier aus dem Grund von einer »halb menschlichen Gestalt« die Rede, weil sie menschlich genug aussehen, um die Frage aufzuwerfen, ob sie Menschen *sind*. Genau genommen besagt ihr Name (*mi 'am ci*) bei etymologischer Betrachtung »menschlich oder was?«.

97 Bei der Zählung halte ich mich an die vom Dalai Lama auf S. 263 gegebene Beschreibung. Eine andere, durch den von Seiner Heiligkeit dem Dalai Lama eingesetzten Rat für religiöse Angelegenheiten gebilligte Beschreibung des Kālachakra-Mandala führt 702 Gottheiten auf (Hiroki Fujita, *The World of Tibetan Buddhism*, Gyosei Ltd., Japan [1984], S. 96). In bSod nams rgya mtsho, *Tibetan Mandalas, The Ngor Collection*, Kodansha, Tokio 1983, S. 236, heißt es, das Mandala weise 634 Gottheiten auf. Welche Anzahl von Gottheiten die Zählung ergibt, hängt in hohem Maß davon ab, wie gezählt wird – wie viele Gefährtinnen gezählt werden und so weiter.

98 Die Abfolge der Farben wird hier von innen nach außen beschrieben (in der entsprechenden dreidimensionalen Darstellung hieße das: von oben nach unten); der Mandala-Palast mit den Mandalas von Körper, Rede, Geist, ursprünglichem Bewusstsein und großer Glückseligkeit ruht also auf Kreisscheiben, die sich von unten nach oben verjüngen und die Elemente repräsentieren. Angemerkt sei noch, dass der Kreis des Windes keineswegs in allen Darstellungen des Kālachakra-Mandala die Farbe Graublau aufweist. Vielfach findet man auch einen hellen Umbra-Braunton. (A. d. Ü.)

99 Tibetisch: *rnam pa thams cad pa.*

100 Die nachfolgende Beschreibung ist einer Schrift des Siebten Dalai Lama entnommen, *Mittel zur Verwirklichung des Mandala des erhabenen Körpers, der erhabenen Rede und des erhabenen Geistes von Kālachakra, dem glorreichen überirdischen Herrscher: die segensreichen Worte von Gelehrten und Meistern (bcom ldan 'das dus kyi 'khor lo'i sku gsung thugs yongs su rdzogs pa'i dkyil 'khor gyi sgrub thabs mkhas grub zhal lung)*, [keine Angaben über Ort und Zeitpunkt der Veröffentlichung; im selben Band zu finden wie Kädrups Mandala-Ritus] 86.1–87.7.

101 Die Kālachakra-Abbildung auf dem Jahreskalender 1984 des *Tibetan Medical Center* in Dharamsala zeigt drei Pfeile. Auf der Abbildung in der Broschüre für die Kālachakra-Einweihung in Madison ist dagegen nur ein einzelner Pfeil zu sehen. Im tibetischen Text heißt es an dieser Stelle *me'i mda'*, wörtlich »feuriger Pfeil«. Im Tibetisch-Wörterbuch von Geshe Chosdag wird dies gleichgesetzt mit *phyag mda'*, was meines Erachtens lediglich ein Ehrerbietung bezeugender Ausdruck für »Pfeil« ist und nicht »Handpfeil« bedeutet. Denn Kālachakra hält auch einen Bogen in den Händen – das geht aus dem nächsten Absatz hervor. Der Ausdruck könnte bedeuten, dass der Pfeil von feuriger Qualität ist.

102 Ein Stab, der an der Spitze einen Dreizack oder einen Vajra aufweist. (A. d. Ü.)

103 a.a.O., 87.7–88.2.

104 Die Beschreibung ist der Schrift *Mittel zur Verwirklichung* des Siebten Dalai Lama entnommen, 88.2–89.4.

105 Statt wie hier sechzehn ergibt die Aufzählung in *The World of Tibetan Buddhism*, Gyosei Ltd., Japan [1984] eine Gesamtzahl von vierzehn in diesem Mandala vertretenen Gottheiten. Dort werden nur acht Shaktis gezählt, und die Gefährtin und der Gefährte der jeweiligen Gottheit in der Scheitelkrone von Kālachakra und Vishvamātā treten an die Stelle der beiden anderen Shaktis. In *Mittel zur Verwirklichung* des Siebten Dalai Lama hingegen ist an dieser Stelle keine Rede von einer Gefährtin beziehungsweise einem Gefährten der Gottheiten in der Scheitelkrone, und der Ritualmeister des Vierzehnten Dalai Lama hat erklärt, Vajrasattva sei hier in Gestalt eines Hirschs zu visualisieren.

106 Die Beschreibung ist der vom Siebten Dalai Lama verfassten Schrift *Mittel zur Verwirklichung* entnommen, 90.2–91.7.

107 a.a.O., 91.7–93.6.

108 Im Unterschied zu Losang Tsültrim Tänpä Gyältsäns *Der Kālachakra-Einweihungsritus, leicht verständlich dargelegt*, an den ich mich hier halte, führt der Siebte Dalai Lama in *Mittel zur Verwirklichung* lediglich vier Gegenstände auf: Vajra-Hackmesser und Vajra in den rechten Händen; Schädelschale und Glocke in den linken Händen.

109 Die Beschreibung stammt vom Siebten Dalai Lama: *Mittel zur Verwirklichung*, 93.6–95.2.

110 In der Astrologie des Kālachakra-Systems umfasst ein Jahr lediglich 360 Tage. Alle vier Jahre wird ein Schaltmonat eingefügt, der die fehlenden Tage aus-

gleicht. Kurze Charakterisierungen der Gottheiten im Mandala der Rede und im Körper-Mandala finden Sie in: Benoytosh Bhattacharyya (Hrsg.), *Nispanna-yogāvalī of Mahāpanditā Abhayākaragupta*, Oriental Institute, Baroda 1972, S. 78–86.

111 Die Darstellung der Erfahrungen im Zwischenzustand stammt aus: Lati Rinbochay and Jeffrey Hopkins, *Death, Intermediate State and Rebirth in Tibetan Buddhism*, S. 59–61.
Sehr interessante Überlegungen zur Bedeutung von Einweihungen vor dem Hintergrund der Wiedergeburt findet man in Mircea Eliades Buch *Rites And Symbols Of Initiation, The Mysteries of Birth and Rebirth*, Harper and Row, New York 1965. In seiner Einführung (xiii–xiv) erklärt Eliade:
»Der als Bestandteil einer Einweihung erfahrene Tod liefert die saubere Schiefertafel, auf der die anschließenden Offenbarungen niedergeschrieben werden, an deren Ende die Entwicklung eines neuen Menschen steht. ... Dieses neue Leben wird als die wahre menschliche Existenz aufgefasst, denn es ist offen für die Werte des Geistes. [...] All die Riten der Wiedergeburt oder Wiederauferstehung und die darin vorkommenden Symbole machen deutlich, dass der Novize eine andere Daseinsform erreicht hat – unzugänglich für jene, die nicht die Prüfungen der Einweihung auf sich genommen, die den Tod nicht gekostet haben. [...] Der im Kontext einer Einweihung erfahrene Tod ist unverzichtbar für den Beginn eines spirituellen Lebens. Um zu begreifen, welche Rolle er spielt, muss man sich vergegenwärtigen, worauf er vorbereitet: auf die Geburt in eine höhere Daseinsform.«
Auch hier muss jede gewöhnliche Erscheinung in einer den Sterbeprozess nachvollziehenden Weise aufgelöst werden, um eine Wiedergeburt auf Grund neuer Prinzipien zu ermöglichen. Über solch eine Neugeburt sagt Eliade (xiv):
»Die Neugeburt im Kontext einer Einweihung ist keine natürliche Geburt, obwohl sie gelegentlich in Geburtshilfesymbolen ihren Ausdruck findet. Diese Geburt benötigt Riten, die von übernatürlichen Wesen ins Dasein gerufen wurden. Denn hier handelt es sich um ein göttliches Werk, geschaffen durch die Kraft und den Willen jener Wesen. Die Neugeburt gehört nicht dem Bereich der Natur (im modernen säkularisierten Sinn dieses Begriffs) an, sondern dem der Sakralgeschichte. Die zweite Geburt, diejenige im Kontext der Einweihung, ist keine Wiederholung der ersten, biologischen Geburt. Um die Daseinsform eines Eingeweihten zu erreichen, muss man Realitäten kennen, die nicht Teil der Natur, sondern der Lebensgeschichte dieser übernatürlichen Wesen sind, die also jener ehrwürdigen Geschichte zugehörig sind, die in den Mythen bewahrt wird.«
Im Buddhismus des Großen Fahrzeugs bedarf es allerdings der von Unwissenheit und getrübten Emotionen unbeeinträchtigten Einsicht in den *natürlichen* Zustand der Dinge. Daher wiederholt die Einweihung meines Erachtens durchaus die natürliche Geburt – allerdings im Wissen um die Daseinsbeschaffenheit der Phä-

nomene, so dass das Leben anschließend nicht von einem gestörten, sondern von einem unbeeinträchtigten Wissen um die Natur der Dinge geprägt ist. Hier handelt es sich also keineswegs um bloße Wiederholung, sondern um eine Wiederholung im Wissen um die letztendliche und die konventionelle (oder relative) Natur der geistigen und physischen Phänomene. Das Wissen um solch eine Realität ist nicht Bestandteil des gewöhnlichen Lebens, und die neue Seinsweise, die uns der Gottheiten-Yoga zugänglich macht, erfordert ja in der Tat den Übergang zu einer neuen, geheiligten Manifestationsform. Dennoch bilden die durch die Einweihung erkennbar werdenden Realitäten die Grundlage für dieses gewöhnlichen Leben, selbst wenn sie dort unerkannt bleiben.

Die Kālachakra-Einweihung bewirkt den »Übergang vom Profanen zum Zustand der Transzendenz«, wie es Eliade (S. 104) in dem Kapitel mit der Überschrift »Muster für Einweihungen in höhere Religionen« ausdrückt. In ihrer höchsten Form bewirkt sie auch den Übergang von profanem Beeinträchtigtsein zum höchst »gewöhnlichen« Zustand – zum immer schon vorhandenen Geist des klaren Lichts, der von Natur aus in jedweder Erfahrung latent vorhanden ist. Er muss also erst zum Vorschein gebracht werden. In diesem Sinn macht das geheiligte oder göttliche Leben den innersten Kern des profanen Lebens aus, und profan wird es nur durch Entstellung.

112 Ebenso wird das Wort »Mitgefühl« (*snying rje*, *karunā*) im Höchsten Yoga-Tantra manchmal so verwendet, dass es zugleich auch auf »Glückseligkeit« verweist, was allerdings seine anderen Bedeutung – die den Wunsch beinhaltet, dass sämtliche Wesen von Leid und den Ursachen des Leids frei sein mögen – keineswegs außer Kraft setzt.

Karunā wird etymologisch als »Beenden von Glückseligkeit« (*bde 'gog*) erklärt, indem man dem ersten Buchstaben *k* ein *Anusvāra*-M hinzufügt, so dass dieser zu *kam* wird, was »Glückseligkeit« (*bde ba*) bedeutet, und davon ausgeht, dass *runa* (im Apte-Wörterbuch nicht zu finden) »anhalten, beenden« (*'gog pa*) bedeutet. Bezogen auf das Mitgefühl in der allgemeinen, für das Vollendungs- wie für das Mantra-Fahrzeug zutreffenden Bedeutung gilt: Können wir es nicht ertragen, dass andere Wesen von Leid gepeinigt werden, so bereitet diese Geisteshaltung zunächst einmal dem eigenen Glück und Wohlbehagen (eigener Glückseligkeit) ein Ende. Und was die spezifische Bedeutung von *Karunā* im Höchsten Yoga-Tantra und im Kālachakra-System anbelangt, so fördert hier das Einbehalten der Glückseligkeit des Ergusses [also das Beenden der anhaftenden Freude (A. d. Ü.)] die große unwandelbare Glückseligkeit. Insofern handelt es sich in beiden Fällen, bei Mitgefühl wie bei Glückseligkeit, gewissermaßen um ein »Beenden von Glückseligkeit«. Kurz erörtert wird dieser Punkt in Losang Tsültrim Tänpä Gyältsäns Schrift *Der wunscherfüllende Juwel, die Essenz von (Kädrups) »Erläuterung der Prinzipien«: eingehende Darlegung von (Kulika Pundarīkas) »ausführlichem Kommentar zum Kālachakra-Tantra in der kürzeren Fassung, hergeleitet aus dem Wurzel-Tantra des überirdischen Herrschers, des glorreichen Kālachakra, dem König aller Tantras, dem makellosen Licht«* (*rgyud thams cad kyi rgyal po bcom ldan 'das dpal dus kyi 'khor lo'i rtsa ba'i rgyud las phyung ba bsdus pa'i rgyud kyi rgyas 'grel dri ma med pa'i 'od kyi rgya cher bshad pa de kho na nyid snang bar byed pa'i snying po bsdus pa yid bzhin gyi nor bu*), Collected Works of Blo-bzan-chos-kyi-rgyal-mtshan, the First Pan-chen Bla-ma of Bkra-śis-lhun-po, Gurudeva, New Delhi 1973, Band 3, 35.5–36.1. Siehe auch die Anmerkungen des Dalai Lama zu dieser Etymologie in seiner Einführung zu *Tantra in Tibet*, S. 44:

»Es wird auch gesagt, die Silbe ›Man‹ in ›Mantra‹ bedeute ›Wissen um Soheit‹; und ›tra‹ wird von ›trāya‹ abgeleitet, was ›Mitgefühl, das die Wesen im Daseinskreislauf schützt‹ bedeutet. Diese Erklärung gilt für alle vier Tantra-Klassen. Vom spezifischen Gesichtspunkt des Höchsten Yoga-Tantra aus kann man unter ›Mitgefühl, das die Wesen im Daseinskreislauf schützt‹ aber auch die Weisheit der großen Glückseligkeit verstehen. Zu dieser Interpretation gelangt man über eine kontextbezogene Etymologie, die das Sanskrit-Wort für Mitgefühl, *karunā*, als »Beenden von Freude‹ erklärt. Wenn jemand Mitgefühl entwickelt – jene Geisteshaltung, in der man das Leid empfindender Wesen nicht ertragen kann, ohne aktiv Abhilfe schaffen zu wollen –, so setzt dies einstweilen der Freude, dem inneren Frieden, der lockeren Entspanntheit ein Ende. Im Höchsten Yoga-Tantra besagt das Wort ›Mitgefühl‹ (*karunā*) also, dass man der Freude des Ergusses von vitaler Essenz Einhalt gebietet, und es verweist auf die Weisheit der großen Glückseligkeit (*mahāsukha*). Es ist das Mantra von letztgültiger Bedeutung, und es ist die Gottheit von letztgültiger Bedeutung.«

(Die Übersetzung des dritten Satzes im obigen Zitat habe ich überarbeitet, J. H.)

Von diesem Zusammenhang zwischen Mitgefühl und Glückseligkeit einmal abgesehen, sind gemäß der Gelugpa-Auslegung diejenigen Bodhisattvas, die über das größte Mitgefühl verfügen, auch am besten befähigt, die große Glückseligkeit des Höchsten Yoga-Tantra zu erfahren. (Darauf hat Guy M. Newland von der Universität von Virginia in einem Kolloquium hingewiesen.)

Betrachten Sie einmal eingehend den Ausdruck »der Pfad, dessen Essenz Leerheit und Mitgefühl sind« (*stong nyid snying rje snying po can gyi lam*) [eine ähnliche Formulierung findet man bei Nāgārjuna, *Ein kostbarer Kranz*, Strophe 396]. Er wird auf vierfache Weise interpretiert:

1) Im Sinne des Vollendungsfahrzeugs als Weg zur Einsicht in Leerheit von unabhängiger Eigenexistenz und zur Verwirklichung jenes Mitgefühls, das in dem Wunsch besteht, die empfindenden Wesen vom Leid und von den Ursachen des Leids zu befreien – dabei beeinflussen diese beiden Aspekte einander, sind jedoch nicht unbedingt im selben Bewusstsein gegenwärtig.

2) In einer den Tantras der drei unteren Klassen gemeinsamen Art und Weise als der Gottheiten-Yoga, bei dem der Vergewisserungsaspekt des Bewusstseins sich der Abwesenheit von unabhängiger Eigenexistenz versichert und der Erscheinungsaspekt als göttlicher Körper altruistisch in Erscheinung tritt – daher sind hier Weisheitsaspekt und der Methodenaspekt in *einem* Bewusstsein gegenwärtig.

3) In der allen Höchsten Yoga-Tantras gemeinsamen Art und Weise als das ursprüngliche Gewahrsein von untrennbarer Glückseligkeit und Leerheit – die Verschmelzung eines Glückseligkeitsbewusstseins und einer die Abwesenheit von unabhängiger Eigenexistenz gewahrenden Weisheit.

4) Und in einer ausschließlich dem Kālachakra-System vorbehaltenen Interpretation als die untrennbare Entität aus leerer Form (einer Form, die von materiellen Partikeln leer ist) und höchster unwandelbarer Glückseligkeit.

Aus der Perspektive des Kālachakra-Systems können alle vier Interpretationen akzeptiert werden. Wenn der Ausdruck eine Bedeutung beinhaltet, die lediglich für das *Kālachakra-Tantra* gilt, so heißt dies nicht, das sich seine gesamte Bedeutung nur darauf beschränkt.

113 Siehe Tsong-ka-pa, *Yoga in Tibet*, S. 47, S. 58–59.

114 Als »Samaya-Wesen« beziehungsweise »Samaya-Gottheit« (*dam tshig sems dpa', dam tshig pa*); »Samaya« (*dam tshig*): die heilige Verpflichtung, das »innere Band« des Tantra-Praktizierenden. Das Samaya besteht im Kern darin, nach außen die harmonische Beziehung zum Vajra-Meister und zur spirituellen Gemeinschaft und innerlich die Stetigkeit der Praxis zu wahren.

Da Jeffrey Hopkins diesen Ausdruck nicht beibehalten, sondern ins Englische (*pledge*) übertragen hat – so auch bei zahlreichen anderen, den Lesern buddhistischer Literatur inzwischen recht geläufigen Begriffen aus dem Sanskrit oder dem Tibetischen – ist auch in der deutschen Übersetzung in den meisten Fällen nicht von »Samaya« sondern von »Verpflichtung« die Rede. (A. d. Ü.)

115 Zur Natur, Form und Funktion der Opfergaben siehe *Eine Praxis in der Art der sehr verdichteten klaren Verwirklichung des unübertroffen Vorzüglichen, der Ozean der Siegreichen (Jinasamudra)* (*'phags mchog rgyal ba rgya mtsho'i mngon rtogs shin tu bsdus pa'i tshul du nyams su len pa*) von Gungthang Könchog Tänpä Drönme (*gung thang dkon mchog bstan pa'i sgron me*, 1762–1823), Collected Works of Gun-than dkon-mchog bstan-pa'i sgron-me, Band 7, Ngawang Gelek Demo, 1975, 226.3–228.4; meine Übersetzung des Textes ist bei der Jinasamudra-Einweihung, die der Dalai Lama 1984 in Los Angeles durchgeführt hat, verteilt worden.

116 Diese Aussagen stammen aus Ngawang Päldens (*ngag dbang dpal ldan*, 1797–?) Schrift *Erläuterung der Tantra-Texte, Darlegung der Ebenen und Pfade innerhalb der vier großen geheimen Tantra-Klassen*, (*gsang chen rgyud sde bzhi'i sa lam gyi rnam bzhag rgyud gzhung gsal byed*), Edition rgyud smad par khang, keine Angaben über Ort und Zeitpunkt der Veröffentlichung, 79.2–79.3.

116a Bei der Verhaltens-Einweihung werden die Sinneskräfte innerhalb ihrer Zweiergruppen nicht dem ihnen gemäßen Sinnesobjekt zugeordnet, sondern der Buddha-Familie jener Gottheit, die sie repräsentiert, so dass jeweils Gottheiten aus derselben Buddha-Familie zu einem Paar zusammengefasst werden. Ebenso werden bei der Namens-Einweihung die Handlungsfähigkeiten nicht der ihnen gemäßen Aktivität zugeordnet, sondern der Buddha-Familie jener Gottheit, die sie repräsentiert. Siehe: Losang Tsültrim Tänpä Gyältsän (*blo bzang tshul khrims bstan pa'i rgyal mtshan*, spätes 19. und frühes 20. Jahrhundert), *Darlegung der Einweihungen des überirdischen Herrschers, des glorreichen Kālachakra: Rubinengirlande* (*bcom ldan 'das dus kyi 'khor lo'i dbang gi bshad pa padma ra ga'i phreng ba*) The Collected Works of Tre-bo Khan-gsar bLo-bzan-tshul-khrims-btsan-pa'i-rgyal-mtshan, T. G. Dhongthog Rinpoche, New Delhi 1975, Band 3, 447.5–447.6. Losang Tsültrim Tänpä Gyältsän, auch als Trewo Khangsar Kyabgön (*tre bo khang gsar skyabs mgon*) bekannt, ist der Autor des *Einweihungsritus*, der als Ergänzung zu Kädrups *Mandala-Ritus* Verwendung findet.

116b Die Beschreibungen der Entsprechungen und Funktionen im Kontext der inneren Einweihungen sind Losang Tsültrim Tänpä Gyältsäns *Erläuterung*, Gesammelte Werke, Band 3, 422.5–422.6, 436.5, 445.3, 446,4, 460.4 und 479.4, entnommen.

117 Siehe zum Beispiel: Louis Renou, *The Nature of Hinduism*, Walker and Company, New York 1962, S. 97–98. Laut Louis Renou erfolgt die Namensgebung am zehnten Tag, das Schneiden der Haare im Alter von drei Jahren, der »Tonsur«-Schnitt mit vier Jahren und das Durchstechen der Ohren einige Zeit später. Demnach wäre hier die chronologische Abfolge der sieben Geschehnisse aus der Kindheit nicht völlig korrekt. Mit der Waschung des Neugeborenen zu Beginn und den ersten Lesestunden und anderen die Familientradition betreffenden Aktivitäten zum Schluss scheint sie im großen Ganzen aber sehr wohl zuzutreffen.

118 Victor Turner stellt einige faszinierende Überlegungen zur Übergangshaftigkeit, zum Schwellen-Charakter der Einweihung an: Victor Turner, *The Forest of Symbols*, Cornell University Press, New York 1967, S. 93–111. Neben zahlreichen anderen Punkten spricht Turner das besondere Potenzial dieser übergangshaften Zwischenzustände an (S. 97):

»Das Übergangsstadium wird man vielleicht als die Negation aller positiven strukturellen Bejahungen betrachten, aber in gewissem Sinn auch als die Quelle, aus der sie alle entspringen, und, darüber noch hinausgehend, als einen Bereich der reinen Möglichkeit, aus dem neue Gedankenkonfigurationen, neue Beziehungsgeflechte hervorgehen können.«

Wie wir gesehen haben, bringen die Schüler in der Kālachakra-Einweihung dem Lama/Kālachakra alles Wertvolle als Opfergabe dar, lösen anschließend alles – auch sich selbst – in Leerheit auf, aus der sie dann als neues, altruistisch ausgerichtetes, fest gegründetes, dynamisches Wesen wieder in Erscheinung treten. Das Übergangsstadium des Verschwindens in Leerheit ist in der Tat eine Phase der »reinen Möglichkeit«, dazu angetan, »neue Gedankenkonfigurationen, neue Beziehungsgeflechte« zum Vorschein zu bringen. Die Auflösung in Leerheit offenbart ein Prinzip, dem Turner (S. 98–99) entscheidende Bedeutung beimisst:

»Ein weiteres strukturell negatives Merkmal der im Übergang befindlichen Wesen ist, dass sie nichts *haben*. Sie haben keinen Status, keinen Besitz, keine Insignien, keine weltliche Kleidung, keinen Rang, kein Verwandtschaftsverhältnis – nichts, was sie strukturell von ihren Mitmenschen abgrenzt.«

Die Situation ist daher eine Mischung aus extremer Armut und reichem Potenzial. Für Turner (S. 97) besteht in solcher Ambivalenz und Paradoxie ein wesentlicher Aspekt des Übergangsstadiums, das der Einzuweihende durchläuft. Dem möchte ich noch etwas hinzufügen: Paradox erscheint die Situation im Grunde genommen nur bei Betrachtung von einem gewöhnlichen Standpunkt aus, der den Prozess des In-Erscheinung-Tretens aus Leerheit und die Notwendigkeit einer neuen Art von Läuterung nicht begreift. Aber auch aus der Perspektive desjenigen, der den Prozess durchläuft (gleichgültig mit wie viel Vorbereitung), muss es Momente geben, in denen er oder sie mit dem quälenden Paradox konfrontiert ist, dass Gewinn nur aus Verlust kommen kann. Zwar kann man leicht *erklären*, dass alles der Auflösung in Leerheit anheim gegeben werden muss, um in reiner Form neu zum Vorschein zu kommen; aber der Prozess, in dem dies tatsächlich vollzogen wird, muss für einen Anfänger mit einem schwer zu ertragenden Verlustgefühls verbunden sein. Siehe die Beschreibung solch eines Verlustgefühl beim Anfänger durch den Dalai Lama in Kapitel 4 der Einführung (S. 60–61).

Eine Erörterung von zahlreichen Aspekten der Einweihung finden Sie außerdem in: Dr. C. J. Bleeker, *Initiation*, E. J. Brill, Leiden 1965.

119 Dieser Abschnitt über die vier Tropfen ist Ngawang Päldens *Erläuterung der Tantra-Texte, Darlegung der Ebenen und Pfade innerhalb der vier großen geheimen Tantra-Klassen*, 80.1-81.4 entnommen.

119a Die Angaben zu den entscheidenden Punkten der sieben Einweihungen sind Losang Tsültrim Tänpä Gyältsäns *Erläuterung*, 428.6, 431.4, 440.4, 443.6, 452.1, 457.1 und 465.1, entnommen.

119b Losang Tsültrim Tänpä Gyältsäns *Erläuterung*, 479.4.

120 Die vier Unermesslichen (*tshad med bzhi*): unermessliche Liebe, unermessliches Mitgefühl, unermessliche Freude und unermesslicher unvoreingenommener Gleichmut. (A. d. Ü.)

121 Man findet den Text in The Collected Works of the Lord Mkhas-grub rje dge-legs-dpal-bzan-po, Mongolian Lama Guru Deva, New Delhi 1980, Band 5, 795–937. Für die Übersetzung habe ich in erster Linie eine andere Ausgabe verwendet, die ich auf den Seiten 259–383 eines Buches gefunden habe, auf dessen Hülle der Titel eines der darin enthaltenen Werke steht: *dpal bcom ldan 'das dus kyi 'khor lo'i sku gsung thugs yongs su rdzogs pa'i dkyil 'khor gyi sgrub thabs mkhas grub zhal lung*; bei diesem handelt es sich um Kädrups *Mittel zur Verwirklichung des Mandala des erhabenen Körpers, der erhabenen Rede und des erhabenen Geistes von Kālachakra, dem glorreichen überirdischen Herrscher: die segensreichen Worte von Gelehrten und Meistern*, zu finden auf S. 13–156 dieses Bandes (keine Angaben über Ort und Zeitpunkt der Veröffentlichung). Seitenangaben in der Übersetzung beziehen sich auf diese letztgenannte Ausgabe. Ferner habe ich eine handgeschriebene Ausgabe (ohne Veröffentlichungsdaten) verwendet, die in Indien auf einer Art Mimeograph (einem Vervielfältigungsapparat zur Herstellung von Abzügen

[A. d. Ü.]) gedruckt wurde. Diese bezeichne ich als die »handgeschriebene Ausgabe«.

122 Dieser Text ist im gleichen Band (S. 477–532) zu finden wie der zweite in der vorausgegangenen Anmerkung genannte Text; und außerdem in: The Collected Works of Tre-bo Khan-gsar bLo-bzan-tshul-khrims-btsan-pa´i-rgyal-mtshan, T. G. Dhongthog Rinpoche, New Delhi 1975, S. 313–368. Der Einführung in seine Gesammelten Werke kann man entnehmen, dass er nach dem Ableben des Zwölften Dalai Lama einer der Kandidaten war, die als dessen mögliche Reinkarnation in Betracht kamen. Weiterhin ist dort von den beiden folgenden Reinkarnationen dieses Lamas die Rede. Er soll sich noch in Tibet aufhalten und (1974) ein junger Mann im Alter von über zwanzig Jahren sein.

123 Offensichtlich orientiert Kädrup sich an der Schrift des großen Sakya-Meisters Butön Rinchen Drup (bu ston rin chen grub) *Der Mandala-Ritus des glorreichen Kālachakra: Quelle aller guten Eigenschaften* (*dpal dus kyi 'khor lo'i dkyil chog yon tan kun 'byung*), zu finden in: Gesammelte Werke, International Academy of Indian Culture, New Delhi 1966, Band 5, 169–260. Darum werden die Seitenzahlen zu den hier übersetzten Textpassagen für Kädrup (»Kä«) wie auch für Butön (»Bu«) angegeben.

124 Collected Works of Blo-bzan-chos-kyi-rgyal-mtshan, the First Pan-chen Bla-ma of Bkra-śis-lhun-po, Gurudeva, New Delhi 1973, Band 1, 707.2–803.1.

125 15.4–16.6.

126 Das in diesen beiden Absätzen enthaltene biographische Material ist der Einleitung zu Ferdinand D. Lessings und Alex Waymans Buch *Mkhas Grub Rje's Fundamentals of the Buddhist Tantras*, Mouton, Den Haag 1968, S. 11–12 und Giuseppe Tuccis *Tibetan Painted Scrolls*, La Libreria Dello Stato, Rom 1949, S. 120–122 und 410–417 entnommen. Kädrup (»gelehrter Meister«) wird außerdem Kädrup Thamdschä Khyenpa (»der allwissende Kädrup« *mkhas grub thams cad mkhyen pa*) beziehungsweise Kädrup Mawä Nyima (»Kädrup, Sonne der gelehrten Debatte«, *mkhas grub smra ba'i nyi ma*) genannt.

127 Baso Chökyi Gyältsän hat eine Sammlung von Anmerkungen zu Tsongkapas *Große Darlegung des Stufenweges zur Erleuchtung* (*lam rim chen mo*) und eine wichtige Arbeit mit praktischen Unterweisungen zur Auffassung von Leerheit verfasst. Die erste dieser beiden Schriften ist zu finden in: *The Lam rim chen mo of the incomparable Tsong-kha-pa, with the interlineal notes of Ba-so Chos-kyi-rgyal-mtshan, Sde-drug Mkhan-chen Ngag-dbang-rab-brtan, 'Jam-dbyangs-bshad-pa'i-rdo-rje, and Bra-sti Dge-bshes Rin-chen-don-grub* (»Der Stufenweg zur Erleuchtung des unvergleichlichen Tsong-kha-pa, mit den zeilenweisen Anmerkungen von Ba-so Chos-kyi-rgyal-mtshan, Sde-drug Mkhan-chen Ngag-dbang-rab-brtan, ´Jam-dbyangs-bshad-pa´i-rdo-rje, and Bra-sti Dge-bshes Rin-chen-don-grub«), Chos-´phel-legs-ldan, New Delhi 1972; die zweite in: *Great Instructions on the View of the Middle Way* (*dbu ma'i lta khrid chen mo*, »Große Unterweisungen über die Anschauung des Mittleren Weges«), Mādhyamika Text Series, Band 3.

128 Die Autonomie-Schule (*svātantrika* bzw. *Svātantrika-Mādhyamika*) ist – neben der *Prāsangika-Mādhyamika* (der Schule des Mittleren Weges, welche die Widerlegung sämtlicher philosophischer Beweisführungen unternimmt, indem sie die jeweils daraus folgende Konsequenz ad absurdum führt) – eine der beiden (*Rangtong-*) Schulrichtungen *innerhalb* der Schule des Mittleren Weges. Jeffrey Hopkins stellt hier allerdings die Autonomie-Schule der Schule des Mittleren Weges insgesamt gegenüber. (A. d. Ü.)

129 Geshe Thubten Gyatso vom Studienzentrum für tibetischen Buddhismus in Washington, New Jersey, hat auf meine Bitte hin Kädrups Lebensgeschichte in einer kurzen Biographie zusammengefasst und diese anschließend in zwei Sitzungen eingehend erläutert. Die nachfolgende Schilderung verbindet seine schriftliche mit seiner mündlichen Darstellung. Für Geshe Thubten Gyatsos Quellentext, die *Geheime Biographie*, siehe: *Die Biographie des allwissenden Kädrup, zusammengestellt von Dschetsün Chökyi Gyältsän* (*mkhas grub thams cad mkhyen pa'i gsang ba'i rnam thar rje btsun chos kyi rgyal mtshan gyis mdzad pa*) The Collected Works of the Lord Mkhas-grub rje dge-legs-dpal-bzan-po, Band a, 421–493. Der Autor erklärt, seine Biographie stütze sich auf die von Chöden Rabdschor verfasste *Geheime Biographie* Kädrups, der die meisten Informationen von Kädrup persönlich erhalten und zusätzliches Material auf Grund seiner hellseherischen Gabe hinzugefügt habe (423.6). In den Gesammelten Werken findet sich eine weitere, von Däleg (*bde legs*) verfasste Kädrup-Biographie mit dem Titel *Biographie des allwissenden Kädrup: Faszination für den Verständigen* (*mkhas grub thams cad mkhyen pa'i rnam thar mkhas pa'i yid 'phrong*), Band ka, 5–31.

130 In Dschetsün Chökyi Gyältsäns *Geheime Biographie* (430.4) heißt es an einer späteren Stelle, in Dälegs *Biographie des allwissenden Kädrup: Faszination für den Verständigen* sei diese frühere Wiedergeburt in einem Verzeichnis von Kädrups vorausgegangenen Leben aufgeführt. Die letztgenannte Schrift (7.4–8.1) weist diesbezüglich eine längere Liste auf: Subhūti, Mañjushrīkīrti, Bhāvaviveka, Abhayākaragupta, der Übersetzer Gö Khukpa Lätsä (*'gos khug pa lhas btsas*) [nicht der Autor der *Blauen Annalen*], Sakya Pandita Kunga Gyältsän (*kun dga' rgyal mtshan*), Yungtön Dordsche Pälwa (*g.yung ston rdo rje dpal ba*), der ein Meister der Nyingma-Übertragungslinie und Kädrups unmittelbarer Vorgänger war. Zur Reihe der Inkarnationen, die diesem Verzeichnis zufolge Kädrups Geburt vorausgehen, gehören ferner: ein unmittelbarer Schüler von Buddha Shākyamuni, ein für die Zusammenstellung des Kālachakra-Tantra mitverantwortlicher Autor – berühmt als eine der Inkarnationen von Vajrapāni –, der Begründer einer wichtigen Schulrichtung der buddhistischen Philosophie, ein bedeutender Gelehrter, ein bedeutender Übersetzer, ein bedeutender Gelehrter aus einer anderen Übertragungslinie des tibetischen Buddhismus und ein bedeutender Meister aus einer weiteren Übertragungslinie des tibetischen Buddhismus. Auch in einem anderen Verzeichnis, das mit dem Vierten Panchen Lama endet, werden dieselben Personen als Kädrups vorausgegangene vierzehn Inkarnationen aufge-

listet. In diesem Verzeichnis werden die Panchen Lamas auf Kädrup zurückgeführt, und dieser wiederum auf die eben genannten Personen. Siehe: Giuseppe Tucci, *Tibetan Painted Scrolls*, La Libreria Dello Stato, Rom 1949, S. 412–413. In den zuletzt genannten Verzeichnissen nicht aufgeführt, stattdessen aber in Dschetsün Chökyi Gyältsäns wesentlich kürzerem Text *Geheime Biographie*, ist Rigpä Kuchuk der Größere (*rig pa'i khu phyung che ba*). Er stellt das Bindeglied zu Chandrakīrti und Nāgārjuna dar.

131 P5294, Band 101.

132 Die *Geheime Biographie* von Dschetsün Chökyi Gyältsän (425.3) berichtet weiterhin, Nāgārjuna habe bei einer bestimmten Gelegenheit Rigpä Kuchuk den Größeren aufgesucht, ihn gebeten, er möge auf Mañjushrī vertrauen, und ihm erklärt, er (Nāgārjuna) werde in einem entlegenen Land (Tibet) wiedergeboren werden. Zu diesem Zeitpunkt werde Rigpä Kuchuk (als Kädrup) in seinem Kreis eine herausragende Stellung einnehmen. Āryadeva, Shāntideva und Buddhapālita haben ihm ebenfalls berichtet, Mañjushrī beabsichtige, in solch einer Region wiedergeboren zu werden. Daraus, so die *Geheime Biographie*, könne man folgern, Mañjushrī, Nāgārjuna und Tsongkapa seien aus demselben Geistesstrom hervorgegangen.

133 Laut Dälegs *Biographie des allwissenden Kädrup: Faszination für den Verständigen* (7.6) ist Kädrup eine spätere Inkarnation von Sakya Pandita Kunga Gyältsän. Wenn er Bodongwa gegenüber die Positionen der *Schatzkammer der Beweisführung* vertrat, so lief dies also darauf hinaus, dass er die Gültigkeit der zu einem früheren Zeitpunkt niedergeschriebenen eigenen Auffassungen unter Beweis stellte.

134 Tsongkapas wichtigste Schüler waren Gyältsap, Kädrup und Dülwa Dsinpa (*'dul ba 'dzin pa*). Siehe die von Dschetsün Chökyi Gyältsän verfasste *Geheime Biographie* (430.1).

135 430.5 und 469.6. Aus 469.6 können wir entnehmen, dass andere Schüler andere Visionen von Kädrups Dahinscheiden hatten.

136 *Mein Leben und mein Volk*, Knaur, München 1982.
Eine weitere Autobiographie, *Freedom in Exile*, ist 1990 erschienen. Deutsche Ausgabe: *Das Buch der Freiheit*, Lübbe, Bergisch Gladbach 1992. (A. d. Ü.)

137 John F. Avedons Buch *In Exile From the Land of Snows*, Knopf, New York 1984, liefert eine besonders lebendige und unter die Haut gehende Darstellung der Zeit nach dem Einmarsch der Chinesen.

138 *rje btsun 'jam dpal ngag dbang blo bzang ye shes bstan 'dzin rgya mtsho srid gsum dbang gyur mtshung pa med pa'i sde dpal bzang po.*

139 Übersetzt von Bhikku Thupten Kalsang Rinpoche, Ngodup Poljor and John Blofeld, Klett Thai Publications, Bangkok 1975.

2

Anmerkungen zu den Erläuterungen des Dalai Lama

1 Das Sanskrit lautet:
pitakatrayam dvayam vā samgrahatah.
Siehe: S. Bagchi (Hrsg.), *Mahāyāna-Sūtrālamkāra of Asanga,* Buddhist Sanskrit Texts, Nr. 13, Mithila Institute, Darbhanga 1970, S. 55.

2 Für eine inhaltliche Erörterung dieser Qualifikationen siehe Butöns *Der Mandala-Ritus des glorreichen Kālachakra: Quelle aller guten Eigenschaften* (*dpal dus kyi 'khor lo'i dkyil chog yon tan kun 'byung*), Gesammelte Werke, International Academy of Indian Culture, New Delhi 1966, Band 5, 184.3 ff.

3 *Kommentar zu* (*Dignāgas*) *»Kompendium der gültigen Erkenntnis«*, Kapitel II: *brtse ldan sdug bsngal gzhom pa'i phyir// thabs rnams la ni mngon sbyor mdzad// thabs byung de rgyu lkog gyur pa// de 'chad pa ni dka' ba yin//*, Pleasure of Elegant Sayings, Varanasi 1974, Band 17, S. 54.14. Das Sanskrit lautet:
dayāvān dukhahānārthamupāyeshvabhiyujyate
parokshopeyataddhetostadākhyānam hi dushkaram.
Siehe: Swami Dwarikadas Shastri, *Pramānavārttika of Acharya Dharmakirtti* Bauddha Bharati, Varanasi 1968, Band 3, 50.3.

4 Jeder Schüler sollte sich vorstellen, dass der Lama – stellvertretend für alle anderen – sie beziehungsweise ihn anspricht.

5 I.18ab. Das Sanskrit lautet:
chittotpādah parārthāya samyaksambodhikāmatā.
Siehe: Th. Stcherbatsky und E. Obermiller (Hrsg.), *Abhisamayālamkāra-Prajñāpāramitā-Updesa-Śāstra*, Bibliotheca Buddhica XXIII, Biblio Verlag, Osnabrück 1970, S. 4.

6 In Kädrups *Der Mandala-Ritus des glorreichen Kālachakra: Erläuterungen zur Bedeutung* (*dpal dus kyi 'khor lo'i dkyil chog dgongs pa rab gsal*), (keine Angaben über Ort und Zeitpunkt der Veröffentlichung), 296.5, heißt es in Übereinstimmung mit Butön, Band 5, 185.4, *mnyam nyid pa* an Stelle von *mnyam med pa.*

7 Bei Butön, Band 5, 185.4, heißt es *dpa' bo rnams kyis* an Stelle von *mchog rnams kyis* in Kädrups *Mandala-Ritus* (296.5).

8 In Kädrups *Mandala-Ritus* (296.7) heißt es in Übereinstimmung mit der handgeschriebenen Ausgabe (42b.4) *zhib tu* an Stelle von *zhig tu.* Die handgeschriebene

Ausgabe weist Anzeichen für eine im letzten Moment vorgenommene Korrektur auf.

9 In Kädrups *Mandala-Ritus* (298.1) heißt es *sngags kyi* an Stelle von *sngags kyis*.

10 In Kädrups *Mandala-Ritus* (298.1) steht ein kurzes *Hum*; desgleichen in der handgeschriebenen Ausgabe (44a.4).

11 Die Schreibweisen *udumbara* beziehungsweise *udumbāra* kommen ebenfalls vor. Im tibetisch-englischen Wörterbuch von Sarat Chandra Das ist dies als ein sagenhafter Lotos von enormer Größe ausgewiesen.

12 Hier wird eine quadratische, in vier gleich große Sektoren unterteilte (Holz-) Tafel als »Mandala« bezeichnet. Abhängig von der Richtung, in die der Zahnstocher fällt, werden die Buddha-Familie des Schülers und die besonderen Verwirklichungen, die er oder sie erlangen sollte, bestimmt. Dschampäl Shenpen Rinpoche hat die fünf Kuh-Substanzen unter Vorbehalt definiert als den Urin, den Kot, die Milch, den Joghurt und die Butter einer braunen Kuh, die für eine Periode von sieben Tagen ausschließlich Gras – kein vom Menschen verfüttertes Heu – frisst; Urin und Kot dürfen allerdings zuvor nicht mit dem Erdboden in Berührung gekommen sein. Es heißt, solchen Substanzen wohnten enorme Heilkräfte inne.

13 Diese beiden Strophen sind dem *Kālachakra-Tantra in der kürzeren Fassung* entnommen (Kapitel II. 12–13). Siehe *Kālacakra-Tantra And Other Texts*, Prof. Dr. Raghu Vira and Prof. Dr. Lokesh Chandra (Hrsg.), Band 1, International Academy of Indian Culture, New Delhi 1966, 101.9–102.5. Das Sanskrit (von S. 340) lautet:

garbhe garbhasthaduhkham prasavanasamaye bālabhāvo´pi duhkham
kaumāre yauvane strīdhanavibhavahatam kleshaduhkham mahadyat
vrddhatve mrtyudukham punarapi bhayadam shadgatau rauravādyam
duhkhād grhnāti duhkham sakalajagadidam mohitam māyayā cha
samsāro mānushtvam kvachiditi hi bhaveddharmabuddhih kadāchit
tasmadbuddha ´nurāgo bhavati shubhavashādādiyāne bravrttih
tasmāchchhīvavajrayāne kvachidakhilamatirvartate bhāvanāyām
tasmābuddhatvamishtam paramasukhapade hā pravesho ´tikashtam.

Die abweichende Lesart für die erste Zeile, *bālabhāve*, stimmt besser mit der tibetischen Übersetzung überein.

Butöns Schrift *Leicht verständliche Anmerkungen zum glorreichen Kālachakra-Tantra, Großer König der von dem Höchsten Urbuddha ausgegangenen Tantras* (*mchog gi dang po'i sangs rgyas las phyungs ba rgyud kyi rgyal po chen po dpal dus kyi 'khor lo'i bsdus pa'i rgyud kyi go sla'i mchan*), Gesammelte Werke, Band 1, 51.2, enthält keine Anmerkungen zu diesen Strophen. Siehe Butöns *Kommentierende Erläuterung zum »Einweihungs-Kapitel« [des Kālachakra-Tantra], Anmerkungen zu (Kulika Pundarīkas) »Makelloses Licht«* (*dbang gi le'u 'grel bshad dri med 'od kyi mchan*), Gesammelte Werke, Band 2, 14.2–15.5.

14 In Kädrups *Mandala-Ritus* (299.5) heißt es an dieser Stelle »Frau« (*bud med*). Um

die Aussage auf Männer *und* Frauen zu beziehen, wurde hier stattdessen die Übersetzung »Gemahl/Gemahlin« gewählt.

15 Der Dalai Lama hat hervorgehoben, dass die Kosmologie des *Kālachakra–Tantra* von derjenigen in Vasubandhus *Schatzhaus des höheren Wissens* (*chos mngon pa'i mdzod, abhidharmakosha*) abweicht. In dem letztgenannten System ist der Bereich der heulenden Wesen die vierte der acht heißen Höllen. Eine genauere Dar stellung finden Sie in: Lati Rinbochay, Denma Lochö Rinbochay, Leah Zahler, Jeffrey Hopkins, *Meditative States in Tibetan Buddhism*, Wisdom Publications, London 1983, S. 27; und in: Khetsun Sangpo, *Tantric Practice in Nyingma*, Rider, London 1982, S. 66.

16 Siehe Anmerkung 11.

17 In Kädrups *Mandala-Ritus* (300.4) heißt es *de ring* an Stelle von *di'ing*; außerdem heißt es in der handgeschriebenen Ausgabe (46b.4) *de ring* statt *di ring*.

18 So nennt man die Körperhaltung, die der Buddha auf dem Sterbebett eingenommen haben soll – ausgestreckt auf der rechten Seite liegend, die rechte Hand unter der Wange, die linke Hand auf dem linken Oberschenkel. (A. d. Ü.)

19 In Übereinstimmung mit der handgeschriebenen Ausgabe (47a.3) heißt es in Kädrups *Mandala-Ritus* (300.7) *ma rang* an Stelle von *ma'ang*.

20 Eine kurze Mandala-Opferung steht hier und überall dort, wo dies angegeben ist, beispielhaft für die Art von Opferung, wie sie an diesen Stellen vorgenommen werden sollte.

21 Durch die Formulierung, Buddha Shākyamuni habe »gezeigt, wie man Erleuchtung verwirklicht«, soll zum Ausdruck gebracht werden, dass er bereits Äonen zuvor den Zustand der Erleuchtung erreicht hatte und diesen hier zum Wohl seiner Schüler nochmals manifestiert.

22 Eine Erörterung dieses Punktes finden Sie im letzten Kapitel von: Dalai Lama, *Die Logik der Liebe*, Goldmann, München 1991.

23 Meru, der »Weltenberg«, steht der überlieferten buddhistischen Kosmologie zufolge im Zentrum des Universums. Er ist die Basis, auf der sich der Palast des Kālachakra-Mandala erhebt. Und auch für andere Mandalas – dasjenige in den Mandala-Opferungen zum Beispiel – stellt er den zentralen Bezugspunkt dar. (A. d. Ü.)

24 An dieser Stelle macht Kädrup deutlich, dass der Text der sieben Einweihungen für einen Praktizierenden geschrieben worden ist, der einen Selbst-Eintritt in ein Mandala vornimmt, dass es aber zusätzliche Instruktionen gibt, mit deren Hilfe man den Text zur Erteilung einer Einweihung verwenden kann. In Kädrups *Mandala-Ritus* heißt es:

»Hier werden das Eintreten in das Mandala und die Riten der sieben Einweihungen vornehmlich im Sinn eines Selbst-Eintritts dargelegt. Allerdings wird auf die speziellen Verrichtungen, die mit der Erteilung der Einweihung an Schüler verbunden sind, eigens hingewiesen. Denn der Text soll jenen helfen, die geringe Kenntnisse haben und daran interessiert sind, den Selbst-Eintritt [in das

Mandala] vorzunehmen, um zum Beispiel die Gelübde für sich zu erneuern, ohne Schülern die Einweihung zu erteilen. Da die höheren Einweihungen für den Selbst-Eintritt nicht erforderlich sind, werden sie im Rahmen jener Riten beschrieben, mit denen man Schülern die Einweihung erteilt.«

Die Zeremonie in Madison umfasste nicht die höheren Einweihungen. Diese werden daher hier auch nicht übersetzt.

25 Kädrups *Mandala-Ritus* (318.5) verweist nur auf die entsprechenden Textstellen, wiederholt sie jedoch nicht. Im Übersetzungstext werden sie der Annehmlichkeit und der Vollständigkeit halber ergänzt.

26 Siehe Anmerkung 12.

27 Kädrups *Mandala-Ritus* (319.4) verweist nur auf die entsprechenden Textstellen, wiederholt sie jedoch nicht. Sie sind hier aus dem Text des vorbereitenden Ritus ergänzt worden. Kädrups Text geht als Nächstes auf die 25 ethischen Verhaltensweisen ein.

28 III.22–23. Das Sanskrit lautet:
yathā grhītam sugatairbodhichittam purātanaih
te bodhisattvashikshāyāmānupūrvyā yathā sthitah
tadvadutpādayāmyesha bodhichittam jagaddhite
tadvadeva cha tāh shikshāh shikshishyāmi yathākramam.
Siehe: Vidhushekara Bhattacharya (Hrsg.), *Bodhicaryāvatāra*, Bibliotheca Indica, Band 280, The Asiatic Society, Calcutta 1960, S. 36.

29 Siehe Kapitel I dieses Buches.

30 Die Strophe zu den Gelübden ist dem *Kālachakra-Tantra in der kürzeren Fassung* entnommen (Kapitel III. 86). Siehe *Kālacakra-Tantra And Other Texts*, Prof. Dr. Raghu Vira and Prof. Dr. Lokesh Chandra (Hrsg.), Band 1, International Academy of Indian Culture, New Delhi 1966, 167.1–4. Das Sanskrit (von S. 351) lautet:
vajram ghantām cha mudrām gurumapi shirasā dhārayāmīshtavajre
dānam dāsayāmi ratne jinavarasamayam pālayāmyatra chakre
pūjām khange karomi sphutajalajakule samvaram pālayāmi
sattvānām mokshahetorjinajanakakule bodhi-mutpādayāmi
Butöns Schrift *Leicht verständliche Anmerkungen zum glorreichen Kālachakra-Tantra, Großer König der von dem Höchsten Urbuddha ausgegangenen Tantras* (*mchog gi dang po'i sangs rgyas las phyungs ba rgyud kyi rgyal po chen po dpal dus kyi 'khor lo'i bsdus pa'i rgyud kyi go sla'i mchan*), Gesammelte Werke, Band 1, 108.1, enthält keine Anmerkungen zu diesen Strophen. Siehe Butöns *Kommentierende Erläuterung zum »Einweihungs-Kapitel« [des Kālachakra-Tantra], Anmerkungen zu (Kulika Pundarīkas) »Makelloses Licht« (dbang gi le'u 'grel bshad dri med 'od kyi mchan)*, Gesammelte Werke, Band 2, 378.2ff.

31 Die beiden Strophen zu den 25 ethischen Verhaltensweisen sind dem *Kālachakra-Tantra in der kürzeren Fassung* entnommen (Kapitel III. 93–94). Siehe *Kālacakra-Tantra And Other Texts*, Band 1, 169.1–5. Das Sanskrit (von S. 352) lautet:

himsāsatyam parastrī tyajsva paradhanam madyapānam tathaiva
samsāre vajrapāshah svakushalanidhanam pāpametāni pañcha
yo yatkāle babhūva tridashanaragurustasya nāmnā pradeyā
eshājñā vishvabharturbhavabhayamathanī pālanīyā tvayāpi
dyūtam sāvadyabhojyam kuvachanapathanam bhūtadaityendradharmam
gobālastrīnarānām tridashanaraguroh pañcha hatyām na kuryāt
droham mitraprabhūnām tridashanaraguroh samghavishvāsanam cha
āshaktistvindriyānāmiti bhuvanapate pañchavimshad-vratāni.

Die abweichende Lesart für die letzte Zeile, *pateh*, stimmt besser mit der tibetischen Übersetzung überein.

Butöns Schrift *Leicht verständliche Anmerkungen zum glorreichen Kālachakra-Tantra,* Gesammelte Werke, Band 1, 109.6, enthält keine Anmerkungen zu diesen Strophen. Die in eckigen Klammern hinzugefügten Wendungen stammen aus: Butöns *Kommentierende Erläuterung zum »Einweihungs-Kapitel« [des Kālachakra-Tantra], Anmerkungen zu (Kulika Pundarīkas) »Makelloses Licht«*, Gesammelte Werke, Band 2, 385.1–386.5.

32 In Kädrups *Mandala-Ritus* (319.4) heißt es an dieser Stelle »Frau« (*bud med*). In der Übersetzung wurde dies so abgeändert, dass sich die Aussage auf Männer und Frauen bezieht. Außerdem heißt es in dieser Ausgabe (319.4) und in der handgeschriebenen Ausgabe (69b.4) *gzhan gyi* an Stelle von *gzhan gyis*.

33 *sdig pa* (*pāpa*) wird mit »Verfehlung« statt mit »Sünde« übersetzt, um Assoziationen beziehungsweise Konnotationen zur Versündigung gegen einen Schöpfergott zu vermeiden, die viele Menschen unseres Kulturkreises unweigerlich mit dem Ausdruck »Sünde« verbinden.

34 Laut Butöns Schrift *Kommentierende Erläuterung zum »Einweihungs-Kapitel« [des Kālachakra-Tantra], Anmerkungen zu (Kulika Pundarīkas) »Makelloses Licht«*, Gesammelte Werke, Band 2, 386.3, bezieht sich der letztgenannte Ausdruck auf die Zerstörung von religiösen Statuen, Stūpas und so weiter.

35 Butön zufolge (siehe die vorige Anmerkung) sind mit »Gurus von Göttern und Menschen« an dieser Stelle Buddhas gemeint.

36 VIII. 131. Das Sanskrit lautet:
na nāma sādhyam buddhatvam samsāro ´pi kutah sukham
svasukhasyānyaduhkhena parivartamakurvatah.

Siehe: Vidhushekara Bhattacharya (Hrsg.), *Bodhicaryāvatāra*, Bibliotheca Indica, Band 280, The Asiatic Society, Calcutta 1960, S. 170.

37 In Kädrups *Mandala-Ritus* (320.5) heißt es an dieser Stelle in Übereinstimmung mit der handgeschriebenen Ausgabe (71a.5) *kham* statt *pam*.

38 Samaya: siehe Anmerkung 114, S. 495. (A.d. Ü.)

39 Strophe 24. Siehe: Alexander Berzin (Übers. und Hrsg.), *The Mahāmudrā Eliminating the Darkness of Ignorance supplemented by Aśvaghosa's Fifty Stanzas Of Guru Devotion*, Library of Tibetan Works and Archives, Dharamsala 1978, S. 175.

40 Dazu heißt es in Nāgārjunas *Ein kostbarer Kranz* (*rin chen ´phreng ba, ratnāvalī*), Strophe 377:

»In allen Abhandlungen richtet sich das Augenmerk
auf allgemein gültige Regeln und deren Ausnahmen.«
Siehe: Nāgārjuna and Kaysang Gyatso, *Precious Garland and the Song of the Four Mindfulnesses*, George Allen and Unwin, London 1975, S. 73.

41 Kädrups *Mandala-Ritus* (323.6) begnügt sich mit einem unvollständigen Satz als Hinweis auf die Beschreibung von Vajravega. Das Textmaterial von hier bis zu »... Tigerfell« entstammt der Schrift des Siebten Dalai Lama, *Mittel zur Verwirklichung des Mandala des erhabenen Körpers, der erhabenen Rede und des erhabenen Geistes von Kālachakra, dem glorreichen überirdischen Herrscher: die segensreichen Worte von Gelehrten und Meistern (bcom ldan 'das dus kyi 'khor lo'i sku gsung thugs yongs su rdzogs pa'i dkyil 'khor gyi sgrub thabs mkhas grub zhal lung)*, [keine Angaben über Ort und Zeitpunkt der Veröffentlichung; im selben Band zu finden wie Kädrups Mandala-Ritus] 71.2–71.7. Auch im weiteren Verlauf des Ritus werden ähnlich verkürzte Beschreibungen in gleicher Weise ausführlicher ergänzt.

42 Īshvara (Skrt.): »Herr des Universums«. (A. d. Ü.)

43 Die fünf Hand-Symbole: Vajra, Schwert, Juwel, Lotos und Rad. Siehe auch S. 131. (A. d. Ü.)

44 In Kädrups *Mandala-Ritus* (323.7) steht in Übereinstimmung mit der handgeschriebenen Ausgabe (75a.2) *lte bar* an Stelle von *lta bar.*

45 Eine kurze Passage (324.7–325.1), die auf den inneren Widerspruch einer bestimmten Textauslegung verweist, bleibt in der Übersetzung ausgespart. Diese Passage lautet: *'bebs pa'i tshe slob ma 'od dpag med du bskyed pa 'gog pa dang/ phebs pa la 'dri pa'i tshe/ mgon po rdo rje chos chen po// snang ba mtha' yas bde ba che// zhes bos nas 'dri bar 'dod pa ni khas blangs dngos su 'gal ba'o.* Dies soll anscheinend Folgendes heißen: »Zu bestreiten, dass zum Zeitpunkt der Herabkunft der Schüler als Amitābha hervorgebracht wird und anschließend zu erklären, dass man zum Zeitpunkt des Ersuchens um das Kommen [der Gottheit diese mit] ›O großer Schützer, Dharma-Vajra,/ Amitāyus der großen Glückseligkeit‹ herbeiruft, beinhaltet einen klaren Widerspruch.« – Amitābha und Amitāyus sind dieselbe Gottheit.

46 In Butöns *Mandala-Ritus* (Band 5, 213.1) werden die ersten drei Silben mit der Methode gleichgesetzt und die letzten drei mit Weisheit. Die in eckigen Klammern angegebenen Farben sind nicht belegt.

47 In Kädrups *Mandala-Ritus* (325.7) steht in Übereinstimmung mit der handgeschriebenen Ausgabe (77a.6) *bcings* an Stelle von *bcangs.*

48 Das Mandala hier symbolisiert das ursprüngliche Gewahrsein nicht-dualer Glückseligkeit und Leerheit. Dies hat der Dalai Lama anlässlich der Jinasamudra-Einweihung (*rgyal ba rgya mtsho*) 1984 in Los Angeles erklärt.

49 Wie in anderen Fällen bevorzugt Jeffrey Hopkins auch hier die Übersetzung gegenüber dem (inzwischen gut eingeführten) Sanskrit-Begriff. »Mittel zur Verwirklichung« ist die Übersetzung von Sādhana (= Praxis-Text). (A. d. Ü.)

50 Halb dem Tierreich, halb dem Götterbereich zuzurechnende, schlangenähnliche

Wesen. Vielfach dienen sie als Wächter großer Schätze, insbesondere als Behüter von geistigen Schätzen – von »Termas«, d. h. von religiösen Schriften, die bis zu einem Zeitpunkt, an dem die Menschen reif für sie sind, im Verborgenen auf ihre Entdeckung warten. (A. d. Ü.)

51 Dabei entspricht die Anzahl der Blütenblätter der Anzahl der Hauptkanäle beziehungsweise Energiebahnen (Nādīs), die von dem betreffenden Zentrum ausstrahlen. (A. d. Ü.)

52 Die Übersetzung dieser drei Dinge ist nicht gesichert. (J. H.)

53 Glückseligkeit steht hier für den tibetischen Begriff *ye shes*, der in der englischen Ausgabe dieses Buches vorwiegend mit »exalted wisdom« [in der deutschen Ausgabe mit »ursprünglichem Gewahrsein«, teilweise auch mit »Weisheit« beziehungsweise »erhabener Weisheit«, (A. d. Ü.)] übersetzt wird. Hier jedoch bezeichnet er im Sinne des gewöhnlichen Zustands die gewöhnliche Glückseligkeit oder Freude des Orgasmus, der als das Verschmelzen des essenziellen Elements beschrieben wird.

54 Ein kurzer, allgemein gebräuchlicher Text der Mandala-Opferung wurde hier und an anderen, entsprechenden Stellen als Beispiel für die jeweils vorzunehmende Art von Opferung eingefügt.

55 Das Mantra wird im Ritualtext (327.7) lediglich mit seinen ersten drei Silben angegeben. Vervollständigt wurde es an Hand von Losang Tsültrim Tänpä Gyältsäns *Der Kālachakra-Einweihungsritus, leicht verständlich dargelegt* (*dus 'khor dbang chog nag 'gros su bkod pa*), 490.3. Entsprechende Ergänzungen im Ritualtext sind durchgängig vorgenommen worden.

56 In Kädrups *Mandala-Ritus* (328.4) heißt es lediglich: »Opfere mit *gandham* und so weiter.« Die übrigen hier aufgeführten Opfergaben wurden aus demselben Text (271.7) ergänzt, der kurioserweise für die letzten sieben Opfergaben die Endung *e* wie auch die Endung *am* aufweist. Die Übersetzung wurde in der Weise überarbeitet, dass sie mit den Darlegungen des Dalai Lama während der Einweihung in Madison übereinstimmt; einschließlich *akshate* an Stelle von *akshatam*. Der Dalai Lama hat *lāsye* als die untere Robe bezeichnet; das Apte-Wörterbuch gibt für *lāsyam* »Tanz« an, aber Tanz erscheint später in der Aufzählung als *nrtye*. Der Dalai Lama hat *akshate* mit Frucht gleichgesetzt; dem Apte-Wörterbuch zufolge ist dieses Wort mit jeder Art von Getreide bedeutungsverwandt. Der Dalai Lama hat *kāme* mit den Objekten der Berührung (*reg bya*) gleichgesetzt; das Apte-Wörterbuch gibt hier Objekte der Begierde an.

57 In Kädrups *Mandala-Ritus* (328.7) heißt es »die eigenen« (*rang gi*) [fünf Elemente]. Denn dieser auf die sieben Einweihungen bezogene Teil des Ritus wurde vornehmlich für den Selbst-Eintritt in ein Mandala verfasst.

58 Kädrups *Mandala-Ritus* (329.1) kürzt diese – wie auch alle anderen – Beschreibung unter Verwendung von Auslassungszeichen ab. Die eingefügten Ergänzungen sind der entsprechenden Beschreibung in Losang Tsültrim Tänpä Gyältsäns *Der Kālachakra-Einweihungsritus, leicht verständlich dargelegt*, 492.1, entnommen.

Die Beschreibungen der übrigen Gottheiten im Verlauf des Rituals während der noch verbleibenden sieben Einweihungen sind durch die entsprechenden Passagen aus Losang Tsültrim Tänpä Gyältsäns *Einweihungsritus* ergänzt worden.

59 Um Kädrups *Mandala-Ritus* für die späteren Einweihungen abzukürzen, wird dort (330.4) lediglich aufgeführt, was jeweils wodurch ersetzt werden muss. Statt solch einer Auflistung wird hier an der entsprechenden Stelle jeweils der vollständige Ritus für die betreffende Einweihung wiedergegeben.

60 Zur Bedeutung von »vorübergehend« siehe S. 15 (A. d. Ü.)

61 Im letzten Kapitel seines Buchs *Die Logik der Liebe*, Goldmann, München 1991, geht der Dalai Lama ausführlich auf die Frage ein, inwiefern sich sämtliche Überlieferungslinien [beziehungsweise »Übersetzungsschulen«, wie es dort im Text heißt, (A. d. Ü.)] auf dieselben grundlegenden Anschauungen [auf dieselbe »Grundstruktur«] zurückführen lassen.

62 Kädrups *Mandala-Ritus* (332.2) gibt den Anfang des Mantra mit »*om a im* und so weiter« an. Losang Tsültrim Tänpä Gyältsäns *Einweihungsritus* (496.2) gibt es mit *om am i ra um lm* vollständig wieder, und die *Anusvāras* haben Halbmonde unter dem Punkt. Weiterhin gibt der *Mandala-Ritus* die Keimsilben für die fünf So-Gegangenen einzeln mit *a i r u l* an; sodann im Schluss-Mantra (333.2) für alle zusammen mit om *a i r u l pañcha-tathāgata-parishuddha svāhā*. Und so ist klar, dass bei den fünf männlichen So-Gegangenen die Keimsilben *a i r u l* lauten, bei den fünf weiblichen So-Gegangenen sind es dagegen die entsprechenden langen Vokale ā ī ṝ ū ḹ. Es bleibt noch die Frage, warum diesem Mantra das *Anusvāra* hinzugefügt wird – zumal dies beim Schluss-Mantra nicht geschieht.

63 Der mit diesem Satz beginnende Ritualtext stammt aus der Wasser-Einweihung und reicht bis zum Mantra (dieses ist jedoch nicht inbegriffen). Er ist hier wie in den noch folgenden Einweihungen ergänzt worden, damit der Text mit dem tatsächlichen rituellen Ablauf der Einweihung, die der Dalai Lama in Madison gegeben hat, und mit Losang Tsültrim Tänpä Gyältsäns *Darlegung* übereinstimmt.

64 Im Text heißt es: »Nachdem du die Einweihung auch mit Wasser aus der sakralen Muschel erteilt hast, sprich das zuvor in der Wasser-Einweihung gesprochene Mantra.« Die Passagen des Ritus, auf die dieser Satz verweist, sind hier und in den verbleibenden Einweihungen durch den Text aus dem entsprechenden Abschnitt der Wasser-Einweihung ergänzt worden.

65 Die zehn befreienden Qualitäten (Pāramitās): Zu den *sechs Pāramitās* – Freigebigkeit, ethische Disziplin, Geduld, Ausdauer, meditative Sammlung, Weisheit – kommen hier noch Methode, Wunschgebete, Kraft und ursprüngliches Gewahrsein hinzu. (Siehe auch S. 119) Statt mit »befreiende Qualität« wird Pāramitā vielfach auch mit »Vollkommenheit« übersetzt. (A. d. Ü.)

66 Im Apte-Wörterbuch steht für *siddharasa* (*grub pa'i ro*) »Quecksilber«.

67 In beiden Texten (335.6 und 503.3) heißt es *dar dpyangs skye ba'i gnas lngar gtugs*. Die Bedeutung von *skye ba'i* ist unklar. Daher wurde dieser Ausdruck in der Übersetzung fortgelassen.

68 Laut Dschampäl Shenpen Rinpoche werden die innere Sonne und der innere Mond geläutert, indem das rote und das weiße Element im rechten und linken Kanal gereinigt werden. Die äußere Sonne und der äußere Mond werden gleichfalls geläutert, und zwar in dem Sinn, dass Sonne und Mond kein Leid mehr hervorrufen können.

69 Im Text heißt es einfach »man selbst« (*rang*), was der Dalai Lama im Laufe des Einweihungsrituals in »Sinneskräfte der Schüler und deren Objekte« abgewandelt hat.

70 In Kädrups *Mandala-Ritus* (339.5) und Losang Tsültrim Tänpä Gyältsäns *Einweihungsritus* (511.6) heißt es einfach »man selbst« (*rang*), was der Dalai Lama im Laufe des Einweihungsrituals in »Handlungsfähigkeiten der Schüler und die entsprechenden Handlungen« abgewandelt hat.

71 In Kädrups *Mandala-Ritus* (341.2) heißt es in Übereinstimmung mit Losang Tsültrim Tänpä Gyältsäns *Einweihungsritus* (515.1) *bton* an Stelle von *bten.*

72 Siehe Anm. 120. (A. d. Ü.)

73 Im *Mandala-Ritus* (342.3) und im *Einweihungsritus* (517.2) heißt es einfach »man selbst« (*rang*), was der Dalai Lama im Laufe des Einweihungsrituals in »des Schülers Aggregat des ursprünglichen Bewusstseins und Element des ursprünglichen Bewusstseins« abgewandelt hat.

74 Der Dalai Lama hat diese Strophe während der Madison-Einweihung hinzugefügt. Losang Tsültrim Tänpä Gyältsän hatte bereits empfohlen, diesen Vers, der aus dem Kontext nach der Übergabe der Glocke an den Schüler stammt, an diese Stelle zu setzen. Die Ergänzungen der Übersetzung in eckigen Klammern sind dem Kommentar in seiner *Darlegung* entnommen.

75 Im *Mandala-Ritus* (344.5) heißt es in Übereinstimmung mit dem *Einweihungsritus* (520.4) *khyod kyi* an Stelle von *khyod kyis.*

76 Der »erfassende Aspekt« ist ein Begriff, der auf das Bewusstsein selbst verweist. Das Gewahrsein von untrennbarer Glückseligkeit und Leerheit tritt als der göttliche Körper in Erscheinung. Das Bewusstsein ist die Grundlage für die Emanation der Gottheit.

77 Worauf es Kädrup in diesem Abschnitt entscheidend ankommt, ist – kurz zusammengefasst – Folgendes:
Die Essenz der Meister-Einweihung an diesem Punkt im *Kālachakra-Tantra* besteht nicht im ursprünglichen Gewahrsein von Glückseligkeit, *das man auf Grund der Meditation über die Umarmung einer Gefährtin hervorgebracht hat*, denn unter den höheren Einweihungen ist dies das Merkmal der Vasen-Einweihung. Vielmehr beinhaltet die Vajra-Meister-Einweihung an diesem Punkt das In-Erscheinung-Treten des Weisheitsbewusstseins von Glückseligkeit und Leerheit in Gestalt eines göttlichen Körpers. In diesem Kontext steht das »große Siegel« für solch einen göttlichen Körper. Daher weist Kädrup darauf hin, dass es ein Fehler ist und in die Irre führt, wenn man die Vajra-Meister-Einweihung an diesem Punkt mit

einem auf Grund der Meditation über die Umarmung einer Gefährtin hervorgebrachten Glückseligkeitsbewusstsein gleichsetzt.
Die aus dem *Kālachakra-Tantra* (III,97a) zitierte Passage findet man in *Kālacakra-Tantra And Other Texts*, Band 1, 170.2. Das Sanskrit (von S. 352) lautet:
... nijapatinājñā pradeyā samātrā.
Butöns Schrift *Leicht verständliche Anmerkungen zum glorreichen Kālachakra-Tantra, Großer König der von dem Höchsten Urbuddha ausgegangenen Tantras*, Gesammelte Werke, Band 1, 110.5, enthält keine Anmerkungen dazu. Siehe Butöns *Kommentierende Erläuterung zum »Einweihungs-Kapitel« [des Kālachakra-Tantra], Anmerkungen zu (Kulika Pundarīkas) »Makelloses Licht«*, Gesammelte Werke, Band 2, 393.4ff.

78 Die zitierte Passage (III,97b) findet man in: *Kālacakra-Tantra And Other Texts*, Band 1, 170.2–170.3. Das Sanskrit (von S. 352) lautet:
vajram ghantām pradāya pravarakarunayā deshayechchuddhadharmam.
Butöns Schrift *Leicht verständliche Anmerkungen zum glorreichen Kālachakra-Tantra, Großer König der von dem Höchsten Urbuddha ausgegangenen Tantras*, Gesammelte Werke, Band 1, 110.5, enthält keine Anmerkungen dazu. Siehe Butöns *Kommentierende Erläuterung zum »Einweihungs-Kapitel« [des Kālachakra-Tantra], Anmerkungen zu (Kulika Pundarīkas) »Makelloses Licht«*, Gesammelte Werke, Band 2, 393.7ff.

79 Diese Passage über die Verpflichtungen ist dem *Kālachakra-Tantra in der kürzeren Fassung* entnommen (III. 97c–98). Siehe *Kālacakra-Tantra And Other Texts*, Band 1, 170.3. Das Sanskrit (von S. 352) lautet:
kuryāt prānātipātam khalu kulishakule ´satyavākyam cha khanga
ratne hāryam parasvam varakamalakule ´pyeva hāryā parastrī
madyam dipashcha buddhāh susakalavishayā sevanī yāshcha chakre
dombyādyāh karttikāyām susakalavanitā nāvamanyāh khapadme
deyāh sattvārthahetoh sadhanatanuriyam na tvayā rakshanīyā.
buddhatvam nānyathā vai bhavati kushalatānantakalpair jinoktam.
Butöns Schrift *Leicht verständliche Anmerkungen zum glorreichen Kālachakra-Tantra, Großer König der von dem Höchsten Urbuddha ausgegangenen Tantras*, Gesammelte Werke, Band 1, 110.6–111.1, enthält keine Anmerkungen dazu. Siehe Butöns *Kommentierende Erläuterung zum »Einweihungs-Kapitel« [des Kālachakra-Tantra], Anmerkungen zu (Kulika Pundarīkas) »Makelloses Licht«*, Gesammelte Werke, Band 2, 395.3ff.

80 Kädrup tadelt an dieser Stelle jemanden, der die Anweisung im *Kālachakra-Tantra in der kürzeren Fassung* (III. 99) als einen während des Rituals zu sprechenden Text missverstanden hatte, obwohl sie sich nur an denjenigen richtet, der das Ritual durchführt. Siehe *Kālacakra-Tantra And Other Texts*, Band 1, 170.6–170.9. Das Sanskrit (von S. 352) lautet:
toyam tārādidevyo mukuta iha jināh shaktayo vīrapatto
vajram ghantārkachandrau vratamapi vishayānāmamaitryādiyogah

ājñāsambodhilakshmīrbhavabhayamathanī kālachakrānuviddhā
ete saptābhishekāh kalushamalaharā mandale sampradeyāh.
Übersetzt heißt das:
Das Wasser ist die Göttinnen, Tāra und so weiter, die Kronen sind die Siegreichen, die erhabenen Seidenbänder sind die Shaktis,
Vajra und Glocke sind Sonne und Mond, Verhalten ist der Yoga der Liebe und so weiter, der [durch den] Name[n »soundso Vajra«] Objekte [und Sinneskräfte läutert],
Erlaubnis ist [zum Lehren] der glorreichen Erleuchtung da, welche die Schrecknisse des Daseinskreislaufs zunichte macht, Wissen von Kālachakra.
Diese sieben Einweihungen müssen vollständig in einem Mandala erteilt werden.
Butöns Schrift *Leicht verständliche Anmerkungen zum glorreichen Kālachakra-Tantra, Großer König der von dem Höchsten Urbuddha ausgegangenen Tantras*, Gesammelte Werke, Band 1, 111.1–3, enthält keine Anmerkungen dazu. Die Ausdrücke in eckigen Klammern stammen aus Butöns Schrift *Kommentierende Erläuterung zum »Einweihungs-Kapitel« [des Kālachakra-Tantra], Anmerkungen zu (Kulika Pundarīkas) »Makelloses Licht«*, Gesammelte Werke, Band 2, 398.2–399.3.

81 Die Gesuche, die Mantras zur Erteilung der Einweihung und das Mantra, durch das man sich den Stolz, die Gottheit zu sein, zu Eigen macht, werden in diesem Text lediglich in abgekürzter Form angegeben. Kädrup verweist den Leser daher auf seine *Mittel zur Verwirklichung des vollständigen erhabenen Körpers, der erhabenen Rede und des erhabenen Geistes des glorreichen Kālachakra: geheiligtes Wort des weißen Lotos (dus kyi 'khor lo'i sku gsung thugs yongs su rdzogs pa'i sgrub thabs padma dkar po'i zhal lung)*, wo sie umfassend dargelegt werden; siehe Band cha seiner Gesammelten Werke, Guru Deva, New Delhi 1981, 32.2–33.5. Losang Tsültrim Tänpä Gyältsän hat sie alle in seine Schrift *Der Kālachakra-Einweihungsritus, leicht verständlich dargelegt* aufgenommen, die der Übersetzer des hier vorliegenden Buches verwendet hat, um Kädrups *Mandala-Ritus* zu vervollständigen.

82 Dieser Abschnitt bezieht sich auf den spezifischen Zeitpunkt und Ort der Einweihung. Die nachfolgend getroffenen Aussagen gelten für die 1981 in Madison, Wisconsin, vorgenommene Einweihung.

83 Diese dreieinviertel Strophen sind dem *Kālachakra-Tantra* (III.100d–103) entnommen; siehe *Kālacakra-Tantra And Other Texts*, Band 1, 171.2–171.9. Das Sanskrit (von S. 352) lautet:
mūlāpattim kadāchidvrajati shathavashānnārakam duhkhameti
mūlāpattervishuddhirbhavati hi guninah saptaseka sthitasya
kumbhe guhye kadāchidvrataniyamavashāduttare nāsti shuddhih
mūāpattim gato yo vishati punaridam mandalam siddhihetor
ājñām labdhvā hi bhūyo vrajati ganakule jyeshthanāmā laghutvam
mūlāpattih sutānām bhavati shashadharā shrīguroshchitta-khedāt
tasyājñānam ghane ´nyā bhavati khalu tathā brātrkopā trtīyā

maitrītyāgāchchaturthī bhavati punarishubodhichittapranāshāt
shashthīsiddhāntanindā girirapi cha nare ´yāchite guhyadānāt
skandhakleshādahih syāt punarapi navamī shuddhadharme ´ruchiryā
māyāmaitrī cha nāmādirahitasukhade kalpanā dik cha rudrā
shuddhe sattve pradoshādravirapi samaye labdhake tyāgato´nyā
sarvastrīnām jugupsā khalu bhavati manurvajrayāne sthitānām.
Butöns Schrift *Leicht verständliche Anmerkungen zum glorreichen Kālachakra-Tantra, Großer König der von dem Höchsten Urbuddha ausgegangenen Tantras*, Gesammelte Werke, Band 1, 111.4–112.2, enthält keine Anmerkungen dazu. Siehe Butöns *Kommentierende Erläuterung zum »Einweihungs-Kapitel« [des Kālachakra-Tantra], Anmerkungen zu (Kulika Pundarīkas) »Makelloses Licht«*, Gesammelte Werke, Band 2, 400.2–405.4.

84 Der Teilsatz in eckigen Klammern stammt aus Butöns Schrift *Kommentierende Erläuterung zum »Einweihungs-Kapitel« [des Kālachakra-Tantra], Anmerkungen zu (Kulika Pundarīkas) »Makelloses Licht«*, Gesammelte Werke, Band 2, 400.4.

85 Der Dalai Lama hat auf Folgendes hingewiesen: In Kädrups *Mandala-Ritus* (349.4) verweist *ri bong* (Kaninchen) auf den Singular und daher auf [der, die, das] »erste«; *mda´* (Pfeil) verweist auf »fünf« (349.5), *ri bo* (Berg) verweist auf »sieben« (349.5), *klu* (Schlange) verweist auf »acht« (349.5), *phyogs* (Richtung) verweist auf »zehn« (349.6), *drag po* (Zornvoller) verweist auf »elf« (349.5), *nyi ma* (Sonne) verweist auf »zwölf« (349.6), und *ma nur* (Name eines mineralischen Arzneimittels) verweist auf »vierzehn« (349.6). In Kädrups *Mandala-Ritus* (349.6) heißt es in Übereinstimmung mit *Kālacakra-Tantra And Other Texts*, Band 1, 171.9. *ma nur ´gyur te* an Stelle von *ma ´gyur te.* Im letztgenannten Text heißt es außerdem *nges par ma nur ´gyur te* an Stelle von *ces par ma nur ´gyur te.*

86 Die Übersetzung von Kädrups *Mandala-Ritus* endet hier (349.7). Alles Übrige stammt aus Losang Tsültrim Tänpä Gyältsäns *Einweihungsritus* (525.3–4).

87 Diese Strophe gleicht der 25. Strophe im dritten Kapitel von Shāntidevas *Eintritt in die Bodhisattva-Praxis*. Hier im Text heißt es: »Dass ich am Leben bin, trägt ebenfalls Früchte.« Bei Shāntideva hingegen heißt es: »Ich habe eine gute menschliche Existenz erlangt.« Das Sanskrit der Shāntideva-Strophe finden Sie in Fußnote 19 des ersten Praxis-Textes.

88 Dies beschließt das Einweihungsritual aus Losang Tsültrim Tänpä Gyältsäns Schrift *Der Kālachakra-Einweihungsritus, leicht verständlich dargelegt.* Die beiden weiteren Kapitel sind dort nicht zu finden. Der Dalai Lama hat sie bei der Einweihung in Madison hinzugefügt.

89 Siehe Anmerkung 114, S. 495.

90 Durch Wunschgebete, Widmungsgebete sowie Bitten um Glück und Segen. (A. d. Ü.)

91 »Vajra-Gebieter« meint hier denjenigen, dem die gesamte Kālachakra-Lehre zu Gebote steht. (A. d. Ü.)

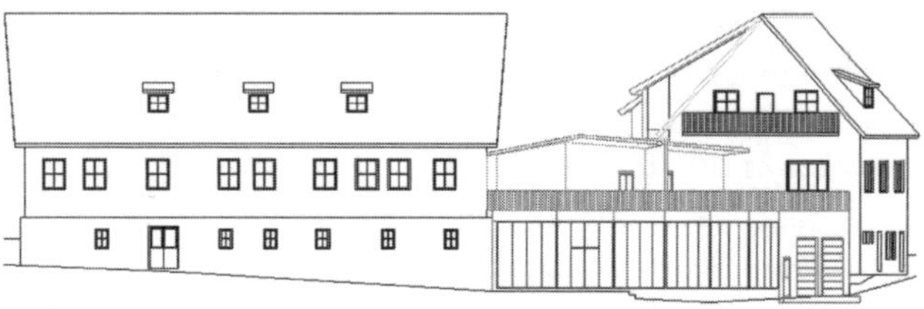

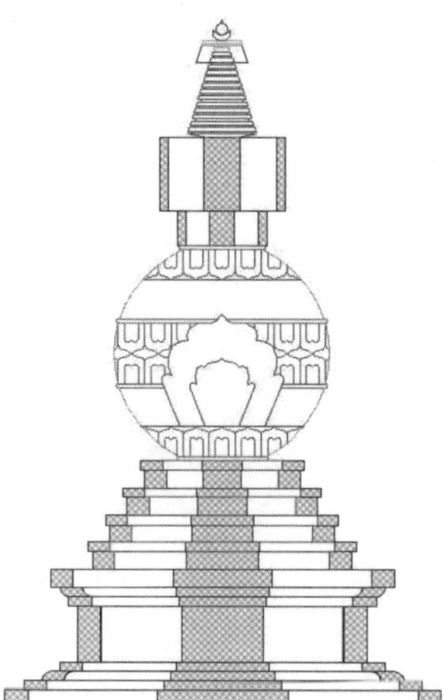